미국,
제국의
연대기

Hawaii

Alaska

Guam

Guantanamo

Saipan

Swan islands

Puerto Rico

Philippines

Bikini Atoll

Thule air base

The US Virgin islands

걸작
논픽션
019

미국,
제국의
연대기

전쟁,
전략,
은밀한
확장에
대하여

★

How
to Hide
an Empire

A History of
the Greater
United States

대니얼
임머바르
Daniel Immerwahr

김현정
옮김

글항아리

국민이 되지 못한 사람들에게

제2부

점묘주의 제국

| 일러두기 |
· 원서에서 이탤릭체로 강조한 것은 고딕으로 표기했다.
· 본문 하단의 각주는 옮긴이의 부연 설명이다.

서론: 로고 지도 이면의 사실들

유일한 문제는 미국이 우리를 소홀히 취급한다는 것이다.

―알프레도 나바로 살랑가, 마닐라[1]

1941년 12월 7일, 일본 군용기가 오아후섬의 해군기지에 나타났다. 공중 어뢰가 수중으로 떨어진 뒤 목표물을 향해 구불구불 나아갔다. 어뢰 4개가 USS 애리조나호를 타격하자 거대한 전함이 물속으로 고꾸라졌다. 철재와 목재, 디젤유, 잘려나간 선체가 공중에 날아다녔다. 불길에 휩싸인 애리조나호가 바닷속으로 기울자 기름이 뒤덮인 물 위로 해병들이 뛰어내렸다. 태평한 시절을 보내던 미국에 제2차 세계대전이 닥친 것이다.

미국 국민의 뇌리에 진주만 공격보다 더 굳건히 박힌 역사적 일화는 그리 많지 않다. 진주만 공격은 그 시기를 살았던 대다수의 사람이 날짜를 댈 수 있는 몇 안 되는 사건 중 하나였다. 프랭클린 루스벨트 대통령이 12월 7일을 '오명 속에 남겨질 하루'라고 표현했을 정도다. 진주만 공격에 대해 이후 수백 권의 책이 쓰였다. 그중 의회도서관에 소장된 책만해도 350권이 넘는다. 영화도 버트 랭커스터를 주연으로 내세워 비평가들의 극찬을 받은 「지상에서 영원으로」(1953)부터 벤 애플렉이 주연을 맡았으나 혹평에 시달린 「진주만」(2001)에 이르기까지 여러 편이 할리우드에서 제작됐다.

그러나 이 작품들은 이후에 어떤 상황이 펼쳐졌는지를 다루지는 않았다는 공통점이 있다. 하와이 공격 9시간 후 일본군은 또 다른 비행대로 당시 미국 영토였던 필리핀에 나타났다. 진주만 때와 마찬가지로 일본군은 폭탄을 투하해 공군기지 몇 곳을 폭격해 미국에 상당한 피해를 입혔다.

공식적인 군 전쟁사[2]에는 필리핀 폭격이 하와이와 비슷한 규모의 피해를 야기한 것으로 기록되었다. 진주만 공격 당시 일본군은 미군의 태평양 함대를 저지하며 4대의 군함을 침몰시키고 다른 4대에 피해를 입혔다. 필리핀에서는 미국 영토 밖에 최대 규모로 집결한 미군 전투기들을 초토화시켰다. 이는 연합군 태평양 방공망의 기반이었다.

미국이 잃은 것은 전투기만이 아니었다. 진주만 공격은 말 그대로 공격이었다. 일본군 폭격기는 타격하고 후퇴한 후 다시는 돌아오지 않았다. 그러나 필리핀에서는 상황이 달랐다. 최초 공습이 시작된 후 계속해서 더 많은 공습과 침략, 정복이 뒤따랐다. 성조기에 경례하고 루스벨트 대통령을 총사령관으로 생각했던 미국 국적의 1600만 필리핀인의 운명은 외세의 손아귀에 넘어갔다. 그들은 하와이 주민들과는 전혀 다른 전쟁을 겪게 되었다.

거기서 끝이 아니었다. '진주만'으로 잘 알려진 사건은 사실상 태평양 전역의 미국과 영국 점령지를 기습적으로 타격한 전면적인 공격이었다. 하루 만에 일본군은 미국 영토인 하와이와 필리핀, 괌, 미드웨이섬, 웨이크섬을 공격한 것이다. 뿐만 아니라 영국 식민지였던 말레이반도, 싱가포르, 홍콩을 공격하고 타이를 침략했다.

이는 놀라운 성공이었다. 일본은 하와이를 정복하지는 못했으나 몇 달 만에 괌, 필리핀, 웨이크섬, 말레이반도, 싱가포르, 홍콩을 모두 점령했다. 심지어 1년 넘게 알래스카의 서쪽 끝을 장악하기도 했다.

전체적인 상황을 보면 '진주만'(일본이 침략에 실패한 몇 안 되는 표적 중 하나)이라는 명칭이 정말 그 운명적인 날에 발생한 사건을 가장 잘 표현하는 말인지 의문이 들기 시작할 것이다.

———

적어도 폭격 당시에는 '진주만' 사건이라고 불리지 않았다.3 사실 '진주만 공격'이란 용어는 실제 상황을 담아내기에 역부족이다. 북미와 가장 가까운 곳이자 일본이 처음으로 공격한 최초의 미국 영토인 하와이에 초점을 맞춰야 하지 않을까? 아니면 훨씬 규모가 크면서도 더 취약한 영토였던 필리핀이라도 포함되었어야 하지 않을까? 아니면 거의 즉시 항복을 선언했던 괌은 어떨까? 혹은 사람이 살고 있지 않았던 웨이크섬과 미드웨이섬을 모두 포함한 일본의 태평양 점령지 전체는 어떤가?

루스벨트는 의회에서 '오명' 연설을 하면서 "어제와 오늘의 사건들이 그 사실을 명백히 보여준다"고 말했다. 그런데 실제로 그랬던가? 뉴멕시코의 한 신문에 '일본군의 마닐라와 하와이 폭격'4이라는 제목으로 기사가 실렸다. '일본군 전투기가 호놀룰루와 괌을 폭격하다'라는 머리기사가 사우스캐롤라이나의 한 신문을 장식하기도 했다. 루스벨트 정부에서 국무부 차관을 지낸 섬너 웰스5는 그 사건을 '하와이와 필리핀에 대한 공격'이라고 표현했다. 엘리너 루스벨트도 12월 7일 밤 라디오 연설6에서,

서론: 로고 지도 이면의 사실들

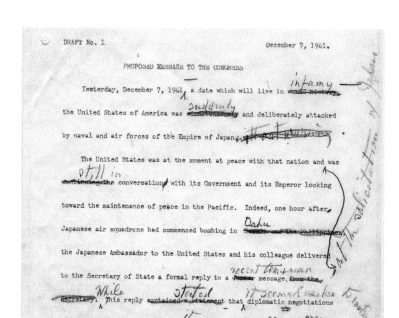

루스벨트의 12월 7일 '오명' 연설문 초안. 일곱 번째 줄에 나온 "비행중대가 하와이와 필리핀에 폭격을 시작했다"는 문구가 "비행중대가 오아후섬에 폭격을 시작했다"는 표현으로 바뀌었다.[7]

일본이 "하와이와 필리핀의 미국 국민을 폭격한다"고 언급하면서 이와 비슷하게 말한 적이 있다.

　루스벨트 대통령의 최초 연설 초안도 이런 식으로 구성됐다. 연설에서 진주만 사건은 '하와이와 필리핀 폭격'으로 표현되었다. 그러나 루스벨트 는 해당 초안을 하루 종일 만지작거리다가 조금씩 문구를 수정했다. 필 리핀을 눈에 두드러지게 언급한 부분을 삭제하고 다른 표현을 집어넣기 로 한 것이다. 수정된 연설문에서 일본군의 공격은 '오아후섬 폭격'으로 바뀌었다가 나중에 다시 '하와이 제도'에 대한 내용으로 수정됐다. 필리핀은 여전히 언급됐으나 일본군의 여러 표적 중 하나로 짧게만 등장했을 뿐이다. 말레이반도, 홍콩, 괌, 필리핀, 웨이크섬, 미드웨이섬도 동시에 순서대로 언급되었다. 이 목록에는 미국령과 영국령이 뒤섞여 있어서 미국 영토에 해당되는 게 어디인지 사람들은 쉽게 알아차릴 수 없었다.

루스벨트는 왜 필리핀의 중요도를 격하시켰을까? 지금에 와서는 정확히 알 수 없겠지만 그 이유를 짐작하는 것은 그리 어렵지 않다. 루스벨트는 일본이 미국을 공격했다는 사실을 내세우려 했을 것이다. 그러나 한 가지 문제가 있었다. 일본의 표적은 '미국'이었나? 법적으로는 그렇다. 그곳은 명백히 미국 영토였으니까. 그러나 일반 대중이 보기에도 그랬을까? 루스벨트의 연설을 듣는 청중이 일본이 필리핀이나 괌을 공격하든 말든 상관하지 않았다면 어땠을까? 진주만 공격이 있기 얼마 전에 실시한 여론조사에서는 군사력을 동원해 이처럼 멀리 떨어진 미국 영토를 방어하는 일에 찬성하느냐는 질문에 지지한다는 응답은 매우 낮게 나왔다.[8]

좀더 최근에 있었던 사건도 이와 아주 유사한 양상을 보여준다. 1998년 8월 7일, 알카에다는 케냐 나이로비와 탄자니아의 다르에스살람 주재 미 대사관에 동시다발적으로 공격을 감행했다. 수백 명(주로 아프리카인)이 목숨을 잃었고 수천 명의 부상자가 속출했다. 그러나 그 대사관들이 미국의 전초기지나 다름없었는데도 불구하고 미국이 피해를 입었다는 대중의 인식은 희박했다. 3년 후 뉴욕과 워싱턴 D. C.에서 동시다발적 공격이 한 차례 더 일어나고서야 전면전이 선포되었다.

물론 대사관과 영토는 다르다. 1941년에도 이와 유사한 논리가 적용됐다. 루스벨트는 필리핀과 괌이 엄밀히 말해 미국 영토에 속하긴 하지만 대다수는 이를 외국으로 인식한다는 것을 분명히 알고 있었다. 하와이는 이와 대조적으로 '미국' 영토에 꽤 가까운 것으로 인식되었다. 이는 하나의 주state라기보다는 영토●에 가까웠지만, 다른 곳에 비해서는 백인 인구가 훨씬 많았기에 '미국'에 가까웠다. 그 결과 최종적으로 하와이에는 주의 지위를 부여하자는 논의가 일어났지만, 필리핀은 잠정적으로 독립의 수순을 밟게 되었다.

루스벨트는 하와이와 관련해 전달받은 내용을 적당히 다듬을 필요가 있다고 생각했다. 하와이 인구는 백인의 비율이 필리핀에 비해 비교적 높긴 했지만, 여전히 주민 4분의 3이 아시아인 또는 태평양 도서 출신이었다. 루스벨트는 확실히 이런 점 때문에 대중이 하와이를 외국으로 인식할까봐 우려했던 것으로 보인다. 그래서 연설 당일 아침 그는 연설문을 한 번 더 수정했다. 일본군의 비행중대가 '오아후섬'이 아닌 '미국령 오아후섬'을 폭격했다고 바꾼 것이다. 오아후섬 폭격으로 '미 해군과 육군 병력'이 피해를 입었으며, '수많은 미국인이 목숨을' 잃었다고 말했다.

미국령 섬에서 미국인들이 목숨을 잃었다는 사실이야말로 루스벨트가 강조하려던 내용이다. 필리핀이 외국으로 격하됐다면, 하와이는 '미국'으로 격상된 셈이었다.

루스벨트의 연설은 "1941년 12월 7일, 오명 속에 남겨질 하루인 바로 어제, 미합중국은 일본 제국의 해군과 공군으로부터 고의적인 기습 공격을 당했습니다"라고 시작되었다. 이 문구에서 일본은 '제국'으로 표현되었으나 미국은 그렇지 않다는 점을 주목할 필요가 있다. 12월 7일이라

● 영토는 territory를 번역한 것으로, 본문에 걸쳐 영토와 준주의 두 가지 용어로 혼용되었다. 정식 주로 승격되기 이전의 미국 주들은 준주territory 시기를 거쳤으나, 하와이나 필리핀 같은 해외 영토는 준주가 맞지 않다고 판단해 영토로 번역했다.

는 날짜가 강조됐다는 사실도 기억하자. 국제 날짜 변경선에 따라 진주만 공격 날짜가 12월 7일로 표기된 것도 일본의 표적이 되었던 모든 영토 중에서 하와이와 미드웨이섬에서만 이 날짜가 적용됐기 때문이다. 그 밖의 지역에서는 공격이 12월 8일에 일어난 것으로 기록됐으며, 일본은 공격일을 12월 8일로 표기하고 있다.

루스벨트는 하와이를 부각시키기 위해 주도면밀한 계산 하에 이 날짜를 강조했을까? 아마 그렇지는 않을 것이다. 그러나 그의 '오명 속에 남겨질 하루'라는 문구는 필리핀과 같은 지역을 사실상 배제하는 결과를 초래하면서 이 사건에 대한 이해의 폭을 더욱 좁히고 말았다.

필리핀인들에게 이는 몹시 분개할 만한 일이었다. 한 기자는 마닐라에서 루스벨트의 연설을 라디오로 듣기 위해 군중이 모인 광경을 묘사한 바 있다. 대통령은 하와이와 하와이에서 목숨을 잃은 수많은 사람에 대해 언급했다. 그러나 기자는 대통령이 필리핀에 대해서는 '아주 잠깐 지나가듯'9 언급하는 데 그쳤다고 기록했다. 루스벨트는 전쟁을 '워싱턴과는 가깝고 마닐라와는 먼 사건인 듯' 표현했다는 것이다.

공습경보가 계속해서 울려 퍼진 필리핀의 현실은 연설에 묘사된 것과는 달랐다. 기자는 "마닐라 시민들에게 전쟁은 이곳에서 현재 벌어지는 일이었다"라고 썼다. "그리고 방공호도 없었다."

———

하와이, 필리핀, 괌을 어떻게 바라볼 것인지, 또는 이 지역들을 어떻게 불러야 할지를 결정하기란 쉽지 않은 일이다. 20세기에 들어서면서 많은 섬이 미국의 영토로 편입되었고(푸에르토리코, 필리핀, 괌, 미국령 사모아, 하와이, 웨이크섬), 그곳들의 지위는 분명했다. 시어도어 루스벨트와 우드로 윌슨이 말한 것처럼 그곳들은 식민지였다.[10]

그러나 노골적인 제국주의의 망령은 지속되지 못했다. 10~20년 정도 지나자 열기가 사그라들면서 식민지라는 말은 금기어가 되었다. 1914년에 한 정부 관리가 "식민지라는 말은 우리 정부와 식민지 주민들 간의 관계를 표현하는 데 사용되면 안 된다"[11]고 경고한 바 있다. 그 대신 좀 더 온건한 용어인 영토라는 말이 널리 쓰이게 되었다.

이 말이 더 온건하게 느껴지는 것은 아칸소주나 몬태나주와 같이 미국이 이전에 영토를 소유한 역사가 있기 때문이다. 이러한 영토는 순조롭게 자리 잡아갔다. 서부 영토는 변경 지역으로 확장된 국가의 최전선에 해당되는 곳이었다. 일반적인 주가 누리는 권리를 모두 누리지 못했을 수는 있으나, 일단 '주민 정착'(예를 들어 백인 인구 거주)이 이뤄진 후에는 완전한 주의 지위를 부여받아 연방국가로 통합되었다.

그러나 필리핀과 푸에르토리코와 같은 지역은 영토라 치더라도 좀 다른 종류의 영토였다. 서부 영토와 달리 그곳들은 주의 지위를 부여받을 가능성이 크지 않았다. 국가의 필수 영토로 널리 인식되는 것도 아니었다.

사실 해외 영토라는 두드러진 특색으로 인해 그곳들에 대한 논의는 거의 이뤄지지도 않았다. 흔히 머릿속에 떠올리게 되는 국가 지도에는 필리핀 같은 곳이 포함되지 않았던 것이다. 이러한 마음속 지도에는 미국이 대서양과 태평양, 멕시코, 캐나다로 둘러싸인 즉, 인접 국가들과의 연계 속에서만 나타나는 것이다.

알래스카와 하와이를 제외하고 미국을 떠올리는 이 방식은 현대의 대다수 미국인에게 적용된다. 정치학자인 베네딕트 앤더슨Benedict Anderson

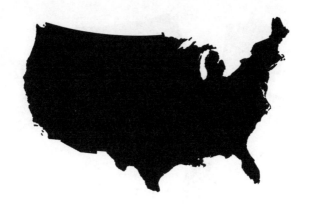

로고 지도

은 이를 '로고 지도logo map'[12]라고 불렀다. 미국 로고가 있다면 그 모양은 다음과 같은 모습일 것이다.

그러나 로고 지도는 그것이 사실과 다르다는 데 문제가 있다. 그 모양은 미국의 법적 국경과 일치하지 않는다. 무엇보다 1959년에 주 지위를 부여받은 후 현재 발간된 거의 모든 미국 지도에 나타나 있는 하와이와 알래스카는 로고 지도에서 빠져 있다. 뿐만 아니라 주의 지위는 아나나 1899년부터 미국령이었던 푸에르토리코 역시 찾아볼 수 없다. 푸에르토리코가 표시된 미국 지도를 본 적이 있는가? 아니면 미국령 사모아, 괌, 미국령 버진아일랜드, 북마리아나 제도 또는 지금까지 미국이 합병한 군소 제도 등이 표시된 지도가 있었는가?

일본 공격이 있었던 1941년의 좀더 정확한 미국 지도를 그려보면 다음과 같은 모습이 될 것이다.

1941년 확장된 미국 영토.13 (맨 윗줄 왼쪽부터) 알래스카, 미국 본토, (가운뎃줄) 괌, 미국령 사모아, 필리핀, 하와이, 푸에르토리코, 미국령 버진아일랜드, (아랫줄, 비례가 아님) 태평양 외딴섬(왼쪽) 및 카리브해 외딴섬(오른쪽)

이 지도에는 미국의 전체 영토 범위가 나타나 있다. '확장된 미국 영토 Greater United States'14라는 명칭은 20세기로 접어들면서 사용되곤 했다. 이런 관점에서 볼 때 보통 미국이라고 지칭되는 지역(즉 로고 지도)은 미국의 일부에 지나지 않음을 알 수 있다. 면적이 넓고 특권을 누린 것은 분명하지만 어디까지나 일부에 불과하다. 이 지역에 사는 사람들은 종종 그곳을 '본토'라고 불렀다.

이 지도를 그린 이유는 동일한 축척의 정적도법으로 확장된 미국에 속하는 일부 거주 지역을 나타내기 위해서였다. 따라서 알래스카는 대부분의 지도에서처럼 작은 삽도로 끼워넣기 위해 축소되지 않았다. 이것이 원래 올바른 크기다. 즉 기존에 생각했던 것보다 훨씬 크다는 것을 알 수 있다. 필리핀 역시 지도에 더 크게 표시되며, 하와이 열도 또한 대부분의 지도에 표시된 주요 8개 섬을 비롯해 전 지역을 표시해 본토와 겹쳐놓으면 거의 플로리다에서 캘리포니아까지 뻗어나갈 것이다.

이 지도에는 기존에 비해 크게 표시되는 것과 반대되는 경우의 영토도 나와 있다. 20세기가 되자, 미국은 1940년 이전까지 카리브해와 태평양에 있는 약 100개에 달하는 무인도를 점유했다. 그중 일부는 시간이 지나면서 잊혔다. 미국 정부는 이 섬들을 관리하는 데 상당히 느슨한 태도를 견지한 듯하다. 내가 여기에 포함시킨 22개 섬은 1940년대에 공식 기록(인구조사나 기타 정부 보고서)에 잡힌 것이다. 그 섬들은 왼쪽과 오른쪽 맨 아래에 점점이 흩어진 모습으로 표현되어 있지만, 너무 작아서 축척을 적용해 그리면 보이지 않게 될 것이다.

대체 미국이 이 섬들을 영토로 포함시킨 이유는 무엇일까? 예를 들어 태평양 한가운데에 덩그러니 놓인, 센트럴파크보다 약간 큰 하울랜드섬을 미국이 소유하고 있다는 사실이 중요하기 때문이었을까? 그렇다. 하울랜드섬은 크지도 않고 인구가 많지도 않지만, 비행 시대에는 이용 가치가 있었다. 미국 정부는 상당한 비용을 들여 하울랜드섬으로 건설 장비를 운반해 활주로를 만들었다. 이는 바로 어밀리아 에어하트가 비행기 추락 당시 향했던 곳이기도 하다. 일본은 입지가 좋은 활주로를 발판 삼아 미국이 어떤 행동에 나설지를 두려워한 나머지 하와이, 괌, 웨이크섬, 미드웨이섬, 필리핀을 타격한 당일 하울랜드섬도 폭격했다.

이러한 섬들은 중요한 전략적 가치를 지녔다.

로고 지도는 대규모 식민지든 아주 작은 섬이든 할 것 없이 모두 배제한다. 게다가 그런 지도는 진실을 호도한다. 로고 지도만 보면 미국은 정치적으로 균일한 공간으로 묘사된다. 각각 동등한 지위를 갖고 자발적으로 편입된 주들로 구성된 연합체처럼 보인다. 그러나 이는 사실이 아니며 사실이었던 적도 없다. 영국으로부터 독립을 획득한 조약이 비준된 그날부터 현재에 이르기까지 미국은 주와 영토의 집합으로 이뤄진 국가다. 각각 서로 다른 법이 적용되는 두 영역으로 나뉜 분할 국가인 것이다.

미합중국은 그 이름이 시사하는 것처럼 미국 주들로 이뤄진 연합체를 포함해왔다. 그러나 다른 곳들도 미국의 일부를 구성해왔다. 이는 연합체도 아니고 주도 아니며 역사를 통틀어 온전히 아메리카 대륙에 속한 적이 거의 없었던 곳들이다.

뿐만 아니라 많은 인구가 그 다른 부분에서 거주해왔다. 진주만 공격이 있기 1년 전인 1940년에 사람이 살고 있던 지역에 대해 인구조사를 실시한 결과를 보자.

영토	점유 연도	1940년 인구
필리핀	1899~1946	16,356,000
푸에르토리코	1899~현재	1,869,255
하와이	1898~1959(이후 주로 편입)	423,330
알래스카	1867~1959(이후 주로 편입)	72,524
파나마운하지대	1904~1979	51,827
미국령 버진아일랜드	1917~현재	24,889
괌	1899~현재	22,290
미국령 사모아	1900~현재	12,908
총 영토		18,833,023
미국 본토		131,669,275

위 목록에 나온 지역들은 제2차 세계대전 발발 전날 밤에 인구조사국이 발표한 미국 영토(무인도 제외)를 열거한 것이다. 이 영토들에 배치된 11만8933명의 본토 주둔 병력은 각 영토의 인구로 집계되지 않았다. 따라서 군 초소는 있으나 지역 주민이 살지 않는 웨이크섬과 같은 곳은 빠져 있다. 파나마 운하 지대는 엄밀히 말해 파나마 영토로 미국의 조차지에 해당되지만, 인구조사에서는 어쨌거나 미국령으로 분류되었다.

약 1900만 명이 식민지에 살았는데 그 대부분은 필리핀에 몰려 있었다. 이는 많은 수치인가? 당시 4억 명이 넘는 인구(그 상당수는 인도인)를 자랑하며 세계를 집어삼킨 대영제국에 비하면 많지는 않다. 그러나 미국이 일군 제국도 그 규모가 상당했다. 인구 기준으로 볼 때 미국은 진주만 공격 당시 세계 5위의 대국이었다.[15]

이 영토들에 거주하는 1900만 명을 미국 인구의 극히 일부로 생각할 수도 있다. 다시 1940년으로 돌아가보면, 미국 국민의 8분의 1(12.6퍼센트)[16]이 약간 넘는 인구가 주 연합체 외부에 거주한 셈이다. 당시 미국 인구의 12분의 1 정도가 흑인이었다고 볼 때[17] 제2차 세계대전 이전에 미국에 살고 있었다면, 흑인이었을 가능성에 비해 식민 지배를 받고 있었을 가능성이 3분의 2쯤 더 높았다는 말이다.

요점은 억압의 형태를 비교하자는 것이 아니다. 사실 미국 흑인과 식민 지배를 받은 사람들의 역사는 긴밀히 연결되어 있다. 때로는 푸에르토리코와 미국령 버진아일랜드의 아프리카계 카리브해인의 경우와 같이 겹치기도 한다. 노예제 이후 미국에 만연한 인종차별주의는 이 영토들에도 적용되었다. 미국 흑인과 마찬가지로 식민지 주체들은 투표권을 거부당했으며 시민으로서의 완전한 권리를 박탈당했고, '검둥이'라 불렸으며, 위험한 생체 실험을 당했을 뿐 아니라 전쟁에 동원되어 목숨을 잃었다.

　　　　　　　　　　　　서론: 로고 지도 이면의 사실들

또한 그들은 인종별로 인권에 차등이 있는 나라에서 제각기 살길을 찾아야 했다.

확장된 미국 영토를 생각해보면 인종이 미국 역사에서 생각보다 훨씬 중요한 요소였음을 알 수 있다. 흑인과 백인뿐 아니라 특히 필리핀인, 하와이인, 사모아인 및 차모로인(괌) 등의 정체성도 마찬가지였다. 인종은 삶을 구성하는 요소였을 뿐 아니라 국가의 구성 요소이기도 했다. 국경이 어디까지인지, 누가 '미국인'에 포함되는지가 바로 인종에 좌우됐던 것이다. 로고 지도 이면을 보면 미국에 거주한다는 말에는 전혀 새로운 차원의 투쟁이 내포되어 있다는 사실을 알 수 있다.

———

그러나 본토에 사는 사람들이 로고 지도 이면을 바라보기란 어려울 수 있다. 국내 지도에는 이러한 영토가 잘 표시되지 않기 때문이다. 심지어 세계지도도 불명확할 때가 있다. 랜드 맥널리사의 전시 『세계지도편람Ready Reference Atlas of the World』은 당시 발간된 수많은 지도책과 마찬가지로 하와이, 알래스카, 푸에르토리코 및 필리핀을 '외국'으로 표기했다.

미국 캘러머주시에 있는 웨스턴미시간 칼리지 전문학교의 7학년 여학생들은 이 문제를 놓고 머리를 긁적였다.[18] 그들은 지도상에서 전쟁 과정을 이해해보려 애썼다. 그러나 하와이가 외국이라면 과연 진주만 공격이 미국에 대한 공격일 수 있었나? 그들은 랜드 맥널리사에 문의 메일을 보냈다.

"하와이가 미국 영토이긴 하지만 미국의 필수 불가결한 부분은 아니"[19]라는 답변이 왔다. "미국 본토에서 보면 외국에 해당되므로, 논리적으로 따지면 미국 지도에 제대로 표시될 수는 없다"는 것이었다.

학생들은 이 답변에 만족하지 못했다. 하와이가 미국의 필수 불가결한 부분이 아니라고? 그들은 "우리는 그런 표현이 사실이 아니라고 생각한다"[20]고 썼다. 이는 '설명이라기보다는 변명'이라는 것이다. 뿐만 아니라 "랜드 맥널리사의 세계지도책은 오해의 소지가 있으며 해외 영토를 소유한 나라의 국민으로서 부끄러워하고 불편함을 느끼기에 충분한 이유가 된다"고 썼다. 학생들은 메일 교환 내용을 내무부(내무부 아카이브에서 해당 내용을 찾았다)에 보내 판단을 내려달라고 요청했다.

물론 7학년 학생들 생각이 옳았다. 정부 관계자가 확인해준 바에 따르면 하와이는 확실히 미국의 일부였다.[21]

그러나 미국 정부의 태도는 랜드 맥널리사만큼이나 이 점에 관해 오해를 불러일으킬 여지가 있었다. 인구조사를 생각해보자. 헌법에 따르면 인구조사원들은 주별 인구만 집계하도록 되어 있었으나, 그들은 항상 그 외 영토에 사는 인구도 함께 집계해왔다. 적어도 아메리카 대륙에 사는 인구는 항상 총인구수에 포함되었다. 해외 영토는 이와 다르게 취급되었다. 이 지역의 인구조사는 언제나 미국 본토와 같은 해에 같은 설문지로 같은 기관에서 수행한 것은 아니었다. 그 결과 이 지역의 인구는 미국의 다른 지역 인구와 비교할 수 없어 통계상 분리되었다.

해외 영토에 거주하는 인구수에 대한 자료가 있었음에도 불구하고 이는 활용되지 않았다. 10년 단위 인구조사 보고서에는 해외 영토의 인구수를 처음부터 정식으로 언급했으나, 거의 모든 후속 통계에서는 슬며시 누락되었다. 1910년 보고서에는 이러한 통계가 '엄밀한 의미의 미국The United States proper'에만 적용됐다고 설명되어 있다.[22] 엄밀한 의미의 미국이란 법적인 용어는 아니지만 인구조사국 관리들은 모두가 이 말을 이해할 거라 생각했다. 그들은 해외 영토와 본토 거주자 사이의 '명백한 차이'를 들어 이를 정당화했다.

그래서 로고 지도에 나타난 것처럼 미국은 통계적으로 볼 때 잘려나간 가족사진 같은 모양새가 되고 말았다. 1940년 인구조사 결과 미국 최대의 소수 인종 집단은 흑인으로 나타났다. 그들이 몰려 사는 도시는 대부분 동부에 있으며 인디애나주 설리번 카운티가 흑인 인구의 중심지였다. 이전의 서부 영토와 마찬가지로 해외 영토가 통계에 포함되었더라면 인구조사 결과는 아마 이와는 다른 모습이었을 것이다. 미국 최대의 소수 인종 집단은 아시아인이고 그들이 주로 모여 사는 도시에는 마닐라(워싱턴 D. C. 또는 샌프란시스코만 한 규모)가 포함되며 그 인구의 중심지는 뉴멕시코였을 것이다.

그러나 미국 본토 인구조사국의 시각은 달랐다. 지도와 지도책, 공식 보고서 등에 나타난 미국의 모습은 로고 지도의 모습이었다. 그 결과 혼란만 가중됐다. 제2차 세계대전 중 작성된 한 정부 보고서에는 "교양 있는 이들을 포함한 대다수의 미국 시민은 미국의 해외 영토에 대해 거의 모르거나 전혀 알지 못한다"[23]는 결론이 담겼다. "사실상 미국이 해외 영토를 보유한다는 사실을 모르는 사람이 다수다. 그들은 영국과 같은 '외국'만이 '제국'을 유지하고 있다고 믿는다. 미국인들은 미국도 하나의 '제국'이라는 사실을 알면 놀라곤 한다."

―――――

미국이 하나의 제국이라는 명제는 예전보다 논란을 불러일으키는 경우가 줄었다. 좌파 지식인이었던 하워드 진은 베스트셀러인 『미국 민중사』에서 '글로벌 제국이 된 미국global American empire'24에 대해 썼고, 그래픽 노블 형태로 새롭게 출간된 책은 『미국 제국주의 민중사』●라는 제목을 달았다. 극우 정치인 팻 뷰캐넌은 미국이 "대영제국의 전철을 그대로 밟고 있다"25고 경고했다. 하워드 진과 팻 뷰캐넌 사이의 엄청난 정치적 간극에도 불구하고, 최소한 미국이 얼마쯤 제국의 모습을 갖추고 있다는 데 곧바로 동의할 사람이 수백만 명은 될 것이다.

이는 여러 방식으로 설명할 수 있다.26 북미 원주민을 추방하고 대부분을 보호구역으로 몰아넣은 것은 명백히 제국주의적인 행위였다. 그리고 1840년대에 미국은 멕시코와 전쟁을 통해 3분의 1에 해당되는 토지를 빼앗았다. 50년 후 다시 스페인과의 전쟁을 벌여 스페인의 해외 영토 대부분을 차지했다.

그러나 제국의 속성은 토지 수탈에 그치지 않는다. 미국 흑인의 예속 상태를 무엇이라 불러야 하는가? W. E. B. 듀보이스에게 미국 흑인들은 시민이라기보다는 피식민자들처럼 보였다.27 맬컴 X와 블랙팬서(흑표범단, 미국의 좌익 흑인 정치단체) 리더들을 비롯한 다른 여러 흑인 사상가도 이에 동의했다.

혹은 해외에서 미국의 경제력이 확대되는 경우는 어떤가? 미국이 제2차 세계대전 이후 서유럽을 물리적으로 정복하지 않았을지는 모르지만 프랑스가 '코카콜라 식민지화cocacolonization'라고 불만을 쏟아내는 것까지 막아내지는 못했다. 미국과의 통상으로 인해 자국 문화가 침식된다고 느낀 것이다. 전 세계의 100여 개 국가에서 비즈니스 가치가 달러와

●　한국어판은 『하워드 진의 만화 미국사: 학교에서 가르쳐주지 않은 미 제국주의 역사』로 출간되었다.

　　　서론: 로고 지도 이면의 사실들

빅맥지수로 표시되는 오늘날, 이러한 주장은 일리 있어 보인다.

게다가 군사적 개입도 빼놓을 수 없다. 제2차 세계대전 이후 몇 년간 미군은 각국으로 계속 파병됐다. 한국전쟁, 베트남전쟁, 이라크전쟁, 아프간전쟁이 대표적이다. 소규모의 군사적 개입은 끊임없이 이어졌다. 1945년 이후 67개국에서 211차례에 걸쳐 분쟁 또는 분쟁 가능 상황을 해결하기 위해 미군 병력이 해외에 배치되었다.[28] 이를 평화유지활동이라 부를 수도 있고 제국주의라 부를 수도 있다. 분명한 점은 미국이 불간섭주의를 표방한 나라는 아니라는 것이다.

이 모든 제국 관련 논의에서 놓치기 쉬운 것은 실제 영토다. 사실상 미국이 제국이나 마찬가지였다는 데에는 앞서 언급한 모든 이유로 많은 사람이 동의할 것이다. 그러나 식민지 자체에 대해서는 얼마나 이야기할 수 있을까? 짐작건대 그리 많지 않을 것이다.

게다가 왜 그래야 한단 말인가? 교과서를 비롯한 미국 역사 개론서에서는 1898년에 벌어진 스페인과의 전쟁이 변함없이 다뤄진다. 이 전쟁으로 인해 다수의 영토를 획득했을 뿐 아니라 이후 미국-필리핀 전쟁으로 이어졌다(한 논평가는 '거의 모든 책을 통틀어 최악의 내용'[29]이라며 불만을 토로했다). 하지만 이후 이에 대한 내용은 점점 줄어든다. 제국주의적인 영토 확장은 일시적인 사건으로 다뤄질 뿐 하나의 특징으로 취급되지는 않는다. 식민지는 획득된 이후에는 자취를 감추는 것이다.

이는 정보 부족 때문이 아니다. 제국의 현장에서 연구하는 많은 학자가 수십 년간 이 주제를 줄기차게 다뤄왔다.[30] 다만 나라 전체를 거시적으로 바라보고 연구를 시작하면 이 영토들이 사라져버리곤 했다. 진주만 공격 당시 미국 본토의 무관심한 대응과 난처해하는 반응은 지금도 별반 다르지 않다.[31]

결국 문제는 지식의 부족이 아니다. 도서관은 말 그대로 해외 미국 영토에 관한 책을 수천 권씩 소장하고 있다. 문제는 이러한 책들이 열외로 취급된다는 데 있다. 말하자면 서가에 잘못 분류되어 방치되는 것이다. 이 책들은 도서관에 가면 찾아볼 수 있으나 머릿속에 로고 지도가 자리 잡고 있는 한 별 의미를 갖지 못할 것이다. 그저 외국에 관한 책처럼 보일 테니까.

———

나 역시 이러한 잘못된 분류의 오류를 범했음을 고백한다. 나는 박사 과정 때 미국 외교를 공부하면서 전쟁, 쿠데타, 외교 문제 간섭 등 '제국으로서의 미국'에 대해 수많은 책을 읽었지만, 아무도 나에게 영토에 관한 기초적인 지식을 요구하지 않았다. 중요하다고 생각하지 않았던 것이다.

전혀 다른 주제를 연구하기 위해 마닐라에 가서야 비로소 이해가 되었다. 기록보관소에 가려고 그곳에서 '지프니jeepney'로 이동했는데, 이는 원래 미 군용 지프를 개조해 만든 운송수단이었다. 나는 메트로 마닐라 지역에서 지프니에 탑승했다. 그 지역에는 미국 대학(예일, 컬럼비아, 스탠퍼드, 노트르담), 주 및 도시(시카고, 디트로이트, 뉴욕, 브루클린, 덴버), 대통령(제퍼슨, 밴 뷰런, 루스벨트, 아이젠하워)의 이름을 딴 거리가 많았다. 명문대 중 하나인 아테네오 데 마닐라 대학에 도착해 학생들이 이야기하는 걸 들었는데, 펜실베이니아가 고향인 내 귀에도 그들의 영어에서는 거의 외국인 악센트가 느껴지지 않았다.

제국의 모습은 미국 본토에서는 이해하기 어려울 수 있지만 식민 지배 하에 있던 지역에서는 이를 떨쳐내기가 불가능하다.

서론: 로고 지도 이면의 사실들

나는 필리핀의 식민지 역사를 읽고 푸에르토리코, 괌, 주로 승격되기 전의 하와이 등 다른 지역에 대해 호기심이 생겼다. 이런 지역들은 미국에 속한 곳이 맞겠지? 나는 그렇게 생각했다. 왜 나는 이 지역들이 미국 역사의 일부라는 생각을 못 했을까?

머릿속으로 지식을 새롭게 분류하자 깜짝 놀랄 만큼 전혀 다른 미국 역사가 모습을 드러냈다. 익숙하게만 보였던 사건들이 새로운 얼굴을 드러낸 것이다. 진주만 공격은 빙산의 일각일 뿐이었다. 뮤지컬 「오클라호마!」, 달 착륙, 「고질라」, 평화의 상징과 같은 평범한 문화적 가공물이 새로운 의미를 띠기 시작했다. 겨우 기억하는 모호한 역사적 일화도 이제 엄청나게 중요한 일로 보였다. 별 생각이 없던 동료들을 복도에서 만나면 멈춰 세우고 이런 사실을 알렸다. "푸에르토리코의 7개 도시에서 민족주의자들이 봉기를 일으키면서 해리 트루먼을 암살하려는 시도까지 일어났다는 것 알았어? 게다가 바로 그 민족주의자들이 4년 후에 의회에 총

미국령 필리핀 군도의 10페소 지폐. 영토 전체에서 식민화된 주체들은 미국 대통령 얼굴이 새겨진 지폐를 사용해야 했다. 이례적으로 필리핀 지폐는 익숙한 미국 지폐 도안의 기초가 되었다.[32] 흔히 생각하는 것과는 반대였다.

격을 가했다는 사실도?"

이 책은, '만약 미국'이 우리가 익히 알고 있는 로고 지도의 모습이 아니라, 그보다 훨씬 확장된 영토를 갖고 있는 것이라면, 과연 미국 역사는 어떤 모습이어야 하는가를 보여주기 위해 집필되었다. 그를 위해 나는 미국 역사가들이 보통은 가지 않는 페어뱅크스나 마닐라와 같은 곳의 기록보관소를 찾아다녔다. 그러나 동시에 학자들이 몇 세대에 걸쳐 내놓은 영토에 관한 연구와 그에 담긴 통찰력에 상당히 의존했다. 결국 이 책은 이전에 드러나지 않았던 자료를 공개해 기록을 추가하는 데 의의가 있는 것이 아니다. 관점을 바꿔 익숙한 역사를 다르게 해석하는 데 그 목적이 있다.

확장된 미국 영토의 역사는 지금까지 살펴보았듯 세 가지 면에서 기술될 수 있다. 첫 번째는 서부로의 확장이다. 국경선을 서쪽으로 넓히는 과정에서 북미 원주민을 쫓아냈다. 이는 이 책에서 주로 다루는 내용은 아니지만 시발점이다. 잘 알려진 이 역사조차 영토라는 개념을 염두에 두고 보기 시작하면 낯선 모습을 드러낸다. 논란의 여지는 있으나 1830년대에 미국의 첫 식민지로 알려진 방대한 인디언 영토 전체를 차지한 것이 그 예다.

두 번째는 아메리카 대륙 외부에서 일어난 일로, 빠르게 시작됐다는 점이 두드러진다. 로고 지도의 모양을 완성한 지 3년이 되자마자 미국은 새로운 해외 영토를 합병하기 시작했다. 먼저 카리브해와 태평양에 위치한 수십 개의 무인도를 차지했다. 그런 후 1867년에 알래스카를 점유했다. 1898~1900년에 미국은 스페인의 해외 영토 대부분(필리핀, 푸에르토리코 및 괌)을 흡수하고 스페인령이 아닌 하와이섬과 웨이크섬, 미국령 사모아를 합병했다. 1917년에는 미국령 버진아일랜드를 사들였다. 제2차 세계대전 당시까지 그 영토들은 확장된 미국 영토의 육지 면적에서 거의 5분의 1을 차지했다.

이러한 유의 확장은 19세기와 20세기 초반에는 매우 흔한 것이었다. 국력이 강해지면 대개 영토도 같이 커졌다. 그렇다면 미국 영토도 계속 확장됐으리라 생각하는 사람이 있을 것이다. 실제로 제2차 세계대전이 끝날 무렵까지 미국은 상당한 영토를 점유했다. 태평양 지역의 영토를 되찾고 전 세계에 수천 개의 군사기지를 세웠으며 한국, 독일 및 오스트리아 일부와 일본 전체를 점령했다. 식민지와 점령지를 모두 합한 미국 관할 영토에는 본토 외의 지역에 사는 이들 1억3500만 명이 포함됐다.33

그러나 이후 전개 과정은 놀라웠다. 미국은 (1898년의 스페인과의 전쟁 이후 그랬듯) 점령지를 합병하지 않고, 사실상 전례 없는 행보를 보였다. 전쟁에서 이긴 후 영토를 포기한 것이다. 최대 식민지였던 필리핀이 독립했다. 미국은 점령지에서 빠르게 철수고 (인구가 희박한 미크로네시아 군도 중) 단 한 곳만 미국령에 합병됐다. 다른 영토는 독립하지는 못했으나 새로운 지위를 부여받았다. 푸에르토리코는 '연방Commonwealth'이 되면서 강압적인 합병이 표면적으로는 동의를 거친 것처럼 보이게 됐다. 하와이와 알래스카는 일정 시기가 지난 후 연방에서 그들을 몰아내려는 수십 년간의 인종차별주의적인 결정을 극복하면서 주가 되었다.

이것이 바로 세 번째 측면의 의문을 불러일으킨다. 미국은 왜 권력의 정점에서 식민지 제국의 모습으로부터 멀어지고자 했을까? 나는 그 질문을 자세히 파고들었다. 엄청나게 중요하지만 좀처럼 묻지 않는 주제이기 때문이다.

그에 대한 답 중 하나는 피식민자들이 저항하며 식민지 제국을 몰아내려 했다는 것이다. 확장된 미국 영토 내에서는 가장 큰 4개 식민지가 이런 과정을 거쳐 지위 변화를 이뤄냈고, 미국 영토 밖에서는 반제국주의로 인해 식민지 정복 활동을 더 이상 추진할 수 없게 됐던 것이다.

또 다른 답은 기술과 관련이 있다. 제2차 세계대전 중 미국은 실제로 식민지를 보유할 필요 없이 제국의 수많은 이점을 실현할 수 있는 놀라운 기술들을 개발했다. 플라스틱과 기타 합성소재를 이용해, 열대작물로 만든 기존의 제품을 인공물로 대체했다. 비행기, 라디오, DDT 덕분에 합병할 필요 없이 손쉽게 미국의 상품과 아이디어 및 인력을 외국으로 이동시킬 수 있었다. 또한 미국은 정치적 경계를 넘어 자국에서 만든 대다수의 물건과 관행(나사 부품에서 도로 표지판과 영어에 이르기까지)을 표준화하는 데 성공하면서 다시금 물리적 통제를 벗어난 장소에 영향력을 발휘하게 됐다. 전체적으로 이러한 기술들은 형식상 제국이라는 익숙한 모델에서 미국을 분리시켰다. 기술 덕분에 식민지화가 세계화로 대체된 것이다.

세계화라는 말이 유행이다. 막연한 표현으로 이야기하기도 쉽다. 서로 다른 세계가 하나가 되도록 더 나은 기술을 점점 더 많이 이용한다는 식이다. 그러나 그런 새로운 기술들은 어느 날 불쑥 등장한 것이 아니다. 대다수는 미국이 영토를 새롭게 관리할 수 있도록 1940년대에 단기간 내에 미군이 개발한 것이다. 놀랍게도 불과 몇 년 후 미군은 전 세계에 걸친 물류 네트워크를 구축했는데, 놀라운 점은 식민지에 의존할 필요가 거의 없다는 사실이었다. 뿐만 아니라 세계의 무역, 교통 및 운송, 통신이 한 국가, 즉 미국에 극도로 집중됐다는 사실도 놀랄 만한 점이었다.

그러나 이러한 세계화의 시대에도 영토가 완전히 사라진 것은 아니다. 미국은 여전히 식민지 시대 영토의 일부(수백만 명의 인구 포함)를 보유하고 있을 뿐 아니라, 지도상의 크고 작은 수많은 섬을 점유하고 있다. 괌, 미국령 사모아, 북마리아나 제도, 푸에르토리코, 미국령 버진아일랜드 및 작은 외딴섬들 일부 외에도 미국은 전 세계에 800여 개의 해외 군사기지를 보유하고 있다.34

하울랜드섬 등을 비롯한 이 같은 작은 영토는 미국이 세계적인 강대국으로 발돋움하는 기반이다. 그들은 주요 활동 무대이자 발판이며 비축기지일 뿐만 아니라 망루인 동시에 연구실인 것이다. 이러한 영토는 역사가이자 지도 제작자인 빌 랭킨35의 개념을 빌리자면 '점묘주의 제국pointillist empire'을 구성하고 있다. 오늘날 그런 제국은 전 지구에 뻗어 있다.

―――――

그러나 대규모 식민지든 작은 섬이든 군사기지든 간에 그중 어떤 영토도 미국 본토 거주자의 사고방식에는 거의 영향을 주지 못했다. 미국이라는 제국의 두드러진 특징 중 하나는 스스로 제국으로 존재해왔다는 사실을 줄기차게 무시해왔다는 점이다. 미 제국주의의 규모가 유감없이 드러났던 1898년 이후의 짧은 기간을 제하면 제국주의 역사의 상당부분은 은밀히 전개돼왔다.

이는 독특한 양상으로, 주목을 요한다. 영국은 대영제국이 존재했다는 사실에 애매한 태도를 취하지는 않았다. 영국은 제국을 기리는 대영제국의 날Empire Day을 공휴일로 지정하기도 했다. 프랑스는 알제리가 프랑스령이었다는 사실을 잊지 않았다. 자국의 국경을 고질적으로 혼동해온 것은 미국뿐이다.

그 이유를 짐작하기는 어렵지 않다. 미국은 스스로를 제국이 아닌 공화국으로 인식하기 때문이다. 미국은 반제국주의 항쟁 속에서 탄생했으며, 히틀러의 천년제국인 라이히와 일본제국에서 소비에트연방의 '사악한 제국Evil Empire'에 이르는 여러 제국에 맞서 싸웠기 때문이다. 심지어 판타지 세계에서도 미국은 제국에 맞섰다. 「스타워즈」는 은하제국에 맞선 저항군의 이야기로 시작되는 영웅 전설로, 역대 시리즈물들 가운데 최고의 흥행을 올린 작품의 하나로 꼽힌다.

이처럼 공화국을 자처하는 미국의 자화상은 위로가 될지는 모르겠으나 비용이 만만치 않다. 그런 비용의 대부분은 식민지, 점령 지역 및 군사기지 주변에 사는 사람들이 지불해왔다. 로고 지도는 그들을 보이지 않는 곳으로 밀어넣었고, 이는 거주하기에 위험한 곳이었다. 미 제국에 사는 사람들은 종종 총격을 당하고 폭격을 입고 기아에 시달리고 억류되고 고문당하고 생체실험의 대상이 되곤 했다. 그리고 그들은 대부분 존재조차 알려지지 않았다.

로고 지도는 미국 본토에 사는 사람들에게도 부담으로 작용한다. 자국의 일부를 배제하고 기술되므로, 자국 역사를 불완전한 시각으로 볼 수밖에 없기 때문이다. 이는 중요한 부분이다. 앞으로 밝히겠지만, 그 영토들에서 많은 일이 일어났으며 이는 미국 본토에 거주하는 사람들과도 상당히 관련성이 높은 사건이다. 미국의 해외 영토는 전쟁을 일으킴과 동시에 수많은 발명을 이뤄냈고 대통령을 일으켜 세워 '미국인'의 진정한 의미를 정의하는 데 일조했다. 그 영토들을 역사에 포함시킬 때 비로소 우리는 판타지가 아닌 실제 미국의 완전한 모습을 볼 수 있다.

용 어 해 설

이 책의 주요 논점은 미국을 다른 시각으로 바라봐야 한다는 것이다. 인접한 연속체로 인식하기보다는 대규모 식민지에서 작은 섬에 이르는 미국의 해외 영토를 진지하게 살펴봐야 한다. 그런 이유로 나는 미국이라는 용어를 전체적인 정치 조직을 일컫는 데 사용하고자 한다. 내가 인접한 부분을 본토라고 부르는 것은 미국 영토에 사는 많은 사람이 그렇게 부르기 때문이다.

그런 용법이 보편적인 것은 아니다. 예를 들어 푸에르토리코 민족주의자는 미국과 푸에르토리코를 별개의 나라로 취급하면서 미국 지배의 적법성을 거부하는 듯한 인상을 준다. 나는 그런 통념을 따르지 않았다. 그러면 미국을 단순히 주들의 연합체로만 비춰지게 만들어 오해의 여지가 있기 때문이다. 그런 용례는 미국의 제국주의적 측면을 모호하게 만들 수 있다.

식민주의는 사람과 장소에 낯선 이름을 새기기 마련이다. 식민 지배에 처한 지역과 주민들을 어떻게 부를지는 정치적 논쟁으로 번질 수 있는 문제다. 나는 하와이를 표기할 때 Hawaii 대신 Hawai'i라고 썼는데, 이는 하와이어의 성문 폐쇄음으로 발음되는 자음을 나타내는 오키나●를 표기하기 위한 것이다. ●● 이는 현지의 용법과 하와이지명위원회Hawai'i Board on Geographic Names(그러나 형용사형인 Hawaiian에는 오키나가 없다)의 권고를 따른 것이다. 또한 현지 용법에 따라

● 하와이어의 어포스트로피에 해당된다.
●● 이러한 차이는 한국어 번역에서는 드러나지 않는 부분이지만, 저자의 논점을 보여주는 표기법이라 생각해 영문을 그대로 번역했다.

푸에르토리코식 이름(조제 트리아스 몽헤José Trías Monge)에서 모음에 악센트를 붙였지만 필리핀식 이름(호세 라우렐Jose Laurel)에는 악센트가 붙지 않는다. 미국 정부가 영어식 스펠링인 포르토리코Porto Rico를 써야 한다고 주장했던 미국 지배하의 첫 30년간 식민지 시대를 논할 때도 푸에르토리코Puerto Rico라고 표기했다. 괌의 군사기지에 반대하는 활동가들은 최근 괌을 차모로식 이름인 Guåhan으로 바꿔 부르기 시작했으나, 이러한 방식은 아직 보편적으로 받아들여지고 있지 않으므로 이 책에서는 종전의 괌Guam이라는 표기를 고수했다. 마지막으로 인디언이란 말은 경멸의 의미를 담고 있어서 북미 원주민이라는 말을 사용해야 한다고 흔히 생각되지만 북미 원주민 공동체와 조직에서는 대개 이 둘을 모두 사용한다. 나는 때에 따라 두 용어를 번갈아 사용했으나 가능하면 구체적인 이름(가령 체로키, 오지브와)을 더 많이 썼다.

제1부

식민지
제국

1.
대니얼 분의 몰락과 부상

미국을 이루는 13개 식민지는 1776년 영국으로부터 독립을 선언했다. 그러나 자유란 다양한 형태를 띠기 마련이다. 불과 1년 전만 해도 사냥 꾼인 대니얼 분과 30명쯤 되는 그의 추종자는 다른 종류의 독립을 주장했다.[1] 빚에 시달리던 분은 노스캐롤라이나의 야드킨강에 있는 집을 떠나 정처 없이 서쪽으로 향했다. 그의 패거리는 애팔래치아산맥의 편리한 산길인 컴벌랜드 갭을 이용했다. 그들은 한 달에 320킬로미터 정도를 이동하면서 빽빽한 덤불과 나무줄기, 갈대를 헤치며 더 비옥한 토지를 찾아 나섰다.

분과 그의 추종자들은 켄터키 평원에서 찾던 것을 발견했다. 그곳에 살던 쇼니족은 그 지역 나무들을 신중하게 골라 베면서 풀이 높이 자라게 두어 초식동물들이 풀을 뜯을 수 있게 했다. 궁핍한 생활에 익숙했던 사람들로서는 천국이나 다름없었다. 분의 무리 중에서 나무꾼 한 명이 입을 떡 벌리며 "이토록 기름진 땅은 이제껏 본 적이 없어. 만개한 클로버가 가득하고, 숲에는 야생 사냥감이 넘쳐났지"[2]라고 말했다. 그들은 자신들을 그곳으로 이끌고 온 분의 이름을 따서 새로운 정착지를 분즈버러Boonesborough라고 불렀다.

사막의 오아시스는 자세히 들여다보면 사라지기 일쑤다. 분의 추종자들이 그런 흥분을 가라앉히는 데는 그리 오랜 시간이 걸리지 않았다. 무성한 목초지는 신기루가 아니었지만 이는 쇼니족의 사냥터였기 때문에 분의 무리는 지키고 있던 분즈버러의 경계 너머로 진출하기가 어려웠다. 몇 안 되는 엉성한 주거시설에 갇혀 사방이 막힌 상태로 지내던 분즈버러 거주자들은 낙담해 상당수는 그해가 가기도 전에 고향으로 돌아갔다.

분즈버러가 일구어낸 것은 표면적으로는 그리 대단치 않았다. 그러나 그 성과가 별 감흥을 주지 못하는 데 비해 분즈버러의 위치는 훨씬 더 큰 의미를 지닌다. 애팔래치아산맥은 한 세기가 넘도록 법적으로뿐만 아니라 실제 생활 면에서 북미의 영국인들이 정착지를 넓히는 데 장애물이 됐는데, 새로운 정착지가 바로 이 산맥 건너편에 자리하고 있었기 때문이다. 황야에서 길을 개척한 분이 새로운 경로를 발굴하면서, 곧이어 수십만 명의 백인과 그들이 거느린 흑인 노예들이 쏟아져 들어오기 시작했다. 분은 엄밀히 말하면 그의 전기 작가들이 주장하듯이 '서부 최초의 백인'[3]은 아니었다. 그러나 이후 백인들이 쏟아져 들어오기 전에 첫발을 내디딘 초창기 백인임은 분명했다.

유럽의 지성인들에게 개척지에 사는 상스럽고 투박한 분은 들판에 널린 개박하 같은 존재였다. 계몽주의 철학자들은 그를 문명에서 도망쳐 자연 상태에 사는 낭만주의적 인간으로 보았다. 분에 대한 잘 알려지지 않은 일화 중, 켄터키 지방의 역사를 소개하면서 잠깐 곁다리로 등장한 이야기가 있는데, 이것이 유럽에 퍼지면서 재출간되기에 이르렀고, 곧 프랑스어와 독일어로도 번역되었다.

분은 유럽 문학에도 등장했다.[4] 영국의 페미니스트인 메리 울스턴크래 프트는 분과 그의 지인 중 한 명과 밀회를 가졌고, 분의 삶을 허구적으로 그려낸 이야기를 출판하기에 이르렀다. 프랑스 낭만파 문학의 선구자인 프랑수아 르네드 샤토브리앙은 북미 인디언들 속에 섞여 사는 한 프랑스 인에 관한 이야기인 『나체즈족』에 분의 전기에서 따온 구절을 하나 갖다 썼다. 당대 최고 시인으로 꼽혔던 바이런 경은 「돈 주앙」이라는 자신의 시 에서 분에게 7연('어디에서나 인간들 중에 가장 행복한 이')을 할애했다.

그러나 이상하게도 분은 이런 것들을 전혀 알지 못했다. 외국에서 널 리 칭송되던 분은 생전에 고국에서는 그리 존경받는 인물이 아니었던 것이다.[5] 그는 1820년에 85세의 나이로 세상을 떠났다. 토머스 제퍼슨 과 존 애덤스도 1820년대에 사망했는데, 공교롭게도 독립 선언서 서명 50주년 기념일에 나란히 세상을 떠났다. 제퍼슨과 애덤스 사망 당시 전 국은 당연히 광적인 분위기에 휩싸였다. 뉴욕의 한 신문에서는 '말과 불 의 전차가 내려와 정계 원로들을 데려갔더라면, 훨씬 근사했을지는 몰라 도 영예로움이 더해지지는 않았을 것'[6]이라고 썼다.

반면에 분의 사망에 대해서는 언급조차 없었다. 그는 세인트루이스 서쪽의 미주리준주Territory of Missouri ●에서 사망했다. 그는 돈도 땅도 없 었다. 자신의 아들이 소유한 작은 사유지에서 죄수처럼 살았다. 준주의 의회 의원들은 분을 기리는 뜻에서 검은색 완장을 찼으나 동부의 신문 들이 그의 사망 소식을 알리는 데에는 한 달이 넘는 시간이 걸렸다. 그 것도 대부분은 아주 잠깐 언급하는 정도였다. 그는 묘비도 없이 묻혔다.

● 1812년 6월 4일 미국에 포함되어 그 동남쪽 지역이 1821년 8월 10일에 미주리주로 승격될 때까지 존재했던 자치령

어떻게 그럴 수 있었을까? 왜 아무도 나서지 않았을까? 미국의 지도자들이 분에 대해 몰라서였을까? 당연히 알고 있었다. 분의 존재가 어떤 의미였는지 몰라서였을까? 당연히 잘 알고 있었다.

그들은 분을 달가워하지 않았던 것이다.

———

대니얼 분이 무시당했다는 사실이 놀라울 수도 있다. 미국은 흔히 이야기하듯 처음부터 넓은 땅덩이를 자랑하는 나라였다. 건국의 아버지들은 압제적인 대영제국으로부터 힘겹게 자유를 쟁취해 신민에서 시민으로, 식민지에서 연방국가로 탈바꿈했으며, 대서양에서 태평양까지 공화국 정부 형태를 대륙의 서쪽 지역으로까지 확장하고자 했다. 대니얼 분과 같은 사람들은 그런 국가적 사명에서 핵심 역할을 했던 듯하다.

그러나 분의 경로는 장애물로 가득했다. 영국은 애팔래치아 산등성이를 백인 정착지의 경계선으로 설정해, 분의 서쪽 진출을 범법 행위로 규정했다. 영국의 통치가 끝난 후에도 분의 입지는 나아진 게 거의 없었다. 미국을 건국한 사람들은 분과 같은 개척자들을 노골적인 의심의 눈초리로 바라보았다. 그들은 국가의 '쓰레기'(벤저민 프랭클린),7 '육식동물보다 나을 것이 없는'(J. 헥터 세인트 존 데 크레브쾨르)8 '백인 야만인'(존 제이)9이었다. 조지 워싱턴은 독립전쟁 후 '모든 권위에 도전하려는 노상강도 떼가 서부 지역에 정착하거나 이 지역을 뒤덮는 상황'10에 대해 경고했다. 이를 막기 위해 그는 영국이 그랬던 것처럼 정착지 경계를 설정하고 경계를 넘는 어떤 시민이든 중죄인으로 간주해 기소하겠다는 제안을 내놓았다.

그런 반대는 얼마간 사회적인 이유에서 일어났다. 건국의 아버지들은 험난한 개척지 생활을 문제라고 생각했던 교양 있고 세련된 인사들이었다. 그러나 여기에는 좀더 깊은 문제가 연루되어 있었다. 분즈버러 정착민들이 알게 됐듯, 애팔래치아 서쪽 영토에 대한 소유권을 주장한 것은 미국이 유일한 나라는 아니었다. 국가, 부족, 연합 및 다른 견고한 정치적 조직체를 구성한 북미 원주민들은 그들 나름의 북미 지도를 그려왔고, 18세기 후반 백인과의 싸움에서도 그 영토를 지켰다.

대니얼 분은 바로 이처럼 예민한 곳을 건드렸던 것이다. 그는 백인 정착민들을 서부로 이끌면서 인디언 영토를 침략했다. 이는 미국 정부가 싸움에 끼어들 손쉬운 구실을 마련해주었다. 이런 개입은 유럽인과 원주민 사이의 경계를 흐리는 당혹스러운 상황을 만드는 일이기도 했다. 분은 인디언들을 죽였고 그들에게 수차례 포로로 잡혀 형제와 자식들이 인디언의 손에 죽는 모습을 지켜보기도 했다. 그러나 그는 포로로 지내던 와중에 쇼니족의 한 가족에게 받아들여져 셀토위Sheltowee('큰 거북이'라는 뜻)라는 이름을 얻은 적도 있었다. 그의 표현을 빌리자면 '새로운 부모, 형제자매 및 친구들과 매우 친숙하고 친밀해'[11]지기도 했다.

이것은 조지 워싱턴으로 하여금 자신에게 유리한 영국식 정착민 경계선 제도를 집행하게 만들었다.[12] 해당 사안은 그의 철학과도 관련이 있지만, 개인적인 문제이기도 했다. 워싱턴의 재산은 대부분 서부의 넓은 토지였다. 워싱턴 자신이 토지 판매와 정착 문제를 좌지우지할 수 있을 때에만 재산의 가치가 유지될 수 있었던 것이다. 동부에 사는 지주의 허락도 없이 땅을 차지하는 분과 같은 '노상강도'는 위협적인 존재였다. 더군다나 분은 워싱턴이 소유한 켄터키의 영토에 대해 자신이 소유권자라 주장하며 갈등을 빚었기 때문에 특히나 위협적일 수밖에 없었다.

워싱턴(서부에)이 소유한 땅처럼 멀리 떨어진 곳에 대한 서류상의 권리는 동부에서는 지키기가 어려웠다. 독립전쟁 중에 워싱턴은 신뢰하기 어려운 먼 친척인 런드 워싱턴에게 부동산의 상당 부분을 맡겼다. 런드가 그다지 신경 써서 관리하지 않았던 탓에 무단 거주자들이 워싱턴의 서부 소유지(켄터키가 아닌 더 북쪽에 위치한 다른 토지)를 차지했다. 격분한 워싱턴은 사태를 바로잡기 위해 직접 애팔래치아산맥을 횡단하기에 이르렀다. 지주가 복수에 나선 셈이었다.

서부 원정으로도 개척자에 대한 워싱턴의 경멸은 조금도 수그러들지 않았다. 그는 인디언과 개척자들의 충돌로 인해 '살인이 벌어지고 전면적인 불만'[13]이 터져나왔다고 기록했다. 그들은 "거의 일하지 않는다"[14]며 '아주 약간만 건드려도' 미국에 대한 충성심이 날아갈 것이라고 못마땅한 듯 불편한 심기를 토로했다.

워싱턴은 자기 신변을 정리했으나 서부 개척자들의 정치적 충성도에 대해서는 여전히 의심을 버리지 못했다. 1790년대로 접어들면서 그의 우려는 마침내 현실이 되었다. 당시 펜실베이니아 오지에 사는 사람들이 연방 주류세 납부를 거부하며 무장 분리 독립을 하겠다고 협박했다. 보스턴 차 사건이 위스키를 둘러싸고 또 한 번 벌어진 것이다. 그러나 멀리 떨어진 영국 정부의 교묘한 재정 정책에 맞서 스스로 혁명 지도부에 몸담았던 적이 있음에도 불구하고 저항 세력에 대한 워싱턴의 공감은 이내 사그라졌다. 그가 토머스 제퍼슨에게 불만을 토로한 내용에 따르면, 그들의 반대는 "그냥 눈감아주기에는 지나치게 노골적이고 폭력적이며 심각한 사태로 치달았다".[15]

다시 한번 워싱턴은 말을 타고 산맥을 거쳐 서부로 향했다. 이번에는 저항 세력을 진압하기 위해서였다. 결국 워싱턴의 군대가 도착하기 전에 반란은 해소되었다. 그러나 역사학자 조지프 엘리스의 논평대로, 이 일화는 '현직 미국 대통령이 전장에 군대를 이끌고 나간 최초의 유일한 사례'[16]로 남아 있다.

워싱턴이 개척자들을 짜증스러워했다고 해서 확장을 반대했다는 뜻은 아니다. 장기적으로 미국의 국력을 강화하고 자신의 서부 토지로부터 수익을 얻기 위해 영토를 확장할 필요가 있었다. 문제가 된 것은 잠깐이었다. 미국 영토는 광대했지만 정부는 약했다. 산맥을 넘어가 무단으로 토지를 점유한 자들을 통치하기란 불가능했으므로 불가피하게 시작된 전쟁을 치르는 데 돈이 많이 들었다. 그러자 워싱턴은 정착 과정이 엘리트의 통제하에 '촘촘히'[17] 진행되어야 한다고 주장했다. 그런 식으로 해야 변경 지역이 분과 같은 떠돌이들을 위한 피난처가 되지 않고 문명의 진보를 위한 최전선으로서 당당하게 자리매김할 수 있을 것이었다.

건국의 아버지들은 이러한 비전을 실현하고자 변경 지역을 구분하기 위한 정치적 범주를 만들었다. 즉 영토territory였다. 여러 주가 연합해 독립전쟁에서 싸웠지만 그 주들의 경계가 불분명한 데다 서부로 진출하면서 겹치는 영역까지 생겼다. 각 주끼리 변경 지역을 나누는 대신, 공화국 지도자들은 대서양에 위치한 주들의 경우 절대로 미국 서부 경계를 이루는 미시시피강 쪽으로 영토를 확장하지 않겠다는 협약을 체결했다. 서부 토지는 주 정부가 아닌 연방정부가 관할한다는 것이었다. 이는 큰 의미의 국가의 영토로서 관리된다는 것을 뜻했다.

1784년 연방정부가 첫 영토 관리를 수락하면서 버지니아주는 오하이

오강 북쪽의 넓은 토지에 대한 소유권을 포기했다. 영국이 파리 조약을 비준하면서 미국이 공식적으로 독립을 한 지 두 달도 채 되지 않아 이러한 양도가 이뤄졌다. 이러한 협약이 체결된 첫날부터 미합중국은 단순한 주들의 연합체 이상의 의미를 갖게 됐다. 그 전까지는 주와 영토의 집합체에 불과했지만 말이다.

1791년 조지아주를 제외한 모든 대서양 연안의 주들은 버지니아를 따라 멀리 떨어진 서부 토지에 대한 소유권을 포기했다. 그 결과 그해에 미국 토지의 절반이 약간 넘는 면적(55퍼센트)만이 주 영토가 됐다.[18]

주에 속하지 않은 영토는 무엇이었을까? 헌법에는 단 한 문장으로 해당 사안이 언급되어 있을 뿐 이를 다룬 내용은 전혀 없다. 헌법에는 의회에 "미국에 속하는 영토 또는 그 밖의 재산을 처분하고 이에 관한 모든 필요한 규칙 및 규정을 제정"하는 권한을 가진다고 되어 있다. 수정, 선거 및 권력 분립에 대해서는 매우 상세히 기술한 건국 기록은 토지 관할 문제에 대해 폭넓은 해석의 여지를 남겨두었다.

그 대신 영토 정책은 저 유명한, 토머스 제퍼슨이 구상한 1787년 북서부 조례Northwest Ordinance(오늘날 중서부에 해당되는 넓은 지역을 포괄)와 같은 일련의 법을 통해 수립됐다. 북서부 조례는 미국 건국 신화의 일부가 되어, '모든 면에서 기존의 주와 동일한 자격'[19]을 갖고 주의 지위를 부여받는다는 내용이 교과서에 수록되면서 널리 알려졌다. 그 영토들은 인구 정족수를 채우기만 하면 되었다. 5000명의 자유인이 있으면 의회를 구성할 수 있었다. 6만 명의 자유 주민이 있으면(또는 의회가 허용할 경우 6만 명 미만도 가능) 주로 승격될 수 있었다.

그러나 여기서 가장 중요한 말은 '될 수 있었다'는 구절이다. 이중 어떤 것도 자동으로 이뤄지지는 않았다. 의회는 영토의 주 지위 승격 또는 지연 권한을 보유하고 있었으며, 실제로 그런 권한이 둘 다 행사됐기 때문이다. 의회는 때때로 주 지위 신청을 거부 또는 무시하거나 기피했다. 그 때문에 링컨, 웨스트다코타, 데저릿, 시머론 및 몬티주마(이들 모두 연방 가입을 신청했다)는 주가 될 수 없었다.

뿐만 아니라 의회의 재량권은 영토가 주가 되기 전까지 연방정부가 그곳에 대해 전권을 행사할 수 있다는 의미였다. 원래 영토는 임명된 주지사 1명과 3명의 판사가 통치하게 되어 있었다. 의회가 설립된 후에도 주지사는 법안에 거부권을 행사하고 의회를 해산할 권리를 가졌다.

북서부 조례의 초안을 작성한 제임스 먼로는 이를 '사실상 독립전쟁 이전의 주 연합체에서 일반적이었던 식민 정부와 유사한 형태'[20]였다고 썼다. 제퍼슨은 초기에는 '독재적 과두 정부'[21]와 비슷하다는 점을 인정했다.

이는 적절한 평가였다. 북서부 영토의 초대 주지사였던 아서 세인트 클레어는 보수적인 스코틀랜드 출신으로 워싱턴의 참모였는데, 무법지대였던 변경 지역을 쉽사리 보아 넘기지 못했다. 그는 스스로를 '다른 행성으로 추방된 불쌍한 놈'[22]으로 여겼다. 그가 보기에 북서부 영토는 '주권이 없는 식민지'였으며 '미국 시민'이 아닌 '식민지 신민'[23](한 판사는 그들을 '백인 인디언'[24]이라 불렀다)이 거주하는 곳이었다. 세인트 클레어는 영토 거주자가 자치를 하기에는 너무나 '무식'하고 '자격이 부족'[25]하다고 생각해 자신의 폭넓은 재량권을 활용해 그곳들의 주 지위 승격을 막았다.

제퍼슨이 1803년에 프랑스로부터 구입한 루이지애나 영토에서도 비슷한 일이 일어났다. 동부 정치인들은 앵글로·색슨족 정착민들과 가톨릭교도, 자유민 신분의 흑인, 인디언 및 혼혈인 등 새롭게 병합된 토지 거주자들에 대해 노심초사했다. 조사이어 퀸시 3세 하원의원(훗날 하버드 대학 총장 역임)은 "서부 황야의 전 지역을 포괄하도록 이 헌법을 무리하게 적용한 적도 없으며 그렇게 될 수도 없다"[26]고 경고했다.

제퍼슨은 그런 정서를 알고 있었다. 그는 루이지애나 주민들이 "아이와 같아서 자치정부를 운영할 수 없다"[27]고 판단하고 "그들은 민중 정부의 원칙을 전혀 이해할 수 없다"고 덧붙였다. 루이지애나에 일반적인 북서부 조례 절차를 적용하는 대신, 제퍼슨은 새로운 단계인 군사정부를 도입하여, 평화 유지를 위해 육군을 보냈다. 1806년 루이지애나 영토는 미국 최대 규모의 육군 파견대의 주둔지가 되었다.[28]

아서 세인트 클레어와 같이 제퍼슨이 임명한 루이지애나 영토 주지사는 루이지애나 주민들의 '암울한 정서'에 대해 불평했다. 그는 주민들에게 투표권을 주는 것은 '위험한 실험이 될 것'[29]이라고 생각했다.

루이지애나 주민들은 선거권 박탈에 분노했다. 그들은 수도를 향해 "대서양에서 정치적 공리였던 것이 미시시피강으로 넘어오면 문제가 되는가?"[30]라며 항의했다. 제퍼슨은 어깨를 으쓱했을 뿐 아무것도 하지 않았다.[31]

———

토머스 제퍼슨은 조지 워싱턴과 마찬가지로 영토 확장에 반대하는 입장은 아니었다. 그는 워싱턴과 같이 그 과정을 통제하고자 했을 뿐이다.

제퍼슨은 들뜬 마음으로 '남부는 아니더라도 북부 전체에 말이 통하는 사람들과 비슷한 형태의 정부를 구성하고 비슷한 형태의 법치가 이뤄지는' 미국을 꿈꾸기도 했다. 그러나 그처럼 모호한 판타지는 제퍼슨의 머릿속에서 '먼 나중'[32]의 일로 미뤄졌다. 확장 속도에 대해서는 놀라울 정도로 느긋했다. 첫 취임 연설에서, 대서양에서 미시시피강에 이르는 '광활하고 비옥한 땅'[33]을 예찬하며 '앞으로 수천 세대의 후손이 번성하기에 충분'하리라고 내다봤다.

제퍼슨은 초창기 미국의 규모에 만족한 듯 보이지만, 루이지애나 영토를 획득하며 미시시피 극서부까지 영역을 넓힌 확장주의자로 알려지게 되었다. 그러나 이는 계획적인 토지 구입이었다기보다는 충동 구매에 가까웠다. 그는 나폴레옹과 협상하기 위해 파리로 특사를 보내면서도 서부의 광대한 영토를 얻을 생각은 없었다. 오히려 멕시코만의 활용도 높은 항구를 원했다. 프랑스령 북미 영토를 모두 넘기겠다는 나폴레옹의 제안에 제퍼슨의 특사가 보인 첫 반응은 인상적이다. "저는 그에게 안 되겠다고 말했습니다. 우리는 뉴올리언스와 플로리다 일대만 원한다고 했죠."[34]

제퍼슨은 토지보다 항구에 더 관심이 갔다. 그가 찾던 것은 정착민들을 위한 공간이 아니었기 때문이다. 루이지애나 합병 후에도 그는 이곳을 백인들을 위한 거주지로 생각하지 않았다. 토지의 상당 부분은 아직 인디언 소유였고, '당분간 나라를 최대한 활용하는 방법'[35]은 그대로 놔두는 것이라고 제퍼슨은 썼다. 그의 구상 속에서 뉴올리언스 근방을 제외한 모든 토지는 '앞으로 한참 동안은' 백인들의 '출입이 제한'[36]될 것이었다. 백인들은 새로운 영토의 경계로 성급히 진출하는 대신 미시시피강 유역에서부터 서서히 터전을 잡아가면서, '인구가 증가하면 마을을 이루며 촘촘히 전진하게'[37] 될 것이었다. 제퍼슨은 서부 정착지가 분(및 일부 인디언)과 같은 떠돌이 사냥꾼이 아닌 소규모 농가들로 채워질 것으로 생각했다. 할당된 영토에 머물면서 인구가 지나치게 급속히 늘지 않는

제1부 식민지 제국

한 충분히 수용 가능할 것이라 봤던 것이다.

이것이 바로 건국의 아버지들이 그린 비전이었다. 이는 루이지애나 매입으로 수월하게 실현되는 듯했다. 조약을 통해 동부 인디언들을 설득하여 정착지 경계 서쪽으로 이주시키고, 백인들이 동부에 거주하면서 '마을을 이루며 촘촘히 전진'한다면, 제퍼슨이 상상했듯이 '수천 세대'에 이르는 모든 정착민이 거주 공간을 확보하게 될 것이었다.

———

제퍼슨과 워싱턴이 스스로 '촘촘히'라고 표현했다시피 인구가 증가하더라도 백인들이 너무 많은 공간을 차지하지 않고 정착할 수 있도록 그들을 이끌어줄 수 있으리라 생각했다. 유럽 인구가 과거에 더디게 증가했음을 감안한다면 이는 터무니없는 가정이 아니었다.[38] 기원후 1년부터 1000년 사이에 서유럽 인구는 고작 6퍼센트가 늘었을 뿐이다. 이후 7세기 동안은 속도가 빨라지면서 인구가 2배 이상 늘었다. 그러나 그 역시 아주 빠른 증가세라고 할 수는 없었다. 1700년경 통계 자료로 미루어 영국은 360년마다 인구가 2배로 늘어날 것으로 예상됐다.[39]

북미 식민지도 최소한 처음에는 상황이 크게 다르지 않았다. 1607년에 영국인이 세운 북미 최초의 영국 정착촌인 제임스타운에서는 질병으로 수많은 사람이 목숨을 잃었다.[40] 1690년대에 와서야 출생률이 사망률을 앞질렀다. 제임스타운이 설립된 후 첫 150년 동안 백인 정착촌이 있었던 개척지는 점차 서쪽으로 뻗어갔는데, 이는 1년에 1~2마일 정도의 속도였다.[41]

그러나 18세기 중반부터는 상황이 달라지기 시작했다. 벤저민 프랭클린은 이를 최초로 인식한 사람이었다.[42] 1749년에 그는 필라델피아 인구 조사를 비롯해 보스턴, 뉴저지 및 매사추세츠의 인구수를 조사하기 시작했다. 그가 모은 자료는 놀라웠다. 식민지 인구가 늘고 있었을 뿐만 아니라 25년마다 인구가 2배로 늘어나고 있었던 것이다. 프랭클린의 예측에 따르면(생각만 해도 아찔한데), 그런 속도가 지속될 경우 1세기 만에 북미 식민지에는 영국 본토보다 더 많은 수의 영국인이 살게 되는 셈이었다.

이러한 사실은 엄청난 발견이었다. 프랭클린은 전기 관련 실험과 수많은 발명품(이중초점렌즈, 피뢰침, 순환형 난로, 요도관 등)으로 잘 알려져 있지만, 그의 인구통계 연구 또한 업적의 큰 부분을 차지한다. 그의 통계 자료는 곧 유럽에 널리 알려졌으나, 이름이 함께 소개되는 경우는 많지 않았다. 그의 연구는 애덤 스미스와 데이비드 흄과 같은 철학자의 사상에 영향을 주었다. 경제학자인 토머스 맬서스는 식량 공급이 인구 증가를 따라잡지 못한다는 암울한 전망을 내놓았는데, 이는 상당 부분 프랭클린의 북미 인구통계(맬서스는 '역사상 거의 유례없는 가파른 인구 증가'[43]를 가리키며 놀라움을 금치 못했다)를 근거로 한 것이었다. 곧이어 그는 찰스 다윈(그의 두 조부는 프랭클린을 잘 알았다)에게 중대한 영향을 끼쳤다.[44] 다윈의 서재에 있던 맬서스의 저서에는 프랭클린이 언급된 부분에 밑줄이 그어져 있었다.

프랭클린은 영향력이 있었을 뿐만 아니라 옳기도 했다. 그의 연구는 충격적일 정도로 정확했다. 그 어떤 근거 이상으로 강력했다. 프랭클린이 사망한 1790년에 처음으로 전체 미국 인구가 집계됐다. 그로부터 100년 후인 1890년 인구조사에는 인구가 16배 증가했다고 기록됐다.[45] 즉 25년마다 2배로 증가한 것이다. 프랭클린은 0.14퍼센트 미만의 오차를 보였을 뿐이다. 프랭클린이 북미 식민지 정착민들 인구가 1세기 안에 영국 인구를 앞지를 것이라는 예측을 내놓은 지 정확히 100년 후인 1855년에 미국 인구는 처음으로 영국 인구를 추월했다.[46]

프랭클린이 가장 먼저 알아차린 것은 영어를 구사하는 백인과 흑인 노예로 구성된 가정의 인구가 기하급수적으로 늘어나고 있다는 사실이었다. 그들은 질병을 이유로 원주민을 사실상 몰아내버리고 땅을 차지했으며, 강력한 농경 기술을 보유하고 산업혁명의 중심지인 영국과 긴밀한 경제적 관계를 유지했다. 그 결과는 폭발적이었다.

미국 독립 당시 프랑스 인구는 약 3000만 명이었다.[47] 1900년에는 4000만 명이 약간 넘는 정도였다. 이와 대조적으로 독립 당시 프랑스의 약 10분의 1 수준인 300~400만 명이던 미국 인구는 1900년이 되자 프랑스의 거의 2배에 달하는 7600만 명으로 늘어났다. 제임스타운이 건설된 지 150년이 지난 후 매년 3.2킬로미터가 조금 안 되는 거리만큼 개척지가 확장됐으나, 19세기 전반에는 연간 약 64킬로미터의 속도로 서부를 향해 돌진하다가 태평양 연안에 이르러서야 비로소 확장세가 멈췄다.[48]

이러한 증가세는 역사상 유례없는 일이었다. 유럽과 아프리카에서 인구가 유입되기도 했지만,[49] 19세기에 10년간 이민이 인구 증가의 3분의 1 이상을 차지한 적은 없었다. 프랭클린이 지적했듯 인구 증가 문제는 대부분 구태의연하게 처리됐고, 북미 전역으로 정착민들이 퍼져나가면서 인구가 급격히 늘어났다. 경작지는 지평선까지 뻗어갔고 정착민들은 박테리아처럼 퍼졌다.

이를 불안하게 지켜보던 오지브와족의 한 현인은 "사람들이 물밀 듯 밀려 들어왔다"고 했다. "나중에는 사람들이 바닷물처럼 한도 끝도 없이 늘어나는 것 같았다."[50]

정착민들이 건설한 도시에서 이러한 모습을 볼 수 있다.[51] 1810년에 작은 마을이던 신시내티에는 1815년에 9층짜리 증기발전 공장이 생겼고, 1830년에는 150대의 증기선이 운행됐다. 시카고는 1830년에 100명(그중 납세자는 14명)이 채 안 되는 정착촌이었는데 1871년에 화재로 잿더미가 되긴 했지만 1890년에는 100만 명이 넘는 거주자와 세계 최초로 고층건물이 빽빽하게 들어선 거대 메가폴리스로 탈바꿈했다.

그처럼 잿더미에서 화려하게 부활한 전형적인 도시 성장담은 놀라우리만치 흔했다. 최대한 빨리, 도시 구획 원칙을 거의 고려하지 않고 건설된 정착민 도시들은 곧잘 화염에 휩싸였다. 그러나 화재조차 끝없이 밀려드는 인파를 막을 수는 없었다.

———

백인 인구의 증가는 다이너마이트의 폭발력에 비견될 만했으며 건국의 아버지들이 세운 국가의 이상을 깨버렸다. 처음 수십 년간 지배적이었던 위대한 제퍼슨식 시스템은 반半식민 상태에 있던 서부 거주민과 함께 더 이상 유지될 수가 없었다. 대니얼 분과 같은 사람이 아주 많아진 것이다. 정부는 1830년대가 되자 무단 거주자 기소를 포기하고 그 대신 그들이 토지를 구입하도록 했다. 1860년대에는 공유지를 '자영농지home-stead'[52]로 무상 제공하기 시작했다. 이는 해당 토지에 거주하고자 하는 거의 모든 시민에게 돌아갔다.

대규모 백인 인구가 거주하는 영토는 곧 주로 승격됐다. 금광꾼이 몰려들었던 캘리포니아는 2년 후 군사정부에서 주 지위로 격상됐다. 남은 영토의 거주민들은 여전히 권리(영토 체제는 '지구상에서 가장 악명 높은 식민 정부 제도'53라고 한 몬태나준주 대표가 불만을 토로했다)를 보장받지 못하는 데 대해 항의했으나, 그들의 항의 근거가 사라졌다. 임명된 주지사들은 재량권 일부를 잃었고, 1848년 이후 새로운 영토들은 연방 관리가 통치 전권을 가졌던 첫 단계 정부 형태를 뛰어넘어, 곧바로 양원제 입법부를 설립하게 됐다.54

문화도 바뀌었다. '노상강도' 또는 문명의 변방에 선 '백인 야만인'이라고 멸시당하는 대신, 정착민들은 개척자pioneer라는 새로운 정체성을 얻었다. 더 이상 상습적 범법자가 아니라 역동적인 국가의 자랑스러운 기수로 칭송받게 된 것이다.

무단 거주자들이 개척자가 되자 대니얼 분의 명성도 높아졌다. 그의 사후에 뒤늦게 명예 '건국의 아버지들'의 한 사람으로 인정해야 한다는 주장이 나왔다. 분의 동상이 1851년 의회 의사당 계단에 놓였다. 인디언에 맞서 싸우는 분을 뚜렷하게 묘사한 개척자의 모습이었다. 동상은 그곳에 한 세기가 넘도록 서 있었다. 자연 속 생존에 관한 제임스 페니모어 쿠퍼의 유명 소설들(『사슴 사냥꾼』『모히칸족의 최후』『개척자들』 등)에는 내티 범포의 이야기가 여러 번 등장하는데, 그 역시 분을 소재로 한 것이다. 1820~1840년대까지 출간된 이 소설들은 영웅적 모습의 거친 개척자로 나오는 등장인물을 국민의 뇌리에 깊이 새겼다. 내티 범포, 데이비 크로켓, 키트 카슨, 와일드 빌 히콕 등은 모두 대니얼 분과 연결되며, 이는 후대에 존 웨인과 한 솔로(영화 「스타워즈」의 등장인물)에까지 가닿는다.

건국의 아버지들은 항상 어떤 식으로든 국토 확장을 꾀했으나 19세기 중반에 들어와서야 전면적이고 신속한 대륙 정복이 불가피한 일처럼 보였다. 1845년에 『미국 잡지와 민주주의 비평』은 '해마다 증가하는 수백만 인구의 자유로운 발전을 위하여 아메리카 대륙 전역으로 뻗어가도록

신神이 베풀어주신 명백한 사명'55이라는 강렬한 표현을 남겼는데, 이는 당대의 만연한 분위기를 잘 포착한 것이다.

권력은 동부에 있고 서부가 그에 종속된 영토 역할을 하면서 대영제국을 닮아가기 시작하던 미국은 인구 폭발과 함께 그 양상이 반전됐다. 무서운 기세로 영토를 확장해가던 정착민들은 땅을 경작하면서, 자신들이 지나온 풍경을 완전히 바꿔버렸다.

2.
인디언 거주지

북미 정착민들의 인구 폭발은 믿기 어려울 정도였다. 그러나 두드러진 것은 인구 증가만이 아니었다. 정착민 인구 증가는 북미 원주민 인구의 현저한 감소와 밀접한 관련이 있었다.

원주민 인구 감소의 규모는 논쟁의 여지가 있다. 유럽인이 오기 전에 얼마나 많은 수의 인디언이 살고 있었는지는 알기 어렵다. 현재 연접된 미국(북미 대륙)●에 해당되는 지역의 인디언 인구가 500만 명이라는 인류학자 러셀 손턴의 계산은 중간 정도의 추정치다.[1] 다른 연구자들은 72만~1500만 명에 달하는 추정치를 내놓기도 했다.

유럽인과의 접촉으로 아메리카 인디언의 극심한 인구 감소가 시작됐다는 사실은 논쟁의 여지가 없다. 천연두와 티푸스, 홍역 등 구세계의 질병이 들불처럼 번져나가며 유럽인들의 이동보다 더 빠르게 멀리까지 퍼

● 알래스카와 하와이를 제외한 본토

졌던 것이다. 전쟁과 사회적 혼란이 이어지면서 사망률은 치솟고 출산율은 급감했다. 1800년경 원주민 인구는 50만 명 정도로 줄어들면서,[2] 90퍼센트의 인구 감소를 겪었을 것으로 보인다.

인구 감소가 엄청난 이변을 초래했으나 치명적인 것은 아니었다. 인디언의 존재감은 엄청났다. 영국은 애팔래치아 산등성이를 백인 정착지의 한계선으로 설정할 때 이미 이를 알고 있었다. 인디언과 전쟁을 피하려는 목적도 있었던 것이다. 건국의 아버지들이 대니얼 분처럼 변경 외곽 지역에 단시간에 진출하기보다는 '촘촘한' 백인 정착지 건설 방식을 선택한 것도 그런 이유에서였다.

인디언 세력의 주축은 체로키족이었다. 그들은 테네시, 앨라배마, 노스캐롤라이나 및 조지아 일부에 세력을 형성하고 있었다. 체로키족은 그 수가 17세기와 18세기에 많게는 절반 가까이 줄었으나, 19세기 초반에 다시 늘기 시작했다.[3]

체로키족은 숫자만 늘어난 것이 아니라, 유럽의 문화를 받아들이면서 새로운 공화국 내에 그들만의 영역을 개척해갔다. 그들은 대규모 농장을 운영하고 노예를 사들였으며 수도를 건설했다(한 체로키족 대표가 "볼티모어 같다"[4]고 자랑스레 이야기했다). 세쿼이아라는 은 세공인이 음절문자 체계를 고안하면서 체로키어로 기록할 수 있게 됐다. 이로 인해 부족 신문인 『체로키 피닉스』가 영어와 체로키어로 발행되면서 곧 인기를 얻었다. 1827년 체로키족은 미국 헌법을 본떠 헌법을 채택했다. 유권자들은 부유한 혼혈 기독교인 쿠위스구위Koo-wi-s-gu-wi를 대통령으로 선출했다. 그는 앤드루 잭슨을 보좌하며 전쟁에서 싸웠던 인물로, 유럽식 이름인 존 로스로 불렸다.

로스는 미 상원에 체로키 인디언들이 "예절과 도덕, 종교를 갖춘 백인과 같다"[5]고 설명했다.

모든 북미 원주민이 그런 길을 선택한 것은 아니었다. 고유의 방식을 고수할지 아니면 이방인의 방식을 받아들일지 결정하기란 어려운 문제였으며, 당연히 의견이 분분할 수밖에 없었다. 그러나 유럽식을 적극 받아들이면서 체로키족은 오히려 미국 정부에 강하게 맞섰다. 그들은 백인 사회의 모든 기준으로 볼 때 '문명화된' 부족이었다. 그렇다면 그들의 토지 소유권 주장이 존중되어야 하지 않는가?

체로키 공화국 초창기에 그들의 토지 소유권은 대체로 존중받았다. 워싱턴 행정부는 체로키족을 무시하거나 이주시킬 수 없게 되자 그들과 조약을 체결하여, '문명화된' 체로키족을 미국 시민으로 받아들인다는 가능성을 수용하는 듯했다.

그러나 이처럼 취약한 성과가 백인의 토지 소유욕에 맞서 유지되기는 어려웠다. 조지아 인구는 1820년대에 1.5배 이상 늘어났다. 이와 더불어 남부의 목화 재배 열풍이 시작되고 체로키족 영역에서 금이 발견되면서, 체로키족은 위태로운 상황에 처하게 됐다. 1828년 조지아주는 체로키 헌법에 무효를 선고하고 체로키족의 토지를 요구했다. 앤드루 잭슨 대통령은 이를 승인했다. 인디언 거주지는 '용인되지 않을 것'[6]이라 선언했다. 체로키족은 조지아주의 직권에 따르거나 서쪽 영토로 떠나거나 둘 중 하나를 선택해야 했다.

대법원은 조지아주의 조치가 위헌이라고 선포했다. 그러나 상위 법원의 판결은 무단 거주자들의 맹공 앞에서 아무런 힘도 없었다.

체로키 지주들은 조지아주가 체로키족의 토지를 구역별로 분할한 뒤 백인들에게 추첨을 통해 분배하기 시작하자 경악하며 이를 지켜보았다. 1835년 존 로스가 고향으로 돌아와보니 자신의 집에 백인 남성이 살고 있었다. 로스는 자신의 넓은 땅을 버리고 한 칸짜리 통나무집으로 쫓겨나야 했다. 그해 말 로스는 노예 봉기를 조장했다는 날조된 죄목으로 체포됐다. 다른 체로키 인디언들도 이와 비슷한 고초를 겪었다.

이런 일은 대부분 명백한 불법이었으나 체로키 인디언들은 구제를 호소할 방법이 없었다. 미 전쟁장관은 그들에게 '미시시피강 너머로 떠나' 루이지애나 매입을 통해 획득한 땅으로 이주하는 것이 유일한 해결책이라고 조언했다. 그는 체로키 인디언들에게 그곳에서는 '안전하고 평화롭게'7 살 수 있을 것이라고 확언했다.

로스는 남아서 싸우고 싶었으나 다른 체로키 인디언들이 싸움을 포기했다. "이곳에서는 체로키 부족 국가를 만들 수 없다"8고 존 리지가 낙담하며 말했다. 리지는 선출된 부족 정부를 무시하고 체로키족을 대표해 미 연방정부와 조약을 체결한 당파의 일원이었다. 체로키 인디언들은 고향을 등지고 미시시피강 서쪽으로 새로운 땅을 찾아 떠나야 했다.

최소한 계획만큼은 그랬다. 합의에 따라 2000여 명이 자발적으로 떠났다. 그러나 1만6000명쯤 되는 나머지 사람들은 이를 거부했다. 미국 정부는 7000명의 민병대와 지원병을 보내 총검을 앞세워 그들을 체포하고 투옥시켰다. 철창에 갇힌 체로키 인디언들은 다시 오늘날 오클라호마에 해당되는 곳으로 강제 이주됐다. 체로키 인디언들은 이 여정을 '울면서 지나온 길Nunna daul Isunyi'이라 불렀다. 영어로 '눈물의 길The Trail of Tears'이라 불리는 이 길은 걸어서 지나온 쓰라린 행군이었다. 기아와 추위와 질병으로 수천 명이 목숨을 잃었는데, 그중에는 로스의 아내도 있었다.

죽음의 행렬이 이어졌다. 질병과 굶주림, 폭력이 다년간 체로키족의 새로운 보금자리를 피폐하게 만들었다. 19세기 초반 인구가 급증했다는 사실이 무색해질 정도였다. 1840년 행군길과 새로운 영토에서 사망한 사람들에 이어 출생률 저하가 겹치면서 체로키족 인구는 동부에 남았을 경우 추정되는 예상 인구수의 절반 내지 3분의 1로 급감했다.9

———

눈물의 길은 악명이 높았으나 이례적인 것은 아니었다. 토머스 제퍼슨은 원주민과 유럽인의 거주지를 나누어 전국을 분할하는 데 대한 환상을 품고, 루이지애나 매입에 대한 계획을 세웠다. 새로운 영토의 대부분을 인디언에게 남겨주면 동부는 백인들이 마음껏 차지할 수 있으리라 생각했던 것이다.

미국 역사의 첫 수십 년간은 이러한 대륙적 규모의 아파르트헤이트가 비공식적으로 유지됐다. 이러한 문제가 새롭게 긴급한 사안으로 떠오른 것은 인구 증가 때문이었다. 특히 1830년대 동남부의 체로키 인디언과 인접 부족의 땅을 둘러싼 위기가 그 원인이었다. 이를 해결하고자, 앤드루 잭슨은 서부를 내주고 동부를 얻기 위한 협상에 적극 나설 수 있도록 새로운 법률을 제정했다.

그러나 이러한 거래를 그럴싸하게 만들려면 내놓을 만한 서부의 토지가 있어야 했다. 잭슨 행정부는 서부를 인디언 식민지와 비슷한 것으로 만들고자 했다. 오늘날 텍사스 맨 윗부분에서 캐나다 국경지대에 이르는 지역과 미시간에서 로키산맥에 이르는 미국 영토 중 46퍼센트가 인디언 거주지Indian Country(또는 인디언준주Indian Territory)로 공식 지정될 것이었다. 이는 백인 정착촌 및 상업지와 분리될 것이었다. 강제 이주가 채찍이라면, 백인이 없는 영구 거주지 약속은 당근인 셈이었다.

잭슨은 그런 제안을 그럴듯하게 만들었다. 그의 행정부는 인디언 거주지 내에서 캘리포니아와 텍사스 크기의 중간쯤 되는, 다소 줄어들었지만 그래도 여전히 넓은 면적에 해당되는 지역을 서부준주Western Territory로 지정하겠다고 제안했다. 이는 인디언 정치조직 연합이 주관하는 자치 영토로, 의회에 대표를 보낼 수 있는 것이었다. 그 목표는 미국 정부 대표가 설명했듯 서부준주가 '미연방 소속인 주의 지위를 인정받는 것'10이었다.

이는 놀라운 제안이었다. 미국 정부는 이전에 개별 정치 조직체를 위해 땅의 일부를 남겨둔 적이 있지만 인디언 정치단체를 설립한 적은 한 번도 없었다. 이제 북미 원주민만이 거주하는 영구적인 영토를 만든다는 아이디어가 제시된 것이다. 일리노이나 아칸소와 비슷하거나 좀더 넓은 곳이었다.

그러나 그 대가로 미국을 정착촌과 인디언 구역으로 불평등하게 공식 분할하게 될 것이었다. 기존의 주/영토 분할에 비해 훨씬 선명하게 나뉘어 영구적으로 고착될 가능성이 있었다. 전임 대통령 존 퀸시 애덤스는 그것이 미국이라는 나라의 특징에 미칠 영향에 대해 불편한 기색을 드러냈다. 그런 아이디어는 "전혀 공화국답지 않다"고 경고했다. 이는 제국이나 할 법한 '전제 정치'11 행위라는 것이었다.

의회에서 남부 지방 의원들은 다른 우려를 제기했다. '의회가 미국 국민에게 낯선 잔혹한 유색인종을 우리 연방에 포함'12시킨다면 "이를 제지할 권리는 어디에 있는가? 쿠바와 아이티의 동포는 왜 빼놓는 것인가?" 하고 버지니아 하원의원이 물었다. 그러자 서부준주의 의회 대표 문제도 올라왔다. "나는 인디언들을 의회 의사당에 들일 준비가 안 됐소"13라고 조지아 하원의원이 씩씩거리며 선언했다.

제1부 식민지 제국

1834년에 지정된 인디언 거주지. 의회가 거부한 서부준주는 남부에 위치한다.

결국 '뼛속까지 야만인'[14]인 자들에게 의회 의사당 안에 사무실을 내
준다는 생각은 제23대 의회 구성원들의 고상한 감수성에는 턱없이 벅찬
일이었던 것이다. 그들은 서부준주 제안을 상정했으나 부결됐다. 미 연방
정부는 농기구와 가축을 제공하고 식량을 배분했으며 대장장이와 의사
를 보냈고 가난한 이들을 위한 자금을 확보하여 조약상의 의무를 지켰
다.[15]

그러나 그런 협의는 일시적이었다. 미국 정부의 진짜 목적은 경계 지
역 치안 유지에 있었다. 인디언을 몰아넣고 백인이 출입하지 못하게 하
는 것이었다. 서부준주 지위를 얻었다면 최소한의 정치가 가능했겠지만,
인디언 거주지는 연방정부 입장에서 식민지라기보다는 축사에 가까웠다.

인디언 거주지는 그처럼 지도상에 거의 나타나는 법이 없었다. 법에 명시되긴 했지만 백인들은 이를 불분명하다고 생각했기 때문이다. 원칙상 인디언 거주지는 잭슨 행정부가 보장했던 것처럼 북미 원주민들에게 '효과적이고 완전한 보호'[16]를 제공했다. 그러나 백인 정착민들의 인구 증가는 멈출 줄 몰랐다. 이 약속의 땅은 이후 백인 인구의 팽창에 맞서 경계를 지켜낼 수 있을까?

1830년대에 인디언 거주지가 처음부터 취약해 보였다면, 텍사스가 병합되고 멕시코의 넓은 지역을 손에 넣고 오리건에서 영국의 소유권 주장이 사라진 1840년대에는 훨씬 더 취약한 모습이 됐다. 갑자기 인디언 거주지는 미국 서부 국경을 맞대지 않게 됐다. 북적이는 동부와 이제 막 성장세에 들어선 서부 사이에서 자신을 사방으로 드러내게 된 것이다.

금이 막 발견된 곳이었다.

스티븐 더글러스 상원의원은 "인디언이라는 장애물이 제거되어야 한다"고 따졌다. 그는 인디언 거주지를 통해 캘리포니아에 이르는 대륙횡단 철도를 운영하고자 했다. 윌리엄 헨리 수어드는 18개 부족이 더글러스가 원하는 땅에 살고 있다는 점을 언급했다. "그들은 어디로 가게 됩니까?"[17] 수어드가 물었다. "다시 미시시피강을 건너서? (…) 히말라야산맥까지요?"

누가 신경 쓰겠는가? 금광에 열광하는 백인 정착민들이 밀려들었고 의회는 고맙게도 캔자스와 네브래스카를 인디언 거주지 중심에서 분리했다. 두 개 영토가 백인 정착촌으로 새롭게 등장한 것이다. 그 영토들이 노예제를 허용할 것인지를 두고 일어난 갈등이 캔자스에서 유혈 충돌로 번지자, 캔자스와 네브래스카를 탄생시킨 1854년 캔자스-네브래스카 법은 남북전쟁을 촉발시킨 것으로 잘 알려져 있다. 그러나 그 지역에서 일어난 폭력 사태는 그뿐만이 아니었다. 철도회사와 연방 기관, 무장 불법 거주자들, 군대, 막연하고 수상쩍은 법적 소유권 등이 얽힌 복잡한 과정에서 백인들은 인디언들로부터 무리하게 빼앗은 땅을 두고 서로 싸웠다.

로라 잉걸스 와일더의 『초원의 집』을 읽은 독자들은 소설 전개의 중심축이 되는 이러한 역학관계에 익숙할 것이다. 이름뿐인 집은 인디언 거주지 안으로 5킬로미터쯤 들어간 곳에 있다. 엄마는 사소한 일에도 마음을 잘 놓지 못한다.

엄마는 이곳이 인디언 거주지인지 아닌지 몰랐다.[18] 캔자스 경계가 어디인지도 몰랐다. 어쨌건 인디언들은 여기에 오래 있지 않을 것이다. 아빠는 워싱턴에 있는 사람으로부터 인디언준주가 정착촌으로 곧 개방될 것이라는 이야기를 들었다.

아빠는 그 문제를 좀더 잘 파악하고 있는 것으로 묘사된다.

"백인 정착민들이 카운티로 들어왔을 때 인디언들은 이동해야 했지.[19] 정부는 곧 인디언들을 더 서쪽으로 이주시킬 계획이란다. 그래서 우리가 여기 있는 거다. 로라. 백인들은 이 카운티 전체에 정착하게 될 거고 우리는 제일 좋은 땅을 갖게 될 거다. 우리는 여기에 제일 먼저 도착해서 땅을 골랐거든. 무슨 말인지 알겠니?"

"네, 아빠." 로라가 대답했다. "그런데, 아빠, 저는 여기가 인디언준주라고 생각했어요. 인디언들이 그것 때문에 화내지 않을까요?"

"이제 질문은 그만하렴, 로라." 아빠가 단호하게 말했다. "가서 자거라."

책의 마지막 부분에 가면 아빠는 연방군이 그를 불법 정착지에서 쫓아내러 올 것이라는 사실을 알게 된다. "여기 있다가 범법자처럼 군인들한테 끌려나가지 않겠어!"[20] 그는 소리치고는 가족들에게 짐을 꾸리게한 다음 위스콘신으로 되돌아간다.

『초원의 집』은 로라 잉걸스 와일더의 유년 시절을 기반으로 한 자전적이야기다. 작은 집이 있었고, 이는 인디언 거주지에 있었다. 그러나 와일더의 가족이 연방군에게 쫓겨난 적은 없다. 1990년대에 『워싱턴포스트』편집자이자 오세이지족 기자였던 데니스 매콜리프 주니어는 그의 가계를 연구하다가, 땅에서 쫓겨난 것은 백인들이 아니라 바로 오세이지족이라는 사실을 알게 됐다.[21] 로라 아빠의 이웃과 아마 아빠 스스로도 오세이지족의 식량을 훔치고 그들의 가축을 도살하고 집을 불태우고 도굴하고 그들을 단번에 살해하는 식으로 인디언들을 몰아냈던 것이다.

이 모든 것을 지켜보고 경악한 한 연방 관리는 "질문이 떠오를 것이다"[22]라며 이렇게 썼다. "그들 중 누가 야만인인가?"

———

'평생 살게 될 줄 알았던' 땅에서 밀려난 북미 원주민들은 다시금 이주했다. 인디언 거주지가 잇따라 줄어들면서 마침내 오늘날 오클라호마에 해당되는 남단까지 축소됐다. 지도상의 각 지역에 나타난 이 영토의인구는 19세기의 고통스러웠던 강제 이주의 역사를 말해준다. 1879년인구통계에는 체로키, 촉토, 치카소, 쿼포, 세미놀, 세네카, 쇼니, 모도크,

오타와, 피오리아, 마이애미, 와이언도트, 오세이지, 카우, 네즈퍼스, 포니, 퐁카, 사크와 폭스, 키커푸, 크리크, 포타와토미, 샤이엔, 아라파호, 위치타, 웨이코, 타와코니, 키차이, 카도, 델라웨어, 코만치, 카이오와, 아파치 족이 포함됐다.[23]

마치 누군가가 유럽 각국의 인구를 대폭 줄인 후 남은 인구를 루마니아의 경작지로 옮겨놓기라도 한 것 같았다.

그러나 인디언 정치 조직체들이 빽빽하게 모여 있었다 하더라도 습격에는 취약한 상태였다. 캔자스와 네브래스카처럼 이를 준주로 만드는 방안에 대한 이야기가 오갔다. 그리고 이 두 준주의 경우와 마찬가지로 백인들이 불법적으로 쏟아져 들어오기 시작했다. 한 단체가 저항하는 태도로 의회에 1885장의 청원서를 통해 "우리는 도끼와 쟁기로 이곳을 지킨다"[24]고 선언했다. "수십만 명의 친구가 우리와 뜻을 함께하기 위해 서부의 모든 주에서 오는 길이다. 우리는 이곳을 지킨다. 군인이든 민간인이든 우리를 방해하는 사람이면 누구든, 무리지어 온다고 해도 그들에게 땅을 내주지 않겠다."

인디언들은 이러한 무단 거주자들을 두려워했다. 『체로키 애드버킷』은 "인디언이 가진 게 거의 없다 하더라도, 그들이 땅과 집을 모두 잃어버릴 때까지 그처럼 냉혹한 몹쓸 놈들은 결코 만족하거나 정부를 가만두지 않을 것이다"[25]라고 경고했다. "어떠한 인간적 감정도 느끼지 못하고 법도 지키지 않는 그런 인간들은 언어로는 표현할 수가 없다."

『체로키 애드버킷』이 두려워한 것처럼 미국 정부는 정착민의 요구를 승인하고, 서부 지역을 백인들에게 할당 및 분배하여 북미 원주민의 거주지를 영토 내 동부로 밀어냈다. 서부 토지의 일부는 추첨을 통해 분배됐고 더 많은 토지가 인종별로 배당됐다. 연방 관리가 총성을 울리자 정

인디언 토지 강탈. 인디언들은 대폭 축소된 거주지로 이주했다.

착민들은 토지를 차지하기 위해 앞다퉈 달려나갔다. 인구조사국 진술에 따르면 이는 '미국 역사상 최단 기간의 정착'[26]이었다.

거주지에서 쫓겨난 이들을 위해 지명을 정하는 미국의 유서 깊은 전통에 따라 새롭게 개방된 영토는 오클라호마라고 불렸다. 이는 촉토족의 말로 '아메리카 원주민red people'이라는 뜻이다.

그로 인해 유일하게 남은 인디언 거주지는 동부뿐이었다. 그러나 무단 거주자들은 그곳으로도 쇄도하고 있었다. 상황을 파악한 주요 부족들은 인디언과 비인디언 모두가 참여하는 협의회를 소집했다. 그들은 인구의 상당수가 인디언이지만 전체 주민이 인디언은 아닌 주로서 미연방에 가입을 신청할 예정이었다. 체로키어를 고안한 은 세공인의 이름을 따서 세쿼이아라는 주 명칭을 붙이기로 했다.

제1부 식민지 제국

광란의 토지 쟁탈전. 1893년 총성이 울리자 백인 정착민들이 인디언 거주지였던 땅을 차지하기 위해 앞다퉈 달려나가고 있다.

　　의회는 해당 청원의 검토를 거부했다. 그 대신 정착민들이 다수인 오클라호마준주가 주 가입을 원하는 세쿼이아를 흡수하도록 허용했다. 오클라호마는 1907년 주 가입이 승인됐는데 인디언 인구는 4분이 1이 채 안 됐다.[27]

　　인디언 거주지의 전멸은 북미 원주민들에게는 매우 중요한 사건이었다. 20년 후 체로키 출신의 극작가인 린 리그스가 그 이야기를 써냈다. 리그스는 파리에서 희곡을 구상해 집필했다. 그는 카페 레 두 마고에 자주 들렀다. 어니스트 헤밍웨이와 스콧 피츠제럴드도 그곳에서 글을 쓰곤 했다. 그러나 그의 마음속은 온통 어린 시절의 고향 생각뿐이었다. 그 결과 변화의 한가운데에 있던 인디언 거주지를 그리워하며 그것을 기리는 『푸르게 자라는 라일락』이라는 작품을 세상에 내놓았다. 이는 조용히 향수에 잠긴 듯한 분위기의 희곡이었으나 저항성을 띠는 결말을 담고 있었다. 마지막에 연방 보안관이 무대에 나타날 때 인물들은 그에게 협조하길 거부하면서 스스로를 '머리부터 발끝까지 인디언의 피가 흐르는' 사람들이라 말하고 미국을 '외국'[28]으로 여긴다고 설명한다. 그처럼 불안정한 대치 상태로 막이 내린다.

리그스의 희곡은 1931년 초연 당시 호평을 받았다. 그러나 오늘날은 그 특유의 장점이 다소 묻힌 채, 리처드 로저스와 오스카 해머스타인 2세의 작품인 뮤지컬 「오클라호마!」의 기본 줄거리로만 기억된다. 해머스타인 2세는 언론에 "원작의 대사를 바꾸지 않고 대부분 그대로 두었습니다. 그래봤자 나아질 게 없었기 때문이죠. 적어도 저는 더 낫게 고칠 수 없었습니다"[29]라고 말했다.

그러나 한 가지 두드러진 변화가 있었다. 뮤지컬은 보안관과의 대치로 끝나긴 하지만(행복한 결말), 「오클라호마!」의 인물들은 '인디언의 피'가 흐른다는 말은 하지 않는다. 실제로 인디언이라는 말은 극 중 단 한 번도 나오지 않는다. 「오클라호마!」는 등장인물들을 남아도는 땅에 넋을 잃고 곧 '새로운 주에서 살게' 될지 모른다는 생각에 황홀해 마지않는 백인들로 묘사한다. 그들은 "우리는 이 땅과 한 몸이고 우리가 속한 이 땅은 광활하구나" 하고 노래한다.

기쁨에 넘친 백인 정착민들의 후렴구인 것이다.

3.
해조분에 대해 항상 궁금했으나
묻기 어려웠던 모든 것

세계사에서 잘 드러나지 않았던 특징으로 지난 수십 년간 지도가 크게 변하지 않았다는 사실을 들 수 있다. 물론 분쟁지(이라크/쿠웨이트, 러시아/우크라이나, 수단)가 있었고 소비에트연방의 극적인 해체가 있었다. 그러나 이전 몇 세기 동안 나타났던 극심한 국경 변화와 같은 것은 없었다. 침략과 혁명, 정복 및 합병으로 인해 폴란드는 저주받은 아코디언처럼 극도로 국경이 확대되거나 축소됐으며, 인디언 거주지는 지도상에서 사라졌다.

오늘날은 국경이 잘 변하지 않기 때문에 국가의 모양이 당연한 것처럼 보일 수 있다. 육각형 모양의 프랑스, 스틸레토 부츠 모양의 이탈리아, 바늘처럼 가늘고 긴 모양의 칠레(헨리 키신저가 '남극의 심장부를 겨냥한 단검'[1]이라고 농담한 바 있다)는 역사적으로 운이 따라줬기 때문이지만, 지금과 다른 모습의 국토 형태를 상상하기란 어렵다.

그런 이유로 미국 건국의 아버지들이 서부 확장을 망설였다는 사실을 떠올리기란 힘들다. 확실히 그들은 국가의 성장이 얼마나 미완성인 상태로 부진한지를 봤을 것이다. 끝까지 이야기를 따라가다보면 조각 그림 퍼즐을 맞출 때처럼 얼마간 만족을 느끼게 마련이다. 루이지애나 매입, 동부 및 서부 플로리다, 텍사스, 오리건, 미국-멕시코 전쟁, 익숙한 미국 로고 지도를 채운 멕시코 국경에 있는 소규모 면적의 토지인 개즈든 매입. 이로써 그림이 완성되고 운명이 모습을 드러냈다.

퍼즐이 아직 끝나지 않았다는 사실만 제외하면 말이다. 로고 지도가 포착한 미국 국경은 3년간만 유효했다. 1857년 개즈든 매입이 비준된 (1854) 지 얼마 지나지 않아 미국은 카리브해와 태평양 연안의 작은 섬들을 합병하기 시작했다. 19세기 말경에는 100여 개 섬을 차지하게 된다. 당시 그 섬들에는 원주민도 없었고 전략적인 가치도 없었다. 본토에서 멀리 떨어져 비도 내리지 않는 바위섬인 경우가 많았다. 농사를 짓기에 부적합했던 것이다. 그러나 그건 문제가 아니었다. 19세기에는 누구나 간절히 바랐던 것이 하나 있었으니, 바로 일반인들 사이에서 새똥으로 알려진 '백금'이었다.

———

왜 새똥에 다들 관심을 보였는지 이해하려면 산업화 이전 농경에 관해 조금이나마 알아두는 게 도움이 된다.

19세기 미국의 농경은 오늘날과는 사뭇 달랐다. 높게 자란 작물이 꽉차 비옥한 농지가 한없이 펼쳐지는 압도적인 풍경이 아니었다. 농사는 불안정한 일이었다. 벤저민 프랭클린이 집계한 인구수에 토머스 맬서스가 놀란 이유는 이처럼 기하급수적으로 늘어나는 인구를 먹여 살릴 식

제1부 식민지 제국

량을 어디서 공급받을 수 있을지 몰랐기 때문이다. 새로운 농경지와 미개간지 덕분에 북미 거주민들은 다소 여유를 얻었지만 일시적인 조치에 불과할 거라 여겼다. 맬서스는 결국 "인구 증가 압력이 인간 생존에 필요한 식량 생산 압력보다 훨씬 커서 어떤 식으로든 인류는 때 이른 죽음을 맞게 될 것이다"[2]라고 썼다.

19세기가 지나면서 농업 과학자들은 지력이 왜 출생률에 못 미치는지를 더 잘 파악하게 됐다. 경작지에는 식물 생장에 필수인 영양소가 들어 있다. 가장 중요한 요소는 생명의 네 가지 기본 요소CHON(탄소, 수소, 산소, 질소) 중 하나인 질소다. 질소가 부족한 토양은 식물의 잎이 제대로 생장하지 못하도록 해 흐린 색을 띠고 씨앗의 단백질은 부족해진다.

다행히 질소는 지구 대기 부피의 약 5분의 4를 차지한다. 그러나 안타깝게도 대기 질소는 대부분 이질소(N_2)여서, 강한 3중 결합으로 인해 화학반응을 일으키지 않으므로 식물이 이를 이용할 수 없다. 뿐만 아니라 자연 상태에서는 이질소를 사용 가능한 반응성 화합물로 바꿀 방법이 거의 없다. 일부 콩과 식물의 뿌리혹에 사는 박테리아와 마찬가지로, 번개가 그런 반응을 일으킬 수 있지만 단지 그뿐이다.

화학자들은 19세기가 되어서야 이 모든 퍼즐을 맞추게 됐다. 그러나 농부들은 나름의 방식으로 1000년에 걸쳐 이러한 원리를 파악했다. 모든 농업 방식이 전통이 될 만큼 오래 지속되려면 질소의 순환을 관리하는 방법이 있어야 한다. 이는 오랫동안 전해 내려온 지혜를 바탕으로 사계절의 주기에 맞춰 농부와 땅이 함께 추는 복잡한 안무의 발레 같은 것이다. 질소가 풍부한 거름을 뿌리고 작물이 순환하고 숲을 태우고 경작을 쉬거나 렌틸콩을 심는다. 지역마다 공연 주제에 맞춰 고유의 버전을 선보이는 식이다.

그러나 이처럼 복잡한 체계는 19세기에 이르러 흔들렸다. 산업화는 공장을 먹여 살릴 원료와 노동자를 먹여 살릴 곡물을 필요로 했다. 지역에서 소비되는 순환 작물을 재배하는 방식을 택했던 농가는 가장 수익성이 좋은 작물에 집중하기 시작했으며 멀리 떨어진 시장에 내놓기 위해 이런 작물들을 길렀다. 영국인들이 파운드당 11센트에 목화를 사들이며 이를 실어갈 배가 언제든지 기다리고 있는데 콩을 심을 시간이 어디 있겠는가?

설상가상으로 시골 지역에서 멀리 떨어진 도시로 농작물을 운송하게 되자, 새로운 농업 방식은 인간과 가축의 분뇨를 땅으로 돌려주어 흙에 질소를 공급하는 방식의 오랜 경작 주기를 깨뜨렸다. 19세기 농학자들은 밭에 거름으로 활용 가능한 질소 노폐물을 강과 바다로 흘려버리는 대도시들을 못마땅하게 생각했다. 널리 교재로 활용된 한 책의 저자는 연간 '버려지는' 인간 분뇨의 가치는 5000만 달러에 달할 것이라고 추정했는데, 이는 연방 예산 규모에 맞먹는 것이었다.[3]

이는 공연한 우려가 아니었다. 농가마다 수확 체감을 겪었다. '지력 소모'는 그 말이 나타내듯 산업화되는 국가를 통틀어 19세기 농업의 골칫거리였으며, 동부의 농가들은 타격을 받았다. 한 농업 전문가는 "이것은 숨길 수 없는 사실입니다"라며 뉴욕 상원에 보고했다. "백만 단위까진 아니더라도 뉴욕주의 수천 에이커에 달하는 땅에서 예전에는 에이커당 20부셸은 나왔던 게 이제는 10부셸도 안 나옵니다."[4]

농부들은 지력 회복을 위해 밭에 뿌릴 만한 유기물을 샅샅이 찾아다녔다. 험프리 데이비 경이 쓴 『농화학의 기본 요소』라는 권위 있는 책에서 다룬 방법의 종류만 봐도 그들이 얼마나 필사적이었는지를 짐작할 수 있다.[5] 데이비 경은 유채 깻묵, 아마인 깻묵, 엿기름 지게미, 해초(가능한 한 신선한 것을 확보), 짚, 썩은 건초, 귀리, '단순 목질 섬유' '불활성 토탄 물질', 재거름, '육지동물 근육 전체', 부패한 동물(말, 개, 양, 사슴 및 '다른 네발 짐승')의 유해, 생선, 고래 기름, 골분, 뿔을 깎아낸 부스러기, 털, 양모 조각, '무두질 공장에서 나온 내장', 혈액, '제당소의 보일러에서 추출한 부유물', 산호초, 해면, 바로 배출한 소변, '부패한 소변', 비둘기 똥, 닭똥, 토끼 똥, 소똥, 양 똥, 사슴 똥 및 검댕 등을 언급했다.

'푸드레트Poudrette'는 상업적으로 팔리는 인간의 분뇨를 점잖게 이르는 말로, 특히 관심의 대상이었다. 빅토르 위고조차 『레미제라블』(1862)에서 한 장을 할애해 곤란에 처한 주인공 장발장이 파리 하수도를 통해 도망치면서 파리의 오물을 처리하는 데 사용되면 정말 좋을 거라고 말하는 장면을 넣었다. 뮤지컬에서는 안타깝게 잘려나갔지만, 위고는 오수를 시골로 다시 내보내는 '밸브와 수문이 달린 이중관 시설'[6]에 대한 계획을 간략히 보여주었다.

그러나 대량의 분뇨를 회수해 쓴다는 생각은 실현되지 못했다. 도시의 오물은 여기저기 흩어져 있었고 이를 모아 운반하기에는 무거웠던데다 다른 '토질 개선제' 중 꽤나 효과적인 것들이 있었기 때문이다.

효과가 있었던 것은 바로 해조분이었다.[7] 이는 비료로 사용되는 새나 박쥐의 똥을 가리킬 수 있으나, 해조분은 흔히 페루 연안의 친차 제도에 서식하는 가마우지, 얼가니새 및 펠리컨에게서 나오는 질산이 풍부한 똥으로 생각됐다. 섬은 보통 해조들이 좋아하는 군서지다. 게다가 친차 제도는 비가 거의 오지 않는다는 장점이 있었다. 해조분은 몇백 피트 높이로 쌓였고 햇볕을 받아 말랐기 때문에 섬에는 몇 세기 동안 석회화된 새똥이 그대로 암석화되었던 것이다.

한 버몬트 신문사의 표현에 따르면 해조분은 "정신이 번쩍 들게 하는 끔찍한 약병 냄새를 풍기는 똥이 부패한 새끼 고양이 사체와 섞인 형편 없는 찌꺼기처럼 보였다"[8] 버지니아주 상원의원은 이를 '상상할 수 있는 한 가장 역겹고 불쾌한 물질'[9]이라고 보았다. 코를 찌르는 암모니아 냄새는 악명이 높았고 몇 마일 밖에서도 맡을 수 있을 정도였다. 해조분을 가지고 오는 선원들은 해조분이 든 선실 안에서 15분 이상 머물지 못했다.[10] 그들은 거칠게 숨을 몰아쉬며 나왔고 때로는 코피를 흘리거나 일시적인 실명을 겪기도 했다.

그러나 질소가 턱없이 부족한 북미 농지에 소량의 해조분을 뿌렸더니 기적이 일어났다. 1840년대에 페루산 해조분을 실은 선박이 처음으로 들어왔고, 해조분은 곧 선풍적인 인기를 끌었다. 『클리블랜드 헤럴드』는 '가장 저렴하면서도 가장 강력하고 효과가 오래 지속되며 운반이 가능한 비료'[11]라고 극찬했다. 해조분을 높이 쌓아둔 헛간에 열 살짜리 아들을 가둬둔 아버지에 대한 거짓말 같은 이야기도 퍼졌다.[12] 몇 시간 후에 헛간 문을 열었더니 어린 아들 대신 의젓하게 자란 청년이 있더라는 이야기였다. 또는 해조분을 뿌린 오이가 흙 속에서 튀어나와 줄기로 농부를 휘감았다는 이야기도 있었다.

———

페루산 해조분이 놀라운 효과를 발휘했을지는 모르지만 공짜는 아니었다. 엄청난 수요 때문에 가격이 치솟았던 것이다. 친차 제도의 해조분 수출을 독점하고 가격을 끌어올린 영국 회사들의 공급량 통제도 심해졌다.

쉽게 말해 문제였다. '해조분 문제'가 의회에서 반복적으로 논의됐다.

제1부 식민지 제국

19세기 후반 해조분의 시대를 찬양하는 낱장 악보.

(캘리포니아 상원의원 한 명은 "이 주제는 태평양 횡단 철도보다 중요성이 훨씬 덜하다"며 지긋지긋하다는 듯 이의를 제기했다. 이에 버지니아주는 "해당 상원의 원은 해조분 사용에 관심이 없었거나 그런 말을 했을 리가 없다"[13]며 짤막한 답 변을 내놓았다.) 해조분의 가격은 4년간 대통령의 연두교서에도 등장했다. 그중 밀러드 필모어 대통령의 첫 번째 연설이 유명하다. "페루산 해조분 은 매우 인기 있는 품목이 되었다"[14]면서 그는 '합리적인 가격'에 이를 공 급하는 것이 '정부의 의무'라 생각한다고 말했다. 그는 해조분을 저렴하 게 사용할 수 있도록 '이러한 노력을 게을리하는 일이 없게 할 것'이라고 국민에게 약속했다.

이는 말뿐인 공약이 아니었다. 1852년 필모어 정부의 국무장관이었던 대니얼 웹스터는 투기꾼들에게 전권을 위임하여, 페루 북부 연안에 위치 한 해조분으로 뒤덮인 로보스 제도에 가서 해조분을 남김없이 긁어올 것을 주문했다. 이를 위해 선박을 보호하고 군함을 급파하겠다고 약속까지 한 것이다. 이는 대담하지만 위험한 계획이었다. 페루가 로보스 제도에 대한 영유권을 주장했기 때문이다. 페루의 한 신문사는 독자들에게 분연히 떨쳐 일어나 '혐오스러운 인종을 박멸'하고 미국의 재산을 몰수하여 "페루 사람들이 죽기 전에 그들을 먼저 죽이자"[15]고 부추겼다.

양국은 곧 냉정을 되찾았고, 미국이 한발 물러났다(『런던타임스』는 "페루 펭귄이 미국 독수리를 흠씬 두들겨 팼다"[16]고 조롱했다). 그러나 분명한 것은 해조분으로 인해 아메리카 대륙에 전쟁이 일어날 뻔했다는 사실이다. 앞으로 그런 일이 일어나지 않으리라는 보장은 없었다. 델라웨어의 한 상원의원이 넌지시 이야기했다시피 페루 섬 하나가 개즈든 매입지나 쿠바, 카리브해를 모두 합한 나머지 전체보다 훨씬 가치 있는 대상이었기 때문이다.[17]

다행히 영국의 독점 문제를 해결할 다른 방법이 있었다. 대니얼 분에 관한 신화를 더욱 공고히 했던 자연 속 생존에 관한 시리즈물의 집필을 끝내고 몇 년이 지난 후, 제임스 쿠퍼는 남태평양의 해조분 섬에 관한 소설 『분화구』(1847)를 썼다. 소설 속에서 '아주 오래된 해조분의 거대한 퇴적물'이 섬의 평원으로 씻겨 내려와 '숲속의 빈터'[18]에 그득하게 쌓인다. 이를 발견한 미국 여행객 무리가 그곳에 식민지를 만든다. 쿠퍼가 보기에 이 작은 화산암 섬은 서부 확장에 관한 이야기의 후속편을 써나갈 무대로는 생각할 수도 없는 장소였으나, 해조분은 마음을 사로잡는 힘이 있었다.

이렇게 생각한 사람은 쿠퍼뿐만이 아니었다. 투기꾼들 역시 주인이 없는 태평양의 여러 섬에는 막대한 양의 해조분이 쌓여 있을 거라고 생각했다. 중태평양에 위치한 두 섬 하울랜드와 자르비스는 육지에서

1600킬로미터 이상 떨어진 곳으로, 수십 년간 포경선들이 들락거린 데다 특히 해조분이 풍부할 것으로 여겨졌다. 해조분 업자들은 재빨리 1000만 달러의 자본금(1850년 연방 지출액 총계가 4억5000만 달러가 조금 안 된 사실로 미루어보면 놀라운 액수다)으로 미국 해조분 회사를 설립했다.[19] 그들은 프랭클린 피어스 대통령에게 하울랜드와 자르비스로 해군을 보내 그들이 파낸 해조분을 외부 침입자로부터 보호해달라고 요청했다.

피어스 대통령은 그들의 요청을 들어주었을 뿐만 아니라 1856년 해조분 제도법을 지지하며 한발 더 나아갔다. 이 조항에 따라 미국 시민이 주인 없는 무인도에서 해조분을 발견할 때마다 해당 섬은 '대통령의 재량에 따라 미국에 부속되는 것으로 간주'[20]되었다. '부속된다'는 말은 의회 의원들이 중요한 부분을 웅얼거리면서 어물쩍 넘어가는 것 같은 모호한 느낌을 주었다. 그러나 중요한 점은 그 섬들이 어떤 식으로든 미국 소유였다는 사실이다.

이는 전에 없던 획기적인 조치였기 때문에 의회 의원들이 어물쩍 넘어가는 건 당연했는지도 모른다. 미국 역사의 거의 매 순간 영토 확장은 논쟁을 불러일으켰고, 신문 지면을 달구었으며 의회에서 정쟁에 휘말렸다. 한 신문사는 이제 이 법이 통과되면 이곳을 누비는 이들은 누구나 '마음껏 태평양 일대든 어떤 바다든 활보하고 미국에 섬들을 합병'[21]하게 될 것이라고 논평했다.

의원들은 주저했다. 이 '새로운 종류의 법령'이 '해조분의 공급 외에 다른 여파'[22]를 불러올 여지가 있었기 때문이다. 윌리엄 H. 수어드 상원 의원은 해당 법안을 지지한 인물로, 동료 의원들의 의구심을 가라앉히려 했다. 그는 이 법안으로 '영유권 주장 가능성을 열게'[23] 됐다고 인정하면서 의문을 갖는 게 당연하다고 말했다. "그러나 해당 법안은 영토로 삼기에 적합하지 않은 (⋯) 거친 바위섬을 이용하고자 마련된 것이다." 제임스 쿠퍼의 판타지는 차치하고, 수어드는 그 섬들에 '식민지 건설'은 없을 것이라고 약속했다.

이는 바로 의회가 듣고 싶어했던 말이다. 법안은 통과됐고 투기꾼들은 제 몫을 차지하려고 섬으로 몰려들었다. 이는 또 다른 토지 쟁탈전이었다. 이번에는 무대가 태평양과 카리브해라는 점이 다를 뿐이었다. 1차 선점 경쟁의 결과로 취득한 섬들은 1857년 미국령으로 편입됐다. 1863년 경에는 미국 정부가 병합한 섬이 59개에 이르렀다. 1902년 마지막 토지 병합 청구가 제기될 무렵, 미국이 건설한 바다 제국에는 94개의 해조분 섬들이 포함됐다.[24] 월트 휘트먼은 "태평양은 우리 것이 될 터이며, 대서양의 대부분도 그럴 것이다"[25]라고 의기양양하게 떠들어댔다. "얼마나 멋진 시대인가! 얼마나 멋진 땅인가!"

———

제임스 쿠퍼는 비료로 활용되는 해조분의 유례없는 강력한 효과를 알고는, 그의 소설 속 섬을 '자그마한 낙원'[26]으로 그려냈다. 하지만 그의 생각은 완전히 틀린 것으로 드러났다. 쿠퍼가 이해하지 못한 것은 해조분이 극도로 건조한 기후인 바다 한가운데 사막에서만 쌓인다는 사실이었다. 비가 내리지 않아 수 세기 동안 해조분이 쌓일 수 있었던 것이다. 그런 섬들은 비옥한 평원이 아닌 암석이 가득한 황무지로, 인간이 살기에 매우 부적합한 곳이었다.

더욱이 해조분은 그 자체로 배에 실을 수가 없었다. 해조분 채굴(굴착,

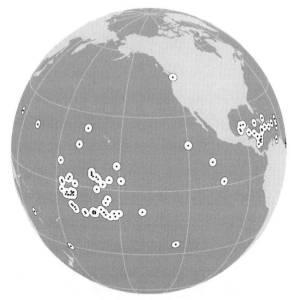

미국이 소유권을 주장한 해조분 섬, 1857~1902

채집 및 폭파 후 운반을 거쳐 선적)은 19세기에 이뤄졌던 노동들 중에서도 거의 최악의 노동이었다. 등골이 휠 정도로 힘들고 석탄 채굴 시 폐 손상과 같은 피해를 입게 될 뿐만 아니라 몇 달 동안 뜨겁고 건조한 데다 악취와 역병이 도는 섬에 고립돼 있어야 했던 것이다. 호흡기 질환으로 인해 일꾼들은 기절하거나 피를 토하는 일이 잦았다. 위장병도 흔했다. 많은 사람이 모여 있는 데다 상한 음식과 깨끗한 물이 부족한 환경에서 일어날 수 있는 결과였다. 날카로운 바닷새 울음소리가 하늘 높이 울려 퍼지며 이따금씩 새똥 무더기가 하늘에서 폭우처럼 쏟아져 내렸다(한 방문객은 "우리는 새똥 비료 무더기에 완전히 둘러싸여 있었다"[27]고 기억했다). 하울랜드섬에서는 통제 불가능한 쥐떼가 땅 위를 이리저리 쏘다니며 전염병이 우글거리는 곳에 독소를 추가했다.

일꾼을 찾는 일은 쉽지 않았다. 페루산 해조분 사업에 뛰어든 이들은 같이 일할 사람을 찾는 게 어려워지자 중국 노동자들을 주로 활용했다. 그들은 거짓 약속에 속거나 때로는 납치를 당해 동쪽으로 가는 배에 올랐다. 1847~1874년에 최소한 68척의 배에서 폭동이 일어났다.[28] 미국의 해조분 투기꾼들은 주로 하와이에서 일꾼('카나카Kanaka'라고 불림)을 모집했다. 섬이라는 환경 때문에 좀더 익숙하게 느낄 거라 생각했던 것이다. "끈기 있고 근면한 어두운 피부색의 카나카들은 적도의 뜨거운 태양 아래서 해조분을 파내 옮기며, 해가 떠서 질 때까지 성난 파도를 타고 힘겹게 노 젓기를 즐긴다. (…) 그들은 놀라운 종족이다." 한 고용주는 감탄을 쏟아내며 이렇게 썼다. 게다가 그는 어려움을 견디고 질병을 이겨내며 험한 물살을 헤치고 생선을 잡는 이들의 능력에 대해 매우 놀라워했다. "상어와 카나카들은 상상할 수 없을 정도로 사이좋게 지낸다."[29]

가장 곤란한 상황은 지구 반대편에 있는 아이티 근처의 작은 카리브해 섬 나배사에서 일어났다.[30] 이곳은 꽤나 불길한 느낌을 풍기는 악마의 섬으로 불렸다.

나배사에는 사실 해조분의 양이 많지 않았지만, 해양생물이 몇 세기 동안 쌓여 화석화된, 인산삼칼슘이 퇴적된 산호초로 가득했다. 이 역시 지력이 쇠한 토양에 풍부한 영양분을 공급하는 원천이었다. 나배사 인산염 상사가 관리하는 이 원료는 이제 피어나기 시작한 미국의 섬나라 제국에서 가장 믿을 만한 비료로 손꼽히게 됐다.

나배사 인산염 상사는 볼티모어의 흑인들을 일꾼으로 활용했다. 이

회사는 열매를 따고 아름다운 여인과의 로맨스를 꿈꿀 수 있는 열대 지방 생활을 약속하며 문맹인 일꾼들을 꼬드겨 장기 계약서에 서명해 배에 오르도록 했다.

그러나 배에서 내린 일꾼들은 목가적인 생활과는 너무나 거리가 먼 현실을 깨달았다. 온통 바위로 들쭉날쭉한 데다 풍파를 견뎌낸 바싹 마른 섬에는 열매도 여인도 없었다. 있는 건 괴혈병을 유발하는 건빵과 절인 돼지고기뿐이었고, 회사가 보낸 백인 감독관은 폭력을 일삼았다. 셔츠와 신발, 매트리스, 베개와 같은 필수품은 말도 안 되게 부풀려진 가격으로 구내매점에서만 구할 수 있었다. 일꾼들은 아파서 앓아누우면 벌금을 내야 했다. 말썽을 일으킨 이들은 "밧줄에 묶여 매달렸다". 즉 팔은 들어올리고 발은 거의 바닥에 닿을 듯 말 듯한 자세로 뜨거운 햇볕을 받으며 몇 시간 동안 묶여 있어야 했던 것이다.

1889년 감독관과 일꾼 사이에 시비가 붙었다가 이내 폭력 사태로 번졌다. 백인 관리자들이 도끼와 면도칼, 곤봉, 돌멩이, 못쓰게 된 권총과 다이너마이트를 들고 싸우던 일꾼들을 향해 발포했다. 아비규환 속에서 5명의 백인 관리자가 목숨을 잃었다. 근처에 있던 영국 증기선이 남은 백인들을 태우고 킹스턴으로 데리고 갔다(보고서에는 "우리는 구조된 순간부터 극진한 대접을 받았다"며 만족스러운 평이 담겼다31). 일꾼들은 다시 볼티모어로 보내졌고 추운 거리를 지나며 어떤 이들은 신발도 없이 수갑을 찬 채로 시 교도소에 갇혔다.

다섯 구에 달하는 백인 시체와 신문 지면을 채운 살아남은 관리자들의 생생한 증언으로(다소 과잉된 반응의 '검은 학살자들'32이라는 머리기사가 실렸다), 피고인들의 앞날은 그리 밝아 보이지 않았다. 볼티모어의 흑인 인권 운동가들은 기금을 모아 막강한 법률팀을 고용했다. 그중에는 메릴랜드 변호사 시험을 통과한 최초의 흑인 변호사 E. J. 워링도 있었다.

워링과 그의 동료 변호사들은 확실한 점들을 짚었다. 바로 끔찍한 환경과 불복종한 일꾼들을 밧줄에 매다는 행위였다. 그러나 이 사건은 최후 수단인 정당방위가 최종 쟁점으로 떠올랐다. 변호사들은 폭동을 일으킨 사람들은 미국 관할권 밖에서 일어난 사건으로 유죄 선고를 받을 수는 없다고 주장했다. 그들은 아이티 역시 나배사에 대한 영유권을 주장했다는 점을 지적했다. 어떤 미국 관리도 그곳에 상주하고 있지 않다는 점에도 주목했다. 그리고 해조분 제도법의 이상한 표현을 파고들었다. 해당 제도가 미국령에 '부속된다'[33]는 말이 무엇을 뜻하는지 짚은 것이

에드워드 스미스(일명 '악마')   찰스 H. 스미스   제임스 필립스

찰스 H. 데이비스   에드워드 우드포크   제임스 H. 로빈슨

나배사의 폭도들. 나배사섬의 여섯 피고인.

다. 부속되다니? 정확히 그게 무슨 의미인가? 피고인 측은 나배사를 외국 영토로 보았다.

이는 폭동을 일으킨 이들에게 자유를 가져다주기 위한 것 이상이었다. 이것은 미국이라는 제국의 적법성에 대한 도전으로 받아들여져 곧 대법원까지 올라갔다. 대법원은 검사 측 손을 들어주며, 미국 법의 적용 범위에는 '명백히'[34] 나배사도 포함된다고 판결을 확인해줬다. 그러나 피고 측 주장에는 일리가 있었다. 나배사가 미국의 영토라면 정부는 어디에 있는가?

벤저민 해리슨 대통령 역시 같은 의문을 품었다. 그는 폭도들이 '미국 영토 내에서' 일하던 '미국 시민'[35]임이 확실하다고 보았다. 그러나 나배사 인산염 상사가 미국의 일부를 법이 아닌 회사 규정으로 다스려지는 자체 세력권으로 삼았다는 사실을 우려했다.

놀라운 반전이 일어났다. 해리슨 대통령은 조사를 위해 USS 키어세이지 군함을 보냈다. 일꾼들의 봉기에 대한 도금 시대● 의 전형적인 반응은 아니었다. 키어세이지호 장교들은 나배사가 '재소자 시설'[36]처럼 운영되고 있으나 감옥의 '편의 시설과 청결함'은 없다고 보고했고, 이에 해리슨은 폭동을 일으킨 이들 쪽으로 마음이 기울었다. 그는 주동자들의 사형선고를 감형해주고 이 문제를 연두교서에서 언급했다. 그는 "미국의 노동자들이 미국 관할권 내에서 정부 관리나 재판소의 도움으로 그 어떤 보호도 받지 못하는 처지라는 것은 용납할 수 없습니다"[37]라고 말했다.

그 당시까지 모호했던 원칙을 대통령이 확실하게 못 박아 말한 셈이었다. 즉 새똥이 널려 있는 바위와 섬들이 얼마나 멀리 떨어져 있든 간

● 남북전쟁 직후 1865부터 사반세기에 걸친 미국의 대호황 시대

에 그곳은 결국 미국의 일부였다.

———

해조분 제도에 관한 이야기가 별것 아니게 들릴 수도 있다. 10여 개의 무인도가 중요하면 얼마나 중요하겠는가? 그러나 19세기 해조분 열풍으로 세 가지 교훈이 남겨졌다. 이는 앞으로 확장된 미국 영토의 운명을 결정짓게 되었다.

우선 법적인 측면이었다. 해조분 제도법, 대법원의 판결 및 해리슨 대통령의 해당 판결에 대한 지지는 모두 미국 국경이 대륙에 한정되지 않는다는 사실을 확고히 했다. 나배사 논쟁이 화제에 오르던 1889~1890년경에 이는 그리 큰 문제가 아니었다. 그러나 수십 년 후, 이는 미국의 해외 제국 전체의 기반이 되었다.

두 번째 교훈은 전략적 측면이었다. 그 섬들이 조류에게 매력적인 번식지가 되었던 바로 그런 특징으로 인해 수십 년 후 비행장 건설에도 적합한 곳으로 떠올랐던 것이다. 제2차 세계대전 이후 미국이 점묘화처럼 동떨어진 영토를 이어 붙여 구축한 제국은 19세기의 해조분 소유권 주장을 일부 활용하게 된다.

가장 즉각적이었던 세 번째 교훈은 농업적 측면이었다. 투기꾼들은 총 40만 톤에 이르는 해조분 바위를 미국의 부속 영토에서 긁어냈다.[38] 이는 투기꾼들의 허황된 기대에는 미치지 못했으나 상당한 양임에는 틀림없었다.

해조분은 지력 소모 위기를 해결하지는 못했으나, 19세기 후반에 팔리기 시작한 칠레산 질산나트륨과 함께 문제 확산을 막을 수 있었다. 땅에서 파낸 비료 덕분에 산업형 농업이 오래 유지되면서, 과학자들은 좀 더 영구적인 해결책을 마련할 수 있었다. 대기 중에 포함된 비반응성 질소(N2)로 비료를 제조하게 된 것이다.

획기적인 돌파구를 마련한 것은 1909년이었다. 당시 독일계 유대인 화학자인 프리츠 하버는 질소 화합물인 암모니아를 합성하는 기법을 개발했다. 1914년경 그 실험 기법을 산업용으로 활용할 수 있게 되면서, 그해 하버가 개발한 이른바 하버·보슈 공정으로 페루산 해조분 무역 전체와 맞먹는 화학반응을 일으키는 많은 양의 질소를 생산했다.[39] 차이가 있다면 하버·보슈법은 해조분 채굴과 달리 무한대로 확장 가능했다는 것이다. 무인도 주변 바다를 샅샅이 뒤질 필요도 없었다.

한순간에 하버는 사실상 무제한 인구 증가의 수문을 열어젖힌 셈이 됐다.[40] 맬서스의 논리는 폐기됐다. 지력 소모는 더 이상 실존적 위협이 되지 않았다. 화학물질을 좀더 추가하면 되는 것이었다. 하버·보슈법이 없었더라면 현재의 소모율 수준에서 지구가 부양할 수 있는 인구는 24억 명에 그쳤을 것이다.[41] 이는 오늘날 인구의 절반이 채 되지 않는다.

암모니아 합성법을 개발한 프리츠 하버는 지구상에서 가장 중요한 존재로 부상했다. 그러나 개인적으로는 피해가 상당했다. 아내인 클라라 역시 전도유망한 독일계 유대인 화학자로, 브로츠와프대학에서 박사학위를 받은 최초의 여성이었다. 지역 여성들은 클라라의 학위 수여식에 몰려들었다. 언론은 '박사학위 수여식에 그렇게 많은 사람이 참석하는 건 좀처럼 없는 일'[42]이라고 보도했다. 그러나 결혼 후 클라라는 연구를 포기하고 주부가 되어 남편 프리츠를 뒷바라지하는 데 헌신했다.

이는 『도리언 그레이의 초상』과 같은 결혼이었다. 프리츠가 성공 가도를 달릴수록 클라라는 점점 더 시들어갔다. 남편이 발명품 개량에 열을 올리고 있을 때, 클라라는 과학 연구의 스승에게 비통해하는 편지를 썼다. "하버가 지난 8년간 성취한 모든 것은 제가 잃어버린 것이었고, 어쩌면 그 이상일지도 모릅니다. 제게 남은 것을 보며 깊은 절망감에 빠져듭니다."[43]

하버는 상당히 많은 업적을 이루었다. 발명품으로 인해 그는 베를린의 새로운 연구소 소장직을 맡아 독일 과학기관 내에서 중추적인 역할(재능 있고 젊은 유대계 독일 물리학자인 알베르트 아인슈타인의 경력을 홍보하는 데 활용했던 직위)을 하게 됐다. 제1차 세계대전이 터졌을 당시 하버는 전쟁 지원에 나섰다. 그는 독일의 비료 공장에서 쏟아져 나오는 암모니아를 폭발물로 활용해 독일의 무기 보급품 감소를 개선할 수 있을 것이라 제안했다. 전쟁으로 인해 질산염 수입이 끊겼기 때문에 이는 근본적인 문제 해결에 도움이 됐다. 미국화학학회 회장은 하버가 질산염 폭발물 재고량을 보충하지 않았더라면 독일이 1916년 초반 전쟁에서 졌을 것이라고 추정했다.[44]

하버는 거기서 멈추지 않았다. 그는 뛰어난 독일 과학자들을 불러 모았다. 그중 네 명은 그와 마찬가지로 훗날 노벨상을 받았다. 그들의 활동을 감독하면서 하버는 유명한 두 번째 발명품인 독가스를 내놓았다.

하버는 독가스를 발명했을 뿐만 아니라 1915년에 직접 살포를 지휘하기도 했다. 이프르 전투에서 알제리군을 향해 40만 톤의 염소가스를 살포했다. 광란의 역사적 아이러니 속에서 전 세계를 기아에서 구한 주인공은 대량살상 무기의 아버지가 되었다.

이로 인해 하버는 장교에 임명되고 철십자 무공 훈장을 받으며 황제를 알현하는 등 많은 영예를 안게 됐다. 이를 기뻐하지 못한 유일한 사람은 바로 클라라였다. 이프르 전투에서 알제리 군인들에게 독가스를 살포한 직후 하버는 잠깐 집에 들렀다. 그 짧은 순간 부부 사이에 어떤 일이 일어났는지는 영영 알 수 없지만 하버가 잠자리에 들고 나서 클라라는 그의 권총을 가지고 정원으로 나가 심장에 총을 쏘아 자살했다. 이튿날 하버는 전선으로 되돌아갔다.

오늘날 특히 독일에서 클라라에 대한 관심은 상당히 높으며, 과학의 순교자로 칭송받고 있다. 클라라의 유서는 발견되지 않고 있으며 하버는 그와 관련해 발언을 거부했다. 따라서 클라라의 자살 이유를 정확히 알기는 불가능하다. 자살 동기는 확실히 많았다. 그러나 자살 시기와 지인들의 일부 증언을 볼 때 남편의 발명에 대한 저항으로 자살을 선택했다는 해석이 다수다.[45]

그렇다면 제대로 앞일을 예측한 셈이었다. 전쟁이 끝난 후에도 하버는 연구를 계속했고 그가 속한 연구소는 치클론A라는 살충제를 개발했다. 이를 살짝 변형한 치클론B는 전장이 아닌 가스실에서 하버와 클라라의 동족인 유대인들에게 살포되었다. 클라라의 친척들 역시 수용소에서 목숨을 잃었다.

다행히 모두가 수용소에서 사망한 것은 아니었다. 클라라는 결혼 후 성이 하버로 바뀌었으나 현재는 박사학위 논문에 실린 결혼 전 이름인 클라라 임머바르로 알려져 있다.

클라라의 사촌인 막스가 바로 나의 증조할아버지다.

4.
시어도어 루스벨트의 최고의 날

서부 개척 열풍이 몰아치던 시대에 대통령직을 정의한 하나의 상징은 바로 통나무집이었다. 유권자들은 허름한 집에 살면서 사과주를 벌컥벌컥 들이켜고 도끼를 휘두르며 변경 지역에서 곰과 싸우는, 서민을 잘 이해하는 정치인이 지도자라는 점에 크게 기뻐했다. 후보들은 유세 연설에서 시골 출신임을 부각시키며 유권자들의 마음에 들려고 애썼다.

그러나 이는 보여주기 식일 뿐이었다. 영향력 있는 사람은 대개 영향력 있는 곳 출신이었다.¹ 준주 출신의 미국 대통령은 단 한 명도 없었으며 준주에서 얼마간 생활한 적이 있다 하더라도 오래 머무른 적은 거의 없었다. 젊은 시절 에이브러햄 링컨과 재커리 테일러는 가족들과 함께 서부준주로 이사했으나 이 준주는 곧 주로 승격됐다(링컨의 경우는 불과 몇 달이었다). 앤드루 잭슨, 재커리 테일러, 윌리엄 H. 해리슨은 훗날 준주에서 일을 했으나, 정착민이 아닌 연방정부가 임명한 준주 정부 관리로서였다. '통나무집'의 신화를 만들어낸 해리슨은 유년 시절을 호화로운 버지니아주 대농장에서 보냈으며 북서부준주에 살았을 당시에도 통나무집이 아닌 주지사 관저에 머물렀다.

다시 말해 영향력 있는 정치인들 중에 실제로 서부 개척 열풍에 직접 뛰어든 인물은 거의 없었다. 오직 시어도어 루스벨트만이 예외였다.

5달러짜리 지폐에 새겨진 그의 이름이 말해주듯, 루스벨트는 동부 엘리트 가문 출신이었다. 그는 뉴욕의 귀족 집안에서 태어났다. 그의 아버지는 메트로폴리탄 미술관과 미국 자연사박물관 건립에 큰 기여를 했다. 하버드대학에서 교육받은 신예 정치인으로서, 그는(서한에서 스스로를 2인칭인 'Thee'로 지칭하며 서명했다) 미국에서 가장 명망 높은 동부 가문 출신이었다.

그러나 그에게도 서부의 야생마 기질 같은 게 있었다. 1883년 루스벨트는 뉴욕을 떠나 다코타준주로 갔다. 그곳에서 배들랜드● 경계에 목장을 지었다. 그는 전향자의 열의로 개척지 생활에 뛰어들었던 것이다. 해리슨과 달리 그는 통나무집에서 살았다. 4년간 동부로 가끔씩 여행하긴 했지만 루스벨트는 나무를 베고 노상강도 떼를 소탕하고 사냥하고 비바람과 싸웠다. 그는 대서부극●● 쇼맨인 버펄로 빌 코디, 서부 개척 시대의 전설적인 총잡이였던 빌리 더 키드를 총으로 쏘아 죽인 팻 개릿, 그리고 데드우드 지역의 유명한 보안관이었던 세스 불럭과 친구였다.

이때가 좋았던 시절이었다. 루스벨트는 『한 목장주의 사냥 여행』 (1885), 『목장생활과 사냥터』(1888), 『황야의 사냥꾼』(1893) 등 여러 권의 저서를 통해 생활을 세밀하게 기록하는 데 몰두했다. 지루하고 내용이 반복되는 데다 늑대, 사슴, 보브캣, 곰과 맞닥뜨리는 상황을 묘사하

● 미 서부의 불모지
●● 카우보이, 북미 인디언이 야생마 타기 등을 보여주는 쇼

는 데 할애돼 있다(나중에 생각해보면 마음이 불편해지는 일화 중에 루스벨트가 독수리를 쏜 이야기도 있다). 이 책들은 플롯이 단순하고 주로 사냥할 때 필요한 시골생활의 지혜를 담고 있다. "흰꼬리사슴을 죽이는 가장 좋은 방법은 황혼 무렵 그들의 서식지에 몰래 다가가는 것이다"라거나 "영양은 매우 거칠어서 정확한 곳을 타격하지 않으면 엄청난 양의 총알이 박힌 채로 도망가버릴 것이다"[2]와 같은 내용이다.

미래의 대통령이 될 루스벨트는 초보자를 위한 격려의 말도 잊지 않는다. "곰의 머리는 1파인트 크기의 병 정도 된다. 약 9~12미터 거리에서는 누구든지 바로 파인트 병을 맞힐 수 있다."[3]

변경 개척자로 사는 루스벨트의 일과에는 확실히 우스꽝스러운 면이 있었다. 다 큰 어른이 카우보이와 인디언 놀이를 하는 식이었으니까. 카우보이 놀이는 분과 크로켓 클럽에서 절정에 달했다. 이 클럽은 사냥을 장려하여 '남자다움과 자립 및 독립해 살아갈 능력'[4]을 지지하는 전국 규모의 조직이었다. 이는 은행가인 J. P. 모건, 정치인 엘리후 루트, 헨리 스팀슨, 필라델피아 출신으로 파리대학과 하버드대학에서 교육받은 작가 오언 위스터(루스벨트에게 헌정한 카우보이 소설 『버지니아인』은 '서부극'이라는 장르를 만들어냈다) 등 주로 동부의 실무가들을 끌어들였다.

대체로 이 클럽은 맨해튼이나 워싱턴 D. C.에서 모였다. 그러나 불굴의 삶을 표현하기 위해 루스벨트는 1893년 시카고에서 열린 세계컬럼비아 박람회에서 거대한 고전 건축물 한가운데에 클럽 회합을 위한 통나무집이 설치되도록 했다. 대니얼 분 및 크로켓 클럽 회원들과 함께 루스벨트는 그곳에 총과 칼, 트럼프 카드, 올가미를 갖다두고 더러운 바닥에서 식사하며 샴페인을 마셨다.[5]

루스벨트에게 이는 연기 이상의 것이었다. 그는 정말로 이런 것들을 믿었다. 대통령으로서는 유일하게 루스벨트가 서부 국경지대로 이주한 백인 정착민들의 영토 확장을 추동한 역사적 힘에 본능적으로 공감했던 것이다.

———

미국을 개척지 중심으로 보는 루스벨트의 사고방식은 『서부 팽창사 The Winning of the West』에 나타나 있다. 그는 네 권에 걸쳐 '변경지대 정착민의 위대한 업적'6을 학구적으로 탐색했다. 이는 인정사정없는 치열한 역사였다. 루스벨트는 '서부에 걸린 이권의 중요성을 온전히 파악하지 못하는' 선천적으로 무능한 '동부 대서양 연안의 정치인들'7을 못 견뎌했다. 그의 이야기 속에서는 조지 워싱턴과 토머스 제퍼슨이 아니라, 숲을 헤치고 나가며 인디언과 싸운 대니얼 분과 데이비 크로켓이야말로 진정한 미국 역사를 쓴 인물이었다.

루스벨트는 그런 사람들이 일으킨 변경 지역 충돌 사태가 난폭했음을 시인했다. '매우 불쾌하고 야만적'8이었다는 것이다. 그러나 이러한 충돌은 불가피했다. 그는 "비록 극도로 끔찍하고 비인간적인 양상으로 치닫기 쉽다 하더라도, 모든 전쟁 중에서 가장 정당한 전쟁은 야만인과의 전쟁이다"라고 썼다. "모든 문명사회 인간은 야만인을 땅에서 몰아내는 거칠고 사나운 정착민들에게 빚지고 있는 것이다."9

루스벨트는 스스로 이런 거칠고 사나운 정착민임을 자처했다. 그러나 그가 땅에서 몰아낸 야만인은 한 명도 없었다. 그럴 수가 없었던 것이다. 너무 늦게 서부로 갔던 것이다. 그는 '유혈 전투와 장기간의 조직 활동'10은 끝났다며 노골적으로 유감을 드러냈다. 가장 근접했던 것은 그

서부로 간 젊은 시어도어 루스벨트. 1885년 뉴욕 스튜디오에서 다코타 거주 당시 의상을 입고 포즈를 취한 모습

가 사냥터에서 무장한 4~5명의 수족 무리와 맞닥뜨렸을 때다.[11] 그들은 루스벨트에게 평화를 원한다며 안심시켰으나, 루스벨트는 그들에게 권총을 겨눴고 그들은 그에게 욕설을 퍼부으며 달아났다.

낙담한 루스벨트는 1892년 "진정한 개척 시대는 끝났다"[12]고 중얼거렸다.

그런 생각을 한 사람은 루스벨트만이 아니었다. 1년 후 젊은 역사학자인 프레더릭 J. 터너는 오늘날 엄청나게 영향력 있는 '개척 시대 논문'[13]으로 알려진 가설 형식을 빌려 이와 비슷한 견해를 피력했다.

터너는 변경 지역이 미국인의 삶에 엄청난 활력을 불어넣었다고 주장했다. 민주주의와 개인주의, 실용주의와 자유의 원천이었다는 것이다. 그렇긴 하지만 그는 인구조사 결과 변경 지역이 1890년 현재 자취를 감추게 됐다고 지적했다. 국가의 특성이 이와 함께 사라질 것이라는 사실은 명백한 위험이었다.

"아주 훌륭한 생각이라고 봅니다."[14] 루스벨트가 터너에게 말했다.

루스벨트와 터너가 깨달은 것은 미국뿐 아니라 전 세계에 해당되는 사실이었다. 19세기는 산업화가 진행 중인 나라가 상대적으로 손쉽게 팽창할 수 있는 시기 중 하나였다. 미국은 서부로 뻗어갔고, 러시아는 동부로, 유럽은 아시아와 아프리카 식민지가 있는 남쪽으로 세력을 뻗쳤던 것이다.

그러나 19세기 말경 이러한 움직임은 끝난 듯했다. 인디언 거주지는 콩알만 하게 줄어들었고, 아프리카는 분할됐으며, 태평양 제도조차 남쪽 극단에 위치한 일부를 제외하고는 멀리 떨어진 제국주의 정부의 손아귀에 들어갔다. 세력권과 무역 통제 영역으로 분할된 라틴아메리카와 중동, 중국과 같은 지역을 계산에 넣어보면 앞으로 어디로 팽창이 이뤄질지 파악하기가 어려웠다.

영국의 열렬한 제국주의자였던 세실 로즈는 "전 세계 거의 모든 지역의 영토 분배가 끝났으므로, 이제 이를 분할하고 정복해 식민지화하는 일만 남았다"[15]며 아쉬워했다. 전 세계의 개척활동은 끝난 것이다.

———

루스벨트는 이 때문에 낙담했는지도 모른다. 그러나 개척의 종식에 대한 프레더릭 터너의 경고를 읽으면서도 그는 역사학자이자 해군대학의 교수인 앨프리드 S. 머핸 해군 제독의 업적도 함께 살폈다. 1890년에 발표된 머핸의 장황한 논문인 「해양력이 역사에 미치는 영향The Influence of Sea Power upon History」은 그리 쉽게 읽히는 글은 아니나 강력한 시사점을 담고 있었다. 터너에 따르면, 토지 개척이 끝난 후 바다가 열린다는 것이었다.

머핸은 터너와 마찬가지로 민주주의나 개인주의에 대해서는 별로 개의치 않았다. 그의 관심사는 무역이었고, 국부는 해상 무역에서 비롯된다고 주장했다. 그러나 출항의 목적이 오로지 멀리 있는 땅을 찾아나서기 위함은 아니었다. 항구와 석탄 공급소, 부두 창고 및 항로를 따라 다른 중간 역들이 필요했다. 선박 자체도 보호해야 했기에 해외 기지도 더 많이 필요했던 것이다.

엄밀히 말해 한 국가는 자체 기지를 가질 필요가 없다. 실제 미국이 그랬던 것처럼 우방국에서 빌리면 된다. 그러나 이는 평시에만 가능했다. 그리고 개척 종식의 시대에는 강대국 간의 평화 유지가 점차 어려워졌다. 머핸은 전쟁으로 인해 미국의 해상 진출이 끝날 수 있다고 경고했다. 미국의 배는 '육지 새들처럼 연안을 멀리 벗어나지 못할 것'[16]이라는 말이었다.

이는 심각한 문제였다. 산업화가 진행될수록 원거리에서 생산된 농작물에 의존해야 했기 때문이다. 동남아시아에서 고무를 수입하고 인도에서는 황마(포장용)를, 서아프리카에서는 야자유(공업용 윤활유)를, 한국에서는 텅스텐(전구 필라멘트용)을, 남미에서는 구리를 들여와야 했다. 산업혁명은 잘 알려지지 않은 열대작물을 찾아 전 세계를 뒤지는 것처럼 보이기도 했다.

미국은 해조분 없이 농사를 지을 수 없다는 사실을 깨달았던 1840년 대에 이를 처음으로 경험했다. 해조분은 미국 내에서는 구할 수가 없었던 것이다. 한 가지 방법은 이를 해외에서 사오는 것이었다. 그러나 영국-페루의 해조분 독점 정책으로 다른 해법을 찾게 됐다. 바로 미국의 국경 조정이었다. 이로써 미국은 안전 대책을 확보하게 될 것이었다. 전쟁 중에도 해조분은 안정적으로 공급될 것이었다.

그런 주장은 해조분 문제를 넘어 널리 적용될 정도로 일반적이었다. 영토 합병은 해상로를 확보하고 동시에 해상로를 거쳐 도달할 수 있는 필수 열대 원료를 확보하는 한 가지 방법이었다.

해군 이론가인 머핸은 목적지보다 해상로에 더 관심이 있었다. 그는 바다를 '훌륭한 고속도로'[17]로 구상하고 미국이 이를 지속적으로 활용할 수 있게 만들겠다고 결심했다. 사실상 해상로를 지키고 물자를 공급하는 데는 그 경로상의 지점들, 즉 안전한 항구만 있으면 된다. 그러나 머핸이 인정했듯이, 적군의 공습이 있을 때 한 지점이라도 사수하려면 그 주변에 영토를 보유하고 있어야 한다. 따라서 기지가 본격적으로 식민지화되는 경향이 나타났다.[18]

길고 딱딱한 역사적 내용임에도 불구하고 머핸의 아이디어는 열광적인 지지를 받았다.[19] 「해양력이 역사에 미치는 영향」은 곧바로 주요 언어들로 번역됐다. 머핸은 빅토리아 여왕과의 만찬에 참석하고 옥스퍼드대학과 케임브리지대학에서 명예학위를 받았다. 머핸과 만찬을 함께했던 카이저 빌헬름 2세는 머핸에게 그 책을 "집어삼킬 듯이 읽고 있다"는 서한을 보냈다. 그는 독일의 모든 함선에 그 책을 보냈다. 일본 해군사관학교는 「해양력이 역사에 미치는 영향」을 교재로 채택했다.

미국에서는 시어도어 루스벨트가 그의 열렬한 독자였다. 루스벨트는 머핸에게 "지난 이틀간 나는 몹시 바쁜 와중에도, 제독이 쓴 책을 읽느라 내 시간의 절반을 독서에 할애했습니다"라고 썼다. "이 책이 해군에게 고전이 되지 않는다면 큰 실수라고 생각합니다."[20]

루스벨트가 보기에 그 책은 해군의 고전 이상이었다. 성장의 한계에 부딪힌 역동적인 국가를 위한 각본이었다. 미국은 제국을 빼앗아야 한다. 기존 제국들을 몰아내야 한다면 그러는 수밖에 없는 것이다.

"나는 거의 모든 전쟁을 환영할 것입니다. 이 나라에는 전쟁이 필요하기 때문입니다."[21] 루스벨트는 1897년에 이렇게 선언했다.

———

어디인지를 추측하기란 어렵지 않았다. 떠오르는 제국들 사이에서 확연히 불안정한 모습을 보이는 제국은 바로 스페인이었다. 한때 캘리포니아에서 부에노스아이레스까지 광대하게 뻗어 있던 제국은 서반구에서는 쿠바와 푸에르토리코로, 태평양에서는 필리핀과 미크로네시아 제도로 줄어들었다.

스페인은 이조차 가까스로 유지하고 있었다. 19세기 후반에는 쿠바와 필리핀에 저항의 물결이 밀어닥쳤고, 이보다는 약했지만 푸에르토리코에서도 저항의 움직임이 생겨났다. 스페인의 지배가 눈에 띄게 약해진 곳은 쿠바였다.[22] 10년 전쟁(1868~1878), '작은 전쟁Guerra Chiquita'(1879~1880) 및 1883년과 1885년, 1892년과 1893년(이해에는 두 차례)에 소규모 폭동이 일었다. 1895년 추방당한 쿠바 저항 세력이 돌아와 또 한 차례 대전쟁을 일으켰다. 필리핀에서는 자체적으로 여러 차례 봉기가 일어나면서 1896년에 전면전으로 치달았다.

반란에 대응하는 데에는 두 가지 방법이 있다. 개혁을 추진하거나 무력으로 진압하는 것이다. 스페인은 두 가지 모두를 사용했다. 쿠바와 푸에르토리코에는 새로운 정치적 자율성을 부여했다. 동시에 쿠바 저항 세력과는 전쟁을 벌였다. 지방 인구의 대부분을 요새화된 도시로 보내 시골 지역을 무차별 포격 지대로 만들었다. 예상대로 대규모 질병과 기아, 사망이 이어졌다. 수십만 명의 쿠바인이 목숨을 잃었다.

스페인 정부는 필리핀에서 회유할 것인지 아니면 진압할 것인지를 민족주의 지도자들에 대한 대우를 통해 표출했다. 고등 교육을 받은 소설가이자 의사로, 완전한 독립을 꿈꾸기보다는 온건한 방식을 꾀했던 개혁주의자 호세 리살은 처형당했다. 게릴라전을 주장했던 젊은 혁명가 에밀리오 아기날도는 회유책을 받아들여 편안한 홍콩 추방을 택했다.

그러나 이런 전략은 둘 다 전혀 효과를 발휘하지 못했다. 저항은 계속됐고 쿠바에서는 사망자가 속출하면서 국제적인 스캔들로 번졌다. 스페인의 쿠바인 대학살을 지켜보던 윌리엄 매킨리 대통령이 이것은 '문명화된 전투'가 아니라며 호통쳤다. '몰살이었다'[23]는 것이다.

신문사들은 이를 대대적으로 보도하며 쿠바를 곤경에 처한 처녀로 묘사했다.[24] 스페인의 탐욕스러운 가톨릭교도들이 피부가 거무스름한 여인의 정조를 더럽혔다는 것이다. 미국이 이러한 싸움에 끼어들어야 하는가? 그 싸움을 이어가야 하는가? 논쟁은 길고 격렬했다. 당시 해군부 차관보였던 루스벨트는 직접 쿠바에 침투하겠다고 자원했다. 그러나 의견이 분분했고 매킨리는 타협안을 내놓았다. 루스벨트의 권고로 그는 결의를 나타내는 차원에서 아바나 연안에 전함 메인호를 배치하기로 했다. 그러면서 사태를 주시하기로 했다.

기다리는 데는 그리 오랜 시간이 걸리지 않았다. 1898년 2월 15일, 원인 불명의 폭발로 메인호에 있던 262명이 사망했다. 이는 전쟁 행위일 가능성이 짙었다.

"대참사에 휩쓸리는 일은 없길 바랍니다. 진실이 밝혀질 때까지 미국은 응징에 나서기보다 판단을 유보할 만큼의 여력은 있습니다."[25]

루스벨트에게는 매킨리의 신중한 태도 같은 것이 없었다. '스페인 측의 더러운 배신 행위'[26]라는 게 그의 판단이었고 신문사들은 이에 동조했다.

상처 입은 국민은 "알라모● 를 기억하라!"는 구호를 "메인호를 기억하라!"는 구호로 대체했다.

돌이켜보면, 매킨리의 신중함이 옳았다. 지금까지 밝혀진 바로는 메인호의 폭발 원인이 석탄고의 자연 발화로 추정되며 이는 당시로서는 놀라울 정도로 흔한 위험 요소였다(한 달쯤 뒤 USS 오리건호의 석탄 저장고가 자연 발화로 화염에 휩싸였다). 원인이 무엇이었든 간에 매킨리는 스페인과 갈등이 고조되는 걸 꺼렸다. "나는 하나의 전쟁을 겪어오면서 시체가 쌓여가는 걸 지켜보았소. 또 다른 사망자가 나오는 걸 원치 않소."[27] 매킨리는 남북전쟁 당시를 떠올리며 말했다.

루스벨트는 눈알을 굴렸다. "매킨리는 평화 유지에만 골몰해 있지."[28]

———

보통은 미국 대통령과 해군부 차관보 사이에 의견이 갈리면, 관습과 헌법에 따라 대통령의 의사가 우선시된다. 그러나 루스벨트는 자신에게

● 1836년 텍사스 독립 전쟁 당시 텍사스 주민 186명이 요새 알라모에서 멕시코 정규군 약 1800명에 맞서 싸우다가 전사한 알라모 전투를 말한다.

유리하게 사태를 몰아가는 데 놀라운 재주가 있었다.

그가 존 D. 롱 해군장관에게 보고한 것이 도움이 됐다. 롱 장관은 온화한 성품의 인자한 아버지 같은 인물(루스벨트는 '매우 상냥한 사람'[29]이라며 그를 좋아했다)로 오래 자리를 비우는 버릇이 있었다. 루스벨트는 복잡한 관료주의적 절차를 못마땅하게 여겼으나 가장 확실하게 이해했던 것 하나는 바로 롱 장관이 자리를 비우면 루스벨트가 사실상 해군장관 대리 역할을 한다는 사실이었다.

1898년 2월 25일 오후, 롱 장관이 접골사에게 치료받기 위해 자리를 비우자 루스벨트가 행동에 나섰다. 그는 모든 중대장에게 배에 석탄을 가득 채우라고 명령하고 예비 탄약 보급품을 징발했으며 기지 사령관들에게 전쟁 가능성을 알리고 양 의원에 무제한 해군 신병 모집을 요구했다. 특히 아시아 전대를 이끄는 조지 듀이 준장에게 내린 명령은 결정적이었다.

내막을 잘 모르는 사람이 보면 아시아 전대가 쿠바 혁명을 주목한 이유를 이해하기 어렵다. 그러나 루스벨트는 머핸의 사상에 힘입어 스페인 제국에 대한 전면 공격을 구상했던 것이다. 그는 전쟁이 일어나면 '듀이가 목줄이 풀린 사냥개처럼 재빨리 빠져나갈 수 있을 것'[30]이라 기대했다. 그래서 루스벨트는 듀이 준장에게 홍콩에 있는 배를 모아 전쟁이 일어나면 필리핀을 공격하라고 명령했다.

롱 해군장관은 루스벨트에게 "하루 조용히 쉴 테니 그동안 일상 업무를 잘 처리하라"[31]고 지시했다. 그는 돌아와서 자신의 부하가 대규모 전쟁을 처음부터 계획한 것을 알고는 깜짝 놀랐다. 그러나 롱 장관은 언론으로부터 나약하다는 질타를 받을까 두려웠던지 어떤 조치도 취하지 않았고 루스벨트의 명령도 철회하지 않았다.

예상대로 매킨리는 민심에 굴복해 전쟁에 나서기로 했다. 의회의 반제국주의 세력들은 이 문제가 걷잡을 수 없이 확산되지 않도록 전쟁 선포 개정안을 통과시켰다. 미국은 스페인과 전쟁할 수 있지만 쿠바를 합병할 수는 없다는 내용이었다.

그러나 개정안에는 필리핀에 대한 내용이 담기지 않았고, 듀이 준장은 서둘러 출항했다.

———

마닐라만 전투는 충돌의 결과가 알려져 있다시피 전쟁의 순조로운 시작을 알렸다.[32] 듀이의 보좌관이 현장을 묘사하길 "19세기 문명과 15세기 중세 문화가 서로 대치 상태에 있었다"[33]고 했다. 1898년 5월 1일, 불과 6시간 만에 듀이는 스페인 배를 모두 침몰시키거나 포획했다. 스페인 기함의 함장은 사망했다. 스페인의 해안 포대를 지휘하던 사령관은 자살했다.

미국 측의 유일한 사망자의 사망 원인은 심장마비였다.

듀이의 기함에 탄 해병들은 불길에 휩싸인 스페인 함대를 보며 "그날 밤 광경은 끔찍하면서도 멋졌다"[34]고 말했다. "이따금 탄약고가 화산이 폭발하듯 터지면서 불붙은 잔해를 하늘 높이 쏘아 올렸다."

한편 매킨리는 카리브해를 공격하기 위해 12만5000명의 지원병을 요청했다. 육군은 지원자로 넘쳤다. 줄 맨 앞에 서서 신나는 듯 펄쩍펄쩍 뛰는 사람은 바로 해군부 차관보 시어도어 루스벨트였다. 그가 차관보를 그만두고 육군에 입대하겠다는 열의를 보이자 그의 친구들은 도저히 이해할 수 없었다. "아내가 죽었나? 모든 사람과 다투기라도 한 것인가? 정말 미치기라도 한 걸까?"[35] 역사학자인 헨리 애덤스가 물었다.

의회는 세 개의 자원 기병대 편성을 승인하고 루스벨트는 그중 한 연대의 지휘를 맡으라는 제안을 받았다. 드물게 겸손한 태도로 그는 제안을 거절하고 그 대신 대령 계급에 있던 친구 레너드 우드가 지휘를 맡도록 했다. 루스벨트는 그보다 낮은 중령직을 수락하고 자신의 병사를 모으기 시작했다.

제1자원 기병대는 전국에서 지원자를 모집했으며 루스벨트는 자신의 계급으로도 하버드 출신뿐만 아니라 예일과 프린스턴 졸업자를 뽑을 수 있었던 것을 자랑스럽게 여겼다. 그러나 아이비리그 출신들은 기병대에서 소수였다. 대부분의 지원자가 준주 출신, '최근에 백인 문명에 편입되어 생활 환경이 개척 시절의 변경 지역과 별로 다를 것 없는 곳'[36]인 애리조나, 뉴멕시코, 오클라호마 및 인디언 거주지에서 왔다는 사실에 루스벨트는 매우 기뻐했다. 러프 라이더스로 더 잘 알려진 제1자원 기병대에는 인디언과 싸웠던 이력을 자랑하는 사람이 많았다.

신기하게도 기병대에는 북미 원주민도 몇 명 있었다. 백인 혈통이 없는 이들이 '야생에 더 가까운 유형'[37]이라 '거친 규율'로 다스려야 한다고 생각하긴 했지만, 루스벨트는 이런 사실에도 자부심을 느꼈다. 그는 "그들도 이 사실을 알고 있었다"고 썼다.

그의 부대가 다 갖춰지자 루스벨트는 쿠바로 떠났다. 그는 두 필의 말과 흑인 하인('가장 충직하고 충성스러운 사람'[38]), 메인호의 잔해에서 건진 한 자루의 권총, 그리고 에드먼드 데몰린스의 『앵글로·색슨족의 우수성』이란 책을 한 권 갖고 전쟁길에 올랐다.[39] 기병대는 손쉽게 다이키리에 상륙해 스페인 병력의 중심지인 서쪽 산티아고데쿠바로 향했다.

이후 일어난 일은 수없이 이야기했기 때문에 얼마나 특이한 일이었는지 표현하기 어려울 정도다. 전쟁을 시작하고 확대하는 데 그처럼 중요한 역할을 했던 사람, 전투 경험이 전혀 없는 정무관이 결정적인 전투의 영웅이 된다는 것은 완전 거짓말 같다. 그러나 "잠깐만, 그런 일이 진짜 있었단 말이야?"와 같은 상황이 시어도어 루스벨트의 삶 전반에 펼쳐졌다.

어쨌든 그는 하버드 출신에 카우보이였고 경찰관에다 전쟁영웅이었으며 대통령에까지 올랐고 아프리카 탐험가였다. 사실상 우주비행사를 제외한 소년들의 판타지를 모두 이룬 셈이었다. 말년에 루스벨타는 선거 유세 중 연설 직전에 가까운 거리에서 쏜 총에 가슴을 맞았고, 몸에서 피가 뿜어져 나오는데도 한 시간 동안 예정된 연설을 그대로 진행했다.

산후안 고지 전투로 가보자.[40] 이것은 아주 간단히 시작됐다. 스페인은 산티아고 외곽의 언덕을 점령했다. 미국은 이를 원했다. 러프 라이더스는 다른 네 개 기병대 뒤를 이어 다섯 번째 열에 있다가 케틀힐을 차지했다. 한편 다른 사단은 반 마일 거리의 더 중요한 산후안 고지 점령 임무를 맡고 있었다.

루스벨트는 자신이 다른 기병대 뒤에 배치된 데 화가 나서 싸움에 참여하게 해달라고 여러 번 부탁했다. 그는 마침내 '공격에서 정규군을 지원'[41]해도 좋다는 허락을 받았다. 그가 필요로 한 건 그뿐이었다. "명령을 받자마자 나는 말에 올라탔고, '분주한 시간'이 시작됐다."[42]

말은 중요했다. 쿠바로 이동할 때 운송 한계로 인해, 사병으로 입대한 러프 라이더스들은 고향에 말을 두고 와야 했다. 루스벨트는 장교로서 말을 탄 몇 안 되는 이들 중 한 명이었다. 그로 인해 빨리 이동할 수 있었지만 표적이 되기도 쉬웠다. 그는 이에 굴하지 않고 최전선으로 달려나가 부하들에게 두 발로 자신을 따르라고 명령했다.

소설가 스티븐 크레인은 멀리서 '들판을 가로질러 가는 소수의 흑인 무리'[43]만을 볼 수 있었다. 루스벨트가 보기에 케틀힐 돌격은 훨씬 극적이었다. 그는 전열을 힘차게 오르내리며 "고함치고 환호하면서 총을 쏘는 군인들을 지나갔다".[44] 러프 라이더스가 고지를 점령했을 때 총탄이 그의 팔꿈치를 스쳤다.

그는 그쯤에서 멈추고 부상과 전쟁담을 떠벌릴 수도 있었지만, 산후안 고지를 올려다봤다. 한 미군 사단이 스페인군과 교전을 벌인 곳이었다. 그곳까지 차지할 수 있으리라 판단했다. 그는 말에서 내려 울타리를 뛰어넘은 후 몇 명의 부하를 이끌고("총알이 우리 주변의 수풀 사이로 날아들었다"[45]) 도보로 돌격했다. 뒤를 돌아보고 따라오는 사람이 아무도 없다는 걸 확인한 루스벨트는 여전히 포화에 시달리던 케틀힐로 다시 달려가 울타리를 뛰어넘어 부대원들을 꾸짖었다. 마침내 그는 부하들이 뒤따르는 것을 확인하고는 세 번째로 울타리를 넘어 고지 정상에 올라가 메인호의 잔해에서 건져올린 권총으로 스페인 병사들을 죽였다.[46]

그 직후 스페인군을 진압한 루스벨트와 러프 라이더스는 영상 촬영을 위해 돌격 행위를 반복했다. 이는 최초로 촬영된 다큐멘터리 전투 장면이었다.[47]

———

산후안 고지 점령 이후 상황은 빠르게 제자리를 찾아갔다. 미군은 산티아고데쿠바를 포위하고 미 군함은 도시 밖의 스페인 함대를 격파시켰다. 스페인군은 한 달 만에 도시를 내주었다. 푸에르토리코에서도 마찬가지로 스페인군의 저항은 빠르게 허물어졌다. 지상전은 17일간 계속됐고 미군 사상자는 7명뿐이었다. 마닐라에서 스페인군은 명예를 지키기 위해 싸우는 시늉을 했으나, 이는 항복하기 전에 벌인 명목상의 전투였을 뿐이다.

스페인군의 완벽한 참패였다. 한때 아메리카 대륙을 지배했던 제국은 넉 달도 안 되어 무릎을 꿇었다. 영국 대사는 루스벨트에게 '눈부신 작은 전쟁'[48]이라고 말했다. 고향으로 돌아온 이들은 미국의 활력과 쇠락한 스페인에 대해 글을 써댔다. 우드로 윌슨은 스페인 제국이 '쉽게 무너져내릴 것'[49]이라고 썼다. "미국이 손대자 허물어졌다"[50]는 것이다. 스탠퍼드 총장도 이와 비슷한 설명을 내놓았다. "미국이 승리한 것은 적국보다 커지고 부유해지고 훨씬 더 강력해졌기 때문이다."

그럴 수도 있겠다.

스페인을 카리브해의 병자●로 묘사하며 한물간 봉건 세력으로 치부하기는 쉽다. 그러나 스페인은 상당한 규모의 노련한 제국군을 보유하고 있었다.[51] 쿠바에 20만 명, 필리핀에 3만 명, 푸에르토리코에 8000명의 병력을 갖추고 있어, 미국이 전쟁 전날 밤 확보한 2만5000명의 장교와 사병들의 수를 가볍게 뛰어넘는 수준이었다. 매킨리 대통령은 재빨리 이를 약 27만5000명의 군 병력으로 부풀렸으나, 실제 그 규모에 도달한 것은 전쟁이 끝날 무렵, 그러니까 주요 전투에서 승리하고 한참 지나서였다.

● 원래 아시아의 병자Sick Man of Asia에서 온 표현으로, 19세기 말과 20세기 초에 사회적 병폐를 드러냈던 중국을 가리키는 말. 여기서는 이를 패러디한 것으로 보인다.

이론상 수적 열세에 시달렸던 미국이 어떻게 결정적인 승리를 거둘 수 있었을까?

자주 인용되는 답변 중 하나는 미국이 스페인과 맞서 싸우던 유일한 적국은 아니었다는 것이다. 그 전쟁은 대개 미국-스페인 전쟁이라 불리며 1898년에 시작됐다고 알려져 있다. 그러나 더 정확한 명칭은 스페인-쿠바-푸에르토리코-필리핀-미국 전쟁이 되어야 할 것이다. 쿠바인들은 이를 1895년 전쟁이라 부르며 필리핀인들은 1896년을 시발점으로 본다. 그리고 어떤 나라도 그 전의 수많은 봉기와 전쟁을 포함시키지 않는다.

미국은 다시 말해 후발 주자였고,[52] 스페인 제국을 거의 몰락시켜버린 장기간의 유혈 충돌이 끝나갈 무렵 한 차례 병력을 투입했던 것이다.

1898년 1월경 미국이 싸움에 뛰어들기 넉 달 전에 쿠바 육군 지휘관인 막시모 고메스는 이러한 무력 충돌을 '죽음의 전쟁'이라 불렀다. 그는 30년간 스페인에 맞서 싸워왔으나 처음으로 승리를 눈앞에서 지켜보게 됐다. 그는 "이 전쟁은 1년 이상 지속될 수 없다"[53]고 정확히 예측했다.

미국은 고메스와 같은 군인들에게 의지했다. 루스벨트 스스로도 그의 기병대가 얼마나 쉽게 다이키리 해변에 상륙할 수 있었는지 이야기했다. 그는 겨우 500여 명에 지나지 않는 스페인 군대가 해안을 방어하기 위해 그곳에 있었더라면 러프 라이더스에게 '상당히 어려운'[54] 상대였을 수도 있다고 언급했다. 그러나 스페인 군대는 그곳에 없었는데 그 이유는 쿠바 군대가 그들을 쫓아냈기 때문이다. 마찬가지로 쿠바의 오리엔테 지역에 있던 3만 명의 스페인군은 산티아고에 주둔하던 8000명의 포위된 스페인 군인들을 구출할 수 없었다.[55] 쿠바군이 그들을 꼼짝 못하게 만들었기 때문이다.

이런 패턴은 필리핀에서도 마찬가지였다. 듀이 준장이 마닐라로 떠나기 며칠 전에 '아기날도에게 가능한 한 빨리 오라고 전할 것'[56]이라는 전보를 보냈다. 듀이는 스페인 함대를 궤멸시키고 마닐라만을 봉쇄했으나 그의 부대는 1743명의 장교와 사병이 전부였다.[57] 병력 증강에도 불구하고 그에게는 지상에서 스페인을 물리칠 만한 힘이 없었다. 그는 추방된 혁명가인 에밀리오 아기날도를 불러들여 그의 뜻을 따르기로 했고, 몇 달 후 아기날도의 군대는 도시를 차례로 탈환했다.

아기날도의 작전은 '아주 힘차고 순조롭게'[58] 수행됐다고 한 필자가 기록했다. 듀이는 "낮에는 그들의 공격을 볼 수 있었고 밤에는 그들의 포격 소리를 들었다"[59]고 회상했다.

———

쿠바인과 필리핀인, 그리고 (그보다 훨씬 수가 적은) 푸에르토리코인들은 수십 년간 스페인과 싸우느라 자원이 바닥나고 사기가 완전히 꺾였다. 그러나 미국은 이런 상황을 거의 인식하지 못했다. 쿠바에 상륙(다이키리 해변에서 쿠바군이 스페인 군대를 무찌른 덕에 가능했다)한 직후 루스벨트는 쿠바인들을 보고는 '중대한 전쟁에 전혀 도움이 안 되는 완전히 넝마 상태'[60]라고 생각했다.

그는 "군대에 단 한 명의 쿠바인도 없었더라면 상황은 더 나았을 것이다"[61]라고 썼다. "그들은 말 그대로 이룬 것이 아무것도 없다."

널리 공유되던 그런 판단은 큰 영향을 미쳤다. 쿠바인들이 전쟁에 기여한 바가 거의 없다고 생각한 미군 지휘관들은 그들에게서 평화를 앗아가는 것에 대해 일말의 거리낌도 없었다. 이처럼 미국은 스페인과 직접 협상을 통해 처음에는 산티아고를, 그다음에는 쿠바를 이양받았는데 정작 쿠바인은 그 과정에서 배제됐다. 루스벨트의 친구이자 러프 라이더 스의 부대장인 레너드 우드는 산티아고를 맡았다.

쿠바 장군인 칼릭스토 가르시아는 항의의 뜻으로 자리에서 물러났다. "나는 우리 나라가 점령지로 간주되는 것을 용납할 수 없소."[62] 그가 말했다. 하지만 가르시아가 무엇을 할 수 있었겠는가? 스페인군과 마찬가지로 쿠바인들은 수십 년에 걸친 참혹한 전쟁으로 녹초가 된 터였다. 새로운 적은 생각지도 못한 일이었다.

필리핀의 상황도 크게 다르지 않았다. 그곳에서 아기날도의 군대는 주요 도시를 해방시키고 마닐라를 포위했다. 아기날도는 이 모든 것이 필리핀 독립의 일환이라 여겼으며 사실상 이미 독립을 선포하고 국기를 게양한 데다 필리핀 국가를 연주했다. 그러나 쿠바에서와 마찬가지로 미국에 항복한 것은 필리핀 저항군이 아닌 스페인군이었다. 미국과 스페인 군대는 비밀 협약을 맺어 마닐라를 두고 전쟁을 벌이는 척하기로 했다. 단 스페인이 마닐라를 미군에게만 이양하고 필리핀인들은 출입을 허용하지 않는다는 조건이었다.

스페인 총독은 "백인에게는 기꺼이 항복하겠지만 검둥이들에겐 어림도 없다"[63]며 그 이유를 댔다.

두 달 반 동안 마닐라를 포위하느라 수천 명이 목숨을 잃은 필리핀인들은 미군이 아무런 저지 없이 마닐라에 출입하며 필리핀 군인들을 들어오지 못하게 쫓아내고 적군과 친하게 지내자 깜짝 놀랐다.

마닐라에서 스페인 국기가 내려오자마자 거대한 미국 국기가 다시 깃대를 타고 올라갔다.[64] 군악대가 미국 국가 「성조기여 영원하라」를 연주하기 시작했다.

전쟁은 스페인의 식민 주체들이 제국 전반에 걸쳐 일으킨 반란으로 시작되었을지 모르지만, 결과적으로는 '미국-스페인 전쟁'으로 끝났다. 파리에서 체결된 평화 조약은 스페인과 미국 간에만 이뤄졌다. 스페인은 2000만 달러에 필리핀을 미국에 팔아넘겼다. 미국은 푸에르토리코와 괌(머핸이 주장했던 방식의 기지로서 가치가 있는 미크로네시아섬)을 아무런 대가 없이 넘겨받았다. 반제국주의자들이 통과시킨 개정안 때문에 미국은 쿠바를 합병할 수 없었다. 그러나 점령은 가능했기에 적합한 정부가 갖춰질 때까지 쿠바를 미 군정하에 두기로 했다. 즉 미국에 적합한 정부를 말하는 것이었다.

쿠바, 푸에르토리코, 필리핀, 괌의 대표들은 이 문제에 대해 어떤 발언권도 갖지 못했다. 그들이 그런 결정에 동의했을지는 꽤나 의문스럽다. 막시모 고메스는 비통해하며 "우리가 싸운 건 이런 공화국을 위해서가 아니오. 이것은 우리가 꿈꿔온 완전한 독립이 아니란 말이오"[65]라고 말했다.

이는 오히려 시어도어 루스벨트가 싸우며 꿈꿔왔던 이상에 더 가까운 것이었다.

5.
제국의 속성

윌리엄 매킨리에게 모든 일은 매우 빠르게 일어났다. 제국의 문제는 그가 이해할 수 없는 것이었다. 필리핀의 경우, 그는 스페인과 전쟁을 시작하기 전에 친구에게 "이 빌어먹을 섬들이 3220킬로미터 내 어디에 붙어 있는지 알 수도 없다"[1]고 털어놓았던 것 같다.

지리는 그나마 제일 쉬운 편에 속했다. 정말 까다로운 부분은 점수의 대부분을 차지하는 마지막의 에세이 문제였다. 스페인 제국을 장악한 상황에서 미국은 무엇을 해야 하는가? 경제, 전략 지정학 및 19세기 후반에 유행하던 인종차별 이데올로기에 입각해 답을 서술하시오.

이 문제는 인구가 많고 멀리 떨어진 필리핀의 경우 특히 골치 아팠다. 지리상 중국과 가까웠으므로, 앨프리드 세이어 머핸이 제시했던 것처럼 무역의 중심지로 발돋움하기 위한 잠재적 교두보가 될 수 있었다. 그러나 미국은 필리핀과 지금까지 아무런 관계도 없었다. 한 통계에 의하면 전쟁 발발 당시 필리핀에 거주하는 미국 시민은 10명도 채 되지 않았

다.2 듀이 준장은 미국이 석탄 공급소 이상을 장악하지는 않을 것이라고 생각했다.3

그러나 이는 시어도어 루스벨트가 산후안 고지 정상에 오르기 전, 듀이 준장이 스페인 함대를 마닐라만에서 침몰시키기 전의 생각이었다. 궁지에 몰린 스페인 제국이 몰락하면서 필리핀 군도 전체가 이를 예상하지 못했던 매킨리의 손아귀로 넘어갔다. 어떻게 할 것인가? 필리핀을 스페인에 다시 넘겨야 하나? 아니면 팔아야 할까? 그냥 이대로 두는 게 낫나? "나는 매일 밤 자정까지 백악관 안에서 서성였다." 매킨리는 성직자들에게 "여러분, 저는 전능하신 주님 앞에 무릎 꿇고 빛으로 인도해달라고 숱한 밤 기도했음을 당당히 고백합니다"라고 했다.

매킨리에게는 어떤 선택지도 별로 마음에 들지 않았다. 식민지를 스페인에 반환하는 것은 '겁쟁이'처럼 보일 테고, 다른 나라에 이를 넘기는 것은 '잘못된 판단'일 것이다. 그는 필리핀인들에게 자치능력이 없다고 봤다. 그래서 한 가지 방법밖에 없다고 생각했다. 즉 필리핀을 차지한 뒤 "필리핀인들을 교육하고, 그들에게 더 나은 삶을 안겨주고 문명인으로 만들어 기독교인으로 개종시키는 것이다. 주님이 인간을 위해 죽으신 것처럼, 주님의 은총으로 우리가 할 수 있는 최선을 베푸는 것이다".

결심이 선 그는 전쟁부의 지도 제작자를 불렀다. 그는 해당 지도를 가리키며 "미국 지도에 필리핀을 넣으라고 말했더니 필리핀이 지도에 들어갔다"4고 기억을 떠올렸다.

———

실제로 필리핀은 미국 영토로 표시됐다. 스페인과의 전쟁으로 인해 미

제1부 식민지 제국

국 역사상 로고 지도가 거의 빛을 보지 못했던 유일한 순간이었다. 그 대신 제국의 지도가 탄생했다. 제국주의 열풍에 편승한 지도 발행인들은 미국의 새로운 규모를 나타내기 위해 지도책을 앞다퉈 펴냈다.

"포르토리코,● 하와이, 동떨어진 필리핀 군도를 미국 지도에서 보게 되니 다소 낯설었다"[5]고 한 필자는 썼다. "그러나 지도에는 그 영토들이 한 세대에 걸쳐 지금처럼 당당히 모습을 드러내기라도 했던 양 아주 꼼꼼하게 그려져 인쇄되었다.

1900년경에 그런 지도는 흔했다. 그곳들은 당연히 지도책에 표시됐고 교실 벽과 교과서, 인구통계 보고서 표지에도 나타났다. 북미 본토가 작은 삽도에 둘러싸인 형태도 있었고, 미국이 카리브해 지역에서 중국 끄트머리까지 세계지도 위로 뻗어가는 모습으로 표시된 것도 있었다. 어느 쪽이든 전달하고자 하는 메시지는 분명했다. 미국이 변했다는 것이다. 유충이 나비의 날개를 펼친 것이다.

각종 글에도 이런 변화가 반영된 듯 변화한 미국을 일컫는 새로운 이름들이 등장했다. 이들은 다양한 책 제목을 달고 나타났다.[6] 『제국주의 미국』(1898), 『확장된 공화국The Greater Republic』(1899)을 비롯해 1898년 확장된 미국Greater America이라는 문구가 제목에 등장한 이후 10년간 7권의 책이 추가로 출간됐다.

"'미합중국'이라는 용어는 더 이상 성조기가 걸려 있는 국가를 묘사하는 데 적합하지 않게 됐다"[7]고 그 책들 중 한 책의 저자가 주장했다. "'연합왕국UK'처럼 미합중국은 제국의 중심인 지배적인 중심부에만 적용된다. 그리고 확장된 미국은 대영연방Greater Britain만큼이나 다양한 정부를

● 푸에르토리코의 옛 이름

포괄한다."

'미합중국United States of America'이라는 용어는 더 이상 성조기가 걸린 국가를 묘사하는 데 적합하지 않게 됐다. 이는 놀라운 관찰이었다. 게다가 일시적이나마 새로운 표현들을 만들어내는 데 일조했을 뿐 아니라, 영구적인 정식 명칭으로까지 남게 됐다.

미국의 공식 국명은 언제나 미합중국이었으나 19세기에는 합중국United States으로 부르는 일이 흔했다. 아니면 미국의 정치 구조를 지칭하는 공화국Republic이나 연방Union으로 부르기도 했다. 미국 거주자들은 흔히 미국인American으로 불렸지만 놀랍게도 아메리카America는 사용 빈도가 훨씬 낮았다. 월트 휘트먼은 아메리카라는 말을 좋아해서 "나는 미국이 노래하는 것을 듣는다 hear America singing"(1860)와 같은 표현을 쓰거나 영아메리카 운동Young America Movement의 일원(허먼 멜빌 역시 당시 아메리카라는 말을 사용했던 인물이다)으로 활동하기도 했다. 그러나 건국 시절부터 1898년까지 연두교서, 취임사, 포고문, 특별교서 등 대통령의 메시지와 공문서를 찾아본 사람이라면 미국을 아메리카로 확실히 지칭하는 문헌은 단 11개(즉 10년에 1개꼴)에 지나지 않는다는 것을 알게 된다.8

1898년 전에 불렸던 애국적인 노래에는 아메리카라는 말이 전혀 나온 적이 없다.9 〈양키 두들〉●이나 〈대통령 찬가〉 〈내 나라 영광된 조국My

---

● 미국의 준국가準國歌로도 알려진 독립전쟁 중에 유행한 노래

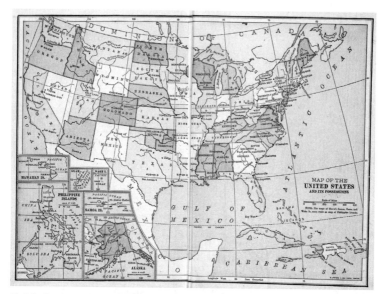

확장된 미국. 1900년도 역사 교과서 표지 안쪽에서 발췌한 이런 지도는 미국의 영토를 나타내는 기본 지도로 1899년부터 빈번하게 등장했다. 주별로 표시된 지도에는 면적이 대폭 줄어든 인디언 거주지와 하와이, 괌, 웨이크섬, 미국령 사모아, 필리핀, 알래스카, 쿠바 및 푸에르토리코가 보인다.

Country, 'Tis of Thee〉〈딕시〉〈자유의 함성〉〈공화국 전승가〉 또는 〈성조기여 영원하라〉와 같은 노래 가사에서는 아메리카라는 말을 찾아볼 수 없다. 1814년에 작곡되어 나중에 국가가 된 〈별이 빛나는 깃발The Star-Spangled Banner〉에도 없다. 19세기 노래 가사에 등장하는 단어는 컬럼비아 특별구란 명칭에 나온 컬럼비아Columbia로, 예전에 미국을 가리키는 문학적인 이름이었다. 〈컬럼비아〉〈컬럼비아 만세〉〈대양의 보석, 컬럼비아〉는 오늘날에는 인기를 잃었지만, 19세기에 가장 인기 있던 국가 중 하나였다.

그러나 20세기로 접어들 무렵 모든 것이 변했다. 어느 예민한 영국 문인이 이런 변화를 감지했다. 그는 "1898년 이전 30여 년간 '아메리칸'이란 형용사는 일반적으로 사용됐지만 '아메리카'라는 명사는 거의 사용되지 않았다"[10]고 썼다. "누군가는 다사다난했던 그해까지 8000킬로미터를 여행하고 100권의 책과 신문을 읽으면서도 아메리카라는 단어를 한 번도 마주치지 않았을지도 모른다. 미국인들은 자기 나라를 지칭하는 말로 거의 늘 '합중국'을 사용한다." 그러나 그는 1898년 이후 '최고의 연사와 문인들'은 합중국이 더 이상 나라의 특징을 제대로 잡아내지 못한다고 느끼며 아메리카로 바꿔 썼다고 언급했다.

'최고의 연사와 문인들'의 범주를 확대해 대통령까지 포함시켜본다면 이 말은 사실이었다. 매킨리는 대다수의 전임 대통령과 마찬가지로 공개 연설에서 아메리카라는 말을 사용하지 않았으나, 그런 표현을 꺼리는 분위기는 거기서 끝났다. 그의 후임자인 시어도어 루스벨트는 첫 연두교서에서 아메리카를 언급했고, 이제 예전과는 분위기가 사뭇 달라졌다. 2주 후에 그는 모든 전임 대통령의 말을 합한 것보다 훨씬 더 많이 아메리카라는 말을 사용했다.[11] 이후의 대통령들은 자유롭게 아메리카라는 말을 빈번히 사용했다.

국가도 바뀌었다.[12] 더 이상 〈대양의 보석, 컬럼비아〉가 아닌 〈아름다운 미국America the Beautiful〉과 〈미국을 축복하소서God Bless America〉와 같은 노래가 불리기 시작했다.

———

1898년은 새로운 지도와 명칭이 등장하며 과거를 청산한 기념비적인 해였다. 여기서 왜냐고 묻는 사람이 있을지도 모르겠다. 미국은 처음부터 주와 준주라는 영토를 포함하고 있지 않았던가? 루이지애나 매입 이후 국경은 계속 변해오지 않았는가? 왜 이제야 새로운 이름이 필요한가?

미국이 거의 한 세기 동안 영토를 합병해온 것은 사실이다. 그러나 1898년 이후 영토 획득의 양상은 달라졌다. 그 대상은 토지가 아니었다. 그 토지에 거주하는 사람들이었다.

1898년 이전을 돌아보면 어떤 패턴이 나타난다. 미국이 새로운 영토를 빠르게 합병하긴 했으나 비백인 인구를 대규모로 합병하는 일은 좀처럼 없었다. 루이지애나, 플로리다, 오리건, 텍사스 및 멕시코 할양지가 추가되면서 영토가 넓어졌지만 '이방인' 인구(주로 북미 원주민이지만 멕시코인과 스페인인, 프랑스인, 루이지애나의 경우에는 자유민 흑인)는 상대적으로 소수였다.

1898년 이전 영토 합병으로 인한 최대 인구 증가는 1845~1853년에 텍사스를 포함해 멕시코에서 빼앗은 땅에 거주하는 사람들 때문이었다.[13] 그러나 인구 증가라 해도 많은 수는 아니었다. 이러한 토지 취득으로 미국 인구가 69퍼센트 증가했으나, 그로 인해 늘어난 인디언과 멕시코인 인구 증가는 8년간 1.5퍼센트에도 못 미쳤다. 인구가 폭발적인 증가세에 있던 미국은 연간 3퍼센트가 넘는 인구 증가를 기록했으나 이 같은 소규모 인구 유입은 쉽게 희석됐다. 폭풍우가 몰아칠 때 스프링클러를 돌리는 것이나 마찬가지였기 때문이다.

이는 우연이 아니었다. 1846~1848년에 걸쳐 일어난 멕시코-미국 전쟁은 미군이 멕시코시티를 점령하면서 끝났다. 의회 의원들 중에는 멕시코 전체를 차지해야 한다고 주장하는 이들도 있었다. 군사력 면에서 이는 완벽히 실행 가능한 주장이었다. 그러나 노예제 수호를 부르짖던 주요 인물 중 한 명인 존 C. 캘훈 사우스캐롤라이나 상원의원은 이에 반대했다. 그는 상원에서 "우리는 백인, 즉 백인 자유민 외에 연방에 다른 인종을 받아들인다는 건 생각도 못 했소"[14]라고 주장했다. "멕시코의 혼혈 인종과 인디언을 우리와 동등한 사람이자 동반자이며 동료 시민으로 인정하자는 겁니까?"

보아하니 그렇지는 않은 듯했다. 미국은 인구가 희박한 멕시코 북쪽(오늘날의 캘리포니아, 유타, 뉴멕시코, 애리조나에 해당되는 지역)을 합병했으나 인구가 많은 남쪽은 그대로 두었다. 미국은 이처럼 신중하게 국경을 설정해, 한 신문사의 표현처럼 '거주자를 받아들이지 않고 얻을 수 있는 모든 가치 있는 영토'[15]를 얻었다.

하지만 일부는 더 먼 곳으로까지 가고 싶어했다. 이 때문에 노예제 찬성론자 중에는 늘어나는 백인 정착민 인구가 노예를 몰아내, 더 남쪽으로 터전을 확장해갈까봐 노심초사하는 이들도 있었다. 실제로 확장론자들은 일련의 '필리버스터'●를 조직해 비공식적으로 라틴아메리카 국가 침략을 계획했다. 영토로 합병할 목적이었다. 가장 극적인 예는 윌리엄 워커의 1855년 니카라과 침공이었다. 이로 인해 워커는 믿을 수 없게도 단기간에 니카라과의 대통령으로 재임했다.

그러나 워커의 기대는 어긋났고 그는 1860년에 처형됐다. 미국 정부는 그를 지지하지도, 다른 용병들을 지원하지도 않았다. 문제는 워커 같은 이들이 노예제 확장을 원했다는 것이 아니라, 이를 통해 라틴아메리카인들을 미국으로 더 많이 데려오고 싶어했다는 사실이다.

미국은 평등을 약속하면서 동시에 백인우월주의를 표방해, 백인 정착

● 19세기에는 정부 명령을 따르지 않는 용병 조직의 의미로 사용됨

제1부 식민지 제국

민들의 거주지인 영토를 급속도로 점유해가면서도 그 땅에 사는 사람들은 받아들이지 않았다. 사람이 살지 않는 해조분 제도의 경우는 괜찮았다. 그러나 멕시코나 니카라과의 영토 전체에 대해서는? 어림없는 이야기였다.

1860년대 후반 도미니카공화국 대통령은 미국의 도미니카 영토 매입을 환영한다고 알렸다. 율리시스 S. 그랜트 대통령은 그 거래를 성사시키고 싶어했다. 도미니카공화국은 최고의 설탕과 커피를 생산하는 땅이었기 때문이다. 그러나 비옥한 나라를 손쉽게 집어삼킬 수 있는 상황인 데다 유명한 전쟁영웅 출신 대통령의 소속 당이 의회를 장악하고 대통령이 나서서 권유했음에도 불구하고, 미 의원들은 이에 넘어가지 않았다. 찰스 섬너 매사추세츠 상원의원은 도미니카공화국이 "열대 수역에 위치해 있으며 다른 피부색을 가진 다른 인종이 그곳을 점유"[16]하고 있다고 설명했다.

알래스카는 1867년 앤드루 존슨 행정부가 러시아로부터 구입하려 한 영토로 똑같은 저항에 부딪혔다. 『더 네이션』은 "우리는 에스키모 동료 시민들을 (…) 원하지 않습니다"[17]라며 불평을 쏟아냈다. 구매가 성사된 이유는 결국 '에스키모'가 그리 많지 않으며 알래스카가 매우 넓기 때문이었다.

얼마나 많은 알래스카 원주민이 있었는지는 말하기 어렵다. 미국 인구조사에는 그들이 포함되지 않았다. 이는 신중한 합병의 이면이며, 국가에 포함될 대상을 통제하는 또 다른 방식이었다. 처음부터 인구조사에는 대부분의 원주민이 누락됐다. 따라서 한 세기가 넘도록 완구 제작자와 굴뚝 청소부 수에 대해 신뢰할 만한 10년 단위 통계를 보유한 정부는 얼마나 많은 인디언이 미국 국경 내에 살았는지는 알 수 없었던 것이

다.[18]

　1880년에 와서 인구조사에 알래스카 원주민이 포함되고 1890년에 본토 인디언이 포함되기 시작하자, 그들은 '합중국'의 통계를 오염시키지 않도록 나머지 인구와 분리되었다. 이는 인구조사 분리의 시작이었다. 집계된 주민 일부는 국가에 포함시키고 일부는 이도 저도 아닌 애매한 범주에 밀어넣는 식이었다. 1890년 인구조사 보고서 963쪽을 펴면 문단 중간에 사소한 정보라고 보고된 내용을 찾을 수 있다. 원주민을 포함한 미국 전체 인구는 6297만9766명이라는 것이다.[19]

———

　인구조사에서 원주민을 제외하는 것은 백인 정착민들이 사람이 살지 않는 황무지를 길들인다는 환상을 유지시켜주기 때문에 상징적인 중요성을 지녔다. 그러나 통계상으로는 중요도가 덜했다. 1890년에 이 963쪽에 나온 인디언과 알래스카인들은 인구의 0.57퍼센트에 불과했는데, 이는 원주민 인구의 감소와 앵글로·색슨족 인구 폭발의 결과였다.

　1898년경 상황은 달라졌다. 스페인 식민지는 인구가 희박한 곳이 아니었다. 사실 그들은 인구 밀도가 미국보다 훨씬 높았다. 인구도 많았다. 전문가들은 필리핀과 푸에르토리코, 괌에 거의 800만 명이 있었다고 추정했다. 이는 미국 인구의 10퍼센트가 넘는 수치였으며 흑인 인구(880만 명)[20]에 거의 맞먹는 수준이었다. 게다가 당시 앵글로·색슨족이 열대 지역에 살 수 있는가에 대해 강한 의구심을 품었던 사실을 고려할 때 스페인의 식민지 섬들에 사는 거주민들은 북미 원주민처럼 백인에게 쫓겨날 것 같지는 않았다.

이는 다시 말해 다른 유형의 팽창으로, 실패한 형태의 인디언 거주지를 연상시켰다. 토지를 획득해 이를 백인 정착민들로 채우는 대신 식민지 인구를 정복해 그들을 통치하는 식이었다. 한 필자는 "백인 혹은 준백인으로 이뤄진 흩어진 공동체에게 시민권을 인정하는 것과, 인구가 밀집한 다수의 유색 인종과 똑같이 행동하는 것은 명백히 다른 문제다"[21]라고 표현했다. 또는 회의적인 하원 의장은 다소 무례하게 "검둥이들을 더 이상 사지 않아도 될 만큼 이 나라에는 그 수가 충분하다고 생각했다"[22]고 표현했다.

그러나 제국에 반대하는 하원 의장과 같은 이들은 1898년 미국을 사로잡은 격동의 상황에 대해서는 할 수 있는 게 거의 없었다. 국내 경제 위기, 해외 식민지 쟁탈전, 스페인의 몰락, 듀이 준장의 놀라운 해전 승리 등 모든 일이 빠르게 진행됐고 이는 모두 한 방향을 가리켰다. 수십 년간 열대 지역으로의 팽창을 성공적으로 저지해왔던 반제국주의자들은 이제 발밑에서부터 기반이 흔들리게 되었다. 전쟁 발발 전에 그들은 미국의 쿠바 합병 금지법을 만장일치로 통과시켰다. 그러나 이제는 전쟁의 열기가 고조되고 군대가 스페인 식민지에 실제 주둔하는 상황이다보니, 지배 세력이 쿠바로, 근처 푸에르토리코로, 멀리 떨어진 괌으로, 방대한 영토인 필리핀으로 몰려가는 것을 어안이 벙벙한 채로 지켜볼 뿐이었다.

상황은 계속 그런 식으로 흘러갔다. 교착상태가 풀리자, 팽창주의자들은 그 기회를 이용해, 미국 농장주들이 점진적으로 경제를 관리해온 섬나라 왕국인 하와이를 손에 넣기 위해 오랜 기간 끌어온 법안을 통과시켰다. 비백인(『시카고헤럴드』는 '난쟁이 연방국'[23]이 될 것이라며 조롱했다)의 편입을 주저하는 분위기는 태평양을 지배하려면 하와이가 필요하다는 듀이 준장의 주장 앞에서 힘을 잃었다. 루스벨트는 "백인종의 이익을 위해 하와이를 차지해야 합니다"[24]라며 밀어붙였다. 그래서 합병 반대 청원서에 서명한 3만8000명 이상의 하와이 원주민의 항의에도 불구하고 미국은 하와이를 점령했다.[25]

이후 1899~1900년에 이르는 2년 동안 미국은 오랫동안 관심을 보였던 또 다른 태평양 거점인 사모아와 무인도인 웨이크섬을 합병했다.

총격이 멈추고 조약이 비준될 때쯤 미국은 7000개가 넘는 섬과 850만 명의 주민을 장악하게 됐다. 알래스카를 포함하면 해외 제국은 1784년의 미국 전체에 맞먹는 영역과 미국의 두 배에 달하는 인구를 확보한 셈이었다.

———

이는 당연히 논란을 불러일으켰다. 전쟁 중에 스페인과의 조약을 두고 의회에서 논란이 이는 가운데, 1900년의 고조된 선거 열기 속에서 제국이라는 문제는 엄청난 논쟁에 휩싸였다.

본질적으로 이는 삼중의 딜레마를 둘러싼 논쟁이었다. 공화주의, 백인 우월주의 그리고 영토 확장이었다. 미국은 그중 많아야 두 가지만 선택할 수 있었다. 과거에는 국경을 신중하게 구획해 공화주의와 백인우월주의를 조화롭게 유지할 수 있었다. 그러나 다수의 비백인 인구로 이뤄진 식민지를 흡수하면서 그 모든 것이 좌초될 위기에 처했다.

제국에 반대하는 이들은 1896년에 매킨리에 맞서 대통령 후보로 출마했던 윌리엄 J. 브라이언을 중심으로 1900년에 다시금 모였다. 브라이언은 공화주의와 제국 간의 모순을 폭로하며 즐거워했다. 양도 불가능한

제1부 식민지 제국

인권과 조세법정주의는 기본적인 정치적 가치였다. 브라이언은 미국이 식민지를 차지하면 어떻게 될지 상상해보라고 경고했다. 예를 들어 7월 4일 독립기념일 행사에서 공화국의 미덕에 대해 발언하기 위해 나서는 사람이라면 누구든 '자신의 발언이 본토에서 먼 주체들의 저항을 불러 일으키지 않도록'[26] 침묵을 지키라고 종용받게 된다는 것이었다.

이는 그럴듯한 주장[27]이었고 브라이언은 각양각색의 사람이 모인 대규모 반제국주의자 연합을 지휘했다. 여기에는 W. E. B. 듀보이스 같은 흑인과 일명 '피치포크Pitchfork'라 불리는 사우스캐롤라이나주의 벤 틸먼 상원의원과 같은 백인우월주의자가 포함됐다. 기업인들(앤드루 카네기는 필리핀을 2000만 달러에 사서 독립을 지원하겠다고 제안했다)과 노동계 지도층(AFL-CIO 회장이었던 새뮤얼 곰퍼스)도 이러한 취지에 뜻을 모았다. 하버드, 코넬, 스탠퍼드, 미시간, 노스웨스턴대학의 총장들 또한 힘을 보탰다.

그러나 제국은 일단 손에 넣고 나면 놓기 어려운 법이다. 루스벨트는 제국을 원했고 그를 비롯해 공화국의 정계 지배층 대다수가 이를 지지했다. 대부분의 사람에게 이는 앨프리드 머핸이 약속했던 단순한 경제적 이익 이상을 의미했다. 그들이 보기에 해외 식민지 건설은 명백한 사명설Manifest Destiny의 다음 단계였으며, 대니얼 분과 같은 이들을 위해 미국이 다음으로 선택할 수 있는 배출구였다. 앨버트 베버리지 상원의원은 "신은 우리가 문명을 전파하도록 이 태평양제국을 주셨다"[28]고 말했다. "백 개의 황무지를 정복하고 인간의 손이 닿지 않은 지역을 탐험해야 합니다. 손대지 않은 저지를 경작해야 합니다. 정복되지 않은 숲의 나무는 베어 넘어뜨려야 합니다."

제국주의자들은 삼중의 딜레마에 다른 해법을 제시했다. 그들은 공화주의를 기꺼이 희생할 각오가 되어 있었고, 이는 거의 역주행이라 할 만했다. 루스벨트는 "사람 구실을 하고 싶지 않은 데 대한 변명으로 '자유'와 '국민의 동의'를 들먹이는 위선자들"[29]을 경멸했다. 그는 "그들의 원칙이 이행되면 우리는 애리조나의 아파치 인디언들이 자구책을 강구하도록 내버려두어야 하며 어떠한 인디언 보호구역의 일에도 간섭하면 안 된다. 그들의 원칙은 우리 선조들이 미국에 영영 정착했다고 비난하는 꼴이다."

물론 제3의 선택지도 있었다. 백인우월주의를 폐기하는 것이다. 해외 영토를 이제 신생 주로 취급하고 해당 거주민들을 온전한 시민으로 대우하는 것이다. 이런 해법은 이러한 영토 내에서 열광적인 반응을 불러일으켰고, 푸에르토리코와 필리핀의 정당들은 공약에 주 지위 요구를 내걸었다.[30] 그들은 미 대륙 서부의 준주들을 염두에 두고 시간이 지나면 자국이 이와 동등하게 연방에 편입될 것으로 상상했다.

그러나 이에 대한 미국 본토의 지지는 빈약했다. 주 지위 편입 가능성이 대두되자 비로소 관심이 늘어났는데, 이는 주로 공포심의 발로였다. 반제국주의자들이 이러한 영토 합병으로 인한 끔찍한 결과를 강조했던 것이다.

어쨌든 피식민지인들은 주장을 펼 기회도 거의 없었다. 사실 필리핀인, 푸에르토리코인, 하와이인 및 다른 영토 거주자들이 제국에 대한 본토의 논의에서 완전히 배제되었다는 점은 놀랍다. 대다수의 본토인은 필리핀인과 푸에르토리코인, 하와이인을 단 한 번도 본 적이 없었다.

―――――

오마하 기업인 집단은 식민지를 둘러싼 무지의 엄청난 간극을 메워보고자 제1회 미국 영토 확장 식민지박람회를 기획했다. 19세기 후반은 박람회를 열기 좋은 시기였으므로 모의 전투와 연설, 퍼레이드 및 '세계 미인대회' 등 일상적인 구경거리를 총동원했다.[31] 그러나 주요 볼거리는 식민지 주민들이었다. 기획자들은 '미국의 섬나라 점령지에서 온 1000명이 넘는 원주민'을 볼 수 있다고 광고했다.[32] 여기에는 필리핀, 쿠바, 푸에르토리코 및 하와이 주민들이 포함됐다. 필리핀 대표단에는 '문명화된 타갈로그족'[33]뿐 아니라, '루손섬 내륙 출신의 야생성이 남아 있는 원숭이 같은 난쟁이들'도 있었다.

표면상 이는 제국 논쟁의 한가운데에 놓인 사람들을 대중이 만날 수 있게 하는 방식이었다. 그러나 대중이 그들을 만난 방식은 상당히 인상적이다. 박람회를 찾는 이들에게 강연을 하지도, 그들과 대화를 하지도 않고, 동물원 속 동물처럼 모형 가옥에서 사는 모습을 전시한 것이다.

상세한 설명을 위해 '대서부 지역의 다양한 부족 출신 인디언들의 대규모 야영지'[34]도 전시된다고 했다.

이러한 약속을 이행하려면 식민지 주민들을 모집해 그들을 본토로 데리고 와야 했는데, 이는 쉬운 일이 아니었다. 매킨리 대통령의 개인적인 지지와 군대의 도움이 있었지만 박람회 기획자들은 단 35명의 필리핀인만 USS 인디애나호에 태워 샌프란시스코로 데리고 올 수 있었다.[35] 하지만 그들을 배에 태우기는 쉬웠어도 인디애나호가 도착하자 이민국은 그들의 하선을 허가하려 하지 않았다.

배에서 며칠간 머물 수밖에 없었던 필리핀인들은 항의했다. 자신들은 미국 시민이므로 새로운 조국 안에서 이동할 권리가 있다고 주장했다. 그러나 항구 관리자들은 꿈쩍도 하지 않았다. 그들이 보기에 필리핀인들은 외국인, 그것도 아시아에서 온 외국인이었던 데다 중국 노동자들의 입국을 금지했던 바로 그 인종 배제법의 적용 대상이었던 것이다.

　미국 영토 확장 박람회는 제국의 문제들을 파고들기 위한 것이었다. 그러나 기획자들은 자신들도 모르는 사이에 그중에서도 가장 얽히고설킨 문제를 제시한 꼴이 됐다. 확장된 영토들은 미국 지도에 표시되어 있다. 미국령인 것이다. 그런데 그곳에 사는 사람들은 과연 '미국인'인가?

———

　필리핀인들은 오마하로 갔다(그러나 전쟁장관은 그들이 박람회 이후 고향으로 돌아갈 것이라고 직접 약속했다). 그곳에서 필리핀인들은 깊은 인상을 남겼다. 일간지 『오마하 비』는 "그들의 행색은 그럴듯하다"[36]며 '야만인종'이라기보다는 지팡이를 짚고 더비 모자를 쓰고 흰색 정장 바지를 입은 '평범한 사람들'에 가깝다고 썼다. 필리핀인 무리가 이국적인 민속음악을 연주할 거라 기대하며 박람회를 찾았던 사람들은 그들 무리가 루스벨트가 이끄는 러프 라이더스의 테마곡 「오늘 밤은 동네가 떠들썩할 거야 There'll Be a Hot Time in the Old Town Tonight」를 라이브로 연주하자 깜짝 놀랐던 것이다. 문화적으로 박람회장에 선 필리핀인들은 새로운 조국을 받아들이기로 한 듯 보였다.

　그러나 법적으로는 해결할 문제들이 남아 있었다. 수정헌법 제4조에 따라 미국에서 태어난 사람은 누구나 국적을 받을 수 있었다. 여기에 영토도 포함되었는가?

　1898~1900년의 영토 합병으로 인해 이미 언어와 영토 측면에서 미국의 개념 정의에 대한 문제가 떠올랐다. 이제 이 문제는 법적으로도 문제가 되었다. 이는 1901년에 여러 관련 사건을 통해 대법원까지 올라갔

　　　　　　　　　　　　　　제1부 식민지 제국

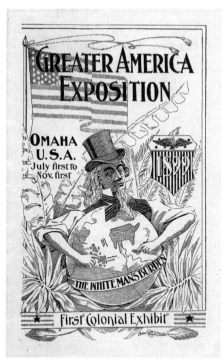

미국 영토 확장 식민지박람회, 오마하, 1899년

다.[37]

중대한 법적 문제들은 사소한 분쟁을 둘러싸고 상황이 역전되곤 한다. 확실히 이 문제를 대법원까지 끌고 갔던 사건들은 하찮아 보였다. 푸에르토리코에서 뉴욕으로 오렌지를 싣고 오는 수입업자가 관세를 물어야 하는가, 아니면 필리핀에서 돌아오는 군인이 현지에서 취득한 다이아몬드 반지에 세금을 물어야 하는가와 같은 문제들이 다뤄졌던 것이다. 그러나 그 수면 아래에는 좀더 첨예한 문제가 숨겨져 있었다. 헌법은 미국 영토 간 상거래에 대한 과세를 금지하고 있다. 그런 법은 해외 영토에도 적용됐는가? 다시 말해 해외 영토는 미국의 일부였는가?

관세를 물려왔던 미국 정부는 과세 조치 변호에 나섰다. 정부는 미국 United States이라는 말이 모호하다고 주장했다. 그 명칭은 미국 관할권 하의 모든 지역을 지칭할 수 있으나 협의의 개념으로 주 연합체를 가리킬 수도 있다는 것이었다. 헌법이 가리키는 '미국United States'은 그런 협의의 개념이며 그 주들만 가리키는 것이라고 주장했다. 따라서 영토는 헌법이 적용되지 않는다는 단순한 이유로 헌법에 따른 보호를 받을 권리가 없다는 것이었다. 한 판사가 그 논리를 요약한 것처럼, 헌법은 '해당 지역의 최고법'[38]이지만 영토들은 "그런 '지역'에 속하지 않는다"는 것이다.

이는 정식 주 거주민들과 동일한 헌법적 보호를 받는다고 생각했던 서부준주 거주민들에게는 놀라운 이야기일 수도 있다. 그러나 법무장관이 주장했다시피 이는 법적 근거가 거의 없는 의례적인 허구였다. 완곡한 말로 그는 대법원 판사들에게 의회는 "지금까지 숱하게 그래왔듯 거주민의 동의 여부를 묻지 않고, 심지어 그들의 동의와 항의에 반해서" 그 영토들에 법을 적용할 수 있다는 점을 상기시켰다. 그는 의회의 인디언 거주지 해체를 예로 들었고, 알래스카인들은 "단 한 명의 관리도 선출할 권리가 없으며, 도시를 형성하거나 정치 제도를 수립하거나 스스로를 보호하기 위한 어떠한 활동도 할 권리가 없었다"[39]는 점을 주지시켰다. 해외 영토(그는 대놓고 '식민지'라고 불렀다)도 다르지 않았다. 샌프란시스코만에 있는 필리핀인들은 착각했던 것이다. 그들은 식민지 주민이었지 시민이 아니었다.

이는 바로 반제국주의자들의 분노를 불러일으키는 이야기였으나 법무장관은 계속했다. 그는 "미국 식민지 주민으로 불리는 것은 불명예스러운 일이 아니다"라고 달래듯 말했다. 뿐만 아니라 그는 계속해서 미국 정부가 점령지를 식민지로 통치할 능력이 필요하다고 말했다. 제국의 시대이기 때문이라는 것이었다. 미국이 이집트, 수단, 중앙아프리카 일부 또는 '중국 왕조의 한 부분'을 합병하면 어떻게 될까? 미국은 헌법을 그 지역들에도 적용하라는 압박을 받게 될까? "북쪽의 얼어붙은 바다에서 야자수에 둘러싸인 태평양 제도에 이르기까지 그 영향력을 확장하는 강대국은 너무 엄격하거나 제한적인 원칙에 얽매이면 안 된다."[40]

그런 주장이 우세했다. 대법원은 '헌법은 주를 규율'[41]하며 영토의 권리는 의회의 재량에 따른다는 판결을 확인했다. 의회는 원한다면 영토를 연방에 '편입incorporate'시킬 수 있으며 그곳들을 헌법의 보호 아래 둘 수 있다며, 서부준주에 해당 사례가 있다고 판결했다. 몇 년 후 대법원은 또한 백인 정착에 가장 도움이 된다고 간주되는 영토 알래스카와 하와이가 연방에 '편입'되었다고 결정했다. 그러나 편입이 자동으로 이뤄지는 것이 아니라는 점이 핵심이며, 의회는 과거 스페인 식민지 합병을 여러 번 기각한 바 있다.

'미국United States'에 다양한 '의미'가 있다는 생각을 환기시키면서 보충의견을 낸 대법원 판사는 난해하기로 악명 높은 문구를 통해 논거를 명확히 표현했다. 푸에르토리코는 "국내라는 맥락에서는 외국인데, 이는 해당 섬이 미국에 편입되지 않은 데다 점령지로서 미국의 부속물에 지나지 않기 때문"[42]이라고 설명했다.

기억력이 좋은 변호사라면 '부속물appurtenant'이라는 특이한 단어를 알아봤을 것이다. 이는 10여 년 전에 나배사섬 관련 사건에서도 등장한 적이 있다. 당시 변호인단은 해조분 제도가 '미국에 부속'된다고 주장했으나 미국의 일부는 아니며 따라서 미국법의 적용을 받지 않는다고 했던 것이다. 대법원은 이와 의견을 달리했다. 그러나 나배사 사건에서는 미국 정부가 영토에 연방법을 적용할 권한을 인정한 반면, 새로운 판결에서는 영토 거주자들의 연방 보호 권리를 인정하지 않았다.

———

1901년 판결은 통칭 도서 판례Insular Cases(해당 용어에 이후 몇 개 사건이 포함될 수 있다)로 알려져 있다. 그러나 19세기 말에서 20세기 초에 대법원이 잘 알려지게 된 것은 그 사건들 때문이 아니었다. 1901년 도서 판례를 담당했던 9명 중 8명의 대법원 판사는 플레시 대 퍼거슨(1896) 사건도 담당했다. 이는 '분리하되 평등한separate but equal' 짐 크로법● 이 합헌이라고 판시한 악명 높은 사건이었다.

표면적으로 이 두 판결에는 공통점이 많다. 플레시 판례로 분리 정책이 허용되면서, 나라가 별도의 공간으로 구분되어 백인 전용 공간과 유색인 전용 공간이 생겨난 것이다. 도서 판례는 한 대법관이 말한 것처럼 미국을 '사실상 두 개의 중앙정부'43로 나누었다. 권리장전으로 묶인 하나의 국가이지만, 다른 영역에서는 분리된 국가인 것이다.

플레시 판례와 마찬가지로 도서 판례의 쟁점은 인종이었다. 다수 의견에는 헌법의 틀 내에서 '야만인'과 '이방의 인종'44에 관한 것을 포함한 경고가 담겨 있었다. 한 대법관은 그렇게 하면 '미국의 제도가 망가져'45 '정부 구조 전체'가 '전복'되는 지경에 이를 수 있다고 보충 의견을 내놓았다.

● 1876~1965년에 존재했으며, 공공장소에서 흑인과 백인의 분리 및 차별을 규정한 법이다.

　　　　　　　　　　　　　　　제1부　식민지 제국

그러나 플레시 판례와 도서 판례에는 중요한 차이가 있다. 1954년 브라운 대 교육위원회 사건에서 대법원은 플레시 판례를 뒤집고 '분리하되 평등한' 시설은 법에 따라 평등을 보장할 수 없음을 선언했다. 오늘날 플레시 사건은 대법원의 최대 실수 중 하나로 꼽히며 헌법을 왜곡해 수백만 명의 시민권을 빼앗은 악명 높은 인종차별적 판결로 간주된다.

도서 판례는 이보다는 훨씬 덜 알려져 있다. 최근까지도 이에 대해 한 번도 들어보지 못했다는 헌법학자를 드물지 않게 만날 수 있었다.[46] 이 사건은 여전히 교과서에 실려 있으며 좋은 법의 예로 인용된다. 법원은 헌법이 미국의 일부 영역에만 적용된다는 원칙을 반복적으로 인정해왔다. 이 때문에 본토 시민은 배심재판을 받을 권리가 있지만, 해당 시민이 푸에르토리코로 가면 그 권리는 사라지는 것이다.

이와 유사하게 미국에서 태어난 사람은 누구나 보장받는 수정헌법 제4조에 따른 시민권이 편입되지 않은 영토에는 적용되지 않는다. 그 지역들에서는 투쟁을 거친 후에야 뒤늦게 시민권을 얻을 수 있었다. 뿐만 아니라 이는 '법정 시민권'으로 자리 잡게 됐는데, 헌법이 아닌 법령으로 보호되며, 따라서 무효가 될 수도 있는 권리였다.

푸에르토리코인들은 1917년에 시민이 되었으며, 미국령 버진아일랜드인들은 1927년에, 그리고 괌 주민들은 1950년에 시민권을 받았다. 그러나 이들은 모두 법정 시민권이기 때문에 무효가 될 수도 있었다. 필리핀인들은 47년간의 미국 통치하에서도 시민권을 획득할 수 없었다. 미국령 사모아인들은 1900년 이후로 '미국인'이었음에도 불구하고 법적으로만 '미국 국적자'일 뿐이다. 그들은 입대가 허용되며 많은 수가 군복무 중이다. 그들은 885개 미 육군 징병소 모두에서 1위를 차지한다.[47] 그러나 그들은 시민이 아니다. 수정헌법 제4조의 적용을 받지 않기 때문이다.

도서 판례의 중요성은 법의 영역을 넘어선다. 미국 영토 중 '편입'된 부분과 '편입되지 않은' 부분을 구분하는 이런 판례들은 미국의 일부 지역이 진정한 미국이 아니라는 생각을 법으로 확정지었다. 일부 영토는, 즉 백인 정착민들로 채워진 영토는 주 지위를 기대해볼 수 있었다. 그렇지 않은 경우라면 대법원장이 표현했듯이 '육신으로부터 분리된 그림자처럼 무기한으로 모호한 중간 상태'[48]에 처하게 되었다.

그런 '무기한' 상태가 오늘날까지 계속된다. 대법원이 '편입'됐다고 판결한 모든 영토는 준주 상태로 남아 있다. 오늘날 약 400만 명의 인구가 이처럼 편입되지 않은 영토에 산다. 그들은 의회에 대표를 보낼 수 없으며 대통령 후보에게 투표할 수도 없고, 그들의 권리와 시민권은 여전히 미국 정부가 준 선물이나 다름없다. 그들은 푸에르토리코의 많은 사람이 실제로 그렇게 하듯이 주 지위 획득을 위해 노력해볼 수 있다. 그러나 주 지위는 다른 여러 가지와 마찬가지로 온전히 의회의 재량으로 결정된다. 푸에르토리코인도 다른 식민지 주민들도 투표로 선출할 수 없는 바로 그 입법 기관의 재량인 것이다.

6.
자유의 함성을 내지르다

1899년 7월 1일 미국 영토 확장 식민지박람회[1]가 떠들썩한 축하 속에 문을 열었다. 수천 명의 사람이 오마하로 몰려들어 박람회를 둘러봤다. 세계미인대회, 무어 궁전, 무지갯빛 전기 분수, 필리핀 밴드, 그리고 마닐라만에서 거둔 듀이 준장의 승리 재현 장면 등이 전시돼 있었다. 러프 라이더스 부대를 비롯한 스페인과의 전쟁 참전 용사들은 박람회장을 행진하며 열렬한 환호를 받았다.

그러나 대열의 마지막에 있던 제1네브래스카 지원병 부대는 안색이 어두웠다. 『덴버 이브닝 포스트』는 "그들의 모습엔 어딘가 애처로운 구석이 있었다"[2]고 소개했다. 그들의 군복은 누더기였고 부상을 입은 데다 고통스러워 보였다.

그들은 필리핀에서 온 사람들이었다.

———

그런 건 원래 계획에 없었다. 전쟁은 든든한 동맹군과 함께 시작됐다. 미국과 필리핀이 힘을 합쳐 스페인에 대항했던 것이다. 듀이 준장은 해양전을 맡았고, 에밀리오 아기날도는 지상에서 승리를 거두며 전쟁이 빠르게 진행됐다. 듀이 준장은 해상 봉쇄를 단행해 아기날도에게 무기를 공급했다. 아기날도는 그 무기들을 활용해 스페인군을 몰아냈다.

1896년 스페인에 맞서 혁명을 주도했다가 실패한 아기날도에게 듀이의 등장은 기적적인 구원의 손길이었다. 임시 정부가 보낸 서한에는 "미국인들이 금전적인 동기가 아닌, 박해받는 수많은 사람에 대한 통탄과 인류애의 발로로 적절한 시기에 사랑하는 우리 조국에 보호의 손길을 뻗었다"[3]고 쓰여 있었다. "펄럭이는 미국 국기가 보이면 다들 모여라. 그들은 우리를 구하러 온 사람들이다!"

아기날도가 미국에 대한 믿음을 버리지 않았던 이유는 전쟁이 끝나면 필리핀이 독립할 것이라고 듀이와 다른 미국 장교들이 여러 차례 장담했기 때문이다. 아기날도는 그중 어떤 약속도 문서화되지 않았다는 사실에 실망했으나 계속 밀어붙였다. 1898년 6월, 그는 독재 정부를 수립해 독립을 선포했다. "강력하고 인도주의적 나라인 미국의 보호 아래, 우리는 엄숙하게 필리핀 국민의 권한으로 국민을 대신해, 필리핀은 자유로운 독립국이며 자유와 독립을 누릴 권리가 있음을 이로써 엄숙하게 선포하고 선언한다."[4]

새로운 정부는 신속하게 국가 수립에 나섰다.[5] 몇 달 만에 헌법의 초안을 작성하고 수도를 정하고 신문을 발행하고 학교를 열고 대학을 세웠으며 통화를 발행하고 외교관을 임명하고 세금을 부과했다. 국기도 만들었다. 필리핀 독립 선언으로 국기 색깔을 빨간색과 흰색, 파란색으로 정했는데 "미국 국기를 기리며 아무런 목적 없이 보호를 제공한 데 대해 이 위대한 나라를 향한 우리의 깊은 감사를 표시하자는 뜻에서'6였다.

문제는 8월에 불거졌다. 미 육군과 필리핀 해방군이 합동작전을 통해 마닐라를 포위했는데, 스페인이 미국에만 항복을 선언했는데도 상황이 종료됐다. 미군은 마닐라시로 들어가 필리핀 전우들의 출입을 막았으며 매킨리는 성명서를 냈다. "반군과의 공동 점령은 없을"7 것이며 필리핀인들은 "미국의 군사 점령과 지휘권을 인정해야 한다".

이로써 대치 국면이 시작됐다. 미국은 마닐라를 점령하고 해상을 지배했다. 아기날도 정부는 필리핀의 나머지 지역을 차지했으나 인구가 적고 문화적으로 동떨어진 남쪽 지역은 명목상 지배에 그쳤을 뿐이다.

마닐라를 포위했던 필리핀 군대는 마닐라를 둘러싼 교외의 진지를 지키며 기다렸다. 미군들은 마닐라 내부에서 기다리며 군인들이 흔히 그러듯 적절한 때를 엿봤다. 주요 번화가를 따라 주점들이 문을 열었고, 사람들은 이를 '양키 맥주 미끄럼틀Yankee Beer Chute'8이라는 애칭으로 불렀다. 러시아, 루마니아, 오스트리아, 홍콩, 싱가포르, 인도 및 일본에서 매춘부들이 쏟아져 들어왔다.9 성매매판 골드러시라 할 만했다.

시간이 지날수록 양쪽 군대는 초조해하며 서로를 비방했다. 외교적 해법을 기대했지만 매킨리 정부가 스페인으로부터 2000만 달러에 필리핀을 구매하겠다는 조약에 서명한 12월에 이는 박살나고 말았다. 아기날도는 그 소식이 "마른하늘에 날벼락처럼 혁명군 캠프에 날아들었다"10고 썼다.

매킨리는 마닐라의 군정이 '가능한 모든 병력과 함께 할양된 영토 전체로 확대될 것'11이라고 포고했다. 아기날도는 이에 대항하는 포고를 내리며, 필리핀을 이처럼 '폭력적이고 공격적으로 점령'12하는 행태를 비난했다. 그는 새로운 정부를 수립했다. 이번에는 공화국 형태였고 스스로 필리핀의 초대 대통령으로 취임했다. 그의 취임식 만찬은 프랑스어로 쓰인 유럽식 메뉴가 베풀어진 호화로운 행사였다.[13]

매킨리와 아기날도가 영유권 주장의 강도를 높여갈수록 마닐라 시민들은 전전긍긍했다. 1899년 1월 첫째 주, 3만여 명의 마닐라 시민이 도시를 떠났다.[14] 2주 후 한 중국인이 스페인군의 개를 발로 차려다가 나막신이 벗겨져 날아가 한 필리핀인의 얼굴에 맞았다. 다른 곳에서라면 기껏해야 주먹다짐 정도로 끝나고 별일 아닌 듯 치부됐을 것이다. 그러나 위태위태한 분위기가 도사리고 있던 마닐라에서는 마른 장작에 튄 불씨 같았다. 다들 문을 굳게 닫아 자물쇠로 걸고 총을 꺼내자 도시 거주민들은 앞다퉈 피난처를 찾아 나섰다. "65제곱킬로미터에 걸친 지역 내에서 두렵고 정체를 알 수 없는 괴물들을 피해 이웃들이 달아난다는 사실을 모르는 사람은 한 명도 없었다."[15] 당시 보도된 한 기사의 내용이다. "우르르 도망치는 엄청난 인파로 모든 것이 흔들렸다."

개에게 던진 신발이 사람 얼굴을 때리는 사건이 국제적 문제로 비화됐다가 곧 유혈 사태는 잦아들었다. 유일한 사상자는 개였다(누군가가 총으로 쐈다). 그러나 2주 후 사건이 본격적으로 일어났다. 제1네브래스카 지원병(해당 연대는 나중에 미국 영토 확장 박람회 연병장을 절룩거리며 지나게 된다) 소속 윌리엄 W. 그레이슨 이등병과 오빌 H. 밀러 이등병이 밤에 마닐라 교외를 순찰하다가 서너 명의 필리핀 군인과 마주쳤다. 그레이슨은 그들에게 멈추라고 명령했다. 그러나 그가 누구이기에 명령을 하는 건가? 그들은 거꾸로 그에게 멈추라고 명령했다.

"저는 총을 쏘는 게 최선이라 생각했습니다."[16] 그레이슨은 기억을 떠올리며 실제로 총을 쐈다고 했다. 그와 밀러는 필리핀인 3명을 쏜 다음 증원병이 있는 곳으로 급히 돌아왔다. "다들 정렬." 그레이슨이 큰 소리로 말했다. "검둥이들이 여기 구내 곳곳에 있다."

"영국군이 오고 있다!" 이는 사실이 아니었다. 그러나 군대를 소집하기에는 그것으로 충분했다. 몇 시간 만에 미국은 공세를 취했다. 전쟁이 시작된 것이다.[17]

멀리서 전쟁을 지켜본 사람이라면 두 군대가 호적수라고 판단했을지도 모른다.[18] 미 육군은 마닐라와 그 근처에 2만여 명의 군인을 배치했다. 해방군의 수는 파악하기 어려우나 1만5000명에서 4만 명 정도로 추정됐다. 무기는 미 육군이 보유한 게 나았던 반면 필리핀 군대는 지형을 잘 알았다.

그러나 싸움이 시작되고 만 하루 만에 전력 불균형이 얼마나 심각한지 밝혀졌다. 2월 5일, 유혈 전투로 인해 미군 사상자는 238명이 나왔던 반면 필리핀 사상자는 수천 명에 달했다.[19] 미군 관계자는 그 수를 4000명으로 기록했으나 이는 순전히 추측에 지나지 않았다.

무기도 그 이유 중 하나였다. 아기날도의 군대에는 쓸 만한 총이 많지 않았고 탄약은 거의 없었다. 마닐라를 둘러싼 군인의 3분의 1은 권총도 소지하지 않았다. 한 부대는 창으로 무장하기도 했다. 유타 포대와 맞서 싸웠던 어떤 부대는 활과 화살로 싸웠다. 그리고 적에게 돌팔매질하라는 지시를 받은 아이들로 이뤄진 '대대'[20]도 있었다.

분통 터지는 총기 부족 사태는 전쟁을 치르는 내내 필리핀 군대에 타격을 입혔다. 아기날도의 군대는 아시아에서 밀수하거나 확보할 수 있는 무기라면 무엇이든(그러나 미국의 봉쇄로 많지는 않았다) 갖고 버텼다. 그들은 미군이 버린 깡통을 모아서 탄약통으로 만들려 했다.[21] 또한 교회 종을 녹여서 총알로 만들고, 성냥 꼭지를 벗겨내 뇌산염을 만들고, 나무의 송진을 이용해 화약을 만들었다.[22] 전쟁이 끝나갈 즈음 독립군들은 진주조개를 채취하는 다이버를 보내 해저를 뒤져 탄약을 찾게끔 했다.[23] 퇴각한 스페인군이 버렸을지도 모른다고 생각했던 것이다.

그러나 이는 무기 이상의 것이었다. 전투는 과학이라고까지 할 순 없어도 최소한 훈련이 필요한 기술이었다. 미군들은 훈련을 받았고 노련한 군인도 많았다. 그들을 이끈 장군들의 대다수는 남북전쟁이나 인디언전쟁에 참전한 경험이 있었다. 1898년에 그들 대다수는 50대 또는 60대였다.

필리핀의 상황은 달랐다. 스페인 식민지였던 필리핀은 자체 군대를 보유한 적이 없었다. 1896년 반란이나 1898년 전쟁 당시 군복무 경험이 있었던 이들 중 상당수는 이미 사망했다. 그리고 아기날도가 '잔류병'[24]이라 부른 군인들, 즉 신병과 자원병들이 잡다하게 뒤섞인 이들이 그 자리를 대신했다. 그들 대부분은 기본적으로 화기를 다루는 법조차 훈련받지 못했다.

게다가 지휘관들도 놀라울 정도로 젊었다. '필리핀군의 아버지'라 불렸던 아르테미오 리카르테는 1898년 당시 32세였다. 혁명을 기획한 주동자들 중 한 명으로 꼽히는 에밀리오 하신토 장군은 24세였다. 다른 주요 지휘관들로는 안토니오 루나 장군(32세), 마리아노 노리엘 장군(34세), 미겔 말바르 장군(33세), 그레고리오 델 필라르 장군(23세) 및 최연소 장군인 마누엘 티니오(21세)[25]가 있었다. 티니오는 고등학교를 중퇴하고 1896년 혁명군에 가담했으며, 2년 후 장군이 됐다. 그의 부관은 15세였다.

아기날도 자신도 1898년 당시 29세였으며 1964년에 사망했다.

이처럼 갓 조직된 군대는 미군에 비해 열세일 수밖에 없었다. 전쟁은 1899년 2월에 시작됐다. 3월, 미국은 단 한 명의 사상자[26]만 낸 채 필리핀 공화국의 수도인 말롤로스를 점령했다.[27] 아기날도는 피신해 산이시드로로 정부를 옮겼다. 이마저 함락되자 다시 카바나투안으로 옮겼다. 네 번째 수도인 타를라크로 정부를 또 옮겼는데 11월에 함락됐다. 전쟁이 시작된 지 10개월 만이었다. 아기날도는 산으로 피신해 야전 사령관에게조차 자신의 위치를 알리지 않았다.

미군을 지휘하던 아서 맥아더 장군(더 잘 알려진 더글러스 맥아더의 아버지)은 전쟁이 끝났다고 결론지었다. "공격할 만한 무장 반란군 조직이 남아 있지 않다"[28]는 이유에서였다.

그러나 맥아더의 판단은 틀렸다. 이후 몇 달간 양측의 교전 횟수는 2배로, 이내 3배로 늘어났다.[29] 맥아더가 전쟁이 끝났다고 생각했던 상황은 오히려 새로운 전략의 시작이었던 것이다. 전력 차이가 엄청나다는 사실을 깨달은 아기날도는 수도 설정을 포기하고 재래식 전투에 돌입했다. 그는 추종자들에게 게릴라전을 펼치라고 주문했다.

이는 그럴듯한 생각이었다. 정형화된 전투 방식으로 아기날도의 약점이 드러났다면 게릴라전을 통해서는 장점을 발휘할 수 있었다. 지형을 잘 아는 데다 이러한 목표에 대한 공감대가 널리 형성돼 있었기 때문이다. 이른바 인수렉토Insurrecto, 즉 저항군은 매복해 있다가 미군 순찰대를 공격하고 무기를 숨긴 후 대중 속으로 숨어들었다. 그들은 심지어 공식적으로 미군 통치하에 있는 마을에 머물며 음식과 피란처와 정보를 얻었다.

당시 소년이었던 한 사람은 시장에서 흥정하던 여자들이 미군의 규모와 움직임을 관찰하고 얻은 정보를 망고와 구아버 가격을 통해 어떻게 암호로 바꾸었는지를 떠올렸다.[30] 과일 가게는 해당 정보를 게릴라 부대에 전달했다. 그는 아이들이 미군 보초가 다가오는 것을 보고 게릴라 대원의 집에 '실수인 척' 공을 던져 경고하곤 했다고 말했다.

이 모든 일에는 대중의 도움이 필요했다. 아기날도는 필요하다면 무력 사용도 개의치 않을 사람이었는데, 1899년 당시 그는 이것을 굳이 강요할 필요가 없었다. 맥아더는 "필리핀 대중이 아기날도에게 충성을 다한다는 사실을 부득이하게 믿을 수밖에 없었다"[31]고 고백했다.

―――

적어도 처음에 아기날도는 필리핀인들을 지지층으로 여기지 않았다. 아니 그는 미국 유권자를 염두에 두고 있었다. 그가 보기에 게릴라전의 목적은 미군을 무찌르는 것이 아니라(이것이 가능하리라 생각한 사람은 아무도 없었다) 지치게 만드는 것이었다. 아기날도는 11월까지 전투를 지속할 수 있다면 1900년 대통령 선거에 영향을 미치리라 기대했다.

필리핀인들은 물론 대선에서 투표할 수 없었다. 그러나 나름의 방식으로 결과에 영향을 줄 수는 있었다. 매킨리는 재선에 도전했고 이번에는 루스벨트가 부통령으로 러닝메이트였다. 따라서 공화당으로부터 얻을 수 있는 도움은 거의 없었다. 1896년에 출마했던 윌리엄 브라이언은 이번에도 다시 출마했다. 브라이언은 필리핀 독립을 지지했다

아기날도가 보기에 이는 전폭적인 지지를 얻기 위한 전쟁이었다. 그는 미국 본토 유권자들이 식민지 개척자 입장이 되는 것을 불편해한다고 생각하고 독립을 위해 죽어가는 필리핀인의 모습이 그들에게 강한 인상

을 남겨서 1900년 대선은 1896년 대선과는 다른 모습이 될 것이라고 보았다.

미국의 국민성에는 깊이 뿌리박힌 제국에 대한 혐오라도 있었던 걸까? 독립전쟁에서부터 이어진 반제국주의의 잔상이었나? 역사가들은 수십 년간 그 문제에 대해 논의했다. 그러나 그 긍정적인 면을 주장하려면 새뮤얼 클레먼스, 즉 마크 트웨인을 예로 드는 게 가장 좋을 것이다.

트웨인은 별난 부류였다. 그는 빅토리아 시대의 보수적인 관습에 저항하며, 거친 발언과 금기시되는 주제에 대해 이야기하길 즐겼다. 그가 활동하던 시대에 트웨인은 궁중 광대로 살면서 윌리엄 D. 하우얼스와 헨리 W. 롱펠로와 같은 작가들보다 훨씬 못한 취급을 받았다. 그러나 오늘날 그들은 대중의 뇌리에서 쉽게 잊힌 반면 트웨인은 오래도록 기억되고 있다. 트웨인은 그들보다, 그 어느 누구보다 훨씬 더 '미국적'인 듯하다.

트웨인과 비교하기에 가장 좋은 상대는 하우얼스나 롱펠로가 아니라 영국 작가인 러디어드 키플링이다. 그들은 둘 다 오늘날까지 일상 언어로 시골생활에 대해 쓴 작가로 추앙받고 있다. 트웨인은 『허클베리 핀의 모험』(1885)이라는 소설로 가장 잘 알려져 있다. 젊은 백인 소년과 그보다 나이가 많은 흑인 남자가 미시시피강에서 긴 여정을 떠나는 내용이다. 키플링은 트웨인을 '동시대의 가장 위대한 인물'로 생각했으며, 허클베리 핀 이야기를 읽고 감탄해 마지않았다. 그런 후 그는 자신의 주요 작품인 『킴』(1901)을 썼다. 이는 식민지 인도에서 백인 소년이 아시아인 남자와 함께 겪는 여정을 그리고 있다. 트웨인은 이 작품을 매년 다시 읽었다.[32]

그러나 두 작가 사이에는 차이점도 있었다. 이는 아마도 영국과 미국의 문화적 차이를 반영하는 듯하다. 키플링은 당대 제국의 훌륭한 수호자였다. 그는 루스벨트와 친구 사이였으며, 고조되는 필리핀 내 분쟁을 관심 갖고 지켜봤다. 그는 대대적인 인기를 끌었던 시 형식을 빌려 조언을 내놓았다. 그는 발표 전 원고를 루스벨트에게 보냈는데, 기막힌 우연의 일치였는지 시가 처음으로 발표된 날이 바로 전쟁이 터진 날이었다. 이는 「백인의 짐: 미국에 고함」이라 불렸으며 다음과 같이 시작된다.

백인의 짐을 져라33
너희가 기른 최선을 최전선에 보내라
네 포로들의 요구에 응하기 위해
너희 아들들을 보낼지어다
퍼드덕대는 사람들과 야생에 맞서
육중한 마구를 갖추어라
네 불만투성이 표정의 갓 잡아들인 포로들,
반은 악마요, 반은 아이인 자들에게.

오늘날 어디서나 비판받는 제국주의 사상이 담긴 키플링의 시는 과거의 지적 몰락을 대변한다. 이는 영어로 작성된 제국주의의 찬가 가운데 단일 작품으로는 가장 유명한 시다.

이 시가 발표됐을 당시 트웨인은 그 밑에 깔린 정서를 받아들였을 것이다. 트웨인은 그가 '극도의 제국주의자'34였다고 회상했다. "나는 미국의 독수리가 태평양에서 울부짖길 바랐다." 그러나 트웨인은 필리핀의 충돌 사태가 전개되는 양상을 보고는 더 이상 이를 지지할 수 없었다. 1900년에 그는 스스로를 '반제국주의자'라고 선언했다.

트웨인은 그냥 반제국주의자였던 게 아니라 미국에서 가장 유명한 반제국주의자였다. 뉴욕 반제국주의자연맹 부회장이 되었고, 신랄한 야유를 퍼부으며 확전 상황을 시간 순으로 기록했다. 그는 "두 개의 미국이 존재하는 게 틀림없다"[35]고 중얼거렸다. "하나는 포로를 자유롭게 풀어주는 미국이고, 다른 하나는 포로였다가 새롭게 얻은 자유를 빼앗아가 버리며 괜히 시비를 걸어 땅을 빼앗기 위해 그를 죽이는 미국이다."

두 번째 미국과 관련해, 트웨인은 독립 선언서에 몇 가지 추가할 것을 제안했다. "정부의 정당한 권력은 통치받는 백인의 동의에서 나온다."[36] 그는 해골과 뼈로 만든 X자가 그려진 해적 무늬로 별을 대체하고 빨간색, 검은색, 파란색으로 미국 국기를 수정하자고 제안했다.[37]

이는 강력한 발언이었으나, 놀랍게도 그렇게 극단적인 것은 아니었다. 아기날도가 바랐듯이, 필리핀전쟁은 수많은 반제국주의자의 심기를 건드렸다. 짐 크로의 시대에 극단적인 조직과는 거리가 먼 민주당조차 이 문제에 대해 침을 튀겨가며 열변을 토할 정도였다. 1900년에 민주당은 공약을 통해 이 전쟁을 '침략 전쟁'[38]이라며 비난했다. '탐욕스러운 영리 추구'의 발로이며 미국을 망가뜨릴 게 분명하다는 것이었다. "어떤 국가도 공화국이면서 제국일 수는 없다"고 경고했다. "해외에서의 제국주의적 행태는 필연적으로 그리고 빠른 시간 안에 국내의 폭정으로 이어질 것이다."

제국은 1900년 선거의 쟁점이었다. 영국에 살았던 키플링은 투표할 수 없었다. 트웨인은 투표를 거부했으나 '도넛 반대당Anti-Doughnut Party'●[39] 공약을 걸고 출마하는 후보는 누구든 지지했을 것이라고 주장했다. 그러나 나머지 사람들에게 이는 해외 제국이 투표에 부쳐진 첫 선거

● 마크 트웨인이 도넛을 좋아하지 않는 자신의 취향을 반영해 임의로 만든 가상의 정당 이름으로, 도넛으로 이들의 환심을 살 수 없을 것이라 말한다.

였다. 게다가 후보들은 마지막 선거 이후로 달라진 게 없었던 터라 제국에 관한 국내 정서를 판단하는 좋은 평가 기준이 되었다.

그러나 그것이 시험이었다면, 반제국주의자들은 낙제점을 맞은 셈이었다. 1896년 매킨리는 투표에서 51퍼센트의 득표율로 당선됐다. 1900년 그는 전체 52퍼센트의 표를 얻는 데 성공했고, 선거인단 득표는 61퍼센트에서 65퍼센트로 늘어났다. 제국주의 정책은 지지를 받았고 이는 주요 선거 이슈로 다시는 부각되지 않았다.

트웨인은 자신이 믿고 있던 기본 가치가 흔들린다고 느꼈다. 그는 계속해서 제국주의를 비판했지만 가장 첨예한 글들은 공개하지 않았다. 이를 출판할 방법이 없었기 때문이다. 1910년 마크 트웨인 사후에 그의 문학적 유산으로 인해 그것들은 빛을 보지 못했다.[40] 1960년대에 들어서야 이러한 글들이 공개되고 베트남전에 반대하는 이들 사이에서 적극적으로 읽히면서, 독서계는 마크 트웨인의 뿌리 깊은 제국주의 혐오를 알게 됐다.

한편 필리핀에서는 전쟁 준비를 마쳤다. 선거는 전쟁을 집중 조명했고 맥아더 장군은 민주당으로부터 잔학 행위라고 매도될 만한 소지를 없애면서 매킨리의 기대에 부응했다. 이제 선거가 끝났고 그런 관심 또한 사라졌다. 맥아더는 전쟁을 끝내고자 했다. 그는 새로운 명령을 내렸다. 포로로 잡은 반란군을 죽여도 된다는 것이었다. 또한 그들을 숨겨준 마을을 파괴해도 좋다고 명령했다. 주로 사용한 방법은 마을에 불을 지르는 것이었다. 필리핀 북부의 거의 모든 마을이 어떤 식으로든 반군 세력을 도왔기 때문에 누구나 문제를 일으킬 불씨가 될 수 있었다.

이러한 명령을 수행하는 데는 그리 큰 격려가 필요치 않았다. 맥아더는 자신의 병사들이 필리핀인들을 동료 미국인이 아닌 짜증나는 '원주민'으로 생각한다는 것을 잘 알고 있었다. 당시 필리핀 총독이었던 윌리엄 H. 태프트가 필리핀인들을 '우리의 어린 까무잡잡한 형제들'[41]이라 부르자 군인들은 이를 비웃었다. 그들이 우렁차게 부르곤 했던 노래가 그들의 생각을 잘 보여준다.

나는 빌어먹을 필리핀에 주둔한 그저 평범한 군인이라네[42]
나에게 까무잡잡한 형제들이 있다지만 나는 그게 무슨 말인지 모른다네
나는 형제애라는 말을 좋아하지만 그 뜻을 잘 살펴야 하지
나는 윌리엄 H. 태프트의 형제일 순 있지만 그는 내 친구가 아니라네

실제로 형제라는 말은 거의 사용되지 않았다. 군인들은 구구gugu라는 말을 선호했는데,[43] 역사가들은 이를 국gook이라는 욕설이 생기기 이전에 사용됐던 표현으로 본다. 국gook은 한국전쟁과 베트남전쟁 당시에 빈번히 사용됐다. 백인 군인들은 또한 자주 사용했던 검둥이nigger라는 말을 국내로 들여왔다. 그들은 절대 달리 해석될 수 없는 민요 「나는 검둥이가 전혀 마음에 안 들어I Don't Like a Nigger Nohow」[44]에서 이 말을 거리낌 없이 내뱉었다.

필리핀의 흑인 병사들은 이 말을 듣고 움츠러들었다.[45] 그들은 전쟁 중에 널리 퍼진 인종차별주의를 보고 미국 내의 인종차별주의를 떠올릴 수밖에 없었다. 1890년대는 집단 폭행이 절정에 이른 때였던 것이다. 아기날도의 병사들 역시 마찬가지 생각이었고, 흑인 병사들이 필리핀 편에 가담하는 게 나을 거라고 선전했다.

놀랍게도 실제로 그런 군인이 한 명 있었다. 제24보병사단 소속이던 데이비드 페이건[46]은 아기날도 군대의 장교직을 수락했다. 미 육군은 이

런 일을 미연에 방지하고자 페이건의 목에 600달러의 현상금을 걸었다. 이는 이등병의 3년 치 급여에 해당되는 금액이었다. 미군은 원하던 것을 얻었는데, 바로 페이건의 머리였다. 적어도 페이건의 머리라고 주장되는 것이었다. 필리핀 사냥꾼이 천으로 된 자루에 이것을 넣어 가지고 왔다.

그러나 페이건의 경우는 예외였다. 군인들은 대체로 똘똘 뭉쳤다. 필리핀인들의 마음을 얻기 위해 자신들이 통제하는 지역에 위생, 도로 건설 및 교육적 지원을 확대하는 대대적인 활동을 시작했다.[47] 그 밖의 지역에서는 급습을 일삼고 반군을 사살했으며 마을을 불태웠다.

군인들은 당근과 채찍을 모두 사용했으나 주로 휘두른 건 채찍이었다. 제2차 세계대전 당시 군인들이 스스로를 지아이 조G. I. Joe(거대 행정 조직의 일반 보급품)라고 생각했다면, 필리핀에서 싸운 이들은 스스로를 게릴라를 찾아 험준한 지형을 넘어다니는 '하이커'[48]라고 생각했다. 오늘날 수십 개 마을에서 하이커The Hiker란 이름을 가진 동상을 많이 찾아볼 수 있다. 그것들은 가장 눈에 띄는 본토의 전쟁 기념비다.

'하이킹'은 엄청난 피해를 초래했으나 그들은 저항 세력을 소탕할 수 없었다. 게릴라들은 여전히 활개를 치고 다녔으며 마을은 게릴라들을 지원했다. 필리핀인들은 대의에 대한 아기날도의 열의 때문에 저항 세력을 도왔는지도 모른다.[49] 아니면 미 육군보다 필리핀 군대가 반역자 색출 및 처형에 더 능했다는 사실을 알았기 때문인지도 모른다. 이유야 무엇이든 간에 분명한 것은 미국이 적과 아군을 구별할 수 없게 되면서 상당히 불리해졌다는 점이다. 한 대령은 미 육군을 '눈먼 거인'[50]이라고 묘사했다. '적을 쳐부술 만큼 강력하지만 그것을 찾아낼 능력은 없는' 존재라는 뜻이었다.

메스로 도려내듯 저항 세력을 정확히 타격할 수 없었던 미군은 톱을 꺼내들었다. 이른바 '강제수용reconcentration'[51] 방식을 활용해 시골 지역 인구를 요새화된 마을이나 캠프로 몰아넣고 좀더 면밀히 감시하는 방식이었다. 미군으로서는 애매한 상황을 없애고 좀더 명료하게 판단할 수 있는 좋은 전략이었다. 강제수용 구역 내에 있는 이들은 '평화를 찾았다'. 그러나 구역 밖에 있는 이들은 그렇지 못했으며, 식량 배급이 끊기거나 집이 불타거나 총에 맞아 죽을 수 있었다.

좀 거북하게도, 강제수용 방식은 바로 스페인군이 쿠바인을 대상으로 사용했던 수단이다. 그로 인해 미국이 제일 먼저 들고일어나 쿠바를 '해방'시키겠다고 했던 것이다. 한 미군 장교는 일기장에 "끔찍하다"[52]고 썼다. "그러나 그 효과는 매우 뛰어나다."

전쟁이 정말로 서서히 끝나가는 듯했다. 1900년 대선에 대한 실망과 극심한 피로로 인해 반란 세력도 힘을 잃었다. 한편 부유하고 교육받은 필리핀인들은 미 군정에 영합하기 시작했다. 1900년 선거가 끝나고 한 달 후 100명이 넘는 식민지 엘리트들이 연방당을 결성했다.[53] 이는 그 이름이 시사하는 대로, 미국 영토 내 통합을 추구하며 궁극적으로 주지위 확보를 목표로 했다. 필리핀 독립이 요원해 보일수록 저항 세력에 대한 필리핀인들의 지지도 약해졌다. 저항 세력을 지지했다가는 미군의 강력한 처벌을 받을 수 있었기 때문이다.

또 한 번 타격을 입은 것은 1901년 3월이었다. 아기날도가 붙잡힌 것이다. 그는 항복했을 뿐만 아니라 미국에 대한 충성을 맹세하기까지 했다. 또한 성명서에는 "대량 유혈 사태를 끝내겠다"[54]고 썼다. "더 이상 눈물 흘리며 슬퍼하는 일이 없을 것이다." 다른 고위 장교들도 잇따라 항복했다. 전쟁이 끝났다는 사실에 만족한 매킨리는 1901년 7월 4일, 필리핀의 대부분을 군정에서 태프트가 지휘하는 민간 정부로 이양했다.

의회의 주요 반제국주의 의원이었던 조지 F. 호어는 고개를 저었다. "우리는 아시아 유일의 공화국을 짓밟았다."55

———

정복에 대한 환상은 언제나 똑같다. 지도자를 무너뜨리면 나라를 차지한다는 것이다. 미국은 스페인으로부터 필리핀을 얻었으나 필리핀군과의 싸움에 돌입하면서 이런 어리석음을 깨달았다. 또다시 험난한 여정이 기다리고 있었다.

필리핀 군도에는 7000개 이상의 섬이 있다. 아기날도와의 전쟁은 주로 가장 큰 섬인 루손에서 벌어졌다. 루손은 마닐라가 있는 북쪽 섬으로 인구의 절반이 살고 있었다. 스페인과 아기날도는 루손을 기점으로 각자 영토를 나누어 통치했던 것이다. 미국은 마찬가지의 방식을 택하기로 했다.

지도자를 무너뜨리고 나라를 차지한다.

그러나 필리핀 남쪽으로 갈수록 루손과는 상황은 다소 동떨어져 보였다. 아기날도의 항복은 이론상으로는 필리핀 공화국의 종말을 뜻하는 것이어야 했다. 그러나 미국은 세력 범위를 남쪽으로 넓혀 필리핀에서 세 번째로 큰 섬인 사마르까지 확장을 꾀하다가 필리핀 저항 세력이 여전히 활동 중이라는 사실을 알게 됐다. 1901년 5월, 맥아더는 '과감한 조치'56를 통해 '가능한 한 빨리' 사마르를 '깨끗하게 처리'하라고 명령했다.

이러한 과감한 조치는 오늘날 일반적으로 사용되는 방식이다. 교역을 중단시키고 농작물을 태워버리고 민간인을 이주시키고 게릴라에 맞서 '하이킹'에 나서는 것이었다. 그러나 여기서도 민간인들은 저항했다. 발랑기가에 사는 500명의 주민은 식량이 파괴되고 농기계를 압수당하고 이웃이 투옥되는 걸 보고는 미군 캠프를 기습적으로 공격했다.[57] 그들은 하루 만에 45명의 군인을 죽였다.

발랑기가 학살은 알려진 대로 식민 지배 집단에게 공포감을 심어주었다. 태프트의 아내 넬리는 "우리가 만났던 주민의 절반은 섬 전체가 불을 뿜는 화산으로 변해버렸으니 우리 모두를 집안에서 살해할 거라는 무서운 이야기만 했다"[58]고 당시를 회상했다.

미군은 최대 규모로 반격을 가했다. 한 대위는 "나쁜 짓을 했으니 이제 대가를 치르게 될 것"[59]이라고 말했다.

강렬한 반격은 에드윈 F. 글렌 소령이 대대적인 조사를 명령하면서 시작됐다. 글렌 소령은 혹독한 심문 기술을 활용했는데, 이는 오늘날 익숙하게 쓰는 방식이다. 글렌은 심문하는 사람(여기에는 마을 관리와 성직자도 포함됐다)이 만족스러운 대답을 내놓지 못하면 '물고문'을 가했다. 한 병사는 "등을 대고 눕게 한 다음 한 사람이 각각 손과 발을 밟고 선 뒤 둥근 막대기를 입안에 넣고 양동이에 담긴 물을 입과 코에 들이부었다. 계속 버티면 또 한 바가지를 붓는다. 그들은 두꺼비처럼 부어올랐다"[60]고 설명했다.

제이컵 스미스 장군의 반격도 있었다. 그는 운디드니●에서 라코타족과 싸운 적이 있어서 필리핀인들에게 이와 비슷한 강경책을 썼다. 그는 자신의 부하들에게 "나는 포로를 원치 않는다"고 말했다고 전해진다. "제군들이 죽이고 불태우길 바란다. 적을 더 많이 죽이고 불태울수록 나는 더 기뻐할 것이다." 쌀을 모조리 압수하고, 미국 정부에 투항하지 않은 10세 이상의 남자는 모두 죽여야 한다는 것이었다. 그는 "사마르 내륙을

● 미국 사우스다코타주 서남부의 마을 이름으로 1890년에 백인들이 인디언들을 대대적으로 학살했던 곳이다.

황야로 만들어버려야 한다"[61]고 명령했다.

그처럼 극악무도한 목표 달성에는 훨씬 못 미쳤으나 사마르 작전은 전쟁의 참상을 여실히 보여주었다. 미국 본토의 정부가 어떻게 생각했든 간에 전쟁은 끝나지 않았다는 사실도 드러내 보였다. 사실상 루손에서도 전쟁이 끝나려면 어림도 없었다. 그곳 역시 저항의 불씨가 활활 타올랐고 바탕가스주에서는 공공연히 폭동이 일어났으며 섬 전체에서 반군의 공격이 지속됐다.

전쟁이 길어질수록 그 양상은 점점 더 비열해졌다. 필리핀 민족주의자들은 마을의 지지와 필요한 물자를 얻기가 점점 힘들어진다는 것을 알고

발랑기가 학살 장면이 오늘날 발랑기가 사람들의 용감한 행위를 기리는 대형 단체 조각상으로 표현되어 있다. 여기서는 병영 텐트로 난입하는 장면이 묘사돼 있다.

테러 전술을 썼다.[62] 납치와 고문, '부역자' 처형 등의 방법을 때로는 지나칠 정도로 활용했다. 미 육군은 강제수용 정책을 확대했다. 포로 고문이 금지되었지만 군인들은 이를 계속했다. 또다시 끔찍한 뮤지컬의 배역들처럼 군인들은 노래로 감정을 표현했다. 한 군인은 「PI의 물고문」[63]이라는 제목의 터무니없는 노래를 썼다.

제군들이여 쓸 만한 펌프를 찾아 철철 넘치도록 채우세.
검둥이를 또 하나 잡았으니 써먹어봐야지.
누군가가 핸들을 잡고 있는 힘껏 해보게.
자유의 함성을 외치면서.

야호. 야호. 우리는 희년jubilee을 선포한다.
야호. 야호. 깃발이 그를 자유롭게 한다네.
노즐을 깊숙이 쑤셔넣고 자유의 맛을 보여주게.
자유의 함성을 외치면서.

이런 잔학 행위에 대한 소식이 본토에 전해지자 글렌 소령은 고문으로 인해 재판을 받았다. 학살을 명령한 스미스 장군은 필리핀인에 대한 범죄가 아닌, '질서 유지와 군기를 해친다는 죄목'으로 재판에 회부됐다.

스미스의 행동은 미 행정부를 대표하는 것이 아니었으며 당혹스러운 일임이 분명했다. 그러나 전쟁의 좀더 상위의 목적과 완전히 어긋난다고 보기도 어려웠다. 루스벨트 자신은 매킨리가 암살된 이후 대통령 자리에 오른 사람으로서, 오래전부터 '야만인들'[64]과의 싸움을 '민간인에 대한 연민을 보이지 않으며 약자는 가차 없이 공격하고 패배자는 무자비하며 잔인하게 학대하는' 전투의 일종으로 생각해왔다. 그렇다 하더라도 그는 이것이 '모든 전쟁 중에서 가장 올바른 전쟁'이라고 생각했다.

글렌은 벌금형과 몇 달간의 정직에 처해졌다(루스벨트는 물고문으로 "심하게 다친 사람은 없었다"[65]고 주장했다). 스미스는 징계를 받고 현역에서 물러났다. 루스벨트는 "전체적으로 보면 그의 업적은 미군에게 명예가 될 뿐만 아니라 미국 국민에게도 명예로울 정도였다"[66]라고 말했다. "이번에 그런 행동 때문에 자신의 유능함을 더 활용할 기회를 잃다니 참으로 애석한 일이다."

―――

극도로 가혹한 전술이 밝혀지면서 '유감'을 표명하긴 했으나 그 효과는 무시무시했다. 미국의 공공사업 활동은 저항군에 대한 지지를 약화시키는 한편, 고문·방화 및 식량 몰수를 통해 저항 세력을 혹독하게 응징했다. 반란군은 항복하거나 죽었다. 1902년 공화당 의원 한 사람은 루손을 돌아보고 목격한 내용을 신문사에 제보했다. 그는 "필리핀은 군화에 짓밟히고 완전히 초토화되었다"[67]고 말했다. "미군들은 포로도 남기지 않고 기록도 남기지 않은 채 필리핀을 간단히 쓸어버린 것이다. 언제 어디서나 필리핀인을 잡기만 하면 죽여버렸다."

이런 이야기를 보면, 목숨을 잃은 대다수 필리핀인은 광적인 '하이커'들의 손에 죽기라도 한 것처럼, 마치 전쟁이 사마르 전역에서 일어나기라도 한 것처럼 들릴 수 있다. 확실히 총격과 방화로 수만 명이 죽임을 당하긴 했다. 그러나 필리핀 사망자에 관한 전모는 이보다 훨씬 더 복잡하다. 19세기에 흔히 그랬듯이 대부분의 전쟁 피해자는 질병으로 인한 사

망자였다.[68]

질병 발생이 스페인 통치하에서 시작됐다는 사실은 사태를 좀더 복잡하게 만든다. 19세기 후반 필리핀이 격동의 소용돌이에 빠져들면서 주민들은 새로운 터전을 찾아 이리저리 이동해야 했고, 오랜 경제 관계도 중단됐다. 그런 움직임과 불안정성으로 인해 치명적인 전염병이 번지기 시작했는데 그 대표적인 예가 1882~1883년에 창궐한 콜레라였다. 이로 인해 수십만 명이 목숨을 잃었으며 1887년에는 우역牛疫이 발병하면서 가축과 물소의 90퍼센트가 전멸했다. 듀이 준장이 마닐라만의 불빛에 눈독을 들이기 전에 이미 대재앙의 서막이 열린 것이다.

미국과의 전쟁이 시작되자 이러한 재해가 한순간에 급속히 확산됐다. 콜레라, 말라리아, 이질, 각기병, 우역, 결핵, 천연두, 선페스트가 한꺼번에 터져나왔던 것이다. 넬리 태프트는 "한 나라에 일어날 수 있는 모든 일이 일어났거나 일어나고 있었다"[69]고 기억했다.

양국의 군대가 행군하는 경로를 따라 질병도 같이 퍼졌다. 마닐라로 모여든 매춘부들과 전쟁으로 인해 발생한 수많은 난민도 곳곳에 퍼져나갔다. 전례 없는 규모로 사람들이 말라리아 유행 지역 안팎으로 이동하면서 혈류에 감염원이 파고들었다. 아기날도가 말라리아에 걸리는 바람에, 그와 함께 산으로 도망쳤던 부대는 큰 타격을 입었다.[70]

좁은 공간에 밀집되는 것도 이동만큼이나 질병 확산을 촉진했다. 전염병이라는 측면에서 볼 때 강제수용 전술은 특히나 가공할 만했다. 다른 면역체계와 질병을 가진 인구를 비위생적인 좁은 공간에 강제로 몰아넣었기 때문이다. 동시에 필리핀인들의 농지 접근을 막아, 영양소가 부족한 수입 베트남 쌀 등 외지 식량에 의존하게 만들었다. 영양실조로 인해 질병에 더욱 취약해졌고 이는 곧 각기병 발생으로 이어졌다.

각기병은 여간해서는 걸리기 힘든 병이라는 점에 주목할 필요가 있다. 성인이 되어 걸리는 데는 수개월에 걸쳐 사실상 아무런 영양소가 없는 백미와 같이 극도로 제한된 식사가 원인이 된다. 그런데 필리핀인들은 자신의 농지에서 분리돼 싸구려 음식만 사먹게 되었기 때문에 각기병 환자 수가 엄청나게 늘어나 거의 수만 명에 이르렀다. 이로 인해 가장 타격을 입은 것은 영유아였다. 영유아의 각기병은 당시 의사들에게 잘 알려지지 않았으나(따라서 진단 기록이 남지도 않았다), 전쟁 중에 마닐라가 전 세계 영유아 사망률이 최고치였던 것은 바로 이 때문이다.[71]

강제수용 정책은 시골 지역에도 피해를 불러왔다. 농부들이 강제로 수비대 주둔 도시로 끌려가자 밭은 미경작 상태로 버려졌다. 성서의 한 장면처럼 내버려진 밭에는 메뚜기 떼가 들끓었고 이로 인해 식량 공급은 더욱 줄어들었다. 미군이 식량과의 전쟁을 시작하면서 상황은 더 악화됐다. 곡물 저장고를 태우고 동물을 압수하거나 죽이고 교역을 중단시키기 위해 출입을 봉쇄했던 것이다. 게릴라들은 기아에 시달렸고 다른 이들 역시 마찬가지였다.

그러나 미군은 예외였다. 그들은 필리핀에서 유통되는 쌀과 달걀, 닭, 과일, 생선, 고기의 대부분을 싹 쓸어갔다. 필리핀에서 더 이상 충분한 양의 고기를 구할 수 없게 되자 미군은 호주에서 냉장 소고기를 사들였다. 백신, 깨끗한 물, 위생적인 환경 및 풍부한 식량을 확보한 미군은 필리핀을 초토화시킨 질병에도 불구하고 가벼운 피해만 입었을 뿐이다.

1902년 중반까지 미군 사망자는 4196명이었고 그중 4분의 3 이상은 질병으로 사망했다. 필리핀은 약 1만6000명의 전투 사망자를 냈다. 그러나 이는 전쟁 사망자로 기록된 수치로 전체 사망자 수의 극히 일부에 지나지 않는다. 제임스 F. 벨 장군은 강제수용 전략을 구상한 인물로, 루손에서만 전쟁으로 인구의 6분의 1에 해당되는 약 60만 명이 사망했을 것이라 추측했다.[72] 교과서에는 대개 필리핀 군도 전체 사망자 수가 25만 명으로 추정된다고 나와 있지만, 그런 수치를 뒷받침하는 확실한 증거는 없다. 이를 가장 면밀히 연구한 역사학자 켄 데비보이스는 1899~1903년에 약 77만5000명의 필리핀인이 전쟁으로 사망했다고 밝혔다.[73]

마크 트웨인은 사망자 수를 언급하며 "물론 우리는 군의 영예를 원하지만 사망자 수가 눈덩이처럼 불어나고 있다"[74]고 썼다.

1902년 7월 4일, 루스벨트는 필리핀전쟁이 끝났음을 선포했다. 데비보이스의 계산이 맞는다면, 남북전쟁 때보다 더 많은 사람이 목숨을 잃은 것이다.[75]

———

루스벨트의 선언은 정부 당국이 전쟁 종식을 선언한 첫 사례는 아니었다. 두 번째도 아니었다. 『워싱턴포스트』는 태프트가 2년 전에 '네 번째이자 마지막 교전'[76]을 선언했으며 "그 이후로도 여섯 번이나 전쟁이 끝났다"고 선언했다는 사실을 독자들에게 상기시켰다.

"나쁜 것을 없애는 데는 여러 번으로도 부족하다"고 신문사는 결론지었다.

전쟁 종식을 선언했다가 다시 전쟁이 재개되는 것을 계속 지켜봤던 식민 통치 관리자들은 루스벨트가 전임자들처럼 너무 성급하게 전쟁 종식을 선언했다는 것을 알게 됐을 때 별로 놀라지도 않았을 것이다. 이전처럼 문제는 루손 영역 밖에서 일어났으나 이번에는 더 남쪽이었다.[77]

민다나오, 팔라완, 바실란 및 술루 군도의 섬들을 가리키는 '모로랜드'[78]는 필리핀에서 인구 밀도가 낮아 전체 인구 순위의 끝에서 세 번째에 해당되는 곳이었다. 이는 다른 나라였다. 주민의 대부분이 가톨릭교도가 아닌 무슬림(이른바 '모로인')이었고 술탄과 다투● 통치 방식을 따랐다. 이슬람법을 따르고 일부다처제였으며 노예제도 유지됐다. 모든 자유민 모로인은 항상 칼을 차고 다녔으며 모로랜드 역시 완전 무장한 상태였다.

스페인은 이 지역을 결국 차지하지 못했고 술루족의 술탄과 불가침 협약 같은 것을 맺었다. 미국은 스페인의 전철을 밟아 술루족이 기존 법적 권한을 유지한다는 데 합의했다. 이는 미국에서 노예제가 다시 한번 합법화됐다는 뜻이었을까? 반제국주의자들은 의문을 품었다. 술탄은 "노예는 우리 자산의 일부다"[79]라고 주장했다. "이 자산을 빼앗기면 우리에겐 큰 손실이 될 것이다." 미국 정부는 이를 눈감아주기로 했다. 도서 판례에 따라 수정헌법 제13조가 필리핀에 적용되지 않게 된 이상 이편이 더 쉬웠기 때문이다.

그러나 미군의 세력이 남부에서 점점 커지는 상황에서는, 특히 이 막연한 평화가 영원히 지속되길 기대하기란 힘들었다. 1902년 5월, 바얀전투에서 교전이 발발했다. 당시는 루스벨트가 필리핀전쟁 종식을 선언하기 두 달 전이었다. 게다가 루스벨트의 종전 선언문을 주의 깊게 읽은 이들은 전쟁이 '종식'된다 하더라도 민간 당국은 기독교 세력이 있는 지역만 통치한다는 사실을 알아차렸을 것이다. 그러나 군대가 모로랜드를 어떻게 취급할지는 미결 상태였다. 미국이 무슬림을 통치하는 것은 처음 있는 일이고 관리들 사이에서는 의견이 크게 갈렸다.

● 필리핀 군도의 원주민을 다스리는 통치자를 일컫는 말

존 퍼싱 대위는 한 가지 방식을 주장했다. 그는 민다나오의 거대 수역인 라나오호 연안에 주둔했는데, 이곳은 모로랜드의 무슬림 인구 절반가량이 거주하는 곳이었다. 퍼싱 대위는 2016년 미 대통령 선거 운동 중에 뉴스에 오르내렸는데, 당시 도널드 트럼프 후보는 '거친 사나이'[80]라고 불렸던 퍼싱이 50명의 '테러리스트'를 잡고 돼지 피에 50개 총알을 담고 포로들을 줄 세워 그중 49발을 쏘고 마지막 한 사람은 일어난 일을 보고하도록 남겨두었다는 이야기를 즐기듯 묘사했다. 트럼프는 "그리고 25년간 아무 문제가 없었으니 괜찮다"고 마무리했다.

사실 괜찮지 않았다. 법적 절차를 밟지 않은 살인이라는 윤리적 문제는 차치하고라도, 트럼프의 역사 이야기는 완전히 틀린 것이었다. 실제로 퍼싱은 모로인들에게 유난히 동정적이었던 것으로 확인된다. 그는 무장하지 않고 외교 관례에 따라 그들을 여러 차례 방문했다. 그는 그들의 언어와 관습을 공부하고 그들의 음식을 먹었으며("나는 이보다 맛있는 닭요리를 먹어본 적이 없었다"[81]), 몇 명을 '허물없는 친구'[82]라고 말하기도 했다. 1903년경 그는 통역사 없이 실무자급 회담을 가졌다.[83]

우호적인 접근 방식은 효과가 있었다. 퍼싱은 다투로 선출됐다. 미 관료 집단 내의 유일한 다투였다. 뿐만 아니라 그는 바얀 술탄 아내의 명예의 아버지가 되었다.[84] 퍼싱은 약 115킬로미터에 달하는 호수 일대 원정을 떠나, 가능하면 동맹을 굳히고 그렇지 않은 경우에는 전쟁에 나섰다. 미국과 스페인 통치 시절을 합쳐 처음으로 모든 지역을 둘러본 최초의 관리였다.

이 모든 일로 인해 퍼싱은 언론에 대서특필됐다. 젊고 잘생긴 데다 평화를 추구하는 퍼싱은 '황야'를 만들어버리겠다고 한 제이컵 장군과 대척점에 있었던 것이다. 루스벨트는 그보다 계급이 높은 909명의 고위 장

교를 제치고 그를 준장으로 임명했다.[85]

그러나 물론 퍼싱의 회유책은 노예제를 포함한 모로인의 관습을 용인한다는 뜻이었다. 여기에 모두가 찬성하는 것은 아니었다. 특히 퍼싱의 방식에 적대적이었던 사람은 레너드 우드 장군이다. 러프 라이더스 시절부터 루스벨트의 오랜 전우였던 그는 1903년 모로주의 총독이 되었다. 우드는 단호한 사람이었다. "편협하고 우월감을 뽐내며 자신의 올바름을 확신하는"[86] 사람이라는 게 동료들의 평가였다. 그는 모로의 자치정부를 두고 보지 못했다. 홀로섬의 다투와 회담 중에 우드는 "새로운 질서가 생겼다. 이제 매우 강력한 나라가 이 모든 섬을 새롭게 소유한다. 바로 미국이다"[87]라고 말했다.

우드는 불가침 협약을 철회하고 노예제를 철폐했으며 인두세를 도입하면서도 이 모든 조치로 인해 싸움이 일어날 것을 잘 알고 있었다. 그는 루스벨트에게 "확실한 교훈 하나면 그들에게 충분할 것입니다"[88]라고 썼다. "그러나 수십 번씩 쓸데없이 반복할 필요가 없는 것이어야 합니다."

이제는 하나의 관례가 된 방식으로, 우드는 강제수용 구역을 설정하고 일련의 공습에 나섰다.

우드는 '확실한 교훈'을 기대했다. 그러나 얻은 것은 그가 두려워하던 것이었다. '수십 번씩 쓸데없이 반복'되는 양상이었다. 공습으로 수천 명의 모로인이 목숨을 잃었으나 전쟁은 끝나질 않았다. 1905년 저항 세력 수백 명(온 가족)이 휴화산인 뷰드 다후Bud Dajo로 도망쳤다. 우드의 노예제 폐지와 특히 인두세에 반대하며 그들은 정상에서 소수 연합체를 만들면서 근본적인 분리 독립을 추구했다.

이는 우드가 바라 마지않던 싸움이었다. 1906년 3월, 그는 원정군을 올려보냈다. '전투'는 나흘간 지속됐고 완전히 일방적인 싸움이었다. 한 군인은 기관총이 발사되자 모로인들이 '도미노처럼'[89] 쓰러져갔다고 묘사했다. 우드는 21명의 군인을 잃었고 600명의 모로인이 죽었다고 추정했다.[90] 그러나 미군과 일하는 필리핀 통역사는 그 수가 1000명에 이를 것이라고 했다. 우드는 "모든 저항군이 죽었다"[91]고 보고했다.

이와 같은 학살은 미국에는 알려지지 않았다. 운디드니, 샌드 크리크, 블러디 아일랜드 등의 인디언 전쟁은 서부를 피로 물들였다. 그러나 뷰드 다후에 비하면 미미할 정도였다.[92] "우리는 그들을 완전히 쓸어버렸고, 죽은 엄마를 찾아 울부짖는 아기조차 살려두지 않았다."[93] 마크 트웨인은 비통해하며 남몰래 썼다. "이는 미국의 기독교도 군인들이 완승을 거둔 독보적인 사건이다."

"나는 나폴레옹과 같은 명성을 얻자고 그런 양심에 걸리는 일을 하고 싶지는 않소."[94] 퍼싱은 아내에게 이렇게 썼다. 그러나 그의 양심을 불태울 기회가 생겼으니, 바로 1909년 모로주의 총독으로 취임한 것이다. '확실한 교훈'으로 모든 걸 끝내겠다는 우드의 바람에도 불구하고, 전쟁은 계속됐다. 공습과 반격, 무장 세력 그리고 군정이 이어졌다. 1911년 분개한 퍼싱은 모로주를 완벽히 무장 해제하라는 행정명령을 내렸다. 모로인들이 총기와 재래식 무기를 모두 반납하도록 하려는 조치였다.

연방 관리가 본토에서 그런 명령을 내렸더라면 수정헌법 제2조를 위반한 셈이었을 것이나, 이곳에서는 그저 대중을 격분하게 하고 공포에 떨게 만들었을 뿐이다. 6000~1만 명이 집을 버린 채 300여 정의 권총을 갖고 뷰드 바그사크라는 다른 화산으로 올라갔다.

퍼싱은 우드보다 인내심이 훨씬 강한 인물이었다. 그는 몇 달간 기다렸다. 마침내 식량이 바닥나자 대부분의 저항 세력이 산 아래로 내려왔다. 그러나 퍼싱의 인내심은 딱 거기까지였고, 1913년 6월 그는 기습공격

군인들이 1906년 뷰드 다후 학살 후 남녀 시체로 뒤덮인 참호를 내려다보며 서 있다. W. E. B. 듀보이스는 이 사진이 "지금까지 본 것 중 현실을 가장 극명히 보여주는 것"이라고 말하면서 "전쟁이란 무엇인지, 특히 정복전쟁의 진짜 의미가 무엇인지를 학생들이 절실히 깨닫도록" 강의실에서 보여주겠다고 했다.[95]

을 개시했다. 그는 "이제껏 가장 격렬한 전투"였으며 모로인들은 "잊기 힘든 참패를 당했다"[96]고 썼다. 전투가 끝나고 퍼싱은 15명의 부하를 잃었으며 여자와 아이들을 포함해 200~300여 명의 모로인을 죽였을 것이라고 추측했다.[97] 역사가들은 그 수가 200~500명은 넘을 것이라고 추정한다.[98]

———

뷰드 바그사크에서 싸움이 끝난 것은 아니었다. 싸움은 계속됐고 그

　　　　　　　　　　　　　　　　제1부 식민지 제국

달 말에 추가로 전투가 있었다.[99] 폭력 사태가 몇 년간 이 지역을 괴롭혔다. 그러나 모로주는 1913년에 민정이 실시되면서 14년간의 계엄령이 종료됐다. 모로주를 떠난 후 퍼싱은 유럽에 주둔해 있던 미국 원정군AEF을 지휘하면서 제1차 세계대전의 영웅으로 부상했다. 그 후 그는 참모총장이 됐다.

사실 육군의 첫 12명의 참모총장은 모두 필리핀전쟁에 참전했다. 1899년 교전 발생 시부터 1913년 모로랜드의 군정 종식에 이르기까지, 필리핀전쟁은 아프간전쟁 다음으로 미국이 최장기로 참전한 전쟁이다.

7.
배타적 집단의 외부

매킨리 행정부는 스페인 독재 정권을 타도하면 스페인의 이전 식민지 주체들의 충성심을 얻을 것이라 기대했다. 필리핀에서 이런 기대는 자만에 가까웠다. 환호하는 군중 대신 미군은 에밀리오 아기날도의 해방군을 맞아 전쟁을 몇 년 더 지속했다.

그러나 터무니없는 기대는 아니었다. 미군이 푸에르토리코에 상륙했을 때 군중이 모여 환호했던 것이다.[1] 푸에르토리코인들은 "미국 만세!"를 외쳤고 군인들에게 담배와 과일, 꽃을 건넸다. 현지 주민들은 스스로를 '푸에르토리코계 미국인'이라고 불렀으며 시청 관리들은 워싱턴과 링컨의 이름을 따서 거리 이름을 붙였다.

푸에르토리코인들은 스페인이 물러가고 미국이 오면 이득이 있을 거라고 믿었다.[2] 필리핀보다 무역 의존도가 훨씬 더 높았던 것이다. 경제적으로는 미국의 통치로 인해 더 나은 시장 진출 기회가 생길 것이었다. 정치적으로는 자치권 획득을 기대했다. 푸에르토리코인들은 미국을 거

제1부 식민지 제국

대 연방국가, 즉 '공화국들의 공화국'이라고 생각했으며, 서부준주의 경우처럼 동등한 조건으로 그 일원이 되길 바랐다. 정치인들은 공화당Partido Republicano과 연방당Partido Federal의 두 정당을 결성했으며, 이 둘은 주 지위 획득을 목표로 삼았다. 연방당의 공약에 나와 있듯이 푸에르토리코는 '미국 국기의 그림자 속에서 번영하는 행복한 국가'[3]가 되고자 했다.

당시 어린 소년이었던 페드로 알비수 캄포스[4]는 이 모든 것에 강한 인상을 받았다. 그는 미 점령지의 중심인 폰세에서 자랐다. 한 미국 기자는 그곳의 지역 주민들이 "세계에서 가장 우호적인 사람들"이었다고 썼다. 미국에 대한 그들의 열정은 거의 '광적'[5]이었다.

알비수의 아버지는 부대를 맞이하기 위해 항구로 갔고, 새로운 정부의 세관 관리로서 곧 새 직장을 찾았다.[6] 아버지와는 연락이 거의 없었으나 어린 소년 알비수 역시 열의에 차 있었다. 그가 다니던 학교 교장은 당시를 회상하며 그가 "미국에 관한 것이라면 뭐든 좋아하는 것 같았다"[7]고 말했다. 한 교사는 알비수가 방과 후에 남아 본토 출신 교사들과 어떻게 이야기를 나눴는지 기억했다.[8] 그는 알비수가 그들의 집을 찾아가기도 했다고 말했다. 마침내 교장은 장학금을 마련해 알비수를 본토의 버몬트대학으로 보냈다.[9]

알비수는 버몬트에서 하버드로 편입해 학사 학위를 받은 후 법학 학위까지 받았다. 그는 그곳에서 잘 지냈다. 영어권 친구들에게 '피트Pete'[10]로 알려졌으며, 인기가 많았고 연설을 잘하기로 유명했다. 그는 클럽활동도 즐겼는데, 하버드의 외국인 학생과 국제적 감각을 가진 학생들이 모인 코즈모폴리턴 클럽에서 주로 활동했다.

코즈모폴리턴 클럽은 포셀리언 클럽이나 헤이스티 푸딩 클럽과 같은 멋진 사교 클럽에 훨씬 못 미쳤다. 그러나 하버드대학 총장이 보기에 이는 캠퍼스에서 가장 흥미로운 클럽이었다.[11] 중국, 독일, 한국, 프랑스, 라이베리아, 일본, 남아공, 영국령 기아나 등 세계 각지에서 온 사람들로 구성되었기 때문이다.[12]

주류 상류층인 와스프WASP 스타일의 도시 분위기에 어울리지 못하는 이 멤버들은 자국의 최상류층 엘리트였다. 알비수가 1914년 코즈모폴리턴 클럽의 부회장 2명 중 1명으로 뽑혔을 때 다른 부회장은 바로 훗날 세계 최고의 갑부로 알려지게 될 쑹쯔원宋子文이었다. 쑹쯔원의 누나(쑹칭링)는 중국 혁명 지도자인 쑨원과 결혼을 앞두고 있었고, 여동생(쑹메이링)은 1928~1975년 중화민국(처음에는 본토에서, 나중에는 타이완으로 건너감)을 이끌 장제스와 결혼을 앞두고 있었다.

알비수는 4학년 때 코즈모폴리턴 클럽의 회장을 맡았다. 이는 영광스러운 일이었지만 타이밍이 좋지 않았다. 알비수가 회장직을 맡는 동안에 미국이 제1차 세계대전에 참전했던 것이다.

코즈모폴리턴 클럽 멤버들에게는 어려운 때였을 것이다. 점점 호전적인 민족주의가 힘을 얻던 시대에 그들은 반전주의자에다 외국인이었으니까. 그들 주변에서는 외국에 충성하는 기미가 조금이라도 보이면 가차 없이 숙청당하는 일이 벌어졌다. 보스턴 심포니 오케스트라에서는 독일 태생의 지휘자가 추방됐고, 수십 명의 독일 음악가가 억류됐으며, 심지어 독일계 작품은 외면당했다.[13]

코즈모폴리턴 클럽에는 독일인이 많았다. 설상가상으로 이에 가장 열심인 교수진 중 한 명인 심리학자 휴고 뮌스터베르크는 독일 국적자였다.[14] 당시 독일의 지나친 방어 태세로 인해 그는 국가의 재앙이자 학교의 수치를 대변하는 인물이 됐다. 뮌스터베르크가 1916년에 뇌출혈로 급사한 것이 하버드 행정 당국으로서는 천만다행이었을 것이다.

알비수는 코즈모폴리턴 클럽의 회장으로서 공개적으로 반전주의를 지지했다. 그는 하버드 재학생의 여름 군사훈련 캠프에 반대하는 목소리를 냈다.[15] 국제정치클럽 위원회에서도 일했다.[16] 이는 평화 지지 단체로 뮌스터베르크 교수가 따돌림 받고 있을 때 그를 초대해 정치 연설을 맡긴 곳이었다.

그러나 이 모든 일은 미국이 본격적으로 참전하기 전의 일이었다. 미국이 참전하자 알비수는 냉정한 선택의 기로에 섰다. 그는 반전주의를 고수하거나 조국의 입장을 따라야 했고, 둘 다 취하기란 불가능했다.

그는 『하버드크림슨』에 자신의 생각을 담은 편지를 보냈다. "미국-스페인 전쟁이 터졌을 때 푸에르토리코인들은 미군을 해방군으로 생각했으며 아메리카니즘의 물결이 전국을 휩쓸었다"[17]고 썼다. "우리는 1898년에 미국 국기를 환영했다. 우리는 그때도, 지금도 그것이 민주주의와 정의의 상징이라고 믿었기 때문이다."

이후 그의 논지는 명확했다. "여러분, 여러분과 미국인들에게 미국에 대한 우리 충성심은 변함없음을 알려드리고자 합니다. 우리는 독일의 폭정과 오만함에 강력히 반대하며 미국과의 실제 군사 협력을 훌륭히 해낼 것입니다."

3주 후 알비수는 육군에 입대했다.

———

미국에 대한 페드로 알비수 캄포스의 신념은 놀라웠으나, 그에게는 그럴 만한 이유가 있었다. 1898년에 미국을 사로잡은 제국주의 열풍이 어떤 것이었든 간에 점차 사그라드는 기미가 보였다. 필리핀전쟁 중에 불미스런 일들이 일어나고 장기전이 되어버린 탓인지 가장 열렬히 제국주의를 부르짖던 이들조차 지쳐갔다. 1907년 시어도어 루스벨트 자신도 필리핀을 '아킬레스건'[18]이라 부르며 태프트에게 필리핀 독립에 대한 뜻을 내비쳤다. 에밀리오 아기날도조차 미국이 '정신 차리기'[19] 시작했음을 인정했다.

실제로 미국 본토에서부터 제국은 입 밖에 다시 꺼내고 싶지 않은 후회 가득한 폭음의 기억처럼 보일 수 있었다. 1898년에는 식민지가 헤드라인 뉴스였지만, 모로랜드에서 전투가 지속되던 1910년경 제국에 대한 관심은 한참 뒤로 밀려나 있었다. 1913년 제국주의 성향의 잡지였던 『아웃룩』(루스벨트는 이곳 편집자였다)은 뷰드 바그사크 전투에 대한 소식을 전하면서도 독자들이 전쟁이 아직 계속되고 있다는 소식에 놀랄 수 있다는 사실을 인정할 필요가 있다고 느꼈다.[20]

영국과는 매우 대조적이다. 빅토리아 여왕의 서거 이후 1901년에 처음 열린 '대영제국 국경일Empire Day' 축하 행사는 대영제국 기간 내내 빅토리아 여왕의 생일에 시작됐다. 1916년에는 공식 국경일로 지정됐다. 식민지와 영국령 섬에서는 퍼레이드와 찬가, 연설문 낭독 행사가 열렸다. "선생님들은 우리에게 5월 24일이 대영제국 국경일인 것을 계속해서 알려줬습니다." 더비 경마 행사장에 있던 한 여성이 말했다. "지구본의 붉은 부분이 자랑스럽게 우리를 가리키고 있었습니다."[21] 아이들은 식민지별로 다른 옷을 갖춰 입었다.

미국에는 자체 국경일이 있었다. 이는 학교에서 시작됐고, 대영제국 국경일처럼 1916년에 공식 국경일로 지정됐다. 그러나 국기 제정 기념일은 말 그대로 제국을 기리는 날이 아니었다. 이는 우드로 윌슨 대통령이 설

페드로 알비수 캄포스 중위

명한 대로 사람들이 '같은 국민으로서 통일된 마음으로 모일 수 있는'22 날인 데다 '미국이 불가분의 존재'임을 보여줄 기회였다. 영국의 아동들이 세계지도에서 자부심을 느꼈다면, 미국 아동들은 영토의 상징은 없으나 각 주를 상징하는 별이 박힌 미국 국기를 보며 국가의 힘을 느꼈다.

　미국 교사들이 지도를 꺼냈을 때, 많은 사람이 그랬겠지만, 거기서 어떤 사실을 이끌어내야 할지 잘 몰랐을 것이다. 10여 년 전에 유행했던 '확장된 미국 영토' 지도는 분명히 교실 벽에 걸려 있던 경우도 있었겠지만 1916년경에는 그런 지도 제작 의뢰가 새로 들어온 게 거의 없었다. 지도 제작자들은 주들만 표시된 로고 지도로 되돌아갔다.

민족주의가 미국을 사로잡았고, 제1차 세계대전이 가까워지면서 그런 경향은 더 짙어졌다. 게다가 문화와 언어와 역사를 공유하는 주 연합체인 국민이라는 개념이 점차 뚜렷해지면서 식민지들은 점차 모호하고 동떨어진 존재로 인식되는 가운데 지도와 지도책에서 말 그대로 사라지기 시작했다. 해조분 제도의 경우는 지도상에서 사라진 것 이상이었다. 국무부는 이러한 무인도에 대한 영유권 주장을 멈추고, 상당수의 섬이 슬그머니 외국 소유로 넘어가게 내버려두었다.[23] 워싱턴을 비롯한 본토의 지역들은 다른 영토에 대해 별로 관심을 두지 않았다.

윌슨의 표현에 따르면, 그들은 "미 국민이라는 배타적 집단의 생활 반경 밖"[24]에 있었던 것이다.

―――――

합병활동이 대부분 중단된 것도 제국을 감추는 데 도움이 됐다. 제국주의자와 반제국주의자 모두 그토록 열정을 보였던 한 가지 이유는 바로 1898년 이전 미국 국경이 댐과 같다고 생각했기 때문이다. 댐이 터지면 끝없이 밀려드는 정복전이 펼쳐질 것이라 본 것이다. 반제국주의 입장을 보였던 의회 의원들이 쿠바에 대한 처리를 엄격히 제한하는 법을 통과시킨 것도 바로 그런 일을 막기 위해서였다. 이 법은 '평화 유지 목적을 제외'하고는 쿠바에 대한 '주권, 관할권 또는 통제권'[25]의 행사를 금지했다.

그러나 팽창주의자들이 쿠바와 관련해서는 저지당했을지 몰라도 완전히 패한 것은 아니었다. 해당 법은 '평화 유지' 목적을 제외하고 쿠바에 대한 미국의 관할권을 인정하지 않았다. 그러면 쿠바가 안정됐다고 선언할 자격은 누구에게 있었을까?

그 질문에는 답이 정해져 있었다. 쿠바가 평화를 되찾았다고 결론 내린 사람은 바로 군정 총독이었다. 이는 바로 러프 라이더스에서 루스벨트의 동지이자 훗날 필리핀의 뷰드 다후 학살을 주도한 레너드 우드였다. 우드의 판단대로 쿠바는 안정된 정부를 수립하기 전까지는 평화 회복이 어려웠다. 그러면 안정된 정부란 무엇일까? '합리적인 이자로 돈을 빌릴 수 있'고 '자본가들이 기꺼이 투자하고자 하는' 정부라는 게 우드의 정의였다. 그는 매킨리에게 이렇게 썼다. "사람들이 안정된 정부가 무엇인지 제게 물으면 저는 '6퍼센트 이자로 대출받게 해주는 정부'라고 대답합니다."26

사실 매킨리 행정부는 그 이상을 원했다. 미국의 재산 청구권을 보호받고(쿠바 혁명군이 설탕 농장을 태워버린 사실로 볼 때 이는 중대한 문제였다) 쿠바 정치가 불안정해 보이기 시작하면 개입할 권리를 원했던 것이다. 우드는 군사 점령 위협 카드를 지속적으로 활용해 쿠바 의회가 두 가지 요구에 합의하고 이를 법으로 명시하도록 했다. 쿠바 헌법에는 미국에 쿠바 침공(실제로 네 번이나 있었다) 권한을 부여한다는 놀라운 조항이 30년 넘게 담겨 있었다.

쿠바는 군사 점령 종식의 대가로 약 117제곱킬로미터에 달하는 항구를 미국에 군사 목적으로 임대한다는 데 합의했다. 현재 관타나모만으로 불리는 조차지는 엄밀히 말해 쿠바 영토지만 미국은 이에 대해 '완전한 관할권과 통제권'27을 갖게 된 것이다.

이는 부드럽게 표현하자면 말도 안 되는 거래였다. 미국은 아무런 책임도 지지 않고 식민 지배의 혜택을 보게 됐기 때문이다. 이런 협약은 전례 없는 것이었다. 반제국주의자들이 규정했던 제한 조치를 우회하기 위한 차선책이었다. 그러나 역사상 분기점을 마련하는 계기가 됐다. 필리핀, 하와이, 푸에르토리코, 미국령 사모아 및 괌은 쿠바와는 다른 길을 걸었다.

필리핀전쟁이 별다른 성과 없이 길어질수록 제국주의를 열망하는 쪽은 쿠바 처리 방식이 더 낫다고 생각했다. 명목상 쿠바는 독립국이었지만 손쉽게 미국 영향권에 흡수됐다.[28] 미국인들은 쿠바의 사탕수수 농장과 광산, 담배 산업, 은행 및 광대한 토지를 소유했다. 젊은 쿠바인들은 영어를 배우고 야구를 했다.

더군다나 쿠바는 필리핀을 할퀴고 지나간 대규모 폭력 사태를 비껴갔다. 적어도 미국으로 인한 그 같은 폭력은 피해갔던 것이다. 존 퍼싱의 군대가 뷰드 바그사크의 산기슭에서 수백 명의 모로인을 도살하기 전 해인 1912년에 쿠바는 껄끄러운 자국의 식민 주체들과 맞닥뜨렸다. 국내 정치에서 배제된 아프리카계 쿠바인 노예들은 무기를 들고 생산 중단에 나섰다.[29]

재산 손실을 걱정한 미국 투자자들의 명령에 따라 태프트 대통령은 관타나모만에 해군 병력을 집결시켰다. 그러나 이 군함들과 해병대는 전투에 참여하지 않았다. 아프리카계 쿠바인을 공격한 것은 쿠바군이었으며, 수천 명의 사상자를 낸 전쟁은 몇 달간 지속됐다.

쿠바식 모델은 반향을 불러일으켰다. 루스벨트 행정부는 대서양 무역과 태평양 무역(미국이 태평양 연안의 영토를 소유하고 있어 규모가 더 크다)을 연결하기 위한 대양 횡단 운하를 계획하던 당시, 콜롬비아의 파나마 지협에 눈독을 들였다. 그러나 미국은 이를 구입하지도 정복하지도 않았다. 대신 루스벨트 정부는 콜롬비아로부터 분리 독립하도록 파나마 민족주의자들을 부추긴 후, 운하를 건설하기 위한 좁은 지역을 놓고 협상을 벌였다. 이는 미국의 영구 조차지가 되었으며, 해당 구역 내에서 양자 간 조약에 따라 미국은 '해당 영토의 주권자인 경우' 소유하게 되는 '모든 권리, 권한 및 위임된 권리나 권한'[30]을 부여받았다. 그러나 관타나모만의 경우와 마찬가지로 미국은 엄밀히 말해 주권국이 아니었다.

이는 시작에 불과했다. 1903년 도미니카공화국의 재정이 붕괴됐다. 대통령인 카를로스 모랄레스는 미국의 도미니카 합병을 환영한다는 뜻을 넌지시 밝혔다. 그런 제안을 내놓은 것은 두 번째였다. 10여 년 전이라면 루스벨트는 모랄레스의 제안을 덥석 받아들였을 것이다. 그러나 이제는 필리핀전쟁 때문에 지쳐 별 관심을 보이지 않았다. "배가 불룩한 보아뱀이 고슴도치의 엉덩이까지 홀랑 삼켜버리기라도 할 듯 그 땅을 합병하고 싶다"[31]고 말했다.

그 대신 루스벨트는 쿠바 스타일의 계약을 체결했다. 미국 정부가 도미니카공화국 재정에 대한 임시 통제권을 가지며(따라서 미국 은행에 채무 상환을 보장), 그 대가로 모랄레스 정부를 반군 세력과 외부의 적들로부터 지킨다는 내용이었다. 이로써 미국의 이익은 보호받고 도미니카공화국은 독립을 유지하게 되었다.

미국은 카리브해 국가들과 차례로 그런 계약을 맺었다. 미국은 재정과 무역을 좌지우지하게 됐지만 형식적으로 주권은 손대지 않았다. '달러 외교Dollar Diplomacy'는 이를 지칭하는 완곡한 말이었으나 '포함 외교 Gunboat Diplomacy'라는 말이 좀더 정확한 표현이다. 정치적, 재정적 '안정'을 보장하기 위해 미군은 1903~1934년에 쿠바(4회), 니카라과(3회), 온두라스(7회), 도미니카공화국(4회), 과테말라, 파나마(6회), 코스타리카, 멕시코(3회), 아이티(2회)에 군대를 파견했다.[32] 미국은 봉기 진압을 지원하고 필요하면 정부를 교체했으며 항구에 전함을 정박시키고 다른 나라에 '의사'를 전달했다. 그러나 그 기간에 미국이 합병한 유일한 영토는 미국령 버진아일랜드뿐이었으며, 이는 1917년에 덴마크로부터 평화적으로 구입한 땅이었다.

알비수는 『하버드크림슨』에 보낸 편지에서 푸에르토리코가 독립해 쿠바처럼 되길 바란다고 썼다.[33]

———

알비수는 특히 1912년 대통령에 당선된 우드로 윌슨이라는 인물에 기대를 걸었다. 남부 민주당 출신인 윌슨은 그의 전임자였던 3명의 공화당 제국주의자 대통령인 윌리엄 매킨리, 시어도어 루스벨트, 윌리엄 H. 태프트와는 매우 다른 인물이었다.

특히 루스벨트와 가장 극명한 차이를 보였다. 시어도어 루스벨트는 어린 시절 연방 군인들이 분리 독립을 주장하는 남부를 진압하기 위해 뉴욕을 지나갈 때 그들에게 환호하곤 했다. 그는 자라서 미국 역사상 가장 호전적이고 제국주의적인 대통령이 되었다. 이와는 대조적으로 윌슨은 어린 시절 패배를 앞두고 있던 남부 연합군에 대한 기억이 있었다. 부상당해 죽어가는 한 연합군이 자신의 아버지가 목사로 있던 교회가 연합군 병원으로 활용되자 환자로 찾아왔던 것이다. 어른으로 자라 대통령이 된 윌슨은 국무장관으로 위대한 반제국주의자인 윌리엄 J. 브라이언을 선택했다.

윌슨이 당선되자 2만여 명의 필리핀인이 마닐라에 모여 당선을 축하했다. 언론은 그를 '현대판 모세'[34]라고 불렀다. 그들이 낙관하는 데는 이유가 있었다. 1912년 민주당 강령은 제국주의를 가리켜 "미국에 엄청난 비용을 초래하고 강점 대신 약점을 안겨줬으며 미 국민이 자치라는 근본적인 원칙을 포기한다는 비난을 피할 수 없게 만든, 용납할 수 없는 실수"[35]라고 비난했다. 윌슨 스스로 필리핀의 독립을 바란다는 의사를 표명했다. 좀더 구체적으로 말하면 그는 식민지를 "더 이상 제멋대로 착취해서는 안 되며"[36] 시민들이 "익숙하게 누리는 권리와 권한"을 영토 거주자들에게 확대해야 한다고 의회에 말했다.

이는 말뿐인 연설이 아니었다.[37] 그는 필리핀에서의 군정을 끝내고 본토 관료 여러 명을 필리핀인으로 교체했다. 1916년 그는 슬그머니 4년 뒤 필리핀을 독립시킨다는 법안에 찬성하기로 동의했다. 이는 상원에서 한 표 차이로 통과됐으나 하원에서 부결됐다. 그 대신 의회는 이보다 강도가 약하고 모호한 법안을 통과시켰는데, 필리핀이—지극히 중요하긴 하나 명확히 정의되지는 않은—'안정된 정부'를 수립하기만 하면 독립을 약속한다는 내용이었다.

1917년 제1차 세계대전 참전의 압박으로 윌슨은 또 다른 중요한 법안에 지지 의사를 밝혔는데, 이번에는 푸에르토리코에 관한 내용이었다. 이를 통해 푸에르토리코인들은 미국 시민이 됐으며 의원을 선출할 수 있게 됐다(그러나 연방정부가 임명한 지사는 여전히 모든 법령에 거부권을 행사할 수 있었다). 이는 비록 독립은 아니었지만 '사실상의 자치'라며 알비수는 만족을 표했다. 해당 법안은 통과됐다.

알비수는 푸에르토리코를 대변하면서 이렇게 썼다. "미국에 대한 믿음과, 이곳에서 널리 받아들여지는 공정함의 정신에 대한 믿음이 있다."[38]

남부 출신인 우드로 윌슨이 제국 추세에 역행하려는 데에는 그럴 만한 이유가 있었다. 피식민지인들에 대한 윌슨의 동정은 확실히 남북전쟁 후, 그의 표현에 따르면, 북부가 '정복당한 속국'(이전 남부 연합 소속 주들)[39]을 다뤘던 방식에 분노한 데서 비롯되었다.

그러나 윌슨이 남부 출신이라는 점에는 어두운 면도 있었다. 그는 흔히 말하는 남부의 아들이었을 뿐만 아니라 노예제를 옹호한 남부 목사의 아들이었다. 그의 아버지는 『성경의 가르침에 따른 주인과 노예의 상호 관계』라는 책을 집필한 인물이었다. 이는 윌슨이 완전히 떨쳐버리지 못한 세계관이었다. 프린스턴대학의 총장으로서 그는 흑인 학생 입학에 반대했다. 미국 대통령으로서 그는 각료들이 연방정부의 기능 상당 부분을 분리하자 이에 찬성하는 뜻을 내비쳤다.

윌슨은 일부 주변 사람들처럼 유색인들을 인간 이하의 존재로 생각하지는 않았다. 그러나 그는 그들을 '아이' 같은 존재로, 자치 이전에 '교육'이 필요한 존재로 봤다.[40] 그는 아이들이 총기를 다룰 준비가 되기도 전에 힘을 얻는 건 최악의 상황이라고 봤다. 그는 이전에 노예였던 사람들이 남북전쟁 직후 공직에 나서는 것을 경계했다. 윌슨은 그런 상황을 '남부 백인이 검둥이의 발아래'[41] 놓이는 것이라고 썼다. 이는 대재앙이며 '문명의 진정한 전복'이라는 것이었다. 미 흑인의 때이른 정계 진출은 전쟁 그 자체보다도 더 '비할 데 없이 깊고 되돌리기 어려운' 상처를 남겼다고 생각했던 것이다.

이는 건성으로 대충 나온 생각이 아니었다. 이런 생각은 다섯 권에 걸친 『미국인의 역사』(1902)에서 여러 페이지를 할애해 다뤄졌다. 이 책이 출간되면서 윌슨은 프레더릭 J. 터너의 말처럼 '충분한 교육과 능력을 갖추고 미국 역사를 전체적으로 다룬 최초의 남부 출신 학자'[42]가 됐다. 다른 논평가들은 터너와 마찬가지로 윌슨의 역사 저술을 높이 샀으나, 윌슨이 큐클럭스클랜KKK에 대해 애정을 갖고 있다는 사실을 알아차렸다.[43] KKK는 윌슨의 표현을 빌리자면 '혁명의 시기에 추악한 위험들로부터 남부를 보호'[44]하는 것이 목적인 단체였다. 윌슨은 조급해하는 KKK 단원들을 꾸짖었으나 그들의 동기는 옹호했다. 윌슨은 그들이 '순전한 자기 보호본능의 발로'[45]에서 행동했다고 썼다.

윌슨의 가까운 친구이자 동창이었던 토머스 딕슨 주니어 역시 이런 생각을 공유했다. 딕슨은 이 주제에 대해 작품을 썼다. 『클랜스맨』이라는 소설은 곧 연극으로 각색됐다. 1915년 딕슨과 데이비드 W. 그리피스 감독은 이 소설을 바탕으로 영화를 제작했다. 바로 「국가의 탄생」이었다. 이는 KKK가 남부를 구원한다는 대서사극이었다. 게다가 타이틀 카드● 에는 윌슨의 저서인 『미국인의 역사』에서 인용한 구절도 들어갔다.

흑인 인권 운동가들은 당연히 「국가의 탄생」이 인권운동에 끼칠 영향을 염려하며, 영화 개봉을 금지하도록 동부 도시들을 압박했다. 딕슨은 윌슨에게 도움을 요청했고, 윌슨은 백악관에서 특별 상영회를 열었다. 그리피스는 "이 영화는 역사에 대해 직관적인 깨달음을 준다"[46]는 것이 윌슨의 평가였다고 말했으나, 윌슨은 공식적인 입장 표명을 거부했다. 그러나 딕슨과 그리피스는 윌슨의 암묵적인 승인을 이용해 시 관계자가 영화를 개봉하도록 설득했다.

「국가의 탄생」은 미국에서 가장 유명한 영화가 됐다.[47] 힘이 약해지고

● 무성영화 시대의 자막으로 인터타이틀이라고도 한다.

있던 KKK는 1915년경 활동을 재개했다. 모집책은 이 영화를 활용해 수백만 명의 지원자를 끌어들였다.[48]

5개월 후 윌슨은 '불안정한' 정부라는 빌미로 흑인 공화국이었던 아이티의 정권을 장악하기 위해 해병대를 보내, 사실상 「국가의 탄생」의 줄거리를 재현했다. 미군의 아이티 점령은 윌슨의 남은 재임 기간 내내 이어지다가 1934년이 되어서야 군이 철수함으로써 끝났다.

———

전 세계 식민지 주민들에게는 두 명의 윌슨이 존재했다. 한 명은 해방자의 모습이고, 다른 한 명은 인종차별주의자의 모습이었다. 이중 어느 윌슨이 그들의 편이 될지는 알 수 없었다.

제1차 세계대전이 가까워오자, 윌슨은 자신의 반제국주의자적 면모를 강조하고 미국을 자유의 횃불로 나타내고자 했다. 볼셰비키 세력이 러시아를 장악했을 당시 지도자인 V. I. 레닌은 '모든 식민지의 해방'[49]을 요구했고 윌슨도 이에 반대하지 않았다. 윌슨은 의회 연설에서 "정복과 확장의 날들은 지나갔다"[50]며 자신의 전쟁 목표를 제시했다. 그 목표는 '14개조 평화 원칙'으로 이뤄졌으며 거기엔 "모든 식민지의 주장을 자유롭고 열린 자세로, 절대적으로 공평하게 조정해야 한다"는 내용이 포함돼 있었다.

미국 정부는 14개조 평화 원칙을 전 세계에 널리 알렸다. 중국에서는 윌슨의 연설을 영어 교육에 활용하기도 했다.[51] 많은 학생이 14개조 평화 원칙을 암기할 정도였다.

중국 학생들은 그러나 의도적으로 모호하게 만든 윌슨의 표현에 담긴 의미를 알아차렸던 듯하다. 확실히 윌슨의 평화 원칙은 즉각적인 제국의 종식을 요구하는 레닌의 적나라한 요구에는 못 미쳤다. 그러나 레닌이 국제사회에서 소외된 국가의 수장이었던 반면 윌슨은 지구상에서 가장 부유한 나라의 대통령이었기 때문에, 반향을 불러일으킨 것은 윌슨의 말이었다. 전 세계 수백 명의 민족주의자가 그에게 지원을 호소했다. 그들은 윌슨의 도움을 받는 동시에, 유럽을 집어삼킨 전쟁으로 인해 유럽 제국들이 서서히 와해될지도 모른다는 희망을 품었다.

알비수 역시 그런 기대가 있었다. 알비수는 "푸에르토리코인들은 윌슨으로부터 독립을 인정받을 수 있을 것이라는 인상을 받았다"[52]고 썼다. 그는 그런 점을 기대하며 입대했다. 자신의 참전이 '푸에르토리코인들에게 큰 도움이 될 것'이라고 믿었던 것이다. 그는 "다리를 절거나 시력을 잃었거나 다른 방식으로 신체 장애를 얻은 3~4만 명의 푸에르토리코인"[53]이 유럽에서 용감하게 싸우고 돌아온다면 푸에르토리코인의 자치권 획득에 어떤 영향을 미칠 것인지를 상상했다. 이는 터무니없는 추론이 아니었다. 인도에서 평화주의자로 알려진 간디조차 영국으로부터 자치권을 얻기 위한 방법으로 인도인들에게 참전을 촉구했다.

1919년 민족주의자들은 베르사유 조약이 체결된 파리강화회의에서 타결된 전후 합의를 통해 이런 모든 희생을 보상받게 될 것이라고 기대했다. 이는 국제 질서 규범이 새롭게 쓰이는 곳이었다. 눈앞에 닥친 문제는 패전국인 독일과 오스만제국의 식민지를 어떻게 처리하는가였다. 그러나 이보다 더 큰 문제는 제국 일반의 궁극적인 결말에 관한 것이었다.

파리에 가서 윌슨을 만나는 것은 전 세계 민족주의자들의 주된 목표가 됐다.[54] 인도 국민회의는 표결을 거쳐 간디를 보내 요구사항을 제시하기로 했다. 이집트 민족주의자들은 개혁주의자인 사드 자글룰을 보내기로 했다. 자글룰은 윌슨을 만난다는 희망을 품고 영어 수업을 듣기 시작했다. 그는 윌슨 대통령에게 보낸 편지에서 "당신의 강력한 행동 덕분에, 이집트 국민은 그 누구보다 전 세계에 울려 퍼질 새로운 시대의 탄생을 매우 기뻐하고 있습니다."[55] 자글룰의 지지자들은 그를 파리에 보내는 목표 아래 새로운 정당을 결성했다. 이를 와프드Wafd당이라 불렀는데 아랍어로 '대표'라는 뜻이다.

잘 알려지지 않았던 민족주의자들도 윌슨에게 도움을 청하려 했다. 28세의 주방 보조였던 프랑스령 인도차이나반도 출신의 응우옌떳타인은 식민지 조국의 요구를 간략히 나타내는 문서를 준비했다.[56] 그는 '애국자 응우옌Nguyen Ai Quoc'이라 서명하고 강화회의장 복도에서 사본을 나눠주었다. 그는 대통령에게 이를 보여주겠다고 약속한 윌슨의 참모에게도 이를 전달했다.

알비수 역시 파리를 주시했다. 그러나 분하게도 전쟁부는 그가 군부대를 훈련시켰던 푸에르토리코로 그를 되돌려보냈다. 알비수의 부대가 출정하기도 전에 전쟁은 끝났다.

그러나 알비수는 또다시 기회를 잡을 수 있었다.[57] 환영의 메시지가 담긴 전보가 매사추세츠주 케임브리지에 있는 하버드 코즈모폴리턴 클럽의 신임 회장으로부터 날아왔다. 미국 코즈모폴리턴 클럽 연합 대표를 강화회의에 보내게 될 것이라는 내용이었다. 하버드는 알비수를 지명했다. 확실히 알비수가 포함됐다는 의미인지는 불명확했으나 그의 친구들은 그렇게 받아들인 것 같았다. 1919년 2월, 친구들은 그를 파리에 보내기 위해 200달러를 모금하는 댄스 파티를 열었다.

각국 식민지 대표는 우드로 윌슨의 지지를 얻을 거라는 희망을 안고 그에게 달려갔다. 그러나 그들은 깊은 실망감을 감추지 못했다. 대영제국 내 이동을 통제했던 영국은 간디의 파리행을 금지했다. 또한 자글룰을 체포해 그를 몰타로 추방했다(자글룰은 우여곡절 끝에 파리에 가긴 했으나 이미 윌슨이 떠난 후였다).

페드로 알비수 캄포스에게도 시련이 찾아왔다. 많은 푸에르토리코인 과 마찬가지로 그 역시 스스로 백인이라 생각했다.[58] 그러나 그는 원주 민과 흑인 혈통도 이어받고 있었다(그의 아내는 그를 처음 만났을 때 동남아 인이라고 생각했다[59]). 군에서는 흑인으로만 이뤄진 연대에 배치됐다. 알비 수는 스스로 백인이라 주장하며 이에 항의했다. 의사로 구성된 위원회는 그를 검사한 뒤 백인이 아니라는 결론을 내림으로써, 그에게 굴욕감을 안겼다.[60]

파리에 갈 기회가 있다는 것을 알게 되자 알비수는 먼 길을 떠나기 위해 급히 미국 본토로 갔다. 이번에는 푸에르토리코에서 곧장 북미로 갈 수 없어서 텍사스주 갤버스턴에서 남부를 거쳐 올라가야 했다. 알비 수의 여정에 대한 서면 기록은 남겨진 게 없으나 짐 크로법이 통용되던 남부를 '흑인' 신분으로 이동한 경험은 매우 혹독했던 것으로 보인다. 그 는 여생 내내 남부의 인종차별주의에 반대 의사를 밝히곤 했다. 남부에 서 무슨 일이 있었건 그 일은 알비수의 걸음을 상당히 늦췄다. 그는 보 스턴에 너무 늦게 도착해 강화회의에 들어갈 기회는 날아가버렸다.[61]

간디나 자글룰과 마찬가지로 알비수는 윌슨을 끝내 만나지 못했다. 그게 가능했다 하더라도 무엇을 얻을 수 있었을지는 알기 어렵다. 윌슨 은 작은 나라와 그들의 민족자결권을 위해 말했으나 그런 발언은 유고슬 라비아·체코슬로바키아·폴란드·헝가리 등 남부 유럽을 염두에 둔 것이었고, 푸에르토리코는 계획에 없었다.

윌슨은 푸에르토리코 독립을 위한 어떤 일도 하지 않았을 뿐만 아니라 전쟁을 미 제국 팽창의 기회로 삼았다. 1917년 미국 정부는 푸에르토리코 바로 옆의 카리브해 군도 중 작은 섬들로 이뤄진 덴마크령 서인도 제도를 사들였다. 그로 인해 2만6000명의 주민과 훗날 해군기지로 활용될 부지를 얻게 됐다. 이 식민지가 바로 미국령 버진아일랜드로서, 1900년 이후 합병된 최초의 유인 영토였다.

식민지 국가의 민족주의자들은 그들이 보낸 수많은 탄원서를 윌슨이 읽었는지 알 수 없었다. 애국자 응우옌은 윌슨에게 아무런 답을 받지 못했다. 비유럽 국가 출신 민족주의 지도자 중 유일하게 파리에서 윌슨에게 의사를 전달할 수 있었던 인물은 얀 스뮈츠였다.[62] 그는 차기 남아프리카공화국 수상이 된 사람으로, 남아공 내 백인의 영향력 강화에 도움이 될 국제 시스템을 추구했다.

스뮈츠는 원하던 바를 얻었다. 제국은 살아남았고 모든 승전국의 식민지는 그대로 유지됐다. 패전국 식민지는 해방되지 않은 채 승전국들이 이를 나눠 가졌다. 유일하게 새로운 점은 이제 그들이 국제연맹(이는 스뮈츠의 제안이었다)에 따라 '위임통치mandate'로 분류됐다는 것이다. 위임통치는 명백히 인종적 계급에 따라 정해졌고 중동 국가들의 영토는 최상위(독립의 과도기 단계인 '클래스 A')에, 아프리카와 태평양 제도 영토는 그 아래('클래스 B와 C')에 놓였다.

일본 대표는 국제연맹 협약에 최소한 인종적 평등에 관한 문구를 삽입하라고 요구했다. 이 제안은 압도적인 다수의 지지를 받았다. 프랑스 대표는 그런 논지에 "반론의 여지가 없다"[63]고 봤다. 그러나 윌슨은 이를 저지하며 인종 평등의 원칙을 그대로 두는 것조차 거부했다.

식민지 국가들은 이처럼 희망이 물거품으로 돌아간 상황을 받아들이기 어려웠을 것이다. 1919년은 식민지 국가들에게 깨달음의 순간이었고, 민족주의 운동이 온건한 청원 방식을 버린 해였다. 간디가 인도는 영연방과 동등한 상대가 될 것이라는 희망을 버리고 독립에 눈을 돌린 것도 바로 이해였다. 간디의 비폭력운동, 정부 탄압(암리차르 학살), 아프가니스탄군의 침공, 그리고 인도 전역에서 참여한 무슬림 봉기 등 인도 내 상황이 영국 정부가 걷잡을 수 없을 정도로 전개되는 듯 보인 것도 1919년이었다.

이집트에서는 다른 민족주의자들과 함께 자글룰이 체포되면서 '1919년 혁명'으로 알려진 시위의 물결이 일어났다. 혁명에 휘말린 열두 살 난 소년은 '터질 듯한 열정'[64]으로 모스크에 가서 열띤 연설을 하고 시를 읽어내려갔던 것을 기억한다. 한국인들은 1919년 일본으로부터 독립을 선언하고 3·1운동을 촉발시키며 거리로 쏟아져나왔다. 중국에서는 이와 유사하게 중국 내 독일 영토를 일본에 넘기는 강화회의에 대한 반발로 5·4운동이 일어났다. 분개한 한 중국인 시위자는 파리에 모인 연합군 지도자들을 '영토와 배상금 확보에 눈이 먼 강도떼'[65]라고 불렀다.

그런 적개심은 당시 미국 지도층에는 별 의미가 없었다. 그들은 이집트나 한국과 같은 곳에는 별로 볼일이 없었기 때문이다. 그러나 훗날 미국은 이로 인해 큰 대가를 치르게 된다. 파리의 '강도떼'에 대해 분개한 중국 시위자는 바로 젊은 마오쩌둥이었다. 애국자 응우옌 또한 명성을 날렸는데, 이번에는 다른 이름인 호찌민이었다. 시를 암송하고 연설하던 열두 살 난 이집트 소년은 오사마 빈라덴에게 중요한 영감의 원천이 된 대표적인 이슬람 사상가 사이드 쿠틉이었다.

알비수는 어땠을까? 페드로 알비수 캄포스는 미국 내에서 가장 위험한 반제국주의자가 되었다.

8.
화이트 시티

20세기로 접어들 무렵 미국의 앞날은 밝아 보였다. 미국은 스페인 제국을 궤멸시켰다. 미국의 산업은 빠르게 성장하면서 세계 최대 경제국으로 발돋움하고 있었다. 세계에서 가장 부유한 두 명의 미국인인 존 D. 록펠러와 앤드루 카네기는 역사상 최대 규모의 재산을 소유한 것으로 기록됐다.[1]

그러나 그처럼 풍요로운 가운데서도 얼마나 많은 빈곤이 존재하는지 알려질 때마다 매번 충격을 자아냈다. 중력을 거부하듯 높이 솟은 빌딩은 새로운 자본의 축적을 웅변했으나, 이처럼 높은 건물은 산업주의의 저류에 빨려들어간 불우한 이들이 밀집해 오염이 극심한 거대 슬럼가에 그림자를 드리웠다.

세계에서 가장 부유한 국가가 동시에 매우 불결하다는 사실을 그대로 묵인하기는 어려웠다. 언론은 혼란을 다스리고 도시를 깨끗하게 유지하며 망가진 부분은 무엇이든 고쳐야 한다고 떠들어댔다. 당대에 엄청나게 인기를 끌었던 대작 하나는 바로 에드워드 벨러미의 공상과학 소설인 『뒤를 돌아보면서』(1888)였다. 1887년 보스턴에서 한 남자가 잠들었다가 2000년에 깨어나보니 모든 것이 눈부시게 밝은 미래였던 것이다.

벨러미의 예언은 짜릿했다. 그는 소비자들이 더 이상 가게에서 물건을 사지 않을 것이라고 예언했다. '신용카드'를 이용해 기송관에 대고 주문하면 구매한 물건이 그 기송관을 타고 쉭 전달될 것이다. 약간의 수수료만 내고 소비자는 물이 흐르는 것처럼 음악도 파이프를 통해 집으로 전해받아 즐길 수 있게 된다는 것이었다.

벨러미의 시간 여행자는 추억에 잠겨 다음과 같은 재미있는 문장을 통해 놀라워하는 모습을 보여주었다. "모두가 집에서 기분에 따라 완벽한 품질의 음악을 무제한으로 들을 수 있고 원할 때 연주가 시작되거나 멈추는 장치를 고안할 수 있었더라면, 이미 인류가 누리는 행복의 한계를 고려해서 추가로 개선하려는 노력은 그만뒀어야 했다."[2]

진짜로 눈길을 끄는 것은 도시 그 자체였다. 벨러미의 주인공은 2000년 보스턴의 모습을 거의 알아볼 수 없었다. 그는 '몇 마일에 달하는 대로'[3]와 '나무가 빼곡히 심긴 널찍한 광장' 및 '내가 살던 시대와는 비교도 안 되는 엄청난 크기의 공공건물과 웅장한 건축물'을 넋을 잃고 쳐다봤다. 깨끗하고 넓으며 철저한 계획에 따라 만들어진 도시는 남북전쟁 후 대호황의 시대가 보여준 모습과는 정반대였던 것이다.

그런 현대적인 도시를 본 사람은 아무도 없었다. 그러나 5년 후 이와 비슷한 모습을 조금이나마 볼 수 있게 됐다. 1893년은 시카고에서 세계 컬럼비아박람회가 열린 해였고, 1년 늦긴 했지만 콜럼버스가 처음으로 항해한(1492) 지 400주년이 되는 해였다. 박람회 장소로 쓸 건물들을 대규모로 짓기 위해 박람회 기획자들은 최초로 초고층 건물을 세운 이들

　　　　　　　　　　　　　　　제1부 식민지 제국

중 한 사람인 대니얼 버넘[4]을 고용했다.

대규모 프로젝트는 버넘의 마음에 쏙 들었다. 그는 규모에 매료됐고, 동료 건축가인 루이스 설리번이 "최대 규모, 최고층, 최대 비용이 들어간 센세이셔널한 것에 관한 과대망상megalomania"[5]이라고 진단한 감정에 사로잡혔다. 시카고 남쪽의 686에이커에 달하는 습지공원을 손에 넣은 버넘은 이를 개인 용도의 건물을 짓는 데만 한정시키지 않아도 되었다. 그에겐 자신의 도시를 세울 권한이 부여되었다.

이는 물론 석재가 아닌 스프레이 페인트를 뿌린 회반죽으로 만들어진 한시적인 도시였다. 게다가 도시를 지으려면 다른 건축가의 도움도 필요했다. 그러나 버넘은 그만의 독특한 개성을 남기는 데 성공했다. 완성된 도시 구조물들의 규모는 엄청났으며 신고전주의 스타일이었다. 그리고 버넘의 지시에 따라 모두 흰색으로 칠해졌다.

반응은 엄청났다. 당시 국내 인구는 7000만 명이 채 안 됐는데 박람회 입장권은 2100만 장이 넘게 팔렸다.[6] 루이스 설리번은 관람객들이 "깜짝 놀랐다"고 기억했다. "그들은 놀라운 건축 예술의 등장을 지켜본 것이죠. 지금까지와는 전혀 다른 새로움이었던 것입니다. 사람들이 보기에 진정한 세상의 종말이었고, 하늘에서 영감을 받은 계시였던 겁니다."[7]

———

버넘의 화이트 시티는 놀라웠다. 그러나 개별 빌딩이 놀라웠기 때문은 아니었다. 모든 빌딩을 함께 놓고 봤을 때 인상적인 풍경이 만들어졌다. 200개가 넘는 빌딩은 단일한 스타일과 색깔로 디자인되어 종합 계획에 따라 설계됐다.

그것이 놀라웠던 것은 당시 건축업자들이 할 수 없는 일이었기 때문이다. 그들은 확실히 이러한 것을 원했다. 효율성과 합리성, 위생에 대한 벨러미의 꿈을 실현하는 것을 말이다. 이는 당시 남녀들 사이에 널리 퍼진 욕망이었다. 다만 문제는 그러한 대규모의 사회 개입이 필연적으로 저항에 부딪쳤다는 점이다. 사용되지 않는 공원 자리에―『뒤를 돌아보면서』에 묘사된 것과 같은―'대로'와 '널찍한 광장'을 만든 버넘의 경우가 그랬다. 그러나 현실에서 이것은 이미 촘촘히 짜인 도시라는 옷감 한 귀퉁이를 찢어내는 일이었다. 자본가들에게 확신을 심어주고 여러 파벌의 정치인들을 회유하고, 완강한 거주민들을 쫓아내야 했다.

혁신주의 시대에는 일이 이런 식으로 진행됐다. 한쪽에는 질서를 확립하려는 개혁가들이 있고, 다른 한쪽에는 개인의 이해와 공익이 교차하며 발생하는 수많은 충돌이 있었던 것이다. 건축만 그런 것이 아니었다. 곳곳이 전쟁터나 다름없었다. 정치, 공중보건, 작업 현장에 이르기까지 치열한 전쟁이 벌어졌다.

그러나 특히 싸움이 불공정했던 분야가 있었으니, 사회공학자가 명백히 우위를 차지한 제국이었다. 해외 영토가 지도상에서 사라지긴 했으나 그곳은 특정 직업군에게는 매우 흥미로운 장소였다. 이러한 영토는 실험실 역할을 했다. 저항이나 감시, 결과를 걱정할 필요 없이 아이디어를 시험해볼 수 있는 대담한 실험이 이뤄지는 공간이었다. 그래서 한 개혁가의 표현대로 "연민과 비분강개에 휩싸인 미국인들은 무지와 미신, 질병과 오물에 대한 일종의 성전을 벌이며 흰옷을 입은 거리의 청소부들처럼 그 섬나라들로 날아들었던 것이다."[8]

1904년 버넘 자신도 이 성전에 뛰어들었다. 그는 마닐라의 도시계획 수립 요청에 응하고 바기오 산악지대에 정부가 수립하려는 새로운 '하계 수도' 프로젝트에 참여하게 됐다.

화이트 시티가 필리핀에도 만들어지는 것이었다.

———

버넘을 초청한 것은 랠프 W. 에머슨의 손자인 캐머런 포브스였다. 포브스는 상업치안행정관으로 필리핀에 부임했으며 도로 건설과 혁명 진압 등 다양한 일을 지휘했다. 1909년 그는 총독이 됐다. 40세 생일에 그는 일기장에 이렇게 썼다. "미친 몽상가가 아니고서는 누가 내 앞날을 이렇게 계획할 수 있단 말인가? 나이 마흔에 보스턴의 회계 사무실에서 이곳 남태평양으로 옮겨와 인종과 언어, 관습 등 숱한 차이점이 한데 섞인 필리핀 군도의 800만 명을 통치하게 되다니."9

영국이나 프랑스와 달리 미국의 경우, 식민지에서 경력을 쌓은 사람은 거의 없었다. 정부 관리는 부임했다가 바로 떠났고, 그 영토들을 체류하긴 싫지만 고국에서 승진하기에는 유리한 보직 정도로 여겼다. 가능한 한 빨리 떠나고 싶어했던 것이다.

그러나 때로는 자신이 맡은 식민지 관리 역할을 완벽하게 수행하는 사람도 있었다. 필리핀에서는 그런 사람이 바로 캐머런 포브스였다. 그는 이국적인 동양, 정중한 하인, 나른한 라이프스타일 등 열대 지방의 삶을 즐겼다. 그는 필리핀인들을 사랑했다. 물론 대표적인 민족주의자인 마누엘 케손이 말한 것처럼 "예전 노예 주인들이 자신의 흑인 노예를 사랑하듯"10 사랑한 것이었지만.

포브스는 대개 인종차별주의적인 시선이 담기긴 했지만 폴로, 야구, 골프에 대한 이야기로 일기장을 꽉 채웠다. 그가 제일 좋아하는 폴로 경기마 중 하나는 검둥이Nigger라고 불렸다.[11] 그의 야구팀에는 루손산에 사는 이고로트족의 의상 이름을 따서 지 스트링스라는 이름이 붙여졌다.[12] "어느 날은 골프를 쳤는데 바지를 입지 않은 이고로트인이 캐디였다. 나는 중얼거렸다. '몇 홀이나 쳤나?' 그러자 소년이 대답했다. '다섯 홀이요.' 나는 나무도 말을 하는구나 싶어서 깜짝 놀랐다."[13]

포브스는 필리핀인들이 말을 할 수 있을 거라고 예상하지 못했거나 아니면 적어도 귀담아들을 만한 이야기를 하지는 않을 것이라고 생각했던 것이다. 그는 많은 사람이 독립을 바란다는 사실을 알고 있었으나 "그들은 마치 양초가 뜨거워서 잡지 못하게 치워졌다는 이유만으로 아이가 양초를 원하듯 독립을 바라는 것"[14]이라고 썼다. 그는 필리핀인들이 "독립의 의미를 정확히 모른다"[15]고 생각했다. 어쨌든 간에 포브스는 "이들이 독립의 의미를 안다고 생각"[16]하지 않았으며, 자비로운 본토인들의 존재가 이들에게 가장 도움이 된다고 여겼다.

본토인이란 대니얼 버넘 같은 이를 말하는 것이다.

버넘은 마닐라에서 직장생활을 시작할 수 있었다. 벨러미의 소설 속 21세기 보스턴이 꿈이었다면 마닐라는 악몽이었다. '전염병이 돌 것처럼 낡은 곳'[17](한 개혁주의자가 그렇게 불렀다)은 사람들로 북적였고 질병이 들끓었으며 가난했다. 가이드북에는 "그곳은 전 세계에서 가장 기형적인 거리가 펼쳐진 도시다"[18]라며 비판조의 평이 실렸다.

본토인들은 이 모든 상황을 두고 필리핀인들을 비난했으나, 버넘이 1904년에 만났던 마닐라는 역사의 격변기에 심하게 상처 입은 곳이었다. 1899년에 전쟁, 1901년에 선페스트 창궐, 1902년에 콜레라와 우역 발생, 1903년에 대화재 등 연대순으로 살펴보면 마치 구약성서를 읽는 것 같았다. 윌리엄 H. 태프트 총독의 아내인 넬리 태프트는 '끊임없는 공포'19를 떠올렸다. '항상 낮게 깔린 무시무시한 대재앙의 그림자 속에 살고 있는' 느낌이었다는 것이다.

그러나 인간에게 재앙이었던 것이 도시계획자에게는 매력으로 다가왔다. 도시의 넓은 부지가 전쟁과 질병, 그리고 이로 인한 파괴적인 공중보건 활동(어떤 경우에는 미군이 콜레라와 싸운다는 명목으로 지역 전체에 불을 지르기도 했다20)으로 깨끗하게 쓸려나갔다. 부동산은 값쌌고 가장 좋은 부지는 이미 전쟁이 시작되면서 군대가 장악해 정부 소유였다.

버넘은 "마닐라 앞에는 근대가 시작된 이래 가장 독특한 기회가 놓여 있었다"21고 말했다. '즉 서구 세계에서 가장 위대한 도시와 맞먹는 통합된 도시를 건설할 기회'였다.

포브스의 지원으로 버넘은 이 프로젝트에 착수했다. 그는 널리 유행하는 스페인의 미션 건축 양식을 따를 생각이었으나 마닐라의 도시 공간은 근본적으로 재구성돼야 했다. 스페인 정복자들의 거주지였던 인트라무로스는 회랑으로 둘러싸여 교회 장식으로 치장된 도시 속의 도시였다. 웅장하게 솟은 성벽 안에는 온갖 시설이 갖춰져 있었고 주변은 해자로 둘러싸여 있었다. 버넘은 해자를 채우고(비위생적이므로), 통행을 위해 벽에 구멍을 내고는 도시에 새로운 중심지를 마련했다.

그는 물가의 깨끗한 지역인 루네타에 집중했다. 이곳에서 저녁마다 음악가들이 연주를 했다. 이곳을 서쪽으로 300미터 옮겨서 정부 건물 사이에 두면 마닐라의 지휘 본부로 활용할 수 있었다. 이곳에서부터 넓은 도로가 방사상으로 뻗어나가면서 가로 방향의 도로와 격자를 이루며 만나는 구조가 되는 것이다. 왜? 버넘은 "수도의 모든 구역에서 국력의 상징을 향해 경의를 표하며 바라볼 수 있어야 하기 때문이다"22라고 설명했다.

버넘은 필리핀인들에게 식민지 정부의 권한을 이해시키고자 했다. 그러나 그는 결국 필리핀의 의견보다는 본토인들의 필요에 더 귀를 기울였다. 그래서 이전 몇 해 동안 불에 타거나 총에 맞은 숱한 인근 지역들에 대해서는 (이를 뚫고 지나갈 도로를 내는 상상 외에는) 별말이 없었지만 마닐라에 세계 최상급 호텔이 없다는 것에 대해서는 한참을 고민했다. 그는 루네타 인근에 '세계 유명 리조트'23 건설을 제안했다. 그는 루네타 정부 청사에 컨트리클럽, 보트클럽 및 카지노를 위한 공간도 남겨놓았다. 이는 필리핀인들을 위한 곳이 아니었으며 실제로 일부 클럽은 그들의 입장을 거부했다. 이는 외국인을 위한 곳이었다. 버넘은 '재력가들이 드나들고 머물 것'이라 기대하며 '언제나 좋은 시간'을 보낼 수 있을 만한 곳이라고 썼다.

포브스는 마음에 들어했다. 이 계획이 "전원 찬성을 얻을 것 같다"24고 말하며 활짝 웃었다.

———

"자본과 세심한 계획만 있다면 알아서 굴러간다."25 버넘은 시카고에 화이트 시티를 세운 해에 자신 있게 말했다. 그러나 당시는 그렇게 믿었는지 모르겠지만, 나중에 그 발언이 얼마나 어리석었는지를 깨달았다. 계획은 '알아서 굴러가지' 않았다. 세심한 관리가 요구됐던 것이다.

버넘은 이런 깨달음을 가볍게 여기지 않았다. 그는 마닐라 도시계획을 구상하던 것과 비슷한 시기에 시카고에서 또 다른 대규모 도시계획에 착수했다. 시카고와 마닐라는 그의 가장 야심찬 프로젝트였다. 오늘날 이 두 도시에는 그의 개성이 가장 뚜렷이 남아 있다.

도시란 기괴할 정도로 복잡하기에 도시계획에는 세밀한 주의가 요구된다. 버넘은 자신이 수십 년간 살면서 일했던 시카고에 대해서는 큰 정성을 기울였다. 도시에 있는 전문가 모두에게 질문을 퍼부었다. 주요 9개 해운회사에게는 선박의 규모에 대해 물어보았고 병원 의사들에게는 환자들이 주로 어디서 오는지에 대해 질문했다. 노스웨스턴대학과 시카고대학 학생들의 배경에 대해 물어보기도 했다. 2년 동안 수십 명의 스태프가 참여한 이 시카고 계획을 도와준 312명의 사람에게 그는 특별한 감사를 표했다.[26]

버넘은 그런 도움이 필요했다. 시카고 계획은 구상에서부터 실행에 이르기까지 그룹 활동일 수밖에 없었다. 이를 수행하는 데에는 수십 년이 걸렸다. 400명의 저명인사로 구성된 위원회가 이 계획의 시행을 담당했다. 그들은 강의를 후원하고 지지를 권유하는 영상을 만들었다. 위원회는 계획에 대한 내용을 담은 『시카고 계획의 와커 매뉴얼』이라는 책자를 내서 시카고공립학교의 8학년 교과과정에 도입하도록 했다. 아이들이 부모에게 버넘의 선구적인 아이디어에 대해 알릴 것이라고 생각해서였을 것이다.

일은 대체로 잘 풀렸지만 전부 그런 것은 아니었다. 시카고 계획의 상당 부분은 실현되지 못했다. 콩그레스가와 홀스테드가에 위치한 루네타 스타일의 핵심이 담긴 도심 건물은 지어지지 못했다. 그러나 1912~1931년에 시카고 유권자들은 총 2억3400만 달러에 달하는 86개의 시카고 계획 관련 채권 발행을 승인했다.[27]

반면 필리핀은 달랐다.[28] 설득할 유권자도 없었다. 버넘은 도착할 때까지 필리핀에 대해 거의 아무것도 몰랐고, 체류 기간은 6주에 불과했다. 그는 포브스와 함께 마닐라를 둘러보는 가운데 몇몇 관리와 이야기를 나눴으나 하인들 외에 필리핀인들과의 접촉은 제한적이었다. 그의 일기나 편지 또는 계획 자체에서도 실제 필리핀 사람의 이름은 언급되지 않았다.[29] 버넘은 총 6개월간 계획에 몰두했는데, 그 기간에 여행과 관광도 하면서 바기오에서의 프로젝트를 동시에 진행시켰다.

시카고에서라면 버넘이 그토록 서둘러 일을 끝낼 순 없었을 것이다. 그러나 마닐라에서는 가능했다. 정부가 해당 계획을 변경 없이 승인하고 나서 사흘 뒤 공사가 시작됐다.[30]

진행이 빠를 수 있었던 것은 건축 환경을 총괄하는 권한이 한 사람, 즉 건축 고문(원래는 도서 지역 전문 건축가라고 불렸다)에게 있었기 때문이다. 미국 본토에는 이런 직책에 해당되는 사람이 없었다. 그러나 포브스는 필리핀에서 "우리는 그렇게 정하고 도서 지역 전문 건축가가 섬이나 시 또는 주 단위의 모든 공공건물에 대한 계획을 마련하도록 했다"[31]라고 설명했다. 필리핀의 작은 마을들은 건축 고문의 승인이 없으면 건물의 벽이나 마을에 딸린 공원도 일체 개조할 수 없었다. 더욱이 법적으로 건축 고문은 '버넘 계획을 실행하는 책임자'[32]였다.

버넘은 계획을 실행하는 데 자신의 지시를 따르는 건축가를 거느렸을 뿐만 아니라 일할 사람을 선택할 수도 있었다. 그의 추천에 따라 미국 정부는 1905~1914년에 예일대학과 프랑스 에콜 데 보자르에서 수학한 건축가 윌리엄 E. 파슨스를 임명했다.[33] 그는 이 일을 '건축가의 꿈'[34]이라고 받아들였다. 그는 혼자서 식민지에서 모든 공공건물을 관장했다. 또한 포브스의 권유로 개인 회사를 운영하기도 했는데, 덕분에 공공건물에 어울리는 상업용 건물을 세울 수 있었다.

파슨스는 이후에도 마닐라의 대표적인 건물을 수없이 많이 지었다. 육·해군 클럽(백인 전용), 엘크스 클럽(백인 전용), 마닐라 호텔(사실상 백인 전용), YMCA(별도의 백인용 출입구), 태프트가에 위치한 센트럴 스쿨, 필리핀대학 강당, 기차역, 필리핀 종합병원 등이 모두 그의 작품이다. 파슨스는 버넘 스타일을 따라 세부와 삼보앙가에 대해서도 자체 도시계획을 발표했다.

얼마 지나지 않아 파슨스는 그가 감독하는 '대규모로 급속히 늘어나는 건물들'[35]에 대해 걱정하기 시작했다. 업무를 위임하는 것이 한 가지 해법이 될 수 있었다. 그래서 그는 표준화를 도입했다.[36] 학교 건물, 시장, 병원, 주 의사당에 이르기까지 동일한 틀로 짓기만 하면 되는 것이었다. 그의 사무실은 건축 부지에 대한 기본적인 사항을 수집하기 위한 양식을 돌렸고 적절한 청사진을 제출했다.

이는 어느 정도 합리적인 생각이었다. 어쨌든 다바오의 시장이 굳이 발랑가의 시장과 달라야 할 필요가 있었을까? 그러나 본토의 의회가 효율성을 염두에 두고 건축의 표준화를 제안하자 이에 대한 거센 반발 여론이 일어났다.[37] 각각의 장소는 고유한 정체성이 있으므로, 어디에나 똑같은 건물을 세울 수는 없다는 것이었다.

파슨스는 미국 대륙에서는 그럴 수 없었지만 필리핀에서는 원하는 대로 할 수 있었다. 본토에 있는 그의 동료들은 꽤나 부러워하며 이를 관심 있게 지켜봤다. "이런 방식이 우리 도시 개선 계획에서 결실을 볼 수 있을지는 잘 모르겠군요. 모든 게 느려터진 의회의 손에 달려 있으니까요."[38] 건축 전문지 『아키텍추럴 레코드』의 한 기자가 논평했다. "냉혹한 권력을 공익을 위해 휘두르면 강력한 무기가 된다."

캐머런 포브스는 대니얼 버넘에게 마닐라의 진전 상황에 대해 알리며, "버넘 계획을 함부로 변경하지 않고 엄격히 지키고 있다"[39]며 그를 안심시켰다. 버넘이 그 말을 듣고 기뻐한 것은 당연하다. 그러나 그의 주요 관심사는 마닐라가 아니었다. 그는 필리핀에 도착하자마자 바기오에서 그가 계획한 도시인 "하계 수도 프로젝트에 훨씬 관심이 있다"고 분명히 말했다. 마닐라는 상대적으로 재량권이 많이 주어진 편이었지만, 바기오는 화이트 시티처럼 아예 처음부터 만들어야 했던 것이다. 버넘은 이것이 "자연 조건을 제외하고는 사실상 제약 없는 계획을 수립"[40]할 기회라고 봤다.

하계 수도라는 개념은 새로운 것이 아니었다. 유럽 식민 지배자들은 여러 곳에 휴양촌을 만들었다. 인도의 심라가 가장 유명한데, 러디어드 키플링이 이곳에서 여름을 보냈던 데다, 무더운 한여름에 몇 달간 영국 정부 관리들이 머무르던 곳이기도 했다. 미국 관리들은 필리핀 기후가 체질에 영향을 줄까 우려해 휴양촌에 적합한 곳을 찾아 나섰다. 그들은 마닐라에서 240킬로미터 북쪽에 위치한 해발 1525미터의 바기오를 택했다. 1903년 정부는 바기오를 필리핀의 하계 수도로 선언했고, 1904년에는 포브스가 버넘에게 아직 지어지지 않은 도시에 대한 프로젝트를 맡겼다.

그러나 공사를 시작하려면 길부터 나 있어야 했다. 바기오는 흙이 무너져내리는 협곡면을 따라 지그재그로 난 기다란 산길을 통해서만 접근할 수 있었다. 이곳에 오르는 일은 곡예에 가까웠다. 풍채 좋은 윌리엄 H. 태프트는 이 길을 올라간 후 미국 정부에 자랑스레 보고했다. "여행을 무사히 마쳤음. 말을 타고 1525미터 고도의 40킬로미터 거리를 올라감. 아메바성 이질도 완치됨. 멋진 지역임."

"말은 어떤가?"[41] 전쟁장관의 매정한 답신이 도착했다.

식민통치 정부는 바기오로 가는 길을 닦는 데 몰두했다. 가파른 경사와 잦은 산사태로 엄청난 전력이 소모됐다. 베르너 헤어초크 스타일로 인간 대 자연의 대결을 그리면 이런 모습이 나올 듯싶었다. 한창때는 공사에 수십 개 국가에서 온 약 4000명의 일꾼이 동원됐다.[42] 포브스는 "지금까지 필리핀인들은 최악"[43]이라고 불평했다. "그들은 고지대에서 굴러떨어지는 바위를 두려워한다."

그렇게 생각할 만한 이유가 있었다. 일꾼들은 절벽에서 떨어졌고 이질과 말라리아, 콜레라로 죽어갔던 것이다. 게다가 경사면을 따라 미끄러져 내려오는 다리 건설용 목재에 깔리는 일도 있었다. 수많은 사람이 죽어나가는 바람에 산길의 한쪽은 악마의 활주로라는 이름을 얻었다.[44] 포브스는 "사상자가 나오지 않는 날이 없었다"[45]고 일기장에 썼다.

그러나 그 결과를 생각하면 포브스에게 이는 가치 있는 일이었다. 바기오는 낙원이었다. 연중 내내 봄 날씨였고 시원한 연무와 굽이진 언덕, 줄지어 선 소나무들이 있었다. 그는 "혈기가 솟는다"[46]고 썼다.

한편 버넘은 흥분을 억누르기 어려웠다. 모형도 아닌 진짜 도시를 처음부터 새로 짓는다는 건 평생에 한 번 올까 말까 한 기회임이 분명했다. 땅은 공터가 아니었다. 상당 부분을 필리핀 고산족인 이고로트족이 사용하고 있었다. 그러나 미 본토인들이 점령한 필리핀 대법원은 이고로트족을 야만인으로 규정하고 땅을 소유할 수 없다는 판결을 내렸다.[47] 어쨌거나 정부는 1만4000에이커에 달하는 땅을 차지했다. 버넘이 화이트 시티를 짓는 데 들어간 면적의 20배가 넘는 규모였다. 제대로만 지어진다면 이는 '지금까지 건설된 그 어떤 것과도 견줄 수 없게 될 것'[48]이라는 생각에 그는 군침을 흘렸다.

대규모 정부 청사, 좋은 전망, 바기오 초원을 가로지르는 거대한 축 등 버넘은 가능한 모든 것을 다 동원했다. 그는 초원을 둘러싼 경사면에 가장 중요한 구조물을 세웠다. 이는 비용이 많이 드는 일이라 협곡에 이를 짓게 되면 그가 말한 '독보적인 기념비가 될 가능성'[49]을 망쳐버릴 수도 있다는 걸 버넘은 알고 있었다. 하지만 그는 정부 청사가 '시야에 들어오는 것 중 가장 높이 솟은'[50] 모습이어야 한다고 생각했다.

포브스는 이런 생각에 동의하면서 직접 부지를 골랐다. 바기오 전체가 내려다보이는 12에이커 규모의 비탈에 위치한 터였다. 그는 바기오 컨

고지대에 위치한 제국. '훌륭한 전망을 자랑하는 기념비적인 건물'을 세우기 위한 버넘의 계획에 따라, 골짜기가 내려다보이는 위치에 지어진 바기오 정부 청사[52]

트리클럽을 열 계획을 세웠다. 그 안에 18홀 골프 코스를 지어 "맑고 쾌적한 공기 덕분에 드라이브 샷을 잘못 치거나 도미홀을 만들지 않는 스코틀랜드 최고의 골프장에 버금가는 곳으로 만들겠다"[51]는 것이었다.

권력을 구현한 건축에 더해진 골프 코스는 그곳의 핵심적인 특징을 잘 요약해준다. 엄밀히 말해 바기오는 지휘 본부이자 미국이 점령한 아시아 식민지의 한시적인 수도였으나, 피서지이기도 했다. 포브스는 "마닐라에서 잠시나마 벗어날 수 있어 다행"인 곳이라 생각했다. "마닐라에선 밀려드는 인파가 두려울 정도였다. 하지만 이곳에서는 불러야만 오거나 급한 용무가 있어야 산비탈을 넘어온다."[53]

산을 넘어와야 할 만큼 용무가 많은 것 같지도 않았다. 포브스는 임명직 의원들로 구성된 필리핀위원회가 '사흘에 한 번씩'[54] 소집됐으며 "한 시간도 안 돼서 우리는 업무를 단숨에 끝마쳤다"고 일기장에 기록했다. 실제로는 골프 코스를 돌면서 솔직한 대화가 오갈 수 있는 바기오 컨트리클럽을 중심으로 모든 일이 돌아갔다. 그러나 클럽의 161명 멤버 중 단 6명만이 필리핀인이었다.[55]

열기를 피해 업무에서 벗어난, 특히 수많은 필리핀인을 피해온 포브스 총독은 다른 목표를 찾았다. "나는 일어나고 싶을 때 여유롭게 일어나, 너무 길어지지 않도록 짧게 일기를 썼고, 마음속 걱정거리를 떨치기 위해 카드 게임을 몇 차례 즐겼다."[56] 오후에는 신문 기사를 '한 시간 정도' 읽다가, '그날 일정에 따라 말을 타거나 폴로 경기를 하려고' 4시에는 자리에서 일어났다.

"나는 상류 사회를 가까이에서 경험했다"[57]며 그는 만족스러워했다.

———

이 모든 것에는 엄청난 비용이 들어갔다. 도로만 해도 1905년 개통 당시 200만 달러가 들어갔다. 이는 미국이 필리핀을 구매하기 위해 스페인에 지불한 금액의 10분의 1에 해당되는 금액이었다. 게다가 우기에 도로 일부가 쓸려나갈 때마다 필요한 복구 비용과 도로 건설로 인해 사망한 이들은 제외한 순비용이었다. 또한 파슨스의 지침에 따라 버넘의 계획대로 건설된 도시도 있었다. 널찍한 도로와 훌륭한 하수도, 제빙시설, 1921년경에 나온 수력발전에 이르기까지 벨러미의 상상력을 그대로 옮겨놓은 현대 공학의 개가였다.[58] 그 어떤 저지대 필리핀 도시에 투자한 금액도 가볍게 뛰어넘는 이 같은 시 단위 투자와 더불어 1년에 넉 달간이나 정부 최상위 기관 전체를 산꼭대기에 올려다놓는 비용도 추가됐다.

이런 유의 일은 익숙할 법한 영국 기자조차, 남부에서는 질병이 들끓고 전쟁은 아식 한창인 상황에서 지상 낙원을 건설한 그들의 '대담함에 감탄'[59]하지 않을 수 없었다.

전후 재건 비용으로 배정된 돈이 산 위로 흘러 들어가 비선출직 관료들을 위한 몇 달짜리 스파에 쓰이는 것을 본 필리핀인들은 실망감에 휩싸였다. 한 신문사는 "사람에겐 인색하면서 그 자체로는 호화롭기 짝이 없으며, 자기 것이 아닌 돈을 마구 낭비하는 데 대한 양심의 가책도 후회도 없다"[60]고 비난했다. 포브스가 떠난 1913년에 필리핀위원회는 마침내 마닐라에서 하계 업무를 보기로 합의했으나, 바기오는 계속 정부의 비공식 수뇌부로 남았다.

마닐라가 계절에 상관없이 수도 역할을 하게 되면서 식민 정치에도 전환점이 됐다. 이는 우드로 윌슨의 당선 및 필리핀인들에게 권력을 이양한다는 그의 정책과 맞물렸다. 1914년에는 정부 직책의 4분의 1 이상을 미국 본토 출신이 장악하고 있었다. 1921년에는 20분의 1 미만으로 줄

어들었다.[61]

버넘의 제자인 윌리엄 파슨스는 우드로 윌슨의 필리핀화 운동을 참을 수 없었다. 그의 최고 참모들은 미국 본토 출신이었고 그는 그런 변화가 내키지 않았다. 그는 사직서에 "필리핀인들의 진정한 안녕을 바라는 사람이 어떻게 이러한 정책을 따를 수 있는지 이해할 수 없습니다"[62]라고 썼다.

그러나 파슨스는 일을 마무리 짓지 못한 채 떠났다. 그는 버넘이 구상한 마닐라가 기본적으로 "말하자면 상시적인 공공건물과 반半 공공건물로 윤곽이 잡혀 있다"[63]며 자부심에 가득 차서 보고했다. 기초 공사가 이뤄졌으니, 후임자가 그 위에 건물을 올리기만 하면 된다는 것이었다.

마침 파슨스가 떠난 그해에 위대한 후임자가 도착했다. 그가 그 도시를 방문한 건 처음이 아니었다. 그는 바로 거기서 태어난 후안 아레야노였다.[64]

———

후안 아레야노는 필리핀의 매우 명망 높은 가문 출신이었다. 두 명의 형제 중 한 명인 아르카디오는 미국이 고용한 최초의 필리핀 출신 건축 자문이었고, 마누엘은 훗날 유명 사진작가가 되었다. 후안의 사촌인 호세 팔마는 아기날도의 필리핀 공화국을 위해 애국가(현재 필리핀 국가)를 만들었다. 사촌인 라파엘 팔마는 바기오 컨트리클럽의 초창기 6인 필리핀 멤버 중 한 사람이었으며 나중에 필리핀대학 총장을 역임하게 된다.

후안의 전문 분야는 그림이었으며, 그는 최초의 필리핀 인상파 화가 중 한 명이었다. 1904년 그는 초기 작품인 「계단을 내려가는 여인」을, 제국을 소개한 미국 본토의 수많은 박람회 중 하나인 세인트루이스세계박람회에 출품했다. 실망스럽게도 그 작품은 입선하지 못했다.[65]

3년 후 아레야노는 제임스타운박람회에 지원했다.[66] 이번에는 성공했으나, 화가로서가 아닌 박람회의 주요 볼거리인 원주민의 한 사람으로서 '살아 있는 전시품'으로 알려지게 되었다. 7개월 동안 그는 파인애플 섬유로 만든 셔츠를 입고 관람객의 눈길을 받았다. 박람회를 찾은 이들은 그가 유창한 영어로 질문에 답하자 깜짝 놀랐다.

그러나 아레야노가 미국 본토에 온 것은 연구를 위해서였지, 연구 대상이 되기 위해서가 아니었다. 제임스타운에서 일하며 충분한 돈을 번 그는 필라델피아로 가서 펜실베이니아 순수미술 아카데미에 등록했다. 그는 아카데미의 연례 시상식에서 최고의 회화상을 받으면서 이듬해 로마 대상Prix de Rome이 수여되는 미술 대회에 자동 출전하게 됐다. 그러나 막판에 그는 실격 처리됐는데, 누군가가 그는 미국 시민권자가 아닌 필리핀인이라는 것을 알게 됐기 때문이다.[67]

아레야노는 다시 건축으로 전환해 더 많은 상을 받고 드렉설대학에서 학위를 취득한 후 뉴욕에서 보자르 양식을 공부했다. 그는 뉴욕에서 직장을 얻은 후 마침내 대니얼 버넘의 가까운 파트너 중 한 사람인 프레더릭 로 옴스테드 주니어와 일할 기회를 얻었다.[68] 옴스테드는 도시계획에 대한 아레야노의 흥미를 불러일으켰다.

아레야노는 말하자면 르네상스적 교양인이었다. 화가이자 건축가인 데다 설계자였던 것이다. 그가 마닐라에 돌아오자마자 처음으로 받은 중요한 의뢰는 버넘이 루네타 주변 지역에 계획한 의사당 건축이었다. 기초 공사는 필리핀에서 마지막 해를 보내던 마지막 본토 출신 건축 고문인 랠프 해링턴 돈이 맡았다. 건물을 확장하고 정면을 고전적인 스타일

제1부 식민지 제국

로 설계해 이를 필리핀 최대의 건축물로 위용을 뽐내도록 만든 인물은
바로 아레야노였다.

이는 대규모 사업으로, 바기오에 도로를 건설하는 것만큼이나 비용이
들어갔다. 그러나 그 상징성은 정반대였다. 의사당 건물은 산꼭대기가 아
닌 마닐라에 있었고, 유일하게 선출직 의원으로 구성된 식민 정부기관인
필리핀 의회가 활용할 곳이기 때문이다. 더 중요한 것은 이 건물을 지은
사람이 필리핀인이라는 사실이다.

언론은 이 사실을 크게 반겼다. 마닐라의 한 잡지는 "필리핀에 세워진
가장 웅장하고 인상적인 건축물"[69]이라며 열광했다. "필리핀인들에게 가
장 우호적인 어떤 미국인 지지자도 필리핀 인종의 역량에 대해 이보다
더 강력하고 확고하게 웅변할 수는 없을 것이다."[70] 한 신문사는 이렇게
썼다. "필리핀인들은 아무것도 할 수 없다고 주장한 비관론자들은 변명
의 여지가 없다."

의사당 건물은 실제로 필리핀인의 능력을 의심한 포브스와 같은 제국
주의자에 대한 반격이었다. 그러나 아레야노는 제국주의자들이 우월하
다고 생각한 분야에서 그들의 방식대로 싸워 이긴 셈이었다. 그는 훗날
이에 대해 후회했다고 알려졌으나,[71] 의사당 건물은 버넘과 파슨스가 과
감히 수용한 스페인 양식보다는 화이트 시티 스타일이 두드러지도록 설
계했다. 마닐라의 저명한 역사가인 닉 호아킨은 의사당에 대해 "건축학
적으로 스페인 점령기와 미국 점령기를 구분하는 특색이 두드러지는 건
물"[72]이라고 했다. 신고전주의 양식으로 완벽히 옮겨갔음을 보여주는 것
은 파슨스가 아닌 아레야노의 작품이었으며 "이후 관공서의 두드러진
특징이 됐다"고 호아킨은 썼다.

아레야노는 여기서 그치지 않았다. 그는 식민지 시대 필리핀을 대표

하는 건축가가 되면서 마침내 파슨스의 자리를 이어받아 건축 고문으로 일하게 됐다. 그는 대규모의 마닐라 우체국을 설계했다. 세 개 주의 의사 당 건물도 그의 작품이었다. 오늘날 미 대사관 건물인 마닐라의 고등판 무관실도 아레야노의 프로젝트 중 하나였다. 1930년대에는 정부가 마닐 라에서 버넘 스타일의 광장과 방사상으로 뻗은 시가지로 이뤄진 계획된 대도시인 북쪽의 케손시로 수도 이전을 고려했다. 아레야노는 도시계획 의뢰를 받아 일했다.

———

대니얼 버넘이 1930년대에 살아서 필리핀으로 돌아왔다면 그가 목격 한 광경에 전율했을지도 모른다. 그는 시카고에서 몇 년에 걸쳐 자신의 비전을 실현하기 위해 고군분투했고 그의 동지들은 그의 사후에도 수십 년에 걸쳐 계속했다. 그러나 필리핀에서는 반년도 걸리지 않아(그중 필리 핀 내 체류 일정은 6주에 불과했다) 한 도시를 새로 조성한 후 다른 도시를 짓는 일로 넘어갔다.

그런 것이야말로 제국에서나 가능한 성취였다. 버넘과 같은 사람들에 게 식민지란 본국에서 계획에 차질을 불러오는 저항에 부딪힐 걱정 없이 자신의 아이디어를 실현할 수 있는 일종의 놀이터였다. 본토인들은 땅을 몰수하고 세금을 전용하고 산꼭대기에 낙원을 짓기 위해 일꾼들의 목숨 을 희생시켜도 되었던 것이다.

한편 필리핀인들은 그 과정에서 부수적인 존재로 밀려났다. 버넘의 도 시계획 한가운데에 따로 분리된 공간은 그들을 위한 것이 아니었으나 그 들이 낸 세금으로 비용을 충당했다. 그들이 기대할 수 있는 최선은 식민

1926년에 완공된 후안 아레야노의 의사당 건물

지배자의 눈에 가치 있는 존재임을 어필해 조금이나마 존중을 받는 것 뿐이었다. 건축 분야에서는 윌리엄 파슨스보다 더 심혈을 기울여 버넘의 계획을 실행한 후안 아레야노가 본보기라 할 수 있었다.

　그렇게 버넘에서 파슨스로, 다시 아레야노로 세대교체가 이뤄졌다. 버넘의 전기작가는 이 모든 일을 되짚어보며 버넘의 비전이 미국 본토가 아닌 필리핀에서 '위대한 건축학적 성취'73를 이뤄냈다고 결론지었다.

9.
국경없는의사회

미국은 상대적으로 별로 힘들이지 않고 푸에르토리코를 정복했다. 한 기자는 이를 '소풍'[1]이라고 표현했을 정도다. 그러나 푸에르토리코인들은 전쟁의 참혹함을 비껴갔을지는 몰라도 이듬해에 그와 유사한 일을 겪었다. 4등급 허리케인이 푸에르토리코를 강타한 것이다. 커피 농장 전체가 산 아래로 쓸려내려갔다. 수천 명이 목숨을 잃었고 집을 잃은 사람은 그보다 더 많았다.

보조 외과의인 베일리 애슈퍼드는 이러한 상황이 단테가 묘사한 지옥과 다름없다고 생각했다. 그는 페드로 알비수 캄포스의 고향인 폰세에 주둔하고 있었다. 그는 허리케인이 도시를 파괴하고 집을 허물고 나무를 뿌리째 뽑아가고 공중으로 철제 지붕을 날리는 모습을 봤다. '핼쑥한 얼굴의 난민떼'[2]가 먹을 것과 쉴 곳을 찾아 헤매며 치료를 받기 위해 산에서 도망쳤다.

다른 의사들에게는 훨씬 더 심각한 상황일 수도 있었다. 레너드 우드는 재능 있는 의사인 애슈퍼드를 눈여겨봤다.[3] 그는 애슈퍼드와 친구가 되어 자신감을 북돋워주었다. 애슈퍼드가 애초에 푸에르토리코로 오게 된 것도 그 때문이었다. 그러나 우드와 달리 애슈퍼드는 식민지 시민들과 거리를 두고 지내지 않았다. 그는 스페인어를 배웠고 푸에르토리코 출신 여자와 사랑에 빠져 말론, 마르가리타, 글로리아 마리아라는 3명의 아이를 낳았다. 그는 현지 의사들과 적극 협력하고, 특히 동료인 페드로 구티에레스 이가라비데스와 가깝게 지냈다. 애슈퍼드는 생의 대부분을 푸에르토리코에서 보냈을 만큼 실제로 자신을 미국 본토인이 아닌 푸에르토리코인으로 생각했다.[4]

그러나 이는 나중의 일이다. 지금 애슈퍼드에게 긴급한 문제는 바로 난민이었다. 그는 "힘없이 늘어진 몸뚱이와 섬뜩할 정도로 창백한"[5] 이들을 걱정스레 지켜봤다. 그의 아내는 그것이 허리케인 때문만이 아니며 수 세기 동안 이어져온 모습이라고 설명했다. 소작농들은 원래 그런 모습이었다는 것이다. 그들은 약하고 핏기가 없으며 그러다가 죽는 것이다.

애슈퍼드는 이를 잘 먹지 못해 생긴 문제라 생각하고 그들에게 고기와 콩, 생선을 먹였다. 그러나 그들의 혈색은 여전히 창백했고 여전히 죽어나가는 사람이 많았다. 그는 그들의 혈액을 검사해보고 아내의 진단을 확인하게 됐다. 심각한 빈혈이었던 것이다. 그러나 말이 되지 않았다. 빈혈이 전염병처럼 모든 계층을 덮치다니? "상상할 수도 없는 일이었다."[6]

그는 환자 한 명의 대변을 현미경으로 관찰했다. 거기서 흥미로운 점을 발견했다. '안에 털로 뒤덮인 4개의 회색 공이 타원 모양에 붙어[7] 있었다. 바로 알이었다. 아마도 기생충의 알이었을 것이다. 그는 열대병에 관한 책을 뒤졌다.

십이지장충이었다. 그는 한 대 얻어맞은 듯 깨달았다. 이는 "마치 드리워져 있던 베일이 걷히는"8 듯한 느낌이었다. 소작농들은 그렇게 보이기만 한 것이 아니었다. 그들은 학대를 받아 영양실조가 된 것이었다. 거의 모든(훗날 애슈퍼드는 시골 지역 푸에르토리코인의 10분의 9에 해당된다고 추정했다9) 사람이 심각한 장내 기생충에 시달렸던 것이다.

———

대부분의 기생충과 마찬가지로 십이지장충은 대단히 흥미로울 뿐 아니라 매우 역겹다. 그늘지고 습하고 따뜻한 토양에서 자라난 유충은 인간의 발을 찾아온다. 그것은 발가락 사이의 피부를 뚫고 들어간 후 꿈틀거리며 혈류로, 폐로 들어간 후 기침을 하거나 침을 삼킬 때 소장 위쪽으로 들어가는 것이다. 거기서 십이지장충은 자리를 잡고 6~7년간 기생하며 피를 빨아먹는다. 기생충을 많이(2000마리가 넘을 수도 있다) 달고 사는 사람들은 점점 무기력해지고 안색이 창백해지며 근육이 소실된다. 또한 변을 통해 수십만 개의 기생충 알을 전파해, 적당한 환경에 있다가 부화해서 더 많은 인간의 발을 찾아가고 이렇게 역겨운 순환 고리가 완성된다.

십이지장충은 약 1만2000년 동안 인간의 소장에서 기생하며 개를 길들이는 부수적 효과를 가져왔다. 그러나 기생충은 숙주를 죽이기보다는 약화시키는 데다 대부분 기생충이 있는 아프리카인들은 면역력이 있기 때문에 십이지장충은 19세기가 되도록 눈에 띄지 않고 인간들 틈에서 살아왔던 것이다. 서구 의사들은 1880년에 처음으로 그것이 얼마나 위험할 수 있는지를 깨달았다. 당시 토리노대학의 한 교수는 이탈리아와 스위스 사이의 알프스산맥 아래에서 긴 터널을 파는 인부들 사이에서 치명적인 형태의 십이지장충증을 발견했다.[10] 터널은 뜨겁고 습하고 비좁았으며 분변으로 가득했다. 십이지장충 번식에 최적의 장소였던 것이다. 몇 마리에 그치지 않고 십이지장충으로 들끓게 되면서, 기생충 알을 배출하고 다시 기생충에 감염되는 일이 매일같이 반복됐다.

알프스 횡단 터널만큼 십이지장충에게 친화적인 서식지를 떠올리기는 어렵지만, 푸에르토리코는 놀랍도록 이와 유사한 환경이었다. 푸에르토리코는 인구 밀도가 높을 뿐 아니라 3분의 2에 해당되는 인구가 커피 재배가 주를 이루던 고지대에 살았다.[11] 커피 농장에는 옥외 화장실이 부족했고 일꾼들은 맨발로 일했으며 수확은 우기에 이뤄졌다. 덥고 습하며 그늘진 데다 잘 다져진 터널 안의 흙과 매우 유사한 조건이 만들어진 것이다.

푸에르토리코의 커피 농지에서 십이지장충의 개체수가 엄청나게 늘어나는 바람에 일꾼들은 쇠약해졌을 뿐 아니라 심지어 사망하기까지 했다. 20세기 무렵에는 빈혈로 인한 사망자가 20~30퍼센트에 육박하면서 푸에르토리코에서의 주된 사망 원인으로 꼽혔다.[12]

그러나 애슈퍼드는 푸에르토리코의 기생충이 이례적인 경우라는 것을 알게 됐다. 책에 나온 것과 달리 그것은 이빨이 없었다. 그는 '소중한 기생충이 든 병을 갖고'[13] 워싱턴으로 돌아가 이를 스승이었던 조지타운 대학의 찰스 W. 스타일스에게 보여주었다. 스타일스는 이전에 알려지지 않은 종으로 판단했다. 그는 이 기생충에 드라마틱한 이름을 붙였다. 네카토르 아메리카누스*Necator americanus*, 즉 미국인 살인마라는 뜻이었다.

애슈퍼드는 운좋게도 네카토르 아메리카누스를 손쉽게 처치할 수 있었다. 구토감을 유발하긴 하지만 저렴한 알약 하나로 기생충을 몰아낼 수 있었다. 그 효과는 며칠 후 눈에 띄게 나타났다. 애슈퍼드는 푸에르토리코로 돌아가 동료 의사인 구티에레스와 함께 우투아도에 병원을 세웠다. 처음에는 환자들이 조금씩 오는가 싶더니 점점 밀려들기 시작해 나중에는 애슈퍼드와 구티에레스 및 그들의 동료 의사들이 하루에 수백 명을 치료하게 됐다. 의사들은 약을 처방하고 환자들에게 위생을 강조하며 신발과 화장실의 중요성에 대해 설명했다.

1905년 푸에르토리코 의회는 애슈퍼드와 구티에레스가 감독하는 국가 프로그램에 자금을 지원했다. 1910년경에는 환자 1인당 1달러도 안 되는 비용으로 인구의 약 30퍼센트가 치료를 받았다.[14]

베일리 애슈퍼드가 푸에르토리코에서 십이지장충과 싸우는 동안 그의 스승인 찰스 스타일스는 십이지장충증을 계속 연구했다. 1908년 스타일스는 위대한 남부의 언론인인 월터 하인스 페이지와 아이오와의 농업 전문가인 헨리 C. 월리스(미래에 부통령이 되는 헨리 A. 월리스의 아버지이기도 하다)와 함께 기차로 노스캐롤라이나에 갔다. 월리스는 기차역에서 구부정하게 서 있는 창백한 남자를 가리키며 "저 사람은 대체 왜 저러는 건가?"[15] 하고 물었다. 그는 아이오와에서 그런 사람을 본 적이 없었던 것이다. 페이지는 남부에서 흔히 볼 수 있는 가난한 백인이라고 설명했다. 그런 사람을 '흙을 먹는 사람'이라 부른다고 했다.

스타일스가 입을 열었다. "아닐세. 저 남자는 심각한 십이지장충 감염을 앓고 있는 거야." 창백한 안색과 자세는 빈혈 때문이라는 거였다. 극심한 빈혈을 앓는 사람은 흙을 먹는다. 철분이 부족하기 때문이다. 그 남자는 '50센트 정도면' 치료받을 수 있었다.

"놀랍군! 스타일스, 진심인가?" 페이지가 외쳤다.

다시 한번 베일이 걷혔다. '게으른 백인 남부인'이라는 틀에 박힌 이미지는 바로 저것 때문이었단 말인가? 남부 백인들이 흐느적거리며 창백한 얼굴로 축 처진 우스꽝스러운 모습을 한 것이 빈혈 때문이었나? 페이지는 스타일스를 존 록펠러의 측근에게 소개했고, 측근은 석유 재벌이 남부의 기생충 박멸에 100만 달러를 지원하도록 주선했다.[16] 이는 록펠러의 초창기 자선 사업 중 하나였고, 나중에 록펠러재단이 설립되는 단초가 됐다.

록펠러 사업 책임자는 애슈퍼드에게 자문을 구하기 위해 푸에르토리코로 갔다. 남부에서도 스타일스와 함께 비슷한 활동을 시작하려던 것이었다. 이처럼 애슈퍼드가 푸에르토리코에서 십이지장충과 싸우는 동안 그의 스승은 미국 본토에서 기생충 박멸 운동을 벌였다.

구충제가 저렴한 가격에 보급됐지만 십이지장충 박멸 운동은 그리 수월하지 않았다. 뉴욕 태생인 스타일스는 남부 백인들이 화장실 이용 습관이라는 민감한 주제를 꺼내면 싸움이라도 할 기세로 발끈한다는 것을 알았다. 한번은 학교에서 강연이 끝난 후 지역 보안관이 그가 안전하게 마을을 벗어날 때까지 보호해주겠다고 고집한 적도 있었다.[17] 한 탬파 신문사 편집자는 그에게 린치를 가하겠다고 위협하기도 했다.[18] 남북전쟁은 끝났으나, 남부인들은 북부 의사가 자신들의 지역 전체를 병리학적으로 게으르며 비위생적이라고 진단하는 것을 참을 정도는 아니었던 것이다.

마크 트웨인은 이 치욕적인 상황을 야유하면서 지켜봤다. 그는 이것을 시간이 지나도 여전히 기생충에 시달리는 성경 속 인물들을 그려낸 글을 통해 경쾌하게 풍자했다("6000년 전 셈의 배 속에는 십이지장충이 우글거렸다"[19]).

그러나 마크 트웨인의 유머감각을 모두가 즐긴 건 아니었다. 게다가 푸에르토리코의 엘리트 계층은 이 문제에 대해 남부 백인들만큼이나 자존심을 내세웠다.[20] 의사를 조롱하는 이들도 있었고 진단을 의심하거나 적극 반대하는 이들도 있었다. 그러나 두 사업이 이뤄지는 방식은 뚜렷한 대조를 이루었고, 식민지에서 일이 진행되는 방식을 상세히 보여주는 하나의 예라고 말하는 이도 있었다.

남부의 기생충 박멸 사업에서 록펠러 사업 본부는 대중의 정서를 거스르지 않도록 주의했다. 자체적으로 의사를 보내기보다는 각 주의 보건위원회와 협력하여 현지 의사들(모두 백인)을 고용했다. 그들은 신문사 편집자들의 비위를 맞추기도 했다. 뿐만 아니라 사업을 위해 익숙한 문화 요소를 활용했다. 남부의 텐트를 차용한 것이다.[21] 순회 목사들처럼 십이지장충 박멸 운동가들은 지역 유지들에게 조용히 다가가 그들의 허락을 구하고 떠들썩하게 홍보하며 마을에서 행사를 열었다. 점심 나들이와 복음 성가, 극적인 간증(한때 장님이었으나 이제 눈을 떴다는 식으로, 한때 기생충에 시달렸으나 이제는……) 등이 이어졌다. 진료소는 구충약을 나눠주었고(5년간 44만 명 이상의 환자가 약을 타갔다) 엄한 훈계조의 설득을 삼갔다.

애슈퍼드와 구티에레스도 그런 식의 사업 진행을 환영했다. 그들은 여러 진료소와 소작농들이 신뢰하는 현지 푸에르토리코인들이 협력해 '복음을 널리 전파'하는 방식을 구상했다.[22]

그러나 그러려면 자금 지원이 필요했고 식민지 정부의 재원은 쪼그라들 수밖에 없었다. 미국 남부의 기생충 박멸 사업이 존 록펠러의 100만 달러 기부금으로 시작된 반면, 푸에르토리코 사업은 식민지 정부의 재원인 5000달러로 시작됐다. 애슈퍼드와 구티에레스는 구충 사업의 효과를 입증한 후, 십이지장충증 박멸을 영구적으로 지원해달라고 간청했다. 그러나 지원받은 자금은 그들이 판단하기에 '턱없이 부족한' 수준이었다.[23]

가장 성과가 좋았던 해에 들었던 비용의 절반밖에 모이지 않았고, 이후에는 3분의 1로 줄었다. 1908년에 정부는 전용할 수 있는 자금이 전혀 없어서 모든 진료소가 3개월 넘게 공식적으로 문을 닫았다(그러나 일부는 비축분과 자원봉사자 덕분에 운영되기도 했다). 그들은 일꾼들이 신발을 신도록 농장주들에게 사정했다. 그들은 '위생 조례'가 나라 전체에 '효과적으로 시행'되어야 한다고 주장했다. 소작농들은 일하려면 십이지장충에 걸리지 않았음을 입증하는 서류를 소지해야 한다는 것이었다. 구티에레스는 일부 조치가 '시민의 자유'[24]를 침해할 수 있음을 인정했으나 그럴 만한 가치가 있다고 봤다.

그러나 이들 법은 통과되지 못했고 식민지 정부가 이를 얼마나 잘 시행했는지도 알 수 없다. 결국 이것은 문제가 아니었다. 구티에레스의 감독 권한을 박탈해(애슈퍼드는 이미 사임했다) 본토 정부가 임명한 보건위원장의 단독 관할 아래 두었다. 기생충 박멸 사업은 흐지부지됐다.[25]

그 결과는? 남부의 십이지장충증이 현저하게 줄면서 지속적인 경제 효과가 나타났고, 아동의 취학 연한도 뚜렷하게 늘어났다.[26] 매우 고무적인 결과가 나타나자 록펠러재단은 한층 더 야심찬 프로젝트에 나섰다. 즉 열대 지방 전역을 대상으로 십이지장충 박멸 사업을 벌인 것이다. 인류 역사상 최초의 글로벌 보건 사업이었다.[27]

한편 푸에르토리코에서는 애슈퍼드와 구티에레스 및 그들의 동료 의료진들이 수십만 명의 환자를 치료해, 매우 흔하게 발견되는 최악의 사례들을 막아낼 수 있었다.[28] 십이지장충 치료와 함께 군에서 병행한 황열병 및 천연두 예방 운동으로 푸에르토리코의 사망률은 극적으로 낮아졌다. 그러나 애슈퍼드와 구티에레스는 환자들이 계속해서 재감염되는 상황에 실망감을 감추지 못했다. 기생충 치료는 사망을 방지할 수 있으나 모든 진료소에서 나눠주는 구충제가 현실 기반을 바꿀 수는 없었다. 즉 대부분의 푸에르토리코인은 가난해서 신발이나 화장실도 없이 야외에서 일해야 했고, 지역정부는 재원이 모자랐으며 상황을 개선해보고자 하는 의지도 별로 없었다.

구충제로 푸에르토리코에서 십이지장충증으로 인한 사망률은 줄었으나 발병률까지 낮추지는 못했다. 1930년에 십이지장충증 발병률은 30년이나 더 전에 애슈퍼드가 처음 사업을 시작했던 때와 비슷한 수준이었다. 이제 이는 급성이라기보다는 만성 질병에 가까웠고 시골 지역에 거주하는 푸에르토리코인 10명 중 8~9명은 기생충을 달고 살았다.[29]

1930년경에 십이지장충은 푸에르토리코에 만연한 수많은 문제 중 하나에 불과했다. 2년 전 허리케인(현대에 들어 이 지역을 덮친 최악의 사태)이 또다시 푸에르토리코 전역을 할퀴고 지나갔다. 수백 명이 목숨을 잃고 재산 피해액이 수천만 달러에 이르렀으며 커피 산업을 거의 초토화시키다시피 했다.[30] 이듬해인 1929년에는 대공황이 덮치는 바람에 설탕 가격과 임금이 곤두박질쳤다.[31] 1930~1933년에 푸에르토리코의 소득 수준은 거의 30퍼센트나 떨어졌다.[32] 반면 물가는 올랐고 교역은 급락했으며 실업이 노동 인구의 절반 이상을 집어삼켰다. 항만과 봉제 산업, 담배 및 사탕수수 밭은 파업으로 몸살을 앓았다.

푸에르토리코에 닥친 재난의 원인은 복합적이었다. 설탕 관세와 토지 소유법의 느슨한 집행 등 복잡한 사안들이 얽혀 있는 경우가 많았다. 그러나 미 본토에서는 다른 원인, 즉 인구 과잉을 문제 삼는 경향이 있었다. 1898년 당시 푸에르토리코에서 문제가 됐던 이유, 즉 스페인 식민지였던 푸에르토리코에 비백인 인구가 너무 많아서 합병하기에 안전하지 않다고 판단했던 것과 같은 상황이었다.

푸에르토리코는 인구 밀도가 높았고, 그 때문에 십이지장충이 그토록 빨리 확산됐던 것이다. 그러나 1930년에는 뉴저지와 별 차이가 없었다. 그럼에도 비난의 화살은 푸에르토리코를 향했고 현실에는 다들 고개를 돌렸다. 총독은 '무식한 저소득 계층'[33]의 산아제한이 '유일한 구제책'[34]이라고 생각했다. 프랭클린 루스벨트는 조언자에게 잔인한 농담(최소한 농담이었기를 간절히 바란다)을 던졌다. "유일한 해법은 히틀러가 효과적으로 썼던 방법을 사용하는 것"이라는 이야기였다.

"굉장히 간단하며 힘들지 않다"고 그는 말했다. "사람들에게 좁은 통로를 걸어가게 한 후 전기 충격을 가하는 거지. 그렇게 20초간 놔두면 그 뒤로는 불임이 될 테니까."

또 다른 본토 출신 의사인 코닐리어스 P. 로즈(친구들에게는 '더스티 Dusty'란 애칭으로 불림)가 푸에르토리코에 왔을 때는 대공황과 질병, 인구 과잉 문제가 떠오른 상황이었다. 로즈는 하버드에서 교육받은 후(그와 알비수의 하버드 재학 시절은 짧게 겹친다) 산후안에 있는 록펠러 연구소에서 십이지장충 퇴치를 위한 글로벌 사업에 참여했다. 기생충 박멸의 선구자 격이었던 푸에르토리코가 이제 십이지장충 박멸 운동의 대상이 됐다는 사실은 씁쓸한 아이러니였다. 그러나 여전히 빈혈 환자는 넘쳐났고 록펠러재단의 국제의학연구소는 실험적인 치료를 시도해보고자 했다.[35]

코닐리어스 P. 로즈는 베일리 K. 애슈퍼드와는 판이했다. 애슈퍼드가 푸에르토리코인들과도 잘 협력하는 편이었던 반면, 로즈는 신경질적이었다. 그는 '둥근 철테 안경 사이로 형형한 푸른빛으로 빛나던 매의 눈'을 하며 '거침없이 말하고 때로는 무뚝뚝한' 사람이었다고 『뉴욕타임스』는 썼다.[36] 푸에르토리코에서 함께 일하던 한 명은 그를 "퉁명스러운 태도에 별로 말이 없는 사람"[37]이라고 평가했다.

그가 사용한 방법 역시 애슈퍼드와 차이가 있었다. 애슈퍼드는 항상 의학 실험에 조심스러운 입장이었다. 처음으로 구충약을 처방했을 때 그는 '불안한 마음에 30분에 한 번씩 확인'하며 환자에게 아무 이상이 없음을 확인할 때까지 밤을 샜다.[38] 반면에 로즈는 푸에르토리코를 섬 규모의 실험실로 생각하는 듯했다. 그는 제국에 대해 대니얼 버넘처럼 생각했다. 대가를 별로 치르지 않고도 새로운 아이디어를 실험해볼 수 있는 장소로 생각했던 것이다.

로즈는 위임받은 전권을 최대한 활용했다. 그는 일부 빈혈 환자의 치료를 거부하고 치료받은 환자와 경과를 비교했다.[39] 그는 다른 환자들(그들을 '실험 대상 동물'이라 불렀다)의 식단을 제한해 빈혈을 유도하려 했다. 그는 "아무런 병이 생기지 않는다면 황소 같은 체질을 가진 것이 분명하다"[40]고 말했다.

이처럼 엄청난 재량을 갖고 있었음에도 로즈는 푸에르토리코에 싫증을 냈다. 체류한 지 5개월 정도 됐을 무렵 그는 차를 몰고 파티에 갔다가 차가 다 분해된 것을 알게 됐다. 며칠 후 그는 보스턴에 있는 동료에게 편지를 썼다. 편지는 격의 없는 내용으로 시작됐지만 다소 짜증이 섞인 어조가 이어졌다.

페르디에게[41]

래리 스미스의 약속을 생각할수록 더 역겨운 생각이 든다네. 그에 대해 어떤 이유라도 들은 것이 있는가? 보스턴 그룹 전체와 사이가 틀어진 사

제1부 식민지 제국

람이 윌러치에게 해고당한데다 과학자로서의 명성도 전혀 없는 사람이 그런 자리를 받는다는 게 정말 이상하고말고.

이후의 내용은 다음과 같이 바뀌었다.

나는 이곳에서도 꽤 괜찮은 일자리를 구할 수 있고 수락하고 싶은 마음이라네.

푸에르토리코인들을 빼면 이상적이지. 그들은 이 지구상에 사는 그 어떤 종족보다 더 더럽고 게으른 데다 타락한 도둑놈들임이 분명하다니까. 그들과 같은 섬에 산다는 건 정말 역겨운 일이야. 이탈리아 놈들보다 훨씬 더 저열해.

이 섬에 필요한 건 공중보건 작업이 아니라 해일 같은 거라니까. 그래야 인구를 싹쓸어가버리지. 그럼 좀 살 만해질걸. 나는 그런 박멸 과정을 부추기기 위해 나름 최선을 다했다네. 8명을 죽이고 몇 명에겐 암을 이식했지. 암환자들 중에 아직 사망자는 없다네. 환자의 복지를 고려하는 문제가 여기서는 필요 없어. 사실 모든 의사는 운 나쁜 사람들을 이용하고 고문하는 데서 기쁨을 느끼지. 더 많은 소식을 듣고 싶다면 알려주게.

친구, 더스티로부터

은밀한 악행이 담긴, 유죄를 고백하는 편지는 마치 19세기 소설에서 바로 튀어나온 듯했다.[42] 소설에나 나올 법한 반전처럼, 로즈는 병원 속 기사의 책상에서 편지를 쓰고는 실수로 편지를 놔두고 나왔다. 이는 푸에르토리코인 직원들 사이에서 급속히 퍼져나갔다. 실험실 보조원이었던 루이스 발도니는 차로 네 시간 거리에 있는 우투아도의 고향 집에 훔친 편지를 보냈다.

로즈는 하얗게 질렸다. 그는 우투아도로 운전해갔으나 발도니에게서 편지를 빼앗는 데 실패하고 말았다. 병원으로 돌아와 그는 직원들에게 미안하다고 사과하며 그 편지는 '한순간 욱해서' 쓴 것이라 주장하고는 그 편지를 보낸 적이 없다는 사실을 지적했다. "저는 푸에르토리코인들을 높이 평가합니다." 그는 이렇게 말하며 발도니에게 '업무를 대신'[43] 맡아달라고 부탁했다. 그런 후 뉴욕으로 떠나 다시는 돌아오지 않았다.

로즈는 재빨리 사과하고 자리를 뜨면 모든 것이 끝나리라 생각했을 것이다. 산후안에서 일어난 일은 산후안에 묻힐 거라고. 거기서 끝날 수도 있었다. 하지만 불행히도 발도니는 여전히 그 편지를 갖고 있었고, 이를 어떻게 처리할지 잘 아는 사람에게 주었다.[44]

그는 편지를 페드로 알비수 캄포스에게 건넸다.

———

알비수는 제1차 세계대전 이후 변했다. 파리강화회의에 참석하는 데 실패한 후 하버드에서 법학 학위 과정을 마쳤다. 그러나 미국에 대한 그의 열정은 시들해진 뒤였다. 1898년 푸에르토리코인들의 꿈은 푸에르토리코가 본토의 다른 주들과 어깨를 나란히 하는 어엿한 주가 되는 것이었다. 1930년경, 그런 꿈은 공상에 불과한 것으로 드러났다. 윌슨주의는 푸에르토리코의 법적 지위에 아무런 변화를 가져오지 못했고 빈곤율도 전혀 변한 게 없었으며 본토 거주자들은 푸에르토리코의 동료 시민들에 대해 노골적인 적대감을 드러내는 듯했다.

알비수는 푸에르토리코로 돌아와 작은 정당인 국민당에 가입했다. 그

제1부 식민지 제국

는 푸에르토리코가 번영하려면 자유를 쟁취해야 한다고 생각했다.

빈곤에 시달리는 푸에르토리코에서 이는 어려운 일이 아니었다. 자유당 역시 독립을 추구했으며 여론조사 결과도 좋았다. 관건은 속도였다. 가장 유능한 대변인으로 신문사 편집자이자 떠오르는 정치 신인인 루이스 M. 마린이 몸담고 있는 자유당은 권력 이양이 제대로 이뤄지길 바랐다. 알비수와 국민당원들은 이와 달리 즉각적이고 완전한 과거와의 단절을 요구했다.

이러한 차이는 미국을 얼마만큼 신뢰할 수 있는가에 달려 있었다. 알비수는 미국을 믿을 수 없다고 생각했는데 로즈의 편지가 바로 그런 불신을 입증했다. 그는 전국의 모든 신문사와 국제연맹, 바티칸, 미국시민자유연맹 등에 편지 사본을 보냈다. 그의 동료 중 한 명이 작성해 동봉한 편지에는 미국이 북미 원주민에게 그랬던 것처럼 푸에르토리코인들을 전멸시키려 한다는 설명이 적혀 있었다.[45]

코닐리어스 로즈는 실제로 환자 8명을 죽였을까? 그 질문은 오늘날까지 이어지고 있다. 로즈와 그를 지지하는 이들은 몇 가지 상충하는 변명을 내놓았다. 그는 화가 났고, 농담을 한 것이었으며 술에 취해 있었다는 것이다. 식민지 총독은 이 문제를 훨씬 더 심각하게 생각했다. 그는 이 편지가 '살인을 자백한 것'[46]이라 여기고 조사를 명령했다.

조사로 인해 또 다른 편지가 발견됐다. 총독은 이를 "첫 번째 편지보다 죄질이 훨씬 나쁘다"[47]고 생각했다. 그러나 정부가 이를 숨기는 바람에 공개되지 않았다. 록펠러위원회의 실험군(어쨌거나 병원)에서 13명의 환자가 사망했으나 로즈가 단독으로 관리한 것은 아니었고 그들의 기록을 검토했으나 잘못된 부분은 발견되지 않았다. 조사에서 발견된 가장 불리한 증거는 로즈가 주삿바늘을 소독하지 않았다는 발도니의 주장이었으나, 이에 대해서는 이의가 제기됐다. 마침내 검사는 로즈가 '정신병 환자이거나 부도덕한 사람'[48]이었을지는 몰라도 살인자는 아니라고 결론 내렸다.

예일대학에서 존경받는 생명윤리학자였던 제이 카츠의 2003년 조사에서도 이와 비슷한 결론을 냈다.[49] 로즈의 행동은 비난받을 만하지만 그가 사람을 죽였다는 증거는 없다는 것이었다.

그러나 불리한 증거를 파괴하고 피고를 참석시키지 않는 정부가 실시한 조사가 공정하거나 철저할 리 없었다. 2003년에 이뤄진 조사는 부득이하게 남아 있는 자료를 기반으로 한 것이었다. 오늘날까지도 많은 푸에르토리코인은 로즈가 유죄라고 보며 정부가 그의 범죄를 덮었다고 믿는다.

1930년대에도 많은 사람이 그렇게 믿었다. 푸에르토리코인들은 미 본토인들이 생색 내는 듯한 태도로 자신들을 경멸한다고 느꼈다. 그들은 '인구 과잉'에 대한 이야기를 듣곤 했다. 그리고 이제 살인범의 자백이 분명한 편지까지 나왔으나 재판은 없었다. 이 모든 것은 미 제국주의에 대한 최악의 두려움을 제대로 보여주는 듯했다. 의사가 인종 혐오로 환자를 죽일 수 있다는 사실은 많은 사람에게 꽤 그럴듯한 일로 생각됐던 것이다.

로즈 사건은 푸에르토리코 정치의 전환점이 됐다. 편지 이전에 국민당은 눈에 잘 띄지 않는 집단이었는데, 이후 국민당원들은 세력이 커졌다. 수 세기 동안 푸에르토리코는 식민 지배를 받아왔으나 직접적인 저항은 거의 없었다. 그러나 이제 질병과 빈곤이 섬을 황폐하게 만든 데다 푸에르토리코인들을 몰살하려는 의도라고 알려진 욕망을 입증하는 듯한 편지까지 나온 마당에 상황이 전과 같을 리는 없었다. 즉시 물리력을 동원해서라도 독립을 쟁취해야 한다는 알비수의 주장은 쉽사리 묵살될 수 없었다.

———

로즈의 편지를 흔들어 보이며 알비수는 1932년 선거에서 국민당을 이끌게 됐다. 그의 행보는 썩 신통치 않았지만 독립을 지향하는 자유당은 선전했다. 알비수가 선거 정치에 뛰어든 것은 이때가 처음이자 유일했다. 그해 말, 그는 푸에르토리코 공화국의 헌법 초안을 작성했고 해방군을 창설했다. '군'은 별다른 무기도 없어 보였다. 사관 후보생들은 목제 총기 모형으로 훈련을 했다. 그런데도 그들은 훈련에 임했다.

"독재가 법인 곳에서 혁명은 질서다."[50] 알비수는 그렇게 선언했다.

총독의 전원 사유지에서 폭탄이 터졌으나 다친 사람은 아무도 없었다. 푸에르토리코 주재 경찰청장인 프랜시스 리그스가 총독 관저의 정원에서 다이너마이트 네 개를 발견했다.[51] 퓨즈가 불량이어서 폭발하지 않은 것이었다.

이는 시작일 뿐이었다. 1934년 설탕 공장 노동자 파업은 지역 경제를 거의 마비시키다시피 했다. 파업 노동자들이 알비수를 대변인으로 내세운 것은 효과적이었다. 파업과 폭탄, 빈곤에다가 알비수를 비롯한 노동자들의 가두 행진 등이 이어지자 본토인들은 푸에르토리코를 통제하기 어려워졌다고 생각했다. "날이 갈수록 상황이 악화되고 있습니다." 리그스는 밀러드 타이딩스 상원의원에게 서한을 보냈다.[52] "더 이상 버틸 수가 없습니다!" "도와주십시오!" 그는 서한 마지막에 그렇게 덧붙였다. (닷새 뒤, "상황은 점점 악화되고 있습니다. (…) 혼란과 무질서의 연속입니다!!")

"공공질서가 위기일발의 상황이다."[53] 루이스 마린이 경고했다.

1935년은 폭탄의 해였다. 내셔널시티은행(오늘날 시티그룹의 전신)과 우체국, 경찰서 등에서 폭탄이 터졌다. 새해 첫날이나 7월 4일 독립기념일 같은 휴일에 터지거나 알비수의 연설이 끝난 직후 터졌다.[54] 사망자도 없었고 유죄판결을 받은 이도 없었지만 누가 범인인지 짐작하기란 어렵지 않았다.

"어느 날 밤에 우리는 이곳에서 봉기할 것입니다."[55] 알비수는 라디오 연설을 통해 공언했다. "모든 푸에르토리코인은 조국의 정당한 권리를 위해 손에 단검을 쥐어야 합니다."

같은 연설에서 알비수는 본토 방식을 따르는 푸에르토리코대학의 학생들을 질책했다. 그는 남자들을 사내답지 못하다고 하고, 여자들을 매춘부라고 불렀다. 학생 무리가 알비수에 대항해 시위를 조직하자 5명의 국민당원이 차를 몰고 대학에 갔다. 그들의 의도가 무엇이었는지는 불명확하다. 그들을 가로막은 경찰은 그들이 캠퍼스에 폭탄을 터뜨릴 계획이었다고 말했다. 누군가가 총을 쏘기 시작했고 경찰은 4명을 사살했으며 행인 1명도 목숨을 잃었다.

경찰청장인 프랜시스 리그스는 더 많은 사건이 일어날 것임을 암시했다. 그는 '범죄자에 맞서 '쉬지 않고 전쟁'[56]을 벌일 것이라고 공언했다.

"전쟁이 일어날 것입니다."[57] 알비수는 리그스의 말을 받았다. 그러나 이는 "양키를 상대로 한 전쟁"이 될 것이라고 했다.

어느 일요일 아침 리그스는 성당에서 집으로 가는 길에 2명의 국민당원 총에 맞아 사망했다. 경찰은 암살범들을 잡아 경찰서로 데리고 갔고, 그곳에서 범인들을 죽였다. 공식 보도에 따르면 그들이 "도망치려 했다"는 것이었다.

반란은 계속됐고 경찰과 국민당원들은 거리에서 총격을 벌였다.[58] 더 많은 폭탄이 터졌다. 실험실 기사였던 루이스 발도니는 경찰과의 총격전에 휘말렸다. 한 미국 하원의원이 해병 부대에 푸에르토리코까지 그를 호위해달라고 요청했다. 그는 '푸에르토리코 상황'을 일주일 내에 '정리'[59]하겠다고 약속했다. 어떤 부대도 나서지 않았으나 J. 에드거 후버는 FBI 요원들을 푸에르토리코로 보내 알비수를 쫓도록 했다. 30년간 지속된 감시가 시작된 순간이었다.

당연하게도 알비수는 정부 전복을 모의했다는 혐의로 체포됐다. 연방 재판으로 갈 것이 확실한 죄목이었다. 푸에르토리코의 연방 검사인 세실 스나이더는 이러한 상황을 "푸에르토리코에서 기소된 사건 중 가장 중요한 형사 사건"[60]이라고 루스벨트에게 보고했다. 7명의 푸에르토리코인이 포함된 배심원이 유죄 평결을 내리지 않자 스나이더는 그다음 주에 또다시 재판 일정을 잡았다. 이번에는 푸에르토리코인을 단 두 명만 포함해 직접 고른 사람들로 배심원을 구성했다.[61] 효과가 있었다. 판사는 알비수에게 하버드에서 교육받은 것이 아깝다고 꾸짖으며, 그에게 애틀랜타의 연방 교도소에서 10년간 복역할 것을 선고했다.

1937년 종려주일●에 알비수가 수감되어 있던 중에 해방군이 폰세 거리를 행진했다. 행진한 사람들은 무기를 소지하지 않았으나 그들의 상대는 무장한 상태였다. 폰세의 소규모 경찰 병력이 평소의 5배로 늘어나면서 100명이 넘는 경찰이 소총과 최루탄, 권총, 곤봉, 톰슨식 소형 기관총(토미건) 등을 가지고 나타났다. 그들은 사방에서 국민당원들을 포위했다. 행진 참가자들이 움직이기 시작하자 발포가 시작됐고, 경찰들

● 부활절 직전의 일요일

은 사방에서 몇 분간 일제히 사격을 퍼부었다.[62] 18명의 시위자와 행인이 사망했고 2명의 경찰관이 십자 포화 속에서 목숨을 잃었다. 부상자는 150명이 넘었다.

총독은 국민당원들이 먼저 발포했다고 주장했다. 그러나 FBI 요원들은 에드거 후버에게 비공개로 경찰 측에 "거의 100퍼센트 책임이 있다"는 게 '공통된 사실'[63]이라고 보고했다. 사실상 미국시민자유연맹ACLU의 법률 고문이 주도한 독립적인 조사에 따르면 정부의 발표에는 허점이 두드러진다는 것이었다. 조사는 해당 사태가 불운한 사고가 아니며 '대학살'[64]이었다고 결론지었다.

폰세의 총격전으로 인해 죽은 행인들의 시신이 거리에 널브러져 있다.

한때 미국에 대한 열정으로 '들떠 있던' 알비수의 출생지는 이제 폰세 대학살의 현장으로 뇌리에 깊이 각인됐다. 오늘날까지 이는 미 역사상 가장 유혈이 낭자했던 총격전으로 남아 있다.

———

1930년대에도 푸에르토리코는 긴장이 가라앉지 않았다. 알비수에게 징역형을 선고한 판사를 암살하려는 시도가 있었고 총독 암살 시도와 함께 폭탄 테러와 파업이 이어졌다. 그러나 알비수는 이런 사건들에 연루되지 않았다. 애틀랜타로 이송되어 남은 인생을 거의 교도소에서 보내야 했기 때문이다.

코닐리어스 로즈가 처한 상황은 달라졌다. 스캔들에 관한 뉴스가 본토까지 그에게 조용히 따라붙었다. 『워싱턴포스트』는 로즈가 '익살 넘치는 편지'를 썼으며, 푸에르토리코 국민당원들이 이를 부풀린 것이라고 썼다.[65] 『타임』지는 록펠러재단 홍보회사의 권유로 해당 편지를 공개해, 충격적인 문장들을 생략하고 이를 놀림감으로 묘사했다.[66] 로즈의 연구를 추켜세우며, 푸에르토리코에 그가 6개월간 체류했던 것은 '그곳 주민들로서는 운이 몹시 좋았던 일'이었을 거라고 평가했다.

이러한 보도는 로즈를 난처하게 만들었으나 그의 앞길을 막지는 않았다.[67] 그는 재판을 받지 않았을뿐더러 해고당하는 일도 없었다. 그는 록펠러 연구소에서 연구를 계속했다. 1940년에는 뉴욕 메모리얼 병원 이사가 됐고, 1942년에는 뉴욕의학학회 부회장에 선출됐다. 미국의 전쟁 참전 당시에 로즈는 육군 대령으로 임관됐다.

군대는 그와 같은 전문 인력에겐 흥미로운 곳이었다. 프리츠 하버가

1915년 이프르에서 염소가스를 방출한 이후 화학전의 위협이 감돌았다. 루스벨트는 제2차 세계대전에서 미국이 가스를 먼저 사용하는 일은 없을 것이라고 약속했으나 군대는 그와 상관없이 화학전에 대비했다. 즉 독가스를 제조했을 뿐만 아니라 테스트까지 했던 것이다. 게다가 화학전 부대의 의료 지원팀을 이끄는 사람은 바로 코닐리어스 로즈였다.

이는 중요한 자리였다. 화학전 부대는 동물 실험을 했지만(염소를 가장 많이 사용했다), 모든 가스와 장비를 최종적으로 인간에게 실험해야 한다고 주장했다.[68] 실험 대상자는 모두 군인이었고 추가로 휴가를 지급하거나 애국심에 호소하는 식으로 적당히 회유했다.

그들은 세 종류의 테스트에 참여했다. 방울 실험drop test에서는 액체를 피부에 발랐다. 실지 시험field test에서는 비행기에서 그들의 머리 위로 화학물질을 살포했다. '한계상황실험man-break test'으로 종종 불린 실험실 시험에서는 피험자들이 가스실에 갇혀 기절할 때까지 가스를 들이마셨다. 가스를 들이마시는 사람들은 대개 보호 장비를 쓰지만 테스트는 장비가 제 기능을 못 할 때까지 이어지곤 했다. 가스실이나 머리 위로 독가스탄이 터지는 정글에 며칠씩 있게 되는 경우도 있었다. 중간에 그만두려는 사람들은 군법회의에 회부시키겠다는 협박을 받았다.

전쟁 중에 군대는 자국 군인 6000명 이상을 대상으로 가스와 장비를 실험했다.

이러한 실험은 기밀이었다. 그들은 복무 기록에 거의 남지 않았고 실험 참가자들은 이들 실험에 대해 절대 발설하면 안 된다는 지시를 받았다. 군인들은 대체로 이를 따랐다. 많은 사람이 암, 폐질환, 안구 질환, 피부 질환, 심리적 피해 및 생식기 손상 등 심각한 후유증을 앓았지만, 이러한 프로그램의 범위는 1990년대에 와서야 알려졌다. 죽기 직전에야 가족들에게 이러한 사실을 털어놓은 실험 참가자도 있었다.

실험 자체가 공개된 후에야 알려진 사실도 있었다. 실험 중에는 인종별로 이뤄진 것도 있었다는 점이다.[69] 흑인, 일본계 미국인 및 푸에르토리코인들은 백인에 비해 겨자 작용제를 얼마나 잘 견디는지를 알아보는 실험에 동원된 것으로 밝혀졌다.

인종별 실험에서 푸에르토리코인을 실험에 이용한 것도 모자라 화학전 부대는 '정글' 시험 지역에서 이뤄진 실지 시험에도 그들을 내보냈다. 파나마 연안의 산호세섬 전체가 화학 무기 실험에 동원됐던 것이다. 푸에르토리코인 인종 자체를 골라 섬에 보낸 것은 아니었다. 쉽게 동원할 수 있었기 때문이다. 군사인력부는 '본토 경계 밖으로'[70] 충분한 수의 자국민을 실험에 동원하지 않고, 대신 푸에르토리코인들을 마음껏 차출했다. 산호세섬의 실험에 참가했던 한 지아이(나중에 위암과 인후암 발병)는 동료 군인의 3분의 2 이상이 스페인계 이름을 갖고 있었으며 영어로 지시하면 알아듣지 못한다는 사실을 알게 됐다.[71]

2003년 로즈 사건을 조사했던 예일대 생명윤리학자 제이 카츠는 화학전 실험 재검토에도 참여했다. 그는 이러한 실험들이 '값싸게 인간을 조달'[72]한다는 원칙에 따라 이뤄졌고, 피해를 최소화할 방법은 거의 고려하지 않았다고 결론 내렸다. 군인들은 "속아서 착취당하고 배신당했다". 그는 '비양심적인' 일이 일어났다고 판단했다.

———

코닐리어스 로즈는 이 모든 사태에 얼마나 관여되어 있었을까? 그는 바로 문제의 핵심에 있었다. 의료 지원팀 지휘관으로서 그는 인간을 대상으로 한 실험을 승인했다는 혐의로 기소된 고위급 의사였다. 안전과 윤리에 관한 의사결정은 그의 몫이었던 것이다. 그러나 화학전 부대의 기록을 검토해봐도 그가 실험을 주저하거나 망설였다는 증거는 찾을 수 없었다. 오히려 그는 열정적으로 실험을 주도했다. 그는 산호세섬을 포함해 곳곳에 의료시험소를 지었다.[73] 사람들을 데리고 와 가스실로 보내도록 했으며[74] 그들에게 어떤 가스를 어떻게 사용할 것인지 권고하기도 했다.[75] 그는 다른 피부색을 지닌 사람들이 화학물질로 인한 화상에 얼마나 다르게 반응하는지 등 실험에 대한 의견을 내기도 했다.[76]

전쟁이 끝나고 로즈는 "화학전에서 독가스를 비롯한 사전 공작에 맞서 싸운"[77] 데 대해 공로훈장을 받았다.

로즈에게 이는 시작일 뿐이었다. 과학자들은 전쟁 초기부터 로즈가 주로 다루던 화학물질인 겨자 작용제가 림프 조직과 골수를 표적으로 한다는 사실을 알고 있었다. 림프종을 치료하는 데 사용되었을 수도 있지 않을까?[78] 전시 연구 결과는 이를 암시하고 있으나 다른 연구가 이에 우선했다.

과학자들은 전쟁이 끝나자 전쟁 중에 알게 된 사실을 활용해 이 문제를 다시 다루기로 했다. 군은 연구를 위해 화학 작용제를 남겨두었고 로즈는 이를 어떻게 다룰지를 결정하는 위원회의 의장을 맡았다. 그는 잔여분을 세 곳의 병원에 각각 보냈는데, 그중 하나는 그가 일하는 병원이었다.[79]

로즈는 화학전 부대에서 그와 함께 겨자 작용제를 연구했던 프로그램 관리자 거의 전원을 채용했다.[80] 이번에는 신약 개발이라는 명목이었다. 그는 제너럴 모터스 회장인 앨프리드 P. 슬론으로부터 400만 달러의 지원금을 받아 시작한 새로운 연구 센터에서 이러한 연구를 진행했다.

맨해튼 메모리얼 병원과 슬론 케터링 연구소(오늘날 메모리얼 슬론 케터링 암센터의 전신) 두 곳의 이사장을 나란히 맡은 로즈로서는 더할 나위 없이 좋은 상황이었다. 대규모 연구실과 함께 풍부한 자금도 확보한 상태였다. 게다가 병원은 실험 단계의 치료법에 기꺼이 동의할 만한 불치병 환자들로 가득했다.

로즈는 암과 싸우기 위해 각종 화학물질을 실험하면서 이른바 '전력을 다해 전면 공격'[81]에 나섰다. 로즈의 엄청난 의지력과 어마어마한 재원, 그리고 대체 요법을 인정하지 않았던 성향을 감안할 때, 그의 연구 과제가 의학계를 장악한 것은 그리 놀랍지 않다.[82] 『사이언스』는 그를 당대 '미국 의학계에서 가장 뛰어난 연구자 중 한 사람'[83]으로 추켜세웠다. 그는 1949년에 『타임』지의 표지를 장식하기도 했다.

오늘날 코닐리어스 로즈는 푸에르토리코인에게는 악당으로 기억된다. 그러나 미국 본토에서는 이와는 매우 다르게 화학요법의 선구자로 기억된다.

사실 기억된다기보다는 추앙받아왔다고 하는 것이 옳다. 1980년에 익명의 기부자로 시작된 미국암학회AACR는 암 연구에 새로운 길을 열어준 젊은 연구자들에게 매년 권위 있는 코닐리어스 로즈 기념상을 수여한다. 로즈상 수상자들은 연구 분야에서 두각을 나타냈으며, 그중에는 노벨상 수상자도 한 명 있었다. 그러나 미국 본토와 푸에르토리코 간 정보 교류가 전혀 이뤄지지 않아 이 상은 이의 제기가 이뤄지기 전까지 30년간 수상됐다. 푸에르토리코대학의 한 생물학자가 이에 항의했고, AACR은 깜짝 놀랐다. "별안간 푸에르토리코 사람들로부터 엄청나게 연락이 오자 우리는 완전히 충격에 휩싸였습니다."[84] CEO는 그렇게 말했다. 이 상의 자금을 후원한 사람조차 로즈가 푸에르토리코에서 벌인 일을 알지 못했던 것이다.

제국은 이런 식으로 모습을 감춘다.

10.
미국이라는 요새

미국 영토 거주자들에게 제국이란 일상에서 뗄 수 없는 존재였다.[1] 미국 국기에 경례하고, 학교에서는 영어와 미국 역사를 공부했다. 지폐에는 조지 워싱턴의 얼굴이 새겨져 있었다. 링컨 탄생일이나 7월 4일 독립기념일을 비롯해 미국의 영토 점령 기념일(푸에르토리코 국민당원들은 1938년에 본토 총독을 저격하며 이날을 기념했다)과 같은 미국 국경일을 준수했다.

그러나 본토에서 제국의 존재는 시야에서 간단히 사라져버렸다. 대표적인 해였던 1930년 『뉴욕타임스』에 실린 보도 내용[2]을 보자. 구독자들이 필리핀에 관한 기사보다 폴란드나 브라질에 관한 내용을 접할 확률이 거의 두 배에 달했다. 알바니아에 관한 13건의 기사('조구 1세 국왕에 대한 암살 모의 실패' 등)는 알래스카를 다룬 6건보다 훨씬 더 많았다. 하와이는 그해에 일곱 번 등장했으나 괌은 단 한 번도 기사로 다뤄지지 않았다. 이와 대조적으로 『타임』지는 영국 최대 식민지였던 인도에 대해 639건의 기사를 냈다. 이는 미국 인구의 10퍼센트가 넘게 거주하는 모든 미국 영토에 대한 기사의 다섯 배가 넘는 양이었다.

책 출간도 크게 다르지 않았다. 도서관 서고에서 두 차례의 세계대전 사이에 출간된 북미 원주민과 서부 개척자를 그린 책들(『초원의 집』도 그중 하나다)은 찾기 쉽지만, 해외 영토를 다룬 중요한 책들은 좀처럼 눈에 띄지 않는다. 많은 독자를 거느린 책은 『사모아의 청소년Coming of Age in Samoa』(1928)이 유일했다. 이는 인류학자인 마거릿 미드가 사모아인의 섹슈얼리티를 매우 솔직하게 다룬 유명한 민족학 저서로, 베스트셀러가 되면서 미드에게 엄청난 명성을 가져다주었다. 그러나 미드는 '미국령 사모아'(법률상 명칭)가 아닌 '사모아'에 대해 다뤘으며 식민지, 영토, 제국이란 표현을 쓰지 않았다. 미드가 묘사한 '남태평양의 섬'에서 마주치게 되는 '길색 피부의 폴리네시아인'3이 미국 국적자라는 사실을 전혀 떠올리지 않고도 『사모아의 청소년』을 읽을 수 있었던 것이다.

식민지에 대한 문화적 무관심은 정치체제에 대한 무관심으로도 이어졌다. 영국이 거대하게 우뚝 솟은 웅장한 건물을 점령지 통치의 기반으로 삼았다면, 미국은 식민지 수도에 단 하나의 식민지 건물도 짓지 않았다. 식민지 관리를 길러내기 위한 학교도 짓지 않았다. 미국은 아무런 계획도 없이 육·해군 및 내무부 산하의 급조된 관료주의 체계에 따라 해외 영토를 관리했던 것이다.

이유는 뻔했다. 유럽 식민지를 감독했던 전문 행정관과 달리 해외 영토에 파견된 이들은 자기가 배치된 곳에 대해 잘 몰랐고, 보직 순환이 빨랐던 것이다. 괌이 합병된 1899년과 제2차 세계대전 사이에 미국에는 40여 명의 총독이 있었다. 프랭클린 루스벨트가 임명한 첫 번째 푸에르토리코 총독은 6개월간 근무했으나 스페인어를 단 한마디도 못 했고, 푸에르토리코가 어디에 있는지조차 모른다는 인상만 기자들에게 뚜렷이 심어주었다.4 인도의 면적 절반쯤 되는 알래스카준주에 몇 달간 단 한 명의 연방 관리조차 없었던 시기도 있었다.5

식민지 주체들은 당연히 이에 항의했으나 귀담아듣는 본토 관리는 거의 없었다. 하버드를 졸업한 한 필리핀인은 1926년에 이렇게 썼다. "미국인들이 필리핀 문제 처리에 잠깐이라도 관심을 갖게 하기란 불가능했다."6

관심을 가졌어야 하는 사람들조차 그러지 않았다. 1899년에 50만 명 이상의 후원자를 보유했다고 알려진 반제국주의연맹은 1900년 선거 이후 세력이 급격히 위축됐다.7 1924년 진보주의자들은 『더 네이션』지와 연합해 동맹을 부활시켰으나, 이번에는 구심점이 달라졌다. 『더 네이션』의 편집장이었던 어니스트 그리닝은 전미자유동맹이라는 새로운 이름을 붙이자고 제안했다.8 이는 조직의 이해를 정확히 파악한 이름이었다. 공식 영토(그중 일부만 아메리카 대륙에 있었다)를 대변하는 것이 아니라, 아메리카 대륙의 주권국가에 미국이 간섭하는 것을 반대한다는 입장이었다. 다시 말해 이는 푸에르토리코, 하와이, 필리핀뿐만 아니라 쿠바, 아이티, 멕시코의 이해를 함께 고려하는 조직이었다.

본토의 무신경함은 늘 이들 영토에 부담으로 다가왔으나, 1930년경에 이는 노골적인 위협으로 발전했다. '요새화된 미국Fortress America'이 적대적인 세력에 맞서 방어벽을 세우자 이후 10년간 경제적 파탄과 군사적 위험이 이어졌다. 그러나 그 식민지들은 거의 보호받지 못했다. 오히려 그곳들은 본토를 둘러싼 장벽이 높아지자 외부의 감시를 받게 됐다.

식민지 정책을 모호하게 감춰버리는 방식은 항상 불만의 요인이었다. 상황을 확실하게 정리하기 위해 프랭클린 루스벨트는 1934년에 중앙 부처를 설립했다. 내무부 내에 영토 및 도서 점령부를 만든 것이다. 처음으로 푸에르토리코, 알래스카, 하와이 및 미국령 버진아일랜드가 단일 관할권 아래 놓였고, 5년 안에 필리핀과 주요 해조분 제도까지 이에 포함되었다. 분리된 채 남아 있는 유일한 유인 영토는 해군기지로 활용되는 괌과 미국령 사모아였다.

새로운 부서를 이끌 사람으로 루스벨트는 재기한 반제국주의연맹의 어니스트 그리닝을 낙점했다. 『더 네이션』에서 일하는 그리닝의 동료들은 이에 열광했다. 『더 네이션』 편집장은 "언론사에 다니면서 글을 써왔던 그 숱한 세월 이보다 더 만족스러웠던 약속은 없었다"[9]고 썼다. "그가 걸어온 길이 그를 바로 이 자리까지 밀어올린 듯했다."

그리닝은 꽤나 독특한 경력을 자랑했다.[10] 하버드 의대를 다녔지만(안타깝게도 알비수나 로즈와 재학 기간이 겹치지는 않았다), 그는 언론과 정치 분야에서 경력을 쌓았다. 유색인종 진보를 위한 전국연대의 보스턴 지부(백인) 구성원으로서 「국가의 탄생」이 보스턴에서 개봉되지 않도록 캠페인을 주도했다. 그는 미국 가족계획협회의 전신인 산아제한연맹의 창립회원이기도 했다. 뉴욕에서 스페인어 일간지의 편집자로 일했으며, 『더 네이션』지에 아이티 점령을 비판하는 보도를 지시했고 멕시코혁명에 관한 중요한 책을 집필하기도 했다.

어니스트 그리닝만큼 카리브해 문제에 정통한 외부인은 거의 없었다. 그러나 그 세대의 반제국주의자들이 흔히 그랬듯 그리닝은 미국의 식민지에 대해 실제로 아는 것이 거의 없었다. 그가 생각하는 '제국주의'는 분산된 개념으로, 공식적인 영토 정복을 가리키는 것이 아니라 특히 라틴아메리카의 사례에서 보듯 약소국을 비공식적으로 괴롭히는 것을 뜻했다. 사실 그리닝은 그렇게 여행을 많이 다녔는데도 불구하고 미국 식민지에서는 단 하루밖에 머무르지 않았다.[11] 푸에르토리코에서 잠깐 체류했던 것이 다였다.

이제 그는 제국 전체를 총괄하는 위치에 서게 됐다.

그리닝은 대통령이 방향을 제시해주길 바랐다. 루스벨트는 영토에 대한 생각을 줄줄이 쏟아놓았다.[12] 하와이는 '꽤 괜찮은 상태'이고, 버진아일랜드는 손볼 필요가 있다고 했다. 알래스카는 중서부 황진 지대 난민들의 정착지로 활용되어야 한다고 했다. 말하자면 추운 지역을 배경으로 한 알래스카 버전의 '분노의 포도'라는 것이었다. "푸에르토리코인들은 가망이 없지, 가망이 없어." 그는 그렇게 말했다.

"이 새로운 부서는 영국의 식민지 담당 관청에 해당되는 셈이겠지요?" 그리닝이 물었다.

"그럴 것 같군."

그리닝은 주저하듯 조심스럽게 물었다. "민주주의 국가는 식민지를 거느리면 안 될 텐데요."

루스벨트는 미소를 지었다. 그는 손바닥을 위로 하고 양팔을 뻗었다. "자네 말이 맞군. 그 생각을 어떻게 진척시킬 수 있을지 한번 보자고."

———

생각을 어떻게 진척시킬 수 있을지 한번 보자고? 이는 건국의 아버지들이 가졌던 신념과는 거리가 멀었다. 루스벨트로서는 새로운 방침이었다. 정치에 뛰어든 초창기에는 먼 친척인 시어도어 루스벨트의 전철을 밟아 해군 차관보를 역임하고 카리브해 지역 합병을 꿈꿨다.[13]

그러나 시대가 달라졌다. 전 세계를 휩쓴 대공황으로 인해 식민지의 가치에 대해 다시 생각하지 않을 수 없는 상황이 된 것이다. 주요 강대국들 사이에서는 보호 관세를 통해 경기 침체를 떠받치려는 필사적인 몸부림이 터져나왔다. 이러한 개별 국가 차원의 조치로 인해 전 세계는 혹독한 대가를 치르게 됐다. 무역 장벽이 높아지자 1929~1932년에 세계 무역이 3분의 2나 급감한 것이다.[14]

이는 앨프리드 머핸이 1890년대에 예측했던 바로 그 악몽의 시나리오였다. 전 세계가 무역에 문을 닫아걸자 주요 국가들은 내수 생산에 의지할 수밖에 없었다. 여기서 내수란 식민지가 포함된 개념이었다. 제국의 주요 이점 중 하나는 바로 멀리 떨어진 섬나라를 경제적 측면에서 무제한으로 활용할 수 있다는 사실이었다. 네덜란드와 프랑스, 영국 등 주요 제국주의 국가들로서는 아시아의 식민지로부터 고무와 같은 열대작물을 여전히 조달할 수 있다는 사실이 중요했던 것이다. 그리고 거대 제국을 거느리지 않은 독일이나 이탈리아, 일본과 같은 산업 국가들은 식민지에서 물자 조달을 할 수 없다는 사실이 중요한 요소였다.

미국은 특수한 상황에 있었다. 식민지를 보유하긴 했지만, 식민지가 생명줄은 아니었다. 광대한 미국 본토에는 석유와 목화, 철, 석탄 및 다른 산업 국가들이 확보하기 어려운 중요 광물 자원이 풍부하게 매장돼 있었다. 고무와 주석은 우방인 영국을 통해 말레이반도에서 여전히 구입할 수 있었다. 필리핀과 괌에서 코코넛 오일을, 필리핀에서 '마닐라 삼'(로프와 견고한 종이를 만드는 데 사용되어서 '마닐라 봉투'와 '마닐라 폴더' 같은 제품이 생산됐다)과 같이 유용한 열대 식민지 작물을 들여오긴 했으나, 미국은 다른 제국들처럼 식민지 의존도가 높지 않았다. 1930년대에 한 전문가는 다른 강대국들에 비해 미국은 '훨씬 더 자립적인 경제 운영이 가능'[15]하다고 강조했다.

미국이 식민지에서 조달한 물품의 대부분은 하와이와 푸에르토리코, 미국령 버진아일랜드, 필리핀의 농장에서 수확한 설탕이었다. 그러나 설탕도 식민지 의존도는 높지 않았다. 사탕수수는 루이지애나와 플로리다 등 아열대 기후인 남부에서 재배가 가능했다. 사탕무에서도 설탕을 추출할 수 있었으며, 두 차례의 세계대전 사이에 미국이 해외 영토보다 본토의 사탕무 농부들로부터 구입한 설탕 양이 훨씬 많았다.[16]

스페인과의 전쟁이 끝난 지 30년 만에 대공황이 닥치면서 미국이 제국의 힘을 특별히 활용한 적이 없다는 사실은 분명해졌다. 식민지는 나름의 쓸모가 있었다. 해군기지로 활용되거나 대니얼 버넘과 코닐리어스 로즈와 같은 이들에 의해 실험실로 쓰였던 것이다. 그러나 식민지 생산품이 미국 경제에 필수적인 것은 아니었다.

오히려 잠재적 위협에 가까웠다. 식민지에서 생산된 설탕은 본토의 사탕수수와 사탕무에서 추출한 설탕과 경쟁관계에 있었기 때문에, 본토 농부들은 그들로부터 보호받아야 한다고 주장했다. 어니스트 그리닝은 농부들의 로비에 반대했다. 식민지산 설탕을 차별하는 것은 미국에 '대륙 본토와 해외 미국령'이라는 '두 종류의 영토'[17]가 있다는 생각을 고착화시키는 것이라고 의회에서 증언했다. 그러나 의회는 결국 설탕 생산 할당량을 법으로 규정했다. 영토에 책정된 할당량은 제한적이었다. 반면에 본토산 사탕수수와 사탕무에서 추출한 설탕은 할당량의 제한을 그다지 받지 않았다. 이를 비롯한 다른 법적 메커니즘(장치)을 통해 본토는 경제

적 안정(구제)을 확보한 반면 식민지는 비용을 지불해야 했다.[18]

식민지를 경계한 것은 콜로라도의 사탕무 재배 농가뿐만이 아니었다. 서부의 노동조합들은 농가 일자리를 두고 백인과 경쟁하는 수만 명의 필리핀인을 불안한 눈초리로 바라봤다. 필리핀인들은 미국 국적이었기 때문에 그들의 본토 이주를 법적으로 막을 수 없었던 것이다. 군사적 상황 또한 고려해야 했다. 일본은 1931년 만주를 침공했고 식민지 확보를 위해 동남아로 진군할 태세를 갖춘 듯했다. 필리핀과 괌은 바로 그 경로상에 있었던 것이다. 미국은 정말로 거의 알려지지 않고 이득을 볼 것도 별로 없는 멀리 떨어진 점령지 때문에 전쟁에 뛰어들려 했을까?

아마 그럴 필요가 없었을 것이다. 대공황이 시작된 지 2년이 지나자 캘빈 쿨리지는 필리핀 독립에 대해 '의견 번복'을 언급했다.[19] 이 문제에 대해 프랭클린 루스벨트를 포함한 여러 정치인의 입장이 바뀐 것이다. 필리핀의 무역과 이민자를 흡수하고 일본에 맞서 지키기보다는 아예 떼어버리는 것이 어떻겠냐는 새로운 의견이 제시됐다.

1930년대는 보호무역주의 시대로 알려져 있다. 당시 미국은 다른 나라에 맞서 자국을 보호하기 위해 막대한 관세를 부과했다. 이제 이러한 정서 때문에 국경 자체가 달라질 상황이었다. 필리핀은 미국이라는 거대한 장벽 밖으로 쫓겨날 참이었다.

———

필리핀 독립을 두고 미국 정부 내에서는 군사행동에 나서는 게 별로 당당하지 못하다는 정서가 자리 잡았다. "미국이 소수의 산업 및 농가 이익을 보전해주기 위해 필리핀 정책을 조정한다는 것은 굴욕적인 상황

제1부 식민지 제국

이 아닐 수 없다."[20] 『크리스천 사이언스 모니터』 지는 이렇게 비난했다. 1931~1932년에 300여 곳의 주요 본토 신문사를 대상으로 광범위하게 이뤄진 설문조사에서 『뉴욕타임스』 『월스트리트 저널』 『시카고 데일리 트리뷴』 『샌프란시스코 크로니클』을 비롯한 92퍼센트의 언론사가 이에 반대한다는 결과가 발표됐다.[21]

그러나 필리핀인들에게 이는 기회였고, 루스벨트가 1932년 선거에서 승리하면서 우드로 윌슨 이후 처음으로 민주당 출신이 백악관에 입성한 후에는 더욱 그랬다. 민주당의 승리와 대공황이 겹치는 기가 막힌 우연은 "인간의 어떠한 합리적인 전망 안에서도 절대 다시 일어나기 어려운"[22] 일일 것이라고 필리핀대학 총장은 언급했다.

그러나 세 번째로 필요한 요소가 있었으니, 바로 필리핀 상원의장이자 필리핀의 핵심 유력 인사인 마누엘 케손이었다. 케손은 노련한 정치인으로 한 번에 모든 상대와 손잡는 데 능한 인물이었다.[23] 그는 전쟁 중에는 아기날도의 측근으로 일했으나(20세) 아기날도가 항복한 이후 식민지 정부 편에서 스파이 노릇을 하며 저항 세력이 굴복하도록 만들었다. 그는 국민당을 이끌었으며 동시에 바기오 컨트리클럽의 초창기 6인의 필리핀 멤버 중 한 사람이기도 했다.

캐머런 포브스는 케손을 '제대로 훈련받아 사납게 날뛰는 사냥개'[24]에 비유했다. 제대로 다루기만 하면 그는 양떼를 몰고 올 것이었다. "그러나 혼자 있거나 나쁜 친구를 만나면 잘못된 길로 빠져 양을 죽이고 닭장을 망가뜨릴 것이다."

좀더 정확하게 표현하자면 마누엘 케손은 식민주의의 모순을 구현한 인물이라 할 수 있었다. 식민 지배 집단의 인정에 대한 갈구와 자치권 요구, 회유, 폭력 등 케손은 여러 특징을 두루 갖추었다. 한 기자는 그와의

대화가 포크로 수은을 집으려는 것과 같다●고 비유했다.[25]

케손은 특히 독립에 관한 주제가 나오면 종잡을 수가 없었다. 케손은 대다수의 필리핀인이 독립을 열망한다는 것을 알고 있었고, 독립을 내세워 득표에 성공했다. "나는 미국인들이 통치하는 천국 같은 정부를 갖느니, 필리핀인이 통치하는 지옥 같은 정부를 갖겠다"는 그의 유명한 슬로건이었다. 그러나 그는 누구보다 이에 얽힌 위험을 잘 알고 있었다. 본토는 필리핀에 그리 의존하지 않았을지 몰라도 수십 년간의 미국 통치 후 필리핀은 미국 본토에 상당히 의존하게 된 것이었다. 1930년경에는 필리핀의 대미 교역이 전체의 약 5분의 4에 달했다.[26] 게다가 식민지 정부는 현지 저항 세력을 진압하기 위해 소규모 원주민 부대를 창설했으나 필리핀은 외세의 침입을 격퇴할 대외군을 창설할 수 없었다. 갑자기 미군의 보호와 본토 시장에 무관세로 상품을 수출하던 길이 동시에 막혀버리자 대혼란이 일어났다.

과거에 케손은 대외적인 자리에서는 독립을 요구하면서도 사적으로는 독립에 대한 요구가 구호에 지나지 않는다며 연방정부 관계자를 안심시키는 식으로 용케 아슬아슬한 줄타기를 해왔던 것이다.[27] 미 본토 정부가 식민지를 안고 가겠다는 굳건한 의지가 있는 한 그런 전략은 잘 먹혔다. 그러나 1930년대가 되자 케손은 위태로운 상황에 처해 있음을 깨달았다. 8년 후 필리핀 독립을 승인하는 법안이 40분 만에 하원에서 순조롭게 통과됐고 민주당은 만장일치로 찬성표를 던졌다. 이에 당황한 케손은 필리핀 의회가 이를 저지하도록 손을 썼다. 그러나 이는 국민당 당수가 방어할 수 있는 입장이 아니었다. 그래서 그는 이듬해 의회가 통과

● 집으려 하면 갈라지고 시간이 지나면 증발해버리는 수은의 속성에 빗대어, 쉽게 파악하기 어려운 것을 말한다.

제1부 식민지 제국

시킨 거의 동일한 법안을 지지했다. 다시금 케손의 지시에 따라 필리핀 의회는 1934년 5월 1일, 미국의 필리핀 점령 36주년이 되는 날 만장일치로 이 법안을 비준했다.[28]

강대국이 최대 식민지를 폭력으로 위협하지 않고 독립시키는 것은 전무후무한 일이었다. 가까운 네덜란드령 동인도 제도(현재의 인도네시아)는 300년간 네덜란드의 통치하에 있었고, 1930년대에는 총독이 다시 300년이 지나야 독립할 수 있을 것이라고 예견하기도 했다.[29] 그러나 그 10분의 1에 해당되는 기간 동안 미국의 점령하에 있던 필리핀은 독립을 앞두게 됐다.

엄밀히 말해 필리핀 독립법으로 즉시 독립이 주어진 것은 아니었다. 이 법안에 따라 필리핀인들은 대영제국 내의 호주나 캐나다와 같이 '연방commonwealth'을 수립할 수 있었다. 의회가 연방 구성을 승인하고 연방이 10년간 일정한 기준을 충족하면 필리핀은 독립국가가 되는 것이었다.

한편 필리핀은 여전히 미국의 속령이었으나 이민법상 '외국으로 간주'[30]되며, 처음에는 관세율이 낮았다가 점차 올라가는 식으로 관세를 지불하게 된다는 것이었다. 원칙적으로 10년의 과도 기간이 주어져 필리핀은 경제 개혁과 군대 창설을 위한 충분한 시간을 확보하게 되었다.

마누엘 케손은 이 새로운 연방의 대통령에 출마했다. 그는 즉각적인 독립이라는 항의성 공약을 걸고 출마한 에밀리오 아기날도를 누르고 대통령에 당선됐다. 취임을 축하하기 위해 케손은 후안 아레야노의 의사당 밖에서 취임식을 계획했다.[31] 수년간 금지됐던 필리핀 국기가 미국 국기와 같은 높이에 게양될 것이었다. 케손은 21발의 축포를 원했으나 루스벨트가 이를 금지했다. 이는 주권국가의 수장만 누릴 수 있는 특권이며 필리핀은 아직 식민지라는 것이 이유였다. 전쟁을 암시하며 그의 취임식 자체에 참가하지 않겠다는 뜻을 간단히 비치자 케손은 19발의 축포를 쏘겠다며 물러났다.

불충분한 축포 수 문제는 이후 몇 년간 반복된다.

———

필리핀은 미국의 최대 식민지였다. 두 번째로 큰 푸에르토리코에서도 이와 비슷한 상황이 펼쳐졌다. 대공황으로 인해 푸에르토리코는 엄청난 타격을 입었다. 실업과 파업이 넘쳐났고, 페드로 알비수 캄포스의 선동으로 폭력 사태까지 발생했다. 국민당원들이 주도한 프랜시스 리그스 경찰청장 암살은 식민 정부 당국을 뒤흔들어놓았다. 그는 필리핀 독립법을 발의한 주요 인사인 밀러드 타이딩스 상원의원이 아끼는 측근 중 한 명이었다.

어니스트 그리닝은 몹시 분노했다. 그는 푸에르토리코의 자유주의 성향의 중견 정치인인 루이스 마린에게 리그스의 암살을 규탄할 것을 요구했다. 그러나 마린은 이를 거부했다. 그는 국민당원들이 암살을 강행한 이유를 이해했기에 그들에게 맞서고 싶지 않았던 것이다. "그의 침묵은 살인을 묵과하겠다는 뜻이고 폭력적인 국민당의 활동 전체를 용인한다는 뜻"[32]이라며 그리닝은 노발대발했다.

그리닝과 타이딩스는 힘을 합쳐 필리핀 독립법을 기초로 푸에르토리코의 독립을 지원하는 법안을 마련했다. 표면적으로는 반제국주의적 행보였다. 그러나 마린은 기저에 깔린 보복성 의도를 읽어냈다. 그는 "정치적 자유를 가장한 복수"[33]라고 불렀다. 필리핀 독립법은 과도 정부 6년째부터 미국 관세를 부과하기 시작해 이후에 서서히 올린다는 내용을

　　　　　　　　　　　제1부 식민지 제국

담고 있었던 데 반해, 푸에르토리코 관련 법안은 4년째에 관세 혜택을 완전히 철폐한다는 내용을 담고 있었다. 1930년대에 푸에르토리코에서 대외 수출의 95퍼센트 이상이 미국 본토 대상이었다는 점을 감안하면, 갑작스러운 관세 부과는 파국을 초래할 것이 분명했다.[34] 푸에르토리코 지도층 사이에서 오로지 독립에만 골몰했던 알비수만이 이를 지지했다.

타이딩스는 몇 주 만에 법안을 철회했다. 마린과 그의 동료 정치인들이 그 위험성을 파악하기에 충분한 시간이었다. 푸에르토리코가 독립을 계속 추진한다면 독립이 실현될 수도 있는 상황이었던 것이다.

한편 필리핀에서 마누엘 케손은 독립의 가능성을 신중히 따져보고 불안해하기 시작했다. 필리핀이 독립하면 미국은 필리핀을 방어하는 데 도움을 줄 것인가? "냉정히 현실적으로 말해, 미국인들은 다른 어떤 나라와 마찬가지로 독립국이 된 필리핀을 위해 자국의 이익을 해치는 일은 없을 것이다."[35] 한 전임 총독은 그에게 이렇게 말했다.

1930년대 후반에 특히 필리핀 기업인과 본토 관리들 사이에서 필리핀 독립을 번복하기 위한 움직임이 커졌다.[36] 당시 필리핀의 최고위 관리에 해당되는 고등판무관은 독립법안의 '현실적인 재검토'를 요청했다. "우리 국기가 내려오면 필리핀은 유혈의 장이 될 것이다."[37] 그는 라디오 방송에서 이렇게 경고했다. 케손은 그에게 연설 축하 메시지를 보내 "기술된 사실들"[38]에는 "논박할 여지가 없다"고 표명했다.

필리핀인들은 충격을 받았다. 국민당 지도자인 케손이 방금 독립 절차를 번복하는 요구에 찬성했다는 말인가? 케손은 이것이 무리였음을 깨닫고 이튿날 고등판무관의 메시지를 오해했다고 주장하며 한발 물러섰다.

그러나 케손은 은밀하게 모든 방향으로 가능성을 타진하는 데 필사적이었다. 그는 비밀리에 일본에 교섭을 제안했다. 그는 미 의회로부터 방위비를 더 짜낼 수 있으리라는 기대에 6월 19일을 충성의 날Loyalty Day('미국에 대한 모든 필리핀 국민의 전폭적이고 변함없는 충정'39을 지나칠 정도로 표현했다)로 선포했다. 그는 조용히 영국 대사관에 접근해, 미국이 거부할 경우 영국이 필리핀을 합병할 가능성이 있는지를 타진했다.40

동시에 케손은 연방의 빈약한 예산에서나마 자금을 지원받아 자체 국가방위군을 창설하기 위해 서둘렀다. 이를 위해 그는 필리핀에 실제로 강한 유대감을 느끼는 미국 관료들 중에서 한 사람을 뽑았다. 그는 바로 미 육군 참모총장인 더글러스 맥아더 장군이었다.

앞을 바라보는 프랭클린 루스벨트와 마누엘 케손의 모습이 담긴 1936년 1페소짜리 기념 주화로, 독립을 바라보는 것으로 추정된다.41 한 명이 아닌 두 명의 리더 모습과 필리핀 인장 위에 미국 독수리가 새겨진 매우 독특한 디자인이다. 이는 필리핀 연방의 주권이 복합적인 속성임을 보여준다. '필리핀 연방'은 앞면에, '미합중국'은 뒷면에 새겨져 있다.

더글러스 맥아더는 역사상 존재감이 매우 두드러지는 특이한 인물이다. 명확하게 설명하기는 어렵지만 그는 생각보다 많은 권력을 누린 사람이었다. 20세기 중반 미국에서 그런 사람을 세 명 꼽을 수 있는데, 각각 다른 규모로 활동을 벌였다. 도시 차원에서는 로버트 모지스를 들 수 있는데, 그는 자신의 뉴욕 공원 관리 권한(그는 원래 도시의 조류 관찰자들의 요청을 처리하는 정도의 업무만 담당하는 직책에 있었다)을 활용해 수십 년 간 뉴욕 정치에 막강한 영향력을 행사했다. 국가적 차원에서는 J. 에드거 후버를 들 수 있다. 그는 대통령을 쥐락펴락했던 첩보 기관을 이끈 인물이다. 외교 분야에서는 미국 역사상 그 누구보다 더 효과적으로 직권을 행사했던 인물인 더글러스 맥아더가 있었다.

정신분석학자라면 이 트리오 중 누구에 대해서든 신나게 떠들어댈 수 있겠지만, 그중 최고는 단연코 맥아더일 것이다. 그는 적군의 포화 속에서도 느긋한 사람이었으나 자식을 마음대로 휘두르는 어머니 밑에서 성년기의 대부분을 보냈다. 그는 '등에 깃대라도 꽂은 듯'[42] 꼿꼿한 자세로 흠잡을 데 없는 차림새를 유지하는 사람이었으나, 첫 번째 아내 이야기를 할 때마다 성적으로 무능한 남편이었던 사실을 부끄러워했다.[43] 그는 천재적인 군인으로 많은 사람에게 존경을 받았지만, 경력상 말도 안 되는 실수들을 오점으로 남겼다.[44] 게다가 그는 자신을 3인칭으로 말하곤 했다.

맥아더는 프랭클린 루스벨트, 윈스턴 처칠과 모두 먼 친척 간이었고, 시어도어 루스벨트의 보좌관으로 짧게 일했다. 그러나 맥아더는 이런 정치인들과 쉽게 어울리는 유형이 아니었다. 루스벨트와 처칠이 대서양 주변을 도는 식이었다면, 맥아더는 중력에 굴복하기라도 하듯 다른 경로로 호를 그리며 활동했다. 1937~1951년에 명성이 최고조에 이르렀을 때 그는 아시아가 있는 태평양 쪽에 완전히 자리 잡고 있었다. 그는 대통령 후보로 곧잘 물망에 올랐지만 그 당시 14년간 본토에 단 한 번도 돌아가지 않았다.

맥아더에게 고향이 있다면 필리핀일 것이다. 그의 아버지인 아서 맥아더는 필리핀전쟁 중에 총독을 지냈다. 더글러스 맥아더가 1903년 처음 복무했던 곳도 바로 필리핀이었다. 처음으로 전투를 치르며 피를 흘리고, 아직 평화가 정착되지 않았던 기마라스섬에서 그가 말한 '악당들'[45](저항 세력이었겠지만, 단순 범죄자일 가능성도 있었다)을 처단한 곳도 필리핀이었다.

맥아더의 첫 번째 아내는 원래 존 퍼싱 장군의 아내였던 사람으로 상당히 논란이 있었다. 그녀가 퍼싱의 품에서 맥아더의 품으로 날아오자마자 퍼싱은 맥아더를 다시 필리핀으로 보냈는데, 아마도 징계의 성격이었던 듯하다. 그러나 맥아더는 필리핀에서 놀라운 활약을 펼쳤다. 그는 레너드 우드를 위해 일하며 바기오에서 여름을 보냈고, 연극 및 영화배우였던 필리핀 정부情婦를 두었다. 맥아더는 그녀를 데리고 워싱턴으로 돌아와, 간섭이 심한 어머니의 눈에 띄지 않도록 조지타운의 아파트에 숨겨놓았다.

맥아더는 필리핀과의 친밀한 관계로 인해 대유럽 군사령부와는 껄끄러운 관계가 됐다. 20세기 초반 이후 전쟁 기획 참모들은 일본과의 전쟁 가능성을 신중히 고려했다. 그들은 전쟁 가능성에 대해 오렌지 계획[46]을 세워 1924년에 처음으로 이를 채택한 후 몇 번에 걸쳐 수정했다. 그러나 워싱턴의 관료들은 일본 시나리오를 진행하면서 미국의 태평양 기지, 특히 괌과 필리핀을 방어하는 것이 얼마나 어려운지 즉각 알게 됐다. 충분한 방어 전선을 구축하려면 무관심한 연방정부가 부담할 만한 금액보다 훨씬 더 많은 비용이 들 것으로 예상됐기 때문이다. 육군의 필리핀 담당 부서 사령관은 그것이 '가능성이 아주 희박한 것은 아니'라고 보고했다.[47] 그 대신 잇따른 오렌지 계획을 통해 하와이나 서부에 함대를 집결시키고 최서부 영토에는 소규모 병력만 남겨놓는 방안을 구상했다. 일본이 공격한다면 서부 태평양 식민지를 획득하겠지만 (시나리오에 따르면) 미국은 반격을 가해 이를 되찾을 수 있는 것이다.

맥아더는 필리핀을 희생시키려는 미국의 계획이 부당하다고 생각했다. 1930년에 육군 참모총장에 오른 그는 이 사안을 압박했다. 해안선에서 적을 격퇴할 수 있도록 대규모 필리핀 육군을 창설하여 하와이에서 육군을 즉시 대규모로 교체한다는 구상이었다. 그러나 이는 특히 심각한 예산 압박과 반군국주의가 널리 확산된 시대임을 감안할 때 지나친 낙관이었다. 전쟁계획국 국장은 맥아더의 제안을 "말 그대로 미친 짓"[48]이라며 일축했다.

식민지에 대한 무관심도 얼마간 문제가 있었다. 영토 방어 문제에서 맥아더를 지지하던 몇 안 되는 사람 중 한 명이었던 휴 드럼 준장조차 공개적으로 "필리핀과 하와이 둘 다 미국 본토의 안전을 중대하게 위협하지 않고 분리될 수도 있다"[49]고 인정했다. 여론조사에서 하와이 서쪽 영토에 대한 군사적 방어에 찬성한다는 본토인은 거의 없는 것으로 나타났다.[50] 게다가 1940년 『포천』 지가 독자들에게 미국이 군사력을 사용해 보호해야 하는 '국가'는 어디인지 물었을 때 절반을 약간 넘는(55퍼센트) 응답자가 하와이 방어에 찬성한다고 답했는데, 이는 캐나다라고 답한 사람(74퍼센트)의 수에 비해 훨씬 낮은 것이었다.[51]

하와이 관리들은 『포천』 지에 하와이는 '국가'가 아니라며 거세게 항의했다.[52] 이는 '미국의 필수 불가결한 부분'이라는 것이었다.

또 다른 문제는 정부가 식민지 주체들을 신뢰하지 않는다는 데 있었다. 태평양 총력 방어를 위해서는 하와이와 미국령 사모아, 괌, 필리핀, 알래스카 인구를 무장시켜야 했다. 그러나 전쟁 기획 참모들은 이를 주저했다. 식민지 주민들과 함께 미국을 지키는 것만큼이나 그들로부터 미국을 지키는 데 신경을 쓰는 모양새였다. 하와이에 대한 초기 계획은 1920년대까지 하와이 인구의 3분의 1을 훨씬 웃돌 만큼 성장한 일본계 미국인 집단을 추방하거나 억류한다는 구상이었다. 필리핀에서 전쟁 기획자들은 미군이 필리핀인의 반란을 진압한다는 시나리오를 내놓았다.[53]

어쩌면 그들이 식민지 주민들을 두려워하는 것은 당연했다. 폭력적인 푸에르토리코 독립 운동이 일어났던 1930년대는 태평양 식민지 곳곳에서 혼란상이 연출된 시기였던 것이다. 1930년대 후반에는 하와이에서 인종차별주의로 인한 과격한 파업이 연달아 일어나면서 항구에서 농장에 이르기까지 광범위하게 퍼져나갔다. 필리핀에서는 1935년에 시골 지역에서 조금씩 봉기가 일어나면서 '사크달 반란Sakdal Rebellion'[54]으로 격화됐다. 변변찮은 무기로 무장한 1만여 명의 소작농은 시국에 편승하는 케손을 더 이상 두고 볼 수 없다고 생각해, 시청사를 점령하고 즉각적인 독립을 요구했다. 그들의 우두머리는 총독을 납치해 무기고를 습격하고 수도로 진격하길 원했다.

필리핀 군경은 사크달 반란을 진압하면서 59명의 폭도를 살해하고 사태가 번지기 전에 나머지 무리를 해산시켰다.[55] 그러나 군 기획자들은 필리핀 군경에게서도 의심의 눈초리를 거두지 않았다. 거기에는 그럴 만한 이유가 있었다. 1924년 미 육군에 소속된 수백 명의 필리핀 군인이 백인 군인들에 비해 급여가 낮은 게 불공평하다며 항명한 적이 있었다. 맥아더 자신이 군법 회의를 주관했고, 항명한 200명 이상의 군인들은 5~20년에 이르는 형기를 선고받았다.[56]

다시 말해 식민지 방어는 무모한 일이 될 수도 있었다. 그러나 맥아더의 믿음은 흔들리지 않았다. 당시 아직 육군 참모총장이었던 그는 케손의 초대를 받자 자신이 생각한 '적군을 격퇴하기에 충분한 병력을 증강하기 위한 막판 투쟁'[57]에 나서고자 워싱턴에서 필리핀으로 향했다.

———

더글러스 맥아더는 그가 총애하는 보좌관인 드와이트 아이젠하워를 끌고 갔다. 맥아더가 필리핀 문제를 소명이라고 생각한 반면 아이젠하워는 이를 '그저 업무일 뿐'이라고 여겼다. 필리핀 정부의 재원 부족과 미국의 무관심으로 인해 그는 이를 '가망 없는 시도'[58]로 치부하기도 했다.

아이젠하워는 미국에서 남는 소총을 확보하자는 아이디어를 내놓았다. 육군으로서는 극히 적은 비용만 들이는 셈이었다. 군에서 필요한 것은 소총이 아니었다. 제1차 세계대전 당시의 엔필드 모델은 구식이었고 잘 작동하지도 않았다. 그러나 본토 정부는 주저했다. 전쟁계획국 국장은 그 제안에 반대했다. 무장한 필리핀인들이 미국에 맞서 들고일어날 것을 우려한 것이었다.[59] 게다가 일본은 필리핀 무장을 도발로 생각하지 않을까? 아이젠하워는 일기장에 '현지 방어 문제에 대한 전쟁부의 기본적인 이해'[60]가 결여돼 있다며 불만을 쏟아냈다. 결국 육군은 수량을 신중하게 제한해 소총을 팔았다. 처음에 약간만 넘겼다가 나중에 괜찮을 것 같으면 수량을 늘리는 식이었다. 그리고 아이젠하워가 생각했던 비용의 두

배 이상을 청구했다.

아이젠하워가 부기 때문에 골머리를 앓는 동안 맥아더는 마침내 생활이 안정됐다. 여행길에서 두 번째 아내를 만난 것이다. 그의 외동아들인 아서 맥아더 4세는 마닐라에서 태어나 마누엘 케손을 대부로 삼았다. 맥아더는 파슨스가 설계한 마닐라 호텔의 펜트하우스에 신혼집을 꾸렸다. 그는 마닐라 사회의 터줏대감 같은 인물이 되었고 아버지의 숙적이었던 에밀리오 아기날도로부터 생일 축하 카드를 받기도 했다.[61]

모든 정황으로 보아 맥아더는 그대로 밀고 나갈 생각이었다. 필리핀 방위군 증강으로 인해 일본이 적대적으로 돌아설지 모른다고 우려한 전쟁부가 1937년에 맥아더를 본토로 소환하자, 그는 육군에서 퇴역하는 초강수를 두었다. 그와 그의 아버지의 오랜 군복무 기간을 생각하면 이는 엄청난 희생이었으나, 그로 인해 맥아더는 케손의 군사고문으로 남을 수 있었다. 맥아더가 필리핀에서 미군 장군이 될 수 없을지는 몰라도 필리핀 연방군의 육군 원수(그가 직접 고른 거창한 직함)는 될 것이었다.

아이젠하워는 극도로 분노했다. "장군, 지금까지 4성 장군이셨지 않습니까……. 얼마나 자랑스러운 일입니까. 그 자리에 오른 사람은 소수에 불과했습니다. 도대체 왜 바나나 따위를 키우는 나라에서 육군 원수 노릇을 하시려는 겁니까?"[62]

맥아더는 꿈쩍도 하지 않았다. 그는 특별히 제작한 군복도 가지고 있었다.[63] 하얀 샤크스킨 정장에 검정 바지, 어깨에 달린 네 개의 별, 옷깃의 빨강 리본 그리고 금몰이 달린 모자였다. 금색 지휘봉도 있었다.

외관상 화려한 제복은 필리핀군의 사기를 북돋우기 위한 것이었다. 그러나 이는 맥아더에게 활기를 불어넣기 위한 것이기도 했을 터다. 시간이 지날수록 필리핀 예비군을 모집하리라는 희망도 점점 불가능해지는

제1부 식민지 제국

듯했다. 총기 보유량 부족은 문제의 시작일 뿐이었다. 필리핀으로 보내져 오는 얼마 되지도 않는 탄약은 심각하게 훼손돼 있기 일쑤여서 신병들이 훈련받기에는 턱없이 모자랐다.

맥아더는 미국 정부에 도움을 요청했다. 필리핀 훈련병 1명당 50달러를 지원해달라는 것이었다.[64] 필리핀 국가방위군이 훈련병당 220달러의 보조금을 받고 있던 상황에서, 이는 무리한 요청이 아니었다. 그러나 이번에도 역시 요청은 기각됐다.

맥아더는 필리핀이 '미국의 필수 불가결한 부분'이므로 뉴욕과 마찬가지로 당연히 방어능력을 갖춰야 한다고 생각했다. 그러나 그는 1940년경, 필리핀 주둔 군대가 "외국의 침략에 맞서기에는 몹시 열악하며 미국의 주권을 나타내는 형식적인 상징에 지나지 않는다"[65]는 사실을 인정할 수밖에 없었다.

1941년 5월, 크게 낙담한 맥아더 육군 원수는 미국으로 귀국한다고 미국 정부에 전보를 보냈다.

———

한편 어니스트 그리닝도 나름대로 시련에 부딪혔다. 모든 식민지를 감독해야 했으므로 업무 영역이 넓은 편이었으나, 권한은 그리 많지 않았다. 그의 집무실은 작았고 식민지를 위한 로비 수준의 일밖에 할 수 없었다. 그리닝은 푸에르토리코에서 대부분의 시간을 보냈으며, 그곳에서 뉴딜 행정부의 수장직을 별도로 맡았다.

그리닝은 권한이 없었으나 내무장관인 해럴드 이키스라는 경쟁 상대를 만나게 됐다. 그들의 정치적 견해는 크게 다르지 않았음에도 불구하고 이 둘은 소비에트 관료제의 두 기관원처럼 핏대를 세우며 요령부득으로 사사건건 대립했다. 구소련 정부의 정쟁처럼, 이는 시베리아 유배로 끝났다. 이 경우에는 어니스트 그리닝이 1939년 워싱턴에서 알래스카로 발령받아 갔다는 점이 달랐다. 그곳에서 그는 식민지 총독에 부임했다.

앵커리지에 새로이 둥지를 틀면서 그리닝은 알래스카가 맞닥뜨린 위험을 알아차렸다. 서쪽 지역인 알류샨 열도는 일본을 향해 뻗어 있고 태평양이 "페리호 한 대가 지나다닐 만한 해협의 폭으로" 좁아지는 형태였다고 한 기자는 표현했다.[66] 1867년에 알래스카가 합병됐을 때, 알류샨 열도가 아시아로 연결되는 징검다리 역할을 할 수 있으리라 기대됐다. 그러나 이제는 그런 통행의 용이함은 다른 식으로 활용될 가능성이 농후해 보였다. 즉 알래스카는 일본이 북미 침략의 교두보로 삼을 만한 곳이었던 것이다.

필리핀에 있던 맥아더처럼 그리닝은 도움을 요청했다. 알래스카는 본토와 육지로 연결돼 있긴 했지만 둘을 잇는 육로는 없었다(전쟁장관은 그런 육로의 가치를 '무시할 만한'[67] 것으로 판단했다). 알래스카에는 공군기지가 있었으나 노후화된 중형 폭격기 6대와 구식 추격기 12대만이 날 수 있었다.[68] 그리고 연료도 많지 않았다. 전쟁부 차관보는 알래스카의 육군을 '유명무실한'[69] 존재라고 표현했다. 해군은 없었다.

그리닝은 알래스카가 다년간 해왔듯 의회에 자금 지원을 청원했으나 별 소득이 없었다. 뉴딜 정책에 으레 동반되던 대규모 기간시설 투자는 알래스카를 비껴갔다. 알래스카는 정식 주가 아니었으므로 이를 위해 로비활동을 펼칠 의원이 없었던 것이다. 그리고 군사 위험에 대한 주장도 그런 상황을 바꾸는 데 아무런 도움이 되지 못했다. "알래스카에 어떤 돈도 낭비하지 않겠다'는 의견이 지배적이었다"[70]고 그리닝은 기억했다.

1941년 중반에 프랑스령 인도차이나로 일본군이 진격하자 비로소 의회의 비협조적인 태도가 바뀌었다. 일본군의 진군으로 의회는 마침내 태평양과 맞닿은 알래스카 방어를 강화할 필요가 있다는 사실을 인식했다. 일본군의 움직임은 영국군에게 한층 더 위협적이었다. 그들은 싱가포르를 잃을까봐 두려워하며 루스벨트에게 아시아 방어를 강화해달라고 요청했다.

루스벨트는 이에 동의했다. 필리핀을 떠나겠다고 으름장을 놓은 맥아더는 잔류하라는 명령을 받았다. 그는 아시아에 주둔한 전 미군을 지휘하는 최고 사령관으로 임명되었고, 그의 필리핀 군대는 미 육군에 흡수될 것이었다. 미국 정부는 신식 소총 보급에는 선을 긋는 한편, 필리핀으로 대규모 B-17 폭격기('날아다니는 요새'라고 불렸다)를 공수하기 시작했다.[71] 이 전략의 골자는 맥아더가 1942년 2월까지 128대의 폭격기로 필리핀뿐만 아니라 영국 점령지를 포함해 전 지역을 방어할 수 있어야 한다는 것이었다. 조지 마셜 육군 참모총장은 B-17기를 '일본군 저지의 결정적인 요소'[72]라고 봤다.

그러나 B-17기는 1941년 9월이 되어서야 필리핀에 도착했다. 필리핀보다 중요한 우선 과제가 있었던 것이다.[73] 태평양전쟁으로 시장이 막히기 전에 동남아시아에서 가능한 한 많은 고무를 조달하고, 영국을 지원하기 위해 구축함이 대서양을 거쳐가도록 항로를 바꿔야 했던 것이다. 태평양 전초기지로 향하던 군수품은 항구에 쌓였다. "의회는 속도를 올려라!"[74] 하와이의 격분한 한 잡지 편집자들이 외쳤다. "더욱더 속도를 올려라!"

1941년 말에 태평양 근처를 비행했다면 아마 이런 광경을 목격했을 것이다. 하와이 방어 병력은 엄청난 규모였지만 군비 태세는 불완전했다(취역 중인 B-17기는 12대에 불과했다).[75] 괌에는 사실상 아무것도 없는 상태였다. 기본적인 시설만 갖춘 기지는 폭격기가 착륙하기엔 너무 작았다. 괌의 총독은 '방어가 전혀 불가능한 상태'[76]라며 체념했고, 군에서는 방어 문제를 이미 지난 일로 치부하곤 했다.[77] 알래스카는 의회에서 막판에 입장을 바꾸었음에도 불구하고 그다지 나아진 것이 없었다. "아무리 상상력을 동원해봤자"[78] 알래스카의 비행기는 "어떠한 무력 공격으로부터도 알래스카를 지킬 수 없다"고 공군 사령관이 말했다.

맥아더가 잔류한 필리핀의 상황은 복합적이었다. 군인 3만1095명으로 이뤄진 소규모의 미 육군 정규 부대가 주둔하고 있었고, 그중 3분의 1 이상이 필리핀인이었다.[79] 게다가 준비가 미흡한 필리핀인 12만 명으로 이뤄진 맥아더의 필리핀 육군 예비군도 있었다. 이 예비군들은 거의 훈련을 받지 못했고 장비를 제대로 갖추지도 못했다. 캔버스화[80]와 코코넛 껍질로 만든 헬멧,[81] 구식 소총, 1898년산 포대,[82] 그리고 약간의 탄약을 보유했을 뿐이었다. 이중 상당수는 소총을 쏴본 적도 없었다.[83] 규모가 커지고 있던 공군은 이보다는 사정이 나았다.[84] 전투기와 장거리 폭격기를 갖추고 미 본토 외에 최대 규모로 전투기가 이곳에 집중되었기 때문이다. 그러나 점차 비행기 대수가 줄면서 1941년 말에는 계획했던 128대 중 35대만 필리핀에 도착했다.

맥아더는 "필리핀을 방어할 수 있으며 신이 이 땅을 보호할 것"[85]이라고 주변 사람들에게 외치며 여전히 낙관적이었다. 그러나 고등판무관이 작성한 비밀 보고서는 필리핀 방어에서 '눈에 띄는 결함'을 경고했다. 또한 전쟁으로 인해 필리핀 국민은 "준비도 없이 무방비 상태로"[86] 노출될 것이라는 케손의 개인적인 고백이 있었음을 언급했다.

해당 보고서는 1941년 11월 30일에 발송됐다. 일주일 후 필리핀인들은 하늘에 못 보던 비행기가 날아다닌다는 사실을 알게 됐다.

11.
전쟁 국가

'전쟁'이란 "미국인들에게 지리를 가르치는 신의 방식"[1]이라고 코미디언인 존 스튜어트는 말했다. 확실히 1941년 12월 7/8일에 있었던 일본의 공격은 교훈을 주었다. 오른쪽에('극동' 지역에) 일본이 있고 왼쪽에 하와이가 위치한 메르카토르 도법 지도가 익숙한 사람에게 진주만 공격은 평면에 둥근 세계를 표현하는 것이 얼마나 위험한지 보여주는 전형적인 사례였다. 일본이 야욕을 드러내자 알래스카와 같이 공격받지 않은 영토조차 불안할 만큼 확연히 두드러졌다.

전쟁 기획 참모들은 어니스트 그리닝이 다년간 해왔던 말을 마침내 이해할 수 있었다. 알래스카는 급경사를 이루며 태평양을 향해 뻗어 있었고, 알래스카에 속한 알류샨 열도는 북아시아로 이어지는 다리를 형성하고 있었다. 7만 5000여 명의 주민 중 절반이 원주민인 식민지는 주로 고기잡이에 경제를 의존하는 구조였다가 갑작스레 군사기지의 최전선으로 변모한 것이다. 그러나 지금 알래스카가 일본과 가까이에 있는 듯 보여도, 본토와 연결된 육로가 없었기 때문에 본토에서 멀리 떨어진 것처럼 보이기도 했다.

일본 침략을 우려하며 방대한 알래스카 영토를 활용하고 싶어했던 루스벨트 행정부는 도로 건설에 착수했다.[2] 이는 알래스카와 미국 본토를 연결할 뿐만 아니라 미국 정부와 동맹국인 소비에트연방에 보급품을 수송하는 데 도움이 될 것이었다.

육로 건설은 상상을 초월할 정도로 어려운 사업이었다. 캐나다 정부의 이중적인 묵인하에 뉴욕과 댈러스 간 거리보다 더 긴 거리에 걸쳐 캐나다 북부 주들을 가로지르는 육로가 건설됐다. 해당 경로가 가로지르는 육지는 경로상에 조그마한 마을 몇 개밖에 없는 사실상 황무지였다. 따라서 일꾼들은 먹을 것과 필요한 물자, 주거지를 직접 마련해야 했다. 주거지는 특히 중요했는데, 기온이 극도로 낮았기 때문이다(첫 겨울에 한번은 기온이 섭씨 영하 56.7도까지 내려간 적도 있었다). 게다가 모든 것을 전속력으로 끝내야 했다.

미국은 북부로 1만1150명의 군병력을 보냈다. 그중 3분의 1은 흑인이었다. 그들은 전쟁 중에 본토를 넘어 파병된 최초의 흑인 부대였다. 1만1150명의 군인[3]과 함께 트랙터와 불도저, 덤프트럭, 분쇄기, 스크레이퍼, 굴착기, 보일러, 압축기, 발전기 등 1만107대의 중장비[4]가 들어왔다.

브리티시컬럼비아주의 도슨크리크와 알래스카의 페어뱅크스 사이의 구간은 20세기가 한 번에 들이닥친 듯한 모습이었다. 개썰매로 이동하는 데 익숙했던 사람들은 불도저가 사람의 발길이 닿지 않은 울창한 숲을 헤치고 나아가는 모습을 놀란 얼굴로 지켜봤다. 수세기 동안 식물이 덮여 있던 영구 동토가 처음으로 햇빛을 받아 녹으면서 단단한 땅이 늪지대로 변하기 시작했다. 외부인들과 제한적으로만 접촉해오던 사람들은

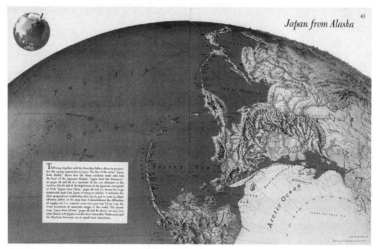

유명 지도 제작자인 리처드 이즈 해리슨이 알래스카(맨 아래)와 일본을 잇는 연륙교를 강조 표시한 새로운 전시 지구본 스타일의 지도(1944)

갑자기 군대에 편의를 제공하면서 지금까지 구경도 못 했던 엄청난 액수의 돈을 벌어들이게 됐다. 그러나 그들은 동시에 질병에 취약해졌다. 노스웨스트준주에서 이누이트와 메티스를 제외한 캐나다 원주민들 사이에서 연구를 진행하던 한 인류학자[5]는 몇십 년 후 가족력을 논하다보면 결국 '1942년에 사망한' 친척들 이야기를 하게 된다는 것을 알아차렸다.

육로는 1970만 달러의 비용을 들여 1942년 11월에 완성됐다. 캐나다의 고등판무관은 이를 '사람이 이뤄낸 역대 최고의 도로 건설'[6]이라고 평가했다.

그 길이는 총 2655킬로미터에 달했다. 이는 계획보다 수백 마일 더 긴 거리였다. 그러나 특히 속도에 집중한 육군 엔지니어들은 길을 내기 어려운 지점 주변에는 육로를 원형으로 만들었다. 이는 비용이 많이 들었지

제1부 식민지 제국

만 시간을 단축하는 방식이었다. 그들은 중장비에 대해서도 마찬가지 방식을 취했다. 불도저가 고장나면 이를 고치기보다는 길가에 버려두었다.[7] 불도저가 모자랄 일은 없었고 그렇게 하는 것이 더 빨랐기 때문이다.

알래스카 역사상 처음으로 비용은 문제가 되지 않았다.

———

미 제국 전역에서 변두리 지역들은 전투기지로 변모했다. 게다가 오랜 기간 방치되어 바싹 말라버린 땅으로 군대와 함께 연방정부 자금이 마구 흘러들어왔다. 푸에르토리코에서 노동자들은 성장이 둔화된 설탕 농장에서 군기지를 짓고 운영하는 작업으로 옮겨갔다. 1950년경에는 연방정부가 그곳에 12억 달러를 쏟아부었다.[8]

태평양전쟁의 중심이었던 하와이에서도 마찬가지 상황이 펼쳐졌다. 진주만 공격 이후 군대가 일제히 들어오면서 끊임없는 수요가 일어났다. 실업자가 사라지고 호놀룰루의 레스토랑 수는 세 배로 늘어났으며[9] 알래스카 전역의 은행 예금액은 다섯 배로 늘었다.[10] 두둑한 주머니로 새로 이주해온 사람들은 관광객이 밀집한 호텔 거리를 금광으로 바꿔놓았다. 8개 업소에서 하루에 400~500개의 타투를 새겼다(인기 있는 문구는 '진주만을 기억하라'였다). 손님이 넘쳐나는 사창가는 3분 단위로 서비스를 늘리며 공급했고, 연간 결제액이 1000만 달러에 달했다.[11] 이는 알래스카 간선도로 건설 비용의 절반에 해당되는 액수였다.

이러한 변화는 영토에만 국한되지 않았다. 본토에서도 전쟁으로 인해 일자리가 늘어났다. 이는 물가 제한, 임금 통제, 배급 제도, 소득세, 전시 채권 및 징집 등의 형태로 일상생활에 정부가 새롭게 간섭하는 결과를 초래하기도 했다.[12] 그러나 차이가 있다면 '영토'에서는 이 모든 일이 엄청난 규모로 일어났다는 점이다. 이는 외국 영토와 인접한 확장된 미국의 일부였다. 따라서 제2차 세계대전 중 정부 역할의 확대를 보고 싶다면 디트로이트와 샌프란시스코는 잊는 게 좋다. 군국주의화가 진짜로 자리 잡은 곳은 특히 알래스카와 하와이 같은 영토였다.

———

진주만에 첫 폭탄이 떨어진 것은 오전 7시 55분이었다. 8시간 후(미국이 전쟁을 선포하기도 전에) 조지프 포인덱스터 하와이 총독은 인신보호영장을 중단시키고 하와이의 모든 유효 전력을 육군에 넘겼다.[13]

하와이 주민들은 해변과 꽃과 기타로 잘 알려진 이 지역이 무장 캠프로 변해가는 것을 지켜봤다. 공원과 학교 운동장은 참호로 인해 파괴되고 철조망은 해변을 어지럽혔으며, 주요 교차로에는 경비대가 초소를 세웠고, 콘크리트로 된 수천 개의 기관총 진지가 만들어졌다. 이는 호놀룰루 번화가로 총알이 윙윙 날아다닐 수 있다는 당혹스러운 가능성을 시사하는 것이었다. 육군과 해군은 수십만 에이커의 토지를 점유했다. 때로는 매입하기도 했으나 그냥 빼앗는 일이 많았다. 전쟁이 한창일 때 육군은 오아후의 3분의 1을 차지했다.[14]

교전 지역의 삶은 언제나 조심스럽고 경계를 늦추지 말아야 했다. 외출할 때는 방독면을 들고 다녀야 했다(하와이대학 졸업생들은 모자와 가운과 방독면을 쓰고 줄지어 다녔다[15]). 엄격한 통금을 지켜야 하는 삶이기도 했다. 일본군 정찰기가 밤에 날아다닐지 모르니 전 지역의 불을 끄는 '등화관제'가 실시되는 삶이었다.

그러나 안전 조치들은 침략에 대비한 것만이 아니었다. 군대는 하와이 주민 자체에 대해서도 극도의 경계 조치를 주장했다. 해군장관이 보기에 하와이는 주민의 3분의 1 이상이 일본계여서 인구 구성이 의심스러운 '적국'[16]이었다. 이에 따라 주민 등록과 지문 날인, 백신 접종이 이뤄졌다. 미국 역사상 최초로 대규모의 지문 날인과 최대 규모의 백신 접종 캠페인이 진행된 사례였다. 하와이 주민들은 신분증을 항상 소지하고 다녀야 했으며 이를 지키지 않으면 체포될 수 있었다. 포인덱스터 총독 자신도 검문에 걸렸다가 다른 정장 주머니에 신분증 카드를 놓고 왔다는 사실을 깨닫자 불편한 상황이 연출됐다.[17]

약 3년에 걸친 하와이 계엄령 기간에 호놀룰루의 베레타니아가를 지나는 탱크의 모습

의회의 견제나 대통령의 감시 없이 군정총독부Office of the Military Governor(OMG로 불렸다. 일부에서는 'One Mighty God[전능한 유일신]'[18]이라고 부르기도 했다)에서 직접 규제를 발동했다. 신적 존재와 마찬가지로, 군정 총독은 성가신 계율을 공포했다. 미국 달러를 하와이 전용 화폐로 교체하고, 여행을 제한하고, 언론을 검열하고, 우편물을 검열하고, 임금을 동결하고, 주요 산업에서 사직을 금지하는 등의 조치를 내렸다. 게다가 그는 시기심이 강해서, 국기를 모욕할 경우 최대 10년의 강제 노역형에 처하는 법을 마련하거나 유흥 장소에서 그 자신이나 군대 내의 어떤 인물에 대해서도 '적대감이나 무례'[19]를 (말이나 이미지 또는 행동으로) 표하는 것을 금지할 정도였다. 그 밖에 일반 수칙GO은 탈무드처럼 읽히며, 명백한 군 관련 사안이 아닌 것에도 널리 적용됐고, 범퍼 도색에 대한 규정이라든가 육류 저장, 볼링장 영업 시간, 비둘기 운반, 나아가 돼지 도축(중량 미달 돼지를 도살하면 최대 한 달의 징역형에 처해진다)까지 규제했다.[20]

"내 권한은 사실상 무제한"[21]이라며 군정 총독은 일기에 으스대듯 썼다.

그가 내린 수많은 명령은 뒤에 군대라는 강력한 존재가 버티고 있었기에 가능했다. 한 하와이 라디오 방송국 관리자는 계엄령하에서 첫 생방송을 진행한 일을 떠올렸다. 해군 장교가 스튜디오 안으로 들어오더니 복무 중에 휴대한 무기를 뽑아 다음과 같이 알렸다. "내 손에는 45구경 권총이 있으니, 대본에서 벗어나면 당신을 쏘겠소."[22] 장교는 그렇게 말하고 웃었으나 관리자는 농담이 아니었다고 기억했다.

헌병대의 "열성은 지나치다고 알려"진 기록이 한 일본계 호놀룰루 주민의 일기장에 나온다. "그들은 먼저 총을 쏘고 그다음에 질문을 했다."[23]

거리에 돌아다니는 총 외에도 육군은 법 시행을 위한 군정재판소 체제를 수립했다. 그들이 시행한 정의는 성급했고 무자비했다. 재판은 체포당일 열렸고 몇 분 내에 끝났다. 호놀룰루에서 첫 4개월간 단 1명의 판사가 상주하며 하루에 100여 건의 사건을 신속히 처리했다.[24] 배심원도 기자도 증인 소환도 없었고, 대개 변호사도 없었다. 법률 교육을 거의 받지 못했던 무장 군인들은 사법 재량을 최대한 발휘해 사실 관계와 법률을 해석했다. 피고는 '계엄령의 정신'을 위반한 혐의로 유죄를 선고받을수 있었고, 실제로도 그랬다. 유죄 선고는 일반적이었다. 1942년 호놀룰루의 한 군정재판소에서 열린 2만 건 이상의 재판 중 98.4퍼센트는 유죄판결이 내려졌다.[25]

하와이 군정재판소에서 재판받은 수만 명의 피고인은 강도, 폭행, 사기 등과 같은 일상적인 일로 기소되지 않았다. 그들은 주로 결근, 통금위반, 교통 위반 등의 혐의로 재판을 받았다.[26] 아마 그중 소수는 위에서 언급한 유흥 장소 내 군인에 대한 무례한 행위로 기소됐을 것이다.

일단 재판에 들어가면 대부분 유죄 판결을 받았고, 배심원 없는 재판을 받은 피고는 수천 달러의 벌금형을 받거나 최대 5년의 징역형에 처해졌다(더 긴 시간 복역해야 하는 중범죄는 다른 심급의 군사법원에서 다뤄졌다). 일반 수칙GO에는 주차된 차량의 시동 위치에 열쇠를 꽂고 나오면 최대 30일의 구금형에 처해지며, 속임수용으로 표시가 된 게임 카드를 사면 1000달러의 벌금과 최대 1년의 노역형에 처해진다고 명시돼 있었다.[27] 이런 정권하에서 사는 것은 분통 터지는 일이었다. 한 운전자는 50달러의 벌금형을 받았는데, 그 죄목은 구타 및 폭행이었다.[28] 자신의 차량을 발로 찼다는 것이었다. 경비원에게 위협을 받아 바에서 도망쳐 나오다가 헌병 2명과 충돌한 한 흑인 남자가 관련된 충격적인 사건이 있었다.[29] 그는 경찰 폭행죄로 체포됐고 징역 5년형을 선고받았다.

기록이 일률적으로 보관된 것도 아니고 재판이 대중에게 공개되지도 않았으므로, 이런 말도 안 되는 오심이 얼마나 흔했는지는 알기 어렵다. 그러나 1년 이상의 징역을 선고받는 일은 드물었고,[30] 하와이 교도소에 수감된 사람이 많았다고 생각할 이유는 별로 없다. 복역 대신 헌혈하거나, 벌금을 내는 대신 전시 채권을 구입하라고 피고에게 명령하는 경우가 많았다. 그런 식으로 육군은 하와이 주민들에게 애국적인 행위에 가담하도록 강제했으나, 본토인들은 이를 선택할 수 있었다. 하와이의 계엄령은 30여 년간 지속됐는데, 이는 일본이 하와이에 위협이 될 것이라고 생각했던 기간보다 2년 반 정도 더 길었다. 그러나 하와이의 군사령관은 지배권 포기를 계속해서 거부했다. 내무장관은 이를 "미국의 하와이 '점령 영토'"[31]라고 부르기 시작했다.

결국 계엄령이 해제된 것은 잇달아 법적 이의가 제기되면서 일반에 해당 사안이 공개됐기 때문이다. 영토 문제에 본토가 관심을 가진 드문 경우였다. 군법무관들은 대법원에서 하와이의 영토적 지위에 따라 계엄령이 허용된다고 주장했다. 게다가 하와이는 '많은 경우 미국 정부의 삶에 대한 철학과는 맞지 않는 제각각의 동질성과 충성심을 가진 다인종 인구'[32]로 이뤄져 있다고 덧붙였다.

대법원은 매우 훌륭한 선택을 했다. 이런 주장을 받아들이지 않은 것이다. 하와이의 계엄령은 불법이며 그곳의 시민들은 본토 시민들과 동일한 보호를 받을 권리가 있다고 판결을 내렸다. 대법원 판사는 "인종차별주의는 우리 문명의 어느 곳에도 설 자리가 없다"[33]며 꾸짖었다. 그러나 그런 판결은 계엄령뿐 아니라 전쟁 자체가 완전히 종식된 1946년에 가서야 내려졌다.

　　　　　　　　　　　　　　　　　　　　제1부 식민지 제국

For blackout and traffic violations
We payed in bonds and blood donations.

계엄령 기간에 출판된 호놀룰루 어린이 도서에는 군정재판소 판사 앞에서 벌벌 떠는 피고의 모습이 묘사되어 있다.

———

일본은 필리핀을 점령한 지 얼마 지나지 않아 알래스카로 넘어갔다. 1942년 6월, 일본은 더치 하버를 폭격했고 알류샨 열도의 아가투, 아투, 키스카섬을 점령했다(마누엘 케손은 거의 내버려두다시피 한 또 다른 영토가 일본군 손에 넘어갔다는 뉴스를 듣고는 "누군가는 탄핵당해야 한다"[34]며 불만을 터뜨렸다). 일본군은 1년 넘게 이 섬들을 점령한 후 아투의 몇 안 되는

인구(42명)를 전쟁 포로로 삼아 일본으로 이송했다. 그중 절반이 그곳에서 사망했다.[35]

알래스카 일부를 점령한 것은 중대한 성취였고 선동가들은 알류샨 열도에서 일본으로 가져온 유적을 자랑스레 전시했다.[36] 미국 본토인들은 그 사건에 대해 거의 몰랐는데, 이는 공식적인 검열 때문이었다. 어니스트 그리닝은 총독으로서 알래스카의 계엄령을 저지했으나, 모든 정부 사안에 군대와 합의한다는 데 마지못해 동의함으로써 가능했던 것이다. 알래스카는 일종의 자체 군사기지가 되면서 등화관제와 여행 제한 등을 시행했다.

가장 충격적인 것은 완벽에 가까운 정보 봉쇄였다. 본토에서는 검열 문제가 놀랍도록 가볍게 다뤄졌다.[37] 정부는 그저 편집자들에게 민감한 사안의 상세 사항을 공개하지 말라고 요청하면 되었다. 반면 알래스카에서는 검열이 의무였고 굉장히 활발히 이뤄졌다. 영토로 가는 인쇄물은 엄격한 검열을 받아서 총독인 그리닝의 우편물도 공개될 정도였고 『워싱턴 포스트』와 『뉴스위크』 간행물의 일부 기사는 가위질된 채 오기도 했다.[38] 외부로 나가는 뉴스는 더 엄격히 통제됐다. 일본군의 공격 이후 알래스카인이 아닌 기자들은 추방됐다(몇몇은 나중에 되돌아왔다). 남아 있는 기자들은 전략적 사안에 대해서는 글을 쓸 수 없었다. 군 당국의 광범위한 해석에 따라 알래스카 생활의 거의 모든 부분이 그렇게 통제됐다.

"우리는 외국인입니까?"[39] 한 알래스카인이 물었다. "우리도 미국인 아닌가요?"

격분한 어니스트 그리닝은 워싱턴으로 날아가 '미국에 게슈타포 방식을 도입'[40]한 데 대해 항의했다. 그러나 그는 상하원 의원들도 모를 정도로 검열이 완벽해서 꼼짝할 수 없는 상황이라는 것을 알게 됐다.[41]

기자들은 알래스카를 이처럼 '가장 조용한 전구戰區'[42]라거나 '숨은 전선'[43]이라고 불렀다. 오늘날 이는 잊힌 전쟁이다. 일본군이 알래스카 근처까지 왔다는 사실을 알고 놀라는 사람이 많다.

그들은 알류샨 열도의 알류트족 억류 사실을 알면 또 한 번 놀란다.[44]

———

제2차 세계대전 중 일어난 일본인에 대한 억류는 미국 역사상 가장 유감스러운 일화 중 하나다. 1942년 5월, 일본 국적자와 일본계 미국 시민들이 포함된 약 11만2000명의 서부 주 거주자들은 강제로 집을 떠나 다년간 수용소에 갇혀 있었다. 1988년에 의회는 이처럼 '근본적인 부당함'[45]에 대해 사과하고 피억류자마다 2만 달러씩 지급하라는 판정을 내렸다. 정부가 배상금을 지불한 드문 사례였다.

그러나 억류 사태는 로고 지도 너머를 바라보면 다르게 보이는 일화 중 하나다. 정부가 국민을 상대로 시민의 자유를 기꺼이 위반한 사례가 가장 적나라하게 드러난 것이 바로 영토의 경우였다. 하와이는 그 한 예일 뿐이다. 특정 인종 집단을 겨냥하는 대신 전 영토를 철조망에 둘러싸인 무장 캠프로 만들어 모든 거주자의 움직임과 통신, 정치적 행위를 군에서 모니터링한 일종의 준억류 상태였던 것이다.

아시아를 향해 뻗어 있는 알래스카 섬들이 이어진 알류샨 열도에서 일어난 일은 잘 알려져 있지 않다. 전쟁 시작 전에 그리닝과 그의 동료들은 일본군의 공격 가능성을 논의했다. 만일에 대비해 알류샨 열도에서 사람들을 대피시켜야 하는가? 그리닝은 이에 반대했다. 알류트족이 고향을 떠나게 하는 건 재앙이라고 생각했던 것이다.

일본군이 침략해 들어오면서 이 문제에 대해 즉시 결정을 내려야 했다. 알래스카 사령부는 유니맥 서쪽과 근처 알류샨 열도와 프리빌로프 제도에 거주하는 모든 원주민에게 집을 떠나 내륙으로 더 들어가라고 명령했다. 이는 배신이 두려워서가 아니었다. 오히려 '스스로를 위한' 억류였다. 민간인을 교전 지역에서 빠지도록 하려는 것이었다(그러나 우날래스카섬 백인 거주민들은 남아 있어도 된다는 허락을 받았다는 사실을 알류트족이 알게 됐다[46]).

그리닝과 그의 동료들은 알류트족 억류에 반대했기 때문에 아무 계획이 없었다. 900여 명의 알류트족은 서둘러 배에 떠밀려 올라타더니("아침 식사 테이블에 달걀이 여전히 놓여 있었다"[47]고 아트카섬에서 한 장교는 회상했다) 낯선 동남부 알래스카에 내렸다.

그들은 새로운 환경에 심란해했다. 거대한 나무들이 줄지어 서 있는 모습이 그들을 불안하게 만들었다고 전해진다. "기분이 이상하군. 걸어다닐 공간이 없어."[48] 아트카 부족의 족장이 걱정스러워하며 말했다.

그러나 나무는 그들에게 가장 수월한 문제였을 뿐이다. 방치된 광산촌, 생선통조림 공장, 강제노동수용소 등 해군이 갑자기 찾아내는 곳은 어디든 그들의 새로운 '고향'이 되었다. 수돗물이 나오지 않는 곳이 많았다. 게다가 군은 알래스카 간선도로에는 수백만 달러를 퍼부었으나, 수용소를 개선하는 데는 한 푼도 쓰지 않았다.

그러면 그들을 억류하는 수용소는 어땠을까? "제가 본 것을 적절하게 설명할 만한 표현이 떠오르지 않습니다."[49] 알래스카의 법무장관은 한 곳을 돌아본 후 그리닝에게 이렇게 썼다. "아마 제가 말씀드려도 제 말을 믿지 못하실 거라 장담합니다."

억류된 이들은 필사적으로 관리들에게 설명하려 애썼다. 수용소는

제1부 식민지 제국

"사람이 살 곳이 못 된다"[50]고 편지에 썼다. "우리는 더러운 물을 마시고 병이 듭니다. 아이들은 피부병에 걸리고 어른들도 추위로 병에 걸립니다. 우리는 엉망인 집에서 음식을 먹는데 불과 몇 야드 떨어진 곳에 화장실이 있어요. 우리는 주변에 날아다니는 오물을 먹게 됩니다. 목욕할 곳도 없고 옷을 빨 곳도 없고 비가 오면 말릴 곳도 없어요."

그리닝은 의사를 대동하고 시설을 방문했다. 그들의 이야기는 정확했다. "첫 번째 수용소에 들어가자 사람 똥 냄새와 쓰레기 냄새가 너무 지독해서 더 이상 들어가볼 수가 없었다." 의사는 그렇게 기록했다. 건물에는 불도 들어오지 않았고 하수 처리는 전혀 되지 않았고 물은 "변색되고 오염되어 보기 좋지 않았다".[51]

해군의 요청에 따라 자신들의 집을 내준 고마운 시민들이 있었으나, 알류트족은 이 수용소에서 비참하게 살아갔다. 주위에 철조망이 둘러쳐진 것도 아니지만 떠나기란 불가능했다. 떠나려면 군의 허가가 필요했고 (대부분의 수용소에서는) 보트가 있어야 했다. 그들은 그 어느 것도 기대할 수 없는 처지였다.

그래서 그들은 다년간 이곳에 머물렀다. 일본이 알류샨 열도에서 밀려나고 전세가 역전되자, 알류샨 열도에 위험이 지속될 가능성은 희박했다. 최소한 정부는 걱정 없이 프리빌로프 제도 주민들을 고향으로 돌려보내 1943년 물개 포획(미국 어류 및 야생동물관리국은 모피 회사와 돈벌이가 되는 거래를 체결했다)에 투입할 수 있었다. 그러나 프리빌로프 주민들이 모피를 넘기면 그들은 다시 수용소로 곧장 돌려보내졌다.[52]

장기간의 억류 조치가 알류트족에 대한 적의에서 비롯된 것은 아니었다. 그들은 '적'이 아니었다. 다만 정부 관리들은 그들을 억류 상태로 두는 것이 고향으로 데리고 오는 것보다 수월하다고 판단했던 듯하다. 게다가 군은 그들이 살던 집의 대부분을 차지했다. 검열이 빈틈없이 이뤄졌기 때문에 여론의 압력도 없었다. 아무도 몰랐다.

그러나 그런 지연은 문제가 됐다. 수용소 내 환자들이 사망하기 시작한 것이다. 이는 기반시설이 거의 전무한 상황이라 예측 가능한 결과였다. 서부 해안 수용소의 피억류자 사망률은 일반 시민의 사망률과 별 차이가 없었다. 그러나 전쟁이 끝날 무렵 알래스카 수용소에서는 10퍼센트가 사망했다.

———

확장된 미국 영토 내 억류는 하와이의 계엄령 사태나 알류샨 주민들의 강제 이주로 끝나지 않았다. 잘 알려지지는 않았지만 미국은 필리핀 내 일본인들도 억류했다.

루스벨트는 심사숙고 끝에 1942년 2월 미 서부에 일본인 억류를 규정하는 악명 높은 행정명령EO 9906호에 서명했다. 필리핀 내 일본계 인구(약 3만 명)를 억류하는 데에는 별다른 논의가 필요하지 않았다. 진주만 공격이 있기 몇 달 전에 필리핀 의회는 외국 국적자의 정부 등록을 요하는 법안을 통과시켰고 그들의 지문을 채취했다. 공격 당일 맥아더는 귀화한 필리핀 시민과 필리핀에서 출생한 일본계 인구를 모아 감시하라고 명령했다.[53] 감시 대상에서 제외된 건 영사직 관리들뿐이었다.

이는 품위 있는 일과는 거리가 멀었다. 군인들은 일본인들의 집과 상점, 사무실을 급습했고 필요하면 일본인들을 끌어냈다.[54] 한 필리핀 여성은 길거리로 끌려나오는 수많은 일본인 가족의 모습에 대해 이야기했다.

267

사람들이 야유했어요.55 우리 집 하인은 좋아서 어쩔 줄 몰라했죠.

"반역자들을 목매달아버려!" 하며 담장 너머로 소리쳤어요.

그는 몸을 구부려 돌멩이를 집어들려고 했지만 제가 말렸죠.

"끼어들지 마라." 제가 따끔하게 이야기했어요. "미국인들이 알아서 하게 내버려둬."

당국이 부추긴 탓인지 시민들은 숨어 지내는 일본인을 찾아다녔다.56 그들을 숨겨준 필리핀인들은 체포됐다.57 일본 여성들은 시민과 군인들에게 강간당했고 일본인들의 집과 회사는 아수라장이 됐다.58 마닐라에서 경찰들은 공습이 진행되는 동안 길거리 한복판에 100명이 넘는 피억류자가 탄 트럭을 주차해놓았다.59 일본군 폭격기의 표적이 되기 좋았고, 안에 갇힌 이들에게는 끔찍한 시련이었다. 다바오에서 경비들은 수감자들에게 마구 총질을 하며 일본에 대한 분노를 계속해서 분출했다.60 한 피억류자는 50명 정도가 사망했다고 추정했다.

10대 시절부터 16년간 필리핀에 살았던 피억류자인 오사와 기요시는 "감옥에서 비참하게 지내는" 동안 "형언할 수 없는 수치심과 반신반의하는 마음이 끝없이 밀려들었다"61고 기억했다.

오사와와 함께 억류된 이들의 이야기는 일본인 억류에 관한 미국의 기록 어디에도 등장하지 않는다. 이는 얼마간은 미국 역사에서 식민지와 관련된 부분을 빼놓는 일반적인 경향 때문이지만, 단기간에 진행된 사건의 속성과 확실히 관계가 있다. 서부 해안 억류와 하와이의 계엄령, 알류샨 억류는 수년간 지속된 반면, 필리핀 억류 사태는 1941년 말 일본군의 침략으로 몇 주 만에 끝났다.

일본의 침략으로 오사와와 같은 피억류자들은 애매한 입장에 놓였다.

서부에서는 일본계 주민들이 일본에 부역할 것이라는 공포가 기우였음이 밝혀졌다. 본토인들이 일본을 실질적으로 지원한 사례는 극소수에 불과했던 것이다. 그러나 실제로 일본의 손아귀에 들어가면서 필리핀에서는 국가에 대한 충성이란 문제가 좀더 첨예하게 제기됐다. 필리핀에 거주하는 일본인은 일본을 편들까, 아니면 미국을 편들까?

거의 만장일치로 그들은 일본을 택했다. 이전에 억류됐던 사람들은 일본군이 지급한 총을 갖게 되면서 자신들을 가뒀던 이들에게 곧장 인정사정없는 복수에 나섰다.[62] 그들은 중재자와 통역사로서 일본 점령군을 위해 일했다. 필리핀인들은 정원사, 아이스크림 판매상, 하인 등으로 익숙했던 얼굴들이 일본군 군복을 입고 행진하는 모습을 자주 목격하게 됐다.

"일본인 거주자들이 처한 심각한 딜레마는 어떤 말로도 설명할 수 없습니다. 우리는 잔혹한 일본군과 고통받는 필리핀 친구들 사이에서 이러지도 저러지도 못하는 상황이었거든요."[63] 오사와는 이렇게 회상했다. 그럼에도 불구하고 그는 점령군 정부에 합류해 전쟁이 끝날 때까지 복무했다. '필리핀 사회에 동화'됐으나 그는 여전히 '일본인이라는 강한 자부심'을 느꼈다.

오사와가 그렇게 생각하게 된 게 이웃이었던 필리핀인들이 그를 가뒀다는 사실과 관계있음은 말할 필요도 없을 것이다.

———

오사와 기요시의 곤경은 드문 일이 아니었다. 피식민지인들은 미국에 대해 불만을 품는 게 당연했다. 특히 피억류자들은 더욱 그랬다. 전쟁 중에 일부는 오사와처럼 일본 편을 들었으리라고 추측하는 것도 무리는 아니었다. 확실히 태평양제국 전반의 식민지 관리들 사이에서는 그와 같은 공포가 만연했다.

그러나 일본의 직접적인 영향력이 미치지 않는 태평양 영토에서는 그런 우려가 현실로 나타나지는 않았다. 그 대신 하와이와 알래스카 주민들은 다른 쪽으로 방향을 틀어 미국 편으로 돌아섰다. 국내에서 평등에 대한 요구의 정당성을 입증하기 위해 해외 전투에 참전한 대다수 흑인과 마찬가지로 태평양 영토 주민들은 뭔가 증명이라도 하려는 듯 확고한 투지로 전시 국민 협력에 가담했다. 하와이의 전시 채권 판매는 국내 평균의 약 2~4배를 꾸준히 기록하며 미국 내 최고치를 달성했다.[64] 알래스카는 전쟁이 최고조일 때를 기준으로 2위에 올랐다.[65] 이 지역들은 본토에 비해 정부 개입이 매우 극심했음에도 불구하고 태평양 영토 주민들은 전쟁 자금을 지원했다.

그러나 정부는 전시 채권 구입 이상을 요구했다. 알래스카의 경우, 그리닝은 일본의 침략을 우려하며(이는 일본이 알류샨 열도를 침공하기 한 달 전이었다), 알래스카 영토 방위군 조직에 나섰다. 이는 침략군을 물리치기 위해 무장한 시민들로 구성된 민병대 형태였다. 그리닝은 방위군을 연안 전체로 확대하면서 원주민의 입대를 요청하기 시작했다.

그리닝은 "그때까지는 에스키모인들과 거의 접촉한 적이 없었다"고 회상했다. 그는 군입대 가능성에 대해 그들이 어떤 반응을 보일지 궁금했다. 알래스카 원주민들은 극장 내 좌석 분리, 인종적으로 분리된 학교, 호텔과 레스토랑의 원주민 출입 금지 표시 등 혹독한 짐 크로법을 견뎌왔다. 그리닝은 "그들의 웃는 얼굴 뒤에 어떤 억울함이 도사리고 있는지 몰랐다"[66]고 고백했다. 알래스카 원주민들이 무장하면 군을 향해 총부리를 겨눌 것이라며 경계한 본토 군인들도 모르기는 마찬가지였다.[67]

그리닝은 그럴 일은 없을 거라 생각하고 마빈 마스턴 소령과 함께 신병을 뽑기 위해 해당 지역을 둘러봤다. 총독이 북부 원주민들을 방문한 것은 그때가 처음이었다. 그리닝은 그들을 "미국 시민 여러분"이라 부르며 운을 뗐다. 그런 후 마스턴이 군복무 요청에 대해 설명했다. 급여를 받거나 군복이 지급되지는 않더라도 "육군의 눈과 귀가 되어"[68] 군인으로 복무하게 될 거라는 이야기였다. 어깨에는 그들의 신분을 상징하는 배지가 달릴 것이라고 했다.

"여러분에게 총과 탄약을 지급할 것입니다."[69] 마스턴이 이야기했다. "일본군이 여기로 쳐들어와 배에서 내리면, 그들에게 재빨리 총을 쏘겠습니까?"

사람들은 그러겠다고 했다. 그리닝은 "방위군 조직에 동참해달라는 간청에 여기저기서 열렬한 반응이 터져나왔다"[70]고 기억했다. "모든 에스키모 마을에서 회의를 소집했습니다. 남녀노소 가리지 않고 모두가 참여했죠." 외인부대를 포함해 2만여 명에 달하는 알래스카 원주민들은 '그리닝의 게릴라 부대'에 합류했다.[71]

그들은 자금 지원을 받지 못했고 사령관과 접촉도 거의 없었다. 게다가 군과 접촉한 경험은 몹시 분통 터지는 일이었다. "정말 애를 먹었다"고 시미언 플레트니코프는 당시를 기억했다.[72] 그는 본토 군인들이 그를 잡아 죽이겠다고 위협하고 군인을 사칭한 죄로 군정재판소에 끌고 가려 했던 일을 이야기했다. "무슨 일입니까? 저는 알류트족 사람입니다"라고 플레트니코프는 반복해서 매달려야 했다.

치욕에도 불구하고 영토 방위군 병사들은 알래스카 북부 방어에 나섰다.[73] 그들은 길을 내고 무기고와 방공호를 건설하고 강제 정전을 시행하고 툰드라 화재를 진압했으며 보초를 섰다. 일본군이 북미 지역에 폭격을 가하기 위해 태평양으로 풍선 폭탄을 띄워 보내면(이는 실패로 돌아갔다) 영토 방위군이 이를 찾아 수거했다. 그들이 가진 소총은 필리핀인들과 마찬가지로 제1차 세계대전 때 쓰던 것과 같은 구형 모델이었다. 그러나 알래스카 원주민들은 구식 무기를 갖고 매주 훈련을 계속했다.

원주민 부대는 편성된 후 알래스카 국가방위군의 감독하에 복무를 계속하며, 본토의 입대자 수를 훨씬 앞질렀다.[74] 그들은 조용하면서도 군

알래스카 영토 방위군ATG 병사에게 소총을 보여주는 마스턴 소령. 역시 ATG에서 훈련받은 러스티 휠린의 작품

은 충성심을 보이며 냉전 시대까지 군복무를 이어갔다. 1969년 소小다이 오메드섬에 도착한 한 장군은 군복을 입은 무장 군인들이 자신의 비행기를 맞이하는 것을 보고 놀랐다.[75] 그는 경계경보가 있었냐고 물었다.

그들은 아니라고 답했다. 그저 준비 태세를 갖춘 것뿐이라고.

———

알래스카 원주민들은 눈에 띄지 않게 묵묵히 일했다. 육군에 입대했던 하와이의 일본계 미국인들은 경우가 달랐다. 1942년 5월, 제100보병대대(개별)는 모두 일본계 미국 시민 1400명 이상의 인원으로 구성됐다. 기자들은 '진주만의 기니피그'[76]로 알려진 그 부대에 비상한 관심을 보였다. "우리는 다른 백인 부대와 마찬가지로 뛰어나야 한다는 걸 알았습니다." 한 병사가 당시를 회상했다. "그리고 우리는 피를 흘려야 한다는 걸 알았습니다."[77]

하와이의 일본계 주민들은 뜨거운 관심이 쏟아지는 걸 느낄 수 있었다. 그래서 그들은 시선을 끌기 위해 행동에 나섰다. 이듬해에 육군이 일본계 하와이인들의 제442보병연대 구성을 촉구했을 때, 본토 일본인들에게 할당됐던 자리는 다 채워지지 못했다. 그러나 1만여 명의 일본계 하와이인이 신병 모집 사무소에 밀려들었다. 제442연대의 원래 모집 인원 중 4분의 3 이상이 하와이 출신이었다.

모든 하와이의 제100보병대대와 이를 흡수한 제442보병연대는 주로 유럽으로 파병됐다. 그들은 유럽에서 싸우며 용맹을 떨쳤다. 이 경우 '용맹'이란 개인의 안전을 극도로 무시하면서까지 나치를 처단하는 데 몰두한 행위를 완곡하게 표현한 것이었다.

대니얼 이노우에[78]라는 한 군인은 세계대전이 끝날 때 토스카나에서 상상하기 어려운 정도의 용맹함을 보였다. 독일군의 기관총 세 대가 아군을 쓰러뜨리자 그는 일어나 돌격했다. 그는 바로 배에 총을 맞았으나 첫 번째 기관총좌로 달려가 수류탄으로 날려버렸다. 그런 후 그는 두 번째 포좌를 향해 '비틀거리며 언덕을 올라가' 수류탄 두 개를 던졌다고 말했다. 손에 수류탄을 쥐고 세 번째 기관총좌를 향해 가는 길에 독일군의 총류탄●이 그의 오른쪽 팔꿈치로 날아들면서 "거의 팔을 날려버렸다". 그러나 '피가 흥건하고 너덜너덜해진 살점'에 매달린 그의 오른쪽 주먹은 여전히 핀을 뽑은 수류탄을 꼭 쥐고 있었다. 그는 왼손으로 수류탄을 집어 세 번째 기관총좌로 투척했다. 살아남은 독일군이 얼마 남지 않게 되자 이노우에는 왼손으로 자동 기관총을 풀어 그들을 향해 기관총을 갈겼다. 그러다가 다시 다리에 총을 맞고 마침내 쓰러졌다.

"다시 언덕으로 올라가!" 그는 자신을 도우러 달려오는 전우들에게 소리를 질렀다. "전쟁은 아직 안 끝났다고!"

이노우에는 팔 한쪽을 잃었으나, 미국이 수여하는 최고 훈장인 명예훈장[79]을 받았다. 제2차 세계대전에서 4개 육군 사단에서만 10개가 넘는 훈장을 받았다. 제100보병대대·제442보병연대는 사단의 3분의 1 규모였지만, 21개(「가라데 키드」에 나온 미야기 사부까지 친다면 22개) 훈장을 받았다.●● 그들은 수천 개에 달하는 각종 상을 받기도 했다. 제100보병대대·제442보병연대는 똑같이 미국 역사상 가장 많은 훈장을 받은 부대 중 하나였다.[80]

● 소총의 총구에 부착하는 특수 발사 장치로부터 발사되도록 만들어진 유탄 또는 소형 폭탄.
●● 극중 미야기 사부는 일본인이나 미군으로 제2차 세계대전에 참여한 참전용사로, 육군 명예훈장 수훈자로 나온다.

12.
목숨을 내놓아야 할 때가 있는 법

하와이와 알래스카는 결코 일어나지 않았던 침략에 대비해 군비를 갖췄다. 그 영토들은 공격을 받았으나 알류샨 열도를 제외하고는 아무런 피해도 입지 않았다. 그런 면에서 운이 좋았다. 태평양의 다른 지역에서는 서구 식민지를 대상으로 침략과 정복 전쟁이 벌어졌다.

그 시작은 진주만이었다. 본토 주민들은 이 사건을 하와이 기지에 대한 공격으로 기억한다. 그러나 물론 이는 사건의 일부일 뿐이다. 그날 일본군은 거의 동시에 태평양 전역의 연합군 식민지들을 공격했다.[1] 기습 폭격은 새벽에 가장 효과적이므로 주요 목표물, 즉 하와이, 필리핀, 괌, 홍콩을 동이 트자마자 공격한다는 생각이었다.

그러나 동틀 무렵이란 상대적인 개념이다. 공격받은 영토들이 자신보다 서쪽에 있는 지역이 밤 시간일 때 경고해줄 수 있다는 점은 일본군 계획의 어쩔 수 없는 약점이었다. 맥아더의 B-17 폭격기는 특히 우려할 만했다. 이는 그가 지휘하는 필리핀의 '최정예 부대'[2]로, 태평양에서 연합군 방어의 중심이었기 때문이다. 하와이의 경고 덕분에 그 전투기들은 공중에서 미리 전투태세를 갖출 수 있었다.

게다가 필리핀을 공격하기로 되어 있었던 타이완의 일본군 비행기는 정시에 이륙하지 못했다. 짙은 안개로 6시간 동안 이륙할 수 없었던 탓에 맥아더는 하와이 상황에 대응할 여유가 대폭 늘어난 셈이었다.[3] 일본군 조종사들이 필리핀에 도착할 무렵 맥아더가 기다리고 있을 것이라고 두려워한 데에는 이유가 있었다. 일본군 비행기가 이륙도 하기 전에 B-17 폭격기가 타이완을 폭격할 것이라고 예상했기 때문이다.

그런데 그런 상황은 일어나지 않았다. 전혀 아니었다. 한 일본군 조종사는 "보고도 믿을 수가 없었다"며 필리핀에 도착했을 당시를 떠올렸다. "공격 태세로 우리를 향해 돌진해오는 미국 전투기 떼를 마주치는 대신, 60여 대의 적군 폭격기와 전투기가 비행장 활주로에 가지런히 늘어서 있는 모습을 보게 됐습니다."[4] 공중에 날아다니는 미군의 폭격기와 전투기는 찾을 수 없었다. 타이완으로 가고 있지 않다는 건 너무나 분명했다. 비행기는 열을 맞춰 지상에 세워져 있었던 것이다.

깜짝 놀란 일본군 조종사들은 폭탄을 떨어뜨렸다.

———

맥아더는 하와이 소식을 잊고 있었다. 필리핀 시각으로 새벽 3시 40분, 그가 묵는 마닐라 호텔 꼭대기층의 펜트하우스로 전화가 걸려왔다. 그는 옷을 입고 급히 사령부로 달려갔다.

그러나 그 후에 일어난 일은 설명할 방법이 없다. 몇 시간 동안 맥아더는 사실상 아무것도 하지 않았던 듯하다. 공군 사령관이 맥아더의 사령부에 두 번 찾아와 만나줄 것을 간곡히 요청했으나 그때마다 맥아더의 사무실 문은 굳게 닫혀 있을 뿐이었다. 미국 정부의 계속된 경고는 묵살됐다. 직접 명령도 무시됐다.

맥아더는 긴장으로 몸이 굳어버렸던 것일까? 그는 (별 효과 없었던) 속임수를 썼던 것일까? 맥아더의 전기작가는 그의 행동을 '당혹스럽다'고 평가한다. 이는 '수수께끼' 같으며 '우리는 영원히 풀 수 없을 것'5이라는 것이다.

그 원인이 무엇이든 간에 결과는 참혹했다. 일본군은 맥아더의 전화가 울린 지 9시간 후에, 정오가 좀 지난 시각에 타격했다. "우리는 아름다운 은색 전투기가 불길에 휩싸여 바로 눈앞에서 폭발하는 걸 지켜봤습니다. 그 앞에서 무력하게 지켜볼 수밖에 없었습니다."6 한 B-17 조종사는 그렇게 썼다. 몇 시간 후 맥아더는 35대의 B-17기 중 18대와 다른 90대의 비행기를 잃었다. 남은 비행기의 상당수는 심하게 손상됐다. 한 사령관은 이를 "미군 역사상 최악의 날 중 하나"7로 평가했다.

공격이 있기 전에 맥아더가 지휘하는 공군은 전열을 가다듬지 못한 상태였다. 이제는 싸울 수도 없게 됐다.8 일본군은 계속 들이닥쳤고 맥아더가 할 수 있는 것은 아무것도 없었다. 이제 공중을 장악한 것은 맥아더가 아니라 일본군이었다.

1898년 마닐라만 전투가 또다시 재현된 것 같았다. 그때와 다른 점이 있다면 지금은 미국이 스페인의 입장이 되어 하루 만에 모든 함대를 잃을 위기에 처해 있다는 것뿐이었다.

태평양 연합군의 희망이 단숨에 날아가면서, 일본군은 거침없이 다음 목적지를 향해 나아갔다. 괌은 12월 10일, 타이는 21일, 웨이크섬은 23일, 홍콩은 크리스마스에 함락됐다. 이듬해 1월 1일, 필리핀도 항복했다. 아시아의 다른 주요 식민지의 수도도 일본군의 손아귀에 들어갔다. 2월 15일에는 싱가포르(윈스턴 처칠은 "영국 역사상 최악의 재앙이자 최대 항복"9이라며 탄식했다), 3월 5일에는 바타비아,● 3월 8일에는 양곤 순이었다. 숨 가쁜 3개월 동안 일본은 태평양에서 네덜란드와 영국, 미국을 굴복시켰다.

맥아더가 B-17기를 잃었을지는 몰라도 아직 육군은 남아 있었다. 보충병을 포함하니 15만 명쯤 되었다. 그러나 무기도 거의 갖추지 못하고 훈련도 제대로 받지 못한 이 보충병들은 노련한 일본군을 맞기엔 역부족이었다. 많은 사람이 그냥 사라져버렸다. 2주가 지나가 북부 루손군은 2만8000명에서 1만6000명으로 줄어들었다.10 남아 있는 군대는 여전히 수적으로 루손에 쳐들어온 1차 일본 침략군에 훨씬 못 미쳤으나, 이는 중요하지 않았다. 맥아더의 군대는 톱니바퀴 날에 맞서 싸우는 참나무 판이 온 힘을 다해 견디듯(기자의 표현) 일본군에 맞서 싸웠다.11

맥아더는 싸움을 포기하고 루손에 있는 군대를 상대적으로 안전한 바탄반도로 전략적으로 이동시키는 데 집중했다. 이는 3박자를 거꾸로 연주하는 것과 같았다. 교전 후 후퇴, 다리를 다이너마이트로 폭파한 후 이 과정을 반복하는 것이었다. 맥아더의 두 개 부대가 동시에 병력이 약화되는 상황에서 긴 거리를(총 184개 다리가 폭파됐다), 그것도 모두 적군의 포화에 맞춰 연주해야 한다는 것이 힘겨운 점이었다. 특이하게도 맥아더는 퇴각하면서 사령관으로서의 자질을 십분 발휘했다. 그런 작전은 매우 훌륭하게 수행된 것으로 알려졌다. 퍼싱 장군은 이를 "위대한 업적이자 군 역사를 통틀어 최고의 조치 중 하나"12라고 평했다.

● 자카르타의 옛 이름

무너져가던 군대가 바탄에 집결하자 맥아더는 마닐라를 '비무장 도시 open city'라고 선언했다. 1월 1일, 맥아더는 마닐라를 완전히 무장해제 상태로 만들었다. 다시 말해 일본군이 평화롭게 입성할 수 있다는 뜻이었다. 그러나 일본이 마닐라를 점령하기 전에 미군은 초토화 전술을 폈다. 그들은 유류 저장고에 불을 붙여 정부가 상당한 자부심을 갖고 (필리핀 국민의 세금으로) 지은 마닐라의 주요 다리들을 파괴했다.

"우리 군의 상황이 이토록 절망적이라는 사실을 믿기 힘들었다"[13]며 한 마닐라 시민은 도시 위로 피어오르는 검은 연기 기둥을 보며 말했다.

또다시 캐머런 포브스가 장악했던 시절과 마찬가지로 정부 고위급 인사들은 마닐라를 버렸다. 그러나 이번에는 바기오로 가지 않았다. 바기오 또한 공격을 받아 바기오 컨트리클럽의 골프 코스에 폭탄으로 움푹 팬 곳이 다섯 군데나 생겼다.[14] 그 대신 그들은 로어맨해튼보다 약간 작은 크기로, 마닐라만에 위치한 천연 요새인 코레히도르섬으로 달아났다.

바기오가 야외 스파였다면 코레히도르섬은 밀실 공포를 불러일으키는 벙커에 가까웠다. 1만 명이 넘는 군인과 주요 정치인들이 섬의 지반에서부터 깊게 파들어간 터널 안에 비좁게 몸을 구겨넣었다. 루스벨트가 고등판무관에게 은행을 비우라고 지시했기 때문에 돈도 그곳에 있었다. 이 모든 것이 기이한 상황을 연출했다. 일본군의 폭탄이 머리 위에서 굉음을 내는 동안 맥아더의 세 살 난 아들은 「공화국 전투 찬가」를 부르며 터널 안을 이리저리 돌아다녔다.[15] 한편 5.5톤가량의 금과 150톤가량의 페소 은화, 수백만 달러에 달하는 미국 지폐 등 빛나는 금은보화도 그곳에 있었다.[16]

바탄의 환경은 훨씬 더 안정적이었다. 군대 입장에서는 바탄반도가 진지 방어에 적격이었다. 그러나 진지 방어 작전에 성공하려면 식량이 필요한데, 8만 명의 군대와 2만6000명의 민간인 난민에게 식량을 충분히 공급할 여력은 없었다.[17] 1월에 배급된 식량의 절반이 없어졌다.[18] 3월에는 4분의 1만 얻을 수 있어도 운이 좋은 편이었다. 그들은 필사적으로 식량을 찾아 나섰고 주변 지역을 샅샅이 뒤졌다. 그들은 말과 개, 짐 나르는 노새, 이구아나, 뱀에 이어 원숭이까지 잡히는 대로 먹었다[19]("마치 불에 탄 아기 같았다"[20]고 한 군인이 구역질 난다는 듯 말했다). 담배를 먹으려던 병장도 있었다.[21] 당연히 질병이 창궐했다. 이질, 말라리아, 십이지장충이 들끓었고 장기적인 영양실조의 징후인 각기병이 돌았다.

전시에 널리 회자됐던 "여우굴에는 무신론자가 없다"[22]는 말은 최전방의 참혹함을 나타낸다.• 이 말은 바탄에서 생겨난 것으로 밝혀졌다.

———

바탄에서의 진지 방어로 일본과 미국이 맞붙었더라면 전투는 꽤나 극적으로 전개됐을 것이다. 그러나 맥아더가 이끄는 군대의 4분의 3은 필리핀인이었다. 이처럼 진지에는 군사적인 배경 위에 여러 겹의 정치적 문제가 포개져 있었다. 필리핀인들은 미 제국을 위해 싸울 것인가? 그리고 미 제국은 필리핀인을 위해 싸울 것인가?

프랭클린 루스벨트는 그에 대해 매우 분명한 입장을 밝혔다. 그는 필리핀 국민을 향한 연설에서 "필리핀 국민이 자유를 되찾고 독립을 얻어 이를 지킬 수 있도록 할 것을 엄숙히 약속한다"고 말했다. "인력과 물자를 포함한 미국의 모든 재원이 그런 약속을 뒷받침한다."[23]

• 여우굴fox hole은 군대 은어로 참호를 의미한다.

이는 강력한 발언이었다. 그러나 잘 살펴보면 공허한 말이기도 했다. 필리핀은 자유를 '되찾'을 수 있겠지만, 되찾기 위해서는 먼저 잃어버려 야 하는 것 아닌가? 게다가 대통령은 그 시기가 구체적으로 언제일지 언 급한 적이 없었다. 그런 발언 직후, 루스벨트는 공보 담당 비서인 스티브 얼리를 보내 일정을 명확히 하도록 했다. 얼리는 기자들이 대통령의 약 속에 대해 '최종적인 결과보다 즉각적인 조치를 무리하게' 기대한다고 질 책했다. 그는 "거리를 고려하지 않을 수 없다"[24]고 답변했다.

그러나 필리핀인들은 그런 약속을 진지하게 받아들였다. 식량과 장비 를 가득 싣고 먼 거리를 이동해오는 대규모 호위 함대에 대한 소문이 돌 았다. "뱃머리가 물살을 가르고 형형색색의 물보라를 일으키며 우리를 향해 증기를 내뿜으면서 달려오는 거대한 회철색 함선들을 상상했습니 다."[25] 바탄의 한 필리핀 장교는 그렇게 회상했다. 맥아더조차 미국 정부 가 구조 작전에 나섰다고 믿었다.

그러나 몇 주간 극히 일부의 구조활동만 더디게 이뤄지자 희망은 분 노로 바뀌었다. 일본 선동가들은 바로 그런 정서를 이용했다. 그들은 필 리핀인을 상대하며 기아에 시달리는 군대에 전단지를 뿌렸다. 한 전단지 에는 "우리가 싸우는 상대는 필리핀이 아닌 미국이다"라는 문구가 쓰여 있었다. "항복하라. 그러면 형제처럼 대접받을 수 있을 것이다."[26] 일본군 은 필리핀의 독립을 약속했다. 그들은 마닐라 호텔의 메뉴판을 뿌렸다.[27] 이는 필리핀인들의 극심한 배고픔을 배가시키면서 동시에 미국 본토인 들이 누렸던 백인 전용 상류층 생활을 상기시키는 복합적인 효과를 불 러일으켰다.

에밀리오 아기날도는 방송에서 필리핀 동포들에게 무기를 내려놓고 일본과 협력하라고 촉구했다. 전쟁이 끝난 후 이에 대해 추궁받았으나 그는 후회하는 기색을 조금도 내비치지 않았다. 일본은 언제나 그의 대의명분을 지지했다고 했다. "나를 배신한 것은 미국뿐이었다."28

필리핀인이 자신들을 대상으로 한 연설뿐 아니라 루스벨트의 연설을 모두 들을 수 있다고 해서 맥아더에게 딱히 도움이 되지는 않았다. 그들은 루스벨트가 일본보다 독일을 더욱 적대시하는 연설을 들었다. 영국을 지켜야 한다는 결연한 의지가 담긴 연설을 듣기도 했다.

필리핀 방어에 미국이 총력을 쏟아붓겠다고 약속한 지 채 일주일도 안 됐을 무렵, 루스벨트는 연두교서를 발표했다. 그는 "100만 명의 군인을 1000여 척의 배에 실어 필리핀에 보낼 수 없는 상황이 몹시 개탄스러웠다"29고 말했다(잠깐, 왜 그는 과거형으로 말하는가? 필리핀인들은 분명 그렇게 물었을 것이다.) 그러나 그는 "어려운 선택의 기로에 놓여 있었다"고 설명했다. '적절한 때'에 일본을 공격해야 한다는 이야기였다.

마누엘 케손은 분노로 몸을 떨었다. 그는 "계속해서 영국과 유럽을 언급하다니 참을 수 없다. 나는 여기서 필리핀 국민과 정복자의 압제를 견디고 있다. 우리 딸들이 보이지 않는 곳에서 강간당하고 있는데 먼 친척의 소식을 듣고 고통에 겨워하다니 얼마나 미국인다운가"30 하고 외쳤다.

맥아더 역시 격분했다. 아버지의 영광이 서린 곳이자 제2의 고향이기도 한 필리핀을 버리고 가겠다는 말이었기 때문이다.

맥아더는 상황을 반전시키고자 마닐라의 기자인 카를로스 로물로에게 협조를 요청했다. 로물로는 필리핀에서 가장 영향력 있는 기자 중 한 명이었다. 그는 훗날 퓰리처상을 받고 유엔 총회 의장에 오르기도 한 인물이다. 코레히도르섬에서 로물로는 자유의 소리 라디오 방송국을 운영했다. 이는 일본군의 선전 선동에 맞서고, 맥아더 최측근의 표현에 따르면 "방송을 타고 미국에서 흘러들어온 유럽 중심주의적 발언이 가져오는 부정적인 결과를 지우기 위한 것"[31]이었다.

그러나 케손은 이를 믿지 않고 곰곰이 생각한 끝에 아기날도가 그런 입장에 서게 된 논리를 이해하게 됐다. 그는 미국에 보낸 전보에 "이 전쟁은 우리가 일으킨 게 아니다"[32]라고 썼다. 미국이 필리핀을 전쟁으로 끌고 들어갔다가 내팽개칠 권리가 대체 어디에 있단 말인가? 왜 미국 정부는 제국주의 강대국인 영국을 보호하면서도 자국의 국민은 죽어가도록 내버려두는가? "본토는 안전하게 보호하는 반면 미국은 사실상 1600만 명의 필리핀인에게 파멸을 선고한 셈이다."[33]

케손은 즉각적인 독립을 요구했다.[34] 그런 식으로 중립을 선언해 일본과 미국 둘 다 병력을 철수하도록 협상하겠다는 게 그의 생각이었다. 맥아더는 그런 계획을 승인하고 루스벨트에게 "미국에 대한 필리핀인들의 분노는 그 어떤 이들보다 거세다"[35]고 경고했다.

이제 루스벨트가 격분할 차례였다. 그는 "당신은 일본 정부와 협상할 권한이 없다"[36]며 케손을 질책했다. 그러면서 케손에게 "미국 국기가 필리핀 땅에서 휘날리는 이상, 미국 군인들이 끝까지 필리핀을 지키기 위해 싸울 것이다"[37]라고 약속했다.

'끝까지'라는 말은 그저 마음을 뒤흔들기 위한 수사가 아니었다. 그렇게 될 가능성이 컸다. 루스벨트 행정부는 전쟁에 대해 '독일 타도 우선 Germany First'[38] 전략을 기반으로 유럽을 우선시하겠다고 영국과 이미 합의했다. 그런 전략을 위해 감수한 대가는 일본이 필리핀을 차지하도록 두는 것이었다. 미국은 정말 그런 상황을 받아들이기로 한 것인가? 처칠이 물었다.

필리핀 총독을 지냈던 전쟁장관이 그를 안심시키며 말했다. "목숨을 내놓아야 할 때가 있는 법입니다."[39]

3월에 루스벨트는 맥아더와 케손 그리고 다른 고위급 장교들에게 필리핀을 탈출하라고 명령했다. 필리핀은 버리고 간다는 것이었다.

먼저 코레히도르 사령부를 폐쇄해야 했다. 밤에 금을 몰래 빼내 대기 중인 잠수함으로 옮겨 샌프란시스코로 가져갔다. 지폐는 일본군이 손에 넣지 못하도록 소각했다("1000만 달러를 태우고 나서 깨달은 게 뭔 줄 아십니까?" 한 장교가 말했다. "앤드루 잭슨의 초상화가 있는 20달러짜리가 링컨이 그려진 5달러짜리보다 빨리 탄다는 겁니다."40). 150톤에 달하는 페소 은화는 너무 무거워서 옮길 수 없자 마닐라만의 비밀 장소에 버렸다.41 이러한 사실은 훗날 보물 사냥꾼들의 호기심을 자극하며 치열한 탐사전을 불러일으켰다.

케손은 더글러스 맥아더에게 필리핀 국고에서 50만 달러를 꺼내주었다.42 탈출을 도운 데 대한 대가였다. 맥아더는 미군 장교로서 돈을 받으면 안 되었지만 어쨌거나 돈을 챙겼다. 케손과 맥아더는 호주로 떠났고, 로물로는 그들의 뒤를 따랐다.

"돌아오겠습니다." 맥아더가 약속했다.

그러나 바탄의 부대는 아무 데도 가지 않았다. 그들이 불렀던 노래는 그들의 괴로움을 생생히 전해준다.

우리는 바탄의 전투원,43
엄마도 아빠도 엉클 샘도 없고,
이모도 고모도 삼촌도 사촌도 조카도 없고,
소총도 대포도 포병도 없고,
그리고 관심 가져주는 이도 없네.

바탄 방어선은 결국 무너졌지만 전투보다 기아로 사망한 사람이 훨씬 많았다. 일본군은 필리핀인이나 미국 본토인 할 것 없이 포로로 잡은 군인들을 먼 거리를 거쳐 모두 포로수용소로 끌고 갔다. 이것이 바로 악명 높은 '바탄 죽음의 행진'이다. 수천 명의 필리핀인과 수백 명의 미 본토인은 가는 도중에 사망했고, 그중 일부는 일본군에게 처형당했으며 졸도한 사람들도 나왔다.

이를 지켜본 필리핀인은 마치 '세계가 전복된' 느낌이었다고 썼다. "우리가 기억하는 한 미국인들과 지배층, 그리고 대중의 인기를 받던 이들은 하루아침에 부스스한 얼굴로 비틀거리며 걷는 가련한 사람이 됐다."[44]

그러나 본토인이 보기에 일본군과 맞닥뜨린 백인, 특히 맥아더는 영웅이었다. 12월 7일 하와이를 관장하던 장군들이 직위 해제되고 계속해서 조사를 받는 동안, 맥아더는 '용맹함과 대담함'[45]으로 명예 훈장을 받았다. 의회는 1942년 6월 13일을 더글러스 맥아더의 날로 선포했고, 단추 제조업체들은 '맥아더를 대통령으로'란 문구가 새겨진 핀을 팔았다.

"내가 아는 모든 사람은 하느님 다음으로 맥아더를 믿었다"며 샌안토니오의 상점 주인은 기자에게 말했다. 할리우드의 한 주부도 "저는 살면서 죄를 짓고 싶다고 생각한 적이 없지만, 그런 남자와 함께라면 기꺼이 죄를 짓겠어요"[46]라고 말했다.

윌리엄 L. 화이트가 맥아더의 패배에 관해 쓴 책인 『그들은 소모품이었다』(1942)는 엄청난 성공을 거뒀다. 처음으로 필리핀에 관한 책이 베스트셀러 목록에 오른 것이다.[47] 당시 할리우드 역사상 감독으로서는 최고 연봉을 받던 존 포드는 이를 존 웨인과 로버트 몽고메리를 주연으로 내세워 영화화했다.[48]

단지 영화뿐만이 아니었다. '바탄을 주제로 한 영화'는 아예 하나의 장르가 됐다. 「바탄」「텍사스에서 바탄까지」「코레히도르」「마닐라 콜링」
「우리를 자랑스럽게 하는 것들」「해병 만세」「돌격 개시」「에어 포스」「어
디선가 당신을 만나리」등 수많은 영화가 있었다. 마침내 다년간 필리핀
을 무시해온 본토인들은 관심을 기울이기 시작했다.

카를로스 로물로는 이 기회를 놓치지 말아야겠다고 생각했다. 그는
기를 쓰고 본토를 둘러보고는 2년 반 만에 놀랍게도 446개 마을과 도시
에서 발언했다.[49] 어딜 가나 그가 전하는 메시지는 똑같았다. 즉 필리핀
인은 외국인이 아니며 가족 같은 존재이고 도움이 필요하다는 것이었다.
그가 전쟁 중 출판한 두 권의 책 제목인 '내 조국 미국Mother America'과
'내 미국 형제들My Brother Americans'은 그런 연대감을 강조했다.

로물로가 가장 좋아하는 주제는 바탄이었다. 그는 그곳의 군인들이
스스로를 미국인도 필리핀인도 아닌 '필라메리칸Filamerican'이라 지칭했
다는 점을 언급했다.[50] 이로 인해 그는 러디어드 키플링과 키플링의 유명
한 구절인 "동양은 동양이고 서양은 서양이라, 절대 서로 어울릴 수 없을
지니"를 떠올렸다.

"그가 바탄에서 우리와 함께 있었기를 얼마나 바랐는지!"[51] 로물로는
생각에 잠겨 말했다. "그에게 미국인과 필리핀인의 시체가 높이 쌓인 채
몇 마일에 달하는 참호를 보여주었으면 좋았을 텐데. 그리고 그에게 '절
대 서로 어울릴 수 없을' 육신이 한데 뒤섞인 모습을 보며 그 구절을 계
속 읊어보라고 했다면 좋았을 것을."

로물로에게 바탄은 미국을 위해 희생한 필리핀인들에 관한 이야기였
다. 그러나 할리우드의 생각은 달랐다. 「그들은 소모품이었다」라는 영화
제목은 필리핀인들의 비참함을 정확히 담아냈지만, 제목이 지칭하는 '그
들'은 필리핀에 있던 백인을 가리키는 말이었다. 바로 존 웨인과 로버트

몽고메리 같은 사람들이었던 것이다. 존 웨인은 독백을 통해 바탄과 '쥐새끼처럼 갇혀 남자로서 죽어가며' 그곳에 발이 묶인 '3만6000명의 미국 군인'을 애도한다.[52] 사실 바탄에 갇힌 미국 군인의 두 배는 족히 넘는 수가 그곳에 있었다. 그 나머지 사람들이 필리핀인이었던 것뿐이다.

이런 영화들은 그 점에 대해서는 구제 불능이었다. 스타 배우도 백인, 작가도 백인이었고 그들이 연기한 비극은 군인, 선원, 의사, 간호사 등 백인들에게 닥친 비극이었다. 혼혈인 순찰대원(데시 아르나스가 멕시코계 미국인을 연기했다)의 영웅적 이야기를 그린 전형적인 인물에서 벗어난 바탄 이야기조차 대사가 주어진 필리핀 인물은 단 한 명이었다. 서툰 영어로 말하는 모로인은 셔츠를 벗은 채 돌아다니는 것으로 묘사됐다. 다른 영화에서 필리핀인들은 주로 배경으로만 존재했다.[53]

로물로는 이를 보고 바탄 영화에서 배역을 얻으려고 했다. 거의 대사가 없는 원주민 조력자가 아닌 자기 자신을 연기할 생각이었다.[54] 영어를 말하고 아이비리그 대학에서 교육을 받아 미 육군에서 대령으로 복무하며 훈장을 받은 인물을 연기하려고 했다. 그러나 그는 배역을 따내지 못했다. 그런 배역은 없었다.

실의에 빠진 로물로는 필리핀에 대한 본토인들의 무관심으로 인해 '충격과 공포'[55]에 빠졌음을 고백했다. 그가 보기에 미국 정부는 "무심한 듯 쾌활하게 바이올린을 켜면서 화염에 휩싸인 제국을 바라보는 작은 네로들이 바글거리는"[56] 곳 같았다.

———

카를로스 로물로가 본토인들에게 필리핀인도 '미국인'으로 기억해달라고 간청하는 동안, 필리핀은 다른 곳으로 변해가고 있었다. 백인 전용이었던 클럽은 이제 아시아인들을 상대로 하고 있었다. 바기오 컨트리클럽의 바텐더는 민트 줄렙•을 만들지 않고 사케를 따르기 시작했다.[57] 일본인 장교를 위한 클럽이 된 것이다. 파슨스가 지은 마닐라 호텔에 있는 맥아더의 펜트하우스는 관광 명소로 보존됐다.[58] 그러나 레너드우드 호텔은 사창가가 됐다.[59]

태프트 애비뉴, 듀이 불러바드, 매킨리 요새, 버넘 그린 모두 일본식 이름으로 바뀌었다. 서양식 이름의 교체는 미 제국 전반에서 일어났다. 바타비아는 자카르타가 되었고, 싱가포르는 쇼난으로 바뀌었으며, 만주는 만주국으로, 괌은 오미야섬으로, 웨이크섬은 오도리섬으로 개명됐다. 필리핀에 새로운 이름을 붙여야 한다는 논의도 있었다. 그중 하나는 19세기 민족주의자인 호세 리살의 이름을 따서 짓자는 의견이었으나 실현되지는 않았다.[60]

간단히 말해 미 제국은 뿌리째 뽑혀나가고 있었으며 일본 제국이 그 자리를 대신하는 상황이었다. 필리핀인들은 더 이상 7월 4일 독립기념일과 점령 기념일을 축하하지 않았다. 이제 일왕 탄생일과 12월 8일(국민 영웅의 날)을 기렸다. 마누엘 케손이 미국에 대한 충성의 날로 기렸던 리살의 생일은 이제 아시아에서 '서구 제국주의'의 축출을 기리는 날이 됐다.[61]

아기날도와 같은 필리핀인들은 미국이 마침내 물러가자 기뻐했는데, 그 이유를 짐작하기란 어렵지 않다. 코레히도르섬과 같은 미국의 거점에 거주하는 이들조차 상당한 적의를 품고 있었다. 젊은 마누엘 케손은 기

• 술에 설탕과 박하를 넣은 칵테일

소도 되지 않은 채 미국 감옥에서 4개월간 비참하게 지냈다.[62] 카를로스 로물로는 미국 군인들이 어떻게 자신의 아버지를 죽이려 했는지, 그들이 어떻게 자기 할아버지에게 '물고문'을 했는지, 어떻게 자기 이웃들을 '남부 스타일로' 나무에 매달았는지 기억하고 있었다. "나는 살아 있는 한 그들을 증오하기로 마음먹었다."[63] 젊은 로물로는 그렇게 결심했다.

케손과 로물로는 결국 서구 제국과 화해했지만, 다른 이들은 어땠는가? 1930년대 후반 로물로는 아시아를 여행했다. 가던 곳마다 '지배 계급에 대한 배신감'을 느꼈다. 영국령 버마에서 그가 만났던 사람들은 일본의 침략을 매우 긍정적으로 바라보는 듯했다. 일본군이 그들을 어떻게 대할지 우려되지 않는가? 로물로가 물었다. "더 나빠질 수는 없을 것"[64]이라는 게 그들의 답이었다.

일본은 식민지 주민들의 원한을 제대로 이해했다. 일제 선동가들은 필리핀인들에게 미국의 기나긴 제국의 역사를 상기시키면서 북미 인디언의 토지를 강탈한 이야기로 시작해 멕시코전쟁과 스페인 식민지 합병 및 필리핀전쟁으로 이어갔고, 일본의 침략에 대해 초토화 정책을 채택한 데까지 나아갔다. 한 일본 언론인은 "미국이 널찍한 대로와 산속 호화 리조트를 짓기 위해 여러분의 세금을 마구 썼다"[65]고 덧붙이며 대니얼 버넘의 시대에 입은 상처에 고소한 듯 소금을 마구 비벼댔다.

일본은 다른 것을 약속했다. '아시아인을 위한 아시아'를 슬로건으로 내세운 것이다. 오늘날 이는 다소 진부하게 들릴 수 있지만 오랫동안 식민지를 겪었던 지역에서는 강력하고 혁명적인 생각이었다. 로물로조차 이를 "도덕적으로 논쟁의 여지가 없다"[66]고 인정했을 정도였다.

일본은 백인 열강들이라면 아시아의 독립을 절대 허용하지 않을 것이라고 주장했다. 아시아는 독립을 쟁취해야 한다는 것이었다. 히로히토 일왕은 전쟁의 기원이 '과거, 즉 제1차 세계대전 후 강화조약'67에 있다고 주장했다. 당시 우드로 월슨은 일본이 국제연맹 규약에 인종 평등을 도입하려 하자 이를 저지했다는 것이다. 연합국에서 가장 이상주의적인 사람들조차 모든 인종을 동일한 존재로 생각해야 한다는 원칙을 인정하지 않으려 했으니, 아시아인들이 동등한 존재로 인정받을 가능성이 대체 얼마나 되겠는가?

———

이보다 더 시급한 문제는 '일본이 필리핀인들을 동등한 존재로 받아들일 것인가?'였다. 막상 일본의 통치가 시작되자, 이와 관련된 상황은 기대와 반대로 흘러갔다. 마닐라를 장악한 후 나온 일본의 첫 공식 발표는 위협적이었다. 필리핀인 및 '자국 영토 전체'에서 비롯되는 어떤 적의나 저항도 '잿더미'로 화할 것이라는 이야기였다.68

둘째 주가 되자 군정은 사형에 처해질 수 있는 17가지 행위를 적시했다. 여기에는 반란, 허위 정보 유포, 군사적 가치(의류 포함)가 있는 모든 것의 훼손, 식량 은닉, 통행 방해, 또는 어떤 식으로든 군의 '이익에 반하는'69 행위 등이 포함됐다. 이러한 행위를 권유하기만 해도 처형의 근거가 됐다.

한 언론인은 "마치 필리핀이 하나의 거대한 군 교도소가 된 듯했다"70고 기억했다. 한 일기 작가는 일제 통치에 들어선 지 두 달째 된 마닐라를 "매일 출근하는 길에 나는 사소한 범법 행위를 저지른 데 대한 처벌로 기둥에 묶여 있는 수십 명의 필리핀인과 마주친다. 희생자들은 대개 끔찍한 채찍질로 검푸른 멍이 들어 있거나 피를 흘린다"71고 묘사했다. 재판 없이 현장에서 즉결 처형되는 공개 참수가 드물지 않게 행해졌다.

필리핀인들은 곧 일본이 필리핀을 해방시키러 온 것이 아니라 약탈하러 왔다는 것을 깨달았다. 독일이 인근 국가들에 둘러싸인 모양새가 된 것처럼 일본도 대영제국(말레이시아, 버마, 싱가포르, 홍콩), 네덜란드 제국(현재 인도네시아로 알려진 네덜란드령 동인도 제도), 미 제국(필리핀, 알래스카, 하와이, 괌), 그리고 모든 제국 열강이 뛰어든 중국에 이르기까지 여러 제국에 에워싸인 형국이었다. 일본은 이를 'ABCD 포위망(American[미국]-Britain[영국]-Chinese[중국]-Dutch[네덜란드])'이라 불렀다. 이 때문에 일본은 석유, 고무, 주석과 심지어 식량조차 해외 시장에 의존해야 했다.[72] 국제 무역이 완전히 중단된 격동의 1930년대는 이러한 위험을 잘 보여주었다. 일본은 지속적인 공업 경제의 성장을 위해 식민지들을 약탈해야 했던 것이다.

필리핀은 특히 일본의 이 같은 국민 생활권 추구에서 먹음직스러운 표적이었다. 말레이반도 및 네덜란드령 동인도 제도와 같이 자원이 풍부한 식민지와 일본 사이에 위치했기 때문이다. 게다가 대규모 경제가 일본의 군수 물자 조달에 활용될 수 있었다.

한 마닐라 기자는 실제로 "일본은 필리핀 전역에 흰개미떼처럼 몰려들었다"[73]고 기록했다. 구매 담당자들은 쇠, 강철, 구리, 무명, 골철판, 기계류 등 군수품 조달을 위해 도시를 샅샅이 훑었다.[74] 일부 공장은 일본인이 운영했다. 공장 시설을 뜯어갈 때 기계도 가져가곤 했다. 가끔씩 공장 전체가 해체되기도 했다. 도시에서는 자동차를 몰수했고 시골에서는 트랙터를 징발해갔다. 1944년경, 일제는 이미 오래전에 연료가 바닥나 비어 있는 주유소를 부수고 콘크리트로 된 벽 안에 든 철근을 떼어냈

제1부 식민지 제국

다.[75]

가장 곤란한 문제는 식량이었다. 일본은 계획경제를 도입해 농부들이 농작물을 정부에 팔도록 강제했고, 이를 다시 식량 배급 형태로 분배했다. 그러나 차례는 일본인에게 먼저 돌아갔고 필리핀인에게 남겨지는 것은 거의 없었다. 또한 일제 정부는 농부들에게 화폐 가치가 거의 없는 군표로 지급했기 때문에 농지를 버리고 도시로 도망치는 사람도 많았다. 정부에 농작물을 숨기고 암시장에 내다 파는 사람들도 있었다. 어찌 됐든 굶주림에 시달리는 날들이 계속됐다.

아주 예전을 기억하는 이들에게는 1899년을 다시 사는 것처럼 느껴졌을 것이다. 또다시 제국 열강이 식민지의 식량 공급에 지장을 주게 된 것이다. 또다시 콜레라가 마닐라를 덮쳤다. 사회적 붕괴와 사람들의 이주 때문에 초래된 결과였다. 필리핀인들은 또다시 저항했다. 항복한 맥아더 군대의 잔류병들과 새로 결성된 게릴라군들은 일본인들을 공격했다.

1899년과 마찬가지로 게릴라들은 정부 통제력이 가장 약한 곳에 모였다. 즉 산간 지역과 네그로스섬에 모인 저항 세력은 자체 그림자 정부를 세웠다. 그들은 본거지를 실리만대학에서 다시 산중턱으로 옮겼고, 이를 '정글대학'(전쟁이 끝난 후 필리핀 대학들은 정글대학의 편입 학점을 인정했다)으로 운영했다. 그들은 통화위원회를 설립하고 자체 화폐를 찍었다.[76]

일본 군부는 매우 익숙한 탄압 방식을 활용했다.[77] 거주지 이동을 차단했다. 특히 악명 높은 '물고문'을 활용해 용의자를 고문했다. 그리고 강제수용 구역을 설정했다.[78]

그러나 미국은 하지 않았던 방법을 일본이 시도한 게 있었다. 바로 필리핀을 독립시키기로 한 것이다. 독립을 약속하는 데 그치는 것이 아니라(최종적으로 미국은 필리핀에 독립을 가져다주긴 했지만), 실제로 독립을 허용하겠다는 것이었다.

1943년 10월 14일, 일본은 필리핀의 독립을 인정했다.

50만 명에 달하는 사람이 루네타에서 열린 독립 축하 행사에 참석했다.[79] 에밀리오 아기날도는 1898년 스페인에 대항해 흔들었던 누더기 상태의 깃발을 들고 그 자리에 있었다. 항복 대신 추방을 선택한 것으로 유명한 그의 오랜 전우이자 필리핀 육군의 아버지라 불리는 아르테미오 리카르테 역시 마찬가지였다. 그들은 아기날도가 처음 고안한 모델을 본 떠 만든 새로운 깃발을 후안 아레야노의 의사당 건물 앞에서 함께 높이 치켜들었다. 처음으로 필리핀 국기가 자국 땅에서 게양되도록 허용된 날이었다.

군중 속에 있던 안토니오 몰리나는 "박수 소리에 귀가 먹먹해졌다"고 썼다. 몰리나는 과연 많은 변화가 나타나게 될지 의구심을 품었다. 일본군은 '동맹'이라는 이름으로 사실상 필리핀에 여전히 주둔하고 있었기 때문이다. 모두 새로운 정부가 일본의 명령을 따를 것이라고 알고 있었다. 그러나 몰리나는 '이제야 마침내 필리핀 국기가 홀로 나부끼는 모습을 보고 벅차오르는 뿌듯한 마음'[80]을 부정할 수 없었다. 그는 깃대에 국기가 게양되자 눈물을 훔쳤다.

새로운 대통령이 취임 선서를 했다. 예일대학에서 교육받은 필리핀 대법원 판사 출신의 조제 라우렐이었다. 그의 아버지는 미국 강제수용소에서 사망했다.[81] 라우렐의 취임을 맞아 21발의 축포가 발사됐다.[82]

293

더글러스 맥아더는 이렇게 흘러가는 상황을 몹시 우려했다. 일본의 군사 경제는 미국과 비교하면 아무것도 아니었다. 1941년까지만 해도 아직 전쟁에 뛰어들지 않았던 미국은 일본의 5배에 달하는 항공기를 만들고 10배 많은 선박을 건조했다.[83] 그러나 이 항공기와 선박들은 주로 유럽으로 가는 것이었다.

그 이유는 얼마간은 우선순위 때문이었다. 루스벨트 행정부는 '독일 타도 우선' 전략을 고수했던 것이다. 그러나 이는 지리적 여건 때문이기도 했다. 샌프란시스코에서 호주에 있는 맥아더 사령부까지의 거리는 뉴욕에서 잉글랜드까지 거리의 두 배가 넘었다. 대서양 보급로가 뉴욕과 리버풀 같이 오래전에 자리 잡은 대규모 항구와 연결된 데 반해 태평양 보급로는 급조한 항구를 이용해야 했으며, 그중에는 처음부터 시설을 전부 새롭게 지어야 하는 곳도 있었다. 과달카날과 투투일라섬, 콰절레인환초 및 마누스섬처럼 멀리 떨어진 태평양 지역 도서가 그랬다.

맥아더는 이 항구들이 완공되기 전까지 빠듯한 물자로 버티는 이른바 '저예산 장비'[84]로 꾸려가야 했다. 그는 미국 정부의 인색함을 질타했으나 별 효과가 없었다.[85] 1942년 중반에 도착한 공군 사령관은 자신을 기다리는 '한심할 정도로 작은'[86] 규모의 공군을 보고 충격을 받았다. 단 6대의 B-17 전투기만 취역 중이었던 것이다.

연합군의 계획은 일본에 제한적으로 공세를 펴면서 독일이 패배할 때까지 전력을 갉아먹자는 것이었다. 이마저 처음에는 쉽지 않을 듯 보였다. 일본군은 필리핀을 장악했을 뿐 아니라 남쪽으로 확장하면서 네덜란드령 동인도 제도와 파푸아뉴기니, 솔로몬 제도를 넘보고 있었다. 호주의 군사 기획자들은 일본군의 침략을 예상하고 대륙의 북부를 희생시키 겠다는 각오였다.[87] 맥아더는 일본군을 격퇴하고 연합군이 잃은 모든 영 토를 수복하는 데 필요한 재원이 부족했다.

그 대신 그는 효율적으로 전략을 짜는 일에 천재적인 수완을 발휘했 다. 그는 수평적으로 영토를 확장해가는 방식을 버리고 바둑에서 상대 의 돌을 뛰어넘듯 미군 부대가 일본군 진지를 뛰어넘도록 만들었다. 맥 아더가 (태평양 중부의 체스터 니미츠 제독과 함께) 파악한 사실은 항공 시 대에 섬에서 싸울 때는 미식축구의 스크리미지 선을 사수하듯 연속적 으로 움직일 필요가 없다는 것이다. 맥아더는 일본군 본거지를 우회하여 그들의 보급로를 차단하고 '그들을 고립시켜 외부 지원이 끊기게'[88] 만들 었다.

그는 이를 '허를 찔러 적을 무찌르는'[89] 이른바 기습 전략이라 불렀다.

이는 효과가 있었다. 맥아더는 미국 정부가 자신에게 전함을 보냈더라 면 훨씬 더 잘 풀렸을 것이라고 불평했으나, 그럼에도 불구하고 그는 과 달카날(1942년 8월), 부나(1942년 11월), 글로스터곶(1943년 12월), 네그로 스섬과 마누스섬(1944년 2월), 현재 자야푸라로 알려진 홀란디아(1944년 4월) 등지로 꾸준히 전진했다. 그는 승리에 승리를 거듭하며 뉴기니에서 남태평양 제도까지 치고 올라갔다. 니미츠 제독은 하와이에서부터 태평 양 일대까지 마찬가지로 승전보를 울렸다.

태평양 양쪽에서 벌어지는 작전은 길고 잔인한 싸움이었으며, 중대한 정치적 입지를 다지게 된 수많은 참전 용사가 이러한 군사작전에서 이름 을 떨치게 된 것은 분명해 보인다. 존 F. 케네디는 솔로몬 제도(그중 그의 이름을 딴 섬도 있다)에서 조난을 당했다. 린든 존슨은 뉴기니에서 전투 현장을 '용맹'하게 관전했다는 이유로 맥아더에게 개인적으로 은성 훈장을 받았다. 리처드 닉슨은 맥아더의 전역에서 항공 군수 지원 장교로 복무했다. 제럴드 포드는 투지를 잃지 않고 경항공모함을 타고 대양의 거의 모든 도서 지역을 돌았다. 20세였던 조지 H. W. 부시 중위가 탄 전투기는 오가사와라 제도의 지치섬 상공에서 격추됐다.[90] 유일하게 살아남은 부시는 잠수함에 의해 구조됐다. 그는 운이 매우 좋았다. 나중에 같은 지역에서 격추당한 다른 4명의 공군 조종사는 포로로 붙잡혀 엽기적인 사건으로 기록된 일본의 전시 식인 행각의 불운한 희생자가 됐다.

그러나 이러한 양면 공격의 목적은 대통령이 되기 위한 경력을 쌓는 것이 주가 아니었다. 일본을 공격해 태평양전쟁을 끝내는 것이 목표였다. 그러나 징검다리식 섬 점령 전략은 중대한 문제를 제기했다. 연합군은 경로상의 모든 육지를 정복하지 않고도 일본에 도달할 수 있었다. 그렇다면 어떤 섬을 점령하고 어떤 섬을 건너뛸 것인가?

뿐만 아니라 일본이 눌러앉은 필리핀을 신경 쓸 필요가 있는가? 필리핀 남부는 탈환하되 루손은 일본 점령지로 남겨두면 안 되는가? 아니면 필리핀 군도 전체는 건너뛰고, 일본에 더 가까운 타이완을 점령하는 것은 어떠한가? 1944년 중반에 어니스트 킹 해군 참모총장, 헨리 '햅' 아널드 육군 항공대 사령관 및 약간 우유부단한 모습을 보였던 조지 마셜 육군 참모총장 등 군 최고위 인사들은 타이완 계획으로 의견이 기울었다.[91]

맥아더가 이에 반대했다고 말하는 건 순화된 표현이다. 그는 격분했다. 어떤 경로를 택할지 정하는 것은 단순히 군사적인 사안이 아니었다. 그에게는 도덕의 문제이기도 했다. 그는 필리핀이 '미국 영토'라면서 씩씩댔다. 1700만 명의 인구가 "미국의 지원이나 원조가 없어서 극도의 궁핍과 고통을 겪고 있다"[92]는 것이었다. 맥아더가 이 문제에 열성을 갖고 뛰어들자 마셜은 그에게 '개인적인 감정'[93]을 자제하고 전략적 의사 결정을 방해하지 말라며 경고했다.

1944년 7월, 이 문제는 루스벨트가 참석한 호놀룰루 회의에서 철저히 다뤄졌다. 맥아더는 자신의 모든 것을 걸었다. 그는 필리핀을 우회하는 것은 군사적으로 잘못된 결정일 뿐만 아니라 심리적·정치적·윤리적으로도 잘못된 일이라고 장시간에 걸쳐 주장했다. 그는 루스벨트에게 바탄의 군인들이 적진에서 괴롭게 지내야 했음을 상기시켰다. 그는 미국이 최대 식민지인 필리핀을 어떻게 대우하는지 아시아가 지켜보고 있다고 했다. 그리고 미국의 '모든 자원'을 필리핀 구조에 쏟아붓겠다고 한 루스벨트 자신의 약속을 상기시켰다. 그는 대통령에게 "약속은 지켜야 합니다"[94]라고 말했다.

"장군이 이겼소."[95] 루스벨트가 말했다. 이 문제가 호놀룰루 회의에서 완전히 해결된 것은 아니었다. 전쟁 기획 참모들은 두 달간 타이완을 선택할 것인지 필리핀을 선택할 것인지를 두고 격론을 벌였다. 그러나 맥아더는 뜻을 관철시켰다. 그는 약속대로 필리핀으로 돌아가게 됐다.

———

그런 귀환이 어떻게 비칠까? 1941년 일본이 미 태평양제국을 침공하자 이내 항복 선언이 이어졌다. 괌은 몇 시간 만에 항복했고, 가장 서쪽에 있던 알류샨 열도 지역은 싸움 한 번 없이 땅을 내주었다. 그러나 다른 식으로 상황이 전개됐더라도 그리 만만치는 않았을 것이라 생각하게 되는 데에는 두 가지 이유가 있다. 먼저, 일본은 미국과 달리 최전방에 있던 식민지들을 요새화했다. 둘째, 전력이 우세한 군대를 상대하더라도 투항을 권하지 않는 것이 일본군의 문화였다.

필리핀에 도착하기 전 미국이 정복한 작은 태평양 연안 섬들을 보면 어떤 상황이 맥아더를 기다리고 있었는지 어렴풋이 짐작할 수 있다. 미국 통치하에 있던 알류샨 열도의 아투와 키스카는 무인도에 가까운 나무 한 그루 없는 전초기지였고, 전쟁 기획 참모들의 전략 전술과는 거리가 먼 곳이었다. 그에 반해 일본은 그 지역 일대를 전투기지로 만들었다. 군사기지와 작업장, 합숙소, 공장, 병원, 빵집 등 수백 개의 건물이 수천 명의 병사를 지원했다.[96] 그들은 군대 내에서 함께 싸울 준비가 돼 있었던 것이다.

아투에서 실제로 그랬다. 1943년 연합군이 섬을 탈환하러 왔을 때 격렬한 전투가 벌어졌다. 미군 수백 명이 전사했고 2000명이 넘는 일본군 아투 수비대 거의 전원이 전멸했다.[97] 일본군은 목숨을 걸고 끝까지 싸웠다. 전쟁 전 인구가 50명도 채 되지 않았던 섬을 차지하기 위해 양쪽 다 엄청난 대가를 치렀다.

미군 사령관들은 키스카에서는 상황이 더 좋지 않을 거라 예상했다. 그곳에는 정교한 터널 시스템을 갖춘 수천 명의 일본 병력이 주둔하고 있었기 때문이다. 그러나 실제로는 예상과 달리 흘러갔다. 공격 전날 밤 일본군이 조용히 섬을 버리고 도망친 것이다. 유일한 사상자는 지뢰에 걸려 넘어지거나 안개로 인해 오발 사고를 당한 연합군 군인들밖에 없었다.

1944년 미 해병대의 공격을 받은 괌에서 그런 탈출은 어림도 없는 일이었다. 침공은 13일간의 항공 및 해상 공격으로 시작됐다. 해병대의 공식 기록에는 '제2차 세계대전 이후 유례없는 규모와 기간'[98]에 걸친 폭격이었다고 나와 있다. 해상 공격과 공습이 번갈아 이어지면서 괌 주민들과 일본군 모두 타격을 입었다.

눈앞에 닥친 죽음의 공포와 괌 주민들이 적군을 도울지 모른다는 우려로 인해 일본군은 현지 주민들에게 달려들었다. 참수와 강간, 무차별 사격이 매일같이 벌어졌다. 일본 군인들은 1만8000여 명의 지역 주민을 끌고 섬 남부로 데려가 대량 학살을 저질렀다. 이후 한 해병은 목이 잘린 시체가 산처럼 쌓여 있던 장면을 목격했다고 털어놓았다. "사방에 잘린 목이 볼링공처럼 굴러다녔습니다."99

1만5000여 명의 일본군과 수백 명의 괌 주민이 전투에서 사망했다. 괌을 탈환하는 과정에서 미군은 박물관, 병원, 총독 관저, 법원 청사 등 도시의 모든 주요 구조물을 폭격해 괌의 수도를 초토화시켰다. 전쟁으로 인해 가옥의 약 5분의 4가 파괴됐다.100

이후 미국은 '해방된' 괌 주민들의 반대에도 불구하고 수천 명을 수용소에 억류하고 해군은 군사기지를 짓기 위해 수도에 남아 있는 건물들을 무너뜨렸다.101 이는 미국이 전쟁 중 자국 국민을 억류한 또 다른 사례였다.

———— .

아투와 괌의 유혈 전투를 통해 미국이 방치한 대규모 식민지인 필리핀에서 맥아더가 우려한 바를 조금이나마 엿볼 수 있었다. 그곳의 상황은 이미 걷잡을 수 없이 악화되고 있었다. 1944년 일본군은 화폐 가치가 떨어진 임시 화폐(군표)로 농산물 대금 지급을 중단하고 아예 노골적으로 식량을 징발하기 시작했다.102 라우렐 대통령은 식량 위기를 선포하고 식량 생산을 늘리기 위해 60세 미만의 모든 성인에게 일주일에 8시간씩 일할 것을 명령했다.103 9월경 한 일기 작가는 마닐라의 "고양이 개

체수의 뚜렷한 감소'104에 대해 기록했다. 12월경에는 굶주린 도시 거주자들이 거리에서 급사하는 일이 벌어졌다.105

일본 제국군이 최후의 발악을 하면서 폭력의 정도는 더 심해졌다. 클라로 렉토 필리핀 문화장관은 대담하게도 한 일본 장군에게 이에 대해 솔직한 편지를 썼다. 그는 '아주 사소한 잘못이나 실수, 약간의 원인 제공만으로도 필리핀인의 빰을 때리거나, 햇볕이 쨍쨍 내리쬘 때에도 그들을 기둥에 묶거나 사람들 앞에서 꿇어앉히고, 두들겨 패는' 되풀이되는 관행을 지적했다. 이처럼 일상적으로 자행되는 괴롭힘 외에도 '나이와 성별에 상관없이 산 채로 타 죽거나 총검에 찔려 죽거나 참수되거나 무자비하게 폭행당하거나 다른 식으로 무수한 방식의 신체적 고문을 당하는' 일이 '수천 건'에 이르렀던 것이다.106 렉토는 자신의 고향에서 100명이 학살당한 일을 언급했다. 이는 어느 정도는 게릴라군을 박멸하겠다는 일본군의 지속적인 활동으로 인해 발생한 사건이었다. 그러나 파나이섬의 사라지구에서 일어난 토벌전(20배는 더 많은 사람이 학살당했다) 등 장관이 언급할 수 있었던 사건은 그 밖에도 많았다.107

이는 모두 평시 필리핀의 상황이었다. 1944년 10월, 20만 명이 넘는 맥아더 부대가 항로를 차단하고 해변에 상륙하면서 필리핀을 공격하기 시작했다. 1944년 10월 20일, 맥아더 자신도 루손 남부의 레이테섬 해안에서 바닷물을 헤치며 뭍으로 올라왔다.

맥아더는 라디오 방송에서 "내가 돌아왔다"108고 필리핀 국민에게 알렸다. "나를 따르라."

맥아더의 목표는 마닐라였다. 그리고 마침내 그는 마닐라 탈환에 필요한 항공기도 확보했다. 한 마닐라 시민은 『오즈의 마법사』에 나오는 날아다니는 원숭이처럼 미군의 비행기들이 도시 위로 굉음을 내며 날아다녔

"내가 돌아왔다." 다시 필리핀 땅을 밟은 더글러스 맥아더(맨 앞). 헬멧을 쓴 카를로스 로물로가 그의 뒤에 있다.

다고 기억했다. "낮은 고도에서 빠르게 날아다니며 건물 꼭대기를 스치 듯 지나다녔다"[109]는 것이다. 그들은 간선도로와 기차 선로, 트럭 및 (또 다시) 교량과 같이 군사적 가치가 있는 것은 무엇이든 조준했다.[110]

일본군 사령관들은 중대한 결정을 내려야 했다. 키스카에서처럼 마닐 라를 버리고 갈 것인가? 아니면 아투에서처럼 남아서 싸울 것인가? 일 본군의 제14방면군 사령관 야마시타 도모유키山下奉文는 불길한 조짐을 알아차렸다. 해상과 육로를 통해 마닐라에 접근할 수 있는 길은 모조리 차단된 상황에서 모든 종류의 보급품이 바닥나고 있었기 때문에 어떻게 이를 보충할 수 있을지 가늠하기 어려웠다. 야마시타의 군대는 이미 하

제1부 식민지 제국

루에 3파운드에서 0.9파운드로 식량 배급을 줄였다.[111] 게다가 마닐라는 점령하기가 불가능했다. 적대감을 가진 시민이 100만 명을 넘었고 이 평지 위의 대형 도시에는 쉽게 불이 붙는 건물이 많았다. 이를 방어한다는 것은 자살 행위였다. 맥아더가 1941년에 그랬던 것처럼 야마시타는 육군의 퇴각을 명령했다.[112]

그러나 그 지역에는 육군 말고도 다른 일본군 부대가 더 있었다. 야마시타가 철수하자 마닐라 해군방위대 사령관이었던 이와부치 산지 해군 소장은 오히려 1만6000명의 군대를 이끌고 도시 안으로 들어갔다. 그는 스스로 마닐라의 군사시설을 보호할 의무가 있다고 생각했던 것이다.

이와부치는 결국 맥아더의 군대가 마닐라를 점령하리라는 사실을 알고 있었을 것이다. 그러나 그는 적군을 위해 순순히 물러나지 않았다. 그의 병사들은 도시 전역에 지뢰를 설치했다. 그들은 주요 교차로에 사격 진지를 세우고 도시 내에 엄청 큰 콘크리트 구조물로 된 요새를 만들어 탄약을 비축했다.

야마시타는 상황을 깨닫고는 몹시 화를 내며 이와부치에게 마닐라를 떠나라고 명령했다. 이와부치는 떠날 수 없다고 분명히 대답했다. 그때만 해도 맥아더의 군대가 마닐라를 둘러싼 상황이었다.

"싸우기 전에 퇴로를 차단해버렸다"[113]는 것이 맥아더 선두 사단의 공식적인 기록이었다. 군사학자들은 이러한 도시 폐쇄를 '필리핀 군사작전의 전략적 실책'[114]이라고 판단했다. 이와부치의 퇴로를 끊어버림으로써 맥아더는 사실상 인구 밀집 도시에서 최후의 저항을 하라고 부추긴 셈이었다.

마닐라 전투는 목숨을 건 전투가 될 터였다.

연합군이 마닐라에 도착했을 때는 일본군과 마닐라 주민들 간에 빈약하나마 존재하던 휴전이 완전히 깨져버린 상태였다.[115] 이와부치 사령부는 전장에서 일본인이 아닌 자는 모두 죽이라고 명령했다. 일본군은 도시 전체를 파괴하려 했다. 그들은 전력 및 급수 시설을 파괴했다. 공장과 창고를 폭파시켰고 화염으로 인한 연기는 당연히 주거 지역으로 퍼졌다. 필리핀인들은 거리로 뛰쳐나왔다가 총에 맞아 쓰러졌다(군인들은 길거리를 당연히 '전쟁터'라고 생각했다).

엄밀히 말해 이와부치의 병사들은 '게릴라'와 싸우는 것뿐이었다. 그러나 미국의 침공이 시작되고 굶주림과 복수심에 가득 차 혼란스러운 날들을 보내면서 게릴라와 민간인 간의 구분은 무의미해졌다. 마닐라의 한 일본 군인에게서 빼앗은 일기장을 보면 폭력의 정도를 가늠할 수 있다.[116]

2월 7일: 150명의 게릴라가 오늘밤 제거됐다. 나는 직접 10명을 찔러 죽였다.
2월 10일: 1000여 명의 게릴라를 감시했다.
2월 13일: 이제 게릴라 포로수용소에서 보초를 서고 있다. 보초를 서고 있을 때 10여 명의 게릴라가 탈출하려 했다. 그들은 칼에 찔려 죽었다. 오후 4시에 모든 게릴라가 산 채로 화형당했다.

일본군은 희생된 이들이 모두 게릴라였던 것처럼 꾸몄지만 거짓임이 쉽사리 들통났다. 그들은 성적 착취를 위해 젊은 여성 수백 명을 희생시켰다. 마닐라 호텔을 비롯한 대형 호텔들은 조직적인 집단 강간의 장소가 되었다. 마닐라 전투 중에 쓰인 일기는 구역질 날 만큼 잔혹한 일화들로 가득했다. 임신부들의 배를 찔러 내장을 꺼내고 아기를 총검으로 찌르고 가족을 몰살시켰다. 죽을 각오를 다졌던 이와부치의 병사들은 도덕적으로 아무런 거리낌이 없었다.

공교롭게도 이는 미국과 일본군이 대도시에서 맞서 싸운 최초이자 유일한 전투였다. 맥아더의 병사들은 신중히 대량 학살의 현장으로 들어갔다. 필리핀인들의 목숨을 보호하면서 동시에 이와부치의 군대를 몰아내려면 정교한 작전이 요구됐다. 일본군이 특히 확고하게 장악하고 있는 인트라무로스 지역의 상황을 평가하면서, 맥아더 휘하의 공군 사령관은 네이팜탄을 이용해 '완전히 파괴될 때까지 그 지역을 폭격'[117]할 것을 제안했다. 그러나 맥아더는 이를 거부했다. 인트라무로스에는 '아군' 인구가 거주하고 있다고 사령관에게 주지시켰다. 공중 폭격은 '있을 수 없는 일'[118]이라는 말이었다.

맥아더에게는 있을 수 없는 일이었는지 모르지만, 전투가 시작되고 며칠이 지난 후 그의 휘하에 있는 군인들에게는 점차 가능한 일처럼 생각됐다. 일본군이 도시 전역의 건물 안에 숨어 있었던 것이다. 소형 무기를 사용해 건물에 들어가 하나하나 찾아내 습격하는 것은 위험천만한 일이었다. 그 건물 전체를 폭격하는 것이 훨씬 더 쉬워 보였다.

필리핀에 접근하던 맥아더의 군대가 고립된 섬이나 밀림 속 빈터에서 일본군과 싸울 때 폭탄과 포격은 놀라운 효과를 발휘했다. 그런 무력 행사로 미군은 사상자 수를 최소화했을 뿐만 아니라 가공할 산업적 역량을 활용하기에 이르렀다. 마침내 미국은 그런 역량을 보유하게 됐다. 1941년 맥아더의 군대는 장비를 제대로 갖추지 못했으나, 1945년에는 유럽에서 전쟁이 잦아들고 미국 경제가 달아오르면서 전투태세가 완비됐다. 폭약의 양도 충분했다.

제37보병사단은, 특히 사령관인 로버트 베이틀러 장군의 표현에 따르면 '중화기를 최대로 사용'할 생각이었다. 제37사단은 전역에서 포병 탄약을 가장 낭비하는 사단으로 알려졌다. "이러한 평판은 전혀 신경 쓰이지 않았다. 왜냐하면 2년 넘게 싸우면서 비슷한 규모의 전투에서 우리만큼 사상자 수가 적은 사단은 없었기 때문이다."[119] 베이틀러는 이렇게 설명했다.

제37보병사단은 마닐라에서 가장 많은 전투를 치렀다. 2월 9일, 전투가 시작된 지 엿새가 지났을 당시 사망자 수는 19명이었고 부상자는 200명이 넘는 수준이었다. 이는 매일같이 살해당하는 수천 명의 필리핀인과 비교하면 매우 적은 편이었으나 베이틀러는 이를 "놀랄 만하다"[120]고 봤다. 제37사단은 다시 확실하게 검증된 전술을 활용하기로 했다. 이와부치의 군대와 직접적으로 교전하기보다는 그들이 숨어 있을 만한 건물을 파괴해버리겠다는 것이었다. "노골적으로 말하면 제대로 전투에 돌입하기 시작했다"고 베이틀러는 보고했다. "건물을 보존하기 위해 단 한 명일지라도 미군이 목숨을 잃어야 한다는 것은 상상할 수도 없었다."[121]

이는 되새겨볼 만한 문장이다. 베이틀러는 목숨과 건축물을 맞바꾸는 선택의 기로에 서 있었고, 그다지 어려운 선택은 아니었다. 그러나 그는 그런 건물들 안에 사람이 살고 있다는 사실을 알았다. 물론 일부는 적군이기도 했지만 대다수는 민간인이었다. 이 민간인들 역시 정당한 대우를 받지는 못했을지라도 '미국인'이었다.

마닐라를 공격하는 다른 사단들 역시 공세를 강화했다. 인트라무로스

1945년의 마닐라

는 네이팜탄 공중 폭격을 비껴갔으나 맥아더의 승인하에 결국 완전히 잿더미가 됐다. 2월 23일, 미친 듯이 폭격이 계속되던 한 시간 동안 아직 사람이 살고 있는 도시의 밀집 지역으로 1분마다 3톤에 달하는 폭탄이 날아들었다. 1초에도 여러 번씩 포탄이 터졌는데,[122] 한 목격자는 "화가 난 신의 손에서 번갯불이 질주하는 것 같았다"[123]고 썼다.

"우리는 웅장한 고전 양식의 정부 청사 건물을 산처럼 쌓인 먼지와 파편 덩어리 잔해로 만들어버렸다"[124]고 베이틀러는 자랑했다.

전투가 시작된 지 일주일 만에, 진격하는 부대 앞의 지역 전체를 미국이 포격하는 일은 한 기자의 표현에 따르면 "예외라기보다는 오히려 일반적인 상황"[125]이 됐다. 일본군이 숨어 있다고 의심되는 건물은 예외 없이 표적이 됐다. "유혈이 낭자한 도심 구석구석은 서서히 분쇄되어 형체를 알아볼 수 없는 덩어리로 변해갔다"[126]는 제37보병사단의 공식 기록이 남았다.

여기에는 필리핀 종합병원(파슨스가 지은 역사적인 건물)과 같은 피란민 수용소도 포함돼 있었다.[127] 그곳에는 몸을 숨긴 소수의 일본군 외에 7000명이 넘는 민간인도 있었다. 제37사단은 이틀 밤낮으로 병원을 포격했다. 그 안에 갇힌 한 필리핀인은 이를 '공포의 날들'로 기억했다. "부상당한 사람들의 비명 소리가 지금도 선명하게 들려옵니다."[128] 레메디오스 병원과 콩코르디아 수녀원 같은 다른 피란민보호소도 비슷한 운명을 맞이했다.

———

미군의 포격과 일본군의 학살은 돌이킬 수 없이 끔찍한 상황을 불러일으켰다. 정치가인 엘피디오 키리노는 나름의 방식으로 이를 받아들였다.[129] 키리노는 자치정부 헌법을 제정한 대표단 중 한 명이었다. 그는 마누엘 케손의 내각에서 일했으며 훗날 전쟁이 끝나고 필리핀 대통령에 취임했다. 그는 에르미타(콜로라도가 506번지)의 부유한 동네에서 아내 알리시아와 아들인 토미와 도디, 그리고 딸 노마, 비키, 페 앙헬라(2세)와 함께 살았다.

키리노에게 '가장 힘겨웠던 시간'[130]은 일본군이 처음 불을 지른 데서 시작됐다. 에르미타가 특히 위험했던 이유는 일본군이 주요 교차로에 요새화된 진지를 세우고 거리를 지나다니는 사람에게 무차별 총격을 가했기 때문이다. 2월 9일 아침 미군의 폭격이 키리노의 집을 덮쳤다. 가족들은 일본군의 총알에 맞서기로 하고 길 아래에 살던 알리시아의 어머니인 도냐 콘셉시온 히메네스 데 시키아의 집으로 도망쳤다. 알리시아는 네 아이를 데리고 밖으로 나왔으며 엘피디오와 도디는 뒤에 남아 식량을 챙겼다. 그러나 알리시아의 어머니 집이 있던 길모퉁이에 도착했을 때, 일본군의 기관총좌가 발포되어 알리시아와 노마가 사망했다. 일본 해병은 갓난아기인 페 앙헬라를 공중으로 던져올려 총검에 꽂았다. 토미와 비키만이 할머니 집에 무사히 도착할 수 있었다.

엘피디오는 도디를 집에 두고 도냐 콘셉시온의 집으로 음식을 가져가려 했다. 그러나 일본군의 사격과 미군의 폭격으로 발이 묶이는 바람에 이튿날까지도 집을 떠나지 못했다. 도착해보니 아내와 두 딸은 싸늘한 주검이 되어 있었다. 도디는 엄마와 누나, 동생의 시신을 찾아오려다가 관자놀이에 파편을 맞아 숨지고 말았다.[131]

포격은 계속됐다. 키리노 가족과 시키아 가족 총 14명은 다시 거리로 달려나가 포격과 발포를 피해 보호소를 찾아 재빨리 옮겨다녔지만, 안전한 곳은 아무 데도 없었다. 밤에 미군의 포격이 그들이 대피해 있는 집을 타격했고 엘피디오의 처가 식구 중 한 명은 몸이 거의 두 동강 나버렸다. 도냐 콘셉시온은 십자포화가 쏟아지는 가운데 치명적인 심장마비를 일으켰다.

가족들은 다시 피란길에 올랐다. 그래야만 했다. 집이 불길에 휩싸였던 것이다.

은신처를 찾기는 어려웠다. 엘피디오는 "미군의 포격을 피해 달아난다 해도 일본군의 기관총이나 총검을 피해갈 수는 없었다"[132]고 말했다. 또다시 점점 수가 줄어가는 가족들을 임시 거처에 숨겨두고 그는 안전지대를 다시 찾아 나섰다. 그가 밖으로 나오자마자 미군이 건물을 포격하

남부 마닐라의 키리노 가족의 이웃들이 살아남기 위해 미군 부대로 도망가고 있다.

는 바람에 그의 가문 사람 5명과 도냐 콘셉시온의 요리사가 포탄을 맞았다. 그중 3명이 사망했고 다른 3명은 부상을 입었는데, 그중에는 아들 토미도 있었다. 다시 한번 키리노 가족은 도망쳤다. 이번에는 안전한 곳을 찾았다.

나흘 만에 엘피디오 키리노는 가족 8명을 잃었다. 아내와 장모, 그리고 다섯 아이 중 3명이 사망한 것이다. 전쟁이 끝나고 그를 본 한 여성은 키리노가 내의 차림으로 비틀거리며 마닐라를 돌아다니는 모습을 목격했다고 했다.[133] 현대판 리어왕처럼 흙투성이 차림에 멍한 눈을 하고 있었다는 것이다.

이와부치 제독은 대니얼 버넘이 계획한 정부 청사 건물이 모여 있는 루네타에서 대치했다. 버넘이 높이 평가한 건축학적 특성, 즉 크고 단단한 콘크리트 구조물로 이뤄져 있고 도시가 내려다보이는 전경을 갖추고 있다는 점은 그대로 이상적인 요새의 조건이 됐다.

후안 아레야노의 의사당 건물은 이와부치 중앙부대의 본거지로 활용됐다.[134] 250여 명의 일본군은 안에서 기다렸다. 의사당 건물 접근 경로는 모두 개활지에 있었기 때문에 그들을 몰아내기란 어려웠다. 미군 대대가 시도했으나 격퇴당했다. 연기를 피워 일본군을 끌어내려는 시도도 실패로 돌아갔다. 그러자 제37보병사단이 주특기를 발휘했다. 두 시간 동안 곡사포와 전차포를 건물 정면에 가차 없이 쏘아 대건축물이 땅에 폭삭 주저앉게 만든 것이다.

미 본토인의 계획에 따라 필리핀인이 건축한 식민지 국가의 자부심은 폐허 속으로 가라앉았다. 그런 상징성을 잊기란 어려운 일이다.

마닐라에 상징물이 부족한 것은 아니었다. 미국에서 여섯 번째로 큰 (보스턴이나 워싱턴 D. C.보다 훨씬 큰) 도시는 전투가 벌어진 한 달간 도축장으로 변해버렸다.[135] 키리노가 살았던 남부 마닐라는 평지로 변했다. 어딜 가나 시체가 썩어나갔고 고문과 처형의 흔적이 고스란히 남아 있었다. 견디기 힘든 악취가 떠돌았다.

"최대 규모를 자랑했던 건물이 돌무더기와 잔해로 변해버렸다. 온 도시 곳곳에 단 한 층도 무너져내리지 않은 건물이 없었다. 마치 모든 파괴력이 한꺼번에 작용해 사방이 가루가 됐다는 인상을 받을 정도였다. 악마의 소행 같았다."[136] 현지 기자 한 명이 그렇게 썼다.

악마의 소행처럼 느껴질 수는 있었겠지만 무분별했던 것은 아니다. "미국인의 목숨을 잃느니 건물을 잃는 것이 낫다"는 논리는 본토 군인을 보호하는 데에는 성공했다. 전투가 시작된 달에 1010명이 사망했다.[137] 이를 1만6665명의 일본군 사망자와 비교해보자. 그리고 10만 명의 마닐라인 사망자 수와도 비교해보자. '미국인의 목숨'을 하나 잃을 때마다 100명의 마닐라인이 죽어갔다는 이야기가 된다.

또는 그렇게 추정된다. 언제나 그렇듯 본토인이 목숨을 잃으면 어림하지 않고 한 자리까지 정확히 집계하는 반면 필리핀인 사망자 수는 잘해야 추정치에 불과하다. 미 육군이 승인한 10만 명이라는 추정치는 전쟁이 끝난 후 장의사들이 제출한 수치를 근거로 추산한 결과일 뿐이다.[138]

어찌 됐든 폭격 대상이 된 것은 마닐라뿐만이 아니었다. 더 작은 마을과 도시도 폭격당했다. "바기오 도시 전체가 초토화됐다"[139]며 조제 라우렐 필리핀 대통령은 탄식했다. 라우렐 자신도 바기오 공격에서 가까스로 살아남았다. 미군 비행기는 그의 집에 여러 번 폭탄을 투하해 완전히 폐허로 만들어버렸다. 이 비행기들은 바기오 공격 당시 446톤의 폭탄과 약 5000갤런의 네이팜탄을 투하했다.[140]

고등판무관은 "도시 전체가 폭탄과 포격으로 철저히 파괴됐"음을 인정했다. "우리는 도로와 공공건물, 다리를 파괴했습니다. 제당소와 공장들을 쑥대밭으로 만들었습니다." 결국 그는 "아무것도 남은 게 없다"[141]고 결론지었다.

밀러드 타이딩스 상원의원은 전후 식민지를 조사했다.[142] 그는 건물의 10~15퍼센트가 파괴됐으며 10퍼센트는 훼손됐다고 추정했다. 전쟁이 끝난 후 필리핀인들은 111만1938명의 전사자를 대신해 정부에 손해배상을 청구했다.[143] 일본인(51만8000명)[144]과 본토 사망자(육군은 이를 1만 명

　　　　　　　　　　　　　　　제1부 식민지 제국

제37보병사단의 두 시간에 걸친 직사거리 포격 끝에 무너진 후안 아레야노의 의사당 건물

이 조금 넘는 것으로 집계했다)[145] 수를 더하면 160만 명이 넘는다.

필리핀에서 전개된 제2차 세계대전의 양상은 좀처럼 역사 교과서에 등장하지 않는다. 그러나 이제 교과서에서도 볼 수 있어야 한다. 미국 땅에서 벌어진 가장 파괴적인 사건이기 때문이다.

————

당시 어린 소년이었던 오스카르 비야돌리드는 마닐라 '해방' 이후의 익숙한 풍경을 기억한다. 한 미군이 그가 있는 거리로 내려오더니 담배와 허시 초콜릿바를 내밀었다. 그는 천천히 말하면서 비야돌리드의 이름을 물었다. 비야돌리드가 영어로 술술 말하자 군인은 깜짝 놀랐다. 그가 물었다. "어떻게 미국 영어를 배웠지?"[146]

비야돌리드는 미국이 필리핀을 식민지화했을 때 학교에 영어 과목이 도입됐다고 설명했다. 그의 대답은 미군의 혼란만 가중시켰다. "그 사람은 심지어 미국이 필리핀에 식민지를 운영했다는 사실조차 모르고 있었어요!" 비야돌리드는 놀랍다는 듯 말했다.

잠시 이 상황을 이해해보자. 그는 태평양을 횡단해 먼 길을 온 군인이었다. 임무에 대해 설명을 듣고 지도를 보며 어디로 가서 누구에게 총을 겨눠야 할지에 대한 내용을 들었다. 그러나 그는 단 한 번도 미국 식민지를 구하러 간다거나, 그가 거기서 만나게 될 사람들이 자신과 같은 미국인이라는 데에는 생각이 미치지 못했다.

그는 어떤 외국에 쳐들어간다고만 생각했던 것이다.

점묘주의
제국

13.
킬로이가 여기 다녀갔다

"전쟁은 지옥이다"라는 말이 있다. 이를 좀더 과학적으로 표현하자면 "전쟁은 엔트로피다"라는 말 정도가 될 것이다. 원자가 분열하고 건물이 무너지고 사람들이 죽고 모든 것이 무너져 내린다. 전쟁도 마찬가지다. 제2차 세계대전은 말 그대로 대전이었다. 온갖 도시를 돌무더기 잔해로, 약 5500만 명의 사람을 시체로 만들어버린 거대한 전 지구적 규모의 엔트로피 파동과 같은 현상이라 할 만했다. 어떤 전쟁에서도 이렇게 많은 사람이 사망한 적은 없으며 비교 자체가 되지 않았다.

드레스덴에서 바르샤바, 마닐라, 도쿄, 히로시마에 이르기까지 전쟁의 모습은 한결같았다. 바로 대학살의 소용돌이였다. 그러나 아이러니하게도 그런 규모의 파괴가 일어나는 데에는 수많은 조직이 필요했다. 트럭과 탱크, 비행기, 선박, 폭탄, 군복, 배급 식량, 총기, 부품 등을 만들기 위해 사람들은 공장에서 초과근무를 해야 했다. 이러한 물자를 운반하는 사람들과 함께 먼 전장까지 끌고 가야 했다. 그리고 사람들이 도착하면 병

제2부 점묘주의 제국

영, 빵집, 급수시설, 창고, 정비소, 식당, 활주로, 세탁소 등에 맞는 기지가 필요했다.

이에 비하면 전쟁의 역엔트로피 측면은 그다지 매력적이지 않았다. 미군 하면 건설 현장 노동자보다는 최전방의 군인이 생각날 것이다. 그러나 미국의 경우, 이보다는 건설 노동자의 이미지를 먼저 떠올리기가 쉬웠다. 전쟁 중에 분노에 차서 방아쇠를 당기는 광경을 본 미군은 10퍼센트도 채 되지 않았다.[1] 군 복무자의 대다수는 전쟁이라고 하면 전투보다는 군수를 떠올렸다.

소설가 닐 스티븐슨은 제2차 세계대전 당시 미군을 정확히 묘사한 바 있다. "맨 먼저, 그물처럼 끝없이 이어진 수많은 타이피스트와 서류 정리 직원들, 둘째로 세계의 한쪽에서 다른 쪽으로 이동하기 위해 필요한 거대한 메커니즘, 그리고 마지막으로 중요성이 가장 낮은 전시 편제"[2]라는 것이었다.

이처럼 거대한 메커니즘이 작동하면서 미국은 갑작스럽게 세계 문제에 휘말렸고, 이전에는 별로 신경 쓰지 않았던 곳의 문제에 관여하게 된 것이다. 그러나 동시에 미국은 형식상 제국의 존재에 대해서는 관심이 멀어졌다. 화학 및 산업공학의 혁신과 함께, 미국의 뛰어난 병참술은 식민지의 가치를 떨어뜨렸고 미국이 새로운 유형의 세계 강대국으로 발돋움하는 기틀이 됐다. 대규모 토지 소유권을 주장할 필요가 줄어들고 작은 부분을 통제하는 데 더 집중하게 된 것이다.

———

미국이 후방을 관리해 전쟁에서 싸우겠다는 것은 확실히 일리가 있었다. 미국은 세계 최대의 공업경제 국가였고 미국의 공장들은 전투와 거리가 멀었기 때문이다. 1940년경 제2차 세계대전 당시 추축국(독일, 일본, 이탈리아)의 영향권 밖에 있던 거의 모든 독립국은 미국으로부터 군수품을 확보하려 했다.³

루스벨트 행정부는 기꺼이 이러한 요청에 부응했다. 이를 위해 미국은 중립법을 우회하여 줄어드는 연합군 자금을 아낄 수 있도록 일련의 계획을 마련했다. 먼저 직접 판매 정책이 있었다. 이후 '현금 판매cash and carry'● '구축함–기지 교환destroyers for bases'●● '무기 대여lend-lease'●●● 정책이 나왔다. 미국이 전쟁을 선언하기 훨씬 전부터 미국은 전선으로 비행기와 엔진, 탱크 및 기타 군수 물자를 보내고 있었다.

그런 물자의 흐름은 중요했다. 1941년 초 영국의 아시아 식민지는 위태위태한 상황이었다. 추축국은 지중해 대부분을 장악했고, 에르빈 로멜의 아프리카 군단은 이집트에서 영국을 기습 공격했다. 영국이 중동을 잃는다면 모든 것을 잃게 될 터였다. 이라크의 유전과 이집트에 비축한 군수품, 그리고 영국 제도를 인도와 호주, 뉴질랜드, 말레이반도, 버마 및 싱가포르와 연결해주는 수에즈운하를 잃는다는 뜻이었다. 영국 관리들은 완전한 '영연방의 해체'⁴에 대해 미국에 경고했다.

탱크와 비행기를 공급하는 것은 미국으로서는 쉬운 일이었다. 어려운 점은 미국을 참전시키는 것이었다. 군수품을 만들던 디트로이트에서 전

● 전쟁 중인 국가가 현금을 지불하고 자체 능력으로 운송해갈 경우 비군사적 물품의 거래를 허용하는 방침
●● 미국이 영국 식민지에 있는 공군 및 해군 기지에 대한 통제권을 양도받는 대가로 파산 직전인 동맹국에 제1차 세계대전 시절의 구축함 50척을 제공한다는 협정
●●● 특정 국가의 방어가 미국의 안전에 긴요하다고 판단되는 경우 해당 국가에 대한 원조 제공을 허용한 법

장인 카이로까지는 먼 거리였다. 탱크는 분해해서 아프리카 남단까지 선박으로 실어 보낼 수 있으나, 그러려면 카이로의 부실한 항구에서 이를 하역해야 했다. 창고도 조립 공장도 없고 철로도 거의 없는 데다 허술한 도로뿐이며 정비공은 턱없이 모자랐다.

'이집트 항구의 상태'는 1935년 미국 정부 인사 대다수에게는 그리 흥미로운 주제가 아니었을 것이다. 그러나 이제는 관심을 갖게 됐다. 미국은 대규모의 중동 기반시설 건설에 돌입했다. 새로운 부두가 들어서면서 크레인으로 탱크를 하역하고 조립 공장에서 그것을 조립하고 철로와 단단하게 닦인 도로를 통해 전선으로 운반했으며 정비소에서 이를 계속 사용할 수 있도록 했다. 1942년 6월경 카이로 근방 창고에는 대형 항공기가 있었고, 모든 작업이 제대로 기능하도록 1만여 명의 사람이 상주하는 가운데 1000개의 침상을 갖춘 병원과 창고, 충분한 부품과 공구, 노련한 정비공 등이 들어와 있었다.

탱크를 중동으로 운반하는 데에는 이런 것이 필요했다. 비행기와 함께 더 작은 물품을 운반하기 위해 미국은 완전히 새로운 길을 열었다. 즉 기지 상공을 고속도로로 활용해 마이애미에서 브라질로 내려가는가 하면, 서아프리카로 가로질러 가기도 하고 사하라를 거쳐 카이로까지 날아가는 식이었다. 이 역시 제대로 된 기반시설에 대한 투자를 필요로 했다. 늪지대는 건조시키고 밀림은 밀어버리고 바위는 폭파시키고 모래폭풍은 맞서 싸워야 했다.

실제로 그렇게 했다. 그간 필요했던 미국의 물자 보급에 들뜬 영국 제8군은 1942년 10월 알알라메인 전투에서 반격에 나서며 로멜의 진지에 폭격을 퍼부었다. "지금까지 수없이 많은 적군의 집중포화를 겪었지만 이 정도 폭격은 한 번도 경험해보지 못한 것이었다."[5] 독일 전선에 있던 겁에 질린 운전수는 그렇게 기록했다. 영국군이 로멜을 이집트에서 축출해 다시 튀니지로 몰아내자 총 700대의 선박이 포함된 거대한 3개 함대가 6개월 안에 추축국을 완전히 몰아내는 데 필요한 물자를 싣고 아프리카 해안에 상륙했다.

미국에 보낸 영국의 구조 요청이 성공한 것이다. "사실상 이를 경계로 '운명의 순간'이 방향을 틀었다." 처칠은 이렇게 썼다. "아마도 '알알라메인 이전에 우리는 승리한 적이 없었다. 알알라메인 이후에 우리는 패배한 적이 없었다'고 말할 수 있을 것이다."6

이 작전은 또한 중동 지역을 변화시켰다. 국무장관이 표현한 것처럼 연합군의 '대규모 보급기지'7가 된 것이다. 팔레스타인의 공장에서는 함포를 만들었고, 이란의 공장에서는 부동액을, 이집트의 통조림 공장에서는 군용 배급 식량을 생산했다.8 아프리카 북부 절반에 해당되는 지역은 미국에 사실상 미지의 영역이나 다름없었지만 미군 기지, 항구, 조립 공장, 병영, 창고가 북적이는 곳이 됐다.

———

북아프리카와 중동의 상황은 전 세계에서 똑같이 일어났다. 제2차 세계대전 중의 미국 본토를 군수품을 대량으로 쏟아내는 거인의 심장이라고 생각해보자. 일련의 기지들은 동맥처럼 기능하면서 이러한 군수품을 전선으로 내보낸다. 이들 기지에는 비행기가 착륙하고 선박이 정박하며 부품과 연료·식량이 저장되고, 또 이곳에서 부상자를 치료하고 손상된 물건들을 수리했다.

미국의 기지 전략은 새로운 것이 아니었다. 1890년대에 머핸 제독은 기지 획득을 주장하며 미국의 선박이 세계로 뻗어나갈 수 있는 근거지라고 했다. 그러나 머핸의 시대에 만들어진 기지 구축 시스템은 규모가 크지 않고, 태평양과 카리브해에 있는 진주만, 관타나모만처럼 몇 개 주요 지점에 국한되었다.

이제는 그런 시스템이 폭발적으로 성장했다. 이는 1940년에 시작됐는데, 당시 루스벨트 행정부가 서반구(뉴펀들랜드, 바하마, 버뮤다, 자메이카, 트리니다드 포함)의 영국령 기지와 50대의 구축함을 교환했다. 미국은 이 기지들을 완전히 소유하는 것이 아니라 99년간 조차하는 것이었다. 그러나 관할권의 범위는 깜짝 놀랄 정도였고, "아마도 영국 정부가 이전에 영국령을 넘긴 그 어떤 경우보다 광범위할 것"[9]이라고 영국 주재 미국 대사는 자랑했다. 미국은 자국 국기를 게양하고 재산을 몰수할 수 있었으며 원하는 구조물은 무엇이든 지을 수 있었다. 여기서 일하는 노동자들은 영국 정부의 세금을 면제받았고 기지에 있거나 복무 중일 때에는 영국 법을 따르지 않아도 되었다.

1890년대에 머핸은 기지가 식민지화로 이어질 것이라 예상했다. 99년간의 기지 조차는 서반구의 영국령 식민지 합병의 서막이었을까? 미국의 한 고위 관리는 "요청만 하면 미국 소유가 됐을 것임이 자명하다"[10]고 언급했다. 영국령 카리브해 지역의 거주자 대다수와 워싱턴의 일부 전문가는 이 지역들이 곧 미국령이 될 것이라고 예측했다.[11]

전쟁이 길어질수록 더 많은 미국 기지가 생겼다. 라틴아메리카에서처럼 어떤 경우에는 거래를 체결하기도 했다. 조차의 대가로 도로를 만들어주고 원조를 제공했다. 전시 긴급 사태로서 동맹국으로부터 해당 기지를 차지하기도 했다. 주요 동맹국 중에는 소비에트연방이 유일하게 미국을 쫓아냈다.[12] 이오시프 스탈린은 수십억 달러의 미국 원조를 수락했지만 미군의 진입은 거부했다. 소련 조종사들은 페어뱅크스에서 무기대여법에 따라 대여한 비행기를 타고 직접 전쟁터로 날아갔다.

미국의 기지 구축 시스템은 전 세계를 네 개의 상공 위 고속도로, 즉 대서양을 횡단하는 북부와 남부 경로, 그리고 태평양을 횡단하는 북부와 남부 경로로 항로를 나누었다. 대서양 횡단 경로는 기존의 기반시설을 활용할 수 있었다. 영국의 도로와 아프리카의 철로, 라틴아메리카의 항구를 활용하면 되었다. 그러나 태평양이라는 망망대해를 뛰어넘으려면 작은 섬들에 착륙할 수 있어야 했다. 해군 공병대CB는 거의 20만 명으로 늘어나, 아이타페에서 삼보앙가에 이르기까지 태평양 기지 수백 개를 건설했다. 보스턴과 샌프란시스코 등지에서 온 건설 노동자들은 누쿠페타우 환초, 콰절레인 환초, 사사벨레섬 및 미오스 우엔디섬에서 흙을 날랐다.[13]

1919년 제1차 세계대전이 끝났을 때 상원 외교위원회 의장은 미국의 안위가 '아프리카나 뉴기니, 마셜 제도, 캐롤라인 제도에서 일어나는 상황'[14]에 달려 있다는 데 의구심을 품었었다. 제2차 세계대전이 끝날 무렵 주요 정치인이 그와 같은 말을 한다는 건 생각하기 힘들었다. 그때까지 미군은 이 지역들에 모두 주둔해 있었다.

전쟁 중에 미국은 2000개의 해외 기지에 무려 3만 개에 달하는 군사시설을 보유하고 있었다.[15] 미군들은 어딜 가나 눈에 띄는 낙서로 자신들의 존재를 표시했다. 벽 너머를 들여다보는 만화 캐릭터 얼굴에 "킬로이가 다녀갔다Kiloy Was Here"라는 문구가 적혀 있었다.

실제로 킬로이는 어디에나 있었다.

1944년 과달카날에서 미군을 위해 맥주 상자를 내리는 솔로몬 제도의 주민들

바다가 마치 웅덩이로 변한 듯했다. 고향을 떠나본 적이 없는 사람들이 전 세계를 바쁘게 돌아다니며 발아래 붉은 양탄자가 펼쳐지듯 2000명의 '작은 미국'이 쏟아져 나왔다. "미국이나 세계의 어느 곳에서든 '길을 조금만 올라가면 된다'는 듯 사무적으로 카이로나 충칭, 레이캬비크에 대해 이야기하는 젊은 군인들과 마주칠 수 있었다." 한 언론인은 "말이 안 될 게 없잖은가? 어제 아니면 그저께 그들은 거기 있었으니까"[16]라고 썼다.

대통령들 역시 이전과 다르게 빠른 행보를 보였다.[17] 시어도어 루스벨트는 미 대륙에서 벗어난 최초의 현직 대통령이었다. 파나마와 푸에르토리코로 17일간 떠났던 것이다. 그의 후임자들 역시 임기 중에 미국 본토 밖으로 이동했으나 그와 마찬가지로 보통은 서반구 내의 단일 목적지에 한정된 여행을 했다. 윌리엄 태프트는 멕시코에서 하루를 지냈다. 워런 하딩은 1923년 7월 알래스카와 밴쿠버에 다녀왔으나 여행 중 건강이 급격히 악화되어 도착하자마자 즉사했다. 그의 후임이었던 캘빈 쿨리지는 사흘간 쿠바에 다녀왔고, 허버트 후버는 푸에르토리코와 미국령 버진아일랜드에서 사흘간 머물렀다. 파리강화회의 참석차 유럽을 두 번 다녀온 우드로 윌슨만 한 번 이상 해외에 나갔거나 아메리카 대륙 너머로 여행한 대통령이었다.

본토를 잘 벗어나지 않는 대통령의 시대는 프랭클린 루스벨트에 와서 갑작스레 끝나버렸다. 그는 대통령 신분으로 미 대륙을 스물한 번 벗어났고 그중 단 한 번을 제외한 나머지는 모두 확장된 미국 영토 밖으로 이동했다. 그는 캐나다와 하와이, 푸에르토리코, 미국령 버진아일랜드, 바하마, 아이티, 콜롬비아, 파나마, 트리니다드, 브라질, 아르헨티나, 우루과이, 뉴펀들랜드, 모로코, 감비아, 라이베리아, 멕시코, 이집트, 알제리, 튀니지, 이란, 몰타, 이탈리아, 세네갈, 소비에트연방에 다녀왔으며 그중 몇몇 국가는 여러 번 가기도 했다. 그는 임기 중에 남미와 아프리카, 아시아에 발을 디딘 최초의 대통령이었다.

그러나 그가 마지막은 아니었다. 이후 모든 현직 대통령의 이동 범위는 매우 넓어졌다. 모두가 서반구 밖으로 이동했다.

간단히 말해, 제2차 세계대전은 미국을 전 지구적 존재로 만들어버렸다. 국무부 관리들은 지도상의 각 나라, 식민지, 지역, 속령 등에 대한 미국의 정책을 확립하면서(많은 경우 처음으로) 전시 메모를 맹렬한 기세로

제2부 점묘주의 제국

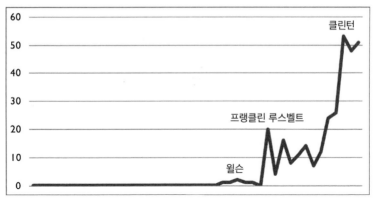

역대 대통령이 임기 중 해외로 나간 횟수

쏟아냈다. 외몽골, 북부 부코비나, 중국령 투르키스탄,● 영국령 보르네오 섬, 프랑스령 소말리아, 남부 소말리아 또는 카르파소 남부 루테니아 등 미국의 주요 의제에 등장한 모든 지역에 관해 어떤 입장을 취할지 고심하는 모습은 얼굴에 진땀이 흘러내리는 만화 캐릭터가 연상될 정도였다. "트란실바니아의 인종 분포 때문에 헝가리나 루마니아의 실지회복운동을 유발하지 않을 경계선을 긋는 것은 불가능할 것이다."[18] 그들은 단호하게 조언했다. 충분히 주의를 기울일 만한 가르침이었다.

1898년 제국의 팽창은 새로운 지도를 탄생시키기에 이르렀다. 1940년대의 전시 팽창은 이와 비슷하게 지도 제작에 혁신을 가져왔다. 언론인들은 지도 투영법에 대한 주제를 다루면서 놀랍도록 깊숙이 쌓여 있던 감정을 건드렸다. 오랫동안 익숙하게 사용했던 메르카토르 지도에는 거

● 신장 위구르 자치구에 해당된다.

대한 바다가 양쪽에서 북미 지역을 보호하는 모습이었는데, 이는 조롱의 대상으로 전락했다. 동서로 항해하던 시대에는 별 문제가 없었으나, 『라이프』지 편집자들은 비행기가 북극해 위를 지나 북미에서 유라시아 대륙에 도달할 수 있는 항공의 시대에 이러한 지도는 '멘털 해저드mental hazard'● 와 같다고 봤다.[19]

다른 선택지도 있었는데, 대중은 이상하게도 이에 대해 알고 싶어했다. 『라이프』지는 15쪽에 걸쳐 벅민스터 풀러라는 발명가가 만든 '다이맥시온 지도'를 소개했다.[20] 14개로 분리할 수 있게 만들어져 사용자의 선택에 따라 14면체로 접거나 다양한 평면 지도로 조립할 수 있었다.

가장 유명한 것은 전시 지도 제작의 최고 권위자인 리처드 해리슨이 완성한 '극지 방위각 투영법polar azimuthal projection'이었다.[21] 이는 북극 주변에 모여 있는 대륙들을 나타냈는데, 항로를 강조 표시하고 북미가 유럽의 독일 제국과 얼마나 위험할 정도로 가까운지를 나타내는 충격적인 화각畵角을 보여주었다.

지도는 엄청난 인기를 끌었고 수시로 재판을 찍으며 널리 배포됐다. 요제프 괴벨스는 미국의 세계 정복 야심의 증거라며 기자들 눈앞에서 이 지도를 흔들어댔다.[22] 미 육군은 1만8000부를 주문했고, 이 지도는 1945년 고안된 유엔 로고의 기반이 되었다.[23]

"전 세계에서 이토록 많은 사람이 관심을 보인 것은 처음이었다."[24] 대중 과학 잡지인 『파퓰러 메카닉스』는 신나게 떠들어댔다. 확실히 지도의 평평한 표면에 구체인 지구를 표현하는 기술적인 방식이 그토록 엄청난 매혹을 불러일으킨 적은 없었다. 대중의 인식이 확산되자 지도 투영법의

● 아무리 해도 빠져나가기 힘든 심리적인 장애물

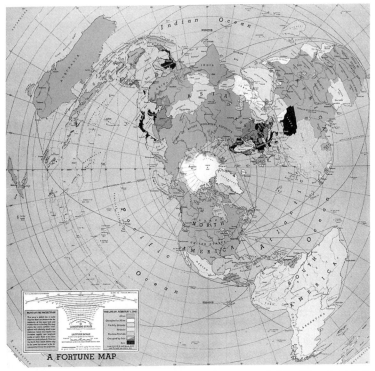

A FORTUNE MAP

1941년 7월 『포천』지에 처음 게재된 이후 널리 배포된(사진은 1942년 버전) 리처드 해리슨의 극지 방위각 투영법. 원본에 나온 문구는 어떻게 "전 세계 갈등이 미국에 의해 좌우되는가?"를 설명하고 있다. 뉴욕과 샌프란시스코에서 뻗어나가는 화살표는 무기대여법에 따른 원조의 국제적 흐름을 나타낸다.

세부 사항이 중요해졌다. 시인 아치볼드 매클리시는 '모든 방향이 마침내 서로 만나는 둥근 지구'로 세계를 새롭게 바라봐야 한다고 썼다. "우리가 이 전쟁에서 이긴다면 이제 새롭게 열리는 시대의 이미지는 공 모양의 글로벌 지구, 완벽한 구체가 될 것이다."[25]

매클리시가 선택한 '글로벌global'이란 단어는 새로웠다. 그 말이 지구

를 가리키는 말로 쓰인 것은 19세기부터지만 1940년대 이전에는 드문드
문 쓰였을 뿐이다. 이 말이 널리 퍼진 것은 전쟁 때문이었다. 그 말과 함
께 완전히 새로운 말들이 나타났다. 글로벌리스트, 글로벌리즘을 비롯해
다소 경멸조의 글로벌로니globaloney●와 같은 말도 생겨났다.[26] 이는 작
가 클레어 루스가 헨리 월리스 부통령의 생각을 언급하면서 만든 말이
었다.

　마지막 전쟁이 세계대전이었다면, 이는 1942년 9월 프랭클린 루스벨
트가 표현했듯이 '글로벌 전쟁'[27]이었다. 이로써 현직 대통령이 공개적으
로 처음 '글로벌'이란 표현을 쓴 사례가 됐으며, 이후 모든 후임 대통령은
이 말을 끊임없이 입에 올렸다.

전략사무국(중앙정보국CIA의 전신) 직원이었던 도널 매클로플린이 디자인한 최초의 UN 엠블럼.
매클로플린은 일 년 뒤, 남미 대륙의 끝부분을 추가하고 지도를 약간 기울여 북미 대륙이 너무
과도하게 세계의 중심인 것처럼 보이지 않도록 엠블럼을 수정했다.

● 글로벌 이슈는 헛소리에 가깝다는 의미

그해 크리스마스에 조지 마셜은 집무실에 둘 500파운드짜리 지구본을 루스벨트에게 선물했다. 루스벨트의 책상 옆에 놓인 지구본은 우스꽝스러울 정도로 컸다. 이는 찰리 채플린이 2년 전에 영화 「독재자」에서 요염한 춤을 출 때 사용했던 지구본과 비슷했는데, 크기만 더 클 뿐이었다. 그러나 사진에는 루스벨트가 이를 침착하게 호기심 어린 눈빛으로 정중하게 바라보는 모습이 담겼다. 새롭지만 환영받지 못하는 존재는 아니었던 것이다.

———

미국에서 전쟁은 새로운 지평을 열었다. 다른 나라를 전과 달리 느끼게 된 것이다. 1944년에 기자인 존 허시는 "한때 유럽의 침공이 쉴 새 없이 이민자가 미국으로 밀려들어온 방식이었던 것처럼, 이제는 이 이민자의 자손들이 쉴 새 없이 유럽으로 몰려가는 식으로 미국의 침공이 일어나고 있다"[28]고 썼다. 다른 점이 있다면 유럽에 국한된 현상이 아니라는 것뿐. 남극을 제외한 모든 대륙에 대거 '침공'이 이뤄졌다.

이러한 '침공'은 대체로 우호적이었다. 연합군 국가에 도착한 이들은 정복자가 아니라 전쟁 수행에 필요한 대규모 물류 네트워크 건설업자였다. 그러나 그 수가 너무 많았다. 1944년에 한 미국 관리는 "런던에 미국인이 서 있지 않은 곳은 단 한 뼘도 없다"[29]고 썼다.

165만 명의 미군은 영국으로 몰려가 기지를 짓고 지프를 몰고 영국의 시골길을 달리며 1944년 노르망디 상륙작전 준비에 들어갔다.[30] 그러나 그렇게 많은 외국 군대가 영국 땅에 주둔하는 것을 보고 영국군이 1066년의 노르만 정복을 떠올린 것도 무리는 아니다. 영국군이 빈정댄 미군의 잘못은 딱 세 가지였다. 그들은 "지나치게 많은 보수를 받았고 섹스를 지나치게 많이 한 데다 여기 와 있다"는 것이었다.

이는 동맹국의 불만이었다. 추축국에서는 미국의 침공이 좀더 실제적이었다. 유럽에서 미국군은 이탈리아 일부를 잠시 점령했고 이후 전쟁이 끝날 무렵 독일과 오스트리아에 관할지를 얻었다. 미국은 또한 남한을 장악했다(소련은 북한을 차지했다).

가장 극적인 것은 전쟁으로 인해 일본 전체가 군정 통치하에 놓이게 됐다는 사실이다. 엄밀히 말해 군정은 연합군 국가들이 공동으로 실시하도록 되어 있었으나 실제로는 미국이 이를 총괄했다(그러나 영국군 파견대도 주둔해 있었다). 일본은 연합국의 분할 통치에 놓이지는 않았다. 해리 트루먼 대통령이 임명한 연합국 단일 최고 사령관이 있었다.

바로 더글러스 맥아더였다.

마침내 맥아더는 자신에게 어울리는 임무를 맡았다. 동시에 그는 일본 군정과 미 극동군 사령부 및 극동 지역 미 육군을 이끌게 되었다. 훗날 그는 이 모든 임무를 수행하면서 한국전쟁에서 유엔군을 지휘하기도 했다. 공식적으로 그는 미국 정부와 연합국 극동위원회의 명령을 따랐지만, 실제로는 맥아더 자신이 표현한 대로 '약 8000만 인구에 대한 전권'[31]을 쥐고 있었다.

일본 주재 미 대사는 깜짝 놀라서 말했다. "미국 역사상 그처럼 엄청난 절대 권력이 한 개인의 손에 들어간 적은 없었다."[32]

맥아더는 필리핀 총독이었던 아버지의 업적을 참고했다.[33] 물론 일본은 필리핀처럼 미국 영토가 아니었다. 그러나 맥아더는 일본을 미국 영토처럼 다뤘다. 일본 국기 게양을 금지했고 성조기가 그 자리를 차지했다. 길거리와 도시 곳곳에는 워싱턴 하이츠, 루스벨트 휴양지, 둘리틀 공원(거북스럽게도 도쿄에 폭탄을 최초로 투하한 사람의 이름을 따서 지었다) 등 새로운 이름이 붙었다. 한 기자는 "도쿄 일부 지역은 일리노이주 피오리아만큼이나 오리엔탈풍 분위기를 풍겼다"[34]고 썼다.

맥아더는 군정이 일본을 급격히 변화시키며 "전체주의 군정에 있던 사람들이 해방을 맞는 모습을 관찰할 수 있는 세계 최대 실험실"[35]이라고 언급했다. 일왕은 절대적인 신적 존재에서 야구 경기를 관람하는 친근한 공인으로 지위가 떨어졌다. 대규모 토지개혁 운동으로 상당히 많은 부재지주가 재산을 몰수당했다. 일본 학생들을 민주적으로 교육하기 위해 새로운 교과서 수억 권이 인쇄됐다. 공공보건 당국은 일본 국민 전체(총 8000만 명)를 대상으로 예방접종을 실시했다.[36] 천연두는 2회(그때까지 역사상 최대 규모의 백신 접종 운동이었다) 접종을 실시했고 약 5000만 명을 대상으로 DDT를 살포했다.

일본 정치인들이 맥아더의 마음에 들게 헌법을 제정하지 못하자, 맥아더는 9일 만에 영어로 작성한 초안을 내밀었다. '우리 일본 국민은'으로 시작되는 초안에는 개인의 '생존권, 자유권 및 행복 추구권'을 확인하는 내용이 담겨 있었다.[37]

미 헌법과 독립 선언서에서 빌려온 표현이긴 하지만 일본 헌법은 이보다 훨씬 더 자유주의적인 내용을 담았고, 이는 군정 당국이 일본에서 시행한 일종의 무분별한 뉴딜 정책에서 비롯된 결과라고 할 수 있었다. 새로운 헌법에 따라 전쟁과 인종차별이 금지됐고 학문의 자유가 보장됐으며 고문이 금지됐고 모든 시민이 '건전하고 문화적인 생활에서 최소한의 표준'을 유지할 권리를 갖게 됐다.

무엇이든 마음껏 해도 된다는 군정 분위기에서 어찌된 일인지 스물두 살의 유대계 여성인 베아테 시로타가 헌법 초안 작성 위원회에 들어가게 됐다(그녀는 도쿄에서 잠시 어린 시절을 보냈고 일본어를 유창하게 하는 소수의 백인 중 한 명이었다).[38] 헌법에서 혼인관계 내 부부의 동등한 권리를 명시하고 성차별을 금지한 것은 대체로 그녀의 입김 때문이었다. 이는 미국 헌법에서 명시적으로 표현하지 않는 부분이다.

이는 오늘날에도 여전히 일본의 헌법으로 남아 있다. 60년도 더 지났는데 한 번도 개정되지 않았다.

———

윈스턴 처칠의 표현에 따르면, 전쟁은 미국을 '세계 정상'[39]에 올려놓았다. 미국은 더 많은 상품을 만들고 더 많은 석유를 확보하고 더 많은 금을 가지고 다른 모든 나라를 합친 것보다 더 많은 항공기를 보유하고 있다. 트루먼은 미국이 "역사를 통틀어 아마 가장 강력한 국가일 것"[40]이라며 놀라워했다.

그러나 이에 비해 잘 다뤄지지 않는 것은 미국이 확보한 영토가 얼마나 되는가다. 1940년에 미국의 식민지 인구는 확장된 미국 영토의 약 13퍼센트에 달했다. 이제 식민지와 점령지를 모두 합하면 그 합계는 훨씬 더 커진다. 미 관할권하의 해외 지역 인구는 약 1억3500만 명에 달했다.[41] 놀랍게도 이는 본토 거주자 인구인 1억3200만 명을 웃도는 수치다.

다시 말해 1945년 말에 머리 위로 휘날리는 성조기를 본 사람은 본토인이 아니었을 것이다. 미 본토의 주에 살았던 사람은 성조기를 볼 수 없었을 테니까. 식민지나 점령지 사람이었을 확률이 훨씬 더 높다. 아마도 태평양 어딘가에서.

　　　　　　　　　　　　　제2부 점묘주의 제국

14.
미국의 탈식민화

해외 수천 개 기지와 수천만 식민지 및 점령지 주민들의 머리 위로 성조기가 자랑스레 휘날리며 제2차 세계대전이 끝났다.

그러나 전쟁이 끝나고 얼마 후 본토 미국인들은 국기에 새겨진 48개의 별이 충분한지 궁금해했다. 미국은 국가의 모양이 변하면 법으로 국기를 변경할 수 있는 유일한 나라다. 그래서 열의 넘치는 사람들은 취미 삼아 정부에 새로운 국기 디자인 제안을 성가실 정도로 많이 한다. 49개 별, 50개 별, 51개 별, 그 이상의 별 등등. 어떤 사람은 크레용이나 색연필로 그림을 그려 보내고, 베치 로스●처럼 꼼꼼히 바느질을 해서 보내기도 했다.

깃발에 별을 배열하는 방법으로는 여러 가지가 있다. 이러한 제안 내용을 보면 별을 바둑판무늬, 원형으로 배치하기도 하고 독수리 모양, 별

● 바느질로 성조기를 처음 만든 인물

의 크기가 커진 모양, 글자 USA 형태로 만든 성조기 등 다양하다. 디자인 중에는 교도소를 탈출하는 죄수처럼 별들이 파란색 사각형 안에서 다 나와 줄무늬 위로 뛰어오르는 모양도 있었다. 몬태나주 비버 크리크 초등학교의 학생들은 별이 줄지어 있는 익숙한 구성을 선호하면서도 49번째 별이 들어가도록 아래쪽 공간을 비우는 것이 좋겠다고 답했다. 다른 주가 추가될 경우 '남은 공간이 충분해야'[1] 한다는 이유에서였다.

꼬마 깃발 연구자들은 어떤 새로운 주들을 염두에 두고 있는지 구체적으로 이야기하면서, 알래스카와 하와이, 푸에르토리코를 꼽았다. 어니스트 그리닝과 그의 아내는 50개 별이 박힌 성조기를 디자인했고, 알래스카와 하와이의 지지를 받아 앵커리지의 총독 관저에서 자랑스레 깃발을 게양했다.[2]

깃발을 디자인한 사람들이 여러 가능성을 염두에 둔 모양을 생각했다는 것은 분명하다. 그들은 미래가 여러 모습으로 나타날 수 있음을 정확히 감지했던 것이다. 더글러스 맥아더가 장악한 일본에서는 주 지위 문제를 두고 조용한 활기가 일었으며,[3] 의회는 일본을 49번째 주로 만들자는 청원을 받았다. 『시카고트리뷴』, 워싱턴의 『타임스헤럴드』, 뉴욕의 『데일리뉴스』 『애틀랜타컨스티튜션』 그리고 영향력 있는 흑인 언론사인 『암스테르담뉴스』 등 본토 언론사들은 필리핀의 주 지위 획득을 지지했으며, 이에 대해 미 하원 군사위원회 의원장 역시 지지를 표했다. ("진지한 제의라면 이를 기꺼이 고려할 수밖에 없다"고 유엔 총회 필리핀 대표단이 답했다.[4]) 한편, 한 캘리포니아 의원은 아이슬란드를 군정 형태로 미국에 편입시키자는 제안을 했다(이러한 발언의 '전략적 건전성'은 '명백하다'고 『뉴욕저널아메리칸』이 언급했다).[5] 그리고 1945년 미 하원 해군위원회는 일본의 외딴섬들과 위임 통치를 받는 도서 지역을 '미 태평양 국가State of the

인디애나주 테러호트의 E. H.
클레하우스가 디자인한 별
49개가 박힌 성조기

American Pacific'로서 합병하는 방안을 제시했다.6

새로운 주 편입에 대한 이야기는 비현실적이고 상상 속에서나 가능할
것 같지만 미국이 전후 모종의 영토 팽창을 추구할 가능성이 있다는 것
은 매우 현실적인 진단이었다. 1940년 애돌프 벌리 국무부 차관보는 전
쟁으로 인해 미국이 '전 세계가 지켜본 것 이상으로 훨씬 강력한 제국주
의 국가'가 될 수 있다고 예측했다. 확실히 100만 단위의 육군을 보유한
미국이라면 원하는 대로 영토 구획을 강제할 수 있을 것이다.

"물자 면에서 본다면 미국은 충분히 제국으로 뻗어갈 가능성이 있다."7 정치과학자 앨버트 바이턴은 이렇게 썼다. "전 세계가 이 질문을 던지고 있다. 미국은 그 가공할 힘을 어떻게 쓸 것인가?"8

이는 좋은 질문이었다. 어떻게 좋은지를 알려면 약간 비틀어 생각해 봐야 한다. 오늘날 미국이 1945년에 프랑스를 합병했거나 유럽의 아시아 식민지를 차지했을 수도 있다고 생각하는 건 사실과 반대되는 말도 안 되는 가정이다. 그러나 상상조차 할 수 없는 일은 아니었다. 사실 이는 정확히 독일과 일본이 자행했던 바이니까. 그리고 이는 미국 스스로 19세기 내내 반복해서 스페인령 영토에 대해 해왔던 일과 크게 다르지도 않다.

실제로 1945년은 거시적으로 보면 1898년과 놀라울 정도로 비슷했다. 1898년과 마찬가지로 미국은 힘이 약한 제국(이 경우에는 두 나라를 꼽을 수 있다)을 흠씬 패줬던 것이다. 그리고 패전국의 일부 지역에 군대를 주둔시켰다. 왜 합병하지 않는가? 1898년에 하와이와 미국령 사모아에 대해 그랬던 것처럼, 왜 전리품 외에 더 많은 땅을 차지하지 않는가? 일본과 독일은 끝장났고, 영국이나 소련이 공격적으로 영토를 확장해온 미국을 상대로 맞설 리는 없었다. 전쟁이 끝날 무렵 미국은 전 세계에서 네 번째로 큰 제국을 소유하게 되면서9 전 세계 제조업 생산량의 절반 이상을 차지했고,10 원자폭탄까지 보유하게 됐다. 왜 지구 전체를 정복하지 않는가?

그러나 물론 현실은 이러한 가정과는 달랐다. 전혀 달랐다. 오히려 미국과 그 동맹국들은 아주 이례적인 선택을 했다. 전쟁에서 이긴 후 영토를 포기한 것이다. 미국이 이에 앞장서 최대 식민지였던 필리핀을 독립시켰으며 점령지를 내주고 유럽 국가들에 식민지 제국을 포기하라고 옆구리를 찌르며 군대를 해산시켰던 것이다. 미국은 전후 어떤 토지도 합병하지 않았다. 합병에 가장 근접했던 것은 1947년 미크로네시아 제도를 장악한 일인데, 엄밀히 말해 이 지역은 유엔하에서 태평양 신탁 통치 제도로 남았다(1986년에 그 일부였던 북마리아나 제도는 미국령이 됐다).

1945년 말 점령지 수를 집계해보면, 확장된 미국 영토 인구의 51퍼센트가 정식 주 이외의 지역에 거주했다. 그러나 1960년이 되면 하와이와 알래스카가 미국의 주로 편입된 후 이 수치는 약 2퍼센트로 떨어져서 이후 거의 같은 수준을 유지하고 있다. 오늘날 군 기지를 포함한 미국의 모든 해외 영토는 코네티컷보다 작다.[11]

어떻게 이런 일이 가능했을까?

———

이 질문에는 두 가지로 답할 수 있는데, 둘 다 제2차 세계대전의 결과로 제국이 변화해온 방법과 관련된다. 첫째, 전쟁은 식민지 제국에 주요한 장애물인 전 세계 반식민지 저항 운동을 부채질했다. 둘째, 전쟁은 거대 식민지에 의존하지 않으면서 전 세계에 실력을 과시할 수 있는 다른 방법들을 알려줬다.

이러한 변화는 매우 중요했다. 그러나 더 두드러지게 나타났던 첫 번째 경우에 잠시 집중해보자. 제2차 세계대전은 전 세계적으로 제국에 대한 저항을 촉발시켰다. 반란은 아시아에서 시작됐지만 이내 아프리카와 카리브해 지역 및 중동으로 퍼져나갔다. 놀라울 정도로 짧은 기간에 식민지 주민들은 전 세계의 대제국들을 해체시켰다.

1940년에는 전 세계의 거의 3분의 1에 해당되는 사람들이 식민지 상태에 놓였다. 1965년에는 그 수가 50분의 1로 줄었다.[12]

이를 예측하기란 어렵지 않았다. 1945년 9월 2일, 더글러스 맥아더는 도쿄만의 USS 미주리호 갑판 위에 서서 일본의 항복을 받았다. 그는 공기에서 자유의 냄새를 맡았다. 항복은 단지 일본 열도 자체의 패배가 아닌, 한국과 만주, 넓은 지역에 걸친 중국 북부 그리고 수천 개의 태평양 섬을 포함한 거의 모든 동남아시아 국가로 호 모양의 식민지 영토를 구성하고 있던 제국의 몰락을 뜻했다. 맥아더는 "오늘, 자유가 전진하고 있다"고 말했다. '속박에서 풀려난 사람들'은 마침내 '자유의 달콤함을 만끽'하게 됐다는 것이다.[13]

그뿐만이 아니었다. 아시아인들은 일본으로부터 자유로워진 데서 그치지 않고 스스로를 모든 외세로부터 자유로운 존재로 점점 바라보게 되었다. 8월 15일에 민족주의 지도자 수카르노는 인도네시아의 독립을 선포했다. 9월 2일, 맥아더가 연설한 것과 같은 날 호찌민은 베트남의 독립을 선언했다. 나흘 뒤 북한은 자체 독립 정부 수립을 선언했다.

이는 제2차 세계대전이 남긴 현실이었다. 식민지 주민들은 백인 지배 세력이 아시아의 힘에 의해 물러나는 것을 목격했다. 이는 그냥 지나치기 어려운 광경이었다. 그들은 다년간 라디오 스피커에서 쩌렁쩌렁 울리는 '아시아인을 위한 아시아'라는 일본의 메시지를 들었다. 1943년에 그들은 버마와 필리핀에서 일본이 식민지들에 명목상이나마 독립을 허락했을 당시 자유 그 자체를 맛봤다.

할렘의 시인 랭스턴 휴스는 멀리서 지켜보면서 이를 예견했다. 그는 유럽과 미국이 그들의 이전 점령지들을 반환하게 될 것이라고 썼다. "그러나 그렇게 되면, 동양의 위대한 도시들은 다시는 전과 같아질 수 없을 것이다. 갈색 피부의 원주민들은 높이 솟은 유럽풍 건물을 보고 '유색인들이 한때 그곳에서 살았구나!' 하고 말할 것이다. 그리고 그들은 마음속으로 '우리는 다시 그곳에 살 권리가 있다'고 생각하겠지."14

휴스는 여기서 더 나아갈 수도 있었다. 아시아인들은 생각만 그렇게 한 것이 아니라 실제로 행동에 옮길 수도 있었다고 말이다. 전쟁으로 인해 아시아 전역에 무기가 보급되자, 식민지 시대 전반을 특징지었던 엄격한 군비 통제는 완전히 효력을 잃었다. 필리핀 최대의 게릴라 부대인 후크발라합의 수장인 루이스 타루크는 "무기 소지는 신나는 일"이라고 회상했다. 전쟁 발발 전에는 경찰이나 되어야 무기를 소지할 수 있었다. 그들은 시위대를 위협하고 반란을 진압하곤 했다. 타루크는 "무장 세력 사이에서 소총의 총열을 손으로 감싸쥐고 있자니 그 어떤 시위대보다 더 강력해진 기분이었다"15라고 썼다.

그래서 그들은 외부 세력의 통제를 벗어난 군대를 조직했다. 중국에는 마오쩌둥이 이끄는 홍군紅軍이 있었고, 버마에는 버마 국민군, 인도에는 인도 국민군, 베트남에는 베트남 독립동맹인 베트민이 있었으며, 라오스에서는 독립운동 단체인 라오 이싸라Lao Issara(자유 라오스Free Laos), 필리핀에서는 말라야 항일 인민군과 후크발라합이 활동했다. 일부는 일본의 비호 아래 성장하기도 했고 항일 운동의 일환으로 생겨난 조직도 있었지만, 어떤 단체들은 전후의 어수선한 분위기 속에서 부산스럽게 결성되기도 했다. 한 아시아 기자는 "광대한 대륙의 한쪽 끝에서 다른 쪽 끝에 이르기까지 전역에 걸쳐 일본 패망 후 계속되는 총성을 피하기란 거의 불가능했다"16고 썼다.

이는 '아시아의 봄'이었다. 맥아더 휘하의 한 장군의 말에 따르면, 아시아 전 대륙이 '펄펄 끓어 넘치는 거대한 도가니'가 되었다.17

격동에 휩싸인 아시아의 앞날은 미국으로서는 별로 환영할 만한 것이 못 되었다. 일제의 식민 통치가 끝난 것은 잘된 일이었다. 그러나 미국이 이 지역을 떠나기는 아직 일렀다. 일본은 동남아시아의 대규모 고무농장을 차지하기 위해 세계 전쟁까지 불사했는데, 그럼 원자재는 어떻게 되는 것인가? 트루먼 대통령은 말라야 항일 인민군이 이를 차지하게 되어 정말 기뻤을까? 또 호찌민의 경우는 어떠한가?

맥아더가 게릴라군과 연합해 싸웠던 필리핀도 안심할 수 없는 상황이었다. 게릴라가 지배하던 지역에서 그들은 지주들로부터 땅을 빼앗아 재분배하는 식으로 사회 혁명을 시작했다. 1945년 9월, 2만 명이 넘는 소작농은 필리핀민주동맹을 결성하여, 즉각적인 독립과 부역자들의 투옥 또는 처형을 요구하며 마닐라에서 행진을 시작했다.[18] 식민 지배 정부에 부역한 정치인 대다수는 맥아더가 서둘러 재건하던 필리핀 정부의 인사들이었다.

제1차 세계대전 후 미국은 1년 만에 사실상 군인을 민간인 신분으로 되돌려놓았다. 그러나 전후 혼란기에 트루먼 행정부는 육군의 철수를 우려했다. 조지 마셜 육군 참모총장은 "우리는 이제 전 세계의 평화를 염려하고 있다"고 설명했다. "그리고 평화는 오로지 강자에 의해서만 유지될 수 있다."[19]

1945년 8월, 전쟁부는 이듬해에 250만 명의 군인이 필요할 것이라고 발표했다.[20] 항공기와 선박은 제해권 및 제공권 장악에 사용될 수 있다는 것이었다. 그러나 점령지 운영과 반란군 진압을 위해서는? 육군이 필요했다.

문제는 육군이 이에 동의해야 한다는 점이었다. 해외에 군대를 주둔시킨다는 마셜의 계획은 격렬한 반응을 불러일으켰다. 군인들의 가족은 하원의원들에게 엄청난 투서를 했으며 의회 사무소는 "아빠를 집으로 Bring Daddy Home"와 같은 문구가 쓰인 태그가 달린 아기용 신발에 거의 파묻힐 정도였다. 12월에는 단 하루 만에 트루먼의 집무실에 군대의 귀환을 요구하는 6만 통의 엽서가 쏟아진 적도 있을 정도다.[21]

정치인들은 선거 결과에 악영향이 미칠 것을 우려해 연줄을 동원했다. 그러자 육군의 규모가 줄어들었다. 트루먼은 "이처럼 단기간에 군대가 해산하는 속도라면 우리 요구 사항을 관철시키기 위해 필요한 수단이 없어질 것이다"[22]라고 경고했다. 그는 '위험한 속도'로 '미군 병력 해체'가 이뤄지는 것을 염려하여 1946년 1월 해산 속도를 늦추라고 명령했다.[23] 미군 부대 귀환에 필요한 군함이 있다 하더라도 그들은 해외에 계속 주둔하게 되었다.

대다수는 이를 참을 수 없는 일로 여겼다. 트루먼 대통령의 발표가 나온 지 며칠 후 2만 명의 미군은 마닐라를 행진해 의사당 잔해에 집결했다. 물론 그들은 귀환을 원했고, 그것이 주요 이유였으며, 유일한 이유인 사람도 있었다. 고위급 지휘관을 비롯한 일부는 '아시아의 봄'을 직접 목격했고 이를 진압하기 위해 귀환을 연기하는 데 맹렬히 반대했다. "중국인과 필리핀인들이 자국민의 일을 스스로 해결하도록 내버려둡시다." 한 사람이 외쳤다. "필리핀은 우리 동맹입니다. 우리는 그들과 맞서 싸우지 않을 겁니다!"[24] 다른 사람이 소리쳤다. 시위대는 필리핀민주동맹으로부터 온 지지 서한을 읽었다.[25] 한편 시위 주동자들은 필리핀 게릴라와의 연대를 선언하는 결의안을 통과시켰다.[26]

서태평양의 미군 사령관이었던 W. D. 스타일러 중장은 라디오를 통해

양키 고 홈Yankee, go home! 마닐라의 미군들이 스스로 해외 주둔에 반대하며 시위하는 모습

병사들에게 연설했다. 그는 미국이 아시아에서 떠맡아야 하는 '방대한 양의 새로운 과업'을 들먹였다.[27] 그러나 병사들은 듣지 않았다. 그들이 야유하고 휘파람을 부는 소리에 스타일러의 연설은 거의 묻혀버렸다.[28]

마닐라 시위로 인해 다른 곳에서도 연달아 시위가 일어났다. 호놀룰루에서 2만 명, 한국에서 3만 명, 캘커타에서 5만 명이 시위에 나선 것이다.[29] 괌에서는 군인들이 전쟁장관의 조각상을 불태웠고 3만 명 이상의 수병이 단식 투쟁을 벌였다.[30] 중국과 버마, 일본, 프랑스, 독일, 영국 및 오스트리아에서도 시위가 일어나면서 워싱턴과 시카고, 뉴욕에서 이를 지지하는 시위가 이어졌다.

"대체 뭐 이런 정부가 다 있어?" 한 군인이 말했다. "세계는 자유로워야 한다'고 엄숙하게 외치더니 우리는 쏙 빼놓는 게 어디 있어?"[31]

그런 정서는 완강한 시위자들을 더 활활 타오르게 만들었다. 한 군인은 "동양에서는 자유의 물결이 밀려드는데, 우리는 제국주의에 매달려 있다"[32]며 불평했다. 흑인 부대였던 버마의 제823 미 공병 항공대대 전원은 트루먼 대통령에게 "비민주적인 미국 외교 정책에 염증을 느낀다"는 내용의 서한을 보냈다. 그들은 '동남아시아 사람들의 자유에 대한 강렬한 염원을 총격과 폭격으로 짓밟는' 일에 '연루되고 싶지' 않았던 것이다. "우리는 총검과 폭격기로 중국을 '통일'하고 싶지 않다."[33]

수만 명의 군인이 거리를 행진하며 사령관에게 야유를 퍼붓고 게릴라군과 연대를 선언하면서 전쟁장관의 조각상을 불태웠을 때, 바로 이런 말이 나왔다. 트루먼 대통령이 비공개 석상에서 표현했듯, 이는 '명백한 항명'이었다.[34] 군법에 따라 항명하거나, 항명을 목격했으나 이를 막기 위해 '최선의 노력'을 다하지 않은 장교와 병사는 모두 사형에 처해질 수 있었다.[35]

"제군들이 몸담고 있는 조직은 GM 같은 기업이 아니라는 사실을 기억하기 바란다." 부대의 마닐라 사령관이 꾸짖었다. "제군들은 아직 육군 소속이다."[36]

그러나 육군은 실제로 수만 명의 군인을 군법회의에 회부할 생각이었을까? 정말로 모두 처형시킬 작정이었을까? 반란 규모는 상상할 수 없을 정도로 커져버렸다.

육군 수뇌부는 주동자 9명에게 가벼운 벌금을 부과했다. 그들은 군인들이 그저 '심한 향수병'에 시달렸던 것일 뿐 "원래부터 군율을 위반하거나 군 당국에 저항하려던 것은 아니었다"[37]는 맥아더의 너그러운 판단을 인정했던 것이다. 말하자면 남자들이란 원래 그렇다는 식이었다.

군 수뇌부는 군인들의 반란을 수습하고자 했으면서도 그들의 요구에는 굴복했다. 군인들은 귀환했고 군병력은 1945년 5월 당시 800만 명 이상에서 1947년 6월 말에는 100만 명이 채 안 되는 규모로 줄어들었다. 전쟁부가 요청한 250만 명에 훨씬 못 미치는 수였다. 육군은, 한 관료가 기록한 표현에 따르자면, "태엽이 풀려 시간이 늦게 가는 시계처럼 동력을 잃은 기구"가 되어버렸다.[38]

독일과 오스트리아의 일부 그리고 일본 군정을 위해 충분한 수의 병력이 해외에 주둔했다. 그러나 루스벨트가 40년간 지속될 것이라고 예측했던 한국 군정은 3년에 그치고 말았다. 트루먼은 "중국과 마찬가지로 미국의 전 세계적인 영향력은 수백만 명의 미군이 제대하면서 약해졌다"[39]고 개탄했다.

이는 과장이었다. 미국은 여전히 세계에서 가장 많은 군함과 항공기, 군사기지를 보유하고 있었다. 그러나 평시 육군의 규모는 전 세계 6위로서[40] 전 지구를 식민지로 삼기에는 턱없이 부족한 수준이었다.

미국은 당시 보유한 식민지를 계속 유지할 수 있었을까? 가장 큰 문제는 필리핀이었다. 1934년 의회는 미 제국의 경제적, 군사적 부담을 줄이려 애쓰며 필리핀의 조건부 독립을 위한 최종 점검에 들어갔다. 만약 필리핀 연방정부가 자국민의 생명과 재산을 보호할 능력을 입증했다면, 그리고 미 연방정부에 채무를 상환했다면,[41] 필리핀은 1946년 7월 4일에 자유를 쟁취했을 것이다.

그러나 전쟁이 모든 것을 뒤엎어버렸다. 연방정부는 자국민의 생명과 재산을 보호할 수 있었을까? 확실히 그렇지는 않았다. 연방정부는 망명정부 상태에 내몰리면서, 100만 명이 넘는 사람이 목숨을 잃고 나라 전체 건물의 10퍼센트 이상이 무너져내리는 모습을 멀리서 지켜봐야 했기 때문이다. 부채 상환은 어떤가? 어림도 없었다. 정부와 은행, 보험사들은 파산 상태였고 물가는 천정부지로 치솟았으며 폴 매크넛 고등판무관은 '식량 위기'의 가능성을 경고했다.[42] 게다가 주요 정치인들은 대부분 일본에 부역했고 그들의 처형을 요구하는 무장 소작농들은 수천 명에 이르렀다. 아무리 봐도 원만한 정권 교체 가능성은 희박했다.

사실 최고위 관리들은 필리핀을 식민지로 유지하는 방안을 신중히 검토했다. 미 국립문서기록관리청에는 세 종류의 행정명령이 보관되어 있다. 대통령의 서명란이 공백으로 남겨진 이 문서들에는 필리핀 연방정부를 해산한다는 내용이 담겨 있었다. 이 중 하나라도 대통령의 서명을 받았더라면 필리핀 독립은 상상하기 어려웠을 것이다. 독립의 주요 요건은 바로 필리핀의 자치정부 운영 능력을 입증하는 것이었기 때문이다.

첫 번째 명령은 국무부, 전쟁부, 해군부, 내무부의 승인을 받은 초안이다. 여기에는 '자국의 보호 또는 유지에 적절히 대비'하지 못한다는 이유로 계엄령을 선포하고 필리핀을 미 군정하에 둔다는 내용이 담겨 있었다.[43] 내무부가 작성한 두 번째 명령은 '필리핀 대통령의 사망 또는 억류'라는 좀더 애매한 문제를 다루었다.[44] 케손 대통령은 1944년 망명 중 사망했고, 당시 새로 선거를 치를 방법은 없었다. 그다음 서열인 부통령 세르지오 오스메냐에게 무슨 일이라도 생겼더라면? 해당 명령은 정부 해산을 통해 헌정 위기에 대한 해법을 제시했다.

가장 흥미로운 세 번째 명령은 마닐라 강탈 직전에 고등판무관실에서 초안이 작성됐다. 이는 전후 필리핀에서 '수용 가능하거나 적법한' 후임자를 결코 찾지 못하면 정부를 해체한다는 내용이었다.[45] 행정명령의 초안을 작성한 관리는 이를 가상의 시나리오라고 생각하지 않았다. 식민지 독립 후 적법한 정부를 수립할 수 없었던 상황에서 필리핀 지배 계층은 일제에 손쉽게 부역한다는 사실이 이미 드러났다. 그는 "미국은 1946년 7월 4일 또는 그 전에 적국에 부역한 이들이 통치하게 될 필리핀 공화국의 독립을 인정하라는 요구를 받게 될 것이 분명하다"[46]고 경고했다.

1946년 1월, 마닐라에서 육군의 항명 사태가 터져나온 지 2주 후, 매크 넛 고등판무관은 트루먼 대통령에게 절박한 내용의 전보를 보냈다. "이곳 상황이 심각합니다."[47] 그는 간청했다. 필리핀은 전쟁으로 쑥대밭이 되었고 '애국지사와 적국의 부역자들'로 분열 위기였으며 '대규모로 철저히 무장한 몇몇 반체제 단체'는 '아직 잡히지 않은' 상태였다. 매크넛은 이 와중에 필리핀인들이 독립을 감당하는 게 '인력으로 가능한' 일인지 물었다.

이는 필리핀의 최고위 관리가 제기한 심각한 질문이었다. 그런데도 백악관은 요지부동이었다. 독립 문제는 아직 논의할 때가 아니라는 것이었다.

왜? 1930년대에 독립을 추진했던 미국 본토의 논리는 정당성을 잃었다. 대공황은 끝났고 전쟁으로 난도질당한 식민지 농산물이 본토 시장에 밀려들 가능성은 거의 없었기 때문이다. 그리고 일본이 패망하면서 필리핀은 더 이상 군사적으로 골칫거리가 아니었다. 오히려 그 반대였다. 군사 기획자들은 필리핀에 진지를 사수할 것을 강력히 주장했다. 이를 통해 아시아로 영향력을 뻗칠 수 있기 때문이었다.

예전의 논리는 더 이상 먹히지 않았지만 새로운 논리가 부상했다. 1930년대 의회는 인도네시아, 인도, 인도차이나가 필리핀 정치를 어떻게 바라봤는지에 대해 관심이 없었다. 그러나 이제 아시아가 속박에서 풀려나자 미국은 이들의 입장을 파악하고자 했다. 그만큼 중요해진 것이다.

탈식민화가 진행되는 격동의 시기에 만신창이가 된 필리핀 영토를 포기하고 친선관계를 수립하는 일은 그리 어려울 것이 없었다.

매크넛 고등판무관조차 이런 상황을 파악할 수 있었다. 그는 "모든 아시아, 10억 인구의 동양이 필리핀 땅에 있는 우리를 지켜볼 것이다"[48]라고 말했다. 독립에 대한 약속은 "극동의 식민지 시민들의 경탄과 경의를 끌어냈다". 그런 약속을 어기는 것은 "이 위대한 나라에서 대명사로 굳어진 아메리카니즘의 원칙을 저버리는 행위"[49]일 것임을 매크넛은 시인했다.

그래서 억지로 식민지를 보유하려 하기보다는 유럽 열강이 그랬듯이 미국은 이를 서둘러 포기했다. "이는 역사상 최초로 주권 국가의 식민지가 자주적으로 완전한 독립을 획득한 사례다." 트루먼 대통령은 (다소 과장된 면이 있으나) 이렇게 큰소리쳤다. "그 의의는 전 세계에 영향을 미칠 것이다."[50]

이는 일제 부역자 문제를 남겼다. 루스벨트는 사망 전에, 전쟁 중 일제에 부역한 이들의 권한을 박탈해야 한다고 고집했다. 그러나 누가 '부역자'이고 누가 아닌지를 가리기가 애매했다. 맥아더의 보좌관이었던 마누엘 로하스(코레히도르섬을 떠나기 전에 맥아더가 필리핀 정부로부터 불법적으로 받은 50만 달러 수표에 서명한 사람이 바로 로하스였다) 주위로 짙게 드리워진 암운이 소용돌이치면서 한 치 앞을 내다볼 수 없는 상황이었다. 전쟁 중에 로하스는 친일 정부 내각의 인사였다. 그는 일제에 '깊숙이 관련되어 있었던 것이 분명'하나, 미 총영사는 "양측을 도우며 신중을 기했다"고 보고했다.[51]

맥아더는 이를 참을 수 없었다. "로하스는 부역자가 아니오." 그는 (증거를 제시하지는 못했으나) 로하스가 "게릴라 운동의 주요 동력 중 하나였다"[52]고 주장했다.

맥아더는 재빨리 행동에 나서서 로하스의 무죄를 밝히고 그를 미 육군의 이전 계급으로 복귀시켜 일본군에 '억류'됐던 시기에 대한 미지급 급료 전액을 지급했다. 또한 맥아더는 의원 다수가 일제에 부역했음에도 불구하고 필리핀 의회를 재소집했다. 예상대로 그들은 로하스가 부역자에 대한 사면을 요청하리라 생각해 그를 상원의장으로 선출했다. 로하스는 실제로 그렇게 했다.

"단 한 명의 상원의원도 부역했다는 혐의만으로 기소될 수는 없습니다!"[53] 로하스의 상원 연설에 박수가 쏟아졌다.

로하스 정부는 즉시 게릴라를 공격했다. 후크발라합 지도부는 표면적으로는 전쟁 중 저지른 범죄 혐의로 체포됐다. 한번은 109명의 게릴라 대원이 정부군에 포위되어 무기를 빼앗기고 대규모 무덤을 판 다음 총살당하기도 했다.[54]

이듬해에 필리핀 사회의 유력 인사들 중 일부의 지지를 받아 로하스는 독립 국가가 된 필리핀의 대통령으로 선출됐다. 부통령은 미국의 필리핀 탈환(마닐라 전투) 기간에 가족을 잃은 엘피디오 키리노였다.

1946년 7월 4일, 로하스는 연설에서 "우리는 곤경에 처해 있다"[55]고 언급했다. 온 도시가 폐허가 되고 시골에서는 폭력 사태가 들끓는 상황에서 이를 부인하기란 어려웠다. 그러나 반가운 일도 있었다. 필리핀의 48개 주에 각각 별을 하나씩 꿰매어 특별 제작한 미국 국기를 예식에 따라 내리게 된 것이다.[56] 그 깃대를 타고 이번에는 필리핀 국기가 올라갔다. 귀가 먹먹해질 정도로 박수가 터져나왔다.

맥아더는 카를로스 로물로를 바라봤다. "카를로스, 미국은 오늘 여기서 제국주의를 묻은 셈일세."[57]

이는 기념할 만한 순간이었다. 필리핀이 1898년 독립을 선언했을 당시 미국은 필리핀에 맞서 14년간 격렬한 전쟁을 벌여왔다. 여러 세대에 걸친 정치인들은 윌슨 집권기 동안 다소 갈팡질팡하긴 했지만 필리핀은 자치에 부적합하다고 주장해왔다. 이제는 법이나 무력으로 이를 강제할 수 없게 되자 미국은 최대 식민지인 필리핀에서 손을 떼게 됐다. 미국이 이런 결정을 내린 것은 놀랍게도 아시아인들에게 나쁜 인상을 주지 않기 위해서였다.

미국의 행보는 거기서 멈추지 않았다. 미국령 버진아일랜드는 1946년에 첫 흑인 지사를 탄생시켰고, 1950년에는 첫 원주민 지사를 배출시켰다. 이는 수십 년간의 주장 끝에 이뤄진 쾌거였다. 미국령 사모아인들은 시민이 아닌 '국적자'로 남았으나 미국령 사모아 역시 1951년에 해군 통치를 민간인이 구성한 정부로 교체했다.

하와이와 알래스카에서는 이보다 더 많은 변화가 진행되었다. 이곳은 '편입된' 영토로서 법적 구속력 없이 주 지위 획득을 눈앞에 두고 있었다. 그러나 그런 미래는 백인 정착을 염두에 둔 것이었는데, 백인 정착민들이 기대만큼 많이 들어오진 않았다. 제2차 세계대전이 끝나면서 알래스카 인구의 절반은 원주민, 나머지 절반은 백인이었다. 하와이에서는 백인의 수가 절대적으로 열세였다. 주민의 대다수는 일본 출신이라 시민권 취득에 부적합하기까지 했다.

필리핀 독립을 묵인하기 위해 미국 지도층은 필리핀인들의 자치능력이 부족하다는 인종차별주의적 두려움을 버려야 했다. 하와이와 알래스카의 식민지 지위를 끝내려면 이와는 다른 종류의 인종차별주의를 극복해야 했다. 하와이와 알래스카의 주 지위를 인정하기 위해 본토 정치인들은 백인의 확고한 지배는 불가능하다는 점을 받아들여야 했다.[58] 1898년 비백인으로 구성된 주에 대한 두려움은 제국에 대한 저항감을 불러일으켰다. 그로부터 수십 년 후 짐 크로법이 시행된 나라에서 이러한 공포는 여전했다. 컬럼비아대학 총장을 역임하고 노벨상을 수상한 니컬러스 머리 버틀러는 하와이와 알래스카를 미국으로 받아들이면 '우리가 알던 미국의 종말이 시작'될 것이라고 경고했다.[59]

원주민과 아시아, 유럽계가 섞여 있는 곳으로 잘 알려진 하와이는 특히 위협적으로 보였다. 매사추세츠의 한 신문사는 "우리는 이 사람들이 나라를 통치하는 데 도움이 되길 바라지 않는다"고 노골적으로 표현했다. "미국 상원에서 향후 문제가 발생할 때 중요한 결정이 혼혈 상원의원 둘에게 달린 상황이 생기길 원치 않는다."[60]

그런 인종차별주의는 하와이와 알래스카의 주 지위 획득을 가로막았지만 전 세계적인 탈식민주의 추세로 상황이 변했다. 어니스트 그리닝은 "알래스카와 하와이에서 구시대적인 식민주의를 버리지 못하면서 미국이 피통치자의 동의에 의한 정치라는 원칙으로 세계를 효과적으로 이끌어갈 수 있겠는가?"[61] 하고 물었다. 비공식적인 질문이었다. "우리 스스로 가장 근본적인 자치의 가능성을 부정하는 상황에서, 어떻게 인도네시아를 비롯한 다른 원주민들의 자결권에 대해 강력히 호소할 수 있단 말입니까?"[62]

영토 및 도서 점령부 국장을 맡았던 그리닝은 이것이 얼마나 약점인지 알고 이를 강하게 밀어붙였다. 그는 알래스카인들에게 "'식민주의'에 대해 목청을 높이라"[63]고 촉구하며 하와이판 '보스턴 차 사건 전략'을 권고했다.[64] 그는 매우 노골적인 『알래스카는 식민지다』라는 제목의 책 초고를 썼다.[65] 그는 유엔에 식민지 문제를 발표하겠다고 협박하곤 했다. 이는 괜한 위협이 아니었다. 매우 당혹스럽게도 미국 관리들은 알래스카와 하와이의 '비자치 영토'에 대해 유엔에 정기 보고서를 제출해야 했기 때문이다.

필리핀 독립과 육군 철수에 이미 동의했던 트루먼 대통령은 국제 정세의 방향을 파악했다. "현재 혼란스러운 시기를 맞고 있다. 알래스카와 하와이를 정식으로 편입시키는 것 외에 민주주의와 자치의 원칙에 대한 미국의 확고한 믿음을 전 세계에 보여줄 수 있는 더 좋은 방법으로 어떤 것이 있는지 모른다."[66]

1948년부터 트루먼은 그런 목표를 활발히 추진했다. 그 영토들에 주 지위를 부여하는 것이 '아시아와 태평양 도서 지역 주민들의 마음'에 '엄청난 심리적 영향'을 끼치리라는 사실을 의식하고 있었던 것이다.[67]

문제는 여느 탈식민화 사례와 달리 주 지위 부여를 위해서는 의회의 동의가 필요했다는 것이다. 그리고 여기서 트루먼은 엄연한 사실과 마주했다. 정당 정치 면에서 이 두 영토는 균형이 맞는 셈이었다. 하와이는 공화당 주, 알래스카는 민주당 주가 될 것이라고 널리 받아들여졌었다(이는 나중에 완전히 잘못된 것으로 밝혀졌다). 그러나 그곳의 미국 편입은 국내 정치의 다른 축을 흔들어놓을 것이 분명했다. 이 신생 주들이 소속 정당에 얼마나 충성하든 간에, 인종적 구성으로 인해 시민권 운동에 확실히 힘을 실어주게 될 것이었다. 남부의 민주당 상원의원들은 이 주들의 편입이 짐 크로법에 끼칠 영향에 노심초사하며 의사 진행을 방해하겠다고 으름장을 놓았다.

이로써 거의 언급되지 않았던 시민권 전쟁의 전선이 열렸다. 인종적 자유주의자들은 특히 하와이를 효과적인 통합의 증거로 지목하며 주 지

1965년 셀마에서 몽고메리에 이르는 역사적 행진 당시 하와이의 전통 화환을 목에 건 마틴 루서 킹 주니어 목사. 킹 목사는 인종 간 화합의 귀감으로 여겨졌던 하와이를 방문했다.

위 승격을 지지했다. 한편 짐 크로법을 옹호하는 이들은 1900년에 효과적이었던 수법을 활용했다. 자신들의 불확실한 논거를 변호하기 위해 한 물간 제국주의적 수사를 들먹인 것이다. 극렬 분리주의자이자 미국 역사상 최장 의원 중 한 명인 스트롬 서먼드는 동료 의원들에게 서양 문명과 동양 문명의 '극복할 수 없는 차이'[68]에 대해 설파했다. 그는 "동양은 동양이고 서양은 서양이라, 절대 서로 어울릴 수 없을지니"라는 키플링의 말을 인용했다.

남부의 반대로 1940년대와 1950년대에 하와이와 알래스카의 주 지위 승격은 좌절됐으나, 언제까지고 이런 상황이 계속될 수는 없었다. 시민권 운동에서 개가를 올린 잘 알려진 사건으로는 1954년 브라운 대 교육위원회 재판에서 학교 내 인종 격리 폐지와 1965년 선거권법을 통해 유권자 등록 시 인종차별이 금지된 것을 들 수 있다. 교과서에서 잘 다루지 않는 사례로는 1959년에 알래스카와 하와이를 각각 49번째 주와 50번째 주로 승인한 사건이 있다. 그러나 이들 역시 인종차별주의에 심각한 타격을 준 사례로 꼽힌다. 백인우월주의 논리를 활용해 확장된 미국 영토의 어느 부분이 주 지위 획득에 적합한지를 결정할 수 없게 된 첫 사례였던 것이다.

인종차별주의자들에게 이는 재앙이나 다름없었다. 니컬러스 머리 버틀러의 표현처럼 "우리가 알고 있던 미국의 종말이 시작"되는 셈이었다. 어떤 면에서 버틀러의 예측은 옳았다. 알래스카는 상원에 인종차별주의와 제국주의를 수십 년간 반대해온 전력의 소유자 어니스트 그리닝을 보냈다. 1964년 그리닝은 미국의 베트남전 직접 개입을 이끌어낸 통킹만 결의안에 대해 상하원 506표 중 반대표를 던진 유일한 두 명의 상원의원 중 한 명으로 전국적인 유명세를 탔다.

하와이는 즉시 비백인 의원들을 선출했다. 상원에는 히람 퐁 의원을, 하원에는 전설적인 제442보병연대 참전 용사인 대니얼 이노우에를 보냈다. 퐁은 최초의 중국계 미국인 상원의원이었고, 이노우에는 최초의 일본계 미국인 하원의원이었다. 이노우에는 1959년에 하와이가 주로 승격된 해부터 2012년 사망할 때까지 한 번도 물러난 적 없이 의석을 지키며 스트롬 서먼드의 47년간 의정활동 기록을 뛰어넘었다. 사망할 무렵 이노우에는 상원의장 대행을 맡으며 대통령 승계 서열 3위에 올랐다.

퐁과 이노우에 의원은 백인우월주의자들이 두려워했던 대로 민권운동의 수호자라는 사실이 드러났다. 그리고 인종분리주의자들이 앞을 멀리 내다봤더라면 당시 하와이에서 일어난 다른 일 때문에 더 괴로워하게 됐을 것이다.

1959년은 미국의 50개 주가 완성된 해였다. 이듬해인 1960년에 케냐에서 온 학생과 캔자스 출신의 학생이 하와이대학 러시아어 수업에서 만났다. 이 둘은 결혼했고(당시 24개 주에서 인종 간 결혼은 불법이었다), 아들을 한 명 낳았다. 아들은 하와이와 인도네시아에서 어린 시절을 보냈다. 전형적인 하와이 스타일인 이 다인종 확대가족은 결혼을 통해 점점 식구가 늘어나, 미국 흑인과 영국인, 리투아니아인, 인도네시아인, 말레이시아인, 중국인 등 여러 인종이 섞였다. 2009년에 아들인 버락 오바마는 미국 최초의 흑인 대통령으로 선출됐다.

15.
푸에르토리코가 미국인 걸 아는 미국인은 없다

1936년 24세의 웬젤 브라운은 뉴욕에서 푸에르토리코의 폰세로 왔다.
브라운은 훗날 통속소설 작가로 이름을 널리 알리게 되었는데,『십대 마
피아Teen-Age Mafia』『감옥에 간 소녀Prison Girl』『살인의 일격Murder Kick』
과 같이 시대를 초월한 고전작들을 써냈다. 그러나 당시에는 낯설고 새
로운 곳에 부임한 젊은 교사일 뿐이었다.

브라운은 스페인어를 한마디도 못 했고 푸에르토리코에 대해 아는
것도 전혀 없었다! 사실 그는 고등학교와 대학을 다니면서 푸에르토리
코에 대해 단 한 번도 들어본 적이 없었다. 그가 교사직에 지원했을 때
그는 푸에르토리코를 코스타리카와 헷갈려했고, 해외로 파견되는 거라
믿었다.

브라운은 짧은 시간에 많은 것을 알게 됐다. 폰세는 페드로 알비수
캄포스의 고향이었고 브라운은 알비수의 해방군이 거리를 주기적으로
행진하는 모습을 봤다. 그는 폰세 대학살을 목격했다. 당시 그의 표현에

따르면 "완벽한 광기가 그곳을 엄습"했고 경찰은 "미쳐 날뛰며" 150명이 넘는 민간인을 향해 발포했다. 그는 빈곤도 목격했다. "푸에르토리코 마을의 어느 슬럼가를 지나든 극심한 방치 상태로 제대로 보살핌을 받지 못했다는 느낌을 받게 된다"[2]고 썼다.

그러나 그를 가장 충격에 빠뜨린 것은 비통함이었다. 브라운은 영어를 가르치면서 학생들의 분노를 느끼고 불안한 마음에 이를 기록했다. 그는 코닐리어스 로즈 박사의 편지(환자들을 '학대하고 고문'하는 걸 즐기는 의사의 모습이 담긴 편지)가 공개된 지 몇 년이 지났는데도 여전히 많은 푸에르토리코인이 공립병원에 가길 거부한다는 것을 알게 됐다. 그들은 본토 의사들이 자신들을 죽이려고 음모를 꾸밀까봐 두려워했던 것이다.[3]

브라운은 1939년에 푸에르토리코를 떠났다가 1945년에 돌아왔는데 나아진 게 없다는 것을 깨달았다. 전쟁으로 인해 푸에르토리코에 군시설 투자가 이뤄졌으나, 여기엔 군대 주둔과 검열, 계엄령의 위협, 운송수단 부족, 잦은 소요 사태가 동반됐다. 브라운은 "격렬하고 광적인 민족주의"가 감도는 것을 느꼈다. 그는 본토에 있는 동료들에게 푸에르토리코가 "눈앞의 다이너마이트"라고 경고했다.[4]

———

푸에르토리코에서 소요가 일어날 가능성이 있다고 본 사람은 웬젤 브라운뿐만이 아니었다. 유명 언론인인 존 건서는 푸에르토리코의 비좁은 슬럼가를 보고 경악했다. 그 광경을 보고 "진보와 문명에 대한 미국적 기준을 믿는 사람이라면 누구나 충격으로 몸이 굳어버린다"[5]고 썼다. 『라이프』지는 1943년 '푸에르토리코의 시궁창'에 대한 폭로 기사를 실었고

제2부 점묘주의 제국

식민지는 "해결할 수 없는 문제"라고 결론 내렸다.[6] 당시 총독은 이러한 빈민가를 보고 "미개인마저 역겨워했을 것"이라고 썼다.[7]

엄밀히 말해 이는 미국 정부가 해결할 수 없는 문제였다. 푸에르토리코 문제는 어니스트 그리닝이 세운 식민지 담당 부서인 영토 및 도서 점령부의 소관이었다. 그러나 미 제국의 전형적인 식민지 운영 방식답게 이 기관은 우스울 정도로 작았다. 사실상 미 제국의 모든 부분을 관장했지만 최소한의 인원으로 운영됐던 것이다. 1949년에 이곳에서 근무하는 비서관 이상의 직원은 10명에 불과했다.[8]

미국 정부의 방향 제시가 거의 없어서 업무는 산후안의 임명 총독에게 떨어졌다. 그러나 총독이 형식상 상당한 권한을 갖고 있다 하더라도(예를 들어 법안 거부권 행사), 이를 효과적으로 행사하기란 쉽지 않았다. 대다수의 총독은 아는 것이 거의 없고 너무 빨리 떠나서 푸에르토리코의 정치를 파악할 시간이 없었다. 루스벨트 행정부에서만 7명의 총독이 파견됐는데, 이마저 3명의 임시 총독은 뺀 숫자다.

본토에서 임명한 관리 밑에서 일하는 선출직 푸에르토리코 관리들은 부여받은 권한은 적었으나 현지 사정에 훨씬 밝았다. 이중 최고위 관리자인 루이스 무뇨스 마린은 푸에르토리코 집권당 당수로, 1940년대부터 1960년대까지 정계를 주름 잡은 인물이었다. 존 건서는 그를 "생존한 가장 중요한 푸에르토리코인"[9]이라고 보았다.

1898년 USS 메인호가 아바나만에서 폭발한 지 사흘 후에 태어난 무뇨스 마린은 미국 통치의 그늘 아래 자랐다. 그의 아버지는 의회에서 표결권 없는 푸에르토리코 대표로 활동하면서 본토와 푸에르토리코를 분주히 오갔다. 젊은 무뇨스 마린은 기자로 일하면서 그리니치 빌리지의 보헤미안 비주류 무리와 어울려다니며, 어니스트 그리닝이 편집장으로 있

1941년 산후안의 악명 높은 빈민가인 '엘 팡기토'의 모습

는 『더 네이션』에 이따금 기고하곤 했다. 한 총독은 그를 가리켜 "풍부하고 풍성하면서도 악센트가 없는 영어를 자유자재로 구사했고 뉴욕의 특색이 담긴 표현을 쓸 수 있을 정도"였다고 말했다. 무뇨스 마린은 자신의 영어가 스페인어보다 낫다고 농담하기도 했다.[10]

본토와의 문화적 유대에도 불구하고 무뇨스 마린은 식민 지배를 날카롭게 비판했다. 젊은 무뇨스 마린은 알비수가 그랬던 것처럼 푸에르토리코 독립이 필요하다고 판단했다. 푸에르토리코가 빈곤으로부터 탈출할 수 있는 유일한 방법이라고 봤던 것이다.

1920년대 후반 어느 날 저녁, 무뇨스 마린은 산후안의 호텔 팰리스에서 저녁을 먹다가 알비수가 혼자 앉아 있는 것을 발견했다. 그는 알비수

제2부 점묘주의 제국

에게 합석을 요청했다.[11] 둘은 공통점이 많았다. 젊고 카리스마 넘치는 지도자였으며 유창한 영어를 구사했고 본토 명문 대학의 법학 학위를 소지하고 있었다(무뇨스 마린은 조지타운, 알비수는 하버드). 그들은 대화하면서 정치적 견해가 일치한다는 것을 알게 되었다. 그러나 무뇨스 마린은 두 사람의 동기가 다르다는 것을 알았다. 알비수가 '미국인을 몰아내는' 데 골몰해 있었다면 무뇨스 마린의 일차적 관심사는 '기아 퇴치'였다.

이 두 가지 목표는 같았을까? 미국이 무역을 통제하는 바람에 푸에르토리코가 당면한 어려움을 생각하면 쉽사리 같다는 결론을 내릴 수 있었다. 무뇨스 마린은 알비수와 자주 만났고 1931년에 한 신문사에 알비수를 지지한다는 입장을 밝혔다.[12] 그러나 험난한 시기가 계속될수록 무뇨스 마린은 식민주의와 빈곤의 관계가 그리 복잡한 것은 아닐지 모른다는 생각이 들기 시작했다.

그는 1936년 독립에 대한 의지를 재고하게 됐다. 당시 알비수의 추종자 2명이 경찰청장을 암살하고 어니스트 그리닝이 그에 대한 보복으로 독립 법안을 입안한 것이다. 무뇨스는 해당 법안이 "제국의 복수를 위한 무기"[13]라고 썼다. 그로 인해 푸에르토리코에 매겨지는 관세가 급격히 높아졌기 때문이다. 그는 푸에르토리코가 본토 수출에 지나치게 의존한 나머지 교역이 어떤 식으로든 중단되기라도 하면 경제 붕괴를 유발해 '삶과 문명에 대한 모든 희망'[14]을 파괴할 것이라는 사실에 경악했다. 그는 '독립을 원하면서도 경제적 격변은 바라지 않는' 것에 대해 '정서적 혼란'을 느꼈다.[15]

1938년 무뇨스 마린은 대중민주당PPD을 창당해 은퇴할 때까지 이끌었다. '빵과 땅과 자유'라는 슬로건을 걸고 선거 운동을 벌였으나 마지막 말인 '자유'는 여러 가지로 해석될 수 있었다. 이는 푸에르토리코의 식민

통치에 대한 대중의 분노에 반향을 불러일으켰지만, 수많은 가능성이 내포될 정도로 모호한 말이었다. 무뇨스 마린은 PPD 지도자들에게 주 지위 승격 문제를 신중히 피해가라고 당부했다. 그는 이 문제가 정치적인 덫이 되리라고 생각했던 것이다.

그의 판단은 옳았다. 1940년 무뇨스 마린의 정당은 38퍼센트의 득표율을 기록했다.[16] 1944년에는 65퍼센트로 늘어나면서 푸에르토리코의 집권 정당이 되었다.

필리핀이 해방된 1946년에 무뇨스 마린은 공개적으로 독립에 반대하면서, 당 내부에서 독립을 지지한 이들을 숙청했다. PPD는 그 대신 중도적인 해결책을 표방하려고 했다. 독립도 주 지위 획득도 아닌 그 중간에 해당되는 해결책을 찾으려는 것이었다. 미국 시장(무뇨스 마린은 "세계 최대의 가장 부유한 시장"[17]이라고 언급했다) 진출 기회를 잃지 않으면서도 푸에르토리코가 자치권을 획득하는 게 최선이었던 것이다.

이를 밀어붙이기 위한 적기였다. 탈식민화가 빠르게 이뤄지는 가운데 필리핀이 독립을 쟁취하고 괌은 시민권을 얻었으며 알래스카와 하와이는 주 지위 획득에 나서자, 본토 정부는 푸에르토리코라는 난제를 해결하기로 했다. 뉴딜 정책의 핵심 자문단 멤버였던 렉스퍼드 터그웰은 "200만 인구를 언제까지고 식민주의의 중간 지대에서 애매한 상태로 둘 수는 없다"[18]고 주장했다. 그는 훗날 푸에르토리코 지사를 역임했다.

터그웰은 무뇨스 마린이 주장한 자치 및 개발 비전에 동의하며, 이를 통해 푸에르토리코인들 사이에서 두드러지게 감지되는 불안을 잠재울 수 있을 것으로 기대했다. 국무부 관리들도 유엔에 미국의 '비자치 영토'에 대한 연례 보고서를 제출해야 하는 곤란한 상황(소련 외교관들은 이 연례 보고서를 읽고 매년 미국의 위선을 조롱했던 것이다)에서 벗어날 수 있으리라 생각하며 이러한 계획을 지지했다.

　1946년 트루먼 행정부는 푸에르토리코인을 지사로 임명했는데, 바로 무뇨스 마린의 동료인 헤수스 피녜로였다. 1948년 미 의회는 푸에르토리코가 직접 지사를 선출할 권리를 허용했다. 무뇨스 마린은 선거에서 손쉽게 이겼고 1964년까지 지사직을 수행했다. 식민지에서 최고위 공직에 오르자 그는 푸에르토리코 정치에 새로운 길을 열 수 있었다. 또한 푸에르토리코의 사회 문제 해결에도 나설 수 있었다.

　사실 그는 그래야 했다. 권력을 얻은 무뇨스 마린은 지역 문제에 대한 책임도 지게 된 셈이었다. 빈곤과 분노, 정치적 폭력 등은 이제 그의 문제가 됐다.

———

　푸에르토리코는 수많은 병폐로 신음했으나, 본토인들은 하나같이 한 가지 근본 원인을 지적했다. 한 관리가 표현했듯, 푸에르토리코 여성들이 "경제라는 단단한 벽에 아이들을 계속 포탄처럼 쏘아"[19]댔다는 것이다. 본토인들은 1950년 기준 1제곱마일당 거의 650명의 주민이 거주하는 좁은 섬 지역의 인구 과잉을 개탄했다. 오늘날 이는 그리 놀랄 것이 못 된다. 방글라데시는 1제곱마일당 인구가 약 3000명에 달하며 싱가포르 같은 도시 국가는 2만 명에 육박한다. 그러나 당시 푸에르토리코의 인구 밀도는 지구상에서 최고 수준이었다.

　사회학자인 찰스 라이트 밀스는 "미국이 푸에르토리코만큼 사람으로 붐비는 곳이라면 거의 전 세계 사람을 수용할 수 있을 것이다"[20]라고 썼다. 무뇨스 마린 역시 이를 우려했다. 그는 1920년대부터 공개적으로 인구 과잉을 언급해왔다. 당시 그는 푸에르토리코 기아 문제를 두 가지 방식으로 해결할 수 있다고 말했다. 식량 생산을 늘리든가 아니면 인구를 줄이는 것이었다. 식량 생산 증가는 그가 평생에 걸쳐 골몰한 문제였다. 그는 경제 발전을 촉진해 푸에르토리코를 빈곤에서 점차 벗어나도록 지휘했다. 그러나 그 역시 두 번째 해법에 솔깃했다. 그는 두 가지 방식 중 "인구를 줄이는 것이 가장 중요하고 가장 현실적이며 가장 저렴한 방법이라고 생각한다"고 썼다. 그는 '맬서스주의자'를 자처했다.[21] 산아제한을 옹호한다는 의미였다.

이런 생각을 한 사람은 무뇨스 마린뿐만이 아니었다. 푸에르토리코를 지배한 이들은 이 문제에 대해 다양한 견해를 갖고 있었으나, 허버트 후버[22] 및 프랭클린 루스벨트[23] 대통령을 포함한 수많은 사람이 푸에르토리코의 인구 증가를 우려하며 산아제한이 필요하다고 봤다. 본토에서는 그런 정책을 두고 심각한 논쟁이 일었으나 어니스트 그리닝은 그것이 푸에르토리코의 '유일한 희망'[24]이라고 판단했다.

그러나 그리닝도 잘 알고 있었다시피 가톨릭 신자가 대부분인 사회에서 이는 민감한 문제였다. 교회는 무뇨스 마린의 입장을 시시때때로 공격했다. 한번은 지역 주교가 나서서 그를 죄악으로 여긴다고 선언한 적도 있었다.

산아제한은 민족주의자들의 분노를 부추겼다. 그들은 코닐리어스 로즈 사건을 겪으며 의사와 '인구 과잉'이라는 진단을 깊은 의심의 눈초리로 바라봤던 것이다. 알비수는 푸에르토리코에 오히려 인구가 부족하다고 봤으며,[25] 산아제한이 '민족의 가장 핵심적인 부분을 침범'[26]하려는 시도이자 푸에르토리코인의 출산의 자유를 가로막는 행위라고 여겼다.

논쟁을 피하기 위해 푸에르토리코와 본토 관리들은 가족계획 지원의

제2부 점묘주의 제국

강도를 다소 완화했다. 정부가 운영하는 진료소에서 피임약을 보급했으나 환자들에게 무리하게 떠안기지는 않았다. 그 대신 관리들은 일련의 자선활동과 기업의 제휴, 대학의 시범 프로그램 등을 통해 조용히 산아제한을 촉진했다. 이는 1930년대 후반에 시작해 무뇨스 마린이 지사로 있는 동안 급물살을 탔다. 공개적으로 정부는 산아제한과 무관했다. 하지만 비공개적으로는 의사와 연구자 그리고 제약 회사에 최선을 다할 것을 주문했다.

그것으로 충분했다. 푸에르토리코는 여러 면에서 새로운 의료 기술을 실험하기에 완벽한 장소였다. 본토와 가까웠고 의사와 간호사들이 영어를 구사할 수 있는 데다 미국식 교육을 받았기 때문이다. 대부분의 주에는 피임약을 금지하는 법이 있을 뿐만 아니라 적극적인 '금욕주의 부대'들이 나서서 이러한 법이 시행되도록 했던 데 반해, 푸에르토리코에서는 법적으로 산아제한이 시행됐고 정부는 이를 지원했다.[27] 게다가 푸에르토리코는 빈혈에서 겨자 작용제에 이르는 실험적 의료 연구에 동원됐던 역사가 있었다. 푸에르토리코인들의 빈곤과 미국 사회 내 주변적인 위치는 푸에르토리코를 너무나 손쉬운 소모품으로 만들어버렸던 것이다.

그러니 푸에르토리코가 20세기의 가장 혁신적인 발명품 중 하나인 피임약을 실험하기 위한 무대가 된 것은 그리 놀라운 일이 아닐지도 모른다.

———

푸에르토리코 역사의 수많은 주요 인물과 마찬가지로, 피임약의 아버지라 알려진 그레고리 핑커스는 하버드 출신이었다.[28] 사실 하버드대학에서 코닐리어스 로즈와 같은 스승에게 배웠다. 바로 유전학자인 윌리엄 캐슬이었다. 그는 푸에르토리코의 록펠러빈혈위원회를 총괄했으며 로즈를 푸에르토리코로 불러왔다. 그는 핑커스를 교육하기도 했다.

그러나 유대인 핑커스는 로즈가 항상 받았던 공식적인 지원을 얻느라 애를 썼다. 토끼의 체외수정과 관련한 연구가 물의를 일으킨 후(머리기사: 부모가 없는 토끼가 과학자를 놀라게 하다[29]), 핑커스는 언론이 자신을 프랑켄슈타인으로 묘사한다는 것을 알았다. 그는 하버드대학 정교수직에 지원했지만 탈락하고 말았다.

핑커스는 하버드를 떠나 매사추세츠주 우스터에 자체 연구실을 마련했다. 그는 세계 '인구 폭발'에 관심을 두면서 피임약 연구를 제안했다.[30] 배란을 확실히 억제할 수 있는 알약이나 주사가 있을 수도 있다면? 좋은 생각이었으나 핑커스는 제약회사나 가족계획연맹 어느 곳에서도 이를 위한 연구 자금을 얻을 수 없었다.

활동가인 마거릿 생어(가족계획연맹을 설립하고 '피임birth control'이라는 말을 대중화한 인물)와 부유한 후원자인 캐서린 D. 매코믹이 없었더라면 핑커스의 연구는 빛을 보지 못했을 가능성이 높다. 그들은 핑커스의 연구가 가진 가치를 알아보고 사실상 무제한으로 사비를 들여 합성 호르몬 연구 자금을 댔다.

핑커스는 처음에 동물을 대상으로 약 200개 화합물을 테스트했다. 동료인 존 록은 그동안 '좌절에 빠져 있다가 용감하게 실험에 뛰어든' 80명의 불임 여성에게 호르몬을 투여했다.[31] 그들은 임신하길 바라는 매사추세츠 여성들이었는데, 존 록은 배란을 막는 호르몬을 생식기 강화에도 사용할 수 있으리라 생각했던 것이다. 그러나 록의 실험은 부담을 주는 데다 부작용이 심각했으며, 그 모든 과정이 아이를 원하는 여성의 절박함에 달려 있었다.

매코믹은 대규모 현장 실험에 조바심을 냈다. "실험에 참여할 배란기 여성들을 어떻게 구하죠?"[32] 그녀는 생어에게 물었다.

연구팀은 자메이카와 일본, 인도, 멕시코 및 하와이에서 실험하는 방안을 고려했다.[33] 1954년 핑커스는 푸에르토리코를 찾았다가 실험에 적합한 곳이라는 인상을 받았다. 그가 매코믹에게 표현한 것처럼 "이 나라에는 매우 어려운 실험"[34]을 진행할 수 있는 곳이 있었던 것이다.

첫 실험에는 푸에르토리코대학의 의대생들이 동원됐다.[35] 학점을 받으려면 연구에 참여해야 했음에도 불구하고, 절반가량이 중도 탈락했다. 대학을 그만두거나 실험 자체를 경계하거나 너무 힘들어했던 것이다. 그래서 연구팀은 여성 수감자를 활용하려 했으나 그 계획도 무산되고 말았다. 1956년에 그들은 리오피에드라스의 공공주택 사업에서 대규모 임상실험을 시작했다.

핑커스 팀이 투여한 알약은 오늘날의 알약보다 투여량이 훨씬 많았다. 많은 여성이 어지럼증과 구토, 두통, 복통을 호소했다. 이곳의 주임 연구원은 알약이 "일반적으로 사용되기에는 부작용이 너무 많다"[36]는 결론을 내렸다. 그러나 핑커스는 굴하지 않았다. 그는 그런 불편함을 '푸에르토리코 여성들의 지나친 정서적 활동'[37] 탓으로 돌렸고, 부작용에 대해 주의를 주지 않은 채 약을 복용하도록 했다. 이는 설명 후 동의 원칙을 명백히 위반하는 행위였다.

이듬해에 한 연구팀이 핑커스와 협력해 푸에르토리코에서 또 다른 대규모 피임약 실험을 시작했다. 그러나 이번에도 부작용을 무시하기는 어려웠다. 한 연구자는 여성들이 자궁경부미란●으로 괴로워하는 것 같다

● 자궁경부 표면이 살짝 벗겨져서 염증이 생기는 것

("뭐라고 부르든 자궁경부가 '화난' 상태인 것 같다"[38])고 언급했으나 실험은 계속됐다. 실험을 중단하면 연구원들이 그토록 바라던 미 식품의약국 FDA의 승인이 늦춰질 것이기 때문이었다.

마침내 승인이 떨어졌다. 1960년 대부분 푸에르토리코인을 대상으로 한 임상시험 결과를 바탕으로 FDA는 피임약의 상업용 판매를 승인했다.

알약뿐만이 아니었다. 이를 지지하는 정부와 진료소들 덕분에 푸에르토리코는 모든 종류의 피임약 실험을 위한 연구소가 되었다.[39] 페서리,● 살정제, 구리 코일, 루프, 자궁 내 장치, 호르몬 주사 및 '엠코Emko'라 알려진 '에어로졸 거품 형태의 질내 살정제'가 수만 명의 여성에게 배포됐다. 시얼, 영스러버, 존슨앤존슨, 호프만라로슈, 이튼랩스, 랜틴의료연구소, 듀렉스 같은 기업이 1940년대와 1950년대에 모두 그곳에서 피임약 연구를 후원했다.

푸에르토리코는 피임약 및 피임기구 개발의 중심지였다. 그러나 피임약과 피임기구가 푸에르토리코 역사에서 가장 중요한 것은 아니었다. 1950년대 후반, 한 연구에 따르면 푸에르토리코는 '전 세계 피임 클리닉 중에서 대규모 시스템을 갖춘 곳'[40]으로 유명했다. 그러나 동일한 연구에는 푸에르토리코인들이 '현대적인 피임 방법을 매우 못 견뎌하며' 너무 불규칙하게, 게다가 때로는 잘못된 방법으로 사용하는 바람에 인구 증가에 대한 효과는 '미미했다'고 기록됐다.

피임에 대한 지지 열기가 대단했음에도 불구하고, 피임약과 피임기구가 푸에르토리코에서는 왜 환영받지 못했을까? 사회적 낙인이 한 가지 원인이 된 것은 분명했다. 그러나 다른 형태의 피임 방법을 적극적으로

● 성관계 전에 피임용으로 여성의 질에 삽입하는 장치

홍보한 것도 문제였다. 바로 영구적인 여성 불임수술이었다.

이런 방법은 1940년대 초반 푸에르토리코 병원에서 시작됐다. 루이스 무뇨스 마린이 막 집권한 시기였다. 이는 조용히 퍼져나갔고 대개 아이를 출산한 후 이뤄졌다. 1949년의 한 설문조사는 모든 병원의 분만 사례 중 18퍼센트는 분만 후 '수술la operación' 집도가 이어졌다고 밝혔다.[41]

어떤 정부 프로그램도 영구 불임수술을 지지하지 않았다.[42] 이를 옹호한 이들은 바로 본토와 푸에르토리코 의사들이었다. 푸에르토리코인들이 교육 부족으로 인해 다른 피임 방법을 사용하지 못할까봐 우려한 이들이 환자들에게 외과적 처치를 받도록 안내한 것이다. 병원이 이를 무료로 해주는 경우도 있었다.

의사들은 안내에 그치지 않고 정도를 넘어선 게 아니었을까? 그런 경우도 분명 있었다. 한 병원은 분만 후 불임수술을 받는 데 동의하지 않으면 넷째 아이 출산을 기다리는 여성을 받지 않기도 했다.[43] 대부분의 불임수술은 출산 후 몇 시간 내에 바로 이어졌다. 설명 후 동의가 이뤄지기엔 몹시 열악한 환경이었다.[44]

그러나 노골적인 강압에 의한 기록을 찾기는 어려웠다. 게다가 푸에르토리코의 엄격한 낙태금지법과 피임을 금기시하는 분위기, 가부장적 문화 등을 고려할 때, 여성들이 불임수술을 원하는 것은 당연해 보였다. "출산하지 않기 위한 유일한 방법은 불임수술을 받는 것뿐이었습니다. 게다가 무료였으니까요." 한 여성은 그렇게 말했다. "남편의 서명을 받아 수술실에 들어갔고 그렇게 수술을 받았죠."[45]

의사들이 강요했든 여성들이 원해서였든 간에, 푸에르토리코에서 여성 불임수술 건수는 엄청난 기세로 늘어났다. 1965년의 정부 조사에서, 20~49세의 출산한 푸에르토리코 여성의 3분의 1 이상이 불임수술을 받은 것으로 드러났으며 중위연령은 26세였다. 1920년대 후반에 태어난 출산 유경험자 여성 중에 절반가량이 불임수술을 받은 것이다.[46]

이런 수치는 그 자체로도 놀랍지만 다른 나라와 비교해보면 더욱 충격적이다. 세계 최고 수준인 인도의 불임수술률은 기혼 여성 100명당 6건에 불과했다. 푸에르토리코는 단연코 전 세계에서 가장 많은 여성이 불임수술을 받은 곳이었다.[47]

———

푸에르토리코에서 벌어진 대담한 생식 보건 실험의 실태는 본토에는 알려지지 않았다. 『라이프』지는 피임약에 대한 현장 실험에 대해 심층 보도 기사('과학적 통찰과 협업의 놀라운 성공 사례'[48])를 실었으나, 푸에르토리코라는 지명은 넌지시 언급만 하고 지나갔다.

그러나 본토인들은 인구통계 자료가 얼마나 조작하기 쉬운지 잘 알고 있었다. 저렴한 정기 항공편 덕분에 푸에르토리코인들은, 어쨌거나 미국 시민이기도 하므로 간단히 고향을 떠날 수 있었다.[49] 1930년대에는 산후안과 뉴욕 간 이동에 며칠씩 걸렸지만 1950년대에는 단 몇 시간이면 충분했다. 그래서 흑인들이 1920년대 중반에 빈곤한 남부 시골 지역을 떠나 북부 도시로 이동했듯이('흑인의 대이동Great Migration'), 푸에르토리코인들도 대이동을 시작했고, 대부분은 뉴욕시에 정착했다.

차이점이 있다면 푸에르토리코인의 경우는 정부가 나서서 그들을 독려했다는 것이다. 1947년 무뇨스 마린의 정당은 이민국을 설립했다. 주민들이 섬을 떠나도록 하는 일을 전담하는 국가 기관으로, 매우 희귀한 경우였다. 푸에르토리코 정부는 수백만 장의 책자를 배포해 주민들의 본토 정착을 도왔다. 무뇨스 마린의 동료들은 본토의 가사 서비스직에 취업하려는 여성들을 위해 3개월짜리 교육 프로그램을 만들었다.[50] 그들은 영어 말하기 연습, 설거지, 은식기 광택 내기, 전화 받기, 세탁하기 등을 훈련받았다.

경제적 요인 때문에 가난한 지역에서 부유한 지역으로 이동하는 일시 체류자가 생기면, 결혼을 통해 신분 상승을 꾀하는 부류는 대개 남성이었다. 그러나 푸에르토리코 대이동의 경우는 여성이 두드러졌다. 제2차 세계대전이 끝난 지 5년 정도 됐을 때는 59퍼센트가 여성이었다.[51] 이는 얼마간은 외국인 여성이 미국 국경을 넘기가 더 힘들었기 때문이기도 하다. 그 덕분에 푸에르토리코 여성들은 가사노동 분야에서 일자리를 찾기가 좀더 수월했다. 이는 푸에르토리코 정부의 적극적인 지원에 힘입은 바가 컸는데, 정부는 가임기 연령의 여성이 푸에르토리코를 떠날 수 있도록 지원을 아끼지 않았다.

많은 사람이 그렇게 떠났다. 1950년에는 푸에르토리코인 7명 중 1명이 푸에르토리코가 아닌 본토에 거주하는 것으로 나타났다.[52] 1955년에는 거의 4명 중 1명에 육박하게 됐다.[53]

───

무뇨스 마린이 보기에 이는 하나로 얽혀 있는 문제였다. 푸에르토리코를 '해결할 수 없는 문제'에서 자립경제로 변화시키기 위해서는 한 번에 여러 가지를 추진해야 한다는 뜻이었다. 출생률을 낮추고 잉여 인구를 푸에르토리코 밖으로 내보내고 무관세 교역으로 얻은 이익을 경제 발전에 쏟아붓는다는 뜻이었다. 식량은 늘고 인구는 줄이는 것이었다.

그러나 이는 악마의 거래였다. 푸에르토리코가 미국 경제 내에 무사히 안착하도록, 무뇨스 마린은 미국과 화해해야 했다. 알비수는 여전히 독립을 주장했던 반면, 무뇨스 마린은 좀 덜 강압적인 형태의 식민 정책을 추구했다. 알비수가 코닐리어스 로즈 사건을 이용해 민족주의 정서를 자극했던 반면, 무뇨스 마린은 적극적으로 (그러나 조용히) 본토 의사들과 지역사회 실험에 협력했다. '미국인을 몰아내는 것'과 '기아를 몰아내는 것'을 두고 1930년대에 그가 저녁을 먹으며 알비수와 벌였던 토론은 우호적인 논쟁에서 곧 세계관의 근본적인 불화로 비화하게 됐다.

알비수와 무뇨스 마린은 저녁 식사 후 서로 다른 길을 갔다. 무뇨스 마린은 정부에 합류했고, 알비수는 1930년대 폭력 사태와 모의 혐의로 유죄 판결을 받은 후 본토 연방 시설에 10년 넘게 수감됐다. 무뇨스 마린으로서는 알비수가 오랫동안 푸에르토리코에 없다는 사실이 다행이었다. 해방군이 거리에서 총질하는 일이 없으면 본토 정부와 협상하기가 훨씬 수월했기 때문이다.

그러나 알비수는 1947년 12월 푸에르토리코로 돌아왔고 수천 명의 인파가 부두에서 그를 맞이했다. 해방군에 합류한 청년 40명이 그 주변으로 의장대를 형성했다.[54]

수감생활도 알비수의 열의를 꺾지는 못했다. 그는 미 본토에 대한 푸에르토리코의 예속을 심화시킨 데 대해 무뇨스 마린을 '꼭두각시' '노예의 대사제'라고 불렀다. 그는 독립을 촉구했다. 평화롭게 독립을 얻을 수 없다면 '혁명'을 일으키겠다는 것이었다.[55]

그는 자신의 추종자들에게 "우리는 자기 아내나 아들을 존중하지 않는 이들은 누구나 손도끼로 내리쳤던 산속 마을 부족들의 태도로 돌아가야 한다"[56]고 말했다.

알비수는 고향에 돌아온 후, 가족을 적극적으로 보호해야 한다는 생각이 점점 강해졌다. 그는 피임약과 피임 도구를 사악한 제국의 음모라고 생각했다("미국은 우리에게 태어나지 말았어야 했다고 말한다"). 불임수술은 그가 보기에 푸에르토리코 여성들에 대한 공격이었다. 그는 "우리 푸에르토리코 여성들을 불임으로 만드는 의사는 메스를 자신의 목에 찔러넣어야 한다"[57]고 말했다.

무뇨스 마린은 경악했다. 이런 식의 발언은 "시대에 10년쯤 뒤처진"[58] 것이라고 질책했다. 정치적 합의가 예상됐으나 이를 무산시킬 가능성이 높았다. 그는 무력을 행사하며 정부에 대항하는 행위나 이를 제안하는 행위를 중죄로 규정하도록 입법부에 촉구했다. 일명 통제령Gag Law이라고 알려진 이 법은 배심원 없는 재판에 최대 10년의 징역형 처벌을 허용했다.

언론인들은 이의를 제기했다. 미국시민자유연합ACLU은 이 법이 본토의 모든 법의 "범위를 넘어섰다"며, 이는 "모든 푸에르코리코인의 시민적 자유를 위협"할 것이라면서 항의했다.[59] 그러나 해당 법안은 통과됐고, 알비수가 돌아온 지 6개월 후, 즉 무뇨스 마린이 푸에르토리코의 첫 선출 지사로 취임하기 6개월 전에 발효됐다.

이로써 두 지도자는 상황을 관망하며 미묘한 신경전을 벌였다. 경찰은 민족주의자들을 대상으로 과도한 감시활동을 펼치며 그들의 발언을 기록하고 움직임을 추적했다.[60] 그러나 무뇨스 마린은 사고 발생을 피하기 위해 그들을 체포하지는 않았다. 시간은 그의 편이었다. 경제가 발전할수록 권력의 중심이 본토에서 푸에르토리코로 이동했고, 혁명적인 민족주의는 점점 설득력을 잃는 듯했다. 뉴욕으로 이주의 물결이 거세지자 독립해야 할 명분은 더 약화됐다.[61] 뉴욕에 거주하는 푸에르토리코인의 존재 한 명 한 명이 푸에르토리코를 미국과 더 단단히 묶어버렸다.

알비수 역시 시간이 필요했다. 혁명은 하룻밤 사이에 일어나지 않는다. 대중의 지지를 얻고 조직을 다시 일으켜 세우는 데에는 몇 년까지는 아니더라도 몇 달은 걸릴 터였다. 알비수는 은밀히 무기를 비축하기 시작했다. 전쟁에 돌입하기라도 하려면 무기가 있어야 할 테니까.

1950년 알비수는 행동할 때가 왔다고 판단했다.[62] 준비 태세는 완벽과는 거리가 멀었으나, 7월에 무뇨스 마린의 요청으로 트루먼 대통령은 새로운 정부 구성을 위해 푸에르토리코 헌법제정회의를 요구하는 법에 서명했다. 주민투표를 위한 유권자 등록은 11월로 일정이 잡혔다. 성문이 닫혀가고 있었다. 독립을 얻어내려면 알비수는 무뇨스 마린의 제안이 투표에서 지지를 얻기 전에 서둘러야 했다.

알비수는 이것이 '불멸의 시간'이었다고 말했다.[63]

––––

유권자 등록 불과 하루 전인 1950년 10월 30일, 마침내 그 시간이 다가왔다.[64] 100명이 넘는 민족주의자가 독립을 선언하며 7개 마을과 도시에서 동시에 공격에 나섰다. 그들은 정부 청사를 공격하고 깃발을 들어올린 채 전화선을 자르고 기록을 파괴했다. 그들은 하유야의 경찰서와 우체국에 불을 질렀다. 경찰이 그들을 하유야에서 끌어내는 데는 사흘이 걸렸다.

동시에 6명의 민족주의자는 산후안에 있는 지사의 관저에 차로 난입해 총격을 시작했다. 기관총이 관저 앞에서 불을 뿜으며, 무뇨스 마린이 회의를 주재하던 사무실 창문으로 총알이 쏟아졌다. 그는 바닥에 엎드렸고 딸들은 책상 아래에 몸을 웅크렸다.[65] 총격전은 한 시간가량 지속되다가 경찰이 암살을 모의한 5명을 사살하고 나머지는 부상을 입히는 것으로 끝났다.

이는 반란이었다. 무뇨스 마린의 명령에 따라 푸에르토리코 방위군과 지역 경찰은 기관총과 바주카포, 탱크를 앞세워 이에 맞섰다. 제295방위군 보병대가 하유야와 반군이 장악한 우투아도 위로 전투기를 띄워 공중에서 폭격을 가했다.

놀랍게도 거기서 끝이 아니었다. 이튿날 뉴욕에 있던 민족주의자인 오스카르 코야소와 그리셀리오 토레솔라가 워싱턴 D. C.로 향했다. 그들은 백악관이 아닌(백악관은 당시 보수 중이었다) 근처 영빈관인 블레어 하우스에서 지내던 해리 트루먼을 찾았다. 그들은 정장을 입고 총을 가지고 갔다.

그들의 생각은 간단했다. 총을 쏘며 블레어 하우스에 들어가 트루먼을 찾아내 죽이는 것이었다. 당시 대통령 경호가 지금에 비해 훨씬 느슨했던 점을 감안하면 그리 형편없는 계획은 아니었다. 코야소와 토레솔라는 놀랍게도 이러한 계획을 실행에 옮기기 직전이었다.

11월 1일 오후, 이 둘은 블레어 하우스 입구로 걸어갔다. 코야소가 처음 총을 쏘기로 되어 있었으나 그의 총이 결정적인 순간에 고장나면서 기습 작전은 불발됐다. 그러나 그들은 굴하지 않고 경찰관 1명과 정보기관 요원 2명에게 총을 쐈다. 트루먼은 안에서 낮잠을 자다가 어리석게도 창문 밖으로 머리를 불쑥 내밀었다. 불과 약 10미터 아래에 토레솔라가 서 있었다. 토레솔라가 대통령을 봤는지 여부는 불분명하지만 탄도 검사 결과를 자세히 살펴본 기자 2명은 트루먼이 아슬아슬하게 죽음을 모면했다고 언급했다.

확실하게 알려진 사실은 결의에 찬 훈련받은 암살범이 사법 당국의 제지를 받지도 않은 채 방향을 제대로 잡고 서 있었다는 것이다.66 뛰어난 전투 사격 기술을 갖추고 두 손으로 총을 받친 매우 정확한 사격 자세를 선호한다고 알려진 그는 창문을 완벽히 조준했으며 대통령은 바로 그 자리에 있었거나 아니면 사정거리에서 몇 초 떨어진 곳에 있었다.

그러나 토레솔라의 시야에 목표물이 들어오기 전에 총을 몇 발이나 맞아 죽어가던 한 경찰이 토레솔라의 머리를 맞혀 사살했다.

거의 성공할 뻔했던 암살 모의는 첩보 기관에 동요를 일으켰고 그들은 보안 조치를 대폭 강화했다.67 트루먼 역시 이에 동요했다. 그는 1952년 재선에 도전하지 않겠다는 이유를 설명할 때 암살 모의 사건을 들었다. 그 같은 "총격 난동으로 인해 우리 모두 우려와 고뇌에 빠지게 됐다"68고 말했다.

그러나 본토의 대중은 놀랍게도 그런 '난동'을 대수롭지 않게 여겼다. 미국 최대 식민지의 7개 도시에서 반란이 일어나면서 지사 암살 모의 사건까지 발생하는 바람에 공군이 나서서 이를 진압해야 하는 상황까지 치달아 미 대통령 암살 미수가 잠시 머리기사를 장식하기도 했으나, 이러한 사실을 분석해 어떤 결론을 도출하는 데까지 이르지는 못했다. 『뉴욕타임스』는 이를 "외부인은 이해할 수 없는 광기 어린 난동 중 하나"69라고 일축했다. 이는 한 기자의 말처럼 "하루의 뉴스가 막을 내리면 보통의 미국인들 뇌리에서 잊히는 식"70이었다.

살아남은 오스카르 코야소는 그의 말에 귀 기울이는 이들에게 이 사건은 '광기 어린 난동'이 아니었으며 푸에르토리코의 비참한 현실에 주목하게 하려는 결연한 시도였다고 주장했다. 그는 본토 정부가 1930년대에 푸에르토리코에 부과한 설탕 할당량 제한 조치로 인해 자기 가족이 어떻게 농장을 잃었는지를 말했다.[71] 그는 코닐리어스 로즈가 어떻게 "푸에르토리코 주민들을 죽이려는 조직적인 행동을 벌이려"[72] 했는지 법정에서 토로했다. 코야소는 로즈가 처벌받은 적이 없다는 사실에 경악했다. 그의 마음속에 이 사건은 수십 년간 푸에르토리코인이 당했던 모욕의 상징으로 남았던 것이다.[73]

"미국인들은 푸에르토리코에 대해 어쩌면 이렇게 모를 수가 있습니까!" 코야소는 재판 중에 좌절감에 휩싸여 소리쳤다. 그는 푸에르토리코가 지도상에 어디 있는지 100명 중 1명도 모를 거라고 생각했다. "푸에르토리코는 지난 25년간 미국령이었는데도, 그런 사실을 전혀 모르는군요."[74]

———

오스카르 코야소는 사형선고를 받았다(나중에 종신형으로 감형됐다). 한편 푸에르토리코에서는 무뇨스 마린이 후버 FBI 국장에게 '미치광이 무법자들'[75]을 뿌리 뽑기 위해 힘닿는 한 모든 노력을 하겠다고 약속했다. 경찰들이 민족주의자로 지목된 1000여 명의 인사를 검거해 '통제령Gag Law' 위반 등 다수의 죄목을 들어 그들을 법정에 세웠다.[76] 푸에르토리코 깃발을 흔들었다는 이유로 체포된 이들도 있었고, 민족주의자를 대리한 변호사들이 체포되기도 했다. 시장이 경쟁관계의 정치인을 민족주의자로 몰아가면 경찰이 그를 체포했다.

그중에서도 특히 중요한 사건이 있었으니, 바로 알비수가 체포된 일이었다. 경찰이 민족주의자의 본거지이기도 했던 그의 아파트를 포위한 뒤

실패로 돌아간 알비수의 혁명. 트루먼이 낮잠을 자던 블레어 하우스 밖에 쓰러진 암살미수범

두 시간에 걸친 총격전이 시작됐다. 한 경찰관은 알비수가 발코니 밖으로 폭탄 세 개를 던지는 것을 직접 봤다고 증언했다.[77] 블레어 하우스 암살미수범 그리셀리오 토레솔라의 누이인 도리스 토레솔라는 목에 총을 맞아 총알이 왼쪽 폐에 박혔다. 아파트 내부는 사방에 총탄 구멍이 나 있어서 "치즈 강판처럼 보였다"[78]고 한 민족주의 인사가 진술했다. 마지막으로 경찰은 최루탄을 사용해 상황을 정리하고 알비수를 체포했다.

이런 상황이 보기 좋을 리는 없었다. 그러나 1950년의 반란 사태는 무뇨스 마린으로서는 생각지도 못한 호재였다. 그는 원하기만 하면 사실상 누구든 체포할 수 있었기에 매우 중요한 유권자 등록 기간에 민족주의 지도자들을 푸에르토리코에서 싹 쓸어버렸던 것이다.[79] 폭력 사태로 인해 그는 확실한 이야기를 꾸며내 널리 알렸고, 본토 언론이 이를 받아살을 붙였다. 무뇨스 마린과 같이 번영을 꾀한 개혁주의자들은 합리적이었던 반면, 민족주의자들은 미치광이에 불과했다는 것이었다.

이틀간의 등록 기간에 15만 명이 넘는 새로운 유권자가 등록을 마쳤다.[80] 푸에르토리코 역사상 유권자 등록 증가는 최대치를 기록했다. 이어진 주민투표는 푸에르토리코 주민들에게 주 지위를 원하는지 아니면 독립을 원하는지를 묻지 않았다. 본토에 대한 기존의 식민지 관계의 범위 내에서 새로운 헌법을 택할 것인지를 물었다. 4대 1로 새로운 헌법을 채택하겠다는 투표 결과가 나왔다.

새로운 정부는 영어로 '연방Commonwealth'이라 불렸으며 스페인어로는 '자유연합주'라고 불렸다. 사실상 권한 구조는 변한 것이 없었다. 푸에르토리코인들은 미 연방정부에 대해 투표권이 없었으나 정부는 푸에르토리코에 대해 재량권을 행사할 수 있었다(미국 의회는 그런 재량권을 활용해 헌법 개정안에 따른 경제적 권리에 대한 법안을 즉시 부결시켰다). 차이가 있다면 무뇨스 마린이 주장한 대로 이제 본토와의 관계는 푸에르토리코 유권자들이 승인한 것이며 따라서 강제에 의한 관계가 아니고 상호 합의에 의한 관계가 된 것이었다. 이는 유엔 가입을 위해 푸에르토리코를 '자치'에 준하는 상태로 만들기에 충분했다.[81]

미국 침공 기념일인 1952년 7월 25일, 무뇨스 마린은 푸에르토리코 연방의 초대 지사로 취임했다. 그는 푸에르토리코 깃발이 성조기 높이까지 닿도록 천천히 깃대에 올렸다.

그 깃발이 의미하는 바는 불분명했다. 이는 해방이었을까, 아니면 또 다른 이름의 제국이었을까? 스페인어로 '자유'와 '주'를 뜻하는 푸에르토리코 자유연합주Estado Libre Asociado de Puerto Rico라는 이름을 갖게 됐으나, 연방은 자유롭지도 않을뿐더러 주도 아니어서, 그 어느 쪽에도 해당되지 않았다. 무뇨스 마린은 곤충학자라도 되는 양 이것이 '새로운 종의 나비'[82]라고 큰소리쳤다. 언론인인 아이린 빌라는 이를 편입과 독립 사이에 불편하게 걸려 있는 '비국가'이자 '얼마간 형태가 없는'[83] 정치체라고 불렀다. 그런 제도는 "전무후무하며 말로 표현할 수 없을 정도"[84]라면서 한 외교관은 당혹감을 감추지 못한 채 소리를 높였다.

새로운 지위를 갖게 된 푸에르토리코의 정치 체제가 모호하다면 경제는 분명한 편이었다. 세법상의 허점으로 인해 기업의 사업 지역이 주로 본토 이외의 지역인 경우 연방세를 면제받았다. 이는 도서 판례에서 비롯된 수많은 변칙적인 법률 중 하나였다. 이 판례는 편입되지 않은 영토에 연방법이 자동으로 확장 적용되는 것을 인정하지 않았다. 무뇨스 마린 정부는 이에 주요 논거로 활용해 푸에르토리코를 조세 피난처로 만들었다. 본토 기업들은 조세 감면 기간과 푸에르토리코 재무부의 보조금 지원, 저금리 대출 및 기타 지원책이 적용되는 푸에르토리코로의 이전을 고려했다. 이로 인해 푸에르토리코는 그 어느 때보다 본토 경제와 더 긴밀하게 맞물렸다.

무뇨스 마린은 그럴 만한 가치가 있다고 봤다. 이른바 자력갱생정책Operation Bootstrap을 통해 푸에르토리코로 수백 개의 본토 기업이 몰려들었다.[85] 1950년대까지 푸에르토리코 경제는 농업에서 공업 중심으로 눈에 띄게 바뀌어갔다.

국민총생산GDP은 10년 동안 3분의 2 이상 껑충 뛰었다. 동시에 소득이 오르고 사망률이 떨어졌으며 읽기 쓰기 능력이 올랐고 제조업 임금은 두 배 이상으로 늘어났다.

푸에르토리코는 멕시코보다 가난하고 여전히 미국에서 가장 가난한 곳이어서 본토로의 이주 열풍이 일었으나 카리브해 연안 국가들보다는 경제 상황이 훨씬 나았다. 1954년이 되자 불과 11년 전 푸에르토리코에 '해결할 수 없는 문제'라고 꼬리표를 붙였던 『라이프』지는 "모든 미국인에게 요즘 행복감과 희망을 안겨주는 지구상의 몇 안 되는 곳 중 하나"[86]가 푸에르토리코라고 묘사했다.

———

무뇨스 마린에게 이 문제는 해결된 셈이었다. 그는 새로운 헌법이 '모든 식민주의의 흔적'[87]을 지웠으며 경제는 나아지고 있다고 주장했다. 그러나 모두가 이에 동의하는 것은 아니었다. 개정헌법의 초안을 작성한 무뇨스 마린의 수석 법률 고문은 푸에르토리코가 여전히 식민지이며 '의회의 거의 무제한적인 변덕'[88]에 휘둘린다고 주장했다. 민족주의 진영 역시 무뇨스 마린의 업적은 모두 제국주의를 슬쩍 감춘 데 지나지 않는다고 생각했다. 유엔에서 푸에르토리코를 자치 영토로 재분류하면서, 푸에르토리코가 이제는 자유롭다는 거짓이 더욱 깊이 뿌리 내릴 뿐이었다.

1954년 3월 1일, 유엔이 결정을 내린 직후 4명의 민족주의자가 워싱턴 하원의사당에 들어갔다. 그들은 위층 복도로 올라가 푸에르토리코 깃발을 펼치더니 "자유 푸에르토리코 만세Viva Puerto Rico Libre!"라고 외쳤다. 그런 후 그들은 권총을 꺼내 아래층에 있던 정치인들을 향해 29발의 총을 쏘았다. 하원 의장은 '의회 역사상 가장 격한 순간'[89]이었다고 기억했다. 회의실에 총알 세례가 쏟아지자 파편이 날아다녔다.

총 5명의 의원이 총에 맞았다. 미시간 하원의원인 앨빈 벤틀리는 가슴에 총알을 맞고 얼굴의 핏기가 가셨다. 의사는 그에게 살아남을 확률이 반반이라고 했다.[90] 그는 살아남았고 나머지 4명의 의원도 목숨을 건졌으나 한 동료 의원은 결코 예전으로 돌아갈 수는 없다고 생각했다.[91]

지금의 공화당 지도부가 사용하는 마호가니 테이블 서랍에는 들쭉날쭉한 총알 구멍이 여전히 남아 있다.[92]

알비수의 지시에 따른 행동이었을까? 총격을 주도한 롤리타 르브론에게 모든 책임이 돌아갔다. 알비수는 총격 사건을 '숭고한 영웅주의'[93] 행위라고만 언급했을 뿐이다. 그러나 무뇨스 마린은 알비수가 배후에 있다고 굳게 믿었다. 정치적 이유로 알비수를 이전에 사면한 적이 있긴 했지만 그는 사면을 취소하고 다시 한번 경찰 병력을 산후안의 민족주의자 본거지로 보냈다. 전과 마찬가지로 알비수와 그의 동료들이 경찰에게 총을 쏘자 최루탄이 아파트를 가득 메웠다.[94] 알비수는 끌려나오는 가운데 숨을 헐떡이면서 "숨이 막힌다"[95]고 말했다.

알비수는 세 번째로 체포됐고, 이후 죽을 때까지 수감생활을 하게 되었다. 알비수에게 이는 투옥 이상의 의미였다. 두 번째로 투옥될 때부터 그와 그의 지지자들은 푸에르토리코 환자를 대상으로 자행되던 끔찍한 생체 실험을 또다시 되풀이하면서, 미국 정부가 첨단 기술을 이용해 그를 죽이려 한다고 확신했다. 그는 감방 창문으로 들어오는 '독성 전자파 방출'[96]에 대해 교도소장에게 항의했다. 그는 '검은 빛줄기' '하얀 방사성 물질' '치명적인 가스'가 그의 감방 안으로 주입되는 것을 알아차리고 피폭을 막기 위해 머리에 젖은 수건을 두르기 시작했다.

그는 "우리는 과학과 수학 및 물리학의 지혜가 살상 목적으로 사용되는 과학적 야만의 시대에 살고 있다"[97]고 회상했다.

또다시 본토 언론은 정치적 폭력 사태를 유별난 사건으로 묘사했다. 『뉴욕타임스』는 푸에르토리코의 민족주의는 "역사상 가장 광적인 운동"[98]이라고 보도했다. 알비수와 그의 추종자들은 언론에 '광신도' 또는 '테러리스트'로 묘사됐다.

그들의 존재는 대부분 잊힌 지 오래다. 페드로 알비수 캄포스는 뛰어난 업적에도 불구하고 그는 미국 역사를 연구할 때 행적을 찾기 어려운 인물이다. 그는 『옥스퍼드 미국사 총서』나 『뉴케임브리지 미국 외교사 총서』와 같은 방대한 학술 총서에 등장하지 않으며, 미 본토 학교에서 그를 언급하는 교과서는 단 한 권도 찾을 수 없다. 하워드 진의 『미국 민중사』와 제임스 로웬의 『선생님이 가르쳐준 거짓말』과 같이 억압된 역사를 밝혀내기 위해 저술된 책조차 알비수를 무시했다. 미국 역사 연구에 가장 중요한 학술지인 『미국사 연구』도 그의 이름을 단 한 번도 언급한 적이 없다.

물론 고향에 거주하거나 고향을 떠나서 사는 푸에르토리코인은 모두 알비수를 잘 알고 있다. 내 고향인 시카고에는 그의 이름을 딴 공립 고등학교가 있다(바로 옆에는 1954년 하원 총격 사건의 주동자였던 롤리타 르브론의 이름을 딴 10대 부모를 위한 가족학습센터가 있다). 할렘에는 알비수의 이름을 딴 초·중등 과정의 페드로 알비수 캄포스 공립학교가 있다. 푸에르토리코의 레빗타운에 대규모로 조성된 교외에는 페드로 알비수 캄포스 박사 고등학교(이보다 더 유명한 곳인 뉴욕 및 펜실베이니아 레빗타운의 시 공사도 같은 곳이다)가 있다.

2000년에는 뉴욕에서 대규모로 행해진 푸에르토리코의 날 퍼레이드가 알비수에게 헌정됐다. 수십만 명이 행진하며 퍼레이드를 벌였는데, 참가자 중에는 힐러리 클린턴 상원의원과 루돌프 줄리아니 뉴욕 시장도 있었다.

———

클린턴과 줄리아니는 알비수를 위한 퍼레이드에 참가하면서 그가 누구인지 알았을까? 아마 아니었을 것이다. 1950년대에 무뇨스 마린과 알비수 사이에 벌어졌던 대대적인 싸움은 푸에르토리코 사회를 바꿔놓았으나 다른 곳에는 거의 영향을 주지 못했다. 본토인들이 그 기간의 푸에르토리코 역사에 대해 생각해본 적이 있다면 아마 머릿속에 떠오르는 이미지는 전혀 달라질 것이다. 바로 청소년 범죄다.

젊은 푸에르토리코인들은 전후 기간에 실제로 그리 많은 범죄를 저지르지는 않았다. 증거 자료를 보면 그들이 다른 뉴욕 거주자들에 비해 비행을 저지르는 경우는 적었다.[99] 그러나 푸에르토리코인들이 본토로 쏟아져 들어오자 선정적인 언론사들은 그들의 불법 행위를 자극적으로 보도했다. 1950년의 반식민주의 봉기에 대해 놀라울 정도로 아는 게 거의 없었던 언론인들은 푸에르토리코 출신 갱과 마약중독자, 칼잡이에 대해 기다렸다는 듯 떠들어댔다.

선동적인 보도는 곧 문화계 전반으로 퍼져나갔다. 1950년대에 유명 통속소설 작가였던 웬젤 브라운은 『골칫거리Monkey on My Back』『요란한 패싸움The Big Rumble』『달려라, 소년아Run, Chico, Run』와 같은 끔찍한 소설들을 통해 독자들을 푸에르토리코의 암흑가로 안내했다. 푸에르토리코 10대들은 「젊은 무뢰한」과 「폭력 교실」 등의 영화에 출연했다. 영화

「12명의 성난 사람들」에서 살인죄로 기소되어 묵비권을 행사하는 청년은 푸에르토리코 출신으로 나온다. 그리고 물론 푸에르토리코 갱단인 샤크는 가장 성공적으로 무대에 올라간 뮤지컬 작품 중 하나인 「웨스트 사이드 스토리」의 중심에 있었다.[100]

아서 로렌츠가 각본을 쓰고, 레너드 번스타인이 작곡, 스티븐 손다임이 작사한 이 뮤지컬은 1957년에 초연됐는데, 하원의사당 총격 사건이 일어난 지 3년 뒤의 일이었다. 이는 처음에 유대계 여성과 가톨릭 신자인 남성 버전의 로미오와 줄리엣 같은 로맨스로 생각됐다(처음에는 별로 재미없어 보이는 갱뱅Gang Bang이라는 제목으로 알려졌다). 그러나 창작팀은 당시 사회 정서에 맞게 유대인을 푸에르토리코인으로 바꿨다.

손다임은 예민하게 굴었다. "나는 이 작품을 못 하겠소. 푸에르토리코인에 대해서는 아는 게 전혀 없단 말이오."[101] 그는 처음에 그렇게 반대 의사를 내비쳤다.

그가 쓴 가사는 그의 말이 사실임을 보여주었다. 초안에는 인물들이 로저스(작곡)와 해머스타인(작사)의 「오클라호마!」에 나온 농부와 목장주처럼 정식 주 편입에 대해 공상하는 장면이 나오기도 했다. "우리는 미국의 주에 있으니까 미국으로 이민 온 셈이지!"[102] 그들은 서툰 영어로 신이 나서 노래한다. 물론 푸에르토리코인들은 이미 미국 시민이며 국내에서 원하는 곳이면 어디든 이주할 권리가 있었다. 그리고 푸에르토리코 연방헌법이 통과됐기 때문에 주 지위 획득은 요원했다.

손다임은 이러한 대사를 따다가 푸에르토리코섬이라는 배경 속에 집어넣어 「아메리카」라는 노래를 통해 푸에르토리코의 정형화된 모습을 대체로 담아내고자 했다. 푸에르토리코는 노래 속에서 '열대병이 우글거리는 추악한 섬'으로, '허리케인이 불어오는' 섬으로, '인구가 늘어나는'

섬으로 묘사됐다.

「웨스트 사이드 스토리」가 초연되기 전에 뉴욕에서 발행되는 푸에르토리코 일간지 『라프렌사』의 편집자들은 뮤지컬 제작자에게 전화해 푸에르토리코를 질병이 득실거리는 곳으로 묘사한 데 대해 항의했다. 그들은 그 대사를 수정하지 않으면 피켓을 들고 시위에 나서겠다고 위협했다. 손다임은 나중에 그들의 항의가 그럴 만했다고 인정했다. 그러나 그는 아무것도 바꾸지 않았다.

"나는 전체 가사의 분위기를 결정하는 그 대사를 희생시킬 생각이 없었다."[103] 그는 비웃듯이 말했다.

「웨스트 사이드 스토리」는 폭발적인 인기를 끌었다. 1957년에 약 4만 회나 상연됐다.[104] 1961년에 제작자들은 이를 동명의 영화로 만들어(문제가 된 구절은 수정됐다), 작품상을 포함해 10개 부문에서 아카데미상을 수상했다. 이는 현재도 그렇듯이, 곧 본토인들이 푸에르토리코를 어떻게 생각하는지에 대한 최초의 판단 기준이 됐다. 그러나 극 중 뉴욕에 사는 젊은 푸에르토리코 청년에게 얼마나 공감하는 내용이었든 간에, 미 제국 내 푸에르토리코의 위상이나 1950년대 정치적 격동기를 짐작하게 하는 것은 거의 없었다. 샤크단을 괴롭힌 것이 무엇이었든 간에 이는 식민주의는 아니었던 것이다.

이상하게도 스티븐 손다임이 푸에르토리코의 정치적 문제를 기피하려 한 것은 그때뿐만이 아니었다. 1990년 뮤지컬인 「암살자들」에서는 존 윌크스 부스에서 존 힝클리 주니어까지 미국 대통령 암살자나 암살미수범 9명의 이야기를 다뤘다. 그러나 여기서 오스카르 코야소나 그리셀리오 토레솔라는 제외됐다. 손다임은 그들의 동기가 정치적이었기 때문에 그들은 다른 암살자들에 비해 '복합적인 심리적 요인이 적어서'[105]라고 설명했다. 이처럼 손다임은 1950년대에 뉴욕에 사는 푸에르토리코인에 관한 브로드웨이 뮤지컬 하나와 대통령 암살에 관한 작품 하나를 썼으나, 대통령 암살을 시도한 1950년대 뉴욕의 푸에르토리코인에 대해서는 언급조차 없었다.

그러나 한 가지만큼은 그가 옳았다. 손다임은 「웨스트 사이드 스토리」에서 잊을 수 없는 대사를 남겼는데, "푸에르토리코가 미국이라는 걸 아는 미국인은 없다"였다.

16.
합성소재의 세계

1960년경 미 제국은 눈에 띄게 줄어들었다. 필리핀은 독립했고, 하와이와 알래스카는 주로 편입됐으며, 푸에르토리코는 모호한 지위이긴 하나 '연방'이라는 자치령이 됐기 때문이다. 남은 식민지는 얼마 없었다. 괌, 미국령 버진아일랜드, 미국령 사모아의 인구 모두를 합쳐도 12만3151명인 데다 미국이 관할하는 '신탁통치령'인 미크로네시아연방 인구도 7만724명 정도에 불과했다.

그러나 미국은 가만있질 못하고 곧 새로운 가능성을 찾아 나섰다. 1962년 존 F. 케네디 대통령은 달 탐사의 필요성을 촉구했다. 이는 '뉴프런티어'라는 것이었다.

프런티어에 대한 논의는 19세기 당시의 논의와 비슷했으나 어느 정도 일리는 있었다. 거대하고 사람이 살지 않으며 전략적으로 유용한, 광물이 풍부하게 매장된 달에 대한 영유권 주장 가능성은 바로 구시대의 세계 정복자들이 군침을 흘릴 만한 것이었다. 영국의 열렬한 제국주의 신봉자인 세실 로즈는 "할 수만 있다면 행성들을 합병하겠다"고 말한 적이 있었다. "그런 생각을 자주 한다"고 그는 말했다.[2]

달에 식민지를 건설하겠다는 생각은 로즈의 시대에는 가능성이 먼 이야기였으며, 지금도 터무니없는 것처럼 들리지만, 당시에는 손에 잡힐 듯한 목표처럼 보였다. 미국의 지도자들이 생전에 이미 목도한 극적인 기술 혁신을 감안하면 무리도 아니었다. 드와이트 아이젠하워는 자동차가 손에 꼽을 정도로 적었고, 전구가 아직 신기하게 여겨졌던 시절에 태어났다. 그러나 그는 생전에 컴퓨터와 핵폭탄, 초음속 제트기, 유인 우주선의 발명을 경험한 세대이기도 했다. 먼 행성에 정착한다는 공상과학소설이 말도 안 되는 상상이라고 누가 말할 수 있겠는가? 달 착륙에 성공하고 몇 년 후 NASA는 우주 식민지 건설에 대한 연구 그룹을 만들어 '기술적 실현 가능성'과 '당위성'을 판단했다.[3]

그러나 미국은 달을 합병하지 않았다. 시도조차 하지 않았다. 그 대신 미국은 아폴로 계획이 팽창이나 제국 건설과는 관계가 없다는 점을 전 세계에 알리는 데 전력을 다했다. 린든 존슨 대통령은 어떠한 국가도 우주에서 주권을 주장할 수 없다는 데 합의하는 1967년 우주조약에 서명했다. 그런 후 아폴로 탐사 계획의 성공이 예상되자 NASA는 최초 달 착륙을 위한 상징적 활동 위원회를 조직해 달 착륙을 토지 횡령으로 혼동하는 사람이 없도록 하라고 지시했다.[4] 위원회는 성조기 대신 유엔기나 모든 국가의 미니 사이즈 국기를 꽂는 방안을 진지하게 검토했다.

결국 의회는 미국 국기를 고집했다. 그러나 이는 그저 "국가적 자부심을 상징적으로 드러내는 것"일 뿐, "국가적 전유의 선언으로 해석되어서는 안 된다"[5]는 발표문을 냈다.

우주 비행사들이 남긴 명판은 국제 시민의식을 담아냈다.[6] 반구 형태의 지구 모습이 담긴 사진 아래에 "서기 1969년 7월 여기 지구 행성에서 온 사람들이 처음으로 달에 발자국을 남기다"로 시작되는 글귀가 새겨졌다. "우리는 온 인류를 대신해 평화로이 왔다."

———

무슨 일이 일어났던 걸까? 한때 다른 나라를 차지하기 위해 전쟁에 나섰던 나라가 어떻게 사상 최대 면적의 영토 활용 가능성에 대해 이토록 시들해질 수 있단 말인가? 제국주의 정신은 어디로 갔단 말인가?

물론 여기엔 전 세계 식민지 시민들의 거센 저항이 한몫했다. 그들로 인해 제국을 유지하기가 몹시 고단해졌을 뿐 아니라 때로는 유혈 사태까지 감내해야 했던 것이다. 19세기 식민 지배국들은 자부심에 가득 차 영토 합병에 나섰던 반면, 1960년대가 되자 노골적인 제국주의로 인해 점점 세력이 강해지는 제3세계의 분노를 유발할 위험이 있다는 사실을 알게 된 것이다. 그때까지는 사람이 살지 않는 달을 차지하는 것조차 문제를 자초할 여지가 있는 듯 보였다.

그러나 식민주의의 피로를 새로운 힘의 균형으로만 설명할 수는 없다.[7] 그렇다. 제국주의에 반대하는 그들은 제2차 세계대전 이후 세력이 점점 커졌으나 제국주의자를 자처하는 그들 또한 마찬가지였다. 미국은 가공할 공군력과 핵무기를 비롯해 전 세계에 퍼져 있는 군사기지망을 활용해 전쟁을 끝냈다. 일본의 패망은 이러한 화력으로 무엇을 할 수 있는지를 보여주었다. 미국이 정말로 바랐다면 베트남과 한국에서 냉전 시대 적국에게 이와 같은 운명을 안길 수도 있었을 것이다. 그러나 미국은 그러지 않았고 다른 나라를 합병할 시도조차 하지 않았다. 새롭게 발견

제2부 점묘주의 제국

된 제3세계 국민의 힘만으로는 이를 설명할 수 없다.

공급뿐 아니라 수요 측면에도 초점을 맞춰, 다른 각도로 식민주의의 쇠퇴를 바라보는 것이 도움이 될지 모른다. 전 세계의 반제국주의적 저항은 식민지 유지 비용을 높였다. 그러나 동시에 새로운 기술이 나타나면서 강대국들은 사람이 거주하는 영토의 소유권을 주장하지 않고도 제국의 이점을 누릴 수 있게 됐다.[8] 그러면서 식민지에 대한 수요는 낮아졌던 것이다.

'제국의 소멸을 초래하는 기술'은 공중파 라디오에서 나사 부품에 이르기까지 다양했고, 그들은 서로 다른 방식으로 작동했다. 그러나 전체적으로는 미국이 식민지 운영을 그만두게 만들었다. 그렇게 해서 오늘날 우리가 아는 세계가 탄생했고, 강대국들은 식민지화가 아닌 세계화를 통해 자국의 영향력을 발휘했다.

———

19세기에 주요 열강들이 식민지를 운영한 데에는 수많은 이유가 있었다. '문명화'라는 이데올로기와 국제적인 세력 경쟁, 어두운 정신성적精神性的 충동 등이 제국주의라는 복잡한 활동에 포함된 요소였다. 그러나 19세기 중반에 접어들면서 야만인을 고양시킨다거나 기독교인을 이교도의 땅으로 데리고 간다든가 하는 이야기는 시들해졌고, 좀더 적나라한 동기가 뚜렷한 빛을 발했다. 식민지는 농작물 생산에 유용했으며 전략적으로도 유용했던 것이다.

이러한 두 동기가 뒤섞이는 경우도 종종 있었다. 복잡한 산업사회가 되면서 국내에서 채굴하거나 재배할 수 없는 물자에 의존하는 상황이 생겼다. 하지만 이런 물자 자체 외에도, 전쟁이 터지더라도 안전하게 확보할 수 있고 접근 통로가 막히지 않는 물자가 필요했다. 만약 이런 물자를 확보하지 못하게 된다면? 독일은 제1차 세계대전 중에 적국이 남미 시장에 들어가지 못하게 봉쇄해버리자 이 문제에 무모하게 대처했다. 남미는 질산염의 공급원이었는데, 이는 비료와 폭탄을 만드는 데 쓰이는 중요 물자였다. 독일은 페루의 해조분이나 칠레의 질산나트륨 어느 쪽도 이용할 수 없어서, 두 개 전선에서 전투를 벌이는 극도로 곤란한 상황이 되었다. 독일이 4년간 전쟁을 벌일 수 있었던 것은 프리츠 하버가 때맞춰 발명한 암모니아 합성법 덕분이었다.

하버는 질산염 문제를 해결했으나 선진국 경제에는 이외에도 석유, 철, 석탄, 인디고, 주석, 구리, 사이잘, 목화, 케이폭, 견사, 퀴닌, 텅스텐, 보크사이트, 야자유와 같은 수많은 원자재가 필요했다. 여러 기후대에 걸친 광대한 미국 본토는 국내 원료 생산량이 풍부한 축복받은 땅이었다. 그러나 미국이 의존해야만 하는 것이 있었으니 바로 고무였다. 미국은 고무에 가장 많이 의존했다. 고무는 적도의 일부 지역에서만 재배할 수 있었고 미국은 주로 유럽 제국들과 우호적인 관계를 유지한 덕분에 고무를 얻을 수 있었다.

고무는 특히 식민지 작물이라 할 수 있었다. 19세기 말, 벨기에 국왕 레오폴드 2세는 고무 추출을 노리고 콩고에 대규모 식민지 영유권을 주장하며 야만적인 정권을 세웠다. 그로 인해 인구가 1000만 명 정도 줄었다.9 프랑스, 영국, 네덜란드는 각자 동남아시아에 세운 자국 식민지에 대규모 고무농장을 설립했다.

특히 고무는 산업 경제의 구석구석 쓰이지 않는 데가 없었기 때문에 수익성 높은 사업이었다. 타이어, 튜브, 호스, 전선 피복, 비옷, 고무보트,

방독면 그리고 1000여 개의 부품과 조립품 등에 모두 고무가 들어갔다. 1860~1920년에 세계 고무 소비량은 거의 200배가 늘었다.[10]

자동차에 열광한 미국에서는 고무에 대한 수요가 잦아들 줄 몰랐다. 제2차 세계대전 발발 전날까지 미국은 유럽의 아시아 식민지에서 들어오는 전 세계 고무 공급량의 약 70퍼센트를 소비했다.[11] 전쟁이 터지면 미국은 더 많은 고무를 필요로 하게 될 상황이었다. 셔먼 탱크●에만 고무 0.5톤이 들어갔으며, 중폭격기에는 고무 1톤이 들어갔고 군함에는 2만 개가 넘는 고무 부품이 들어가서 총 80톤의 고무가 사용됐다.[12] 타이어 제조업체인 B. F. 굿리치 회장이 고무가 없으면 미국은 "1942건의 공격 중 1860건만 막아낼 수 있을 것"[13]이라고 경고했다.

'고무가 없으면'이라는 말은 단순한 가정이 아니었다. 1941년 12월 7~8일, 일본은 고무를 비롯한 핵심 원자재 공급 문제를 우려해 중국 너머로 전쟁 범위를 확대했고 자원 매장량이 풍부한 동남아시아까지 진격했다. 몇 달 만에 일본은 미국 고무 공급의 97퍼센트를 차지한 유럽 식민지를 점령했다.[14] 미국과 동맹국들은 사실상 고무 공급원이 끊긴 셈이 됐다.

이것이 얼마나 무시무시한 위협이었는지 제대로 옮기기는 어렵다. "오늘날 미국에서 가장 자주 묻는 질문이 무엇이냐는 설문 조사가 이뤄진다면 아마도 '우리는 언제 그리고 얼마나 많은 고무를 얻을 수 있는가?'와 같은 내용이 될 것이다." 1942년 중반 내무장관은 이렇게 썼다. "우리는 고무가 필요하며, 그것도 아주 많이 필요하다. 가능한 한 신속히 고무를 얻지 않으면 우리의 생활양식 전체가 엉망이 되어버릴 것이다."[15]

● 미군과 서부유럽 연합군이 사용한 주력 탱크

대대적으로 주목받았던 한 정부 보고서에는 이러한 상황이 "매우 위험하므로 즉각적인 시정 조치가 취해지지 않으면 미국은 전방과 후방 모두 붕괴 위기에 직면할 것이다"[16]라는 내용이 담겼다. 전방과 후방의 붕괴? 프랭클린 루스벨트는 해당 보고서가 발간되고 얼마 지난 후에 "상황이 훨씬 더 긴박해졌다"[17]고 덧붙였다.

정부는 이러한 고무 부족분을 메우기 위해 서둘러 움직였다. 루스벨트 대통령은 '내놓을 수 있는 고무 조각 하나'[18]라도 정부에 넘기라고 국민에게 부탁했다. 오래된 타이어든 비옷이든 정원용 호스든 신발이든 수영모자든 야구 글러브든 가리지 않는다는 것이었다. 대통령의 애완견 팔라는 고무로 된 뼈다귀를 내놓았다. 최종적으로 남녀노소 할 것 없이 1인당 약 3.2킬로그램에 달하는 폐고무가 모였다.[19]

이것으로는 턱없이 모자랐다. 정부는 대체재를 발굴하도록 엔지니어들을 압박했다. 자동차가 나무 바퀴로 굴러갈 수 있을까? 강철 바퀴는 어떨까?[20] 그건 불가능했다.

해외 시장에서 고무를 일부 조달할 수 있었을지도 모른다. 국무부는 주로 남미 20여 개국과 합의를 이끌어냈다. 그러나 그 국가들로부터 조달한 야생 고무로는 턱없이 부족했으며 새로 심은 고무나무는 채취하기까지 최소 6년이 걸릴 것으로 예상됐다.

다른 식물에서 고무를 추출할 수 있을까? 수천 명의 과학자와 기술자를 모집해 이를 실험(마치 식물학 분야의 맨해튼 프로젝트라 할 만했다)했으나 별 소득은 없었다.[21]

얼마 남지 않은 고무를 아끼기 위해 정부는 각종 제조 분야에서 고무 사용을 금지했다. 본토에서는 타이어 마모를 줄이기 위해 시속 약 56킬로미터로 속도를 제한하는 방법이 도입됐다. 1942년 6월, 루스벨트는 불가피한 경우 민간인의 타이어를 실제로 압수할 수도 있다고 경고했다. 고위급 관리는 한 기자에게 곧 젖병에 사용하는 고무가 부족해질지도 모른다고 털어놓았다.[22] 또 다른 관리는 콘돔 길이를 반으로 줄일 것을 제안하기도 했다.[23] 그의 동료들은 그가 농담했다는 사실을 곧바로 알아차리지 못할 정도로 상황이 심각했다.

또 다른 해결책도 있었다. 바로 프리츠 하버 스타일의 해법이었다. 어쩌면 미국은 석유나 곡류에서 추출한 에틸알코올에서 고무를 합성해 이를 제조하는 법을 찾아낼 수 있었을지도 모른다. 그러나 이 역시 현실 가능성은 적어 보였다. 전쟁 전야에 외교위원회 소속 경제학자는 고무 등 핵심 원자재를 합성 대체물로 대신하는 것은 '당장은 어려운' 일이라고 판단했다.[24]

합성고무는 이론상으로는 가능했으나 실제 사용 가능한 상품이라기보다는 실험적인 연구의 산물에 가까웠다. 고무 합성에 관한 어떤 책도 미국에서 출판된 적이 없었으며, 화학자가 전쟁 전에 만든 소량의 인조고무는 고도의 특수 기능에만 유용했다. 아직 실현하지 못한 기술적 혁신을 기반으로 사용 가능한 고무를 충분히 공급해 미국과 동맹국들이 국제 전쟁에 준비하도록 지원하는 산업이란 먼 미래의 이야기처럼 들렸다.

미 전시생산위원회의 민간보급국 국장은 1944년까지 반드시 필요한 고무 60만 톤을 생산하는 건 '기적이 필요한 일'이라고 상원에 말했다.[25]

———

고무 가뭄에 시달리는 나라는 미국뿐만이 아니었다. 독일도 마찬가지 상황이었다. 제1차 세계대전 이후 식민지를 몰수당한 주요 공업국인 독일은 주요 원자재를 해외 시장에서 상당 부분 조달했다. 석탄과 목재는 상대적으로 풍부했지만 고무와 석유, 철 등 기타 필수 원자재는 일본과 마찬가지로 '비보유국'에 해당되었던 것이다.

아돌프 히틀러는 여기에 집착했다. 그는 제1차 세계대전을 겪으면서 독일에 대한 영국의 해상 봉쇄로 인해 거의 기아 상태로 치달았던 상황을 기억하고 있었다. 독일은 금속제 스프링으로 만든 비효율적인 타이어를 사용할 수밖에 없었다. 이런 일이 다시 일어나서는 안 되는 것이었다. 히틀러는 '결정적인 해법'이 '생활 공간의 확장, 즉 원자재의 확대와 국민 식량의 근간'에 있다고 봤다.[26] 이는 독일어로 레벤스라움Lebensraum에 해당되는 '생활 공간'에 대한 추구의 일환이었다. 히틀러는 이웃 나라 영토를 침략해 독일 영토로 편입시켜야 한다는 압박감을 느꼈다.

전쟁은 위험한 도박이었다. 그러나 히틀러는 무기고에 중요한 무기 하나를 두고 있었다. 즉 전 세계에서 가장 발전한 화학 산업이었다. 독일에서는 지속적인 원자재 부족으로 인해 화학이 높은 수준으로 발전해온 것이다. 프리츠 하버가 독일인이었던 것은 우연이 아니다. 19세기 후반 독일은 합성염료를 개발해 인디고와 같은 천연식물을 대체했다. 제1차 세계대전 기간에 독일은 목재 펄프로 만든 인조견인 레이온을 개발해 아시아에 대한 무역 의존도를 줄일 수 있었다(마를레네 디트리히는 레이온 스타킹만 신었다고 자랑스레 밝히기도 했다[27]). 히틀러가 집권할 무렵, 독일의 화학 제조업체인 이게파르벤은 유럽 최대의 민간 기업이었다.

히틀러는 독일이 새로운 영토를 차지할 수 있을 만큼 이게파르벤에서 물자 부족을 메울 방법을 찾았다. 이 회사가 공기 중에서 질산염을 추출할 수 있었을 뿐 아니라 석탄을 연료로 바꿔놓자, 히틀러는 고무도 합성할 수 있게 되길 바랐다. 나치 독일의 4개년 계획은 1936년에 시작되어 상당히 많은 돈을 이게파르벤 및 합성소재 개발에 투자했다. 히틀러는 1939년까지 독일산 타이어는 합성고무로만 만들도록 명령했다. 그해 뉘른베르크 궐기대회에서 그는 독일이 "확실히 고무 문제를 해결했다"[28]고 의기양양하게 선언했다. 곧이어 그는 폴란드를 침공했다.

그러나 히틀러는 고무 문제를 해결한 것이 아니었다.[29] 전쟁이 시작됐을 때 독일의 물자 생산량과 비축량으로는 전쟁을 두 달밖에 지속할 수 없었다.[30] 제2차 세계대전이 치러지는 내내 독일군은 연료와 고무 부족에 시달렸다. 히틀러는 위험한 전격전(전면 기습공격)을 활용했다. 장기전에서는 적군에 대항할 수 없었기 때문이다. 독일군은 대부분 말을 타고 이동했다.[31]

고무 증산이 절박해지자 나치 독일은 이게파르벤에게 동부에 새 공장을 건설하라고 명령했다. 연합군의 폭격으로부터도 안전할 터였다. 이는 4개년 계획에서 단일 규모로는 최대 지출이었다. 이 기업은 아우슈비츠 마을 바로 밖에 있는 석탄, 석회 및 수도 공급에 유리한 철도 교통의 중심지인 북부 실레지아에 부지를 낙점했다. 공장을 짓기 위해 나치 독일은 예전에 동부의 끔찍한 대규모 강제수용소로 폴란드 죄수들을 이송하기 전에 잠깐 가둬두곤 했던 임시수용소를 확장했다.

훗날 홀로코스트 생존자로서 끔찍한 참상을 고발하는 글을 썼던 유대계 화학자인 프리모 레비는 아우슈비츠 수감자였다. 그는 공장 밖에 있던 '눈부시게 빛나는' 표지판을 기억했다. Arbeit Macht Frei, 즉 "노동이 그대를 자유케 하리라"는 문구였다(그는 이것이 "아직도 꿈속에서 나를 괴롭힌다"[32]고 썼다). 레비는 힘겨운 폴란드의 진창 속에서 이게파르벤 공장을 짓느라 고생스럽게 일했다. 메탄올과 다른 물자를 생산하기 시작하자 그는 실험실로 이송됐다.

새로운 작업이 배당되면서 레비는 1944~1945년의 혹독한 겨울을 피해 목숨을 구할 수 있었다. 운이 따르지 않은 이들도 있었다. 결국 3만명 이상의 수감자가 공장 건설 중에 사망했다. 그러나 이러한 강행군에도 히틀러의 고무 생산 전망은 전혀 나아지지 않았다. 전쟁이 끝날 무렵까지도 공장은 여전히 합성고무를 단 1파운드도 만들지 못했다.

미국에서는 상황이 꽤 달랐다. 미국 고무 프로그램 관리자는 "혹독하게 굴라"[33]는 지시를 받았으나 이는 정유업계 경영진에게 맞서라는 뜻이었지 수만 명의 노예 노동자를 죽음으로 몰고 가라는 말은 아니었다.

게다가 미국의 고무 프로그램은 효과가 있었다. 고무 합성의 비결이 밝혀졌을 때 극적인 대발견의 순간 같은 것은 없었다. 이는 충분한 자금을 지원받은 화공학자 집단이 이끌어낸 1000여 가지 발견에 힘입은 결과였기 때문이다. 이 과학자들은 다른 기업에서 경쟁자로 일했던 사람들이 공동의 목적의식을 가지고 협력했던 당시를 황금기로 기억했다. 그중한 명이 "저는 그렇게 마음에 맞는 사람들과 함께 일해본 적이 없었던것 같습니다"[34]라고 말했다.

산업적 성취는 과학적 발전만큼이나 놀라웠다. 전쟁이 끝날 무렵 미국에는 51개의 합성고무 공장이 가동되었고(반면 독일은 3개였다), 그것들의 전체 운영비를 합치면 하루에 200만 달러에 달했다. 그런 공장 한 곳에서만 1250명이 일했고, 2400만 그루의 고무나무와 9만 명 이상의 노동력을 요하는 고무농장을 대체하기에 충분한 합성고무를 만들었다.[35] 1944년 중반의 고무 공급은 정부 요건을 충족했고, 1945년경에는 이를 넘어서기에 이르렀다.[36] 당시 공장들을 전면 가동한 것도 아닌데 한 해에 80만 톤의 고무를 생산하기도 했다. 이는 1942년에 '기적'이라도 있어야 가능할 것 같았던 생산량보다 3분의 1 이상 많은 양이었다.

지프는 합성고무 타이어를 장착하고 달렸다. 탱크는 합성고무로 된 트레드•를 달고 이동했다. 이는 독일 장갑차보다 훨씬 긴 거리를 달릴 수 있었는데, 독일산 트레드는 내구성이 떨어져서 추위에 쉽게 손상되고 갈라졌다("독일은 스티렌 배급을 관리하지 못한 것 같았다"[37]며 한 미국 화학자는 혀를 끌끌 찼다). 전쟁이 끝날 때쯤 미국산 고무 약 4.5킬로그램 중 4킬로그램은 대부분 공장에서 석유로 생산한 합성고무였다.[38] 한 전문가는 이를 매우 놀라워하며 "역대 최고로 놀라운 산업적 성취 중 하나"[39]라고 썼다.

이는 정치적 성취이기도 했다. 전후 미국은 인조고무를 사용하면서도 천연고무 구매를 재개했으나, 고무농장에 다시는 의존할 필요가 없어진 상황이었다. 1950년 한국전쟁이 발발하고 다시 한번 물자 보급로가 차단되자 고무 가격이 치솟았고 약간의 공급 부족 사태가 일어났다.[40] 이때 제조업체들은 생산량을 늘려 시장에 합성고무를 풀어놓는 것으로 간단히 문제를 해결했다.

한때 전쟁과 식민지 건설, 대규모 사망 사태의 원인이기도 했던 고무는 일용품이 되었다. 미국이 거만을 떨 법도 했다. 1952년에 미국의 원자재 수요를 평가하기 위해 소집된 특별위원회는 고무 부족 사태가 더 이상 국가 안보에 심각한 위협이 될 수 없다고 결론 내렸다.[41]

주로 인도네시아, 타이, 말레이시아에서 공급되는 천연고무는 여전히 시장의 30퍼센트를 차지한다.[42] 그러나 고무는 이제 조달을 위해 영토를 정복해야 할 만큼 필수적인 원자재가 아니다. 공급이 하락하면 합성고무 공장이 손쉽게 그 부족분을 메꾼다. 아우슈비츠 외곽에 그런 공장이 하

• 타이어에서 노면과 직접 접촉되는 부분

나 있다. 이곳은 전쟁이 끝난 후에도 계속 가동되어 현재 유럽에서 세 번째로 큰 합성고무 공장이 되었다. 폴란드에 있는 고무 공장 한 곳은 전세계 고무 수요의 5퍼센트를 충당하는 생산능력을 갖추고 있다.[43]

———

식민지 생산 천연고무를 합성고무로 대체하는 것은 마술 같은 일이었다. 그러나 이는 화학자들이 모자 속에서 홱 *끄집어낸* 유일한 토끼는 아니었다. 정말 놀라운 일은 미국이 전쟁 중에 거의 끊다시피 한 원자재의 수였다. 견사, 삼, 황마, 장뇌, 목화, 양모, 제충국, 구타페르카, 주석, 구리, 동유 등을 차례로 합성 물질로 대체했다. 미국 경제 전반에서 식민지는 화학으로 대체되었다.

플라스틱만큼 이런 상황을 잘 나타내는 합성소재는 없다. 오늘날 플라스틱은 어딜 가나 쉽게 접할 수 있어서 플라스틱이 없는 세상을 상상하기란 어렵다. 몇 년 전, 작가 수전 프라잉켈은 플라스틱이 들어간 것에 전혀 손대지 않고 하루를 지내보기로 했다.[44] 그러나 아침에 일어나자마자 달성할 수 없는 목표라는 것을 깨달았다. 매트리스, 알람시계, 안경, 변기 시트, 조명 스위치, 칫솔, 속옷, 의류, 신발, 냉장고 등 모두 플라스틱으로 만들어진 것이었다. 이러한 실험을 기록하는 데 쓰려고 했던 연습장과 연필에도 모두 플라스틱이 포함돼 있었다. 그녀는 실패를 인정하고 그 대신 하루 종일 손대는 모든 물건을 기록하기로 했다.

약 3분의 2가 플라스틱이었다.

플라스틱은 합성고무의 화학적 친척뻘이다. 이 둘 사이의 존재론적 경계는 모호해질 수 있다. 발전 과정도 유사하다. 합성고무와 달리 플라스

합성고무판(왼쪽)과 천연
고무판(오른쪽)이 색깔을
제외하고는 거의 똑같음
을 보여주는 B. F. 굿리치
노동자

틱은 제2차 세계대전 훨씬 전부터 뚜렷한 족적을 남겼다는 점이 다를
뿐이다. 첫 플라스틱인 셀룰로이드는 당구공의 상아를 대체하기 위해 만
들어졌다가 곧 빗, 칼자루, 의치 등 다른 일상 용품으로 응용 범위가 확
대됐다. 또 다른 플라스틱인 베이클라이트는 두 차례의 세계대전 사이
에 '수천 가지 용도로 사용되는 물질'로 당당히 이름을 알렸다. 듀폰사
는 1939년에 나일론 스타킹을 선보이며 큰 화제를 일으켰다('화학을 통해
질 좋은 상품으로 수준 높은 삶을Better Things for Better Living…Through Chem-
istry'). 1940년 헨리 포드는 주로 콩을 기반으로 한 레진으로 만든 플라
스틱 자동차를 공개했다.

포드 자동차는 나일론 스타킹만큼의 열광적인 반응을 불러일으키는 데에는 실패했으나 기업인들이 플라스틱에서 무한한 가능성을 찾으려 했다는 사실을 뚜렷하게 보여주었다. 1940년『포천』지는 플라스틱의 미래를 암시하며, '합성소재Synthetica' 지도를 게재했다.[45] 여기에는 '플라스틱의 새로운 대륙'이 '비닐' '아크릴 스티렌' '나일론 섬'과 같은 나라들로 구성되어 있었다. 이는 식민지에서 화학으로 무대를 옮겨간 또 다른 개척지였다.

이 지도가 공개됐을 때는 아직 상상의 영역에 속한 것이 많았다. 전쟁이 터지자 비로소 플라스틱 경제가 현실이 되었다. 고무 개발에도 비슷한 과정이 이어졌다. 추축국들 중에 특히 일본은 미국의 핵심 보급품을 끊어놓았다. 그래서 미군은 더 이상 쉽게 확보할 수 없는 모든 '전략' 물자 대용품으로서 대부분 석유로 만든 플라스틱을 사용하고자 했다.[46] 전시 협력은 가능한 한 플라스틱을 기반으로 이뤄져야 했던 것이다.

합성고무 개발에서 보듯, 화학은 무서운 속도로 발전하기 시작했다. 화학자들은 정보를 모으고 기술을 향상시켜 폭넓은 실험을 진행했다. 합성고무는 천연고무가 사용되는 주요 분야 하나를 대체한 반면, 플라스틱을 미세하게 응용할 수 있는 범위는 무수했다. 투명 플라스틱인 플렉시유리Plexiglas는 비행기 조종석 창문을 만드는 데 사용될 수 있었다. 셀로판지는 식품 저장고의 양철통을 대체할 수 있었다. 베니어판으로 알려진 목섬유 합성 플라스틱을 소형 보트의 목재와 강철 대신 사용해 더 가볍고 빠르며 저렴한 보트를 만들 수 있었다. 플라스틱과 유리를 합성한 유리섬유는 항공기 제작에 사용할 수 있었다.

USS 미주리호와 같은 거대 군함의 경우, 플라스틱은 1000가지 이상의 용도로 활용됐다.[47]

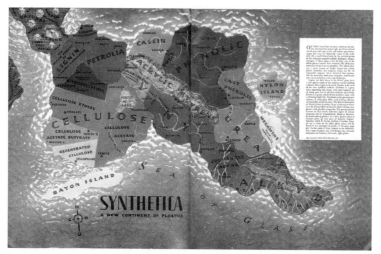

『포천』지는 지도 '합성소재, 플라스틱의 새로운 대륙'에서 플라스틱의 개발을 새로운 세계의 식민지화, '무한한 분자들의 세계'로 그려냈다.

1945년경이 되면 미군은 자신의 수통과 칼자루 및 탄띠 부품이 플라스틱제일 것으로 생각하게 됐다.[48] 단추는 칙칙한 올리브색 플라스틱으로 만들어져 연간 6만 톤 이상의 황동을 절약할 수 있게 됐다. 리본으로 된 훈장은 견絹이 아닌 나일론으로 제작됐다. 낙하산과 텐트도 나일론으로 제작됐으며 높은 곳에 오르기 위한 로프 역시 나일론 재질이었다(예전에는 마닐라삼으로 만들어졌으나 일본이 필리핀을 점령하자 그럴 수 없게 됐다). 면도기 손잡이, 나팔, 빗, 칫솔, 방독면, 고글, 철모 안에 쓰는 모자, 군화 안창, 소총 커버, 호루라기, 신발 끈, 모기장, 식판을 비롯해 도박사가 쓰는 포커칩도 모두 플라스틱으로 제작됐다.

전투에서 부상당한 군인은 나일론 재질의 수술용 봉합사로 꿰매고 나일론 또는 레이온 거즈를 상처 부위에 덮었으며, 고무가 아닌 플라스틱이 함침된 레이온으로 만든 시트가 덮인 병원 침상에 누워 회복되길 기다렸다. 한쪽 눈을 잃은 사람은 빙정석으로 만든 유리 안구 대신 플라스틱으로 된 의안을 가질 수 있어, 더 이상 독일에서 재료를 수입할 필요가 없었다.

비유적으로 표현하자면, 이전에는 납이나 주석으로 만들어졌던 장난감 군인이 전후에는 주조된 플라스틱으로 만들어진 '작은 녹색 인간'으로 팔리는 상황이었다.

이 작은 녹색 인간은 시작에 불과했다. 경제 곳곳에 전면적인 침투가 시작되었다. 전쟁이 끝날 무렵 한 플라스틱 제조업체 임원은 민간 경제에 플라스틱으로 만들어진 것은 "사실상 아무것도 없다"고 말한 적이 있으나, 이는 "무엇이든 플라스틱으로 만들어질 수 있다"[49]는 말이기도 했다. 그렇게 군사 기술이 대거 사회로 밀려들었다. 칼을 두들겨 쟁기로 만드는 식의 변화였으나, 모던 플라스틱사의 광고에 나온 것처럼 새로운 쟁기에는 플라스틱 손잡이가 달리게 됐다.[50]

사실 전후 소비자 문화의 아이콘 중 상당수가 플라스틱으로 만들어졌다는 사실은 꽤 인상적이다. 터퍼웨어, 일명 찍찍이라 불리는 벨크로, 훌라후프, 프리스비, 바비 인형, GI 조, 볼펜 브랜드인 빅펜, 신용카드, 마당에 꽂아두던 인형인 핑크 플라밍고, 스티로폼, 포마이카 조리대, 나우가하이드 인조가죽 의자, 사란 브랜드의 식품 포장용 랩, 레코드판, 하이파이hi-fi, 리놀륨 바닥재, 고무찰흙 장난감인 실리 퍼티, 라이크라 브래지어, 위플볼● 등이 이에 해당된다.

"전 세계가 플라스틱화될 수 있다"[51]는 프랑스 철학자 롤랑 바르트의

● 구멍이 뚫린 플라스틱 야구공

논평은 경종을 울렸다.

뿐만 아니라 플라스틱은 눈에 덜 띄게 경제에 스며들었다. 목화, 양모, 견과 같은 천연섬유는 점점 나일론이나 폴리에스테르와 같은 합성섬유로 대체됐다. 한국전쟁 중에 미군은 군복을 합성섬유 혼방으로 대체했다. 그와 거의 같은 시기에 정부는 공공건물에 게양되는 모든 깃발을 나일론으로 만들도록 명령했다.[52]

플라스틱은 이보다 더 깊숙한 곳에서까지 사용됐다. 콘택트렌즈, 보청기, 인공 신체 부위, 인공관절, 자궁 내 피임 기구 등을 사용하게 되면서 전후 소비자들은 플라스틱 사이보그라고 해도 좋을 정도였다. 1952년에 환자에게 인공대동맥 판막을 이식하기 시작하면서 심장까지 플라스틱에 의지해 뛰는 시대가 열렸다.

1930~1950년에 전 세계에서 연간 생산되는 플라스틱의 양은 40배가 늘어났다.[53] 2000년에는 1930년의 규모에 비해 약 3000배로 늘어났다.

―――――

이는 제2차 세계대전의 유산이었다. 세계 최고의 경제 대국이 대부분의 열대작물 무역에서 봉쇄당하면서 문제 해결에 매진하자, 합성소재 혁명이 탄생할 완벽한 조건이 갖춰진 셈이었다.

대체물은 주기적으로 빠르게 등장했다. 1943년에 한 언론인은 경솔하게도 "새로운 인공 재료 부대"가 "기존 산업을 뒤죽박죽으로 만들고" 있다고 언급했다.[54] 말라리아 치료제인 퀴닌은 클로로퀸이라 불리는 합성 물질로 대체될 수 있었고, 아편에서 추출한 진통제인 모르핀은 메타돈으로 대체될 수 있었다. 약과 사진 필름, 폭발물의 주 원료인 장뇌는 일본이 점령한 타이완에서만 공급됐다.[55] 화학자들이 8분의 1밖에 안 되는 비용으로 테레빈유에서 이를 합성하는 방법을 알아낼 때까지는 그랬다. 고무 부족 사태로 고무와 가솔린에서 액체 소이탄을 만들 수 없게 되자, 한 화학자가 네이팜을 개발했다.

군에서 원한 것이 무엇이었든 간에 "수도꼭지를 틀어 물을 퍼올리는 것만큼이나 간단"[56]한 일이 되어버렸다고 유니온 카바이드사 직원은 말했다.

화학자인 제이컵 로진은 이것이 '합성 시대'의 서막일 거라고 예견했다. '식물로부터 자유'로워지고 '광산에서 자유'로워질 것이라는 이야기였다.[57] 다시 말해 실험실이 토지를 대신해 원료의 출처가 되면서 미국은 천연자원의 제약으로부터 해방될 수 있었다. 1959년 물리학자인 리처드 파인먼은 과학자들이 '어떤 것이든 합성해내는 방법'[58]을 알게 되는 날이 곧 도래할 것이라고 호언장담했다.

어떤 것이든 합성한다는 건 무리이지만 터무니없는 소리는 아니었다. 1957년 파인먼의 예측이 나오기 2년 전, 몬산토라는 화학 기업은 디즈니랜드의 투모로랜드에 100퍼센트 합성소재로 되어 있는 '미래의 집'을 세웠다. 그해까지 미국에서 합성고무는 천연고무보다 훨씬 더 많이 팔렸고, 플라스틱은 가죽을 대체했으며, 마가린은 버터보다 훨씬 더 흔했다.[59] 그레고리 핑커스는 푸에르토리코에서 합성 호르몬 피임 실험을 막 시작했다.

———

합성소재는 눈에 띄게 일상의 풍경을 바꾸었고, 은밀한 방식으로 지정학적 판도를 바꿔놓았다.

제2차 세계대전 이전에 이런 상황은 상상조차 못 했다. 1930년대에 나온 지정학 분야 논문들을 보면 합성소재에 대한 언급이 별로 없다.[60] 그 대신 물자 부족에 대한 개탄과 영토를 차지하기 위한 유혈 전쟁에 대한 예측이 담겨 있다.

그런 1930년대의 논리에 따라 미국은 자원이 풍부한 영토를 통제해 제2차 세계대전의 승리를 굳혀야 했다. 실제로 전쟁 중에 이에 대한 논의가 있었다. 전쟁 기획자들은 천연자원을 확보하려는 움직임으로 인해 전쟁이 촉발되자 미국이 핵심 원자재 부족을 겪게 된 것이라고 생각했다. 그러자 그들은 이러한 사태가 다시 일어나지 않도록 방법을 강구했다.

전쟁 초반에 국무부 내에서 가장 유력했던 계획은 전 세계 식민지를 국제사회의 관리하에 두는 방안이었다.[61] 이는 과거 정복전에 비해 훨씬 더 합리적인 방식에 가까웠으나 최종 상태는 결국 마찬가지였다. 강대국들이 국제기구를 통해 열대 지방의 자원을 활용한다는 것이었다. 이는 위원회를 통해 식민지를 건설하는 방식이었다.

그러나 그 같은 비전은 실현되지 못했다. 미국은 새로운 식민지 영유권을 주장하지도 않았고 열대 지방의 공동 식민지 건설을 계획하지도 않았다. 그 대신 합성소재가 발명되면서 자원에 대한 갈증이 수그러들었다.

후속으로 나온 미 공식 보고서를 통해 그런 현실 인식이 분명해지는 것을 확인할 수 있다. 1952년에 나온 중요한 조사에서 향후 물자 부족이 발생할 수 있으나 합성소재는 이러한 사태를 방지해왔다는 사실이 언급되었다("우리는 석탄에서 가솔린을 생산할 수 있고 톱밥에서 가축의 사료를, 원자핵 분열에서 전력을 생산할 수 있다"[62]). 이어지는 여러 보고서에는 물자 부족 문제가 적게 다뤄지고 합성소재에 대한 내용은 자주 등장했다.[63]

1970년대에는 대규모 조사를 통해 자원 고갈이 그다지 "심각한 문제가 될 가능성은 없다"[64]는 결론이 내려졌다. 일시적인 부족 사태와 간헐적인 물가 변동으로 불편한 상황이 생길 수는 있으나 미국에 필요한 자원이 실제로 고갈될 것이라는 생각은 더 이상 개연성이 없어 보였다.

1960년대에 유엔 사무총장을 역임했던 버마 정치인 우 탄트는 깜짝 놀랐다. "선진국에 관한 사실, 엄청나게 중요한 사실은 그들이 결국에는 손에 넣기로 한 자원을 원하는 종류와 규모로 확보할 수 있다는 것이다."[65] "의사 결정을 제한하는 것은 더 이상 자원이 아니다. 자원을 만드는 것이 바로 의사 결정이다. 이는 근본적인 혁명적 변화다. 아마도 인류가 지금껏 겪어온 것 중 가장 혁명적인 변화일 것이다."

우 탄트의 판단은 정확했다. 1940년대에 시작된 합성 혁명은 지정학의 규칙을 새로 썼다. 원자재를 안전하게 확보하는 것(식민지 건설의 주요 이점 중 하나)은 더 이상 그리 중요하지 않게 됐다. 무역을 통해 필요한 물자를 조달할 수 있으며 1930년대와 1940년대에 그랬듯 시장이 폐쇄된다고 해도 큰일이 나는 것은 아니었다. 합성고무 공장을 가동하기만 하면 되었던 것이다.

산업 경제는 원자재 공급자가 두려워하는 대체재 발명에 매우 뛰어났다. 한때 제국주의적 욕망의 대상이었던 곳들은 이제 앞다퉈 구매자를 찾아 나섰다.[66] 합성고무가 말레이반도와 보르네오섬 경제에 미친 영향, 합성 말라리아 치료제가 라틴아메리카의 퀴닌 생산 농장에 미친 영향, 인조밧줄이 필리핀 경제에 미친 영향, 인도의 운모 산업에 마일라 필름이 미친 영향, 인공석영이 브라질에 미친 영향, 그리고 콩고와 브라질, 남아공의 다이아몬드 광산에 저가의 합성 다이아몬드가 미친 영향으로 인해 상황이 역전된 것이다. 제2차 세계대전 이후 미국 정부는 위기에 빠진 동남아시아 농장을 지원하기 위해 필요한 양보다 천연고무 수입량을 늘리는 정책을 택했다. 그러나 추출물로 합성한 제품은 상대적으로 해마다 가격이 하락했다.[67]

상황이 이렇다고 해서 원자재가 무의미해졌다는 뜻은 전혀 아니다. 광물은 식물보다 합성하기가 훨씬 어려우며 군사 기획자들은 보크사이트와 우라늄, 코발트(현재 스마트폰 배터리 제조의 핵심 원료)의 국제 수급량을 계속해서 눈여겨봤다. 그러나 이러한 원자재를 식민지에서 추출하기보다는 국제 무역을 통해 안전하게 조달할 수 있게 되면서 긴박감이 상당히 줄었다. 국가 보안이 더 이상 원자재에 좌우되지 않았기 때문이다. 실제로 리처드 닉슨이 1970년대에 '국가 원료 정책' 개발을 위해 위원회를 구성했으며, 그렇게 나온 보고서에는 안보가 목표라는 언급조차 없었다.[68]

물론 한 가지 예외가 있었다. 바로 석유였다. 합성고무와 플라스틱 등 식민지 대신 화학을 택한 미국이 얻게 된 대체재를 만들기 위해서는 원유를 사용해야 하는 경우가 대다수였던 것이다. 전 세계에 확인된 석유 매장량의 59퍼센트가 미국 국경 내에 있었던 1945년 당시, 미국은 상당한 정도의 자급자족 경제를 누릴 수 있었다.[69] 그러나 매장된 석유가 사용되고 다른 나라에서 대규모 유전이 발견되면서 석유를 점점 외국에서 수입하게 됐다.

그러니 석유 때문에 정치인들이 확실히 옛날 제국의 논리로 회귀하고 싶어진 것도 당연하다. 아랍 국가들의 석유 수출 중단 사태를 맞아 헨리 키신저는 미국이 "유전을 차지해야만 할지도 모른다"는 의견을 내놓았다. "우리가 사우디아라비아를 차지해야 한다는 뜻이 아닙니다." 키신저 국무장관은 그렇게 말했다. "아부다비나 리비아는 어떻습니까?"[70] 키신저가 고무나 주석, 예전의 다른 식민지산 원자재 확보를 위해 그처럼 제국주의적 몽상의 나래를 무한히 펼치는 모습이 머릿속에 잘 떠오르지는 않는다.

그러나 석유에서도 노골적인 제국주의가 갑작스레 표출되는 경우는 드물었고 합병으로 이어지지도 않았다. 아부다비와 같은 미국의 해외 영토에 대한 그의 생각은 현실과 동떨어진 것이었으며 구체적인 계획도 아니었다(그러나 닉슨 행정부는 필요한 경우 중동의 유전을 점령하는 방안을 진지하게 검토했던 것으로 보인다[71]). 그리고 1970년대의 석유 파동이 미국 경제에 얼마나 피해를 주었든 간에, 그 위험도 가격 상승 때문이었지 '전쟁을 수행할 수 없는 정도'의 절대적인 부족 사태는 아니었다.[72] 20세기에는 석유가 실제로 고갈될 것이라는 가능성이 중대한 문제가 된 적은 없었다. 오늘날에도 캐나다의 역청탄(타르 샌드) 개발과 석유 대신 천연가스를 일부 대체재로 쓸 수 있게 만든 새로운 기술 덕분에 그런 위험이 현실화될 가능성은 그 어느 때보다 낮다.

———

1969년에 미국은 제2차 세계대전 이후 기술적으로 가장 어려운 목표로 생각되어온 달 착륙에 성공했다. 이는 역사상 가장 강력한 로켓 엔진을 점화해 우주선을 하늘로 쏘아올린 뒤, 비행 중에 단계적으로 로켓이 분리되고 소형 달착륙선을 안전하게 달 궤도로 진입하게 만드는 것이었다. '로켓 과학'이 흔히 가장 어려운 지적 도전을 지칭하는 말로 쓰이게 된 데는 이유가 있다.

그러나 제트 엔진과 궤도가 전부는 아니었다. 달 착륙은 화학공학의

제2부 점묘주의 제국

개가이기도 했다. NASA는 극한 온도와 미소유성체의 충돌을 견디면서도 압축공기를 저장할 수 있는 경량의 재료, 즉 합성소재가 필요했다. 닐 암스트롱과 버즈 올드린이 입었던 우주복은 21겹으로 되어 있었고, 듀폰사가 제조한 소재 20가지를 포함하거나 그런 소재로만 만들어졌다.[73] 나일론과 네오프렌, 마일라, 테플론 등 익숙한 합성소재도 있었고, 캡톤과 노멕스처럼 새로 등장한 소재도 있었다. 한때 식민지에서 조달했을 천연 소재를 우주에서 사용하기는 어려웠다.

원자재는 예전에 비해 그 중요도가 떨어졌다. 인류의 높은 이상을 기리며 우주비행사가 달 표면에 꽂은 성조기는 듀폰사의 나일론으로 만들어진 것이었다.[74]

17.
이것은 신이 행하신 일

1941년 8월 육군과 해군은 사상 최초의 대규모 합동 훈련에 나섰다. 전쟁이 일어날 조짐이 보이자 그들은 외국 해안을 공격해야 할 상황에 대비하기 위해 노스캐롤라이나 모의 침공 작전을 통해 훈련을 하려고 했다. 군인들은 육·해군 합동 상륙작전을 벌였고, 장비와 보급품을 챙겨 배에서 해안으로 뛰어왔다.

이는 간단해 보였지만, 실상은 전혀 그렇지 않았다. 상륙한 부대는 서로 뒤엉켰다. 무거운 장비를 짊어진 군인들은 물속에 겨우 서 있었고, 탱크는 연약한 지반에 닿자 푹 꺼져버렸다. 탄약은 물에 흠뻑 젖었고 식량이 담긴 카드보드 상자도 젖어서 곧바로 찢어지고 말았다. 잘게 썬 채소와 고기 스튜가 담긴 깡통이 해변에 마구 널브러졌고 상자는 망가져서 내용물을 더 이상 알아볼 수 없게 됐다. 배의 짐칸 깊숙이 보관돼 있던 윤활유를 쉽게 찾을 수 없게 되자 해안에 쏟아진 장비가 녹슬기 시작했다.

육군은 공식 기록을 통해 합동 훈련이 '실망스러운 경험'[1]이었음을 인정했다. 군인들은 이런 식의 군사작전 대실패를 나름의 방식으로 불렀는데, 바로 스내푸snafu였다. 전쟁 중에 빈번히 언급되는 이 약어는 Situation Normal: All Fucked Up, 즉 상황 이상 무, 실제로는 엉망진창이라는 뜻이었다.

이는 적의 포격이 없는 머틀 비치의 잔잔한 바다에서 한낮에 일어난 상황이었다.

———

물에 잠긴 이 군대는 그날 오후, 그 순간까지 인류 역사에 걸쳐 전해져 온 오랜 진실을 알게 됐다. 바로 물건을 옮기기란 어렵다는 사실이었다.

사람이나 물건, 아이디어가 전 지구상을 쉽게 이동하는 오늘날에는 잊기 쉬운 부분이다. 시장이 국경을 넘어 잽싸게 움직이고 비행기는 어디든 착륙할 수 있으며 통신 위성은 지구상의 가장 외진 곳까지 연결해준다.

그러나 이 모든 것은 제2차 세계대전 후 세계화로 인해 탄생한 상대적으로 새로운 개념이다. 그런 세계화는 결국 제2차 세계대전 중 미군이 개발했거나 미군이 개선한 핵심 기술을 기반으로 했다. 합성소재처럼 이러한 기술은 식민지를 불필요하게 만든다는 점에서 제국의 소멸을 초래하는 기술이었다. 직접 영토를 관리할 필요가 없어 이동이 쉬워진 덕도 있었다.

이러한 기술이 얼마나 혁신적인지를 평가하려면 제2차 세계대전이 발발하기 50년 전 상황을 짚어볼 필요가 있다. 당시는 상황이 수월하게 풀리기보다는 과격한 충돌로 특징지어지던 시기였다. 듀이 해군 준장이 1898년 마닐라만에서 스페인군을 무찔렀을 때, 그가 중요한 전보 연락을 끊는 바람에 본토에 그의 승전 소식('마닐라가 미국의 손안에?'[2]는 미국의 승리를 확신할 수 없었던 한 신문사가 내건 머리기사였다)이 알려지는 데 꼬박 일주일이 걸렸다. 정기 전보 연락이 재개되는 데는 석 달이 걸렸다.

듀이의 승리 후 시어도어 루스벨트는 쿠바를 급습하기 위해 러프 라이더스를 열심히 불러 모았다. 그러나 그들은 탬파에 발이 묶이고 말았다. 루스벨트의 표현에 따르면, "떼지어 몰려드는 개미떼 같은 인간들"[3]로 발 디딜 틈 없는 상태에서 수송선을 기다렸던 것이다. 정체가 극심해서 지원병들은 타고 있던 말에서 내려 걸어서 맨몸으로 쿠바에 가야 할 지경이었다.

USS 오리건호가 도와줄 수도 있었다.[4] 실제로 시애틀에서 오리건호가 급파됐다. 그러나 시애틀에서 플로리다까지는 배가 남미의 태평양 해안 쪽으로 내려가 최남단의 티에라델푸에고 군도를 돌아 멕시코만을 통해 다시 올라가야 하는, 두 달이 걸리는 거리였다.

어떤 상황이 그들을 맞을지 알았더라면 루스벨트 군대는 기꺼이 기다렸을 것이다. 그들은 쿠바에 도착하자 황열병과 말라리아, 설사로 극심한 고통에 시달렸다. 루스벨트는 이성을 잃은 듯 사령관에게 편지를 썼다. 겁 없는 러프 라이더스가 "부패한 양처럼 죽을 날만 기다리고 있다"며, 하루빨리 그들을 귀환시켜 군인의 반 이상을 죽게 만들 '끔찍한 재앙'을 피해야 한다고 강력히 주장했다.[5]

이동이 쉽지 않다는 사실은 이미 알려진 문제였다. 지구상의 한 장소에서 다른 곳으로 옮겨가면 사람들은 대부분 병에 걸려 쓰러졌다.

사람뿐만 아니라 물건도 마찬가지였다. 1901년 마닐라가 완전히 백인의 지배하에 놓이자 아서 맥아더 장군은 식민지 상류층을 위해 필리핀에서 성대한 축하연을 열었다.[6] 사람들은 제일 좋은 프록코트를 입고 실크 모자를 쓰기로 했다. 그러나 온대 기후에 맞게 만들어진 의상은 열대 지방에는 그리 적합하지 않았다. 모자는 우그러들었으며 광택을 잃고 끈적끈적해지고 이상한 냄새를 풍기기 시작했다. 해충이 재무 및 법무 담당 장관의 모자에 구멍을 냈다. 그래도 그는 어쨌거나 모자를 썼는데 다른 것을 살 방도가 없었기 때문이다.

그러니 쓰지 않을 이유가 뭔가? 초창기 미국 식민지 청사의 대부분은 오리건 파인이라는 소나무와 캘리포니아 삼나무로 지어져서 여기저기 구멍이 뚫려 무너져가고 있었다.[7] '퇴락'은 곧 모든 건물의 기본적인 양식이 되었다.

————

이처럼 썩어들어가는 제국에 필요한 것은 빠른 운송 수단이었다. 그러려면 땅을 차지해야 했다. 머핸 제독은 대서양과 태평양을 가르는 중앙아메리카 지협을 통과하는 운하 개통을 제안했으며, 루스벨트가 여기에 동의했다. 그는 콜롬비아로부터 땅을 구매하려 했지만 실패로 돌아갔다. 협박도 해봤지만 역시 아무 소득이 없었다. 결국 콜롬비아 지도층과 협상을 타결하는 것은 '건포도 젤리를 벽에 못으로 박으려'[8] 하는 것과 마찬가지라고 판단한 루스벨트는 콜롬비아로부터의 독립을 선언한 파나마 저항군을 지원했다. 새롭게 설립된 공화국은 나라 한가운데를 흐르는, 폭 약 16킬로미터인 소지대, 즉 파나마운하 지대를 미국에 임대했다.[9]

그러나 영토가 늘어날수록 문제가 많아졌다. 정확히는 사람과 물자 이동에 관한 문제였다. 덥고 습한 지협에는 질병을 옮기는 모기가 우글거렸다. 그런 모기와 평생을 살아온 파나마인들은 황열병에 면역되어 있었고 말라리아에 저항력이 있었다.[10] 반면 외부인들은 모기의 새로운 먹잇감이 되었다. 미 본토에서 파나마운하 지대에 도착한 선발대는 거의 전원이 즉시 말라리아로 쓰러졌다. 후발대로 온 관리자들은 관을 실어왔다.[11]

그들이 피해망상에 시달려서가 아니었다. 황열병과 말라리아, 만성 설사, 이질, 폐렴, 선페스트가 그 지역을 휩쓸었던 것이다. "화물칸에 사망자를 싣고 달리는 기차가 목재를 운반하듯 매일같이 지나다니던 광경을 절대 잊지 못할 겁니다." 한 목수가 말했다. "그땐 끓어오르는 고열 때문에 몇 시간밖에 일할 수 없었습니다. 생지옥이나 다름없었죠. 결국 저는 장티푸스에 걸리고 말았습니다."[12]

장티푸스, 말라리아, 페스트(맙소사), 그다음으로는 성병이었나? 수만 명의 노동자가 투입된 건설 프로젝트에 매춘이 끼어들지 않길 바라는 건 무리였다. 뉴욕의 한 편집자는 운하 지대와 인접한 파나마의 도시들이 '악의 소굴'이었다고 말했다.[13] 그러나 운하 노동자들은 모두 아랑곳하지 않고 매음굴을 드나들면서 매독과 임질을 서로 옮겼다.

그들에겐 또 다른 문제도 있었다. 준설이 필요한 지역은 '어둡고 음습한 밀림 지대'였다고 한 선발대 노동자는 말했다. "열대 식물, 엔지니어들이 그 깊이를 측정하지 못하는 늪, 질퍽한 흑색토, 유사(퀵샌드)가 대책 없이 뒤엉켜 있었다."[14] 이전에 운하를 파던 프랑스인들이 버리고 간 녹슨 장비가 흙 속에 파묻혀 포도덩굴로 뒤덮인 현장은 불길한 징조였다.

운하 관리자들이 워싱턴에 머무르면서 이 수렁으로부터 빠져나가고 싫어하는 것도 당연했다. 그러나 워싱턴과 파나마 간 통신은 비싼 전보를 통해서만 찔끔찔끔 이어졌기 때문에 현장을 떠나 이를 관리하기란 극도로 어려웠다. 공사 지연과 산적한 일, 장비 고장에 결국 루스벨트는 화를 내며 운하위원회를 해고하고 파나마에서 일할 의지가 있는 이들로 새로운 위원회를 구성했다.[15]

여기서 핵심은 운하를 개통하려면 미국이 식민 통치에 나서야 했다는 것이다. 실제로 공사로 인해 파나마운하 지대는 정부 관리가 지구상에서 가장 집중적으로 개입된 지역 중 하나가 되었다. 여러 여단이 진군해 덤불을 치고 늪을 말리고 훈증 소독을 했다. 그들은 국화 꽃잎으로 만든 살충제인 제충국으로 건물을 소독했다.[16] 가장 많을 때는 한 달에 120톤 이상을 수입하기도 했다. 웅덩이에 알을 낳는 모기를 퇴치하기 위해 당국은 웅덩이와의 전쟁에 나섰다. 성당의 성수반에 모기가 유충을 낳은 것이 발견되면 그 안에 담긴 성수를 매일 갈도록 지시하기까지 했다.

성병 치료에는 다른 방식이 필요했다. 운하 담당 관리는 본토에서 아내를 데려올 수 있도록 보조금을 지원했고 엄청난 비용을 들여 클럽하우스와 협회, 단체 여가활동 프로그램 등 절제된 생활을 위한 사교 환경을 조성했다.[17] 운하 지대 거주자들의 집에 충분한 성경책을 보급하면 파나마 사창가에 들락거리지 않을 거라는 계산이었다. 그러나 만일을 위해 운하 지대 관리 당국은 파나마 정부를 압박해 건강 진단을 의무적으로 실시하게 하고 필요하면 성매매 여성들을 강제 입원시키도록 했다.[18]

질병을 차단하자 노동자들은 운하 건설에 맹렬히 몰두했다. 그들은 산을 폭파해 길을 냈다. 그들은 한 번 삽질에 8톤의 흙을 운반할 수 있는 강력한 굴착기를 들여왔다.[19] 그러나 이 일들은 여전히 끝나지 않을 것만 같았다. 퍼낸 자리로 흙이 어김없이 다시 흘러들어왔기 때문이다

(다섯 번 퍼낼 때마다 0.76세제곱미터에 해당되는 흙이 퍼낸 자리로 도로 들어왔다).[20] "오늘 퍼내면 내일 흘러들어온다"[21]고 한 노동자는 표현했다. 실제로 한 번 토사가 무너져 내리기라도 하면 몇 달간의 일이 헛수고로 돌아갈 수 있었고, 고가의 굴착기가 흙 속에 묻힐 것이었다.

운하 개통에는 총 10년이 걸렸고 3억3000만 달러 가까운 비용이 들었다. 토사가 무너져 내리는 바람에 처음 몇 년간의 운하 공사가 전면 중단되면서 발생한 비용까지 합친다면 그 금액은 더 불어날 것이다. 늘 그렇듯이 백인 이외의 사망자 수 기록은 허술했는데, 대부분 서인도제도 출신인 약 1만5000명이 작업 중에 사고 또는 질병으로 사망했으리라 추정된다.[22]

이는 총길이 80킬로미터 미만에 폭이 약 16킬로미터인 소지대를 활용하기 위해 준비하는 과정에서 벌어진 일이었다.

———

파나마운하는 중요한 성과였다. 그러나 제2차 세계대전으로 인한 어려움에 비하면 준설 작업은 가벼운 준비운동에 가까웠다. 전쟁 기획자들은 한 당황한 장군이 표현한 "상상 이상의 군수품 요건"[23]에 맞닥뜨렸다. 모든 해외 주둔 군인에게 미국은 하루에 30킬로그램의 군수품을 보내야 한다는 것이었다.[24] 미국이 한 전구戰區의 14개 항구로 물자를 실어 보냈던 제1차 세계대전 때와 달리 이제는 11개 전역의 100개가 넘는 항구에 물자를 공급해야 했다.[25]

확실히 전쟁 발발 전에 군수logistics란 전문가 용어였지 일상의 대화에서 쉽게 들을 수 있는 말은 아니었다.[26] 사관학교에서는 용맹과 리더십,

전술적 정확성을 높이 샀으며 조달과 운송은 뒷전이었다. 그러나 곧이어 제2차 세계대전이 터지자, 전장에서의 영웅적 행위를 찬양하는 데 그쳤던 사령관들은 점차 적재량과 재고 수준, 물자 보급로에 관해 자주 언급하게 됐다.

게다가 그들은 군수 지원에 점차 뛰어난 수완을 발휘하게 되었다. 전쟁 중에 군은 군수 혁신을 추진했다. 지구상 곳곳에서 인력, 물자, 정보를 빈틈없이 빠르게 이동시키도록 하려는 것이었다. 항공기가 최우선 고려 대상이었으나(미국은 항공 대국이 되었다), 다른 분야도 마찬가지로 중요했다. 라디오, 암호 해독법, 건조 식량, 페니실린, DDT 등의 기술은 현재 세계화의 근간이 되었다.

군수 혁신은 속도를 높이는 것 이상이었다. 파나마의 경우처럼 신중하게 땅부터 다질 필요 없이 미국은 어디든 이동할 수 있게 됐다. 장거리 운송망을 운영하기 위해 더 이상 대규모 지역이나 지대를 점령할 필요가 없었다. 지도상의 지점들을 연결하는 것만으로도, 때로는 밀림의 공터에 있는 비행장 정도만 연결하는 것으로도 충분했다. 그리고 플라스틱과 기타 합성소재처럼 이들 신기술은 식민지를 전혀 필요 없게 만드는 데 일조했다.

———

미국으로서는 일본의 12월 7/8일 공격과 3개월에 걸친 정복전으로 인해 전쟁이 빨리 시작된 셈이었다. 그런 뒤에는 상황이 느리게 진행됐다. 일본 제국이 동남아시아 및 미크로네시아 전역을 노골적으로 차지하자, 한때 무한한 가능성의 세계로 여겨졌던 태평양 일대가 거대한 해상 봉쇄의 중심지가 됐다.

태평양이 차단되자 더글러스 맥아더는 놀랐다. 호주를 방어하는 데 약간이라도 보급품을 받을 수 있는 곳이 태평양 남단이었기 때문이다. 한편으로 일본과 싸우던 중국은 더 심각한 위험에 직면했다. 중국은 현대전에 필요한 무기가 극도로 부족한 상황인 데다 태평양 보급로까지 차단되자 필수 물자를 수입할 수 없었던 것이다.

한동안 일부 군수 물자가 1170킬로미터에 걸쳐 산악지대를 통해 구불구불하게 이어지는 버마 로드를 통해 다른 지역에서 중국으로 공급될 수 있었다. 이 루트는 대부분 비포장도로에 거의 전체가 수작업으로 만들어졌으나(50만 명의 노동자가 투입되었다), 프랭클린 루스벨트는 이 변변찮은 길이 생명선이라고 생각했다. 그는 이를 '명백히 가장 시급한 현안'으로 간주하며 '중국으로 향하는 통로가 열려 있어야' 한다고 보았다.[27]

이는 적군의 영토를 포위하는 방식으로, 지정학적 판단에 따른 전형적인 행보였다. 일본은 중국의 전후방을 지키며 연합군이 육로나 해상을 통해 중국을 지원할 수 없도록 했다. 그러나 이러한 케케묵은 전략은 항공 분야에는 해당되지 않았다. 접근로가 닫혀 있었으나 연합군은 공중에서 적을 칠 수 있었다.

항공기가 새로운 것은 아니었다. 제1차 세계대전 당시에도 항공기가 사용됐으며, 당시 조종사들의 대담함은 전설적이라 할 만했다. 그러나 항공기가 전쟁의 결과에 극적인 영향을 미친 것은 아니었다. 규모도 작고 그 수도 많지 않았기 때문이다.

제2차 세계대전은 이와는 다르다는 사실이 처음부터 확연히 드러났다. 히틀러가 폴란드를 침공했을 당시 독일 공군은 4000대의 항공기를 보유하고 있었고, 그 위협적인 기세에 영국의 방어선이 거의 뚫릴 뻔했다.[28] 이에 대응해 미국은 자체 항공기 편대를 제작하기 시작하면서 모든 산업적 역량을 여기에 쏟아부었다. 항공기 생산이 정점을 찍었을 때는 공장에서 4분마다 한 대 이상이 제작돼 나오기도 했다.[29] 반면 독일 공군은 11일에 한 대씩 생산하는 수준이었다.

항공기 수가 넘쳐나자 연합군은 이것을 전투 이외의 목적으로도 활용할 수 있었다. 거의 모든 분야에 활용했을 정도다. 장거리 보급로도 항공 운송을 통해 유지될 수 있다는 사실을 깨달았다.

10년 혹은 20년 전에는 생각할 수도 없는 일이었다. 일단 항공기가 너무 작았다. 제1차 세계대전 당시 취역 중이던 최대 규모 항공기로는 특히 독일의 리젠플루크제우크('거대 항공기'라는 뜻)를 꼽을 수 있다. 이는 지멘스-슈케르트사에서 개발한 항공기로, 2.5톤의 물자를 실어 나를 수 있는 최대 규모였으며 전쟁 중 6대가 제작됐다. 그러나 제2차 세계대전이 끝날 무렵 미국은 거의 4000대에 달하는 B-29 슈퍼포트리스를 생산했는데, 이것들은 각각 20톤의 물자를 실어 나를 수 있었다.

항공기가 커지면서 화물의 부피와 무게도 줄어들었다. 건조 기술 덕분에 달걀과 우유, 심지어 채소도 무게와 크기가 줄어든 것이다. 엔지니어들은 차량의 크기를 줄일 방법도 찾아냈다. 대형 트럭은 공중 수송이 어려웠다. 트럭의 부품은 운송이 훨씬 쉬웠으나 그러려면 트럭을 재조립하기 위해 목적지에 공장이 있어야 했다. 미군은 '조립식 배송'인 이케아식 해법을 개발했다.[30] 차량을 분해해 원래 공간의 3분의 1만 차지하면서 간단한 도구만 있으면 숙련공이 아니더라도 목적지에서 재조립할 수 있게 만드는 방식이었다. 그런 수많은 혁신 덕분에 항공기에 더 많은 물자를 채워넣을 수 있었다.

중국을 지원하기 위한 항공기들은 부피와 무게가 줄어든 화물과 넓어진 화물칸 덕분에 남쪽 마이애미부터 시작해 이른바 '유성 특급Fireball Express'이라 불리는 항로를 날아갔다. 그들은 푸에르토리코의 비에케스 섬과 함께 거대한 군사기지로 변해버린 푸에르토리코 동쪽 끝에 착륙했다. 그런 후 남쪽으로 날아가 브라질의 동부 돌출부에 있는 여러 기지로 향했고, 그곳에서 다시 아프리카를 향해 동쪽으로 빠르게 날아갔다.

어센션이라 불리는 작은 화산섬이 남미와 서아프리카 사이의 대서양 한가운데에 있다. 이는 지구상에서 가장 착륙하고 싶지 않은 곳 중 하나였다. 뾰족뾰족한 암석으로 뒤덮이고 메마른 땅인 데다, 어디에서 출발하든 먼 곳이었다. 한 방문객은 "까마귀가 그곳에 내려앉으려다가 다리가 부러질 정도"라고 농담하기도 했다.[31] 그런 곳에 1942년 초 미 육군 엔지니어들이 도착해 3개월 만에 섬의 꼭대기를 날려버리고 기다란 활주로를 만들었다. 뒤이어 병영, 식당, 기계 공장이 들어섰다. 항공기에 물자를 보급하고 다시 이륙하는 데 필요한 모든 것이었다.

어센션섬에서 항공기는 아프리카 서쪽 해안에 착륙했다가 다시 빠른 속도로 사하라 사막 상공을 가로질러 갔다. 또다시 기지가 필요했고 또다시 기지가 생겨났다. 미 국립항공우주박물관의 큐레이터인 제니퍼 밴 블렉은 18개 아프리카 공군기지에 들어선 건물 종류 목록을 수집했다.[32] 이는 당시 사업 규모가 엄청났음을 말해준다.

아세틸렌 발생기 건물, 행정부 청사, 이발소, 배터리 가게, 목공소, 카페테리아 건물, 화학 실험실, 교회, 강의실, 매점 창고, 식당, 기숙사, 엔진 정비 건물, 전파상, 소방시설, 주차장, 영창, 병원 주방, 목재 창고, 링크 트레이너,● 세탁소, 기계 작업장, 검역소, 원주민용 병영(주방, 세탁소, 화장실, 샤워실 구비), 저유조, 사무실 건물, 도장 공장, 펌프실, 동력실, 식품 저장실,

경찰서, 배관 작업장, 무선 통신부 및 송수신 건물, 물품 보관소, 도살장, 샤워실, 직원 건물 및 구역, 화장실 및 탈의실, 창고, 급수탑 및 저장조, 우물 등.

이러한 기지 중 일부는 강이나 철도에서 멀리 떨어진 내륙 깊은 곳에 있었으나 이제는 항공기로 접근 가능해졌다. 그들 기지를 유지하려면 길게 펼쳐진 사막길을 따라 수 톤의 보급품을 끌고 가야 했다. 더 외진 곳에 있는 기지에 연료를 공급하기 위해 사령관은 양철통에 가솔린을 담아 운반하고자 이른바 '네발 파이프라인'을 대여했다. 그의 부하 직원 중 한 명은 이를 두고 '아마도 북아프리카의 모든 낙타를 다 동원'했을 것이라고 추측했다.[33]

유성 특급 항로는 카이로까지 이어졌다. 인도를 횡단했고, 곧이어 히말라야산맥을 가로지르는 885킬로미터 거리의 마지막 최대 난관이 남았다. 히말라야산맥은 세계 최악의 날씨가 나타나는 곳으로 계절풍과뇌우, 얼음, 극심한 난기류에다 갑자기 산 쪽으로 항공기를 빨아들일 수있는 맹렬한 하강 기류가 존재하는 곳이었다. 지도는 부정확했고 조종사들은 적군의 영토 위를 지날 때면 무선 통신을 꺼야 했다. 그들은 '알루미늄 트레일'을 보고 길을 찾을 정도였다.[34] 중국으로 향하는 경로상에추락한 비행기 수백 대가 무덤을 이뤘던 것이다.

조종사들이 '험프Hump'라 불렸던 히말라야산맥 위를 지나는 정규 비행은 중국의 쿤밍에 착륙한 1942년 12월 이후 시작됐다. 이는 운명에 도전하며 하늘 높이 나는 대담한 용사들의 카우보이 작전으로 시작됐다.

● 지상에서 비행 연습을 하기 위해 만든 장치

그러나 운항 수가 늘어나자 윌리엄 터너 장군이 이를 엄격히 지휘했다.

터너는 '터니지Tonnage'라는 별명으로도 불렸다. 이는 차분하게 군수 지원에 나섰던 그의 성향을 보여준다. 그는 각 비행기의 상태를 나타내는 도표와 그래프를 만들었다. 그의 감독하에 인도와 중국 간 공중 회랑은 항공기가 지나다니는 컨베이어 벨트가 된 셈이었다. 항공기는 탱크와 트럭 및 기타 중장비와 식량, 연료 및 무기를 운반했다.

1943년 말, 비행기가 11분에 한 대씩 쿤밍에 착륙했다.[35] 터너는 1945년에 24시간 동안 비행기를 1분 12초마다 한 대씩 착륙시켰다.[36]

"군사작전에 육로는 더 이상 필수가 아닌 듯하다"[37]라는 한 언론인의 발언은 험프 작전의 경험을 압축적으로 보여준다. 확실히 일본의 버마 점령은 불편을 초래했으나 터너가 그게 결정적인 것은 아님을 보여주었다. 히말라야 항로 개발 이후 그는 "우리는 언제 어디서든 무엇이든 항공기로 실어 나를 수 있음을 알게 됐다"고 썼다.

———

언제 어디서든 무엇이든. 이는 쿠바에서 플로리다까지 이동하는 일이 고난이었던 반세기 전만 해도 상상할 수 없는 말이었다. 항공기로 인해 속도가 빨라졌을 뿐 아니라 지정학의 법칙까지 바꿔버렸다. 요새와 넘을 수 없는 장벽, 삼엄한 국경이 펼쳐진 지표면은 상공에서는 전혀 다른 모습이었다. 흰 콧수염을 한 남자들이 지도상의 국가에 색을 칠하는 식의 오랜 제국주의적 논리는 그 동력을 상당히 잃어버렸다.

유럽에서 추축국은 익숙한 전방 및 측방 전선에서 패했다. 소련이 동쪽에서 독일을 격파하고 서부에서는 연합군이 진격해오면서, 대독일합

C-47기가 카이로에 접근하고 있다.

중국Greater Germany은 영토가 쪼그라들었다. 그러나 섬나라가 많은 태평양 지역에서는 이처럼 영토의 한계를 초월한 새로운 방식이 선명히 드러났다.

이는 맥아더와 니미츠가 태평양 침공 시 사용한 '섬 건너뛰기' 전략에서 볼 수 있다. 인접 지역에서 전투를 벌이는 대신 일본군의 본거지를 뛰어넘어 전방으로 밀고 나갔다. 이는 항공술 덕분이었다.

뿐만 아니라 연합군은 항공술을 활용해 엄청난 성과를 거둘 수 있었는데, 바로 본토에 상륙하지 않고도 일본의 패배를 이끌어낸 것이다. 본토 상륙 대신 괌, 티니안섬, 사이판섬, 오키나와, 이오섬 기지를 활용해 공중에서 일본의 70여 개 도시를 초토화시켰다.

전투기는 트럭이 아닌 죽음을 실어 날랐으나 그 외에는 험프 작전과 크게 다를 것이 없었다. 군소 도서 지역에서 미국은 침공 한 번 없이 일본의 항복을 받아냈다.

지표면을 기반으로 한 운송 기술을 초월하는 과정은 통신 분야와 직접적인 유사성이 있었다. 1844년에 새뮤얼 모스가 세계 최초의 전보문에 "신이 무엇을 행하셨는가?"라는 질문을 타전한 이후, 전신은 정치의 핵심 도구가 되었다. 케이블은 바다를 횡단하며 거대 제국의 신경계 같은 역할을 했다. 케이블 활용에 뛰어난 수완을 발휘한 영국은 20세기 초반까지 전 세계 케이블의 절반 이상을 장악했다. 그들은 또한 말레이반도

공중 폭격을 받은 지점들을 나타냈다. 그것만으로도 완전히 함락된 일본 본토의 모습이다.

를 통해 천연 라텍스 구타페르카를 전 세계에 독점 공급했다. 이는 플라스틱이 심해 해저 케이블의 피복재로 사용되기 전까지 유일한 소재였다.

그러나 수적인 우위로는 충분하지 않았다. 영국은 지도상에서 '붉게 표시된 영국령만을 통과하는' 네트워크 확보에 집착했다. 영국 영토만 통과하는 네트워크는 영국의 케이블을 끊어버리거나 활용하려는 외세의 공격으로부터 안전할 것이었다.

영국은 영국령으로 연결된 네트워크를 확보했고 이로써 무적의 통신망을 구축하게 됐다. 한편 다른 국가들은 안전한 네트워크를 확보하지 못한 대가가 무엇인지 알게 됐다. 제1차 세계대전이 발발하고 첫 며칠간 영국은 독일의 대서양 케이블을 끊었다.[38] 독일이 주변 영토를 장악하지 못했으므로 영국으로서는 간단한 일이었다. 독일군은 당시 메시지 전송을 위해 불안정한 중개 수단을 활용할 수밖에 없었고, 이로 인해 스파이 활동이 노출되는 결과를 가져왔다. 1917년 독일 외무장관 아르투어 치머만은 멕시코에 서한을 보내 멕시코가 독일과 연합하는 대가로 '잃어버린 텍사스와 뉴멕시코 및 애리조나 영토를 수복'하도록 돕겠다고 제안했다. 그러나 영국은 메시지를 중간에 가로채 이를 미국과 공유했다. 현재 '치머만 전보'로 알려진 이 메시지는 미국 참전에 중요한 역할을 했다.

미국은 운 좋게도 영국 측에 서서 싸우게 됐다. 즉 해저 케이블을 이용할 수 있었던 것이다. 그러나 동맹국의 네트워크에 의존하는 치욕을 감내해야 했다. 영국의 메시지가 우선적이었으므로 미국은 차례를 기다려야 했던 데다 영국에 스파이 활동이 노출될 수밖에 없었다. 1917년 미국 본토와 필리핀 사이에만 연결되어 있던 미국의 전신 시스템이 과부하로 인해 고장나는 바람에 몇 개월 동안 미국 정부는 필리핀 또는 전반적인 아시아 국가와 직접 연락을 취할 수가 없었다.[39]

그처럼 취약하고 불완전한 네트워크는 특히 정보전의 성격이 강했던 제2차 세계대전에서는 불충분할 수밖에 없었다. 수십억 개의 단어가 해외에서 미국 본토로 흘러들어왔다. 연합군의 총알이 한 번 발사될 때마다 여덟 단어가량의 전보가 전송됐다. 공격 개시일까지 미국의 전신 타자기 전송량은 일주일에 800만 단어에 달했다.[40]

미국은 미국령을 통과하는 자체 네트워크를 구축해 이러한 언어 폭격을 처리할 수도 있었지만, 영국의 경우에서 보듯 정말로 안전한 전 지구적인 케이블 시스템을 만들려면 전 세계에 걸친 식민지 제국이 필요했다. 그 대신 미국은 다른 기술을 활용하게 되었다. 즉 무선 기술이었다.

항공술과 마찬가지로 무선은 공간을 건너뛰는 기술이었다. 두 개의 트랜스시버만 있으면 되었다. 그 사이에 위치한 땅을 통제할 필요도 없었다. 무선을 통해 멀리 떨어진 지역이 서로 연락할 수 있게 됐을 뿐만 아니라 배와 비행기, 트럭, 탱크, 잠수함 그리고 전장에서도 통신이 가능해졌다('워키토키'라는 놀라운 신기술 덕분이었다). 미국이 전 세계에 건설한 멀리 떨어진 수천 개의 기지는 무선 기술 없이는 운영이 불가능했을 것이다.

물론 공중으로 메시지를 내보내면 누구든 들을 수 있었다. 그래서 미국은 암호화 기술에 엄청나게 투자했다. 1만6000명의 암호 통신 사무직원이 전쟁 중에 통신 암호화와 암호 해독에 종사했다.[41]

암호화된 무선통신으로 미국은 최소한의 공간으로 방대한 네트워크를 운영할 수 있었다. 이론상으로는 고주파 전파가 가장 쉽게 이동하는 적도 지대의 일부 지역만 확보하면 되었다. 아스마라, 카라치, 뉴델리, 마닐라, 호놀룰루와 같은 지역의 주요 기지국만 있으면 인류가 곧 경험하게 될 엄청난 정보의 홍수를 처리할 수 있었던 것이다.[42]

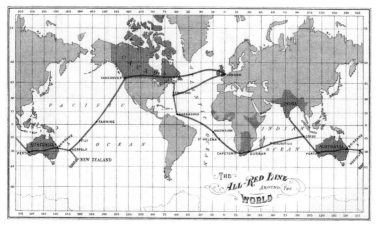

전 영국령 연락 항로. 영국령만을 지나며 식민지를 연결한 영국 케이블 시스템의 주요 항로(북부 메인주를 통과하는 짧은 구간 제외). 1902년에 완성.

미 육군 통신국 국장은 "미국은 자체 네트워크를 갖추게 됐으며 이는 세계 최고 수준이다"[43]라고 큰소리쳤다.

이는 놀라운 일이었다. 프랭클린 루스벨트는 그 어떤 전임 대통령보다 더 멀리 더 자주 이동했으나, 미 육군 통신대 덕분에 합동참모본부 및 모든 현장 지휘관과 끊임없이 연락을 유지할 수 있었다. 기본적으로 통신대는 대통령 바로 옆에서 이동 중에도 상황실을 운영했다. 크림반도에서 열렸던 얄타회담에서 루스벨트는 즉시 중국, 프랑스, 영국과 협의했다. 돌아오는 길에 깜짝 놀란 대통령은 의회에 '현대 통신의 기적'에 대해 언급했다.[44]

노르망디 침공 전 워싱턴에 있던 조지 마셜은 이와 비슷한 시스템을 활용해 유럽에 있던 드와이트 아이젠하워, 서남태평양에 있던 더글러스 맥아더, 모스크바에 있던 존 딘과 한 시간 넘게 협의를 진행했다.[45] 장군들이 단문으로 입력된 메시지를 전송해 통신하면 이것은 화면에 표시됐다. 다시 말해 그들은 문자를 주고받았던 것이다.

전쟁이 발발한 지 6개월쯤 됐을 때 미국은 사진을 무선으로 팩스 전송하는 법을 알아냈다. 이는 지도와 일기도, 뉴스 사진에 활용된 기술이었다. 이오섬에 깃발을 꽂은 유명한 사진은 팩스로 전송된 것이었다. 곧이어 군은 컬러 사진을 팩스로 보내게 됐다.[46] 트루먼, 스탈린, 클레멘트 애틀리가 포츠담에서 만나는 컬러 사진이 베를린에서 곧장 워싱턴으로 전송됐다.

새뮤얼 모스가 1844년에 "신이 무엇을 행하셨는가?"라는 문구를 워싱턴에서 볼티모어로 전송한 지 100주년 되는 해에, 통신대는 3분 30초 후 전 세계에 이와 똑같은 메시지를 전송했다. 1년이 채 지나지 않아 이는 또 한 번 세계로 전송됐다. 이번에는 9.5초가 걸렸다. 통신대는 단 다섯 곳의 무선국을 활용했고, 각각 전리층에서 전파를 반사해 수천 마일에 걸쳐 메시지를 전송했다.

메시지의 내용은? "이것은 신이 행하신 일이다This Is What God Hath Wrought"였다.[47] 미 육군 통신국의 서명이 있었다.

반년 후 통신대는 달 표면 반사 통신을 시작했다. 이는 최초의 우주 공간 통신이었다. 위성의 시대가 도래할 것임을 알리는 전조였다.

———

비행기와 무선은 화물과 정보가 한 지점에서 다른 지점으로, 필요한 경우는 적국의 영토를 뛰어넘으며 신속히 움직일 수 있음을 뜻했다. 그러나 화물이 무사히 목적지까지 운송될 수 있는가? 장거리를 이동하거나 집단으로 이동할 때 질병에 걸리기 쉽다는 사실을 감안하면 사람을 실어 나르기란 몹시 까다로웠다. 전쟁이란 "한 번의 영광을 위해 990번의 설사를 겪어야 하는 것"[48]이라고 묘사한 월트 휘트먼의 표현은 20세기에도 잘 들어맞았다. 제1차 세계대전 중 여러 교전국 군인 가운데 약 800만 명이 사망했다. 그러나 전쟁으로 유발된 스페인 독감의 유행에 비하면 아무것도 아니었다. 스페인 독감은 대략 5000만 명에서 1억 명에 이르는 사망자를 냈기 때문이다.

제2차 세계대전은 이보다 더 심했다. 전 지구적 규모로 전쟁이 확산된데다 항공기가 넘쳐나는 바람에 질병이 급속히 전 세계로 퍼져나가며 끝없는 전염병 발생의 위험이 도사리고 있었다.

남태평양에 주둔한 맥아더의 군대는 이 점에서 탄광 속의 카나리아에 비견될 만했다. 엄밀히 말해 그들은 일본군과 싸우는 중이었으나 그들을 더 심하게 괴롭힌 것은 말라리아였다. 초기에 전투로 인한 사망자보다 말라리아로 인한 사망자 수가 8~10배 높았다.[49] 말라리아를 피해 간 운 좋은 군인들을 기다리는 것은 열대 궤양, 뎅기열, 이질, 장티푸스 등이었다. 한 전문가는 뉴기니에 주둔한 수척하고 퀭한 눈의 맥아더 병사들이 "미군 군복을 입은 군인 중 가장 형편없는 몰골이었을 것이다. (…) 밀림으로 들어간 수천 명의 군인 중 그런 유의 열병에 걸리지 않은 이는 거의 없었다"[50]고 판단했다.

말라리아가 특히 골칫거리였던 이유는 통상적으로 사용하던 치료제를 더 이상 구할 수 없었기 때문이다. 말라리아 치료에 가장 효과적인 퀴닌의 95퍼센트 이상이 네덜란드령 동인도 제도의 기나나무 농장에서 공급됐는데, 이것이 당시 일본의 수중으로 넘어가버렸다.[51] 또한 파나마

운하 지대를 훈증 소독하는 데 사용된 살충제인 제충국도 주로 일본에서 수입하고 있었다.

결국 또다시 고무 문제가 반복되는 셈이었고, 과학자들은 해법을 찾기 위해 서둘렀다. 수십 군데 대학 연구실에서는 합성 말라리아 치료제를 찾기 위해 1만4000개 이상의 화합물을 가려냈다.[52] 재소자와 양심적 병역 거부자들이 실험 대상으로 불려왔다.[53]

두 가지 화합물이 좋은 효과를 냈다. 아타브린과 클로로퀸이었다. 아타브린은 피부를 두드러지게 누렇게 변색시키고 위장관을 불편하게 만들었지만, 말라리아 감염률은 대폭 떨어뜨렸다. 클로로퀸은 전쟁이 끝날 무렵 나왔는데 효과가 훨씬 좋았다. 이 두 가지 합성 의약품은 퀴닌을 대체했을 뿐만 아니라 그것을 능가했다.

가장 눈에 띄는 합성 제재 활용은 약이 아닌 살충제였다. 다행히 DDT라는 약어로 알려진 디클로로디페닐트리클로로에탄이 스위스의 한 연구실에서 전쟁 발발 직전에 개발되었는데, 대량으로 생산하기 시작한 것은 미군이었다. 이는 기적에 가까웠다. 값싸고 사용이 간편하며 쉽게 배송할 수 있는 데다 놀라울 정도로 지속력이 강했다. 한 번 사용으로 몇 달씩 효과가 지속됐다. 게다가 모기뿐만 아니라 이, 작물을 갉아먹는 딱정벌레, 기타 해충 등 모든 종류의 벌레 퇴치에 효과적이었다.

파나마운하를 건설할 때 해충 구제는 힘겹고 손이 많이 가는 과정이어서, 노동자들이 모든 집에 훈증 소독 처리를 하고 웅덩이를 빠짐없이 조사해야 했다. 그에 반해 DDT는 스키터 비터라 불리는 방제 항공기로 공중에서 살포할 수 있었다. 착륙하기 전에 태평양 도서 지역 전역에 미리 DDT를 살포해 군인들이 해변에 상륙하기 전에 병원균의 주요 매개 곤충을 없애버렸다.

스키터 비터가 태평양 전역에서 보여준 놀라운 효과를 지켜본 한 해 군 군의관은 그런 장면을 묘사하며, DDT로 인해 '동식물이 완전히 파괴'될 수 있음을 우려했다. 그는 사이판에서 방제 항공기가 지나가고 나면 "살아남은 게 거의 없었다"고 썼다. "새도, 포유류도, 일부 파리를 제외한 곤충과 식물도 모두 사라져갔다."[54] 그가 목격한 파괴 현장은 살충제 자체보다 DDT에 사용되는 용매 때문이었지만 이것이 시사하는 바는 분명했다.

말라리아 치료제와 DDT 모두 혁신적이었다. 1944년 맥아더 부대 관할하에 있는 질병이 들끓던 구역에서 말라리아 발병률은 95퍼센트나 떨

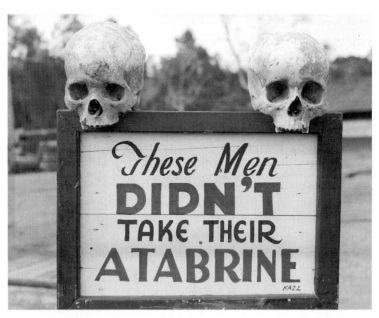

파푸아뉴기니, 포트모르즈비의 육군 병원에 세워진 푯말

어졌다.[55] 질병 관점에서 보면, 맥아더의 지휘 아래 복무하는 것이 본토 복무보다 약간 더 위험할 뿐이었다. 전쟁이 끝난 후 말라리아 퇴치 운동을 담당하던 장교는 "말라리아 퇴치법을 완벽히 개발했다"[56]며 자랑스레 보고했다.

말라리아뿐만이 아니었다. 새롭게 술폰아미드 기반의 약제들은 임질, 폐렴, 패혈성 인두염, 화상, 성홍열, 이질 등 수십 가지 세균성 질병과 감염증을 치료할 수 있었다. 가장 강력한 항생제인 페니실린 역시 전쟁 당시에 개량되면서 예전 같으면 사망했을 전투 중 부상자가 치료를 통해 회복되면서 사망자가 줄어들었다. 제2차 세계대전에서 육군 내 질병 사망률은 제1차 세계대전 당시의 4퍼센트로 대폭 낮아졌다.[57]

새로운 약과 살충제 개발로 전쟁이 더 안전해졌을 뿐만 아니라 이동도 더 안전해졌다. 파나마와 같은 지역에서 더 이상 본토인들이 죽어나가는 일은 없어졌고 짐칸에 관을 싣고 오지 않아도 되었다. 실제로 전쟁 중에 미국은 치안에 신경을 쓴 운하 지대 외부에 134개의 파나마 기지를 세웠다. 그 기지들은 운하를 보호하기 위한 목적도 있지만 기동 작전 훈련을 하고 코닐리어스 로즈가 감독한 밀림에서의 실험처럼 화학무기 실험을 위한 장소로 활용하기 위함이었다.

파나마의 밀림을 실험이나 훈련 장소로 활용하는 것은 몇십 년 전이라면 상상할 수 없던 일이었다. 그러나 스키터 비터(모기 성체의 95퍼센트 박멸 가능)와 방충제, 말라리아 치료제, 모기장 및 살충제 지상 살포 덕분에 접근이 어려웠던 환경이 쾌적한 곳으로 바뀌었던 것이다.[58] 군인들이 울창한 밀림에 뛰어들어도 아무 문제가 없게 되었다.

항공기로 운반했던 다른 화물과 물건들은 어땠을까? 전 세계를 이동하면서 무사히 목적지에 도착했을까? 우리는 이런 생각을 거의 하지 않지만, 인류 역사를 통틀어 이동을 위해 물건이 만들어진 경우는 없었다. 건물이 썩어 들어가고 모자가 얼굴 위로 흘러내리는 등 1901년 필리핀에서 열린 맥아더의 파티 참석자들이 겪었던 고충은 끊임없이 지속됐다.

운송 문제는 제2차 세계대전 때도 계속됐다. 핵심 군수 물자가 험하게 다뤄지는가 하면 모래 폭풍과 높은 고도, 영하의 온도, 해수, 무더운 밀림 등의 환경에 노출됐던 것이다. 맥아더 부대가 관할하던 뉴칼레도니아를 방문한 한 전문가는 그곳의 기후로 인해 손상된 저장고의 상태를 보고 충격을 받았다. 통조림 캔은 '녹으로 완전히 뒤덮여'[59] 있었다. 본토에서 아무 문제가 없었던 나무상자는 심하게 썩어서 '손가락으로 집으면 나무가 부스러질' 정도였다. 수북이 쌓여 있는 저장 식품들은 '거대한 곰팡이 배양균처럼 보였다'.

특수 장비는 특히 취약한 상태였다.[60] 방독면과 전기 설비는 열대 지방의 균류를 키웠다. 배터리는 특히 세심한 주의를 요하기 때문에 곧잘 문제를 일으켰다. 뉴기니에서 개미는 전화선과 무선 장비의 피복재를 갉아서 구멍을 뚫었다. 주요 태평양기지를 조사한 결과 창고에 있는 군수 물자의 20~40퍼센트가 사용할 수 없는 상태였다.[61]

엔지니어들은 또다시 작업에 착수했다. 그들이 맡은 업무는 놀라웠다. 군용 물품을 세계 어디서든 제대로 쓸 수 있도록 만드는 것이었다. 어디로 운송하든 이러한 물건들이 작동하도록 만드는 게 그들의 임무였다.

군수 장교의 사무실에서는 '수륙양용' 포장재를 만들었다.[62] 장거리 여행에 견딜 수 있으며 악천후에 노출되어도 끄떡없도록 새로 개발된 소재로 제작된 것이다. 플라스틱으로 가공한 종이, 실리카겔, 사이잘 및 아스팔트는 이런 다층 포장 구조로 되어 있는데, 오늘날 포일-플라스틱-종이로 된 상온 보관 우유팩이 이런 배경에서 등장한 것이다. 삼베로 만든 자루는 이와 유사하게 종이와 플라스틱 및 아스팔트로 된 여러 겹의 포대 자루로 대체되었다. 주석으로 된 깡통은 녹이 슬지 않도록 래커나 에나멜로 도포했다.

이는 포장재에 국한되지 않았다. 군대는 어떤 기후에도 적합하도록 장비를 가공해 전 세계에서 장비를 문제없이 사용하는 방법을 터득했다. 군수품은 극한의 날씨에도 영향받지 않도록 플라스틱으로 도금, 분사 및 피복 작업을 했다. 가장 인상적인 성과는 제작 과정이 매우 복잡했던, 전장에서 사용하기 위해 개발된 튼튼한 휴대용 고주파 무선 기기였다.

각 지역을 거칠 때마다 군대는 세계 각지로 장비를 운송해야 하는 문제에 봉착했다. 세계가 기후에 제한받지 않고 어디로든 운송 가능하면서 기능에도 문제가 없는 물건을 사용할 수 있는 현재와 같은 여건을 갖춘 것은 이 같은 성취에 힘입은 면이 꽤 크다.

인간이 어려운 환경에 뛰어들어 생존할 수 있게 된 것도 의학의 획기적인 발전 덕분이었다. 공학 기술의 혁신 덕분에 물건들도 마찬가지로 이러한 환경에서 살아남았다.

———

항공술과 조립식 배송 방식, 무선통신, 암호화 기술, 클로로퀸, DDT, 어떤 환경에서든 사용 가능하도록 지원하는 기술 등 모두 별개의 기술이지만 함께 사용하면 이동에 엄청난 영향을 줄 수 있었다. 이를 활용해 미국은 자국의 관할권이 없는 외국의 영토로 쉽게 이동할 수 있었다. 말하자면 기술이 영토를 대체한 셈이었다.

오늘날에도 모든 운송이 비행기로 이뤄지거나 모든 정보가 무선으로 전송된다면 모를까(해저 케이블은 인터넷으로 연결된 세상에서 커다란 역할을 한다), 이러한 대체는 절대로 완벽할 수 없었다. 중요한 것은 물건과 사람과 메시지가 이런 식으로 이동할 수 있다는 사실이었다. 그런 가능성은 전략적으로 중요한 지역의 중요성을 약화시켰다.

파나마운하 지대는 이를 잘 보여주는 예다. 제2차 세계대전 발발 당시 미국은 파나마에 건설한 134개 기지가 있는 운하 지대에 드나들 수 없게 될까봐 크게 우려했다. 그러나 전쟁이 끝날 무렵 미군이 식민지 없이도 지구상 어디든 자유롭게 이동할 수 있게 되자, 해리 트루먼은 이 모든 기지를 양도하고 운하를 유엔에 넘기겠다는 제안을 했다. 트루먼 이후 모든 대통령은 여러 방식을 동원해 점점 미국에 이용 가치가 떨어지는 운하 지대에서 손을 뗄 계획이었다.[63] 이는 1970년대에 지미 카터가 대통령에 취임해 미국의 운하 지대 관할권을 종료하는 조약에 최종 서명한 후에야 비로소 가능해졌다.

운하 자체가 쓸모없어진 것은 아니었다. 파나마운하를 통과하는 선박의 수는 전후에 꾸준히 증가했기 때문이다. 문제는 운하 지대였다. 이는 지금까지 운하 이용을 보장했으며 그에 대한 관할권도 운하 지대에 귀속돼 있었지만, 미국은 그 관할권이 더 이상 국가 안보의 필수 요소가 아니라고 판단했다.

공간을 불필요하게 만드는 기술은 점점 싹트던 냉전의 특징을 결정짓는 요소였다. 냉전의 주역들이 영토 합병을 추진한 경우는 거의 없었다.

1945년 연합군은 독일을 여러 개의 점령 지역으로 분할했으며, 소련 점령 구역 내에 위치한 베를린에도 마찬가지 원칙이 적용됐다. 그들은 "점령군들은 서방 연합군이 베를린 내 자국 지역에 접근할 권한을 부여한다"는 내용의 협정을 체결하기 위해 서둘렀지만 결렬되고 말았다. 모든 육로 접근은 소련이 점령한 독일 영토를 통과해야 했으므로, 스탈린은 베를린의 서쪽 구역을 전면 봉쇄해버렸다. 1948년의 일이었다.

이는 과감한 조치였다. 서베를린은 하루에 1만5000톤의 상품을 수입하고 있었다.[64] 스탈린은 이를 봉쇄해 서방 연합군이 베를린을 포기하고 독일에서 완전히 물러나길 바랐다.

예전 같으면 이런 방식은 효과를 냈을지 모른다. 실제로 제1차 세계대전으로 인해 벨기에의 시장 접근이 차단되자 허버트 후버는 벨기에 구호 임무를 맡아 영국과 프랑스, 독일에서 벨기에로 물자를 들여올 수 있도록 자유통행권을 두고 협상을 벌여야 했다. 육로 접근이 불가능했다면 벨기에를 지원할 수 없었을 것이다.

서베를린은 통행권이 없는 벨기에였다. 그러나 제2차 세계대전을 겪으며 문제가 제기됐다. 과연 통행권이 필요한가?

연합군의 독일 점령 지역의 미 군정 사령관인 루셔스 클레이는 베를린 시장 당선자에게 "완전히 정신 나간 소리처럼 들리겠지만 나는 항공기로 이 도시에 물자를 공급할 계획이다"[65]라고 말했다.

험프 작전의 영웅인 윌리엄 터너 장군이 이 작전에 배치됐다. 유럽의 공군 사령관은 그가 "마치 존 링글링●을 지명해 서커스를 시작하듯"[66] 딱 맞는 적임자였다고 말했다. 터너는 익숙한 관료주의 방식으로 진행했

● 서커스 사업가이자 미술품 수집가

제2부 점묘주의 제국

다. 그는 "10여 개 도표에서 그래프가 모두 꾸준히 상승 곡선을 그리는 것을 보니 공수 작전 성공의 기쁨을 느낀다"[67]고 썼다.

그래프는 진짜로 상승 곡선을 그렸다.[68] 터너는 1분에 세 번씩 물자 수송기가 이륙하도록 비행기를 배치했다. 수송기는 초 단위까지 맞춰 지대공 무선을 통해 정확한 경로를 유지했다. 부활절을 축하하기 위해 터너는 가속장치를 이용해 61.8초마다 베를린에 수송기가 착륙하도록 했다.

구서독의 기지에서 출발한 항공기는 석탄, 석유, 밀가루, 건조 식량, 소금 등 생필품을 싣고 날아갔다. 그러나 수송 물품 중에는 그랜드피아노도 있었고, 어떤 때에는 동력 장치가 실리기도 했다. 구서독 경제는 공수 작전으로 운영됐다. 결국 스탈린은 버틸 수가 없었다. 오히려 그는 베를린 봉쇄로 적군보다 더 큰 피해를 입었다. 25만 대 이상의 수송기가 투입된 지 11개월째가 되자 그는 봉쇄를 중단했다.

이 사건이 시사하는 바는 분명했다. 스탈린은 영토를 지배했으나 그 지배력은 예전과 달라졌다.

소련은 이후에도 계속해서 같은 상황을 겪게 되었다. 1940년대 후반부터 미국은 구소련과 그 위성 국가로 라디오 방송을 내보내기 시작했다.[69] 베를린 공수 작전의 통신 버전인 셈이었다. 동구권의 정보 주권에 균열이 생긴 데에는 영향력이 큰 서유럽의 몇몇 방송국의 역할이 컸다. 미국의 소리VOA와 더불어 CIA의 지원을 받는 두 단체인 자유유럽방송 Radio Free Europe과 자유라디오Radio Liberation(후에 Radio Liberty로 바뀌었다)는 반체제 인사들을 부추기고 봉기를 조장하며 정부 기밀을 널리 알렸다.

소련은 방송에 대해 방해 공작을 폈다. 1958년경 그들은 자체 송신보다 전파 방해에 더욱 열을 올렸다. 그러나 그들은 정보의 흐름을 차단할 수 없었다. 소련은 여러 차례에 걸쳐 서방 언론인들을 암살하거나 암살하려고 시도했다. 1981년 뮌헨의 자유유럽방송 본부가 폭탄 테러를 당했다. 그러나 그조차 방송을 막지는 못했다.

폴란드 반체제 운동의 중심이었던 자유노조 '연대Solidarność' 운동을 이끈 레흐 바웬사는 "전파는 철의 장막을 무력하게 만들었다"[70]고 말했다. '연대'의 운동은 서방 세계의 라디오에 상당히 의지했으며, 바웬사는 유럽 내 공산주의의 몰락에 라디오 방송이 기여한 바가 크다고 언급했다.

그는 "국경은 닫힐 수 있지만 말은 그렇지 않다"고 썼다.

18.
붉은색 팔각형의 제국

제2차 세계대전 후 미국은 특별한 지위에 놓였다. 부유하고 막강한 데다 화학자와 공학자들 덕분에 식민지 건설 없이도 해외 영토를 좌지우지하는 수단을 보유하게 됐다. 이것 말고도 전쟁 덕분에 유리한 입지를 차지하게 됐다. 이는 눈에 잘 띄지 않는 좀더 심층적인 수준에서 진행됐다. 바로 표준에 관한 것이었다.

물건 및 공정 조율의 근거가 되는 규약인 표준은 확실히 바보가 된 기분이 들게 하는 주제 중 하나다. 『산업 표준화Industrial Standardization』 저널의 머리기사를 보면 과연 어디까지 지루해질 수 있는지 그 극한을 완벽히 보여준다.

업계가 인정하는 용지 크기 권장 목록

새로운 법에 따라 양모를 지칭하는 상표 필요

브로슈어가 알려주는 조정의 모든 것

권장 용지 크기 목록 수정

조강 콘크리트의 내구성

나무 기둥의 미국 표준!

리머의 세로 홈 수와 리머 공차 문제를 해결한 국가 표준

실린더 끼워맞춤 공차(4부분 직렬)

시트 상표에 담긴 다양하고 유용한 정보

마요네즈 제품에 사용되는 권장 크기의 유리병

농무부가 정의하는 '라드'

내가 여기서 특별히 좋아하는 부분은 여기 있다.

파이프 역사상 중요한 사건인 ASA의 파이프 표준 승인

읽다보면 킬킬 웃게 된다. 그러나 실린더 끼워맞춤과 리머 공차에 대한 합의가 없었다면 지금 세계가 어떻게 돌아갈지 모르겠다. 우리 삶을 복잡하게 제조된 물건으로 채울수록 점점 더 자주 마주치게 되며, 그것들이 제대로 호환되느냐는 중요한 문제가 된다.

1904년 대형 화재가 볼티모어를 쑥대밭으로 만들었다.[1] 엔진 회사들이 뉴욕과 필라델피아, 아나폴리스, 윌밍턴, 해리스버그에서 지원하러 급히 달려왔다. 그러나 그들이 할 수 있는 일은 거의 없었다. 그들이 가져온 호스를 볼티모어의 소화전에 연결할 수 없었기 때문이다(실제로 서로 연결할 수 없었다는 뜻이다). 30시간 동안 두 손 놓고 1562채의 건물이 화염에 휩싸이는 모습을 지켜봐야 했다.

20세기 초반 내내 이러한 호환성 오류는 고질적이어서, 그들은 관할 지역을 옮겨다닐 때마다 분노에 휩싸였다.[2] '부셸'의 채소는 노스캐롤라이나에서는 10파운드를 의미했으나 이웃 테네시주에서는 30파운드를 뜻했다. 오리건주에서 표준 딸기 한 상자는 캘리포니아에서 불법이었다. 화물차 운전수가 주 경계를 넘을 때마다 그들은 길에 차를 세우고 자신의 차량이 해당 주의 표준에 부합한다는 사실을 증명해야 했다. 높이, 길이, 무게 허용치가 주마다 크게 달랐기 때문인데, 버몬트주에서 허용되는 화물차의 최장 길이는 약 15미터였던 데 반해 켄터키주에 들어가려면 7.5미터를 넘으면 안 되었다.

대학 축구는 1920년대에 인기 스포츠였으나 1940년이 되어서야 대학들이 '축구'의 정의에 대해 합의를 보게 됐다.[3] 홈팀은 자신이 원하는 축구공 모양으로 생긴 물건 같은 것을 주려 했다. 패스하고 싶은 팀들은 홀쭉한 공을 사용했고, 공차기(초창기 축구 규칙에서 장려하던 움직임)를 강조하는 팀들은 짧고 빵빵한 공을 내놓았다.

1927년이 되자 비로소 신호등이 표준화됐다.[4] 그 전에 맨해튼의 운전자는 녹색 불에 멈춰서고 노란색에 출발했으며 빨간불은 '주의'라는 뜻으로 이해했다. 클리블랜드에는 다른 시스템이 보편적이었고, 시카고와 버펄로에는 또 다른 시스템이 각각 돌아가는 식이었다.

표준을 간과하기는 쉽다. 그러나 일단 표준을 떠올려보면 어디서나 발견할 수 있음을 알게 된다. 얼마나 많은 것이 극도로 복잡한 과정의 고요한 조화에 달려 있는지 깨닫게 된다. 그리고 어떻게 다리가 무너지거나 비행기가 하늘에서 추락하거나 가전 기기가 갑자기 폭발하거나 유용한 모든 것이 부풀어오르는 불구덩이에 휩싸이는 일 없이 사회가 원만히 굴러갈 수 있는지 진지하게 궁금해지기 시작할 것이다.

1900년에 스페인과의 전쟁이 끝난 후 재무장관은 표준 문제를 의회에 제출했다. 그는 이것이 새로운 세계라고 주장했다. 기술과 과학은 '엄청나게 빠른 진보'[5]를 이뤘으며, 미국은 이제 막 새롭게 펼쳐진 광대한 영토의 소유권을 주장하기 시작했다. 이처럼 성장하는 사회가 제대로 유지되려면 표준이 필요하게 될 거라는 이야기였다.

의회는 이에 동의하고 국립표준국National Bureau of Standards을 설립했다. 할 일은 많았다. 강력한 볼티모어 대화재가 발생한 지 몇 달이 지나 표준국 구내에 화재가 발생했다. 야간 경비원이 급히 다른 건물에 있던 호스를 잡아 불을 끄려 했다. 그러나 역시 볼티모어 때와 똑같은 문제에 맞닥뜨렸다. 호스를 연결할 수 없었던 것이다. 그는 발로 밟아 불을 꺼야 했다.

이튿날 "엄청난 토론이 오갔다"[6]고 한 표준국 직원은 기억했다. 표준국에서조차 두 건물의 호스를 연결할 수 없는 상황이었던 것이다.

표준국의 고충을 짐작하기란 어렵지 않다. 제조업체들이 호환 불가능한 호스를 만드는 데서 자부심을 느낀다거나 하면 모를까, 모두가 표준을 원했다. 각 기업은 자사 방식이 표준으로 채택되도록 하는 데 필사적이었다. 거기에는 그럴 만한 이유가 있었다. 표준 전쟁에서 진다는 것은 설비를 교체해야 한다는 뜻이었고, 그렇게 되면 고가의 새로운 기계를 구입해야 했기 때문이다. 기존 재고가 무용지물이 될 거라는 뜻이었다. 경쟁사의 표준이 채택되어 거침없이 경쟁에서 앞서가는 동안 자사는 이런 비용을 감당해야 한다는 뜻이었다. 막대한 이해관계가 걸린 일이었기 때문에 운 나쁜 소방관이 호환되지 않는 호스에 대해 욕을 퍼붓는 상황이 계속되더라도, 각 기업은 표준 전쟁에 사로잡혀 있는 편이 나았던 것이다.

이처럼 엄청난 논쟁을 해결하는 몫은 정부에게 떠안겨져 있었다. 1920년대에 표준국에 가장 신뢰받는 정부 관리 중 한 명이 있었다는 사실은 도움이 되었다. 바로 상무장관인 허버트 후버였다.7 오늘날 후버는 1929년 재임 중에 주식시장 폭락을 겪은 불운한 대통령으로 기억되고 있다. 그러나 실수를 저지른 그의 대중적인 이미지만 보면 많은 것을 놓친다. 후버는 요령 없는 정치인이자 경제 운용에 서투른 사람이었는지 모르지만, 매우 유능한 관료였다. 게다가 표준화만큼 그가 심혈을 기울인 분야도 없었다.

허버트 후버는 시어도어 루스벨트와 정반대에 위치시키면 가장 이해가 잘 되는 인물이다. 루스벨트가 전투를 꿈꾸며 스스로 카우보이라고 생각했던 데 반해, 후버는 인디언 거주지의 오세이지족 사이에서 1년간 살았던 퀘이커교도였다(그는 훗날 오세이지 혈통의 북미 원주민인 찰스 커티스를 부통령으로 내세웠다).8 루스벨트는 규칙을 못 견뎌했으나 후버는 한때 전임 대통령인 벤저민 해리슨이 대학 야구 게임에 입장권 없이 들어가지 못하게 할 정도였다.9 루스벨트는 자신의 말에 얼굴에 내린 비Rain-in-the-face●라는 극적인 이름을 붙였다.10 후버의 반려동물은 고양이였는데, 그는 고양이 선생Mr. Cat이라 불렀다.11 루스벨트가 평생에 걸쳐 맹수 사냥에 집착한 데 반해 후버는 낚시를 좋아했다. '미움을 잠재우고' '야망을 침묵하게 만들'며, '온화함'을 불러일으키는 낚시의 특징을 몹시 좋아했다.12

● 북미 원주민 중 수족 추장의 이름

허버트 후버에 대해 알아야 할 유일한 점은 그가 낚시할 때 슈트와 넥타이 차림이었다는 사실일 것이다.

후버는 엔지니어로서 큰 재산을 모았고, 제1차 세계대전 중 벨기에 구호 작전을 기획한 것으로 명성이 드높았다. 이는 철도와 선박, 운하용 보트를 통해 500만 톤이 넘는 식량 이동을 계획해야 했던 거대 군수 작전이었다.

1920년 양 정당이 대통령 후보로 고려했던 후버는 상무장관이 됐다. 그는 전임 대통령으로부터 대통령직은 밤에 등대를 끄고 물고기가 잠들게 하기만 하면 되는 일이라는 말을 들었다. 하지만 그에게 대통령직은 그 이상이었다.[13] 소명에 가까웠던 것이다.

후버가 생각하기에 진정한 경제 문제의 원인은 자본가의 부정 때문도, 노동자의 조바심 때문도 아니었다. 바로 물건의 비효율성 때문이었다. 효과가 없는 일에 많은 시간과 돈이 낭비됐던 것이다. 그는 그 문제를 해결하면 모두가 골고루 혜택을 누리고도 남을 것이라고 생각했다. 표준화와 간소화를 번영의 핵심이라고 본 것이다. 장관에 취임했을 때 그는 표준국을 직접 감독할 수 있도록 상무부를 개편했다.

후버의 지휘 아래 표준국은 체계를 마련했다.[14] 소수의 업계 대표들을 워싱턴으로 불러 그들과의 대화를 기반으로 표준의 초안을 마련한 후 다시 워싱턴에서 더 큰 협의회를 소집해 표준을 채택하거나, 드물기는 하지만 이를 개정하는 방식이었다. 후버는 그런 과정이 자발적이어야 한다고 주장했다. 표준을 강제하면 지지자를 얻기 힘들 것이라 본 것이다. 그러나 그처럼 정부가 모든 업계 대표를 모은 협의회를 소집하는 것만으로도 종종 합의에 이르게 되었다.

시작은 벽돌 제조업계 회의였다.[15] 그들은 후버와 몇 시간에 걸친 대

표준화의 창시자인 허버트 후버가 풀을 먹인 셔츠와 슈트를 입고 낚
시하는 모습

화 끝에 66종의 포장용 벽돌을 11종(그리고 최종적으로 5종)으로 줄이는
데 합의했다. 그런 후 판재와 시멘트, 문, 목재, 강철, 침대 스프링, 매트리
스, 병원 침대 시트, 볼 베어링 및 브레이크 라이닝에 대해서도 새로운
표준이 정해졌다.[16] 유리컵은 끓는 물에서 6시간을 견딜 수 있어야 하는
것으로 결정됐다. 타이어는 트레드에 70퍼센트 이상의 새 고무가 들어가
야 했다. 빨간 잉크는 물 함유량에 비해 일정 비율 이상의 빨간색 염료를
포함해야 했다.

후버의 가장 위대한 업적은 눈에 좀처럼 띄지 않는 것이었다. 바로 작은 나사산이었다. 나사, 너트, 볼트는 어디에서나 사용되는 쐐쇠다. 한 필자의 표현처럼, 그것들은 산업사회에서 "생각할 수 있는 거의 모든 종류의 장치에 속속들이 들어가는"[17] 소금과 후추 같은 기능을 한다. 그러나 모든 사회는 초기에 호환되지 않는 나사산이라는 골치 아픈 문제를 안고 있었다. 서로 다른 나사는 나사산의 각도를 포함해 저마다 규격이 달랐다. 나사와 암나사(너트)가 짝을 이루지 못하면 말 그대로 낭패인 것이다.

한 상원의원은 "나사산은 단순한 장치이지만 기계로 이뤄진 우리 문명의 뼈대 전체를 단단히 결속시켜준다"[18]고 말했다.

또는 그렇지 않기도 하다. 19세기를 통틀어, 그리고 20세기에 들어서도 나사산은 제조업체의 재량으로 제작됐다. 그 결과 무질서하게 넘쳐나는 표준과 단단히 결속되지 않은 문명이 탄생했다. 후버는 노동자가 "너트를 끼워넣기 전에 동일 제조업체의 볼트를 찾아야 했는데 지름이 서로 다른 100여 개 가운데 찾아야 했다"[19]고 토로했다. 나사를 만든 해당 제조업체가 없어지기라도 하면 운에 맡기는 식이었다.

나사산의 비호환성은 자동차와 비행기가 등장하면서 더 심각한 문제로 떠올랐다. 복잡한 구조의 진동하는 물체에 이상이 생기기라도 하면 사망자가 생길 수 있었기 때문이다. 이 문제로 제1차 세계대전 당시 군대는 곤란을 겪었다. 그러자 의회는 국립나사산위원회National Screw Thread Commission를 꾸리기에 이르렀다. 그러나 1924년이 되어서야 비로소 첫 국립 나사산 표준이 공개됐다. 이는 T형 포드 자동차나 비행기처럼 엄청나게 이목을 끄는 혁신이 아니었지만 어렵사리 이끌어낸 나사산 표준은 조용히 경제 성장을 견인했다.

허버트 후버는 "이제 0.5인치 너트는 모든 0.5인치 볼트에 끼울 수 있다"[20]고 만족감을 나타내며 이를 공표했다.

———

본토의 표준 설정 작업은 어려운 일이었지만 영토 단위에서는 좀더 쉽게 진행됐다. 업계 이익단체들의 힘이 (존재했더라도) 더 약했고 비선출 정부 관리는 재량권이 더 컸으므로 마음껏 권한을 행사할 수 있었다. 업체를 회유하고 간담회를 소집하고 이해 당사자와 협의하는 고단한 과정을 생략할 수 있었던 것이다. 당국은 그저 표준을 발표하고 이를 시행하면 되었다.

표준을 공표하는 제국의 능력은 식민지 정복의 주요 이점이었다. 제국의 표준화란 머나먼 땅에서도 식민 지배자의 관행이 지켜진다는 의미였다. 제국은 새로운 법과 아이디어, 언어, 스포츠, 군사 협정, 패션, 도량형, 예의범절, 화폐, 업계 관행 등을 식민지에 고스란히 옮겨놓았다. 실제로 식민지 관리들은 이러한 작업에 상당한 시간을 투자했다.

다시 말해, 영국의 도량형 체계(피트, 야드, 갤런, 파운드, 톤)가 제국주의 체계라고 불리는 데는 이유가 있다.[21] 이러한 도량형은 영국 제도를 넘어 대영제국 전체에 동일한 단위 체계를 확립하기 위해 보급됐던 것이다. 지역의 단위 체계가 사용되는 곳이라도 이는 영국식으로 정의됐다. 인도식 질량 측정 단위인 몬드maund는 19세기에 100파운드에 해당되는 양으로 표준화되는 식이었다.

제국은 사람들까지 표준화시켰다. 필리핀의 간호 업무를 예로 들어보자.[22] 식민지로 진출한 본토인들은 특히 전쟁으로 인해 질병이 확산되자 간호사의 의료 서비스를 필요로 했다. 그러나 필리핀으로 이주하겠다는 본토 간호사가 거의 없었기 때문에 필리핀 현지 인력에 의지해야 했다. 영토 합병 이후 미국 정부는 곧 그들을 교육하기 시작했다.

필리핀에서 간호라는 개념이 새로운 것은 아니었다.[23] 수 세기 동안 병원이 운영돼왔고 간호사들은 필리핀혁명(에밀리오 아기날도의 아내인 일라리아 여사는 저항군을 치료하기 위해 필리핀 적십자를 세웠다)에서 중요한 역할을 해왔다. 그러나 미국 정부가 제공한 교육과정은 과거 필리핀과 스페인의 교육과정을 인정하지 않고 미국식을 새로 이식하는 공격적인 방식이었다.[24] 간호학 전공생들은 일반 대중으로부터 격리되어 특수 기숙사에 배정돼 영어를 공부하고 본토 음식을 요리해 먹었으며 본토 예절을 배웠다. 그들은 본토식 위생 개념을 철저히 학습했다. 샌들은 신발로 바뀌고, 긴 원피스는 빳빳한 깅엄 소재로 바뀌었으며 그 속에 스타킹을 신었다.

필리핀 학교들은 기본적으로 본토 대학에 종속된 교육기관이었다. 예를 들어 필리핀 의대는 존스 홉킨스 의대의 커리큘럼을 베껴오는 식이었다. 유능한 필리핀 간호사들은 공부하기 위해 본토로 이주했다. 그 결과 병원은 그냥 교육받은 간호사가 아닌 '본토'에서 교육받은 간호 인력으로 채워졌다. 덕분에 필리핀에 새로 도착한 본토인들은 별로 적응할 필요도 없이 교사와 감독관 역할을 쉽게 받아들일 수 있었다.

본토 방식에 맞게 필리핀의 간호 실무를 조정하자 제국은 더 수월하게 굴러갈 수 있었다. 그러나 예상치 못한 엄청난 결과가 초래되기도 했다. 일단 표준이 확고하게 정해지면 이를 없애기란 어렵기 때문에, 독립 후에도 필리핀은 미국 중심의 간호 실무에 치중하게 됐다. 그래서 미국 인구가 고령화되면서 더 많은 의료 서비스가 필요해지자, 필리핀의 경제 불안을 피해 미국으로 직장을 구해 떠나는 필리핀 간호사 수가 점점 많아지고 있다.[25] 오늘날 수만 명의 필리핀 간호 인력이 미국 의료 센터에서 일하기 위해 자국을 떠나고 있다.

현재 이민을 준비하는 이들은 필리핀 간호사뿐만이 아니다. 필리핀 의사들도 해외 취업을 위해 간호사 교육을 받고 있다.

의료 전문 인력이 해외로 빠져나가고 자금이 흘러 들어온다. 이는 복합적인 효과를 불러왔다. 여기서 핵심은 1960년대 이후 필리핀이 미국의 최대 외국 간호 인력 공급지가 된 데에는 시장의 역할만 있었던 것은 아니라는 사실이다. 필리핀이 그런 비교우위를 갖게 된 것은 여러 세대에 걸쳐 간호사들이 정확히 미국 표준을 따른 실무 교육을 받았기 때문이다.

0.5인치 너트가 0.5인치짜리 볼트와 만난 것이다.

———

허버트 후버와 같은 사람들은 본토를 표준화했다. 식민 지배층은 당시 이러한 표준을 영토에 시행했다. 그러나 이러한 과정은 둘 다 국경 바깥으로 벗어나지 못했다. 확장된 미국 영토 내에서 보편이 된 방식이 외국에서는 소용없었다. 각자 간호 실무 체계와 나사산 각도가 달랐기 때문이다.

후버 시대에 이를 바꾼다는 것은 상상하기 어려웠다. 한 나라의 벽돌 제조업체들의 합의를 이끌어내는 것만으로도 충분히 힘겨웠기 때문이다. 프랑스 벽돌 제조업체가 일본 업체와 합의하도록 누가 나설 것인가? 여러 지역을 포괄하는 표준화를 달성하기 어렵기 때문에 20세기 전반기에는 세계 각국이 대부분 별개의 재료를 사용해왔다.

그러나 제1차 세계대전을 겪으면서 전 세계는 이 문제의 중요성을 깨닫게 되었다. 미국은 유럽으로 군대를 파견했다. 도착하자마자 유럽인들이 다른 무기를 사용하고 군복 사이즈 체계도 다르며 거리 측정 단위도 완전히 다르다는 사실을 알게 됐다.

이를 알고도 어찌할 방법이 없다는 사실 또한 알게 됐다. 미 육군은 원정을 나온 상황이었기 때문에 이에 적응하는 데 어려움을 겪었다. 전쟁 기간에 미국은 미터법으로 전환해 미터법에 따라 설비를 제작하고 미터법 기준의 지도를 발행했으며 미터법 단위로 명령을 내렸다.[26] 킬로미터와 킬로그램 단위가 기준인 곳에서 전투를 치르기란 마일과 파운드 단위 속에서 자란 군인들로서는 쉽지 않은 일이었다. 그러나 프랑스 군대와 연합하려면 어쩔 수 없이 감내해야 했다.

표준 문제는 제2차 세계대전 때 또다시 불거졌다. 이번에는 문제가 더 심각했는데, 미국이 유럽에 인력과 자금만 보낸 게 아니라 세계 전역으로 엄청난 물량을 쏟아부었기 때문이다.

미국은 공식적으로 참전하기 훨씬 전부터 물자를 공급해왔다. 참전에 유보적이었던 대중에게 루스벨트가 정당성을 피력하기 위해 내세운 방식이었다. 그는 "이웃집에 불이 났는데 나한테 정원용 호스가 있다고 상상해봅시다"[27]라면서 유명한 비유를 들었다. "이웃이 우리 집 정원용 호스를 들고 가서 그의 집 소화전에 연결할 수 있다면, 나는 그가 불을 끄도록 호스를 빌려줄 것입니다."

이는 당연히 비유였다. 그러나 허버트 후버가 뒤에서 손을 흔들고 있는 모습을 상상하기란 어렵지 않다. 만약 우리 집 호스가 이웃의 소화전에 맞지 않는다면 어떻게 할 것인가?

제2부 점묘주의 제국

이런 질문이 나왔을 법도 했다. 미군은 0.30인치짜리 탄창이 들어가는 총을 만들었으나, 영국군은 0.303인치 탄창의 총을 사용했다. 이와 마찬가지로 영국군의 폭탄은 미군 전투기의 투하 장치에 맞지 않았다.[28] 캐나다의 해군 장교는 이를 전쟁 초기에 연합군끼리 공유할 수 있는 '단 한 자루의 총이나 탄약도 없었던' 국제 협력의 실태에 대한 '끔찍한 설명'[29]이라고 봤다.

실제로는 그보다 훨씬 더 심했다. 영국은 나사산 각도가 55도였으나, 후버가 커다란 자부심을 가졌던 미국 표준에 따라 미국산은 60도였다. 이는 마치 사물들이 저마다 다른 언어로 말하는 듯한 상황이었다. 한 미국 기계공이 "우리는 영국의 부품을 빌려 쓸 수가 없다"고 토로했다. "훔칠 수도 없습니다. 맞질 않거든요."[30]

전쟁에 여전히 말을 활용했던 제1차 세계대전 당시 동맹국들 간에 드러난 업계 내 비호환은 곤란한 문제였다. 지프와 폭격기로 전쟁을 치르게 된 세상에서 이런 상황은 심각한 타격이 될 수밖에 없었다. 미 제조업체인 패커드가 영국 비행기 엔진 제조 계약을 맺었을 당시, 엔지니어들은 10개월에 걸쳐 2000여 장의 영국 설계도를 다시 그려야 했다. 미국식 나사 분류 체계에 맞게 변환하기 위해서였다. 전쟁이 끝날 때까지 미국은 비호환성 문제를 해결하고자 여분의 나사와 너트, 볼트를 해외로 보내는 데 6억 달러를 썼다.[31]

제조업체들이 지난 전쟁에서처럼 그냥 유럽식 표준을 받아들일 수는 없었던 것일까? 그럴 수도 있었을 것이다. 영국과 프랑스는 8400만 달러를 들여 미국에 유럽식 항공기 엔진을 제작할 수 있는 공장을 세우고 이를 확장했다.[32] 이는 기본적으로 미국 땅에 유럽의 산업적 전초기지를 세운다는 목적이었다. 미 육군 역시 영국군의 무기 일부를 군에 도입하

고 영국군의 폭탄 투하 장치를 만들었다.[33]

그러나 유럽이 연합군 전시 경제의 중심에 있을 경우에만 유럽 표준을 따르는 것이 합리적일 수 있었고, 유럽은 곧 그 중심적 역할을 잃었다. 프랑스의 함락과 영국에 대한 폭격 사태로 유럽의 공장들은 가동을 멈췄다. 동시에 미국 제조업은 생산에 박차를 가했다. 전쟁이 끝날 무렵, 미국은 8만4000대의 탱크와 220만 대의 트럭, 620만 자루의 소총, 410억 발의 소형 탄약을 생산했다.[34] 히틀러에 맞선 전쟁은 유럽전이었다고 볼 수 있겠지만, 그 기반이 되는 물자는 모두 미국산이었다.

미국 공장들이 더 많은 물건을 생산할수록 그들의 표준화 작업은 더 정교해졌다. 저명한 두 전문가의 표현에 따르면, 표준화의 목표는 "전체 공정을 거대한 강처럼 순조로운 흐름에 통합되도록 하는 것"[35]이었다. 이는 동일한 공장에서 제조한 부품끼리 교체할 수 있도록 만드는 것뿐만 아니라, 여러 공장에서 만든 부품들도 서로 교체되도록 한다는 의미였다. 실제로 업계 전반에서 부품 교체가 가능해진다는 뜻이었다. 그러기 위해서는 상상을 초월할 정도의 정밀함이 요구됐다.

특수 기계류를 생산한 펜 매뉴팩처링이라는 기업을 예로 들어보자.[36] 전쟁 발발 전에 이 회사의 부사장은 아무도 0.0002인치 안팎의 공차를 가진 부품을 만든다는 이야기는 들어본 적이 없었다고 설명했다. 그런 정밀도를 언급하는 이는 '완전히 정신 나간' 사람 취급을 받았을 것이다. 그러나 이는 대규모 군사 경제가 요구하는 정밀도였고, 펜 매뉴팩처링은 사실상 공장 설비 전체를 교체할 수밖에 없었다. 항온실을 설치해 설비 및 계기에 미세한 변화가 일어나는지 아닌지를 확인했다.

워싱턴에서 엔지니어들은 맹렬한 기세로 '전시 표준'을 만들어냈다. 허버트 후버가 짜놓은 안무에 맞춰 정부 관리와 업계 대표들이 함께 두

호환되지 않는 부품 문제를 나타낸 전시 포스터

배로 빨리 추는 발레 같았다.

표준화를 도입한 그들은 새로운 소재, 새로운 장비, 새로운 설계에 대해 과감히 규격을 정했다. 전쟁이 최고조에 달했던 1944년 국립표준국은 10년 전에 비해 규모가 7.5배 늘어났다.[37]

이로 인해 미국은 연합국 진영의 명실상부한 표준 설정의 중심국이됐다. 전쟁으로 연합국 경제는 결속을 다지게 됐으나 미국은 그런 연맹의 제반 조건을 결정하게 된 것이었다.

이러한 현상은 호주에서도 볼 수 있다. 영연방에 속한 호주는 전쟁 전에는 일부 지역적 차이가 있긴 했지만 영국의 표준을 따랐다. 그러나 얼마 지나지 않아 미국의 전시 경제 영향권으로 들어가게 됐다.

1942~1944년이 중요한 시기였다. 이때는 더글러스 맥아더가 필리핀을 포기한 후였으나 미국이 본토를 통해 군 병력을 완벽히 공급할 수 있게 되기 전이었다. 맥아더는 여전히 군함과 무기를 미국으로부터 공급받았지만 식량이나 옷처럼 가치는 낮으나 대량으로 소비하는 물품은 호주에서 주로 공급받았다. 한창때는 호주 국민소득의 15퍼센트가 맥아더의 조달 주문에서 나왔다.[38]

이런 주문을 맞추기란 쉽지 않은 일인 데다 특히 식량 조달은 더 어려웠다. 호주 농부들은 소규모 경작지를 갖고, 잡초를 손으로 뽑으며 현지 시장에 물건을 내다 파는 경우가 많았다. 농작물 재배에 기계가 활용되는 일은 드물었고, 우유 저온 살균과 같은 안전 조치는 농산물 직판장과 연결되는 호주 농업에는 맞지 않는 고비용 체계였다.[39]

이러한 시스템은 바뀌어야 했다. 미국은 전문가를 파견했다. 기계와 제초제 및 살균제를 갖고 온 농업 사절단이었다. 그 대가는? 농업 혁신이었다.

그들은 농부들에게 강의와 라디오 방송, 교육용 영화, 인쇄물, 현장 시연 등의 지원을 아끼지 않았는데, 결국 미국의 농업 방식을 전파하기 위함이었다. 호주 제조업체들은 미국식 트랙터와 풀 베는 기계, 수확기, 살분기 모델을 제공받아 제조법을 배웠다. 호주 통조림 제조업체들은 군 납품용 통조림 제조법을 배웠다. 낙농가들은 우유를 저온 살균하고 젖소에 투베르쿨린 검사를 하라는 지시를 받았다. 맥아더의 엄청난 주문 규모를 감안할 때 이를 거부한다는 것은 경제적 자살이 될 터였다.

엄청난 변화를 목격한 한 사람은 "호주 식품업의 거의 모든 단계에 걸쳐 미국식을 가르치고 권고하기 위해 이곳에 온 주목할 만한 전문가 팀의 활동으로부터 지대한 영향을 받아왔습니다"[40]라는 글을 남겼다.

맛도 변했다. 양고기에 익숙했던 호주 군대는 미군이 소고기, 돼지고기, 햄을 주재료로 한 더 많은 군용 식량과 스파게티, 커피, 달걀을 함께 지급받는다는 것을 알게 됐다. 군대마다 식량을 다르게 배급하는 것이 호주군의 사기를 떨어뜨린다는 결론이 나왔다. 그래서 호주군도 미군에 배급되는 식량을 먹기 시작했다. 호주 정육업자들은 칠리고추를 넣은 고기와 강낭콩 스튜인 칠리 콘 카르네와 소금에 절인 소고기 살코기인 콘비프 해시, 햄 앤 에그, 인스턴트 가공육인 런천미트, 비엔나소시지 등 새로운 식품을 만들 줄 알게 됐다.

호주의 신발 산업 전체도 이와 유사하게 완전히 바뀌었다. 신발 제조업체들이 영국이 아닌 미국 사이즈로 신발을 제작하기 위해 공장 설비를 교체한 것이다. 군용으로 한 달 전에 6만 켤레의 신발 주문을 받은 상황이라 이를 거부할 처지가 못 되었다.

전쟁 초기에 호주 총리는 "호주는 영국과의 전통적인 관계나 연대감과 관련해 아무런 양심의 가책 없이 미국에 의지하고 있음을 주저하지 않고 분명하게 말씀드립니다"[41]라고 알렸다. 표준의 영역에서 이는 어쩔 수 없는 진실이었다. 정치적으로 호주는 영국에 가깝다. 그러나 물질적인 면에서는 미국의 식민지에 훨씬 더 가까워 보였다.

———

호주는 그저 시작일 뿐이었다. 전쟁 중에 연합국은 뉴욕과 런던에 본부를 둔 표준조정위원회를 설립했다.[42] 이 위원회는 항공기의 수리 부품, 철도의 폭, 무선 방송 주파수에 관한 합의 사항을 감독했다. 미국산 항공기와 기차, 무선 통신이 전쟁 수행에 필수적이었기 때문에 일반적으로 미국 표준에 명시된 이러한 합의 사항은 채택되기 마련이었다. 1943년 영국은 나사산에 대해 논의하고 싶다는 뜻을 내비쳤다.

영국 사절단은 그해 뉴욕으로 건너왔다. 2주 가까이 30여 명의 전문가가 나사와 관용 나사, 가스 실린더 나사, 호스 이음쇠 및 원통형 끼워맞춤에 대해 토론을 벌였다.[43] 영미권 국가들은 '규격을 통일'해야 한다는 데 모두 합의했다. 그러나 어디를 기준으로 통일할 것인가? 미국 대표단은 대영제국의 설비 교체를 제안했다. 영국은 그에 대해 생각해보겠노라며 동의했다.

이후 런던에서 장기간에 걸친 회의가 이어졌다.[44] 미 기계학회 회장은 폭탄이 머리 위에서 '끝없이 줄지어'[45] 떨어졌다고 전했다. 폭격 때문이었는지 영국의 태도가 누그러졌다. 미 대표단은 마지막 순간에 영국 측에 규격 통일 문제를 불쑥 꺼내기로 했으나 놀랍게도 영국 측이 먼저 해당 사안을 꺼냈다. 55도짜리 나사를 포기하고 60도를 선택하면 영국 제조업체에 엄청난 타격이 될 거라는 이야기였다. 그러나 전쟁의 긴급함을 고려해 임시로 이러한 방안을 받아들일 의향이 있음을 밝혔다.

1945년 오타와에서 열린 세 번째 회의는 이러한 합의를 매듭지었다.[46] 이번에는 공격에 시달린 영국 대표단이 백기를 드는 것으로 간단히 끝났다. 영국은 나사산 각도를 60도로 하는 새로운 표준을 전폭적으로 받아들였다. 영국 제조업체들은 설비를 교체하게 되었다. 그에 반해 미국 업체들은 그런 일이 있었는지조차 모르고 지나갔다. 새로운 영미계 표준은 사실상 허버트 후버가 오래전에 이끌어낸 국가 차원의 합의에 따라 만들어진 나사와 교환 가능한 규격이었다.

이는 파이프 역사상 중요한 사건으로 기록됐다.

———

영미권 국가들은 나사산에 대해 합의한 바로 그달에 국제표준화기구 ISO를 설립했다. 이는 물건을 위한 국제연합UN이 될 것이었다. 유엔의 안전보장이사회를 본떠 행정위원회가 만들어졌다. 상임이사국은 5개 강대국(미국, 영국, 프랑스, 중국, 구소련)이 차지했고 비상임이사국 자리는 다른 나라에 할당됐다. 초대 회장은 미국 출신이었다.

ISO에서 다룬 첫 안건 중 하나는 물론 나사산이었다. 평화와 번영을 위해서는 전 세계의 규격 통일이 요구됐다. 그러나 영국은 이미 60도 나사산 표준을 채택하면서 상당한 어려움을 겪었기 때문에 다시 설비를 개편할 수는 없다고 거부했다. 미국도 마음을 바꿀 의사가 없었다. 다른 상임이사국들은 미국과 영국이 국제표준화 문제를 두고 "성급하게 군다"[47]며 불만을 토로했다. 그러나 영국과 미 제국을 합친 비중은 상당했기 때문에 그들이 어떻게 해볼 여지는 거의 없었다. 상황의 불가피함을 마지못해 인정하며 그들은 사안을 투표에 부쳤다. 영미식 나사산 각도를 국제표준으로 채택한다는 의견이 압도적이었다(구소련은 이에 반대를 표한 유일한 회원국이었다). 각국은 자국 표준을 사용할 수도 있었지만 국제 호환성을 획득하고 싶으면 나사산 각도를 60도에 맞춰야 했다.

실제로 많은 것이 60도 각도에 맞춘 나사산처럼 새로운 표준에 맞춰 다시 만들어져야 했다. 전쟁으로 인해 경제가 곤두박질치자 각국은 세계 시장을 활용해 국가를 재건하고자 했다. 그러나 그런 시장은 미국이

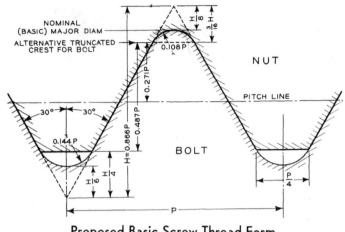

Proposed Basic Screw Thread Form

The proposed new unified basic form of thread has an angle of 60 degrees and a rounded crest and root. The radius of the root of the screw is larger than the radius of its crest. Truncation of the crest of the screw is permissible.

모든 나사를 지배하는 절대 나사. 1945년 표준

지배하고 있었다. 1946년 선진 공업국 경제 생산의 무려 60퍼센트를 미국이 차지했다.[48] 프랑스의 표준 담당 기관은 "미국이 우리의 최대 구매자이자 판매자다"[49]라고 언급했다. 합의에 합의를 거쳐 미국은 표준화의 중심으로 입지를 굳혔다.

미국은 경제적 초강대국이었을 뿐만 아니라 군사적으로도 초강대국이었다. 엄청난 병력은 제2차 세계대전 중 표준화의 동인이었고 이후 냉전 시대에도 그런 역할을 이어갔다. 미국 정부는 전 세계에 무기와 장비를 엄청나게 쏟아냈다. 이를 도입하면서 외국의 군대는 미국 표준도 함

제2부 점묘주의 제국

께 받아들여야 했다.

북대서양조약기구NATO는 표준화를 한층 더 밀어붙였다. NATO는 12개 국가가 창설한 상설 군사동맹기구로, 최초의 국제군사기구였다. 군사적 표준화를 전시의 시급한 문제에서 평시의 만성적인 문제로 인식한 NATO 관리자들은 보급품 목록을 검토한 후 그 안에 포함된 품목을 차례차례 표준화하는 식으로 이를 해결했다. 우선 미국의 0.30인치 탄창 목록에 올라 있던 소총부터 시작했다. 1953년이 되면 미국의 NATO 방위생산위원회 대표는 벨기에산 엔진을 단 전투기가 네덜란드산 기체 골조에 완벽히 들어맞는다고 큰소리쳤다. 의료 표준화 프로그램도 시작됐고, 그는 2~3년 내에 "영국의 들것이 미국산 앰블런스의 구급 침상에 맞고 터키산 바늘이 프랑스산 주사기에 맞게 될"50 날이 올 것이라 예상했다.

1953년 영국의 표준 관련 주요 학술지는 뉴욕 학술지에 전재된 글을 잔뜩 실었다.51 이러한 굴복은 주목할 만한 사건이었다. 말하자면 표준에서는 이제 영국이 미국의 입장을 따라간다는 의미였기 때문이다.

제3세계 역시 마찬가지였다.52 빈곤 국가들은 자체 표준을 설정하기 어려운 상황이었고(연구실, 회의 및 학술지 등에는 비용이 들었다), 그들은 더 부유한 무역 상대국의 표준을 사용할 강력한 동기가 있었다. 그래서 유럽 국가들이 미국의 표준을 따라갔던 것처럼 유럽 식민지였던 그들 국가도 그 뒤를 따랐다. 미국 엔지니어들은 외국 정부에 자문을 제공하고 각국 표준협회의 현장 사무소에 직원을 파견했다.

이런 투자는 할 만한 가치가 있었다. 해리 트루먼은 표준을 수출함으로써 미국이 "국제 무역 흐름을 원활하게" 하고 "다양한 나라의 구매자와 판매자들이 같은 언어를 사용할 수 있게" 했다고 말했다.53 어떤 언어인지는 굳이 언급할 필요가 없었다.

———

전 세계의 각종 업계가 차례로 미국 표준에 주파수를 맞췄다. 이는 말 그대로 음악 분야에서 일어난 일이다. 각국 간 국제표준음(연주회용 표준음) A를 두고 설전이 오갔기 때문이다. 미국은 1917년 이후 A음('라'음)의 진동수를 440으로 맞춰(440헤르츠) 악기를 조율해왔다.[54] 그러나 유럽 국가들은 공식적으로 A음을 약간 플랫flat이 된 435헤르츠의 '프랑스 표준음'에 맞춰왔다. 이는 18세기와 19세기의 고전 음고pitch에 더 가까운 음이었다. 오스트리아 대표단은 유엔에서 435헤르츠에 맞춘 A435를 밀었다. 그러나 미국 음반이 시장에 넘쳐난 데다 미국 정부가 메릴랜드와 하와이의 유력 라디오 방송국에서 음악가들에게 '서비스' 차원에서 전 세계로 순수 440헤르츠 A음을 방송하도록 하는 상황이다보니, 오스트리아의 주장이 수용될 가능성은 거의 없었다. 오늘날에는 바로크 시대의 플루트나 옛날식 교회 오르간과 같은 고악기를 연주하는 사람들을 제외하고는 440헤르츠에 맞춘 A음이 세계 표준으로 쓰이고 있다.

하늘에서도 이와 비슷한 일이 일어났다. 국제 항공업계는 표준에 의존한다. 항공 교통 관제사와 조종사는 동일한 언어를 사용해야 하고, 항공기 부품은 어느 나라에서나 수리할 수 있도록 매우 유사하게 만들어져야 하며, 한 나라의 항로가 다른 나라의 항로와 동일하도록 전 세계의 무선 주파수를 조정해야 한다. 미국 항공업계 대표들은 이러한 목표를 모두 달성하고 항공업계 표준 언어가 영어가 되도록 적극적으로 노력했다. 1950년 그들은 대체로 성공을 거두었다.

제2부 점묘주의 제국

항공업계의 국제적 성격을 감안할 때 엄격한 표준화를 따른다는 것은 그리 놀라운 일이 아니다. 미국은 이에 그치지 않고 육로 이동의 표준화도 주도했다. 20세기 전반에 미국의 교통공학자들은 신호등 색과 표지판 등 전국적인 표준을 마련하는 데 골몰했다. 게다가 1953년에 미 공로국Bureau of Public Roads 국장은 "우리는 이제 전 세계 차원의 통일성 확보를 구상하고 있다"[55]고 설명했다.

전 세계 차원의 통일성. 이것이 예를 들어 타이의 교통 공무원의 야심이었다면 비웃음거리가 됐을 것이다. 그러나 미국이 보기에 이는 전적으로 실현 가능한 목표였다. 그해에 도로 표지판과 신호의 통일 체계에 관한 국제 협약은 미국의 관행을 매우 충실히 따른 표준을 내놓았다. 신호등 색깔, 차선 도색 규칙 및 대부분의 도로 표지판이 미국 체계를 따랐다. 그중에는 정지STOP라는 말이 찍힌 노란색 팔각형 표지판도 있었다.[56]

잠깐만, 노란색이었나? 그렇다. 팔각형으로 된 정지 표지판은 미시간주에서 시작된 것이다. 디트로이트의 한 경사가 눈에 더 잘 띄도록 사각형 표지판에서 가장자리를 잘라냈다. 그러나 초창기 표지판은 빨간색이아닌 노란색이었다. 미 주립고속도로 전문가들의 최초 산업별 협정에 따라 어떤 표지판에도 빨간색을 쓰지 못했다. 밤에 잘 보이지 않는다는 이유에서였다. 그래서 1953년에 국제표준으로 받아들여진 미국의 정지 표지판은 노란색이었다.

그러나 1년 후인 1954년에 미국은 노란색에 대한 생각을 바꿨다.[57] 전문가들은 빨간색이 위험을 더 잘 나타낸다고 생각했고, 마침 공업화학분야에서 내구성이 좋고 빛을 반사하는 빨간색 마감 도료를 새롭게 개발했다. 그래서 전 세계 교통공학 전문가들의 거센 분노를 불러일으키면서도(충분히 짐작하고도 남는 일이었다), 미국은 미시간주에서 도안을 완성해 전 세계에 표준으로 들이밀었던 국제표준을 포기하고 노란색 표지판을 빨간색으로 교체하기 시작했다.

이는 특히 미국이 표준의 영역에서 누렸던 놀라운 특권적 지위를 보여주었다. 다른 나라에 국제 협력이라는 미명하에 자국의 나사산 각도를 받아들이라고 강요할 수 있었으나, 미국 스스로 그런 의무에 얽매이는 일은 없었다.

미국이 국제표준을 유일하게 면제받는 국가라는 것은 다 아는 사실이다. 도량형 분야만 봐도 늘 벌어지는 일이다. 다른 국가들이 어쩔 수 없이 18세기 후반에 프랑스가 고안한 미터법을 받아들인 반면 미국은 빠졌다. 1971년에 와서도 미국 본토 주민들의 56퍼센트나 되는 사람이 미터법을 알지 못한다고 답했다.[58]

여전히 미터법을 거부하는 미국으로 인해 골치 아픈 일들이 종종 발생하며 때로는 대참사로 번지기도 했다. 수십 명을 실어 나르던 보잉 767기가 공중에서 동력을 상실한 사건이 있었는데, 파운드 단위로 잘못 계산해 급유를 했기 때문이다. 킬로그램 대신 파운드를 사용한 미국 소프트웨어 때문에 화성 탐사선이 파괴되기도 했다. 미국은 전 세계가 동일한 나사산 각도를 채택하게 했으면서도 미터법으로 제조한 나사와 호환되지 않는 인치 단위 나사를 고수하느라 (어떤 맥락에서는) 그런 우위를 낭비했다. 그러나 미국은 인치, 파운드, 갤런 같은 단위를 포기하지 않았다. 미얀마, 라이베리아, 사모아 독립국, 팔라우, 미크로네시아 연방공화국, 마셜 제도와 함께 미터법을 채택하지 않은 유일한 국가로 남아 있다.[59]

국제표준에서 벗어나는 것이 미국의 특권이라면 이를 용인하는 것은 나머지 국가들의 부담이 되어왔다. 미국이 도로 표지판을 노란색에서 빨간색으로 바꾼 지 2년이 지나자 유엔은 134개국을 소집해 교통 표지판 문제를 다시 다루도록 했다.[60] 노란색 팔각형은 빨간색에 자리를 내주었다(빨간색 원 안에 빨간색 역삼각형이 들어간 도안은 또다시 공식적인 승인을 받았으나 이를 선택한 국가는 거의 없었다). 미국은 심지어 새로운 협정에 서명조차 하지 않았는데도 미국의 표준이 세계 표준이 됐다.

오늘날 빨간색 팔각형을 만든 제국의 흔적은 전 세계에 남아 있다. 사소한 변형이 있을 뿐이다. 일본의 빨간색 삼각형, 파푸아뉴기니의 빨간색 방패 모양, 쿠바의 빨간색 원 안에 빨간색 삼각형이 배치된 형태 등이다. 그러나 내 계산대로라면 최소한 세계 인구의 91퍼센트가 빨간색 팔각형 표지판을 사용한다. 심지어 북한조차.[61]

———

정지 표지판은 제국의 소멸을 초래하는 기술 목록에 추가될 수 있다. 종합해보면 그들은 엄청난 결과를 불러왔다. 합성소재는 대용품을 제공해 전략적 원자재에 대한 강대국의 수요를 줄였다. 항공술과 암호화 기술, 무선 및 인공위성은 한편으로 이 강대국들이 인접한 영토를 활용하지 않고도 안전한 교통 및 통신 네트워크를 실행할 수 있도록 지원했다. DDT, 말라리아 치료제, 플라스틱 기반 포장재 및 '세계 어딜 가나 쓸 수 있는' 전자 장비 등 의학 및 공학의 혁신으로 영토 지배의 필요성은 더욱 줄어들었다. 덕분에 물건과 사람이 척박한 지역으로 안전하게 이동할 수 있게 됐다. 식민지 개척자들은 미리 땅을 다질 필요가 없어진 것이다. 이와 유사하게 표준화는 낯선 곳을 좀더 익숙한 곳으로 만들어주었다. 표준화는 제2차 세계대전이 발발하기 전부터 수 세기 동안 원거리 교역을 촉진해왔으나, 정치적 동질성이 확보된 지역으로 한정됐다. 간단히 말하면 (그리고 중요한 예외가 있지만) 표준화를 추진하려면 식민 지배가 필요했다. 제2차 세계대전에서 달라진 것이 있다면 규모였다. 미국은 경제적·정치적으로 이론의 여지 없는 초강대국이라는 지위를 십분 활용했다. 100개국 이상에 전시 물류망을 설치하고 자국의 표준을 해외로 확대해나갔던 것이다. 미국 중심의 표준화 물결은 국가나 제국의 규모를 초월했다. 이는 전 지구적 규모의 표준화였다.

제국의 소멸을 초래하는 다른 기술들과 함께 세계 표준은 게임의 규칙을 바꿔버렸다. 강대국들은 오랫동안 토지 지배를 통해 세계 각지의 자원을 차지할 수 있었다. 이는 서부와 해외로 영토를 확대하면서 미국이 지켜온 규칙이었다. 제2차 세계대전 당시 독일과 일본은 이러한 규칙을 따랐다. 이로 인해 종전은 미국을 이전과는 전혀 다른 차원의 제국주의적 지위에 올려놓았다. 미국은 새로운 목표가 있었고 영토를 점령함으로써 이러한 목표를 얼마든지 달성할 수 있었다. 그렇게 했더라면 미국은 자원 기반을 확보하고 역사상 유례없는 전략적 지위를 차지했을 것이다.

미국은 승리와 함께 영토를 합병하는 방식을 거부하는 대신 식민지에 독립을 부여했다. 이는 갑작스러운 이타주의의 발현으로만 설명하기는 어려웠다. 이는 얼마간 전 세계 식민지 시민들의 저항으로 촉발된 것이었다. 전쟁에서 얻은 교훈 때문이기도 했다. 미국은 전쟁에서 싸워 승리한 경험을 통해 식민지를 점령하지 않고도 권력을 나타내는 기술을 터득했던 것이다. 1940년대 한 필자의 표현처럼 새로운 기술로 미국은 '합병 없는 지배'[62]를 달성할 수 있었다.

이러한 기술은 오늘날 세계의 기반이 됐다. 강자가 약자를 폭력적으로 제압하고 땅을 빼앗는, 시어도어 루스벨트가 구상했던 세계와는 완전히 다른 세상이 된 것이다. 그보다는 허버트 후버가 상상했던 세상, 즉 제국이 아닌 시장으로 결속된 곳에 훨씬 가깝다. 국경 안에서 이뤄지는 식민지 지배가 아니라 국경을 뛰어넘는 세계화가 조율 방식으로 자리잡은 것이다.63

식민주의가 세계화로 대체됐다고 해서 공평한 경쟁의 장이 마련된 것은 아니었다. 예전에는 울퉁불퉁한 세계였던 것이 '평평'해진 것일 수도 있다고 언론인인 토머스 프리드먼은 말한 바 있다.64 그러나 세계를 평평하게 만든 것은 누구인가? 대부분의 경우 이는 권력을 나타내기 위해 전 세계를 무대로 삼았던 미군이었다. 이를 감안할 때 세계화가 적어도 처음에는 미국에게 유리했다는 사실이 그리 놀라운 일은 아니다. 미국산 비행기가 하늘을 날아다니고 미국 방송이 쉴 새 없이 전파를 탔으며 미국산 합성소재로 만든 상품이 식민지 상품을 대체하고 미국의 표준이 이 모든 것을 한데 통합해버린 것이다.

이러한 우위가 계속되진 않았다. 오늘날 중국은 미국보다 훨씬 더 많은 양의 플라스틱을 만든다. 그러나 미국이 항상 승자가 되지는 못했다 하더라도 본거지로서 막대한 우위를 누렸다. 다른 나라에 공장 설비를 교체하고 악기를 다시 조율하도록 강제하면서도 정작 자국의 방식을 고수하는 여유를 부릴 수 있었다. 이런 식으로 미국은 이득을 보곤 했다. 그러나 그중에서도 유독 두드러져 특별히 살펴볼 만한 분야가 있다. 전 세계에 단일 언어가 보급되도록 한 것이다. 바로 영어의 확산이다.

19.
언어는 바이러스다

1620년, 오늘날 청교도로 알려진 영국 정착민들이 북미 해변에 도착했다. 두 달이 넘는 고된 항해로 인해 그들 중 두 명은 목숨을 잃었다.

이는 오히려 별일이 아니었다. 정착민들은 친구도 없는 낯선 곳에 발을 내디뎠다. 작물을 기르려 했으나 처참한 실패로 돌아갔다. 첫 겨울을 맞아 반 이상이 질병과 기아로 목숨을 잃었다. 한 인디언 부족인 포카노켓 왐파노아그는 멀리서 그들이 도리깨질하는 모습을 지켜봤다. 결국 봄이 되어 청교도인들의 상당수가 사망하자 포카노켓 부족은 사모셋을 사절로 보냈다.

사모셋은 영어로 그들을 맞이했다.

그는 메인 해안에서 조업하던 어부에게 '엉터리 영어'(한 식민지 개척자는 이렇게 표현했다)[1]를 배웠던 것이다. 며칠 후 사모셋은 영어를 더 잘 구사했던 파툭세트족 한 명을 데리고 돌아왔다. 스콴토로 더 잘 알려진 티스콴툼이었다. 그는 영어를 구사할 줄 알았을 뿐 아니라 런던에서 산 적

　　　　　　　　　　　　　제2부 점묘주의 제국

도 있었다. 그는 플리머스 개척자들을 만나기 7년 전에 한 영국 선장에게 납치되어 유럽으로 팔려갔던 것이다. 그는 대서양을 네 번이나 횡단했는데, 납치된 후 한 번, 뉴펀들랜드를 오가며 한 번씩, 그리고 고향인 파툭세트, 즉 뉴잉글랜드 남부로 되돌아올 때 한 번이었다.

대서양을 한 번밖에 건너지 못했던 식민지 개척자들에게 이는 거의 상상조차 할 수 없는 엄청난 행운이었다. 자국의 환경을 피해 멀리 떠나온 소수의 유럽 방랑민들은 실제로 그들이 떠나온 고향에서 살았던 광대한 북미 대륙의 몇몇 원주민과 어쩌다 마주치게 된 것이었다. 스콴토는 백인 정착민들이 보기에 '신이 내린 특별한 도구'[2]였다. 그는 그들을 위해 통역을 하고 원주민 부족들과의 주요 외교 동맹을 주선했으며 그들에게 현지 농법을 가르쳤다. 그는 유럽인들의 생사를 좌우하는 존재였다.

4세기가 지난 오늘날, 이러한 청교도 순례자들이 세운 사회는 이와 비슷한 행운을 누리고 있다. 미국인들은 부르면 들릴 만한 거리에서 누군가가 자신들의 언어를 구사할 수 있으리라 확신하고 지도상의 어느 곳이든 거의 다 다닐 수 있다. 그러나 이 청교도들과 달리 운에 기댈 필요는 없다. 영어는 걷잡을 수 없이 퍼져나가는 잡초처럼 거의 모든 환경에 뿌리를 내렸다. 영어는 영어 사용자들이 가는 곳은 어디든지 그들을 도울 준비가 된 사람들로 가득한 세계를 만들어냈다. 거의 미국의 편의를 위해 설계된 세계라고 보면 된다.

바로 스콴토들의 세계다.

———

언어는 정지 표지판이나 나사산과 마찬가지로 표준에 해당되지만, 그보다 더 깊은 층위에서 작동한다. 언어는 어떤 개념을 떠올리기 쉽게 혹은 어렵게 만들면서, 사고방식을 형성하고 동시에 사회를 구성한다. 어떤 언어를 구사하는지에 따라 어떤 공동체에 소속될지, 어떤 책을 읽게 되는지, 어떤 장소를 편안하게 느끼는지 등이 결정된다. 단일 언어가 지구상에서 지배적인 언어가 되었다는 사실, 거의 모든 교육받은 권력층이 어느 정도 이 언어를 구사한다는 사실은 이처럼 엄청난 결과를 초래한다.

이런 상황이 특히 놀라운 이유는 역사적으로 전례 없는 일이기 때문이다. 라틴어는 서유럽에서 학자들이 널리 쓰는 언어였으나 그런 이유로 보편성을 획득하지 못했다. 스페인어에서 스와힐리어에 이르는 다른 언어들은 지역을 결속시켰으나 그 이상의 역할을 하지는 못했다. 언어의 동질성이 아닌 차이점이 역사상 일반적인 현상이었던 것이다.

처음에는 미국도 마찬가지 상황이었다. 북미 원주민과 아프리카 및 유럽 언어가 어지럽게 뒤섞인 조각보 같은 모습이었다.[3] 벤저민 프랭클린조차 유럽 언어에 한정하긴 했으나 모국어인 영어와 함께 프랑스어, 독일어, 이탈리아어, 스페인어, 라틴어를 익힐 필요가 있다고 생각했다. 그는 독일어가 영어를 대체할지도 모른다는 생각에 펜실베이니아에서 독일어 신문인 『필라델피아 신문Die Philadelphische Zeitung』을 발행했다.

프랭클린이 그렇게 생각한 것은 무리도 아니었다. 당시 영어가 새롭게 미국 전역에 뿌리 내릴 것인가를 두고 심각한 문제가 제기됐다. 팽창 중인 미국 대륙과 같은 넓은 지역에서 분열 없이 확산됐던 모국어가 없었던 것이다. 버지니아 사람들이 캘리포니아 사람들과 같은 언어를 사용한 것처럼 단일 언어가 사용될 수 있었던 것은 정착지 건설 붐 덕분이었다. 너도나도 정착지 건설에 뛰어들면서 상당히 동질적인 집단이 방대한 영토에 빠르게 퍼져나갔다. 정착민들을 실어 나른 짐마차와 기차는 언어도 함께 실어날랐고, 그 덕분에 영어는 먼 거리를 이동하면서도 약간의 변화만 거쳤을 뿐 원래의 모습을 지킬 수 있었다.

그러나 정착민들 외에 영어를 국가 공용어로 만드는 데에는 훨씬 더 폭력적인 과정이 동반됐다. 노예주들은 같은 언어를 구사하는 흑인 노예를 철저히 분리했다. 고향 언어로 말하다가 들킨 노예는 심한 벌을 받았다. 혀가 잘렸다는 기록이 남아 있기도 하다.[4] 그 결과 아프리카 언어는 완전히 말살됐다. 아프리카 언어의 관용 표현이 현재 흑인의 언어에 일부 남아 있기는 하지만, 노예선에 올랐던 아프리카 언어는 단 하나도 살아남지 못했다.[5]

토착 언어들 역시 갈등이 펼쳐지는 지점이었다. 19세기 후반부터 개혁주의자들은 수만 명의 북미 원주민 아이를 백인이 운영하는 기숙학교로 몰아넣었다. 가족 및 공동체와 단절된 학생들은 영어를 배웠다. 그런 한 학교의 설립자는 "단기간에 그들에게 남아 있는 인디언적인 요소를 모두 해체할 것"[6]이라고 장담했다. 인디언 토착어로 말하다가 들키는 학생들은 일상적으로 구타를 당하거나 비누와 잿물로 입안을 헹궈내야 했다.[7] 당연히 인디언 학생들의 부모는 이를 반길 리 없었으나 정부 관리와 학교 관리자들은 뇌물과 협박, 보급품 지급 보류, 노골적인 폭력(기본적으로 아이를 납치하는 행위나 다름없었다)을 동원해 학교 정원을 채웠다.[8]

당국은 이와 똑같은 전략을 해외 영토에 적용했다. "학교에서 우리 언어를 몰아냈다"[9]고 한 고령의 알래스카 원주민은 회상했다. "틀링기트 말을 할 때마다 아직도 입에서 비누 맛이 나는 것 같다"며 다른 사람이 그 기억을 확인해주었다(현재 틀링기트 말을 할 줄 아는 사람은 1000명도 채 되지 않는다). 괌에서는 미 해군 정부가 학교 구내, 법원, 정부 청사에서 차

모로어 사용을 금지했다.[10] 학교에서 차모로어를 쓰다가 발각된 아이들은 두들겨 맞거나 벌금에 처해졌다. 한 해군 장교는 찾을 수 있는 차모로어 사전을 모두 수거해 불태우기도 했다.[11]

그러나 제국은 방대했고 부족어를 쓰지 못하게 일일이 감시할 만한 충분한 식민 지배 관리도 없었다. 그래서 정부는 다른 수단에 의지했다. 공무원은 영어를 사용해야 하며 미국령 버진아일랜드에서 영어 구사 능력을 투표 요건으로 하는 영어로 제정된 법을 통과시켰다.[12] 무엇보다 식민 당국은 교육을 활용했다. 영어를 주입하는 것이 필리핀 전체 학제의 '기점'[13]이었다고 필리핀 교육감은 설명했다. 제국 내 학생들은 적어도 고등교육 수준에서는 영어를 사용해야 했던 것이다.

에밀리오 아기날도와 같은 열정적인 반식민주의자들은 이에 저항했으며, 아기날도는 1964년 사망할 때까지 영어를 구사할 줄 몰랐다. 페드로 알비수 캄포스는 영어를 유창하게 구사했지만 이를 제국주의의 도구로 생각하게 되었다. "나는 푸에르토리코인들이 아이들의 사고방식을 이처럼 난도질하도록 내버려두었다는 사실에 깜짝 놀랐다." 그는 자신의 추종자들에게 "미국은 우리 문화를 파괴하려 할 뿐만 아니라 우리 민족을 해체하고 우리 언어까지 말살하려 한다"고 말했다. "미국의 문화와 언어를 받아들이도록 강요하고 우리 책을 몰아내 미국의 것으로 대체하려 한다"[14]는 것이었다.

현지 교사들은 여전히 제국의 언어를 배우는 데 그리 열성을 보이지 않았다. 필리핀 학교에 대한 한 보고서는 학생들이 '영어를 구사할 줄 모르는 선생들에게'[15] 영어를 배우고 있다고 지적했으며, 역대 총독 중 한 사람은 필리핀인들의 억양을 이해하기가 어렵다며 불만을 제기했다.[16] 푸에르토리코 총독은 현지의 영어 교습 방식이 "성의 없다"[17]고 비난했

다. 현지 교사들은 요주의 인물로 지목되어 해고당하면서까지 영어화에 강하게 저항했다.[18]

전반적으로 영어 구사 능력은 올라갔으나 그 속도는 느렸다. 1940년에는 푸에르토리코인과 필리핀인의 약 4분의 1이 영어를 구사할 수 있었다.[19] 하와이에서는 여러 언어가 토착어와 결합된 혼성어에 해당되는 피진어가 여전히 일상을 지배했다.[20]

———

더 넓어진 세계가 더 좋은 것은 아니다. 서구 사회에서 영어는 늘 경쟁 언어의 뒤를 쫓았다. 프랑스어는 외교에 사용되는 언어였다. 과학에서 프랑스어에 독일어와 러시아어(화학)가 합류했다. 1932년에 국제과학회의의 98.5퍼센트는 프랑스어를 공식 언어로 사용한 데 비해 영어는 83.5퍼센트에 그쳤다.[21]

영어 사용자들은 외국인과 대화하고 싶으면 다른 언어를 배워야 했다. 벤저민 프랭클린이 18세기에 한때 외국어 공부에 열을 올렸던 것도, 20세기에 그의 뒤를 이은 사람들이 외국어를 공부한 것도 바로 그런 이유에서였다. 시어도어 루스벨트는 '영어 사용'에 집착하긴 했으나 프랑스어와 독일어를 구사했고, 이탈리아어를 이해할 수 있었다. 당대의 또 다른 학자 출신 대통령이었던 우드로 윌슨은 독일어 학술 자료를 읽을 수 있었고 독일어 실력을 키우기 위해 유럽으로의 이주를 고려하기도 했다.[22] 허버트 후버는 이보다 한발 더 나아갔다. 그는 어렸을 때 오세이지족 언어를 배우기도 했고,[23] 그의 첫 출판물은 채굴에 관한 16세기 라틴어 논문 번역이었으며 아내와 함께 사적인 대화를 하고 싶으면 중국어로 말하곤 했다(이 부부는 중국에 살면서 중국어를 배웠다).[24] 영어의 지위가 지금과 같지 않던 시절에는 다양한 외국어가 존재하는 세계에 대응하기 위해 대통령이 다양한 외국어를 구사했다.

제2차 세계대전 중 영어의 한계는 매우 극명하게 드러났다. 한 저명한 문헌학자가 "외국어는 실제적이고 객관적인 현실을 기반으로 하고 있었고, 이상하게 들릴지 모르지만 지구상에는 영어가 전혀 통하지 않는 지역도 매우 많다는 사실을 그때 깨달았다"며 당시를 떠올리면서 말했다. 그는 미국이 스스로 "모두가 영어를 구사하는 작고 아담한 세계"를 구축했다고 말했다. 그런데 "갑자기 이 짜증나는 외국인들이 자기네 땅에서 일어나 우리 앞에 나타나서는, 우리가 아무리 천천히 크게 말해도 우리 말을 이해하길 완강히 거부했다. 거의 말도 안 되는 상황이었다".[25]

육군은 국제전을 수행하는 데 필요한 언어를 배우기 위해 군인을 위한 속성 과정을 도입했다. 결국 40여 개 언어가 포함됐다(이는 오늘날 강의실에서 흔히 보는 '듣기와 말하기 위주'의 언어 학습 방법의 시초가 되었다). 그러나 세계 각지를 누비면서 군인들이 마주칠지 모르는 수십 개 언어를 구사하기 위해 수백만 명의 군인을 훈련시키는 일은 너무나 비현실적이었다.

외국인이 영어를 배우는 편이 훨씬 나을 것이었다.

———

연합군 지도부는 전쟁을 어떤 식으로 수행할 수 있을지를 논의하다가 언어에 생각이 미쳤다. 윈스턴 처칠은 하버드에서 1943년에 한 연설에서 "미래의 제국은 의식의 제국이다"[26]라는 명언을 남겼다. 그는 정신적 식민화의 핵심은 언어적인 것에 있다고 믿었다. 처칠은 하버드 학생들에게 영어가 전 세계에서 사용된다면 영어 사용자들이 누리게 될 '엄청난 편리함'에 대해 상상해보라고 주문했다. 더 이상 영토로 쌓아올린 제국에 구애받지 않고 '세계를 자유롭게 돌아다닐' 수 있게 될 것이었다.

이는 근본을 뒤흔드는 시각이었다. 그러나 처칠은 이 역시 현실과는 거리가 멀다고 판단했다. 영어는 1943년에는 아직 세계 공용어가 아니었고, 국제 공용어의 지위를 얻기엔 요원해 보였던 것이다. 어휘 수는 엄청나서 사전에는 최대 50만 개가량의 단어가 포함됐다. 지독한 철자법은 차라리 촌극에 가까웠다. 알베르트 아인슈타인조차 그가 말한 영어의 '어설픈 철자법'[27] 때문에 두 손 두 발 다 들 지경이었다.

처칠은 이런 문제에 진지하게 몰두했다. 하버드 연설에서 그는 850개 단어(그중 동사는 come, get, give, go, keep, let, make, put, seem, take, be, do, have, see, say, send, may, will의 18개만 포함됐다)로 대폭 줄인 기본 영어, 즉 베이직 잉글리시에 대한 지지를 표명했다. 베이직 잉글리시는 외국인을 위한 영어였다. 문법과 어휘로 이뤄진 체계 전체가 종이 반쪽에 읽기 쉽게 인쇄됐고, 나머지 반쪽에는 예문이 실렸다.

뛰어난 언어 구사력을 지닌 처칠이 마치 스타인웨이 그랜드피아노를 내주고 장난감 피아노를 받는 듯한 모습은 놀라울 수도 있다. 그러나 그뿐만이 아니었다. 처칠 외에 에즈라 파운드, 로런스 더럴, 조지 오웰 역시 베이직 잉글리시를 세계에 보급한다는 생각을 지지했다.[28] 오웰은 "베이직 잉글리시로 분명하지 않은 무의미한 서술을 하는 일은 있을 수 없다"[29]고 말했다. 허버트 J. 웰스는 베이직 잉글리시가 '들불처럼 확산'될 것이라고 예측했으며, 2020년에는 영어를 이해할 수 없는 사람이 '전 세계에 거의 없게' 될 것이라고 생각했다.[30]

영국의 가장 존경받는 문학 교수인 아이버 A. 리처즈는 베이직 잉글리시를 자신의 소명으로 삼았다. 그는 중국에서 영어를 가르쳤던 경험이 있었던지라 영어의 보급에 대해 우려가 많았다. 그는 "중국 학생 대다수는 영문학을 이해하기 위해 영어를 배우려들지 않을 것이다"[31]라고 판단했다. 리처즈는 베이직 잉글리시가 '서구 언어를 통해서만 얻을 수 있는 엄청난 양의 생각과 감정, 욕망, 태도'에 익숙해질 수 있는 최선의 방법이라고 봤다.

1937년 리처즈는 중국 정부가 학교에서 베이직 잉글리시를 가르치도록 합의하는 놀라운 위업을 달성했다.[32] 하지만 그해에 대대적으로 중국 침공에 나선 일본 때문에 거의 즉시 무효가 되었다. 그럼에도 리처즈는 이를 밀어붙였고, 전쟁이 끝날 무렵 그는 마이애미의 해군 시설에서 중국 선원들에게 베이직 잉글리시를 가르치고 있었다.

"군함을 조종하는 데에는 기본 어휘 400개면 된다"[33]는 리처즈의 의견이 『타임』지에 실렸다. "850개 단어면 지구를 운행할 수도 있습니다."

프랭클린 루스벨트는 여기에 주목했다. 베이직 잉글리시는 "엄청난 장점이 있다"[34]며 영어가 프랑스어를 몰아내고 외교 언어로 사용될 수 있을 것이라고 국무장관에게 말했다. 그러나 루스벨트의 의욕도 처칠을 놀리는 것까지 막지는 못했다. 그는 처칠에게 서한을 보내, 처칠의 유명한 '피와 노고, 눈물과 땀blood, toil, tears, and sweat'밖에 드릴 것이 없다던 연설을 '피와 일, 눈에서 나오는 물과 얼굴에서 나오는 물blood, work, eye-water and face-water'이라는 베이직 잉글리시로 표현을 바꾸었다면 어떻게 됐을 것 같은지 물었다.[35]

"그러나 우리는 정말로 베이직 잉글리시에 관심이 있습니다"라고 루스벨트는 서둘러 덧붙였다.

그럼에도 불구하고 루스벨트는 김빠진 영어가 제대로 사용되긴 어려울 것이라고 직감했다. 영어 원어민 화자들은 베이직 잉글리시의 850개 단어에 맞춰 말하느라 애를 썼다. 외국인들은 특히 동사와 관련해 베이직 잉글리시의 지나치게 완곡한 표현 때문에 곤혹스러워했다. 한 평론가는 "한국어, 스페인어, 러시아어 사용자들은 당연히 '나는 점프했다'보다 '나는 뛰어서 공중으로 올라갔다'는 말이 왜 더 표현하기 쉬운지 물어볼 법하다"[36]고 제대로 지적했다.

———

결국 베이직 잉글리시는 뛰어서 공중으로 올라가지 못했다. 언어 사용자들은 이를 따르지 않았고 베이직 잉글리시를 지지하던 이들은 흥미를 잃었다. 그러나 영어의 군살을 빼는 일이 이를 전 세계에 보급하는 유일한 길은 아니었다. 1940년대에 열성 개혁주의자들은 불규칙한 철자법을 정리하기 위한 수십 가지 방안을 내놓았다.[37] 스웨덴의 영어학자 R. E. 사크리손(1880~1937)이 고안한 철자법을 개량한 영어인 앵글릭Anglic('Forskor and sevn yeerz agoe our faddherz braut forth on dhis continent a nue naeshon'), 표음철자법Fonetik Crthqgrafi, 철자개혁위원회The Simplified Spelling Society가 고안한 새로운 철자법Nue Spelling, 새로운 시대의 알파벳 Alfabet for the World of Tomorrow, 그리고 특이하게도 모음을 줄여 '하나의 세계에 하나의 언어1 Wrld, 1 Langwij'를 표방하는 철자법 등이 다양하게 쏟아졌다.

가장 과감한 체계는 전직 상원의원인 로버트 레이섬 오언이 제안한 내용이었다.[38] 체로키 혈통(그는 체로키 인디언들 사이에서 '오코노스토타'로 알려졌다)인 오언은 1905년에 인디언 인구가 대다수였던 세쿼이아주 수립을 추진했다가 실패한 지도자 중 한 사람이었다. 의회가 세쿼이아주 수립을 기각하고 더 넓은 (그리고 백인이 더 많은) 오클라호마주 수립을 승인한 후, 오언은 상원에 진출했다. 허버트 후버의 차기 부통령인 찰스 커티스와 함께 그는 상원의 유일한 인디언이었다.

오언이 원했던 세쿼이아주는 체로키 문자를 고안한 사람의 이름을 딴 것으로, 로마식을 따르지 않은 문자 체계는 체로키 인디언들에게 엄청난 호응을 받으며 신속히 보급됐다. 이런 사례가 영어에도 적용될 수 있을까? 오언은 한동안 새로운 음성 문자 개발을 막연히 구상했다. 1941년 12월 7/8일 일본이 진주만을 공격하자, 그는 이를 밀고 나가기로 결심했다.[39]

오언이 고안한 '글로벌 알파벳'은 로마자를 사용하지 않았다. 이는 아랍어나 속기에 가까워 보였다. 그는 익숙한 문자 형태를 피해 철자법 문제에서 완전히 멀어질 수 있었다. 단어는 소리 나는 그대로 표기할 수 있었다. 오언은 이것이 '빠른 속도로 전 세계에 영어를 가르칠 수 있는' 수단이라고 주장했다.[40]

그는 글로벌 알파벳으로 영어가 '2~3년 안에 일상어로 전 세계에서 사용'될 수 있을 것이라고 예측했다. 그리고 그가 고안한 체계는 베이직 잉글리시와도 완벽히 호환된다고 덧붙였다.[41]

오언의 아이디어는 주변으로 퍼져나갔고, 프랭클린 루스벨트는 국무장관에게 이를 검토해보라고 지시했다.[42] 상원외교위원회는 그에 대한 청문회를 열었다(뉴멕시코주의 한 상원의원은 "보편적인 의사소통 방법을 개선하는 사람보다 인류에 더 많이 기여할 수 있는 사람은 없을 것이라 생각한다"[43]고 외쳤다). 조지 버나드 쇼는 이에 공감해 로마식을 따르지 않는 음

　　　　　　　　　　　제2부 점묘주의 제국

성 문자 체계 개발 및 보급에 자금을 지원하도록 자신의 재산 일부를 남겼다.[44] 엘리너 루스벨트는 이를 배우기가 너무 어렵다고 지적했다.[45] 그러나 한껏 고무된 오언은 자신이 개발한 알파벳을 기록하기 위한 특수 타자기까지 만들었다.[46]

그런 타자기가 나온 것은 처음이자 마지막이었다. 오언의 알파벳은 대중화되지 못했다. 그러나 그만큼 끌고 온 사실만으로도 놀랍다. 영미의 지도자들은 일반 영어의 전망을 지나치게 신경 쓴 나머지 영어 개혁을 위한 극단적인 조치도 적극 고려했다.

잘 길들여진 영어, 즉 18개 동사로 축약해 휘갈겨 쓴 영어는 처칠이 바란 '의식의 제국'을 위해 그들이 정말로 감당해야 할지도 모르는 대가였다.

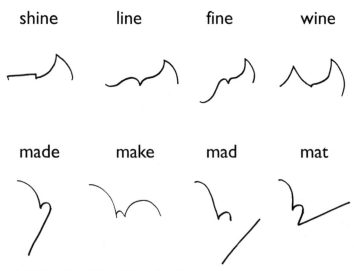

글로벌 알파벳. 로버트 레이섬 오언이 고안한 체계

영어가 맞닥뜨린 과제는 기술적인 차원 이상의 것이었다. 영어 확산의 주요 수단이었던 식민 지배는 눈에 띄게 와해되고 있었다. 탈식민화로 6억 명 이상이 영국과 미국의 지배로부터 벗어나게 되었다. 그들은 계속 영어를 사용할 것인가?

그렇지 않을 가능성이 컸다. 많은 사람이 영어가 자국에 끼친 해악을 거세게 비난했다. 마하트마 간디는 인도의 영어 의존을 '노예의 표식'[47]이 라고 봤다. 케냐 작가인 제임스 응구기는 '교실의 정신적 폭력'이 '전장에 서의 신체적 폭력'만큼이나 해로웠다고 주장했다. 그는 미션스쿨에 다니 던 어린 시절에 토착어인 기쿠유어를 쓰다가 걸린 학생들은 두들겨 맞 거나 벌금에 처해지거나 "나는 멍청합니다" 또는 "나는 얼간이입니다" 같 은 표지판을 들고 다녀야 했다며 당시를 회상했다.[48] 식민지에서 독립한 이후 그는 이름을 응구기 와 티옹오Ngũgĩ wa Thiong'o로 바꾸고 영어로 소설 집필하는 것을 그만두었다.

마누엘 케손 역시 이러한 문제를 토로했다. 필리핀에 자치정부가 수립 되어 케손이 대통령에 취임했을 당시 영어를 유창하게 구사하는 필리핀 성인 인구는 거의 없었으나, 학교와 정부에서 영어 사용이 점차 두드러 지면서 토착어가 뿌리내리지 못하게 되었다. 그 결과 수백 년간의 식민 지배(스페인 지배 포함) 이후, 필리핀 군도 전역에서 토착어는 완전히 실종 되고 말았다.

"여러 지역을 여행하며 필리핀 사람들과 이야기하는 데도 통역사가 필 요하다." 케손은 개탄했다. "이보다 더 끔찍하고 수치스러운 이야기를 들 어본 적이 있는가?"

제2부 점묘주의 제국

그는 필리핀에 '고유의 언어'가 필요하다고 주장했다. 필리핀 토착어여야 하며 전국적으로 보급되어야 한다는 것이었다. 케손은 그런 토착어 없이는 "국민 정신이란 존재할 수 없다"고 고집했다.[49]

1935년 자치정부를 수립하면서 케손은 미국 정부로부터 약간의 자치권을 얻어내는 가운데 국립언어연구소를 세웠다. 현지 언어, 즉 마닐라를 근간으로 하는 타갈로그어를 발굴해 국어로 만드는 것이 그들의 임무였다. 방언을 공식 언어로 전환하고 이를 공표하는 데에는 시간이 걸릴 것이었다(필리핀 교육위원회는 베이직 잉글리시를 본떠 기초 타갈로그어를 매개 언어로 활용하자는 제안을 내놓았다[50]). 그러나 케손은 이를 통해 궁극적으로 식민지 시대에 진행된 영어화를 원상태로 되돌릴 것이라고 기대했다.

탈식민화가 진행되면서 많은 국가가 이러한 목표에 동참한다는 사실이 분명해졌다. 인도는 독립한 이후 바라트를 공식 국명으로, 힌디어를 공식 언어로 지정하면서 영어를 보조적인 지위로 낮추어 1965년에 공용어 지위를 완전히 박탈하겠다고 발표했다. 영국 식민지였던 싱가포르는 자치정부를 수립한 1959년에 말레이어를 공용어로 지정했다. 스리랑카에서는 1956년에 싱할라어 단독법을 제정해 인도와 마찬가지로 싱할라어를 단독 공용어로 지정했다.

1949년 유엔 총회는 회원국 국민이 모국어로 초·중등 교육을 받아야 한다고 결의했다. 그해 마오쩌둥이 중국 주석에 취임했다. 그는 문화대혁명을 통해 영어를 금지하고 영어 교사를 대상으로 폭력을 자행했다. 동구권에서는 구소련이 영어를 '타락한' 대상으로 금지하고 전역에 러시아어의 사용을 장려했다.[51]

아프리카통일기구OAU는 아프리카 독립국에서 유럽 언어를 '잠정적으로만 용인'[52]할 것이라 발표하고, 영어를 토착어로 교체하기 위해 아프리카 대륙 언어국Inter-African Bureau of Languages을 설립했다.

어쩌면 이는 가능했을 수도 있다. 영국령 팔레스타인에서 유대인 정착민들은 고대 문서로만 존재하던 히브리어를 살려내 후손들에게 모국어로 가르쳤다. 그들은 한발 더 나아가 1948년에 정식으로 이스라엘이라는 국가의 독립을 쟁취하면서 영어를 밀어내고 히브리어를 공용어로 지정했다. 모국어 화자가 없었던 언어가 악조건에도 불구하고 영어를 밀어내버린 것이다.

리처즈는 이 모든 상황을 불안한 마음으로 지켜봤다. 제3세계 민족주의가 "영어에 대한 모든 기대를 좌절시킬"[53] 수 있다고 경고했다.

———

그러면 영어는 어떻게 전 세계에 널리 퍼졌을까? 1940년대에 프랭클린 루스벨트와 처칠은 국제 언어로 만들기 위해 영어를 과감히 변화시켜야 한다고 생각했다. 탈식민화는 마누엘 케손과 같은 사람에게 권력을 주어 영어의 전망을 더 악화시키기만 했다. 그러나 영어는 이러한 난관을 극복하고 명실공히 국제어가 되었다. 어떻게 가능했을까?

일부 언어학자의 주장에 따르면 이는 미국과 영국의 외교 정책에 힘입었다는 것이다.[54] 영어권 국가가 정치 지배력은 잃었을지 몰라도 약소국에 자국 언어를 도입하는 방식을 통해 활로를 모색했다는 게 그들의 설명이다.

이는 상당 부분 교육을 통해 가능했다. 미국 대학으로 쏟아져 들어오는 수십만 명의 외국 유학생은(1969년 기준 한 해 12만 명) 수학이나 사회학만 배우는 것이 아니었다.[55] 그들은 수학과 사회학을 영어로 공부했다.

그런 후 그들은 영어를 모국에 들여왔고, 자국에서 최상위 식자층 및 권력층에 속하게 됐다. 유학생 외에도 미국 육군사관학교, 학교, 기지 및 특수 시설에서 공부한 50만 명 가까운 외국 훈련병이 있다.

유학생이 쇄도하면서 영어는 자연스레 세계 각지로 흘러 들어갔다. 1960년대까지 최소 40개 미국 정부 기관에서 해외 영어 교습을 후원했는데,[56] 특히 평화봉사단Peace Corps(가나 대통령은 이를 '서구의 심리전' 도구라고 비판했다[57])이 선봉에 섰다. 라디오 방송국 또한 영어를 외국으로 전파했다. 1959년 미국의 소리VOA는 일부 방송 프로그램을 위해 제한된 어휘로 구성한 '특별 영어' 코너를 도입했다.[58] 베이직 잉글리시를 떠올리게 하는 대목이다. 영어권 국가에서 다른 나라로 교과서와 만화책, 영화 등이 쏟아져 들어갔고, 때로는 이 과정에서 해당 국가에 정부 보조금이 지급되기도 했다.

그러나 그것이 전부였을까? 그럴 리는 없다. 영어가 영향력을 업고 있는 것은 사실이지만 비영어권 국가들의 방어력도 엄청났기 때문이다. 그들은 학교 교육 커리큘럼을 정하고 영어 외의 언어에 공용어 지위를 부여했으며 자체 라디오 프로그램을 방송했다. 아이들이 학교에서 스와힐리어나 싱할라어로 공부하는 상황에서 100여 명의 평화봉사단이 무슨 일을 할 수 있었을까?

게다가 영어권 정부들은 알고 보면 영어 수출에 그리 우선순위를 둔 것도 아니었다.[59] VOA나 평화봉사단과 같은 단체들이 영어 홍보에 기여하긴 했으나, 그것이 그들의 주요 목적은 아니었다. 미국 정부가 영어 보급을 외교 정책 목표로 세운 것도 1965년에 들어서였다.[60]

다른 시각으로 분석하면 도움이 될 수 있다. 국제어로서의 글로벌 영어는 사실 미국이나 영국 정부의 중대 의사 결정의 결과는 아니다. 이는 전 세계에서 이뤄진 수십억 개의 소소한 의사 결정이 빚어낸 결과라고 보는 것이 옳다. 이 같은 수십억 개의 의사 결정은 확실히 국제사회에서 미국의 우월한 지위에 깊이 영향을 받아 이뤄진 것이었다. 그러나 언어는 위에서 아래로 강요되는 것이 아니라, 오히려 아래에서 위로 전파된다.[61]

―――

표준이란 바로 그런 것이다. 표준은 다른 종류의 권력과는 작동 방식이 다르다. 정부는 세금을 부과하고 병력을 징집하며 당사자를 구속할 수 있다. 이는 항상 일어나는 일이다. 그러나 표준은 강제하기가 훨씬 어려우며, 언어는 특히나 더 그렇다. 식민 당국은 50년간 푸에르토리코에 영어를 주입하기 위해 노력해왔으나 현재 인구의 4분의 1만이 영어로 대화가 가능할 뿐이다.[62] 집 안팎에서 푸에르토리코인들은 여전히 스페인어를 썼기 때문에 영어 보급이 어려웠다.

표준은 힘을 반영하지만 실제 압력이 국가에서 비롯되는 경우는 거의 없다.[63] 오히려 공동체의 압력이 더 크다. 표준 설정의 대표적 사례인 비디오카세트 녹화기 포맷 경쟁을 보자. 1975년 소니사는 최초의 소비자용 제품인 VCR을 내놓았는데, 이는 베타맥스라 불리는 테이프 포맷을 사용했다. 이듬해에 소니의 경쟁사인 JVC는 다른 포맷인 VHS를 사용한 VCR을 판매하기 시작했다. 각각 나름의 장점이 있었다. 베타맥스는 화질과 음질이 더 좋았던 반면, VHS는 재생 시간이 길었다. 1980년에 소비자가 어느 쪽을 선택하든 그럴 만한 이유는 충분했다.

그러나 1990년부터는 상황이 달라졌다. 충분한 수의 소비자가 VHS

를 구입하면서 임계치에 도달해 변화의 여지가 생긴 것이다. 대여점은 베타맥스 구입을 중단했다. 새로운 영화는 VHS 포맷으로만 출시됐다. 소니사 스스로도 VHS와 호환되는 하드웨어를 만들 수밖에 없었다. "솔직히 말해 우린 VHS를 만들고 싶지 않았습니다." 소니 부사장이 고백했다. "그렇지만 기분 따라 사업을 할 수는 없는 노릇이니까요."64

엄밀히 말해 소니는 베타맥스를 포기해야 하는 상황은 아니었다. 그보다는 베타맥스를 고수하는 데 드는 비용이 지나치게 높아졌다. 이미 대다수의 소비자가 VHS를 택했기 때문이다.

이와 유사한 현상이 언어에서도 일어났다. 동떨어진 문화들이 가까이에서 마주치면서 공통 언어의 필요성이 커졌다. 그러나 어떤 언어를 사용할 것인지는 아무나 선택할 수 없었다. 다른 사람들이 선택한 언어를 골라야 하고 발전 가능성이 가장 커 보이는 언어를 선택해야 했다. 그리고 일단 임계치에 다다르면, 그런 선택은 사실상 의무가 되어버렸다.

다양한 사람이 다양한 속도로 이러한 과정을 거쳐왔다. 세계화를 주도하는 국제사회는 공통 언어의 필요성을 가장 먼저 깨달았다. 그들은 일찌감치 영어를 선택했고, 각국이 영어를 받아들이자 영어는 더욱 추진력을 받으면서 결국 전 세계가 영어에 올라타게 되었다.

영어화에 적극 뛰어든 최초의 집단은 항공 교통 관제사들이었다.

항공 분야는 기술적으로 복잡한 데다 근본적으로 국제적인 성격을 띨 수밖에 없어서 표준이 필수인 분야다. 상공에서 명확한 의사소통이 얼마나 중요한지를 감안할 때 공통의 언어는 더 말할 것도 없다. 1950년대에 안드레이 그로미코 외무장관을 태우고 런던으로 날아가던 구소련 비행기가 히스로 공항을 두 번이나 지나치는 바람에 거의 추락할 뻔했는데, 이는 당시 조종사가 관제탑의 지시를 제대로 이해하지 못했기 때

문이었다.[65]

그러나 1944년 국제 항공 시스템에 관한 규약이 체결될 때 국제 항공편을 위해 표준 언어가 채택되어 이러한 실수는 다행스럽게도 점차 드물어지게 되었다. 당연히 그 표준 언어는 영어였다. 이는 세계를 영어 중심으로 만들려는 의도 때문이 아니라 필요에 의한 선택이었다. 단일 언어가 필요했고 당시 미국의 전 세계 여객 마일 점유율은 70퍼센트에 달했다.[66]

비영어권 사람들은 분통을 터뜨렸다. 1970년대에 퀘벡에 거주하는 프랑스어 사용자들은 별 지장이 없으면 국내선 비행 시 프랑스어를 사용하고자 했다.[67] 프랑스어를 비행 시 주요 언어로 사용하겠다고 요구한 것이 아니라 선택 사항으로 두겠다는 것이었다. 그러나 조종사와 항공 교통 관제사들은 이에 반발했다. 그들은 대체로 국제적으로 동질 집단이었고 영어에 이미 익숙해져 있었다. 그들은 파업에 돌입하며 9일 동안 캐나다의 항공업계를 마비시켰다가 정부가 비행 중 프랑스어 사용을 금지한다는 데 합의하고서야 일단락 지었다.

세계 조종사 단체는 지난 수십 년간 그 구성이 매우 다양해졌으나 영어만은 그대로였다. 한국, 독일, 브라질, 알제리 조종사들도 모두 영어를 사용한다. 라틴아메리카와 같은 거대 단일 언어 지역에서 그들이 몰래 모국어를 사용할지는 모르지만 영어 사용자가 탑승하면 반드시 영어를 사용해야 한다.

영어화에 참여한 다음 집단은 과학자들이었다.[68] 현대 과학은 항상 국제 무대를 배경으로 발전해왔고 과학자들은 최신 연구 논문을 읽기 위해 다른 나라의 언어를 배우는 데 익숙해져 있었다. 20세기에 들어서면서 그들은 연구에 속도를 내기 위해 인공언어의 채택을 진지하게 고려했다. 특히 과학자용으로 고안된 전후 매개 언어인 인터링구아Interlin-gua에 관심을 가졌다. 저명한 미 의학협회지 『미국의학협회저널Journal of the American Medical Association』은 논문 초록을 인터링구아로 발간했다('Velocitates de conduction esseva determinate in 126 patientes qui presentava con disordines neurologic'). 분자 분광학 학술지는 전적으로 인터링구아로 발행됐다.

그런 국제적 노력은 치하할 만하지만 미국으로의 쏠림 현상을 극복할 수는 없었다. 제2차 세계대전이 종식된 지 15년이 지난 후 과학 분야 노벨상 수상자의 55퍼센트가 미국 대학 연구자였고 76퍼센트의 수상자는 영어 사용자였다.[69] 1960년대가 되자 전 세계 자연과학 분야 출판물의 절반 이상이 영어로 발행됐다.[70]

다시 한번 티핑 포인트에 도달한 것이다. 출판물의 절반이 영어로 되어 있고 노벨상 수상자의 절반 이상이 영어 사용자인 상황에서 인터링구아나 다른 언어가 살아남을 확률은 얼마나 될까? 비영어권 국가 출신 과학자들은 자기 분야에서 최신 논문을 읽으려면 영어를 배워야 했다. 점차 영어로 글을 쓰는 법도 배워야 했다. 점점 더 많은 비영어권 출신 과학자들이 영어로 연구를 시작하면서 영어로 된 과학 출판물 비율이 급증했다. 현재 영어 출판물의 비율은 90퍼센트가 넘는다.[71]

이스라엘에서 과학자들은 하느님 스스로는 예루살렘의 히브리대학에서 종신 재직권을 받을 수 없었을 것이라고 농담한다. 그는 출판물이 하나밖에 없는 데다 영어로 쓰인 것도 아니기 때문이다. 틀린 말은 아니다. 히브리대학의 라카물리연구소 교직원 웹사이트에 등재된 1921개 연구 출판물 중 영어로 쓰이지 않은 것은 단 하나도 없다.[72]

항공 교통 관제 및 과학 연구는 서막일 뿐이었다. 영어화가 가장 거세게 일어나는 곳은 인터넷이었다. 인터넷은 국제 의사소통을 촉진했으나 그러기 위해서는 먼저 영어 구사 능력이 요구됐다. 웹은 미국에서 발명됐고 이후 영어 사용자를 위한 공간으로 급격히 기울어져왔다. 1997년 언어 분포에 관한 한 설문 조사에서, 무작위로 선택한 전 세계 웹사이트의 82.3퍼센트가 영어로 되어 있었다.[73]

영어 사용자가 인터넷을 지배하게 됐을 뿐만 아니라 매체 자체도 영어에 유리한 상황이다. 프로그래밍 언어는 영어에서 파생됐고, 대표적인 3개 코딩 언어인 파이썬, C++ 또는 자바를 공부하려는 사람은 영어를 할 줄 알면 훨씬 쉽게 배울 수 있다.

더 깊이 파고들어가보면 비트(0과 1)를 문자로 변환하는 코딩 체계가 자리하고 있다. 인터넷 초창기에 가장 자주 사용된 인코딩은 영어를 지원하기 위해 설계된 코드인 아스키ASCII였다.[74] 이는 아랍어와 힌디어처럼 로마식이 아닌 언어를 지원하지 않는다. 이는 유럽어에서 자주 사용되는 ø, ü, β 또는 ñ 등의 기호도 처리할 수 없다. ASCII는 모든 것을 영어로 밀어넣는다.

현재는 체로키어에서 설형문자에 이르기까지 다양한 언어를 포괄하는 편리한 인코딩이 생겼지만, 어디에서나 지원되는 것은 아니다. 다시 말해 영어가 아닌 이메일이나 문자가 올바르게 표시되리라고 보장할 수 없다. 웹 주소는 아직도 대부분이 ASCII로 되어 있다. 그 때문에 중국에서 가장 인기 있는 웹사이트에 접속하려면 baidu.com을 입력해야지, 百度. 中文网으로는 불가능하다. 그리고 설령 중국식 웹 주소가 있다 하더라도 사용자들은 영어 알파벳을 중심으로 고안된 세계 표준인 쿼티QWERTY 키보드를 사용해 입력해야 한다.[75]

인터넷에서 영어의 우위는 한편으로는 자유로운 선택의 결과다. 어떤

중국에서 가장 많이 찾는 웹 페이지이자 검색 엔진인 바이두에는 로마자가 가장 먼저 나타난다.

정부도 이를 명령한 적이 없으며 어떤 군대도 강요한 적이 없다. 그러나 영어로 인터넷에 접속하기로 한 많은 사람은 어쩔 수 없어서 이렇게 했다. 베타맥스 팬이 어쩔 수 없는 상황에 굴복해 VHS 시스템을 구입하는 것과 마찬가지인 셈이다. 그들이 영어를 사용하는 것은 다른 가능한 방법이 없었기 때문이다.

"이는 지적 식민주의의 궁극적인 행위"[76]라고 러시아의 한 인터넷 공급업체의 이사가 한숨을 쉬며 말했다. "제품이 미국에서 오기 때문에 영어에 적응하거나 아니면 사용하지 말든가 해야 합니다. 그런 게 바로 기업의 생리입니다. 그런데 전 세계 수억 명 인구에게 개방된 기술이라면 이야기가 다르죠. 이건 전혀 새로운 종류의 빈부 격차를 만들고 있습니다."

프랑스 대통령이었던 자크 시라크는 영어가 지배하는 인터넷을 '인류의 주요 위협'[77]이라고 간주했다.

———

항공 교통 관제사들, 뒤이어 과학자와 인터넷 사용자에 이르기까지 점점 더 많은 기술 공동체가 영어를 받아들이면서 영어는 세를 더해갔다. 과학기술학회에 한 번도 참석해본 적 없고 심지어 인터넷을 자주 사용할 수조차 없는 인구가 수억 명에 달하는 상황이지만, 전 세계가 영어의 소용돌이에 끌려 들어갔다.

이런 과정은 이제 멈출 수 없는 것처럼 보인다. 그러나 그렇게 되기까지는 시간이 걸렸다. 1969년 컬럼비아대학의 한 저명한 언어학자는 세계 공용어의 출현이 불가피하다고 언급했다. 그러나 그는 그 당시에 영어가 공용어의 지위를 얻을지 확신하지 못했다. 그렇다. 전 세계 라디오 및 텔레비전 방송의 60퍼센트가 영어로 제작됐다.[78] 그러나 영어에 대한 저항이 거센 탓에 그는 배우기 쉽고 영어의 문화적 부담이 거의 없다는 이유로 에스페란토어 같은 인공언어의 확산 가능성을 진지하게 염두에 두었던 것이다.[79]

다시 말해 베타맥스는 여전히 가능한 선택지였다.

그러나 그런 유예 기간은 그리 오래 지속되지 않았고, 1969년이 거의 끝나갔다. 이후 수십 년에 걸쳐 각국이 차례로 영어에 굴복하기 시작했다. 그런 흐름에서 빠져나가려 해도 결국은 영어의 구심력에 끌려 들어가고 말았던 것이다.

인도는 독립 후 한시적으로 영어를 '보조적인 공식' 언어로 허용하면서, 정부가 1965년에 국어를 힌디어로 완전히 전환할 것이라고 생각했다. 그러나 영어는 이후에도 계속 살아남았을 뿐만 아니라 오히려 그 세를 더 불렸다. 현재 광고는 영어로 제작되며 고등 교육도 영어로 이뤄지고 발리우드 영화에는 영어가 매우 자주 등장한다. 영어는 여전히 공식적으로 사용되며 힌디어와 거의 같은 빈도로 의회 토론장에서 사용된다. 『뉴욕타임스』는 최근에 '쓰라린 진실'은 '영어가 사실상 인도의 국어'

라는 점이라고 보도했다.[80]

이는 많은 나라에 해당되는 쓰라린 진실이기도 하다. 싱할라어 단독법을 통과시켰던 스리랑카는 영어의 공용어 지위를 회복시켰다("스리랑카 정부의 공식 웹 포털에 오신 것을 환영합니다"라는 말이 홈페이지에 어색하게 영어로 쓰여 있다). 영어를 말레이어로 대체했던 싱가포르는 2000년에 바른영어사용운동을 시작했다. "상사와 관리자가 직원들의 말을 추측할 수밖에 없는 상황이라면 투자자들은 오지 않을 것이다." 싱가포르 총리는 이렇게 설명했다. "영어 실력이 부족하면 우리에게 나쁜 영향을 주고 우리가 똑똑하지 못하다는 인상을 심어준다."[81]

필리핀도 마찬가지 상황이었다. 마누엘 케손은 영어를 몰아내고 국민 토착어를 수립하려 애썼으나 영어는 공용어의 지위를 지키며 사라지지 않고 있다. 필리핀은 콜센터 직원이 가장 많은 나라다.[82] 또한 저렴한 비용으로 또렷한 미국 본토 발음을 배우기 위해 영어 학습자가 몰려드는 영어 교육의 국제적 중심지이기도 하다.

영어의 구심력은 영어권 강대국들이 영어를 장려했던 분야를 훨씬 넘어 확장되고 있다. 문화적으로나 정치적으로나 몽골만큼 미국 및 영국과 가장 동떨어진 곳도 찾기 어려울 것이다.[83] 그러나 2004년에 하버드대학 출신의 몽골 총리는 몽골 학교에서 영어가 러시아어를 제치고 제1외국어가 될 것이라고 발표했다. 그는 몽골의 수도인 울란바토르를 콜센터 허브로 만들고자 했다.

영어에 정복당한 가장 뜻밖의 대상은 바로 중국이었다. 1978년 덩샤오핑의 개혁개방 노선에 따라 중국은 영어를 허용 외국어로 복구시키고 중국이 번영으로 나아가기 위한 일환으로 장려했다. 중국의 텔레비전은 영국 여성이 출연해 수천만 명의 시청자를 확보한 BBC의 「팔로 미」와

"영어를 정복해 중국을 더욱 부강하게 만들자". 중국에서 가장 유명한 영어 강사이자 유명 방송인인 리양李陽은 영어를 마스터하여 중국을 세계 패권 국가로 만들자는 영어 보급 운동을 펼쳐 수백만 명에게 영어를 가르쳤다고 주장했다.

같은 영어 교육 방송을 내보내기 시작했다. 현재 중국의 일류 대학들은 역사에서 핵물리학에 이르는 교과과정을 영어로 가르치는 수백 개 학위 과정을 운영하고 있다. 지금까지 중국에서 영어 강사로 일한 영어 원어민은 수십만 명에 달한다.[84]

언어학자인 존 맥워터는 "중국이 (…) 언젠가 세계를 지배하는 날이 온다면 영어로 지배하지 않을까 생각한다"[85]고 썼다.

———

오늘날 원어민 수가 최대인 언어는 영어가 아니다.[86] 표준 중국어(만다린)가 1위이고 그다음이 스페인어다. 미국에도 영어로 고생하는 사람이 많다. 그러나 영어의 놀라운 점은 비원어민 사용자 수가 가장 많다는 데 있다. 추정치가 크게 달라질 수는 있지만 지구상에서 약 4명 중 1명이 영어를 구사하는 것으로 보인다.[87] 이러한 수치는 점점 더 늘어나는 듯하다.

영어를 외국어로 말하는 사람들이 그것을 선택한 이유는 명백하다. 영어는 힘을 가진 언어이기 때문이다. 영어를 구사한다는 것은 더 좋은 진학과 취학 기회를 부여받는다는 뜻이고 엘리트 계층에 진입하게 된다는 의미다. 다섯 개 저소득 국가(파키스탄, 방글라데시, 카메룬, 나이지리아, 르완다)에서 영국문화원으로부터 위탁을 받아 수행한 연구에서 영어를 구사하는 전문가들은 그렇지 못한 사람에 비해 소득이 20~30퍼센트 높았다.[88]

이러한 역학관계에 신경을 곤두세운 한국의 부모들은 보통 5세 미만의 어린 자녀들에게 설소대 절제술을 받도록 했다. 이는 혀 아래에 붙어 있는 가느다란 섬유 조직을 절개하는 수술이다. 이러한 수술은 아이들에게 혀의 움직임을 날렵하게 해준다는 명목으로 이뤄졌으나, 영어의 어려운 L과 R 발음이 좋아지도록 하려는 것이었다. 노예가 모국어를 말할 수 없게 노예주가 한때 그들의 혀를 잘랐다면, 이제는 영어를 말하기 위해 스스로 혀를 자르는 셈이다.

분명한 것은 설소대 절제술은 흔히 이뤄지는 수술이 아니라는 사실이다. 그럼에도 불구하고 이런 수술이 존재한다는 사실만으로도 영어에 대한 갈망이 얼마나 큰지 알 수 있다. 영어권 국가의 식민 지배를 받아본 적이 없는 한국에서조차 영어를 마스터하는 일이 그 무엇보다 중요하다. 서울의 한 대학에서 교수로 있었던 학자는 "영어가 이제 생존 수단이 되

고 있다"고 표현했다.[89]

───────

미국 거주자들에게 세계의 영어화는 처칠이 예견했듯이 '매우 편리한' 일이다. 세계 어디서든 사업을 운영할 수 있으며 생각과 포부를 널리 알릴 수도 있다. 영화와 책, 공연물, 음악, 광고가 미국에서 흘러나오면 멀리 떨어진 외국에서도 편안하게 느껴진다.

아마도 그중 두드러진 특권을 꼽는다면 미국인들은 외국어를 배우느라 씨름할 필요가 없다는 사실일 것이다. 비영어권 화자들은 다들 영어를 배우느라 인지 능력에 엄청난 부담을 지우는 데 반해 영어 원어민들은 언어 학습이 전혀 필요 없는 것이다. 2013년 현대언어학회는 대학의 외국어 강좌 등록이 50년 전에 비해 절반밖에 되지 않는다는 사실을 발견했다.[90] 다시 말해 미국 학생들은 세계화를 맞아 외국어 학습 의욕이 절반으로 준 것이다.

게다가 굳이 배워야 할 이유가 무엇이란 말인가? 20세기 초반에 시어도어 루스벨트나 우드로 윌슨, 허버트 후버와 같이 국제적 감각을 지닌 야심가들은 외국어를 배워야 했을지 몰라도 현재는 그럴 필요가 없다. 버락 오바마는 믿기 어려울 정도로 다양한 국제적 배경을 갖고 있지만 (케냐인 아버지가 미 본토 출신 어머니를 러시아어 수업에서 만나 가정을 꾸렸고, 그는 유년 시절을 하와이와 인도네시아에서 보냈다) 그는 영어밖에 구사할 줄 모른다.

'부끄러운 일'이라고 오바마는 인정했다.[91] "이곳에 온 유럽인들은 모두 영어를 말할 줄 알고 프랑스어와 독일어도 구사합니다. 그런데 우리가 유

럽에 가면 고작 할 줄 아는 말이라고는 메르시 보쿠merci beaucoup●밖에
없습니다."

20.
권력은 곧 주권이오, 미스터 본드

"아, 미스터 파워스…… 제 화산기지에 잘 오셨습니다." 닥터 이블이 열대 섬에 위치한 정교한 지하 기지로 그를 안내하며 말한다. 영화 「오스틴 파워: 나를 쫓아온 스파이」의 시나리오는 금세 알아볼 수 있다. 정신 나간 슈퍼 악당과 섬에 마련한 은신처, 세계 멸망의 위협 등의 설정은 매우 친숙해서 그것이 얼마나 이상한지 알아차릴 수 없을 정도다.

하고많은 위협적인 장소 중에서 왜 하필 우리의 야심 넘치는 악당들은 세계를 지배할 속셈으로 망망대해에 떠 있는 외딴섬을 찾아내는 것일까? 인구 밀집 지역에서 멀리 떨어져 있고 느긋한 분위기가 깔린 이런 섬들이 휴가지로 적합하다는 특징 때문에 세계 정복의 도약대가 되기에도 안성맞춤이라는 생각이 들 것이다. 결국 나폴레옹의 적들이 그를 엘바섬으로 귀양 보낸 것도 그가 또다시 세계 정복에 나서지 못하도록 막기 위해서였다.

최소한 서양의 이야기 속에서는 섬과 악행 사이에 모종의 관계가 오랫동안 존재해왔다. 『보물섬』(1883), 허버트 조지 웰스의 『모로 박사의 섬』(1896) 또는 『킹콩』(1933)에 나온 해골섬 등 위험한 무법 공간으로 섬이 등장하는 예를 떠올리기란 그리 어렵지 않다.

그러나 섬에서 세계를 지배하는 것은 소설과 다르다. 내가 아는 한 이런 설정은 좀더 최근에 와서야 나타난 문학적인 현상에 가까우며, 제임스 본드에서 본격적으로 시작됐다.

———

제임스 본드를 만들어낸 작가 이언 플레밍은 섬과 섬에서 발생한 극악무도한 사건들에 대해 잘 알고 있었다. 제2차 세계대전 중에 그는 영국의 해군 정보국 국장 보좌관으로 일했다. 1943년 그는 미국과 고위급 해군 정보 회담에 참석하기 위해 자메이카의 킹스턴으로 날아갔다. 카리브해는 당시 곤경에 처해 있었는데, 연합군 해군을 피해 독일 잠수함이 이 지역을 장악하고 있었던 것이다. 독일 잠수함인 U보트가 비밀 항구에서 안전한 정박지를 찾아냈다는 소문이 돌았다.[1] 비밀 항구는 바하마에 있는 섬에 터를 잡은 스웨덴 갑부인 악셀 벤네르그렌이 지은 것이었다.

그의 연대기를 기록한 저자들 중 한 명은 벤네르그렌이 "역사의 장막 뒤에서 발생하는 사건들에 깊이 영향을 미치는"[2] 미스터리한 인물이라고 표현했다. 그는 눈에 띄게 훌륭한 신체적 조건을 갖춘 인물로, 사람을 꿰뚫어보는 듯한 파란 눈에 새하얀 머리, 구릿빛 피부, 꼿꼿한 자세가 특징이었다. 그는 진공청소기를 만들어 막대한 부를 쌓기 시작했으며, 사업이 전 세계로 무대를 확장해나가면서 군수품과 성냥, 목재 펄프, 비행기, 모노레일, 은행업, 통신에 이어 컴퓨터에 이르기까지 다양한 분야를 포괄하게 되었다. 디즈니랜드와 시애틀 모노레일은 바로 벤네르그렌사의 작품이었다. 라틴아메리카 통신사인 텔맥스(현재는 세계 최대 갑부 자리를 노리는 카를로스 슬림의 핵심 자산이다)는 벤네르그렌이 창립한 회사였다.

벤네르그렌은 아마도 세금 문제 때문에 스웨덴을 떠나 바하마로 이주한 것으로 생각된다. 그는 바하마에서 섬 하나의 부지를 사들여 샹그릴라라는 저택을 짓고 세계 최대 규모의 요트를 정박시켜 최신 무선 통신 기능을 설치했다.

스웨덴의 한 잡지는 "스웨덴에 살기에 그는 야망이 너무나 큰 사람"이라고 썼다. "그는 국제적인 거물이다."[3]

벤네르그렌은 실제로 자신만의 외교 정책도 갖고 있었다. 그는 과학과 합리성이 평화의 시대를 불러온다는 이론을 제시했다.[4] 새로운 시대를 열기 위해 그는 영어의 세계 공용어화를 바라며 당대의 여러 철자법 개혁안의 하나로 나왔던 앵글릭Anglic을 지원했다.[5] 또한 영국 총리인 네빌 체임벌린과 나치 독일의 이인자였던 헤르만 괴링 사이에서 비공식 특사 역할을 수행해 평화 유지에 힘쓰기도 했다. 벤네르그렌은 사실 히틀러가 폴란드를 침공하기 전에 마지막까지 영국과 독일 간 외교 관계를 이어주던 고리였다.

괴링과의 관계로 인해 벤네르그렌에게는 의혹이 드리워졌다. 미 국무부 차관보는 "증거는 전혀 없지만, 이 사람이 독일 정부의 스파이로 활동한다는 심증이 강하게 든다"[6]고 보고했다. FBI는 벤네르그렌을 감시했고 미국 정부는 그의 계좌를 동결했으며 터무니없는 혐의가 날아들었다. 그가 나치의 자산 이전을 돕고 있다거나, 괴링이 벤네르그렌의 요트로 수상쩍은 꾸러미를 몰래 들여왔다거나, 아니면 요트에 탄 사람 전부가 스파이라거나 하는 식이었다.

FBI가 벤네르그렌 일파의 한 사람이었던 잉가 아르바드를 적극적으로 조사했던 것은 그다지 도움이 되지 않았다. 벤네르그렌의 정부로 종종 오인되곤 했던 덴마크 미녀인 아르바드는 나치 수뇌부의 총애를 받았다. 히틀러는 그녀를 자신이 본 '북유럽 미녀의 가장 완벽한 예'라고 생각했으며 1936년 올림픽 때 특별석에 그녀를 초대했다.7 그것만으로는 그녀가 스파이 활동에 가담했는지 알기 어려웠다. FBI가 24시간 감시를 통해 알아낸 주요 내용은 아르바드가 나치와 어울린 것이 아니라 격정적이고 복잡한 연애에 빠져 있다는 사실이었다. FBI는 아르바드가 존 F. 케네디라는 젊은 해군 소위와 만나는 내용을 테이프에 녹음했다(케네디가 대통령에 당선되자 J. 에드거 후버는 아르바드에 관한 FBI 문건을 활용해 자신을 FBI 국장에 재임명하라고 협박했다8).

1943년에 이언 플레밍은 국제적 음모의 온상이었던 이 사건을 마주하게 됐다.

벤네르그렌이 독일의 U보트를 위해 비밀 항구를 지었다는 혐의는 거짓으로 드러났다. 그러나 플레밍은 흥건한 럼주가 등장하는 배경에서 거부할 수 없는 매력을 느꼈다. "이 빌어먹을 전쟁에서 우리가 이기면 나는 자메이카에 가서 살 거요. 그냥 자메이카에서 살면서 그곳을 만끽해야지. 바다에서 수영하면서 책이나 쓸 거요."9

그는 그곳에서 저택 한 채를 구입해 골든아이Goldeneye라는 이름을 붙였다. 전쟁 중 자신이 참여했던 첩보 작전명을 딴 것이었다.

―――――

플레밍이 보기에 자메이카는 '대영제국의 축복받은 외딴곳'10이었다.

구릿빛 피부를 가진 원주민들이 클럽에서 음료를 서빙하고 식민지 시절의 환상에 조금 더 빠져 있을 수 있는 그런 곳이었다. 1956년 영국은 수에즈운하의 소유권을 잃었다. 이는 제국의 종말을 고하는 사건이었다("현대 역사를 통틀어 이에 비견될 만한 혼란 상태는 떠올릴 수가 없다"[11]고 플레밍은 썼다). 그런 패배를 떨치기 위해 앤서니 이든 영국 총리가 자주 갔던 곳이 바로 자메이카였다. 그는 골든아이에 머물렀다.

플레밍은 1946년부터 1964년 사망할 때까지 겨울마다 자메이카에 머물렀다. 그가 본드 시리즈를 집필한 것도 모두 이곳에서였다. 자메이카는 플레밍이 부유한 미망인인 블랜치 블랙웰과 염문을 뿌린 곳이기도 한데, 그녀는 이후에 플레밍의 이웃이었던 에롤 플린과도 불륜을 즐겼다. 골든아이에서 뛰어놀던 사람은 블랙웰의 어린 아들 크리스였다.[12] 그는 훗날 아일랜드 레코드를 설립해 밥 말리, 지미 클리프, 투츠 앤 메이탈즈, 피터 토시와 같은 레게 음악가들을 세계 무대에 선보였다(플레밍 사후 밥 말리는 골든아이를 사들였으나 '너무 호화롭다'고 생각해 이를 크리스 블랙웰에게 되팔았고, 현재까지 블랙웰이 주인이다[13]).

플레밍은 자메이카를 3권의 본드 시리즈 소설의 무대로 삼았으나 「007 살인번호Dr. No」(1958)만큼 자메이카의 모습을 생생하게 잡아낸 작품은 없었다. 암살단이 영국 비밀정보부의 무선국을 파괴해 자메이카와 영국과의 연락이 끊어지자 본드가 급파된다. 단서는 근처 섬을 가리킨다. 알고 보니 이 섬은 바로 해조분 섬이었다.

플레밍의 독자들은 아마도 해조분에 대해 거의 몰랐겠지만 그는 독자들의 무지를 바로잡는 데 열심이었다. 본드가 자메이카에 도착하자 식민지 장관이 그를 앉혀놓고 해조분의 역사에 대해 일장 연설을 한다("본드는 지루함을 각오했다"). 놀랍게도 이 장면은 장 전체에 걸쳐 계속된다. 장관은 영국과 페루의 독점에서 시작해 프리츠 하버의 암모니아 합성법에 이르는 이야기를 길게 풀어놓는다.

"해조분 이야기에 너무 욕심을 부리셨군요."[14] 그가 불평했다. "그 이야기는 나중에 몇 시간이고 다시 하도록 합시다."

나중에 가서 보니 카리브해에는 사람이 살지 않는 작은 섬들이 흩어져 있었다. 그중 섬 하나를 국제적으로 수수께끼 같은 인물인 줄리어스 노 박사가 사들인 것이었다.

극 중에서 줄리어스 노라는 인물이 현실의 악셀 벤네르그렌을 묘사한 것임을 어렵지 않게 알 수 있다. 이 둘은 흥미로울 정도로 유사하다. 훌륭한 신체적 조건에, 과학에 집착하는 인물로 애국심은 없으며 국제정치에 간섭하길 좋아하고 막대한 부를 축적했기 때문이다. 벤네르그렌은 심지어 '벤네르그렌 박사'로 불러달라고 종용하기까지 했다. 페루의 한 대학에서 명예 박사학위를 받았기 때문이라는 것이다.

게다가 이 둘은 카리브해에 개인 소유의 섬을 갖고 있었다. 소설 속에서 닥터 노는 제임스 본드에게 그가 어떻게 이 섬을 구입해 '전 세계에서 가장 값비싼 기술 정보 센터'로 개발하게 됐는지 이야기한다. 거기서 그는 미국의 미사일을 무선으로 모니터링하거나 방해하고 방향을 바꿀 수 있으므로 스스로를 초강대국의 무기라고 주장한다.[15]

비밀 기지가 섬이라는 사실은 닥터 노에게 매우 중요하다. "미스터 본드, 권력은 곧 주권이오." 그가 설명한다. "이 세상에 자기 국민의 생사를 결정할 수 있는 이가 누구요? 스탈린이 죽었으니 나를 뺀 다른 이름을 댈 수 있겠소? 그리고 내가 어떻게 그런 권력, 그런 주권을 가지겠소? 사생활을 지킴으로써 가능한 것이지. 아무도 모른다는 사실을 통해서 말이오. 아무에게도 해명할 필요가 없다는 그런 사실을 통해서."[16]

스위치가 켜지는 한순간이 문학에 있다면, 바로 이 경우였다. 「007 살인번호」 이전에 가상의 섬이란 문명의 황량한 변두리 같은 것이었다. 이후 섬은 세계 권력의 중심지로 부상했다.

영화는 이런 아이디어에 착안해 제작에 나섰다. 개인 소유의 섬이 영화 「007 살인번호」에서 중요하게 여겨졌고, 이 영화를 위해 크리스 블랙웰은 장소 섭외를 맡았다. 이와 비슷한 장소가 다른 제임스 본드 시리즈에도 나온다. 「007 선더볼 작전」(벤네르그렌의 섬에서 촬영), 「007 두 번 산다」(일본의 한 화산섬 아래 미사일 기지), 「007 다이아몬드는 영원히」(연안 석유 시추 시설), 「007 죽느냐 사느냐」(작은 카리브해 섬의 독재 국가), 「007 황금총을 가진 사나이」(개인 소유의 타이 섬), 「007 나를 사랑한 스파이」(대형 해상 기지), 「007 스카이폴」(버려진 섬) 등이 그 예다. 또한 2006년에 나온 「007 카지노 로얄」의 한 장면은 「007 선더볼 작전」과 마찬가지로 벤네르그렌의 섬에서 촬영됐다.

제임스 본드의 세계에는 말도 안 되는 내용이 많다. 폭발하는 펜이라든가 상어 수조, 쉽게 잠자리에 응하는 여성 조력자가 끝없이 등장하는 설정 등은 실제 스파이 행위에 가담한 데서 나온 통찰이라기보다는 플레밍의 상상력에 양념을 친 결과에 가까워 보인다. 그러나 섬이라는 소재를 통해 플레밍은 중요한 사실을 알아냈다.

그가 관찰한 대로, 섬은 실제로 세계를 지배하는 수단이다.

———

항상 그런 것은 아니었다. 미국이 해조분 제도를 점령하면서 해외 팽창이 시작되긴 했지만 해조분을 깨끗하게 긁어낸 이후에는 그런 관심이

제2부 점묘주의 제국

줄어들었다. 1904년 미 국무부 관리 한 명은 미국이 "해조분 제도에 대한 주권이나 영유권이 없다"고 주장했다.[17] 이는 확실히 특이한 주장이었는데, 그럴 만한 이유가 딱히 없었기 때문에 더 이상했다.

공무원이 단독으로 미국의 일부를 분리할 수는 없다. 그러나 그런 주장은 당대에 지배적이었던 분위기를 포착한 것이다. 미국은 식민지에 상당히 관심을 갖고 있었고 최대 식민지였던 필리핀을 지키기 위해 유혈전쟁을 벌였다. 그러나 멀리 떨어진 환초와 모래톱은 그리 중요한 존재가 아니었다. 미국 정부는 이에 아무런 이의를 제기하지 않았으며, 아마 다른 열강이 해조분 제도에서 사업을 시작했더라도 눈치조차 채지 못했을 것이다.

이처럼 태평한 태도는 19세기와 20세기 초반에는 적합했겠지만 새로운 기술이 등장하자 섬의 중요성이 새롭게 부각됐다. 항공술의 발전으로 해조분 제도를 활주로로 활용할 수 있게 됐다. 무선 기술을 활용해 이곳에 송신기를 설치할 수 있었다. 1935년 미 국무부는 태평양 중부의 베이커와 하울랜드, 자르비스섬을 합병한다고 발표했다. 이틀 후엔 서둘러 다시 발표를 취소했다. 정부 관리들은 미국이 이들 섬을 합병할 필요가 없었다며 난처한 기색으로 설명했다. 기록을 확인해보니 이들 섬이 이미 미국의 소유라는 사실이 밝혀졌던 것이다.[18]

이러한 실수는 미국이 제국을 관리하는 방식이 얼마나 엉망이었는지를 여실히 보여줬다. 그러나 전략상으로는 아무것도 바뀐 게 없었다. 프랭클린 루스벨트는 당시 영토 및 도서 점령부 장관이었던 어니스트 그리닝을 불러들여 해조분 제도에 대해 이야기를 나누었다. "이제 영토 확장에 나설 만한 분위기인가?" 루스벨트가 물었다.[19]

그리닝은 확실히 그렇다고 말했다.

루스벨트는 그리닝을 보내 태평양을 시찰하게 했다. 그리닝이 보기에 19세기부터 시작된 법적 주장으로는 충분치 않았다. 그는 '미국의 주권을 주장'하려면 해조분 제도를 적극 식민화해야 한다고 생각했다.[20] 그래서 역사의 마지막 정복자 역할을 수행 중이던 그리닝은 태평양에 성조기를 꽂으러 떠났고 섬들을 미국령으로 만들었다.

1935년부터 비밀스럽게 시작된 이러한 계획은 태평양의 해조분 제도에 깃발을 꽂고 명판을 설치하고 각각의 섬에 4명 이상의 하와이 주민으로 구성된 '식민지'를 심겠다는 것이었다. 왜 하와이 주민들이었을까? "주위 환경에 적응하는 이들의 탁월한 능력 때문"이라고 그리닝은 설명했다.[21] 이처럼 하와이의 카메하메하학교● 들이 배출한 최고의 산물인 원주민들은 침입자를 물리치라는 지시를 받고는, 소규모로 무리 지어 물통과 통조림이 든 상자와 함께 멀리 떨어진 섬에 도착했다.[22]

이 계획은 그리 성공적이지 못했다. 캔턴섬에 도착한 그리닝의 부하들은 그곳에서 영국 무전병을 발견했다. 그 무전병은 "이곳은 이제 영국령임을 알려드리며 저는 미국의 영토 점령에 불복하라는 지시를 받았습니다"[23]라고 말했다. 그러나 그리닝과 부하들은 아랑곳 않고 성조기를 내걸었고 하와이 원주민들을 내려놓았다.

하울랜드섬은 특별히 관심을 끌었는데, 훗날 비행사인 어밀리아 에어하트의 세계일주 중 기착지가 될 예정이었기 때문이다(실제로 에어하트는 하울랜드로 향하던 중 사망했다).[24] 그러나 땅을 고르기 위해 하와이 원주민들은 쥐떼가 들끓는 상황을 해결해야 했다. 이미 80여 년 전 해조분 섬의 광부들을 괴롭혔던 바로 그 쥐떼였다. 정착민들은 쥐약으로 빨간

● 하와이 원주민 혈통 후손들의 교육기관

제2부 점묘주의 제국

깃털 분말을 사용했다. 분말은 쥐떼를 죽이긴 했으나 효과가 너무 느리게 나타났다. 섬의 다른 동물들이 분말을 먹어버린 것이다.

그로 인해 벌어진 현실은 믿기 어려울 정도였다. 조지프 콘래드가 묘사한 『어둠의 심연』과 살바도르 달리가 그린 초현실주의적 묘사가 반씩 뒤섞인 모습이었다. 더 정확히 말해 박물관에 모형으로 전시된 원주민 생활상을 보는 듯했다. 4명의 하와이 원주민은 상자 속에 든 음식을 꺼내 먹으며 오지 않을 유명 비행사를 기다렸다. 이미 독이 퍼진 작은 섬에는 해조분과 게의 토사물, 죽은 쥐떼가 여기저기 널려 있었다. 그 가운에 성조기만이 산들바람을 타고 활기차게 펄럭였다.

하울랜드섬의 어니스트 그리닝(뒷줄 오른쪽 끝)과 네 명의 하와이 원주민

해조분 제도를 다시 탈환하는 과정은 다소 우스꽝스러운 데가 있었다. 그러나 멀리서 보면 이 사건은 미국 역사의 중요한 변곡점으로 여길 수 있다. 하울랜드처럼 자그마한 섬들은 루스벨트와 그리닝의 예상대로 상당한 유용성을 입증받았기 때문이다. 이를 비롯한 다른 소규모 고립지대는 미국의 영토 확장의 주축이 되었다.

　점점이 흩어진 작은 땅들은 공식적인 제국의 황혼기에 특히 중요하게 취급됐다. 탈식민화의 물결이 전 세계를 덮치면서 지도상에서 제국주의 체제가 대부분 쓸려나갔지만 작은 섬들은 거의 모두 이러한 물결을 피해갔다. 대규모 식민지는 자급자족을 꿈꾸며 민족주의 운동을 통해 독립을 실현하려 한 데 반해 작은 식민지는 그럴 수 없었다. 무뇨스 마린이 인정했던 것처럼 독립은 경제적 자살이나 마찬가지일 터였다. 그리고 미국령 버진아일랜드나 괌과 같은 소규모 지역이 무장혁명을 일으키는 것은 실제로 자살 행위가 될 것이었다.

　이와 유사한 셈법이 반대편에서도 적용됐다. 합성소재, 국제표준화, 이동의 기술은 식민지 건설에 대한 강대국의 부담을 줄여주었다. 식민지 제품은 더 이상 필수가 아니고 (제국주의 방식이 아닌) 국제무역을 통해 손쉽게 얻을 수 있었기 때문이다. 그러나 지정학적 요소가 완전히 사라진 것은 아니었다. 강대국들은 여전히 지도를 펼쳐놓고 게임을 계속했다. 비행기와 무선 기술이 도래하면서 머핸 제독의 시대처럼 점유하기 어려운 인구 밀집 식민지 때문에 더 이상 골머리를 앓을 필요가 없어졌던 것뿐이다. 그 대신 좁은 지역을 통제하는 데만 신경 쓰면 되었다.

　다시 말해 미국은 제2차 세계대전 종식 후 제국을 포기한 것이 아니

　　　　　　　　　　　　　　　제2부　점묘주의 제국

었다. 오히려 제국을 구성하는 포트폴리오를 재구성해 대규모 식민지는 처분해버리고, 전 세계에 흩어진 소규모의 반半 주권지역, 즉 군사기지에 투자한 것이었다. 오늘날 전 세계에는 그런 기지가 800여 개에 달하며 그중 중요 기지는 섬에 위치해 있다.[25]

해조분 제도가 필리핀 연방이 수립된 것과 같은 시기에 다시 식민지화됐다는 사실은 시사하는 바가 크다. 즉 최대 식민지는 독립의 수순을 밟고 있었던 것이다. 미국은 세계지도를 앞에 놓고 제국주의 방식의 페인트 롤러를 내려둔 채 점묘화가의 붓을 집어든 셈이라고나 할까?[26]

———

1930년대 태평양 지역에서 빅토리아 시대의 음악가인 길버트와 설리번 스타일을 재현한 그리닝의 대담한 계획은 제국주의가 점처럼 배열된 점묘주의 통치 방식으로 전환됐음을 나타냈다. 제2차 세계대전은 그런 궤적을 고정시켰다. 제2차 세계대전 덕분에 미국은 해외에 2000개가 넘는 기지를 건설할 수 있었고, 이를 도로 반환한다는 것은 상상하기 어려웠다.

전쟁이 끝난 직후 해리 트루먼은 미국이 어떤 영토도 탐내지 않는다고 발표했다. 이는 전임 대통령들의 발표와 거의 다를 게 없는 온건한 주장이었다. 그러나 이번에는 국무부의 표현처럼 언론과 의회, 군 지도부로부터 이른바 '견해들이 쇄도'했다.[27] 그러면 기지는 어떻게 할 작정인가? 이들이 물었다. 트루먼 대통령이 이들 기지를 반환하는 일은 당연히 없지 않겠는가?

트루먼은 서둘러 해명했다. 미국은 식민지를 점령할 뜻이 없으나

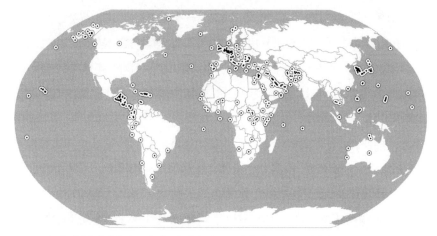

오늘날 점처럼 흩어져 있는 미 제국의 실체. 미 본토 밖의 미군 기지로 알려진 지역들

"미국의 이익과 세계 평화를 최대한 지키는 데 필요한 군사기지는 유지"[28]하겠다고 설명했다(이는 『톰 소여의 모험』에서 그대로 따온 것 같다며 한 평론가는 비웃었다. "우리는 영토 확장을 꾀하거나 이기적인 목적으로 이득을 취할 의도가 없다. 다만 오래돼 낡은 기지를 아무도 원하지 않고 별로 쓸모가 없는 경우는 예외로 할 수 있다"[29]).

이는 새로운 방식이었다. 미국은 대규모 식민지에 대한 통제는 완화하면서 기지와 작은 섬에 대한 통제는 더욱 강화했다. 필리핀 독립 후에도 미국은 완전히 물러나는 것은 거부했다. 그 대신 필리핀 재건 비용 지원의 대가로 미국에 군기지 일부를 99년간 조차해줄 것을 요구했다.

푸에르토리코의 경우도 마찬가지였다. 미국 정부는 주지사 선거와 자치령의 지위를 허용했으나 동부의 비에케스섬에 대한 지배는 강화했다. 미 해군이 주둔하면서 말하자면 카리브해의 진주만이 되었기 때문이다.

제2부 점묘주의 제국

1만여 명의 최빈곤 푸에르토리코인이 그곳에 살았는데 집을 빼앗긴 사람이 많았다. 페드로 알비수 캄포스는 비에케스섬의 항복을 푸에르토리코의 '생체 실험'으로 간주했다.[30] 한 지역 유지는 비에케스에 대해 '우리는 큰 섬에 거주하는 사람들이 편안하게 살 수 있도록 제단에 오른 희생양'[31]이라고 표현했다.

괌에서는 권리 확대와 시민권 획득의 대가로 대규모 군사력 확대가 이뤄졌다.[32] 현재 괌의 4분의 1 이상이 군기지다. 하와이의 주 지위 승격은 하와이의 주요 섬들 중 가장 작은 카호올라웨섬을 사격훈련장과 폭격훈련장으로 활용하기 위해 군대가 이를 장악하는 조건으로 이뤄졌다. 드와이트 아이젠하워 대통령은 알래스카에 이와 비슷한 정책을 취했다.[33] 알래스카에 주 지위를 부여하되 전략적으로 중요한 지역을 분리해 군사기지로 활용하자는 생각이었다.

이와 마찬가지 논리가 일본에서도 우세했다. 미국은 1952년까지 일본 본토를 점령했다가 미 군정이 끝나면서 전략적 요충지인 일본 열도 외곽의 섬을 더 오래 미군의 관할하에 두기로 했다. 1968년까지는 이오섬에 주둔하다가 이후 주둔지를 옮겨 1972년까지 오키나와를 관할하에 두었다. 현재 다시 일본이 오키나와를 관할하게 됐으나 미군은 여전히 오키나와 군사기지에 주둔 중이다. 한 해군 장교는 "미군은 오키나와에 기지가 없습니다. 오키나와섬 자체가 기지니까요"[34]라고 말했다.

일본의 위임통치하에 있었던 미크로네시아의 섬들은 전쟁 중 미국이 점령했다. 전후 합의 과정에서 이 지역은 모두 일본의 손을 떠나 유엔의 관할하에 '전략적 신탁통치령'으로 들어갔다. 그러나 인구수가 적었던 (3만여 명) 이들 섬의 전략적 가치가 컸기 때문에 트루먼은 미국이 감독권을 가져야 한다고 주장했다. 미국은 감독권을 차지했고 유엔의 개입은 거의 없었다.

1958년 이언 플레밍이 『007 살인번호』를 출간한 그해에 스튜어트 바버라는 한 해군 장교는 이 모두를 하나의 전략적 계획으로 만들었다. 그는 탈식민화가 전 지구를 휩쓸면서 서구 열강이 해외 영토에 접근하기가 점점 어려워진다고 주장했다. 그래서 식민지를 점령하거나 식민지 해방을 꾀하는 국가들과 협상을 벌이는 대신 미국은 "대부분의 인구가 거주하는 지역과 떨어져 있고 인구가 적은 상대적으로 작은 섬 지역을 찾아"35 기지를 확보해야 한다고 제안했다.

이는 바버의 '전략적 섬 개념'으로, 미국이 이미 진행 중이던 활동에 이 이름이 붙게 됐다. 전략적 섬이라는 개념은 이처럼 새롭게 점처럼 흩어진 점묘주의 제국에서 식민주의란 자산이 아닌 부채라고 강조했다. 최고의 기지는 다수의 인구에 얽매이지 않는 곳이어야 한다는 것이었다. 닥터 노의 말처럼, 미국이 '아무에게도 설명할 필요가 없는' 곳이어야 했다.

알비수는 이를 두고 "양키들은 새가 아닌 새장에 관심이 있다"36고 표현했다.

———

구체적으로 미국은 도서 기지로 무엇을 할 수 있었을까? 스완 제도가 좋은 예다. 이는 카리브해의 고립된 지역의 세 개 섬으로 이뤄진 작은 군도로 소설 속 닥터 노의 섬이 있던 곳에서 그리 멀지 않다. 스완 제도는 미국이 점령한 최초의 해조분 제도에 속했다.

해조분이 바닥나버렸으나 제2차 세계대전 후 미국 정부는 그레이트 스완섬을 다른 식으로 활용할 방법을 찾아냈다. 미 농무부USDA는 구제역이 의심되는 수입 가축의 검열을 위한 장소로 이곳을 활용했다. 1950년대에는 CIA가 그레이트 스완섬에 활주로와 5만 와트의 무선 송신기를 설치했다. 매우 강력한 이 송신기는 남아메리카까지 도달할 수 있어서, 육로로는 접근이 불가능한 영토까지 무선 전파로 포괄할 수 있었다.

CIA가 무선국을 건설한 직후 무장한 온두라스 학생 사절단이 이곳을 해방시키고 온두라스령으로 삼겠다며 그레이트 스완섬으로 건너왔다. 이들은 CIA의 존재를 몰랐고 CIA는 이들에게 정체를 감추기로 했다. "이들에게 충분한 맥주를 제공하고 CIA의 비밀 공작을 보호하라"는 것이 극도로 당황한 미국 정부가 보낸 전보였다(즉 방송 장비를 들키지 말라는 것이었다). 이들의 침입을 막기 위해 그레이트 스완섬으로 해병대가 급파됐다.

이어지는 사건은 스완섬에서 워싱턴으로 보낸 전보를 읽으면 이해가 더 잘 된다.[37]

그레이트 스완에서 본부로: 온두라스 선박이 나타남. 얼음에 맥주가 채워짐. 학생들과 대화. 학생들이 잡담 중. 맥주를 받음.

그레이트 스완에서 본부로: 학생들은 시멘트를 섞고 있으며 그 위에 "이 섬은 온두라스의 소유"라고 쓸 계획임. 일하기 싫어 꾀병을 부리는 한 그룹이 어사 키트● 의 음반을 들으며 맥주를 다섯 병째 마시는 중.

그레이트 스완에서 본부로: 학생들이 온두라스 깃발을 게양함. 내가 거수 경례함.

● 미국의 배우 겸 가수

그레이트 스완에서 본부로: 맥주가 점점 바닥나는 중. 이제 럼주를 꺼내는 중. 엄청난 애들임.

그레이트 스완에서 본부로: 학생들이 온두라스행 배에 올라탐. 술이 완전히 바닥남. CIA 비밀 공작은 안전함.

결국 온두라스 학생들은 온두라스 국가를 부르고 인원을 센 후 (CIA가 제공한 깃대에) 깃발을 게양했다. 이들은 함께 술을 마시던 사람들이 누구였는지 영영 모른 채 섬을 떠났다. 맥주 작전이 먹히지 않았다면 해병대가 이들에게 발포할 준비를 하며 기다리고 있었다는 사실도 모른 채로 말이다.

CIA의 비밀 공작은 보호할 가치가 있었다. 1954년 CIA는 민주적으로 선출된 과테말라의 좌파 정부를 전복시키기 위해 쿠데타를 지원하는 과정에서, 무선 방송을 이용해 가짜 뉴스를 퍼뜨렸다. 스완섬의 송신기를 활용해 미국은 이번에는 쿠바에서 피델 카스트로의 사회주의 정권을 겨냥해 좀더 안전하고 정교한 작전을 펼칠 수 있었다. 개인이 운영하는 방송국으로 위장한 '라디오 스완' 방송국을 통해 미국은 가짜 뉴스를 퍼뜨리고 쿠바 정부를 비방했다. 카스트로와 그의 부관들은 '수염 난 돼지'이며 라울 카스트로는 '사내답지 못한 친구들과 어울리는 동성애자'라는 것이었다. 라디오 아바나 쿠바 방송국은 라디오 스완이 '히스테릭한 앵무새가 갇힌 새장'이라며 맞받아쳤다.[38] 히스테릭하건 아니건 간에 라디오 스완은 카리브해와 중남미 지역을 통틀어 고정 청취자가 5000만 명에 달했다.[39]

1961년 미국은 쿠바 침공을 위해 7척의 수송선에 반혁명군을 실어 보냈다. 이는 바로 실패로 돌아갔던 피그만 침공 사건이다. 침공 전날 라디오 스완은 "무지개를 잘 살펴보라" "물고기가 곧 떠오를 것이다" "소년이 집에 있다. 그를 맞이하라"와 같이, 카스트로를 혼란에 빠뜨리기 위해 만든 수수께끼 같은 메시지를 퍼뜨렸다.[40] 침공 중 라디오 스완은 저항군을 독려하고 당국에 공포를 퍼뜨리기 위해 존재하지도 않는 대대에 명령을 내렸다.

이 일이 공개되자 기자들은 007에 등장하는 닥터 노의 음모와 이러한 작전을 비교하며 이를 비웃었다.[41] 그러나 이러한 유사성은 단순히 우연의 일치 이상일 수도 있었다. CIA 국장인 앨런 덜레스는 제임스 본드 소설에 칭찬을 마구 쏟아냈으며 작가가 선물한 전집을 소장하고 있었다. 게다가 덜레스는 카스트로를 축출하는 방법에 대해 이언 플레밍에게 조언을 구했다.[42] 그런 조언을 진지하게 고려하는 덜레스를 보고 그의 동료들은 깜짝 놀라기도 했다.

피그만 침공 실패로 덜레스는 퇴직하게 됐으며 라디오 스완의 위장이 발각됐다. 그러나 CIA는 그레이트 스완섬을 다른 용도로 활용할 방법을 찾았다.[43] 1980년대에 CIA는 우호적인 정치적 동맹국들이 스완 제도를 사용하도록 하역항으로 재단장했다. 군용 물자와 군복, 낙하산 및 기타 군수품이 그레이트 스완섬에서 좌파 정부를 타도하려는 니카라과의 저항군에게 흘러 들어갔다. 그레이트 스완섬은 우파 반군 세력의 훈련장이었고, 로디지아 용병 조종사가 니카라과에 공중 투하를 하기 위해 이륙하는 곳이었다.

CIA 섬은 사실상 니카라과 정부를 전복하기 위한 막대한 규모의 불법적인 모의에서 핵심 역할을 했다. 무기상과 마약 밀매상, 중동 정부, 종교 단체, 쿠바 망명 세력, 은퇴한 장군 및 람보 스타일의 군인들이 한몫 잡기 위해 한데 뛰어들었다. 그처럼 다채로운 계략이 플레밍의 소설 속에 나타났다면 독자들의 인내심은 한계에 이르렀을 것이다. 어울리지 않는 이름이긴 하지만 오늘날 간단히 이란-콘트라 사건이라는 두 단어로 알려진 것은 간결함을 원하는 이들에겐 다행이다.

———

1958년의 소설인 『007 살인번호』에는 어디에나 해조분이 널려 있는 것으로 나온다. 제임스 본드는 엄청나게 몰려든 새떼를 관찰하고 광부를 지켜보며 해조분의 악취를 맡는다. 그의 여성 상대역인 허니차일 라이더는 해조분으로 범벅이 되어 있다(그녀는 "하얀 분말을 뒤집어쓰고 있었는데 (…) 눈물이 볼을 타고 흘러내린 곳만은 예외였다"). 소설 말미에서 본드는 닥터 노를 해조분 구덩이에 묻어버렸고, 악당은 '폐에 더러운 오물이 차오르자 비명을 지르며' 죽어갔다.[44]

그러나 1962년 영화 버전에서는 해조분의 흔적을 찾을 수 없다. 그 대신 허니차일은 '방사능 오염' 물질에 덮여버린다. 닥터 노의 기지는 원자로로 가동됐고, 본드는 노심 용융을 일으키며 닥터 노를 냉각수에 빠뜨려 죽인다. 과열된 원자로는 결국 섬을 폭파시킨다(본드의 행동으로 자메이카의 주변 환경이 체르노빌 스타일의 낙진 구역으로 변했을 가능성이 높다는 사실은 이야기 속에서 다뤄지지 않는다).

원자력이라는 주제가 영화에서 선택된 것은 우연이 아니었다. 핵무기와 섬 사이에는 긴밀한 관계가 있다. 즉 세계 최대의 살상 무기는 인류 문명과 가장 동떨어진 지역에 배치된 것이다. 작은 섬들은 대다수 인구가 사는 지역에서 멀리 떨어져 있다는 사실로 인해 핵폭탄을 실험하고 저장하는 데 이상적인 장소가 된다.

미국이 최초의 원자폭탄을 실험할 때 과학자들은 뉴멕시코의 사막을 골랐다. 그러나 미 원자력위원회AEC는 후속 실험 장소로 본토에서 멀리 떨어진 곳을 찾았다. 섬을 찾아내라는 임무를 부여받은 한 해군 장교는 "우리는 수십 장의 지도를 꺼내 외딴 지역을 찾기 시작했다"며 당시를 회상했다. 마셜 제도의 비키니 환초가 그의 눈에 들어왔다. 마침 이 섬은 전쟁 말기에 미국이 점령한 미크로네시아 제도에 속해 있었다(이곳은 곧 미국이 감독하는 '전략적 신탁통치령'이 된다).

아쉽게도 비키니 환초에는 사람이 살고 있었다. 주민 수는 167명이었다. 그들은 어떻게 되는 것일까? 해군은 주민들에게 떠나달라고 확실히 요청했다. 마셜 제도의 군정 총독과 비키니섬에 사는 원주민들의 족장 유다 왕의 만남은 필름에 담겼다. 널리 공개된 필름에서 마셜 제도 원주민들은 떠나달라는 요청을 진지하게 고려한다. "기꺼이 떠나드리겠습니다." 유다 왕이 답한다. "모든 것은 신에게 달렸지요."45

현실은 그리 매끈하지 않았다. "우리는 무슨 일이 일어나는지 몰랐습니다."46 그곳에 있었던 마셜 제도 주민인 킬론 바우노가 말했다. "우린 당황스러웠습니다. (…) 당시엔 핵폭탄이 뭔지도 몰랐습니다. 아무도요." 알고 보니 해군이 찍은 영상은 실제 토론이 아닌, 어색하게 연출된 재연 장면이었다.47 긴장한 분위기에서 몇 번 다시 찍은 다음 유다 왕이 자리를 떠나버렸다.

그럼에도 불구하고 마셜 제도 주민들은 환초를 떠나야 했고 미군은 1946년 7월 1일, 그곳에서 2개의 핵폭탄을 터뜨렸다. 일본에 떨어뜨린 것보다 성능이 훨씬 강력했다. 이 실험으로 한때는 알려져 있지 않던 환초의 이름이 유명해졌다. 실험한 지 나흘 뒤 루이 레아르라는 프랑스 패션 디자이너가 '비키니bikini'라는 이름을 붙여 상하의로 분리된 수영복을 내놓았다. 거의 맨살이 드러나다시피 한 여성의 몸이 폭탄처럼 세상을 깜짝 놀라게 한다는 의미에서 그런 이름을 지었다고 했다.

레아르는 1946년 7월 5일 비키니를 공개했다. 하루 전인 7월 4일은 필리핀이 독립한 또 다른 역사적인 날이기도 했다. 고등판무관은 연설에서 며칠 전 있었던 핵실험과 식민지 해방 간의 연관성을 기어이 짚고 넘어갔다. 필리핀은 마침내 독립을 이루었다고 그는 자랑스레 말했다. 그러나 "모든 나라는 자국의 독립, 절대적인 독립을 비행기와 라디오, 핵실험에 어느 정도 양보했던 것이 사실"[48]이었음을 일깨웠다.

———

비키니섬의 주민들은 고향을 떠나 롱게릭 환초로 이주했다. 두 달 만에 식량과 식수가 동이 나기 시작했다. 이들은 비키니섬으로 돌아가게 해달라고 요청했다.

물론 그럴 수는 없었다. 고향이 방사능으로 오염됐을 뿐만 아니라 미군은 유용한 실험 장소를 포기할 생각이 없었던 것이다.

1946~1958년에 미국은 비키니섬이나 그 근처, 그리고 에네웨타크 환초에서 추가로 66개의 핵무기를 터뜨렸다.[49] 지구 침공의 대명사로 알려진 화성인들이 우주에서 봤다면 인류가 알 수 없는 어떤 이유에서 태평양 한가운데의 모래톱에서 지치지도 않고 연이어 격렬한 전쟁을 벌이는 줄 알았을 것이다.

비키니 환초에서 터진 핵폭탄은 사실 수소폭탄으로, 1954년에 캐슬 브라보라는 암호명으로 진행된 실험 계획에 따라 이뤄진 것이었다. 15메가톤의 핵출력은 예상했던 수치의 두 배였고 유달리 강한 바람 때문에 차단된 폭발 지역 너머로까지 멀리 낙진이 이동했다. 워싱턴 D. C. 상공에서 터졌더라면 워싱턴과 볼티모어, 필라델피아 및 뉴욕 인구의 90퍼센트가 사흘 안에 사망했을 것이다.[50]

폭발 지점에서 160킬로미터 이상 떨어진 롱겔라프 환초의 섬 주민들은 하늘에서 눈처럼 하얀 방사능 재가 떨어지는 모습을 봤다(80명이 방사능에 중독됐고 주민들은 3년간 소개되었다). 폭발 지역 밖에 있던 후쿠류마루라는 한 일본의 참치잡이 어선은 낙진에 휩싸였다. 선원 23명 모두 방사능에 피폭됐고, 그중 한 명은 사망했다.

민주당 대선 후보였던 아들라이 스티븐슨은 암 발생 위험을 우려해 야외 폭탄 실험 중지를 제안했다(나중에 미 국립암연구소가 연구한 결과에 따르면 근처 마셜 제도 주민들은 암 유발 수치에 해당되는 방사능 피폭을 입었다고 한다[51]). 리처드 닉슨은 이를 '최악의 헛소리'라며 일축했다.[52] 당시 푸에르토리코인을 대상으로 실험을 하다가 미국 최고의 유명 암 연구 기관에서 일하게 된 코닐리어스 로즈는 닉슨의 말에 동조했다. "최신 방어 무기를 개발하고 실험을 지속할 수 있도록 빈틈없는 방침이 마련되어 있습니다."[53] 로즈는 11명의 주요 과학자가 공동으로 서명한 서한을 작성했다.

미국에서 가장 존경받는 민간 핵 전문가였던 헨리 키신저는 이보다 더 직설적으로 당대의 지배적인 분위기를 전했다. 그는 미크로네시아를 두고 이렇게 말했다. "거기에는 9만 명밖에 살지 않는데 누가 신경을 쓴단 말입니까?"[54]

키신저가 옳았다. 미국 본토에서는 미크로네시아에 관심을 갖는 사람이 거의 없었다. 그러나 그가 일본을 방문했다면 수많은 일본인이 이에 신경 쓰고 있다는 사실을 알았을 것이다.[55]

방사능으로 질병을 앓는 후쿠류마루의 선원들이 성치 않은 몸으로 항구에 돌아가 방사능에 오염된 참치를 옮기자 언론은 이를 앞다퉈 보도했다. 일본은 방사능 낙진의 직접적인 피해국이었던 것이다. 방사능에 오염된 생선이 시장에 유입됐다는 소문이 떠돌았고, 한때는 참치업계가 무너졌었다.

일본 정부는 낙진 실험을 했다(미국 정부는 이를 거부했다). 비키니 환초에서 약 3220킬로미터 떨어진 해수에서 위험한 수준의 방사능 수치가 측정됐고 일본에 내리는 빗물은 방사능 농도가 강한 것으로 나타났다.

일왕 스스로도 가이거 계수기●를 들고 다니기 시작했다.

생선 장수와 스시 가게 주인들은 미국의 핵실험에 항의했다. 도쿄의 스기나미구에 사는 여성들은 핵폭탄과 수소폭탄을 완전히 금지하라는 탄원서를 돌렸다. 한 달 후 이들은 26만 명 이상의 서명을 모았다. 이는 스기나미구 인구의 약 3분의 2에 해당되었다. 1년 반이 지나자 서명자 수는 2000만 명으로 늘었다.

반핵운동의 물결에 동참한 이들 중 다나카 도모유키라는 젊은 영화 제작자도 있었다. 그는 훗날 구로사와 아키라의 「요짐보」와 같은 수준 높은 고전 영화를 제작하게 되지만, 캐슬 브라보 핵실험이 있었던 해에는

● 이온화 방사선 측정 장치

제2부 점묘주의 제국

다른 프로젝트를 구상하고 있었다. 그는 혼다 이시로 감독을 채용해 히로시마 전역을 돌아보고 1945년에 벌어졌던 파괴의 참상을 직접 보도록 했다.[56]

「고지라ゴジラGodzilla」는 다나카와 혼다가 만든 가장 유명한 영화로 미국의 수소폭탄 실험으로 깨어난 고대 공룡에 관한 이야기다. 고지라는 먼저 일본의 고기잡이 배(후쿠류마루라는 이름이 눈에 띈다)를 부순 후 비키니 환초를 닮은 오도섬을 공격해 방사능 화염을 내뿜는다. '높은 수치의 수소폭탄 방사선을 내뿜는' 것으로 알려진 고지라는 다음으로 도쿄를 공격해 불을 뿜으며 도시를 초토화시켜버린다.

영화 「고지라」는 노골적이다. 폭탄과 방사능에 관한 이야기로 가득하다. "핵실험이 계속되면 언젠가 이 세계 어딘가에서 또 다른 고지라가 나타날 겁니다"[57]가 암울한 마지막 대사다.

그러나 그런 메시지는 번역되면서 그 의미를 잃었다. 「고지라」는 미국에서 개봉하면서 원래 장면을 상당 부분 사용하긴 했으나, 레이먼드 버가 영어로 연기하는 백인 주인공이 나오는 화면이 삽입됐다. 잘려나간 장면은 반핵정치였다. 할리우드 버전에서는 방사능이 두 번 언급되는데 모두 무음 처리되어 나온다. 그리고 훨씬 더 행복한 분위기로 마무리된다. "위험이 사라졌습니다."[58] 해설자가 마무리 멘트를 한다. "세계는 다시 깨어나 살아갈 수 있습니다."

일본판 「고지라」는 태평양에서 폭탄을 실험하는 미국의 위험을 지적하는 항의성 영화였다. 영어판 「고질라」는 이와 반대로 괴수 영화에 지나지 않았다.

일본인들이 노심초사하는 것은 당연했다. 신시내티와 더뷰크를 겨냥한 소련의 공격에 대피하라는 경고에도 불구하고 실제 핵 대결의 최전선은 해외 기지와 영토였다.[59] 알다시피 수백 개의 핵무기가 한국과 필리핀, 괌, 푸에르토리코에 배치됐다. 1960년대 전반에 걸쳐 1000개가 넘는 핵무기가 오키나와에 배치됐다. 어니스트 그리닝이 다시 식민지화한 해조분 제도 중 하나인 존스턴섬은 핵무장한 토르 미사일로 가득했다. 하와이와 알래스카(알류샨 열도 포함), 미드웨이 제도에 얼마나 많은 수의 핵무기가 저장돼 있는지는 알 수 없다.

기지 무장으로 미국 핵무기가 교전 가능 지역에 더 가까이 배치되면서 핵무기는 그럴듯한 위협으로 다가왔다. 이는 또한 위험을 분산시켰는데, 미국이 비축한 무기가 널리 분산되면서 구소련 정부는 미국 본토만 표적으로 삼을 수 없게 됐다. 미국의 보복 능력을 제거하려면 기지도 타격해야 했기 때문에 작전 수행이 엄청나게 어려워진 것이다.

그러나 기지 내 핵무기가 본토를 보호했던 반면 해외 영토와 미군 주둔국들에게는 위협이 됐다. 핵무기를 싣고 기지 주위를 비행하는 일은 군이 일상적으로 수행하는 업무이긴 했으나 대참사로 번질 위험이 있었던 것이다. 무기가 무기고에 잠자코 있는 상황이라 하더라도 그 존재만으로 미군 기지는 탐나는 표적이 됐다. 특히 해외 기지는 구소련이 공격하기에는 미 본토보다 쉬운 대상이었기 때문이다. 기지 무장은 본질적으로 표적이 눈에 띄도록 새빨갛게 칠하는 것이나 마찬가지였다.

그린란드 툴레의 북극 기지를 생각하면 위기감이 느껴질 것이다. 그린란드는 덴마크 식민지였는데, 미국에서 푸에르토리코가 갖는 것과 비슷

제2부 점묘주의 제국

한 위상을 갖고 있었다. 그 때문에 기지를 만들기에 좋은 장소였고, 덴마크 정부는 그린란드 원주민들의 항의를 귀담아듣지 않았다. 아마 수도인 코펜하겐이었다면 상황은 달랐을 것이다. 미국 정부가 기지 부지로 툴레 마을에 눈독을 들이자 덴마크 정부는 그곳에 살던 원주민인 이누이트족을 강제로 이주시켰다. 이누이트족은 담요와 텐트만 갖고 인정사정없이 쫓겨났으며, 남은 것은 105킬로미터쯤 북쪽에 위치한 '새로운 툴레'에서 새로운 삶을 꾸린다는 희망뿐이었다.[60]

툴레의 장점은, 구소련과 매우 가까워서 미국이 북극을 통과해 모스크바로 미사일을 발사할 수 있다는 것이었다. 단점은 소련 또한 미사일로 반격할 수 있다는 것이었다. 구소련의 서기장은 미국이 툴레 기지에 (또는 덴마크령 어디든지) 무기를 배치하도록 허용하면 '자살 행위나 다름없을 것'이라며 덴마크를 위협하기도 했다.[61] 불안에 휩싸인 덴마크 정치인들은 집권 연립 정부의 강령에 '비핵화' 원칙을 통합시켰다.[62] 즉 미국은 기지를 보유할 수 있으나 핵무기는 안 된다는 것이었다.

이런 상황에도 불구하고 미국은 이 문제에 대해 압박을 가했다. 덴마크 총리는 명시적으로 반대를 표하지는 않았는데, 미국 관리들은 이를 암묵적 동조로 받아들여 비밀리에 툴레 기지로 핵무기를 들여왔다. 곧 핵무기를 탑재한 미 공군의 B-52 폭격기가 암암리에 그린란드 상공을 매일같이 비행했다. 이는 무장한 비행기를 상공에 띄워 소련의 공격을 상시 타격하기 위한 공중 비상 대기 프로그램의 일환이었다. 스탠리 큐브릭 감독의 「닥터 스트레인지러브」는 바로 이를 주제로 그린란드에서 일부 장면을 촬영했다.

이 프로그램의 책임자였던 장군은 이로 인해 그린란드가 얼마나 위험을 떠안게 됐는지 순순히 인정했다. 그는 전쟁이 일어난다면 툴레가 "최초 시발점 중 한 곳"이 될 것이라고 의회에 말했다.[63] 전쟁이 일어나지 않더라도 위험을 맞게 될 것이었다. 1967년에 수소폭탄을 나르던 3대의 비행기가 그린란드에 비상 착륙하는 사태가 벌어졌다. 이듬해에 B-52 폭격기는 4개의 마크 28 수소폭탄을 싣고 툴레 근처에서 비행하다가 추락했다.[64]

폭격기가 시속 800킬로미터가 넘는 속도로 얼어붙은 해빙을 뚫고 들어가면서 약 8킬로미터에 걸쳐 잔해가 흩어졌다. 거의 25만 파운드의 제트 연료에 불이 붙으며 4개 폭탄과 함께 탑재됐던 재래식 폭발물이 모두 터졌다. 이들 폭탄은 '단일 지점에서 안전한one-point safe' 방식으로 설계되었는데, 동시에 발사(이 경우는 중심부를 극도로 압박해 핵분열을 일으키게 된다[65])되지 않는 한 중심부 주변의 폭발물은 폭탄을 터뜨리지 않고 발사될 수 있다는 의미다. 그러나 무기고에 저장된 일부 폭탄은 단일 지점에서 안전하지 않은 것으로 드러났고, 특히 오늘날의 안전 기준에 훨씬 못 미치는 무기와 충돌할 경우 툴레 기지의 경우처럼 엄청난 사고가 날 수 있었다.

툴레 사고로 핵폭발이 일어나지는 않았다. 그러나 이로 인해 플루토늄이 충돌 지점 전역으로 누출됐다. 미 공군은 얼음이 녹아 방사능 잔해가 바닷속으로 흘러 들어가기 전에 서둘러 사고 현장을 수습했다. 수거된 잔해는 75척의 대형 선박을 가득 채웠다.[66] 그런 규모의 사고가 도시 상공에서 일어났다면 아수라장이 됐을 것이다.

그런 일이 발생할 수 있었을까? 그렇다. 툴레 기지의 폭격기는 그린란드에 충돌했고, 이는 세계에서 인구 밀도가 가장 희박한 지역 중 하나였다. 그러나 바로 그 공중 비상 대기 시스템이 폭격기를 인구 밀도가 높은 서유럽으로 인도했다. 툴레 사고 발생 2년 전에 B-52 폭격기가 스페인의 팔로마레스 마을 상공에서 추락했다.[67] 당시 폭격기에는 4개의 수소폭탄이 탑재돼 있었는데, 이는 히로시마 원폭의 75배에 달하는 위력을 지니고 있었다. 폭격기의 일부는 초등학교에서 약 73미터 떨어진 곳에 추락했고 다른 조각은 예배당에서 약 137미터 떨어진 지표면에 추락했다. 두 개의 수소폭탄에서 재래식 폭발물이 터지면서 플루토늄 입자는 몇 마일에 달하는 토마토 밭으로 누출됐다.

세 번째 폭탄은 온전한 상태로 땅에 떨어졌다. 그런데 네 번째는? 아무리 찾아도 발견할 수 없었다. 석 달 가까이 미국 정부 관리들은 필사적으로 폭탄의 행방을 찾았다. 수색전은 "제임스 본드 스릴러의 모든 요소"를 갖추고 있다고 『보스턴 글로브』는 보도했다.[68] 사실 이는 「007 선더볼 작전」과 소름끼칠 정도로 비슷했다. 당시 사라진 핵무기를 찾는 제임스 본드 이야기가 박스오피스를 장악하고 있었기 때문이다. 미군이 마침내 해저에서 문제의 폭탄을 찾아내자 카메라 앞에서 자랑스레 이를 공개했다. 대중이 수소폭탄을 본 것은 그때가 처음이었다.

『타임』지는 이를 보고 "「007 선더볼 작전」에 나온 것과 똑같이" 생겼다고 보도했다.[69]

21.
기지 국가

1949년 조지 오웰은 영국의 암울한 미래를 그려냈다. 핵전쟁으로 산업 사회가 초토화됐다. 독재자가 세계를 장악했다. '사고의 폭을 좁히기' 위해 정부는 점차 영어를 악몽 같은 버전의 베이직 잉글리시로 대체하는데, 소설 속에서는 이를 신어Newspeak라 불렀다. 그리고 영국은 미국에 흡수됐다. 마침내 영국의 이름은 '제1공대Airstrip One'로 바뀌었다.[1]

오웰의 『1984년』이라는 소설은 대부분 전체주의에 대한 경고였다. 그러나 오웰은 영국을 미국 중심의 제국을 위한 전진기지로 상상하면서, 다른 중요한 현상을 언급했다. 제2차 세계대전 중에 영국 땅에 발을 디딘 미군은 수백만 명에 달했다. 원칙적으로 미군은 일시적으로만 주둔할 수 있었다. 그러나 '냉전'(조지 오웰의 조어)[2]이 시작되자 미국이 당분간 계속해서 주둔할 것이라는 사실이 분명해졌다.

제2차 세계대전 중에 미군이 주둔하던 주요 영국 기지 중 하나는 버턴우드였다.[3] 수용 인원이 최고였을 때는 1만8000명 이상의 군인이 주둔했다. 오웰이 『1984년』을 출간한 1948년에는 미 공군이 버턴우드로 돌아왔다. 이곳은 베를린 공수 작전을 지원하기 위해 용도가 변경됐다. 이는 전 유럽에서 최대 규모를 자랑하는 공군기지가 됐다. 수천 명의 군인이 이곳에 주둔했고 이러한 상황은 1990년대까지 계속됐다.

이는 점묘주의 제국을 일군 미국의 중요한 특성이었다. '점'들은 툴레나 비키니 환초, 스완 제도와 같은 섬이나 외딴 장소에 찍혀 있었다. 그러나 어떤 경우에는 인구가 극도로 밀집된 지역에 점이 찍히기도 했다. 기지에서 군인들이 쏟아져나와 술을 마시고 클럽을 드나들고 암시장에서 거래를 하고 밀회를 즐겼다. 그리고 근방에 사는 사람들은 기지에서 일자리를 구하거나 군인들을 상대로 물건을 팔았다. 기지와 주변 지역은 다시 말해 미국인들이 외국인과 빈번하게 접촉하는 부산한 국경지대인 셈이었다.

기지는 합의에 따라 세워졌다. 미국 정부는 전초기지를 세울 권리를 받는 대가로 보호를 약속했으며 대개 기지 사용료를 지불했다. 그러나 주변에 거주했던 사람들에겐 기지가 식민주의처럼 느껴질 수 있었다. 프랑스 좌파들은 미국의 '점령군' 주둔에 대해 항의하며 '코카콜라 식민지화Coca-colonization'에 대한 불만을 쏟아냈다.[4] 사방에 기지가 세워진 전후 파나마에서는 수천 명이 "양키 제국주의는 물러가라"와 "단 1인치의 파나마 땅도 내줄 수 없다"는 팻말을 들고 거리를 행진했다.[5]

영국에서는 핵무기가 주요 사안이었다. 미국은 영국 기지에 핵무기를 보관하고 있었고 잉글랜드 상공으로 B-47 폭격기가 비행했던 것이다. 여기에 핵폭탄이 탑재돼 있었을까? 이를 담당한 미 장군은 1958년 언론 인터뷰에서 "뭐, 으깬 장미잎이나 실어 나르려고 이런 폭격기를 만든 것은 아니다"[6]라고 말했다. 이는 다소 과장된 말이었다. 이들 폭탄에는 안

전장치가 설치돼 있었기 때문이다. 그러나 겁먹은 영국 대중은 이를 알 길이 없었다.

몇 달 안에 잘 차려입은 5000명 이상의 시위대가 비 내리는 트래펄가 광장에 모여들었다.[7] 그곳에서 이들은 나흘 동안 올더매스턴의 핵무기 시설까지 행진했다. 이들이 목적지에 도착했을 무렵 시위대 규모는 1만 명 정도로 늘어났다.

시위 참가자 수가 엄청난 것은 아니었다. 그러나 1950년대에 NATO 국가의 심장부에서 냉전의 논리에 맞서기 위해 거리로 나왔다는 자체가 놀라웠다. '핵 군축'과 '영국에 미사일 기지 반대' 같은 문구가 쓰인 흑백 플래카드를 들고 행진했던 것이다.

제럴드 홀텀이라는 예술가는 올더매스턴 행진의 상징을 디자인했다. "나는 절망에 빠져 있었다."[8] 그는 당시를 이렇게 회상했다. 그는 "고야 그림 속의 처형당하는 농부처럼 손을 바깥쪽으로 뻗어 아래로 늘어뜨린" 자신의 모습을 그렸다. "저는 그 모습을 선으로 표현하고 그 주위에 원을 그려넣었습니다."

세계를 전멸시킬 군사력 앞에 무기력하게 서 있는 외로운 개인의 모습, 이는 '아주 작고 연약한 존재'[9]라고 홀텀은 생각했다. 그러나 그가 만들어낸 평화의 상징은 전 세계의 반향을 불러일으키며 삽시간에 퍼져나갔다.

홀텀은 이들 기지가 공포를 심어준다고 봤다. 그러나 한편으로는 확실히 매력이 있었다. 영국에 배치된 군인들은 돈과 물자가 풍부했다. 그래서 기지는 시위의 원인이긴 했으나, 한편으로는 색다른 열기를 불러일으키기도 했다.

잉글랜드 북부의 항구 도시인 리버풀을 예로 들어보자. 전쟁 전에 이곳은 전형적인 잉글랜드 지방의 뮤직홀 외에 즐길 거리라곤 변변찮은, 음울한 공장이 늘어선 동네였다. 그러다가 1950년대 들어서 크리스마스 트리처럼 갑자기 불이 들어왔다. 이후 몇십 년간 음반 차트를 휩쓰는 그룹들이 나타났다. 예전 같으면 상상조차 할 수 없었던 일이다. 서처스, 제리 앤 더 피스메이커스와 같이 반짝 스타로 끝난 그룹도 있지만 비틀스는 그렇지 않았다.

존 레넌의 한 동급생은 1958~1964년에 500개 밴드가 리버풀 인근의 머지사이드에서 공연했다고 추정했다.[10]

왜? "그 모든 영국 도시 중 하필 리버풀에서 1950년대에 대중음악을 중심으로 한 활기찬 10대 문화가 싹트게 된 데는 분명히 이유가 있다.[11] 당시 영국의 나머지 지역은 나직한 노랫소리에 잠겨서 조용히 잠들고 있었다." 비틀스의 프로듀서였던 조지 마틴은 그렇게 썼다. 리버풀이 항구 도시라는 사실은 확실히 도움이 됐다. 그러나 마틴이 보기에 그 답은 다른 데 있었다. 리버풀은 기지 도시였다. 리버풀은 사실 유럽 내 최대 미 공군기지가 있는 버턴우드에서 서쪽으로 약 24킬로미터 위치에 있었던 것이다.

버턴우드는 그 규모가 실로 어마어마했다. '유럽으로 가는 관문'이었던 이 도시는 대서양을 횡단하는 군용기가 착륙하는 곳이었다. 1636개의 건물에는 유럽 최대의 물류 창고와 함께 군의 유일한 유럽전자장비 보정연구소가 있었고, 이곳에서 기술자들은 계기를 설정하고 표준을 테스트했다.[12] 야구팀, 축구팀, 무선국이 있었고 미국에서 끊임없이 연예인들(밥 호프, 냇 킹 콜, 빙 크로즈비)이 유입됐다.

버턴우드의 중요성은 상상 이상이었다. 전쟁 중에 리버풀 부근이 전부 폭격당했으며, 특히 페니 레인 지역은 큰 피해를 입었고, 지역 경제는 곧

두박질쳤다. 이 지역으로 유입되는 수천 명의 미군은 백만장자 같았다. 10대들은 기차역에서 그들에게 달려들었다(『데일리 미러』지는 이를 매춘으로 의심하면서 '천박하고 수치스러우며 충격적인'13 짓이라 여겼다).

공식 집계만 볼 때 버턴우드의 지역 경제에서는 하루 7만5000달러 이상을 벌어들였다.14 연예계로 흘러들어오는 자금은 제외한 액수였다. 음악인들은 특히 생활이 넉넉했다. 그들은 기지의 공연 무대에 오르거나 주머니가 두둑한 부대를 잡아 밤에 머지사이드의 클럽으로 진출할 수 있었다.

조지 마틴이 보기에 이는 혁신적이었다. 그는 군부대가 "미국 문화와 이들에게 인기 있던 음반을 함께 들여와 리버풀 일상의 주류 문화에 곧바로 연결"한 셈이었다고 기억했다. 군인들은 와자지껄한 한밤의 산타클로스 부대처럼 나일론 스타킹과 초콜릿, 돈, 음반을 나눠주었다. 기지는 '15~30세의 여성들을 끌어들이는 자석'15 같았다.

젊은 남성들 역시 이 자기장에 끌려 들어갔다. 특히 존 레넌, 폴 매카트니, 조지 해리슨, 링고 스타가 그랬다. 링고 스타의 의붓아버지는 기지에서 일했고 그에게 미국에서 들여온 만화책과 음반을 꾸준히 보여주었다.16 '미군을 쫓아다니는 여자'로 알려졌던 존의 어머니 줄리아는 그 밖에 어떤 소득이 있었든 간에, 그런 취미 덕에 엄청나게 많은 최신 음반을 수집할 수 있었고, 존과 폴은 그 음반들을 열심히 찾아 들었다. 조지는 군부대 덕분에 대서양을 건너 날아온 최신 음반이 즐비했던 브라이언 엡스타인의 가게에서 음반을 훔쳤다(엡스타인은 나중에 비틀스의 매니저가 됐다).17

영국의 문화적 관습이 빌보드 시대에 고정되어 BBC가 록음악을 억누르려던 시절, 리버풀 사람들은 독특한 지위에 있게 됐다. 그들은 다른

제2부 점묘주의 제국

지역 사람들에겐 불가능했던, 특히 미국 흑인 음악가들이 녹음한 음반을 들을 수 있었다. 그들에게는 미국에서 흘러나오는 노래를 익힐 만한 경제적 동기가 충분했다.

음악계는 폭발적으로 성장했다. 분명 리버풀 그룹들은 기본적으로 커버 밴드였다. 그들은 새로운 곡을 작곡하는 것이 아니라 음반과 라디오에서 들은 음을 충실히 재현하여 상대를 능가하는 식이었다.

존과 폴, 조지가 녹음한 첫 번째 앨범의 앞면에는 'That'll Be the Day'가 수록됐다. 이는 원곡을 놀랍도록 충실하게 연주한 버디 홀리의 곡이었다. 그들은 홀리의 스타일로 연주하는 음악가로 자리 잡을 생각에, 원래 그를 뺄 생각은 없었다. 그 음반은 밴드 멤버들이 사망하는 바람에 단 한 장밖에 남지 않아, 현재 세계에서 가장 비싼 음반으로 알려져 있다.

그들은 올더매스턴에서 반핵운동 행진이 있었던 1958년에 첫발을 내디뎠다. 다시 말해, 비틀스와 평화의 상징은 각각 넉 달하고도 하루라는 여정 끝에 세상에 모습을 드러내게 된 것이다. 그 둘은 모두 미국의 기지 시스템 결과로 탄생했다.

결국 비틀스는 올더매스턴 행진으로 시작된 반핵운동에 참여하게 되었다. 폴 매카트니는 1964년 TV에 출연해 핵무기 반대를 촉구했다.[18] 3년 후 존 레넌은 미국의 기지 시스템에 항의했다. 그는 "여기서 그들이 하는 짓을 보라"고 지적했다. "이들은 핵무기에 수십억 달러를 쓰는 데다 아무도 모르는 미군 기지가 곳곳에 가득하다."[19]

미군 기지에 기원을 둔 밴드가 그런 발언을 한다는 게 이상하게 들릴 수 있으나, 사태는 그런 식으로 흘러가곤 했다. 기지의 영향 아래 살았던 사람들은 기지에 대해 분개감을 표출하기도 하고 기지를 중심으로 삶을

일구어가면서 시위와 참여 사이를 오갔던 것이다.[20]

이와 비슷한 양가감정은 세계 반대편에 있는 전후 일본에서도 볼 수 있었다. 그토록 빠른 속도로 격렬한 변화를 거친 나라는 거의 없었다. 수십 개에 달하는 일본 최대 도시들은 2년 만에 소이탄 폭격을 당했고 핵무기로 두 개 도시가 파괴됐으며 일본 제국은 무너졌다. 일본 본토가 정복되고 현인신現人神으로 생각되던 일왕이 인간임을 선언했으며 더글러스 맥아더의 부대가 일본 전역으로 흩어졌다. 일본에서 자란 에드윈 라이샤워는 일본 전체가 '혼란에 빠져' '얼떨떨한' 상태라고 봤다.[21]

치욕을 당했다는 말도 어울렸을 것이다. 일본은 아시아의 맹주에서 점령국의 신민으로 추락했다. 맥아더는 독재자처럼 일본을 태연히 다스렸다.[22] 그는 일본인들과 어울리거나 자신이 통치하는 나라를 여행하길 거부했다. 그 대신 그는 폭격을 피해간 도쿄 중심부인 '리틀 도쿄'에 몸을 파묻고 군정 당국을 지휘 본부로 사용했다. 거기에서 맥아더는 언론을 검열하고 경제를 운영했으며 학교 교과과정을 정했다.

일본은 재빨리 새로운 현실에 적응했다. 전후 최초의 베스트셀러는 수백만 부를 팔아치운 32쪽짜리 영어 상용 회화집이었다. 아이들은 '기브 미 초콜릿'과 같은 핵심 문구를 외우고는 어슬렁거리는 미군의 다리를 붙잡고 늘어졌다. 일본 여성 수만 명은 매춘에 나섰다. 성매매는 전후 초기 일본 경제의 가장 역동적인 부문 중 하나였다.

미 군정기는 6년 8개월간 지속됐다. 그러나 1952년 군정이 끝난 이후에도 20만 명의 미군이 일본 본섬의 2000개 이상의 군시설에 계속 주둔했다.[23] 이로 인해 일본은 미국에 "손발이 묶이게"[24] 됐다며 한 유명 정치인은 비난했다. 미 군정기가 종료된 이후 실시된 여론조사에서 18퍼센트만이 일본이 진정한 독립 국가라고 주저 없이 느낀다고 답했다.[25] 여전히 거리를 배회하는 외국 군인이 너무 많았던 것이다.

일본은 아직 완전한 독립을 이룬 것이 아니었다. 미국이 계속해서 오키나와를 비롯한 본섬 이외의 영역을 점령하고 있었기 때문이다. 미 대사는 버젓이 오키나와를 "100만 일본인의 식민지"26라고 칭했다. 당시 인구의 약 5퍼센트가 미군과 그들의 부양 가족이었다.27 오키나와는 20년간 일본에 반환되지 않을 것이었다.

일본 기지는 외국 영토 내 봉쇄된 미국인 거주지인 '아메리카 타운'으로 운영됐다. 이들은 자체 사무실과 주거지, 쇼핑센터, 학교, 소방서를 갖추고 있었다. 그러나 기지는 절대로 완벽한 자급자족을 이룰 수는 없었다. 때로는 물리적으로 확장되면서 주변 지역을 흡수해, 대형 시설을 짓기 위한 공간을 확보했다. 기지에서 일어나는 일이 주변 지역으로 확산되는 경우도 있었다. 1951년 한 전투기의 급유 탱크가 하늘에서 주택가로 떨어지면서 6명이 사망하는 사고가 발생했다. 1959년에는 제트기가 초등학교에 충돌해 17명이 사망하고 100명 이상이 부상을 입었다. 그런 '사건 사고'는 빈번했고 기지 근처에 사는 사람들에겐 두려운 일이었다 (1965년에는 비행기의 뒷바퀴가 떨어져 한 소녀가 깔려 죽었다. 1966년에는 공중 급유기가 충돌해 주민 1명이 사망했다. 1967년에는 고등학생이 군용 차량의 뺑소니 사고로 숨지고 네 살 아이가 군용 트레일러에 깔리는 사고가 발생했다. 그 밖에도 여러 사고가 있었다).28

범죄도 일어났다. 1957년 한 미국 병장은 유탄 발사기를 46세 여성에게 발포해 살해했다(그는 이 여성이 군 사격장에서 포탄 파편이나 빈 화약통을 줍는 것에 짜증이 났다고 했다).● 기지 군인들의 살인, 강간 및 상해는

● 이는 지라드 사건으로 알려져 있다.

드문 일이 아니었다. 군정이 종료되고 10년이 지난 후 미군으로 인해 사망한 일본인 수는 100명이 넘었다.[29] 엄밀히 말해 군 범죄자가 저지른 범죄는 일본 법정에서 재판을 받아야 했다. 그러나 일본 정부가 초기에 사건의 97퍼센트에 대한 관할권을 포기하면서 범죄로 기소된 수천 명의 군인을 처벌하는 몫은 상관에게로 돌아갔다.[30]

그러나 일본인들도 잘 알고 있었다시피, 기지를 수용하는 것은 단지 술집의 난동과 비행기 추락, 혼잡한 거리에 술 취해 뛰어든 지프를 감내하는 것만 의미하지는 않았다. 제멋대로 뻗어가는 미군 시설 내에 일본인을 위한 특별한 장소가 있었다는 뜻이기도 했다. 냉전 중에 이는 지구상 최대 규모의 꾸준한 수익원 중 하나였다.

미군은 사실 일본의 주요 고용주였다. 기지에서 일본인들은 통역사, 속기사, 운전사, 가정부, 건설 노동자 등으로 일했다. 기지 밖에서는 술집과 사창가가 안정적인 돈벌이가 됐다. 그리고 아시아에 배치된 군인들이 휴가를 보내기 위해 일본으로 몰려들었다. 공식적으로 이는 R&R(휴식 및 회복Rest and Recuperation) 프로그램이라 불렸으나 비공식적으로는 I&I로 통했다. 즉 성관계Intercourse와 마약중독Intoxication을 뜻했던 것이다. 약자가 무슨 의미였든 간에 이는 호텔과 상점, 술집, 사창가로 돈이 흘러들어온다는 뜻이었다.

이보다 더 큰 영향을 끼친 것은 군수품 조달 주문이었다. 이는 1950년에 발발한 한국전쟁으로 시작됐다. 미국 본토에서 실어 보낸 물자가 아시아에 도착하는 데에는 몇 주가 걸렸다. 일본에서 조달하면 더 싸고 몇 시간 만에 받을 수 있었다. 그래서 미군은 대대적인 구매에 나서기 시작했다. 한국전쟁을 시발로 베트남전쟁이 끝날 때까지 일본 회사들은 한 해에 미군의 구매 주문으로 3억 달러 이상을 벌어들였다. 한국전

쟁이 한창이던 1952년에는 8억 달러에 육박했다.[31]

이는 엄청났다. 일본중앙은행은 조달 주문을 '신의 도움神助'이라 불렀다.[32] 일본 총리는 이를 '신의 선물'이라 불렀다.[33] 한국전쟁 발발 전야에 자동차 회사인 도요타는 직원들을 해고하고 임금을 삭감하고 퇴직금을 반으로 줄였다. 회사의 운명을 바꾼 것은 바로 군납 계약이었다. 도요타 회장은 이 계약이 "도요타를 살렸다"[34]고 기억했다. 도요타의 생산량은 1948~1954년 6년간 3~4배로 대폭 증가했다.[35]

군납 계약은 수익을 가져다주었을 뿐만 아니라 일본 기업들이 미국 표준, 즉 전 세계로 급속히 퍼져나가던 표준에 완벽히 적응할 기회가 됐다. 미군은 매우 엄격한 지구상 최대의 표준 설정 기구였다. 미국에 물자를 납품하는 것은 보수가 좋은 인턴십을 따낸 것과 같았다.[36] 당장 이익이 될 뿐만 아니라 나중에 엄청난 가치를 가져다줄 기술을 전수받는 기회이기도 했던 것이다.

일본인들이 매우 존경하는 미국인 중 한 명이 윌리엄 E. 데밍이라는 통계학자라는 데는 시사하는 바가 있다.[37] 그는 제2차 세계대전 중에 물류 분야에서 일했으며 그의 전문 분야는 품질 관리, 즉 공산품이 규격에 맞게 만들어지도록 하는 것이었다(전사적 품질 관리는 어느 정도는 그의 생각을 기반으로 한 운동이었다). 미국에서는 이러한 이론이 그리 환영받지 못했으나, 일본은 그에게 열광했다. 엔지니어들이 그의 강연을 들으러 모여들었고, 그의 저서를 읽었으며 그가 진행하는 교육과정에 등록했다. 데밍은 "내가 그토록 중요한 인물처럼 느껴진 적은 없었습니다"[38]라고 말했다. 그는 일왕에게 훈장을 받았다.

이는 데밍이 천재였기 때문일까? 아마도 아닐 것이다. 일본 엔지니어들이 그의 지식을 흡수하고 그를 뛰어넘는 데에는 그리 오랜 시간이 걸리지 않았다. 데밍이 유명했던 것은 오히려 그가 내세운 가치 때문이었다. 소니의 창립자 중 한 명은 데밍이 일본에서 품질 관리의 '수호성인'으로 칭송받는다고 표현했다.[39] 군납 계약을 따내고 표준을 준수하는 데 사활을 걸어야 하는 침체된 경제에서, 그는 가장 인기 있는 수호성인이었던 것이다.

데밍의 축복은 일본의 경제 성장에서 미군의 중요성을 보여주었다. 군대가 더 많이 싸울수록 일본 기업들은 더 큰 돈을 벌었다. 한국전쟁은 뜻밖의 선물이었다. 베트남전쟁도 도움이 됐다.[40] 전쟁에서 싸운 군인들은 기린 맥주를 마셨고 니콘 카메라를 들고 다녔으며 혼다 오토바이를 몰고 소니사가 제작한 부품으로 만든 폭탄을 투하했다. 미군의 유해가 담긴 폴리에틸렌 소재의 시체 운반용 부대도 일제였다.

미군 기지가 들어선 기지 국가가 모두 일본과 같이 행복한 결말을 맞았던 건 아니다. 예를 들어 필리핀에도 대규모로 미군이 주둔하고 있었지만 아무도 필리핀제 트럭을 몰고 전장으로 나가지는 않았다. 중요한 것은 일본이 성장에 박차를 가한 데에 다른 요소가 있었다는 사실이다. 높은 저축률, 시장 보호, 기업 문화, 그리고 정부 덕분에 산업 발달을 촉진할 수 있었다. 그러나 미국의 비호야말로 그런 비결의 핵심이었다.

이러한 요소들의 비중이 얼마가 됐든 간에 그들이 결합된 효과는 믿기 어려울 정도였다. 제2차 세계대전과 베트남전쟁 사이의 기간에 일본 경제는 55배나 성장했다.[41] 그때까지 일본의 성장은 '기적'으로 불리곤 했다.[42]

제2부 점묘주의 제국

그러나 기지 국가 중 가장 부유한 나라에 속하는 일본에서조차 그런 성공의 대가를 치러야 했다. 세계 경제에서 혜택 받은 지위를 누리는 대가로 일본은 자율성을 상당 부분 포기해야 했다. 미국이 일본 땅을 이용해 아시아에서 전쟁을 일으키거나 구소련을 감시하거나 핵무기를 저장할 때 그에 따르는 모든 위험을 감수하고 옆으로 비켜서 있어야 했던 것이다.

여론은 상당히 복합적이었다.[43] 일본 국민은 기지 팽창에 항의했으나 미군 철수 계획에도 반대했다. 이들 기지가 중요한 고용처라는 이유였다. 1958~1966년에 이뤄진 여론조사를 보면 대부분의 응답자는 기지에 반대한다고 답했다. 그러나 그들의 반응은 시간이 지나면서 양면적인 모습을 띠었다. 점점 더 많은 사람이 어떤지 잘 모르겠다고 고백한 것이다. 오키나와 주둔을 끝내라는 캠페인을 주도한 사람조차 '모순'을 인정했다.[44] 오키나와는 미국이 베트남을 지원하는 데 관심이 없지만 미군의 돈은 꼭 필요하다는 것이었다.

때로 미군 기지에 대한 일본의 반감은 거센 항의를 불러일으키기도 했다.[45] 1954년 비키니 환초 실험 이후 터져나온 반핵운동이 한 예였다. 일본이 세상에 고지라를 내놓은 것이다. 미국과 일본이 기지를 둘러싼 협정 갱신을 앞둔 1959~1960년에 또다른 사건이 터졌다. 시위대가 거의 이틀에 한 번꼴로 도쿄 거리로 쏟아져나온 것이다. 최대 규모 시위에는 33만 명 정도가 모였다. 아이젠하워는 일본에 와서 협정 갱신을 축하할 계획이었는데, 백악관 대변인이 일본 방문을 준비하기 위해 도착했을 때 8000명에서 1만 명쯤 되는 시위대가 하네다 공항에서 길을 가로막았다.

이들은 아이젠하워의 리무진을 둘러싸고 유리창을 깨뜨렸으며 앞뒤로 차를 흔들고 차량 지붕 위로 올라갔다. 미 해병대가 헬기로 그를 구출했다. 일본 총리가 그의 안전을 보장할 수 없다고 하는 바람에 아이젠하워는 방문을 취소해야 했다.

일본은 기지 협정을 갱신했으나 이로 인해 일본 정부가 타격을 입으리라는 사실은 분명했다. 1960년 협정 서명일에 총리는 사임을 표했다. 그다음 달 한 시위자가 그의 다리를 칼로 여섯 차례나 찔렀다.

그로부터 10년 후 협정 갱신일이 돌아왔고 일본 시위대는 또다시 거리로 뛰쳐나왔다. 이들은 베트남전의 종식과 오키나와 반환, 미군 기지 철폐를 촉구했다. 오키나와 고자시(지금의 오키나와시)의 상황은 폭력으로 치달았다.[46] 고자는 오키나와의 리버풀에 해당되는 도시로, 지미 헨드릭스, 딥 퍼플, 크림, 레드 제플린의 음악에 고동치는 활기찬 록음악이 대세를 이룬 기지 도시였다. 미군이 모는 차량이 한 오키나와 남성을 친 후 경찰이 그를 풀어주자 폭동이 일어났다. 시위대는 화염병을 던지고 수십 대의 차를 불태웠으며 기지로 쳐들어가 창문을 깨부수고 학교를 공격했다. 상당수가 영어를 구사할 줄 알고 미군 아버지를 두었던 로커들도 폭동에 가담했다.

오키나와 최초의 록밴드인 위스퍼스Whispers의 베이시스트 기양 유키오喜屋武幸雄는 역사가에게 그 이유를 말했다.[47] 그는 미국과 긴밀한 관계가 있었다. 그의 누이의 아버지가 미국인이었고 그의 아내도 미국인이었다. 그리고 그는 기지에서 아낌없이 돈을 쓰는 군인들 덕분에 록가수로서의 경력을 쌓을 수 있었다. 그러나 동시에 그는 미국 점령군들이 그의 가족을 '망가뜨렸다'고 생각했다. 그의 고향은 전쟁 중 폭격으로 초토화가 됐다. 그의 고모는 미군의 지프에 치여 사망했다. 가해자는 기지로 서둘러 돌아갔고 처벌받지 않았다.

기양은 미국 음악을 연주하면서도 미국에 대한 증오가 쌓여갔다고 고백했다. '억눌려' 있던 그의 분노는 마침내 1970년 폭동을 계기로 '터져나왔다'.

시위대가 들이닥치자 미국은 1972년에 오키나와를 일본에 반환했다. 그러나 기지는 남겨두었다. 현재 오키나와섬의 20퍼센트는 미군이 사용 중이다.

―――

일본을 사로잡은 시위는 놀랄 만한 일이 아니었다. 워싱턴의 관리들은 기지가 불안 요소라는 것을 알고 있었다. 그 때문에 미군은 가능하면 외진 곳과 섬을 찾으려 했던 것이다. 또는 시위가 별것 아닌 듯 생각되는 장소에 기지를 설치했다. 일본 본섬보다는 오키나와가, 캘리포니아보다는 괌이, 덴마크보다는 그린란드가 더 적합했던 것이다.

그러나 미국 정부 기획자들은 기지로 인한 정치적 역풍을 예견하고 있었음에도 경제적인 결과는 미처 생각하지 못했다. 이들은 미국 수입품 차별을 허용하며 일본 경제를 지탱했다. 일본이 지역 강국일지는 몰라도 절대로 미국의 적수가 될 순 없다는 계산이었던 것이다. 미 군정 종료 협정을 주관했던 존 포스터 덜레스는 일본 제품이 미국에서 '잘 팔리는' 일은 없을 것이라 말했다. 일본 제품은 그저 '미국 제품의 싸구려 모조품'이라는 것이었다.[48]

완곡하게 표현하면 덜레스의 예측은 완전히 틀렸다. 그가 예측하지 못했던 것, 아무도 예측하지 못했던 것은 미국이 일본을 활용해 아시아

후텐마 미 해병대 공군기지. 빽빽하게 들어선 오키나와시 중심부에 위치한 미국의 전초기지

에서 군사작전을 수행하면서 자국 제조업이 쇠퇴할 만한 씨앗을 뿌리고 있었다는 사실이다.

어떻게 그런 일이 일어나게 됐는지를 이해하려면 전쟁이 끝날 무렵 기아 상태에 있던 일본의 현실로 되돌아가야 한다. 기술 기업을 시작하기에 그리 좋은 때는 아니었겠지만, 당시 소멸된 일본 해군에서 기술 장교였던 이부카 마사루에게는 더없이 좋은 때였다. 일본은 완전히 폐허가 되어 그 어떤 것이라도 팔릴 만한 상황이었다.

이부카는 도쿄의 다 타버린 백화점 3층에 가게를 차렸다.[49] 그는 해군에서 복무했던 친구인 물리학자 모리타 아키오를 영입했다. 원래대로라면 모리타는 일본의 최장수 사케 양조장 중 한 곳의 15대 당주가 됐을 것이다. 그러나 전쟁의 여파로 모든 것이 원점으로 돌아갔다. 모리타는 이부카의 부회장이 되었고 둘은 새로운 회사를 차렸다. 바로 도쿄통신공업주식회사를 설립한 것이다. 줄여서 도쓰코라 불렀다.

이부카와 모리타의 회사는 특정 제품을 만든 것이 아니었다. 그보다 도쓰코는 직원들이 찾아낸 고철로 기본 형태의 전기밥솥, 매우 위험해 보이는 전열 쿠션, 진공관 전압계 등 만들 수 있는 것은 무엇이든 조립했다. 이부카와 모리타는 돌아다니는 고물 더미에서 찾아낸 오토바이 스프링으로 스크루드라이버 같은 도구를 만들었다. 이들은 또한 '양키 골목Yankee Alley'에 상당히 의존했다.[50] 이는 미군들이 기지에서 훔쳐온 물품을 매매하는 암시장을 가리키는 말이었다. 이부카와 모리타가 진공관 전압계를 얻은 건 바로 암시장을 통해서였다.

그들의 눈길을 끈 것은 소리였다. 모리타는 "미국인들이 음악을 들여왔다"[51]고 기억했다. "그리고 사람들은 그 소리를 몹시 듣고 싶어했다." 이부카는 회사에서 철사 자기 녹음기를 만들어보겠다고 말했으나 초창기에는 크게 애를 먹는 수밖에 없었다.

한편 도쓰코는 군정 당국으로부터 계약을 따내는 일 등 다른 일에도 뛰어들었다. 그중 하나는 당시 맥아더의 군정 지부였던 일본 국립 라디오 방송국에 방송용 믹싱 콘솔을 공급하는 일이었다. 이부카 마사루는 믹싱 콘솔을 배달하면서 한 번도 본 적이 없던 것을 보게 됐다. 바로 미군들이 들고 다니던 테이프 녹음기였다. 도쓰코에서는 이런 걸 만들어야 돼. 그는 생각했다. 그는 장교를 설득해 전 직원이 살펴볼 수 있도록 이를 도쓰코 상점으로 가져오도록 했다.

도쓰코의 엔지니어들은 테이프 녹음기가 어떻게 작동하는지 파악했다. 군정 당국은 도쿄 중심가의 도서관에 서구의 최신 기술 잡지들을 갖춰놓았다.[52] 일본 과학자들은 이를 손으로 베껴서 돌렸다. 도쓰코의 엔지니어들은 재료를 찾느라 애를 먹었다. 일본은 테이프를 만들기 위한 플라스틱이 없어서 대신 빳빳한 종이를 사용해보기로 했다. 끊임없는 시행착오를 거쳐 그들은 현지에서 구할 수 있는 재료를 활용해 자성을 입힐 방법을 찾아냈다. 팬에 옥살산제일철을 가열해 산화제2철을 만들었고, 부드러운 너구리 배털을 이용해 종이 위에 수작업으로 칠했다. 이는 미국에서 3M사가 했던 방식은 아니지만 효과가 있었다. 도쓰코의 45킬로그램짜리 테이프 녹음기는 1950년에 시장에 출시됐다.

일본 소비자들이 테이프 녹음기를 구입할 여력이 있었을까? 이걸 원하는 사람이 있기나 했을까? 모리타 아키오는 이를 판매할 방법을 찾아낸 사람이었다. 군정 당국은 일본 학교에서 단순 암기 교육을 시청각 학습으로 대체했다. 이는 미국산 교육용 영화가 학교에 넘쳐난다는 뜻이었다. 안타깝게도 (군정기에 흔히 볼 수 있는 상황이었지만) 영화는 영어로 만들어졌고, 일본 학생들은 영어를 구사하지 못했다.

모리타는 상어에 무임승차하는 빨판상어처럼 군정에 붙어서 회사를 운영하는 방식을 구상했다. 도쓰코가 미국의 슬라이드에 동반되는 일본 번역판 테이프를 만들기로 한 것이다. 테이프 녹음기 시장은 개인이 아닌 학교가 될 것이었다. 이로써 도쓰코는 첫 성공을 거뒀다.

그 무렵 이부카와 모리타는 누구 편에 서야 할지 파악했다. 기술은 미국에서 왔고, 돈도 직간접적으로 미국에서 왔다. 회사가 성장하려면 미국을 생각하지 않을 수 없었다.

이부카는 영어를 전혀 못 했으나 1952년에 처음으로 미국을 방문했다. 거기서 그는 벨연구소가 개발한 트랜지스터에 대해 알게 됐다. 또다시 그는 테이프 녹음기 때와 마찬가지로 미국에서 비롯된 신기술에 과감히 투자하기로 마음먹었다. 미국 엔지니어들이 트랜지스터를 활용해 가장 수익이 날 만한 분야는 보청기 정도라고 경고했으나 그는 트랜지스터의 일본 특허를 구입했다. 이부카는 그들의 말을 일축했다. 그는 라디오를 만들고 싶었다.

또한 그는 일본 시장 너머로 진출하고 싶었다. 그러려면 새로운 회사 이름이 필요할 것이었다. 모리타는 미국에 가서 도쿄통신공업주식회사 같은 구식 이름이 일본 기업으로서는 잘 어울리지만 영어를 사용하는 사람들이 발음하기엔 까다롭다는 것을 알았다. 짧게 줄인 도쓰코도 도움이 되지 않았다.

모리타는 당시를 회상하며, 이부카와 함께 "전 세계 어딜 가나 알아볼 수 있고 어떤 언어로도 똑같이 발음될 수 있는"53 이름을 찾아다녔다고 말했다. 모리타는 포드사처럼 짧은 이름을 원했다. 두 사람은 이리저리 후보가 될 만한 이름들을 주고받으며 사전을 뒤졌다. 둘 다 영어가 서툴렀으나 sonus라는 단어에 이끌렸다. 소리라는 뜻의 영어 sound의 어원에 해당되는 라틴어였다. 이는 일본에서 또 다른 의미로 받아들여졌다. 미군들이 일본인을 가리키는 애칭으로 소니sonny 또는 소니 보이sonny boy●라는 말을 썼기 때문이다. 이는 당연히 업신여기는 것처럼 들렸지만 이부카와 모리타처럼 고군분투하는 이들에게는 돈이 짤랑거리는 소리로 들렸다.

우리는 "당시에 스스로 '소니 보이'라고 생각했다"54고 모리타가 말했다. "우리는 사운드 업계의 꼬마였으니까요."55

● 나이 든 사람이 젊은 사람을 '자네' 또는 '얘야'라고 부르는 뉘앙스

그들은 n을 하나 빼고 Sony를 상표로 등록했다. 일본을 비롯한 다른 지역에서 영어가 확산되는 현상에 주목해 일본 내 광고에도 일본 글자가 아닌 로마자로 표기해야 한다고 고집했다. 회사의 마스코트인 '소니 보이 Sony Boy'도 만들었다.[56] 서양인들은 이를 갈색 머리에 진지한 표정을 한 백인이라고 생각했다.

1955년에 선보인 소니의 첫 트랜지스터라디오가 세계 최초는 아니었다. 한 미국 회사가 이미 시장에 제품을 내놓았던 것이다. 그러나 소비자를 사로잡은 건 소니의 라디오였다. 그것은 1957년 모델을 시작으로 미국에서도 팔리기 시작했다.

라디오는 팔리는 데서 그치지 않고 소비자 문화에 지각 변동을 일으켰다. 소니 이전에 라디오와 테이프 녹음기, 레코드플레이어는 모두 가구로 생각됐다. 그것들은 크고 비쌌으며, 제조업체는 최상의 음질을 구현하기 위해 경쟁했다. 원음을 충실히 재생한다는 뜻의 '하이파이hi-fidelity'가 유행어였다. 소니는 이를 바꿔버렸다. 트랜지스터 덕분에 배터리로 충전하는 작고 싼 값의 라디오가 등장했는데, 이는 가구가 아닌 개인 단위로 음악을 소비할 수 있음을 뜻했다. 모리타는 소니의 라디오가 '휴대용' 이상이라고 자랑했다. 주머니에 넣고 다닐 수 있는 크기의 '포켓용'이라는 것이었다. 이를 더 쉽게 설명하기 위해 그는 영업사원들이 (약간 크게 만들어진) 셔츠 주머니에 라디오를 넣고 다니게 했다.

소니는 라디오만 판 것이 아니라 미디어를 소비하는 새로운 방식을 판매했다. 젊은 청취자들은 성인의 감독 없이 자유롭게 라디오를 들을 수 있었다(비틀스 전기를 쓴 밥 스피츠는 10대의 존 레넌이 트랜지스터라디오를 '침실에 고가의 예술품처럼' 전시해놓았다고 썼다[57]). 우리는 하나로 된 대형 스크린과 서브 우퍼 대신 포켓 사이즈의 개인용 기기의 세계에 살고 있

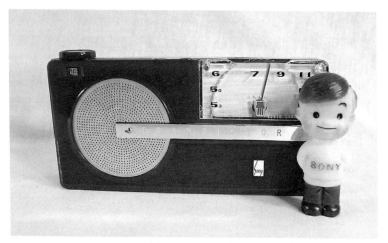

'사운드 업계의 꼬마'. 소니의 트랜지스터라디오와 갈색 머리 마스코트인 소니 보이

는 데 대해 소니에 감사해야 한다. 오히려 탓할 수도 있고.

소니의 트랜지스터라디오는 또 다른 시대적 추세의 막을 열었다. 일본의 기술 기업들이 뛰어난 제품을 내놓기 시작한 것이다. 소니는 더 이상미국이라는 거대한 존재 아래 기생하는 빨판상어가 아니었다. 미국으로부터 떨어져나온 일본은 스스로 헤엄쳐가기 시작했다.

그것도 훨씬 앞서서. 소니는 당대의 애플과 같은 존재였다. 1960년대에 소니는 휴대용 TV와 고품질 컬러 TV, 그리고 진공관이 필요 없는 최초의 탁상용 계산기를 만들었다. 1970년대에는 VCR과 워크맨을 세상에 내놓았다. 1980년대에 소니는 콤팩트디스크CD와 세계 최초의 휴대용 CD 플레이어인 디스크맨, 캠코더, 3.5인치 컴퓨터용 플로피디스크를 선보였고, 소형 기기를 즐겨 개발했음에도 불구하고 점보트론이라는 대형 스크린 TV를 출시했다.

소니의 역사는 비틀스와 비슷하다. 미군에 바싹 붙어살던 진취적인 젊은이들이 주변에서 보고 들은 것을 따라하다가 자기만의 길을 찾았기 때문이다. 그들은 버디 홀리의 노래를 통해 기타 연주를 배우거나 빳빳한 종이와 너구리털 브러시를 이용해 테이프 녹음기를 똑같이 만들어내려고 애쓴 것이다. 시간이 지나면서 우리는 워크맨으로 비틀스의 애비로드를 듣게 됐다.

———

표준이 작동하는 방식은 흥미롭다. 표준을 선점한 기업이나 국가가 앞서가는 동안 그들의 경쟁자는 설비를 교체하거나 새로운 시스템을 받아들인다. 경제학자들은 이를 '선발자 우위'라 부른다. 그러나 그런 이익은 시간이 지나면 줄어든다. 일단 누구나 60도 각도의 나사산을 사용하면 이를 제일 먼저 사용했다는 사실로 이익을 보게 되지는 않는다(물론 학습 곡선에서 앞서간 데 대해 다른 식의 보상이 주어질 수는 있다). 경쟁이 지속될수록 선두를 차지함으로써 얻는 이득은 점차 줄어든다.

표준을 보급하는 능력 덕분에 미국은 확실한 선발자 우위를 누릴 수 있었다. 한편 미국 표준을 일찌감치 도입한 경쟁자들 역시 좋은 성과를 냈다. 이들을 후발 주자라 한다. 간호 분야에서 필리핀은 후발 주자였다. 록음악에서는 리버풀이었다. 산업에서는 미군 주변에서 성장한 소니와 다른 일본 기업이 이에 해당됐다. 표준 및 기술의 원천에 가깝고 미국 시장에 쉽게 접근할 수 있었던 덕분에, 이들 기업은 세계 경제에서 특권적인 지위를 누리며 세계 시장으로 진출할 수 있었다.

다시 말해 미국은 1945년 이후 자국을 중심으로 구축한 세계 질서로 혜택을 누렸으나 이것이 영원히 지속되지는 않았다. 다른 국가들도 미국 표준에 완전히 익숙해지자 수익을 얻으며 미국과 경쟁하는 상황에 이르렀다. 영국, 일본, 구서독, 한국과 같이 미국의 평시 기지를 유치한 국가들은 미국의 가장 위협적인 경쟁국들 가운데 하나로 올라섰다.

1960년대에 이른바 '영국의 침공British Invasion'은 록음악의 문화적 흐름을 역전시켰다. 비틀스로 시작해 록음악과 블루스를 마스터한 영국 음악인들은 미국으로 진출했다. 롤링스톤스, 에릭 클랩튼, 더후, 핑크 플로이드, 밴 모리슨, 레드 제플린 등이 그 예다. 엘비스 프레슬리와 척 베리 같은 음악가들이 누렸던 선발자 우위 효과가 효력을 잃자 영국 밴드들이 손쉽게 차트를 점령할 수 있었다.

소니는 트랜지스터라디오로 이와 비슷한 궤적을 그렸다. 그리고 더 많은 일본 기업이 소니의 뒤를 따랐다. 니콘, 캐논, 미쓰비시, 혼다, 도요타, 스바루, 닛산, 마즈다, 가와사키, 도시바, 산요, 파나소닉, 닌텐도는 미국에서 익숙한 이름이 됐다. 소니의 트랜지스터라디오가 세상에 나온 지 10년 후인 1965년에 양국의 무역수지는 뒤집혔다.[58] 이제 일본의 대미 수출액은 수입액을 훨씬 뛰어넘게 됐다. 캘리포니아 주지사는 이 사실에 커다란 유감을 표하며 '식민지' 관계라고 표현하기도 했다. "우리는 일본에 원자재를 실어 보내고 일본은 우리에게 완제품을 실어 보낸다."[59]

일본의 부상은 특히 미국 경제의 핵심인 자동차 산업에서 뚜렷이 나타났다. 1980년에 수십만 명의 미국 노동자가 일자리를 잃었다. 자동차 회사들의 조립 공장 40개와 1500여 개의 대리점이 문을 닫았기 때문이다.[60] 그러는 동안 작고 연비가 좋은 일본 자동차들이 시장 점유율을 엄청나게 높였다.

절박한 경영자들은 일본의 성공 비결을 알아내려 애썼다. NBC는 에드워즈 데밍을 소개하는 「일본도 하는데 우리라고 못 할까?」라는 다큐멘터리를 내보냈다. 마침내 수십 년간 묻혀 있다시피 한 데밍은 일본에서 누렸던 유명세를 자국에서 누리게 됐다. 포드사의 CEO는 "데밍 박사의 가르침을 따르는 제자라 말할 수 있어 뿌듯하다"[61]고 밝혔다.

그러나 경영진이 일본을 모방하려는 욕구에 사로잡혔음에도 생산 현장에는 체념 어린 분위기가 지배적이었다. 이는 음악에서도 나타났다. 버디 홀리의 쾌활한 선율은 우울한 분위기로 변했다. 제조업의 쇠퇴를 노래한 브루스 스프링스틴은 「미국에 태어나Born in the U.S.A.」라는 곡에서 나라에 대한 암담한 전망을 "생기라곤 하나도 없는 마을에 뚝 떨어져 태어나"라는 가사로 시작했다. 5년 후 소니는 스프링스틴의 음반사인 컬럼비아 레코드를 사들였다. 「미국에 태어나」는 일본의 자산이 됐다.

스프링스틴만 그런 것이 아니었다. 컬럼비아 레코드를 사들이면서 소니는 밥 딜런, 조니 캐시, 사이먼 앤 가펑클 등 많은 록음악의 핵심 음반을 차지했다. 다음으로 소니는 「워터프런트」「고스트버스터즈」「콰이강의 다리」 같은 고전 영화들의 판권을 소유한 컬럼비아 픽처스를 사들였다. 미쓰비시는 뉴욕의 록펠러센터를 매입했다.

"앞으로 몇 년 후를 생각해보십시오. 12월에 온 가족이 커다란 크리스마스트리를 보러 히로히토 센터에 가는 장면을요."[62] 제너럴 모터스가 내보낸 광고는 이렇게 경고했다. "계속 일본 자동차를 사면 어떻게 되나 봅시다."

적어도 일부 사람의 마음속에는 분노가 응어리지기 시작했다. "이들은 여기 와서 차를 팔고 VCR을 팝니다. 미국 회사들을 때려눕히고 있습니다." 부동산 재벌인 도널드 트럼프가 TV에 나와 불만을 쏟아냈다.[63] 이는 트럼프가 최초로 정치적 발언을 한 사례로 꼽히며 많은 사람에게 공감을 불러일으켰다. 프로그램 진행자인 오프라 윈프리는 트럼프의 발언이 "대선을 의식한 것"이라고 말했다. 혹시라도 출마할 생각이 있는지? "아마도 아닐 것"이라고 그는 대답했다. "그러나 다른 나라가 미국을 벗겨 먹는 현실에는 신물이 난다"고 말했다.

작가 마이클 크라이튼은 1992년 소설 『떠오르는 태양Rising Sun』에서 일본 때리기에 한층 더 열을 올렸다. 이 스릴러 소설은 음험한 성적 변태인 한 일본인 사업가들 중 한 명이 백인 여성을 살해한다는 내용이었다. 숀 코너리와 웨슬리 스나입스가 주연한 영화가 공개되자 폭력 사태를 우려한 아시아계 미국인들의 항의가 쏟아졌다. 이미 몇 차례 사건이 일어난 터였다. 미시간주의 플린트와 랜싱에서는 일본 자동차의 유리창이 박살나고 타이어가 찢어지는 사건이 발생했다. 디트로이트에서는 크라이슬러 매니저와 해고당한 노동자가 말 그대로 야구 방망이로 중국계 미국인의 머리를 심하게 내려치는 일이 있었다. 그를 일본인으로 착각해 벌어진 일이었다(한 목격자는 "너 같은 놈 때문에 우리가 일자리를 잃게 됐다"며 살인범이 말하는 것을 들었다고 진술했다64).

뉴욕에 살았던 소니의 모리타 아키오는 이처럼 긴장감이 도는 시기에 일본의 얼굴이었다. 1970년대 초반 『타임』지가 미국에서 일본이 이룬 경제적 성공을 보도하기 시작했을 때, 기사는 '일본의 비즈니스 침략에 어떻게 대처할 것인가'라는 제목으로 시작됐다.65 표지에는 휴대용 소니 TV가 실려 있었고 모리타의 얼굴이 노란 불빛을 배경으로 빛나고 있었다.

모리타는 위협적인 인상을 주지 않기 위해 늘 애를 써왔다. 그는 비즈니스에 관한 자신의 생각을 부드러운 어조로 담은 두 권의 책을 영어로 출판했다. 그가 미국에서 얼마나 많은 것을 배웠는지를 강조하는 내용이었다. 그러나 1989년에 출판된 책에서는 제2의 고향으로 삼은 미국에 대한 존경이 눈에 띄게 사라지기 시작했다. 그는 인종차별주의와 경제적 불평등 및 사업적 안목의 결여를 들어 미국을 혹평했다.

모리타는 미국의 군산복합체를 통해 부를 쌓았지만 그에 대한 감사의 마음이 무한한 것은 아니었던 모양이다. 그는 일본인들에게 "아니라고 말할 수 있는 일본이 되자"66고 조언했다. 그는 『No라고 말할 수 있는 일본』이라는 책을 우익 정치인과 공동 집필했다. 그는 이를 일본어로 출판한 후 번역 출간을 거부했다. '소니 보이'라 자칭한 젊은 시절과는 전혀 다른 모습이었다.

아니라고 말하게 된 미 점묘주의 제국의 수혜자는 모리타 아키오뿐만이 아니었다.

22.
첨병전

미국이 차지한 지도상의 점들 중에 처음부터 다란만큼 가망 없어 보이는 곳도 드물었다. 장소 자체는 사막 한가운데의 빈 공간이었다. 가장 가까운 마을인 코바르는 "몇 개의 움막"에 지나지 않았다는 논평도 있다![1] 다란은 외부인을 환영하지 않는 전제군주국으로 알려진 사우디아라비아에 있었다.

그러나 사우디아라비아에는 석유가 매장돼 있었고, 석유는 세계를 움직이는 원천이었다. 미국의 복합 기업인 아람코에는 스탠더드 오일, 텍사코, 엑손과 모빌이 포함되었고, 아람코는 이후에 유전 발굴권을 구입했다. 1930년대에 다란에 첫 정착지를 건설한 것은 아람코였고, 이를 확장해간 것도 아람코였다.

아니면 적어도 비용을 댄 것은 아람코였다. 건설 자체는 지역 노동자들이 맡아서 했다. 모하메드라는 한 예멘 벽돌공은 특히 유능했다. 그는 문맹이었고 한쪽 눈을 실명했지만 '친절하고 활력이 넘치는'[2] 사람인 데다 한 동료의 표현에 따르면 실력 있는 건설업자였다. 그의 이야기는 소니의 모리타 아키오나 리버풀의 존 레넌과 별로 다르지 않았다. 모하메드는 미국인 고립 영토 가까이에서 성공하는 법을 알아낸 사람이었다. 모리타와 레넌과 마찬가지로 그는 요령을 익힌 후 자기만의 길을 갔다. 그는 아람코의 승인을 받아 형제 건설사를 차렸다. 그들은 바로 아와드 빈라덴●의 아들들인 모하메드와 압둘라였다.3

시장에 진출하기에 적기였다. 아람코가 확장 일로였기 때문이다.

석유 부호인 사우디 왕가는 궁전과 도로를 짓고 있었다. 사우디아라비아를 세계 교통망의 결절점結節點으로 바라보게 된 미국 또한 계획이 있었다. 한 국무부 전보에는 사우디아라비아가 "몇몇 세계 주요 항공 교통로를 가로막는 거대한 항공모함"4 같았다는 내용이 담겼다. 그래서 미국 정부는 1945년에 다란에 대규모 공군기지를 임대하기로 했다. 역시 건설 과정이 필요한 일이었다.

그러나 기지는 민감한 사안이었다. 사우디 왕실은 성조기가 메카와 메디나 땅 위로 날아다니는 모습이 어떻게 비칠지 우려했다. 몹시 노심초사한 나머지 사우디 왕은 다란의 미 영사관이 물리적으로 깃발을 꽂지 못하도록 금지했다.5 그 대신 성조기가 사우디 땅에 닿지 않도록 건물 측면에 부착되게끔 했다. 해당 장소는 기지가 아닌 '비행장'으로 불려야 했다.

그러나 합의는 성사됐고 마을 반, 기지 반이었던 다란은 성장해갔다. 아람코는 해외 최대 규모의 미국인 밀집 거주 지역이었다.6 1950년대에 이곳을 방문한 사람은 "현대적인 에어컨 시설이 갖춰진 주택, 수영장, 극

● 오사마 빈라덴의 아버지

장 등이 있어서 다소 미국 같은 분위기[7]였다고 썼다.

사우디 왕이 두려워했던 것처럼 많은 무슬림의 얼굴이 창백해졌다. 다란 지구에 성지를 찾는 기독교인과 유대인들이 몰려들면서 사우드 가문은 사우디 왕국의 신성 모독에 연루됐다. 내부적으로 왕실은 반체제 인사의 불만을 억누를 수 있었고, 실제로도 그렇게 했다. 그러나 사우디아라비아에 비판적인 이집트 라디오 방송국인 아랍의 소리Voice of the Arab를 조용히 만들 방법은 거의 없었다.[8] 이 방송국은 다란을 미 제국주의의 전형적인 예로 언급했다. 결국 사우디 정부는 이에 동의하고 기지 임대 계약을 종료했다. 미군은 1962년에 철수했다.

정치적 불안이 넘실댔으나 모하메드 빈라덴은 이를 노련하게 헤쳐갔다. 그는 사우디 정부가 선호하는 건축업자가 됐다. 동시에 그는 미국과도 다수의 사업을 진행하며 뉴욕에 지사를 운영했다. 그는 사우디아라비아의 서부 해안 주변에 공군기지와 주둔지를 포함해 미군을 위한 비밀 프로젝트를 진행했다. 그는 장남인 살렘을 잉글랜드로 보내 서구식 교육을 시켰다. 네 명의 다른 아들은 미국에서 도시공학을 전공하게 되었다.

빈라덴은 1967년에 비행기 추락 사고로 사망했다(그를 태우고 비행했던 대부분의 조종사처럼 해당 비행기 조종사도 미 공군 참전 용사였다). 그는 22명의 아내로부터 낳은 54명의 자녀에게 수억 달러에 달하는 건설회사를 유산으로 남겼다. 그의 아들 중에는 이익을 얻게 돼 마냥 기뻐하는 사람도 있었다. 가족 사업에 뛰어들어 대규모 방어 및 기반 시설 계약을 따내는 이도 있었다. 그중 아들 오사마는 비상한 열정을 갖고 일에 뛰어들었다. 그는 기술 분야에 재능이 있는 듯했다.

오사마 빈라덴 역시 정치에 관심을 가졌다. 그는 학교에서 정치를 배왔다. 유명한 이슬람교도인 사이드 쿠틉의 형제가 그가 다니는 제다의 대학에서 강연을 했다. 오사마는 이슬람과 서구 제국들 간에 엄청난 충돌이 있다는 것을 알게 됐다. 그는 무슬림의 땅을 제국주의자들로부터 지켜내야 한다고 결론 내렸다.

이어진 사건들은 그런 시각을 굳혀주었다. 1978년, 아프가니스탄의 공산주의자들은 쿠데타를 일으키며 선출된 대통령을 몰아냈다. 이는 이교도가 주도한 혁명이었을 뿐 아니라 불안정한 새 정권을 지원하기 위해 군 병력을 파견한 구소련에 지역 거점을 마련해주었다. 구소련 정부는 이를 일시적인 조치로 생각했다. 구소련 지도부의 레오니트 브레즈네프는 "3~4주면 끝날 것"이라고 예측했다.[9]

상황은 예상과 다르게 펼쳐졌다. 무자헤딘으로 알려진 저항군은 소련이 지원한 국가와 장기전을 벌였다. 사우디 정부는 전 세계 이슬람의 수호자로 자리매김하고자 그들을 지원했다. 냉전 상대국이 아시아에서 별소득 없는 전쟁에 에너지를 소모하는 모습을 지켜보던 미국도 이에 동참했다. 미 국가안보 보좌관인 즈비그뉴 브레진스키는 "마침내 뒷마당에 똥을 뿌릴 때"가 됐다고 말했다.[10] 두 정부는 매칭 펀드 조약을 통해 무자헤딘에 자금을 지원하는 데 합의했다. 즉 미국이 1달러를 지원하면 사우디 정부도 1달러는 지원한다는 것이었다.

신을 믿지 않는 초강대국이 무슬림 땅을 점령하는 데 맞서고자 한 오사마 빈라덴은 무자헤딘에 합류했다. 그는 자금과 전투원을 모집하기 위해 사우디아라비아와 파키스탄과 맞댄 아프간 국경 도시인 페샤와르를 오가기 시작했다. 그러다가 결국 페샤와르로 거처를 옮겼다. 그는 사우디아라비아에서 불도저, 덤프트럭, 굴착기 등 100여 톤에 달할 것으로 추정되는 건설 중장비를 들여왔다. 그는 터널을 파고 도로를 지었다. 방공

호를 세우고 병원을 지었다.[11]

빈라덴은 다시 말해 기반시설을 건설한 사람이었다. 그는 기본적으로 파키스탄에서 무자헤딘의 본거지를 운영했다. 1988년, 그는 성전(지하드)을 지휘하기 위해 소규모 단체를 조직했다. 이는 당연하게도 알카에다 알아스카리야al-Qaeda al-Askariya('군기지'라는 뜻)라 불렸다. 또는 줄여서 알카에다('기지')로 통했다.

알카에다는 큰 문제였을까? 그렇지는 않았다. 이는 구소련을 아프가니스탄에서 몰아내는 데 작은 역할을 했을 뿐이다. 그러나 그 경험을 통해 빈라덴은 중요한 사실을 깨달았다. 오합지졸에 불과한 (그러나 충분한 지원을 받은) 게릴라에게 패한 세계 군사 강국을 본 것이다. 1989년, 구소련의 적군赤軍이 우즈베키스탄으로 퇴각했다. 1991년, 유럽 공산주의가 쌓아올린 탑이 와르르 무너졌다.

"강대국이라는 신화가 나뿐만 아니라 모든 무슬림의 머릿속에서 깨졌다."[12] 그리고 빈라덴은 생각했다. 강대국의 한쪽이 이렇게 쉽게 무너졌다면 다른 쪽이라고 다를 것인가?

———

그런 식으로 생각한 사람은 빈라덴뿐만이 아니었다. 1990년, 이라크의 독재자 사담 후세인은 쿠웨이트를 침공했다. 이는 대담한 기습공격이었다. 국경을 넘은 지 4시간 만에 이라크군은 쿠웨이트의 수도에 도달해 왕궁을 공격하고 불을 질렀다.[13] 며칠 후 후세인은 쿠웨이트를 합병했다. 이로써 그는 전 세계 원유 공급의 5분의 2를 통제하게 됐다. 그가 다음으로 사우디아라비아를 공격할 것은 확실해 보였다.

후세인을 비양심적인 세속주의자로 간주한 빈라덴은 전투에 자원했다. 그는 아프가니스탄에서 이교도를 몰아낸 적이 있었다. 당연히 아라비아반도에서도 똑같이 할 수 있을 것이었다.

그러나 사우디 정부는 주저했다. 정부를 대표해 술탄 왕자가 빈라덴에게 "쿠웨이트에는 동굴이 없다"는 사실을 상기시켰다.[14] "생화학 무기를 실은 미사일을 날리면 어떻게 하겠는가?"

"우리는 믿음을 갖고 그와 싸우겠습니다." 빈라덴이 답했다.

사우드 가문은 신앙에 관한 한 그의 말을 믿었으나, 빈라덴의 계획을 신뢰하지는 못했다. 그 대신 파드 국왕은 미 국방장관 딕 체니와 만나기로 했다. 그는 쿠웨이트 침공 이튿날 노먼 슈워츠코프 장군과 국방부 부장관인 폴 울포위츠를 대동하고 제다로 날아왔다. 체니는 다란에 미군기지를 다시 설치하고 싶어했다. "위험이 사라지면 미군은 철수할 것"이라고 약속했다.

"그러길 바라오." 압둘라 왕세자는 목소리를 낮춰 아랍어로 대답했다.[15]

압둘라는 불안해했으나 파드 국왕은 이에 합의했다. 그는 "가지고 올수 있는 것은 모두 가지고 오라"고 체니에게 말했다. "가능한 한 빨리 오길 바라오."[16]

미국은 그 말을 따랐다. 24시간 내에 첫 전투기가 다란에 착륙한 후 차례로 도착하기 시작했다. 콜린 파월은, 미 국방부는 "날 수 있는 것은 모두 띄웠다"고 썼다.[17] 공군이 제공할 수 있는 거의 모든 수송기와 158대의 민간 항공기가 동원됐다. 하루 이동 거리를 톤마일수로 계산했을 때 사우디아라비아 공수 작전 당시 이동 거리는 베를린 공수 작전 당시 규모의 10배였다.[18]

"전 지역으로 이동하는 C-5, C-141 수송기와 민간 항공기를 타고 지중해를 횡단할 수 있을 정도였다."[19] 한 조종사는 놀라워했다.

과열된 공수 작전의 열기는 위협의 심각성을 나타냈다. 후세인이 이라크의 원유 수입과 해외 원조(일부는 미국 원조)를 다년간 군 병력에 퍼부었다는 사실은 명백했다. 이라크는 약 30만 정예 부대와 4000대의 탱크, 수백 대의 전투기로 쿠웨이트를 점령했다.[20] 이라크군은 세계에서 네번째로 큰 규모였고(미 육군 바로 아래), 이라크 공군은 세계 6위 규모였다.[21] 사우디아라비아에 배치됐던 노먼 슈워츠코프 장군은 "적의 반격으로 해상에 추락해 수천 명이 목숨을 잃을까봐"[22] 걱정스러웠다면서 당시를 떠올렸다.

슈워츠코프가 불안해한 것은 이라크군의 규모 때문만이 아니었다. 걸프전이 '또 다른 베트남전쟁'으로 확전될 수 있다는 더 큰 공포가 짙게 깔려 있었다. 1960년대에 군 장성들은 모두 치욕스러운 시련을 겪었다. 최신 기술로 무장한 초강대국이, 끝없이 계속되어 종국에는 이길 수 없는 싸움에 갇혀 있는 현실을 목격했기 때문이다. 수렁이라는 말이 곧잘 비유로 사용됐다. 헤어나올 수 없는 상황이었던 것이다.

베트남전의 군사 기획자들은 수렁을 피해 미국의 막대한 기술적 우위를 활용해 공중전에서 승리를 쟁취하고자 했다.[23] 이들은 융단 폭격에 B-52 폭격기를 보냈고 헬리콥터에 네이팜탄을 실었다. 나무에 시야가 가려 보이지 않자 군인들은 고엽제인 에이전트 오렌지Agent Orange를 살포했다('숲을 막을 수 있는 것은 우리뿐'이 이들의 비공식 구호였다).

미국은 베트남에서 총 500만 톤에 달하는 폭탄을 투하했는데, 이는 1인당 113킬로그램이 넘는 양이었다.[24] 그러나 폭탄 투하와 목표 달성은 전혀 다른 이야기다. 주요 목표물 중 하나는 거대한 타인호아교였다.[25]

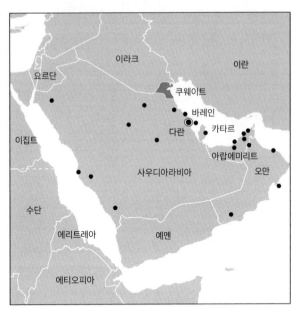

걸프전쟁에서 사용된 주요 연합국 비행장

이는 고속도로와 철로까지 연장되어 남북을 잇는 중요한 고리였다. 미국은 이를 폭파하기 위해 다년간 800번 넘게 출격하고 그 과정에서 11대의 폭격기를 잃었다. 그러다가 1972년이 되어서야 비로소 다리가 무너졌지만 당시는 전쟁의 끝 무렵이었다.

폭탄과 전투기는 결국 충분하지 않았다. 250만 명의 미군은 전쟁 중에 베트남으로 순환 배치됐다. 그러나 이들의 운명도 전투기와 별 다를게 없었다. 1973년, 마지막 전투 부대가 떠났다. 지구상 최고의 군사 강국이 농민군을 상대로 싸워 진 것이었다.

그러니 사담 후세인이 병력을 준비시키는 것을 보고 슈워츠코프와 그의 동료 군인들이 불안해하는 것도 무리는 아니었다. 후세인의 탱크는 '참호를 파고' 모래로 덮인 벙커 속에 숨어서 공격이 개시되기 전까지는 이들을 볼 수 없었다. 그는 소모전, 즉 미국이 베트남전에 패배했던 것과 같은, 구소련이 아프가니스탄에서 패배했던 것과 같은 질질 끄는 유혈 대치 상황에 대비했다.

이는 '사상 최악의 전투'가 될 것이라고 후세인은 장담했다.

———

이라크에 대항한 연합국의 작전명이었던 사막의 폭풍 작전은 루이지애나에서 시작됐다.[26] 7대의 전략 폭격기인 B-52G 스트래토포트리스가 폭격 임무를 띠고 박스데일 공군기지에서 출격했다. 15시간 후 이들이 바그다드에 도착했을 때는 상공에서 사실상 폭발이 일어난 때와 정확히 일치했다. 영국과 스페인, 사우디아라비아 그리고 영국령의 외딴섬인 디에고가르시아에서 날아오른 폭격기는 탑재된 폭탄을 투하했다. 페르시아만에 있던 구축함에서 발사된 토마호크 미사일은 바그다드 시가지를 허물어버렸다. 스텔스기는 이라크 영공으로 진입해 정밀유도폭탄을 발사했다.

공격이 시작된 지 10분 후 바그다드 전력망을 포함한 이라크의 기간시설망 대부분은 무력화됐다. 몇 시간 내에 후세인의 통신망도 붕괴됐다.

집중 포화가 43일간 지속됐다. 사막에서 공중전을 수행하는 것은 정글에서 싸우는 것보다 훨씬 쉬웠다. 그러나 핵심은 바로 기술이었다. 위성 위치 확인 시스템GPS이 사용된 최초의 본격적인 전투였다. 게다가 레이저 유도 시스템 및 내장된 내비게이션 시스템을 장착한 '스마트' 폭탄은 놀라운 결과를 가져다주었다.

제37전술전투비행단 사령관은 "원하는 표적을 정밀하게 타격한다"고 자랑스레 말했다. "남자 화장실이든 여자 화장실이든 원하는 대로 고를 수 있습니다."[27]

물론 참호 속에 숨은 수천 대의 탱크와 이라크 군대는 우려 요인으로 남아 있었다. 그러나 땅속에 묻힌 금속 탱크에 관한 중요한 사실이 있었으니, 주변의 모래와는 다른 속도로 열이 식는다는 것이었다. 이는 해가 진 후 자정까지의 시간 동안 전투기 조종사는 적외선 조준기로 전환해 탱크를 선명하게 볼 수 있다는 뜻이었다. 이들은 약 230킬로그램의 레이저유도폭탄을 그 위에 떨어뜨렸다. 조종사들은 이를 '탱크 뽀개기Tank Plinking'라고 불렀다. '뽀각, 뽀각, 뽀각' 하고 탱크가 폭파돼 사라지는 소리였다.

결국 슈워츠코프는 이라크 국경 너머로 진군했다. 그러나 예상했던 사상 최악의 전투는 아니었다. 슈워츠코프는 사막 전체에 GPS 지원형 공격을 지휘해, 전력 손실이 이미 상당한 나머지 이라크 군대에 기습 공격을 가했다(이라크군은 길이 나지 않은 광대한 지역을 찾아올 군대는 없다고 생각해서 도로로 공격이 들어올 것으로 예상했던 것이다).[28] 지상전은 100시간 동안 지속되면서 다국적군은 366명의 사상자를 냈는데, 사상자 대부분은 투항한 이라크 군인들이었다. 이라크는 완전히 초토화됐다. 군대는 마비되다시피 하고 군인들은 겁을 집어먹었으며 기반시설은 폐허가 됐다. 이후 몇 년간 이라크는 이 같은 전쟁의 결과를 안고 살아가야 했다.

일부 고위 이라크 포로들은 지상전이 불필요했을 거라고 털어놓았다.[29] 공중전이 있은 지 몇 주 만에 세계 4위의 군사력을 갖춘 이라크 군대가 지상에서 교전을 벌이지 않고 퇴각할 거라는 이야기였다.

제2부 점묘주의 제국

이는 놀라움 그 자체였다. 1970년대와 1980년대 구소련과 미국 이론 가들의 논의, 즉 기술이 전쟁의 양상을 바꾸고 있다는 사실을 확인시켜 주었다. 그들은 이러한 현상을 '군사 혁신'이라고 불렀다.[30] GPS 시대에 기갑사단, 중화기, 대규모 보병대 및 외국 영토 점령이 무슨 소용이란 말인가? 근처 기지에 공습을 요청하면 간단한데 왜 군이 육군을 배치하겠는가?

러시아 군사 이론가인 블라디미르 슬립첸코는 전쟁에서 공간의 범주가 바뀌고 있다고 언급했다. 앞으로는 전방, 후방 및 측방과 같은 지역 기반의 군사 개념이 별 의미가 없게 될 것이라고 말했다. '표적과 비표적' 만이 남는다는 것이다. 뿐만 아니라 슬립첸코는 "적의 영토를 점령할 필요가 없어질 것"이라고 예측했다.[31] 전쟁은 더 이상 지역 개념이 아니므로 영토 지배는 상관이 없어진다는 것이었다. 중요한 것은 '지점'이었다.

———

점 단위로 변해간 것은 전쟁뿐만이 아니었다. 전투기를 출격시키고 미사일을 발사하려면 미국은 발사대가 필요했다. 교전 지대에서 멀지 않은 기지와 전함은 필수였다. 따라서 사우디아라비아, 특히 다란에서의 기지망 확장은 예견된 수순이었다.

그러나 다란에 미군이 주둔하는 것은 1990년대에도 1950년대와 별다를 바 없는 민감한 사안이었다.[32] 기지 근처의 사우디인들은 티셔츠를 입고 차량을 운전하는 여군을 보고는 불편한 기색을 감추지 못했다. 바그다드의 라디오 방송은 미군이 이슬람의 가장 성스러운 곳을 더럽힌다며 비난했다.

미국 정부는 바로 이런 점을 우려했다. 기지 재개 합의가 이뤄진 후 사우디아라비아 주재 미 대사는 로버트 게이츠에게 군인이 '무심코 모스크를 모욕하는 발언'이라도 하면 어떻게 될지 걱정스럽다며 두려운 속내를 털어놓았다.[33] 마찰을 피하기 위해 엄청난 노력을 기울였다.[34] 군대는 포르노와 음주를 금지하고 기독교인들에게 십자가 목걸이는 티셔츠 안에 넣고 다니도록 했다. 그리고 유대계 군인들에게는 사우디인들이 성지에 랍비가 거주한다고 항의하지 않도록 페르시아만에 정박한 배 안에 들어가서 예배를 드리도록 시시때때로 당부하며 특별히 주의를 기울였다.

"서방에서 온 '식민지 개척자'들이 일방적으로 강요한다는 인상을 주지 않아야 했다"[35]고 슈워츠코프는 설명했다. 그러기 위해 그는 정기적으로 '아랍인의 반응에 대한 세미나'를 열어 현지 주민들이 군사 행동을 어떻게 받아들이는지 평가했다.

그러나 아무리 주의를 기울인다 한들 한 나라의 군대가 다른 나라에 주둔한다는 기본적인 사실만큼은 변할 수가 없었다. 예를 들어 텍사스에 있는 사우디 기지에 미국인들이 어떻게 반응할지를 상상하기란 어렵지 않다. 사실 상상할 필요조차 없는 일이다. 18세기에 북미에 주둔하는 영국군의 존재는 식민지 주민인 미국인들에게 혐오감을 주어 결국 혁명의 불길이 타올랐다. 미국 독립선언서는 "대규모 군대를 이 땅에 주둔시키고" 이러한 군대가 범죄로 인한 처벌을 받지 않도록 면제한 데 대해 왕을 규탄했다.

따라서 사우디 성직자 등의 항의가 크게 놀랄 만한 일은 아니었다. 오사마 빈라덴이 보기에 이 기지들은 이슬람에 대한 모욕일 뿐만 아니라 몹시 뻔뻔한 위선이었다.[36] 빈라덴은 사우디 정부의 명령에 따라 목숨 걸고 무슬림 국가인 아프가니스탄에서 이교도들을 몰아냈는데, 이제 바로 그 정부가 알라를 믿지 않는 이들을 불러들이고 있다니? 메카와 메디나의 땅에?

그는 "이 나라를 더러운 발로 아무 데나 돌아다니는 미군들이 사는 미국 식민지가 되도록 내버려두다니 부도덕하기 짝이 없다"[37]며 격분했다. 미국은 "아라비아반도를 이 지역 최대의 육·해·공군 기지로 만들고 있다"[38]고 비난했다.

불안해하는 사우디 정부의 독촉에 빈라덴은 사우디아라비아를 떠나 결국 아프가니스탄으로 향했다. 그러나 그는 이 문제를 염두에 두고 있었다. 걸프전 이후에도 미군이 체니의 약속을 어기며 사우디아라비아에 주둔했다는 사실은 빈라덴의 분노를 더 부채질할 뿐이었다.

1995년, 리야드의 미군 훈련 시설 앞에서 차량 폭탄이 터졌다. 사망자 7명 중 5명이 미국인이었고, 부상자는 34명이었다. 사우디 정부는 빈라덴에게 영감을 받아 범죄를 저질렀다고 고백한 4명의 용의자를 체포했다. 빈라덴에게 책임이 있든 없든 간에 그가 영향을 준 것은 분명했다.

이듬해에 또 다른 폭탄이 터졌는데, 이번에는 다란의 주거시설이 표적이었다. 19명의 미 공군 장병이 사망했고 372명이 부상을 입었다. 다시 빈라덴이 배후였다. 그가 진짜로 관여했는지 여부는 불분명했으나 누군가가 미군 기지를 폭탄으로 터뜨릴 만큼 싫어했던 것은 확실했다.[39]

보안을 위해 공군은 사우디 사막의 멀리 떨어진 곳에 1억5000만 달러짜리 계약을 체결했다. 대변인은 "몇 마일 전부터 접근하는 대상을 볼 수 있다"[40]고 설명했다. 군 입장에서는 오아시스 같은 곳이 될 터였다. 4200개의 침상과 85개의 건물에는 식당과 체육관, 수영장, 오락시설이 포함될 예정이었다. 그러나 가장 놀라운 것은 사우디 정부가 기지 건설을 위해 고용한 건축업체가 바로 빈라덴의 회사였다는 사실이다.

이는 미군 기지 구축에 대한 제국의 양면적 속성을 완벽히 포착한 사례가 아닐 수 없다. 소니와 오키나와 폭동이 보여주듯, 참여와 저항의 상반된 모습이 동전의 양면처럼 등을 맞대고 있었다. 기지를 건설한 이는 바로 빈라덴이었다. 그리고 그는 그것을 파괴하려 했다.

오사마 빈라덴은 다란 폭탄 사건 이후 1996년에 '두 성지를 점령한 미국인에 대한 선전 포고'를 발표했다. 아프가니스탄의 토라보라에 있는 동굴지대에 거주하는 추방자가 지구상에서 가장 강력한 군사 대국을 상대하겠다고 했으니, 표면적으로는 터무니없이 불균형한 전쟁처럼 보였다. 그러나 빈라덴은 군사 혁신의 깨달음을 깊이 새겼다. 그는 산속 기지에서 중앙아시아의 닥터 노처럼 정밀 타격을 명령했다. 군대는 필요 없었다.

빈라덴이 필요로 한 것은 기술이었고, 그는 이를 빈틈없이 활용했다. 성전을 선언한 해에 그는 최초로 시중에 나온 위성전화기를 구입했다.[41] 이는 노트북 사이즈였고 1만5000달러 정도였으나 전 세계와 통신할 수 있었다(이는 그의 형제들이 각종 위성전화 회사의 주요 투자자가 되면서 가능했다).

빈라덴은 자신의 위성전화기를 이용해 그의 소행으로 알려진 최초의 공격들을 조직했다. 케냐와 탄자니아의 미 대사관에서 5분 간격으로 폭탄이 터졌다. 200명이 넘는 사람이 사망하고 수천 명이 부상을 입었다. 이는 걸프전 발발 첫날의 모습을 반대로 재현한 것 같았다. 위성 기술을 이용해 핵심 표적에 대한 동시 타격을 조직했으나 명령은 모두 다른 대륙에서 내리는 방식이었다.

두 폭탄이 1998년 8월 7일에 터진 것은 우연이 아니었다. 바로 미군의 다란 주둔 8주년을 맞는 날이었던 것이다.

그로부터 13일 후 빌 클린턴 대통령은 아프가니스탄의 알카에다 기지(빈라덴의 은신처로 알려진 곳)와 알카에다를 위해 화학무기 전구 물질(어떤 화합물을 합성하는 데 필요한 재료가 되는 물질)을 제조한 것으로 의심되는 수단의 제약 공장에 토마호크 미사일 발사를 명령했다. 이는 무제한 접근 작전Operation Infinite Reach이라 불렸다.

이는 재앙이었다. 빈라덴은 아프가니스탄 기지에 없었을 뿐만 아니라 알카에다 수뇌부는 단 한 명도 사망하지 않았다. 수단의 제약 공장은 파괴됐으나 화학무기 제조를 담당했는지는 분명하지 않았다. 미국은 이처럼 7억5000만 달러에 달하는 미사일을 발사해 10여 명 또는 알카에다 하급 조직원 2명을 죽이고, 필수 말라리아 치료제를 포함해 수단의 의약품 절반 이상을 만든 공장을 파괴하는 데 그쳤다. 수단에 대한 제재로 의약품 수입이 어려워졌기 때문에 세계 최빈국 중 하나인 수단에서 불가피하게 무수한 사람이 목숨을 잃어야 했다. 수단 주재 독일 대사는 사망자 수가 '수만 명'에 이를 것이라고 추산했다.[42]

실패한 미사일 타격은 빈라덴의 명성을 더해주었고 조직원 모집을 위한 풍부한 소재를 안겨주었다. 『이코노미스트』지는 이들이 '10만 명의 새로운 광신도'를 탄생시킬지도 모른다고 경고했다.[43] 타격으로 인해 보복 대상에 오르기도 했다. 2000년에 소형 유리섬유 보트를 타고 온 자살 폭탄범들이 예멘 앞바다에 정박한 10억 달러짜리 최첨단 구축함 USS 콜에 접근했다. 무제한 접근 작전 당시 바로 여기서 미사일이 발사됐던 것이다. 폭탄범들은 수백 파운드의 폭탄을 터뜨려 미군 17명을 죽이고 구축함은 항행 불능 상태가 되어 미국으로 예인되어야 했다.

다시 말해 무제한으로 접근할 수 있었던 것은 미국만이 아니었다.

사태가 최고조에 달한 것은 이듬해였다. 알카에다는 이를 '비행기 작전'이라 불렀다. 19명의 비행기 납치범 중에 사우디아라비아 출신이 15명이었고, 그들은 네 대의 민간 항공기를 탈취했다. 한 대는 국방부 건물(빈라덴은 '군기지'라고 설명했다)을 들이받았다. 두 대는 세계무역센터("아이들이 다니는 학교는 아니었다!"[44])에 충돌했다. 네 번째 비행기는 미 의회 의사당으로 가는 길에 펜실베이니아 들판에 추락했다. 빈라덴은 공군력 없이도 공습을 감행할 방법을 찾았던 것이다.

이 공격으로 많은 미국인은 당혹감에 빠졌다. "우리에게 아프가니스탄은 굉장히 먼 나라였습니다."[45] 9·11 테러 진상조사위원회 위원들은 그렇게 기억했다. 그런데 왜 사우디 사람이 거기서 워싱턴과 뉴욕을 공격한 것일까?

그에 대한 답은 빈라덴에게 미국은 '굉장히 먼 나라'가 아니었다는 데 있다. 그는 미국 대중을 향한 메시지에 "당신네 군대가 우리네 나라를 점령하고 있다"는 말을 남겼다. "당신들은 그 나라들에 미군 기지를 퍼뜨리고 있다." 빈라덴의 불만은 그 뒤로도 줄줄이 이어졌다. 미국의 이스라엘 지원에서부터 빌 클린턴과 모니카 르윈스키의 불륜 스캔들까지 다양했다(그는 "당신들 이름이 역사에 남는 데 이보다 더 나쁜 사건이 있는가?"[46] 하고 물었다). 그러나 그가 가장 반대를 표명한 것은 지금까지 일관되게 지적했던 미군의 사우디아라비아 주둔이었다.

이는 강조할 필요가 있다. 9·11 테러 이후 "왜 저들은 우리를 미워하는가?"라는 질문이 끝없이 제기됐기 때문이다. 그러나 빈라덴의 동기는 이해할 수 없는 것도 아니고 불분명한 것도 아니었다. 9·11 테러는 크게 보면 미국의 기지 제국에 대한 보복이었다.

———

제2부 점묘주의 제국

알카에다의 비행기 작전은 좀더 거대한 전략에 따라 실행된 것으로 보인다. 미국을 자극해 중동전쟁에 끌어들이고 그곳의 이교도 정부를 위기로 몰아넣어(원치 않는 점령군을 수용하거나 아니면 이에 맞서 싸우든가) 무자헤딘이 구소련을 몰아낸 것처럼 아랍 땅에서 미국을 무찌르겠다는 계획이었을 것이다. 그러나 이 전략이 효과를 발휘하려면 토마호크 미사일 몇 발 정도가 아니라 미국 정부가 군대를 보내도록 만들어야 했다. 그로 인해 전쟁이 일어나면 수렁이 될 것이라고 빈라덴은 확신했다.

어떤 면에서 빈라덴에게는 빌 클린턴에 이어 조지 W. 부시가 대통령이 된 것이 다행이었다. 부시는 9·11 테러를 범죄로 다뤄 범인을 체포하고 법에 따라 그들을 처벌할 수도 있었으나, 그러는 대신 전 지구적인 '테러와의 전쟁'을 선언하고 "세계에서 악의 무리를 몰아내겠다"고 약속했다.47

그러나 야심찬 포부에도 불구하고 그는 빈라덴이 기대한 식민지 시대의 전형적인 지상전에는 관심이 없었다. 대선 후보로서 부시는 점령에 강하게 반대하는 입장이었다. "어떤 나라에 들어가서 당신들도 미국식을 따르라고 강요하는 것이 미국의 역할은 아니라고 생각합니다."48 그 대신 신속히 타격하고 곧바로 철수할 수 있는 민첩한 군대의 필요성을 역설했다. 이는 군사 혁신이었다.

부시는 포드 행정부 때도 국방장관을 지냈던 도널드 럼즈펠드 국방장관에게 군 개혁을 일임했다. 부시가 왜 그를 낙점했는지 짐작할 수 있을 것이다. 럼즈펠드는 비용을 절약하는 데 집착했을 뿐 아니라 포드 행정부 이후로 두 개 기업의 CEO로 재직하기도 했다. 하나의 기업은 세계적 제약회사인 설인데, 최초로 피임약 특허를 낸 후 럼즈펠드의 지휘하에서 설탕의 합성 대체재인 아스파탐을 출시했다. 다른 기업은 제너럴 인스트루먼트로 위성 TV 장비를 전문으로 하는 회사였다. 다시 정부에 합류한 럼즈펠드는 적은 병력으로 기술을 활용한 군대를 만들라는 임무를 받았다. 즉 탱크 수를 줄이고 더 많은 GPS 유도 공습으로 전쟁을 수행하는 효율 극대화를 추구한 것이다.

처음에는 성공적이었다. 2001년의 아프가니스탄 첫 침공과 2003년의 이라크 침공은 부시가 바란 대로 신속하고 단호하게 이뤄졌다. 방공을 무력화하고 주요 도시가 함락됐으며 아프간과 이라크 군대는 대혼란에 빠졌다. 럼즈펠드는 다국적군이 아프가니스탄의 주요 도시에서 탈레반을 몰아내는 데 걸린 두 달 동안 사망한 미군은 11명인 데 반해 탈레반 및 알카에다 전투원의 사망자 수는 8000~1만2000명에 달하는 것으로 추정했다.[49] 이라크 전쟁이 시작된 후 첫 3주간 사망한 미군 122명은 대부분 사고나 아군의 오인 사격 때문이었다.[50]

그러나 테러와의 전쟁은 본질적으로는 걸프전과 같은 국가 간 싸움이 아니었다. 럼즈펠드는 9·11 테러 후 언론에 이를 "굉장히 새로운 유형의 갈등"이라고 지칭했다. "우리는 테러 네트워크를 상대해야 할 것이다."[51]

연결된 점들의 집합을 가리키는 네트워크라는 비유가 널리 쓰이면서 '수렁'이라는 말이 베트남전쟁에서 사용됐듯 유행어로 등장했다.[52] 그러나 그런 함의는 또 다른 방향을 가리켰다. 수렁이 지상전을 묘사한 것이었다면 네트워크는 전장이라는 공간이 다를 것이라는 사실, 또는 전투를 전장에서 일어나는 것으로 표현하는 자체가 말이 안 된다는 사실을 암시했다.

적들이 일련의 점처럼 존재한다고 파악한 럼즈펠드는 군 무기의 대다수를 차지하게 된 정밀 타격 무기를 배치했다. 아프간전쟁 초반 몇 주 동안 다국적군은 패턴을 확립했다. 특수부대, CIA 요원, 그리고 이들의 아프간 동맹 세력들은 지상에서 적의 근거지를 정찰한 후 상공에 있는 전투기에 좌표를 불러주었다. 조종사들은 이를 '탈레반 뽀개기Taliban-plinking'라고 불렀다.[53]

조종석에서는 비디오 게임 같았겠지만 지상에서는 전혀 달랐다. "전투기들이 우리한테 불을 뿜었다." 가까스로 죽음을 면했던 빈라덴은 당시를 그렇게 기억했다. "미군은 우리에게 스마트 폭탄, 1000파운드에 달하는 폭탄, 산탄식 폭탄, 벙커 버스터●를 일제히 퍼부어댔다. B-52 같은 폭격기들은 우리 머리 위를 빙빙 돌았고, 그중 하나가 두 시간 넘게 기다리더니 20~30개의 폭탄을 한 번에 투하했다."[54]

폭격기 및 스마트 폭탄과는 별개로 미국은 이보다 훨씬 뛰어난 기술을 재빨리 선보였다. 바로 무장 드론이었다. 드론은 빈라덴과의 싸움에 맞게 거의 완벽히 개조됐다. 사실 부시 행정부가 드론에 관심을 처음 갖게 된 것은 9·11 테러 직후였다. 당시 대테러 담당 관계자들은 비무장형 드론인 프레데터를 칸다하르 상공에 띄워 테스트하던 중 경호팀에 둘러싸여 있는 남자를 발견했다. 긴 흰옷을 입은 장신인 것으로 보아 빈라덴임이 거의 확실했다. 그를 다시 발견하면 미국은 드론을 무장해 행동을 취할 수 있을 것이었다.

점처럼 배열됐던 전투의 양상이 드론으로 인해 마침내 목표 지점을 곧바로 타격하는 방식으로 바뀌었다. 유인 전투기와 달리 이들은 몇 시간이고 상공에 머무르면서 고해상도 카메라로 정보를 수집할 수 있었다. 상공에서 정보 수집을 처리하기 때문에, 엄밀히 말해 지상에는 소규모 특수부대조차 불필요했다. 게다가 표적 대상을 꾸준히 따라다닐 수 있

● 방공호나 엄폐호 따위를 뚫고 들어가 파괴하는 폭탄

어, 드론은 건물뿐 아니라 개인까지도 목표물로 삼을 수 있었다. 군대 은 어가 말해주듯 드론은 "탄두를 앞으로Warheads on Foreheads" 배치한 셈이 었다.

이런 유형의 전투에서 적은 국가가 아니라 GPS 좌표였다.

드론 덕분에 전투는 개별 표적 살상으로 대체될 수 있었다. 이로써 전쟁의 경계가 희미해졌다. 무엇이 전투 지대이고 아닌지가 불분명해졌 다. 무장 드론을 사용하는 가장 두드러진 사례는 사실 '우방'국에서였다. 드론은 (CIA의 추산에 따르면) 오사마 빈라덴의 아들인 사드를 포함해 2000명 이상의 파키스탄인을 살상했다. 드론전은 소말리아와 예멘, 리비 아, 시리아에까지 영향을 미쳤다.55

군사 혁신이 약속한 것은 오점 없는 전투였다. 정밀 타격, 최소한의 민 간인 사상자, 그리고 특히 점령군의 불개입이었다. 베트남전을 통해 영토 갈등을 피해야 한다는 결론을 얻은 미국은 실제로 이를 부시 행정부의 핵심 전략으로 삼았다. "우리는 식민지 보유국이 아니다"56라고 럼즈펠드 는 기자들에게 말했다. "우리는 전 세계에 군대를 보내 다른 나라의 땅 을 빼앗을 생각이 없다."

럼즈펠드가 진심으로 그렇게 생각한 데에는 이유가 있다. 이라크에서 그가 저지른 최대 실수 중 하나는 한 관계자의 표현처럼 '오즈의 마법사' 를 기대했다는 사실이다.57 (아마도 공습으로) 사악한 마녀가 죽으면 해방 된 오즈의 주민들이 기뻐하며 그 자리를 대신해 질서를 되찾을 것이라 생각했던 것이다. 원활한 권력 이양을 기대한 국방부의 전후 군정 계획 은 막바지에 무계획적으로 수립되면서 턱없이 부족한 자금난을 겪었다. 군정 지도부는 바그다드가 함락된 지 몇 주가 지나서야 이라크에 도착했 고, 당시 바그다드는 전기 공급도 끊기고 식수 공급도 부족했던 데다 정

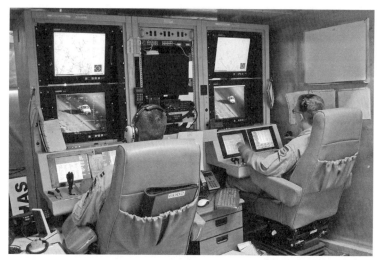
첨병전에서의 전투 양상

부 건물과 박물관은 기록물과 귀중품을 약탈당하는 상황이었다.

부시 행정부에 비판적인 보수 논평가인 맥스 부트는 "서둘러 식민지 담당 부서를 설치해야 한다"[58]고 썼다. 영국 역사가인 니얼 퍼거슨도 이에 동의했다. 미국은 '놀라울 정도로 제국 건설에 미숙한'[59] 것으로 드러났으며 영국 역사의 선례를 따라야 한다는 것이었다. 상공에서 표적을 처치한다고 해서 통치의 필요성이 사라지는 것은 아니라고 이들은 주장했다.

이러한 비판은 백악관에서는 그리 공감을 얻지 못했다. "우리는 제국주의 국가가 아니다"라고 부시 대통령은 주장했다. "우리는 해방 세력이다."[60] 럼즈펠드는 주둔 병력을 소규모로 유지하기로 결정했다. 그래서 이라크전쟁이 끝난 후 럼즈펠드가 사임하기까지 첫 3년간 군 병력은 주로 기지, 특히 바그다드의 공화국 궁전이었던 지역 주변의 최대 보안 구역인 '그린존'에 머물렀다.[61] 외부인 레드존에서는 도시가 허물어져갔다. 그린존 내의 군인들은 에어컨과 수영장, 체육관, 바 등의 시설을 즐겼고 미군 라디오 방송인 AFN(Freedom Radio라는 별명으로 불림)을 들을 수 있었다.

———

"우리는 다른 나라의 땅을 탐내지 않는다."[62] 이는 럼즈펠드와 미국 정부 관계자들이 줄기차게 반복해온 말이었다. 그리고 그 말은 맞았다. 그러나 부시 행정부는 제국주의 비난에 얼마나 시달렸든 간에 식민지를 건설하는 데에는 거의 관심을 내비치지 않았다. 딕 체니 부통령은 "미국이 진정한 제국이라면 지금보다 훨씬 더 넓은 지역을 관할하고 있을 것"이라고 언급했다.[63] 여기에는 그럴 만한 이유가 있었다.

그러나 부시 행정부가 영토 확대 자체에는 전혀 관심이 없다 하더라도 일부 지역엔 확실히 비상한 관심을 가졌다. 드론도 띄우는 데 발사대가 필요했고, 테러와의 전쟁을 수행하려면 미 본토에서 분쟁 지대와 교전 지역에 이르는 일련의 기지가 필수였다.

럼즈펠드가 고백했다시피 문제는 '미군의 주둔과 활동이 현지 주민들을 불쾌하게 하는'[64] 일이 잦다는 것이었다. 사실 미군은 여러 곳을 전전하며 주둔과 철수를 거듭해왔다.[65] 하와이에서는 1990년대에 활동가들이 하와이 본섬에서 가장 작은 카호올라웨섬에서 미군을 강제로 철수하게 만들었다. 필리핀 정치인들은 1987년 헌법에 핵무기 저장 금지 조항을 삽입했고 1992년에는 미국을 완전히 쫓아냈다. 푸에르토리코의 비에

케스섬에 있는 대규모 해군기지로 인해 뉴욕에 거주하는 푸에르토리코인까지 동참한 격렬한 시위가 일어나자 2003년에 미군은 철수했다. 같은 해에 사우디 정부는 또다시 다란을 비롯한 미군 기지를 폐쇄했다. 아프가니스탄과 가까운 미군 기지를 제공했던 우즈베키스탄은 2년 후 기지를 폐쇄했다. 2009년, 키르기스스탄 정치인들 역시 미군 철수를 투표에 부쳤다.

아시아에서 미 군사력의 보루였던 오키나와에서조차 상황은 불확실해 보였다. 1995년, 해병 세 명이 열두 살 난 소녀를 강간하자 시위의 물결이 또 한 번 길게 이어졌다. 이듬해에 정치인인 하토야마 유키오는 신당인 사키카게(자유민주당에서 분당)를 창당하고 일본 땅에서 미군 기지를 완전히 몰아내기로 했다.[66] 2009년 그는 총리에 취임하며 최소한 후텐마의 주요 해병대 기지를 폐쇄하겠다고 약속했다. 결국 그는 약속을 지키지 못했고, 그로 인해 사임했다. 미군 기지 시스템으로 인해 물러난 두 번째 일본 총리였다.

다른 기지가 불안정할수록 군사 기획자들은 괌 기지에 더욱 의지했다. 괌 주둔 병력은 사우디아라비아나 오키나와 주둔 병력과 달리 외국 정부와 협상을 벌일 필요가 없었기 때문이다. 괌 주민들은 연방의회 대표권이 없었다. 직접 미군을 철수시킨 하와이● 주민들이나, 뉴욕으로 이주한 사람들까지 합세해 미군 철수를 간접적으로 성사시킨 푸에르토리코인들의 사례와는 달랐던 것이다. 주민들의 시위로 오키나와 기지 존속이 위험해지자 미국 정부는 1만7000여 명의 해병과 그 부양 가족들에게 괌으로 이주하는 방안을 제시했다. 이러한 의사 결정에 괌 주민들의

● 하와이는 미국의 50번째 주이며 의회 대표권을 보유하고 있다.

의견은 전혀 반영되지 않았다.

협의를 거쳤더라면 괌 주민들은 엇갈린 반응을 내놓았을 것이다. 괌은 이미 미군 네트워크의 중요한 결절점이었다. 말하자면 '창끝'인 셈이었다. 이처럼 괌 경제는 전적으로 군에 좌우됐다. 괌은 그 어떤 주보다 병적 편입 인원이 많았다. 많은 괌 주민은 기지 확장으로 더 많은 일자리가 생길 것이라고 예상했다.[67] 그러나 동시에 활동가들은 완강히 저항하며 기지 확장으로 인해 고대 마을인 파갓을 갈아엎고 괌을 군사 경제로 더 단단히 예속시킬 것이라고 지적했다.[68]

괌대학 교수인 리사 린다 나티비닷은 "이는 구시대적인 식민주의의 재현"이라고 주장했다. "결국 괌의 정치적 지위로 귀결됩니다. 즉 이곳이 점령된 영토라는 사실입니다."[69]

한 대학원생은 의외로 솔직히 답한 공군 분석가와의 면담을 통해, 괌 주민들이 그런 운동을 지지했는지 여부는 중요하지 않다는 것을 알게 됐다. 괌 주민들은 '동등한 파트너가 아닌 점령지'라는 사실을 잊고 있다고 분석가는 설명했다. "캘리포니아가 이런저런 것들을 하고 싶다고 말하면 그건 아내가 여기저기로 이사 가고 싶다고 말하는 것과 같습니다. 아내의 바람을 존중하고 최소한 그 문제를 함께 논의해야 합니다. 괌이 이런저런 것들을 하고 싶다고 말하는 건 여기 놓인 컵과 같습니다." 그는 커피 머그컵을 가리키며 말했다. "소원을 말해봐. 그러면 대답은 너는 내 것이고 내가 원하는 대로 너를 처분하겠다는 식이 되는 겁니다."[70]

오키나와의 복합적인 상황으로 인해 오키나와에서 괌으로의 기지 이전 계획은 중단됐다. 그러나 한 가지 분명한 것은 괌이 작은 섬일지는 몰라도 그 중요성은 어마어마하다는 사실이다. 태평양 저 멀리에서 미군이 누구의 허락도 받을 필요 없이 마음껏 활용할 수 있는 장소이기 때문이다.

괌은 미 제국이 유용하다고 판단한 유일한 지점은 아니었다. 9.11 테러 이후 첫 일요일에, 딕 체니는 TV에 출연해 미국 정부는 '어두운 곳'에서도 활동해야 할 것이라고 단언했다.

"가능한 모든 수단을 이용하는 것이 중요하다"[71]고 체니는 설명했다. 실제로 이 말은 테러 용의자들을 무기한 구금하고 강제로 심문하는 것을 뜻했다. 이는 법으로 금지돼 있었다. 국제 조약은 고문을 불법으로 규정할 뿐만 아니라 헌법에도 정당한 절차를 누릴 권리를 보장하고 있었다. 그러나 부시 행정부는 이러한 법이 어디서나 동일한 효력을 발휘하지 않는다는 것을 알아냈다.[72]

미국은 법적으로는 고문을 할 수 없었다. 그러나 용의자들을 심문하기 위해 우방국으로 이송할 수 있었다. 국제 협약을 철저히 준수하지 않는다고 알려진 국가도 포함돼 있었다. '용의자 특별 송환'으로 알려진 과정을 통해 CIA는 비밀 항공 편대를 이용해 수백에서 수천 명에 달하는 억류자를 외국, 특히 이집트, 모로코, 시리아, 우즈베키스탄, 요르단 같은 나라로 이송했다. "이들은 고문이 불법이라는 것을 알고 이를 아웃소싱하고 있다."[73] 그런 시스템으로 피해를 입은 한 사람은 이렇게 표현했다. 그는 수개월 동안 갇혀 고문을 당하고(다른 고문 피해자의 거짓 자백 때문에) 이후 무혐의로 풀려났다.

미국 정부는 또한 '블랙 사이트Black Site'라 불리는 비밀 감옥을 활용했다.[74] 이곳에서 억류자들은 외국 땅에 비밀리에 CIA에 의해 감금된 상태였기 때문에 가혹 행위를 당할 수 있었다. 해당 프로그램은 비밀리에 운영됐으나 100명이 넘는 테러 용의자가 이런 식으로 최소 8개국에 감금돼 있었던 것으로 여겨진다. 1898년으로 거슬러 올라가면 물고문이 일부 자행됐던 사실을 알 수 있는데, 오늘날 물고문은 필리핀 반란세력이 당했던 '물고문'(당시는 water cure로 불렸고, 부시 행정부에 와서는 waterboarding으로 명칭이 변경되었다)을 연상시킨다.[75]

용의자 특별 송환과 블랙 사이트 비밀 감옥을 유지하기 위해서는 외국의 조력자가 필요했다. 그러나 부시 행정부는 미 제국을 활용해 이와 유사한 효과를 낼 방법을 알아냈다. 미국령인 티니안섬, 웨이크섬, 미드웨이섬에 감옥을 짓는 방법을 검토한 후 관타나모만에 눈독을 들였다.[76] 이는 1898년 스페인과의 전쟁에서 전리품으로 얻은 것으로서, 1903년부터 쿠바에서 영구 임대한 조차지였다.

쿠바가 '최종 권한'을 보유하긴 했으나, 조차권 덕분에 미국은 관타나모만에서 '전적인 관할권 및 지배권'을 쥐게 됐다. 이와 유사한 법률 체계가 파나마운하 지대와 오키나와에도 적용됐다. 이것의 장점은 미국 정부가 배타적 지배권을 가진 영토를 얻으면서도 '미국의 주권이 적용되지 않는 외국 영토'가 되는 것이라고 미 법률자문실 소속 존 유 변호사와 패트릭 필빈 변호사가 자문 의견을 내놓았다.[77]

CIA는 관타나모만에 수용소를 지었다. 교도관들은 억류자가 영원히 그곳에 머무를 것이라 생각해 「스트로베리 필즈」라는 비틀스의 노래를 따서 이름을 지었다.● [78]

그러나 영구 억류는 관타나모만이 외국 영토일 때에만 가능했다. 과연 그런가? 억류자들을 대변하는 변호인들은 그 문제를 평가했다. 이들은 인신보호영장을 제출하며 관타나모 기지는 쇼핑몰과 맥도널드, 배스

● 스트로베리 필즈여 영원하라Strawberry Fields forever라는 가사가 나온다.

제2부 점묘주의 제국

킨라빈스, 보이스카우트 대표단, 스타트렉 팬클럽이 있는 '완벽한 미국인 고립 영토'라고 주장했다.[79] 주권이 쿠바에 있다는 생각은 허구라고 이들은 주장했다. 피델 카스트로가 조차 계약 인정을 거부하고(카스트로는 미국이 보낸 연간 4085달러의 수표를 현금화한 적이 없다고 주장했다) 미 해군 철수를 줄기차게 요구했다는 것이다. 카스트로의 요구에도 미군이 철수하지 않는다면 쿠바가 어떻게 주권국이라 할 수 있겠는가?

이는 한 세기 이상 미 제국을 따라다닌 "미국 영토인가 아닌가?"라는 여러 질문 중 하나였다. 이 사건은 2004년 대법원에 올라갔다. 미 행정부의 예상과 달리 법원은 관타나모 수감자들이 연방법원에 재판을 청구할 수 있다는 결론을 내렸다. 관타나모만은 조차지이지만 "이러한 조차 계약은 일반적인 임대 계약이 아니다"라고 앤서니 케네디 대법관은 판결문에 썼다.[80]

관타나모만은 그 특수한 법적 지위로 볼 때 괌과 크게 다르지 않았다. 이들은 어울리는 한 쌍이다. 미국의 두 전초기지이자 거의 기억에서 잊힌 19세기 전쟁의 전리품으로, 미국의 일부가 아니면서 미국의 관할권 내에 있기 때문이다. 이러한 곳은 오래전 제국주의 시대의 기이한 흔적처럼 보일지 모르지만, 그렇지 않다. 이와 같은 지도상의 작은 점들은 점으로 연결된 오늘날 미 제국의 근간이기 때문이다.

외국의 형무소, 벽으로 둘러쳐진 수용소, 감춰진 기지, 섬나라 식민지, GPS 안테나 기지국, 정밀 타격, 네트워크, 항공기 및 드론 등 이 모든 것은 계속되는 테러와의 전쟁을 떠받치는 무대이자 수단이다. 이는 오늘날 권력의 모습이다. 바로 미국이 만든 세계의 모습인 것이다.

결론: 지속되는 제국

사이판섬은 지구상에서 가장 아찔할 정도로 아름다운 곳 중 하나다. 여기에는 모든 것이 다 있다. 파란 하늘과 맑은 물, 푸르게 우거진 초목, 따뜻한 해변을 즐길 수 있다. 뿐만 아니라 1990년대부터 거대 의류 생산 시설이 들어섰다.[1] 중국과 필리핀, 방글라데시에서 높은 임금을 기대한 노동자들이 유입됐다. 그러나 이들은 도착하자마자 빚더미에 올라 열악한 환경에서 착취당하며 악착같이 일해야 했다. 교통비와 주거비를 대야 했기 때문이다. 한창때에 사이판의 의류 산업은 연간 10억 달러(도매)에 달하는 옷을 생산해 미국으로 수출했고, 이는 다시 갭, 앤테일러, 랄프로렌, 캘빈클라인, 리즈클레이본, 타겟, 월마트, 제이크루와 같은 대형 소매업체에서 팔려나갔다.

왜일까? 사이판은 괌 근처의 작은 섬으로 맨해튼 크기의 두 배 정도였기 때문이다. 이들 의류가 팔리는 미국 본토에서 8000킬로미터 정도 떨어져 있다. 게다가 대부분의 노동력을 보내오는 중국과의 거리는 약

575

3220킬로미터다. 중국에도 공장이 있는데 왜 중국 슬럼가에서 온 노동자들은 작은 태평양 섬으로 랄프로렌 셔츠를 만들자고 날아오는 것일까?

그 답은 사이판이 북마리아나 제도에 속한 미연방 자치령이라는 데 있다. 북마리아나 제도는 제2차 세계대전 중에 미국이 일본으로부터 넘겨받은 미크로네시아 제도의 일부다. 이는 합병은 아니었다. 북마리아나 제도는 유엔이 최종 주권을 행사하는 신탁통치령이었다. 그럼에도 불구하고 이곳에 행정권을 가진 것은 미국뿐이었다.

1970년대에서 1990년대에 이르기까지 장기간 지속되던 태평양 제도 신탁통치령이 종료됐다. 마셜 제도 공화국, 미크로네시아연방, 팔라오공화국은 미국과 '자유 연합 협정'을 맺어 주권 국가로 독립하면서도 미군 기지용 부지를 제공하는 대가로 경제적 지원을 받게 됐다. 그러나 북마리아나 제도는 푸에르토리코와 유사하게 연방에 편입됐다. 1986년, 법령이 통과되면서 3만 명에 달하는 주민이 미국 시민권을 부여받았다.

푸에르토리코와 마찬가지로 북마리아나 제도 주민들은 미국법의 적용을 받기로 했으나 항상 그런 것은 아니었다. 연방법에 따른 최저임금과 이민법의 상당 부분은 면제됐다. 가장 가까운 직업안정보건청은 수천 마일이나 떨어져 있었다. 동시에 교역상의 이유로 북마리아나 제도 주민들은 미국의 일부로 간주됐다. 그런 조건의 결합은 강력했다. 외국인 노동자들이 거의 노동 감독이 이뤄지지 않는 환경에서 보잘것없는 임금을 받고 '메이드 인 USA' 상표가 달린 옷을 만들 수 있는 법적 토대가 마련됐기 때문이다.

사이판은 지속적인 허점의 근거가 됐다. 1995년부터 착취당한 노동자들의 이야기가 본토로 전해지면서 의회 의원들은 허점을 메울 방법

북마리아나 제도의 25센트짜리 동전

을 찾기 시작했다.[2] 이후 10여 년간 이들은 관련 법의 일부를 변경하기 위해 최소 29개의 법안을 제출했다. 상원은 두 차례에 걸쳐 임금 및 이민 개혁에 만장일치로 투표했으나 천연자원위원회에서 법안이 부결됐다. 1999년, 하원 법안은 243명의 공동 발의자를 확보해 압도적인 다수를 차지했다. 그러나 이 역시 부결되고 말았다.

알고 보니 북마리아나 제도 정부와 의류 제조업체들이 높은 수익을 올리는 제도를 유지하기 위해 로비스트를 고용한 것으로 드러났다. 정말 실력이 좋은 로비스트였다. 그는 사이판을 방문하고 싶어하는 모든 의원과 보좌관에게 시찰 여행을 제공했고 150명이 넘는 사람이 사이판에 갔다.[3] 이들은 골프와 호화로운 호텔 숙박, 스노클링을 즐겼고 일부는 성상납을 받기도 했다(사이판의 이주 노동자 일부는 빈곤으로 인해 성매매로 내몰렸고, 명백히 강제로 성매매에 유입된 이들도 있었다).[4]

사기업은 그처럼 경비가 전액 지원되는 여행을 의회 의원들에게 쉽게 제공할 수 없었다. 그러나 로비스트는 "다년간 우리에게 유리하게 활용해온 헌법상의 커다란 허점 중 하나는 바로 '정부'가 여행 경비를 대는 경우, 또는 사실상 어떤 종류의 선물이나 금품을 제공하는 경우, 하원의원과 직원들은 그런 경비에 대해 보고할 필요가 없다는 조항이었다"[5]고 설명했다.

노동법의 목적상 북마리아나 제도 주민들은 미국에 속하지 않았다. 교역상으로는 미국에 속했지만 말이다. 로비 규정의 경우, 이곳은 외국 정부에 해당됐다.

천연자원위원회 소속 공화당 의원의 거의 절반이 사이판에 가거나 그곳에 직원들을 보냈다. 톰 딜레이 하원 원내 대표(공화당)는 아내와 딸 그리고 6명의 보좌관과 함께 사이판을 방문했다. "여러분은 빛나는 등불 같은 존재로군요." 그는 현지 관리들에게 말했다. "자유 시장 체제로 세계를 주도하기 위해 미국에서 추진하려는 일의 모든 가치를 대변하고 계시니까요."[6]

이후 딜레이는 『워싱턴포스트』에 사이판은 "완벽한 자본주의 배양기"라고 말했다. "말하자면 나에게 갈라파고스섬 같은 존재"라고 떠벌렸다.[7]

로비스트에게 이는 대성공이었다. 압도적인 반대에도 불구하고(두 차례 만장일치가 나온 상원 투표), 그는 그런 허점을 10년 넘게 방치하도록, 골프와 스노클링 여행을 접대하는 데 투자를 아끼지 않았다. 이는 법적 한도 내에서 교묘하게 창의성을 발휘한 첫 사례로, 그는 이후 워싱턴에서 가장 몸값이 비싼 로비스트가 되었다. 『타임』지는 그를 "워싱턴을 매수한 남자"라고 불렀다.[8] 그리고 곧 그의 이름은 유명해졌다.

그 이름은? 바로 잭 에이브러모프였다.

워싱턴에서 최고의 수입을 올리는 로비스트인 에이브러모프의 포트폴리오에는 독특한 점이 있었다. 그는 『포천』 500대 기업을 대변하지 않았다. 그 대신 그는 법의 허점을 활용했다. 북마리아나 제도에 이어 다음으로 성공을 거둔 것은 촉토인디언미시시피밴드Mississippi Band of Choctaw Indians를 대변한 로비활동이었다. 이들은 도박세 징수에 맞서 싸우는 중이었다. 그는 사이판에서와 마찬가지 전략을 활용해 인디언 부족 정부가 정치인들에게 신고할 필요가 없는 선물을 줄 수 있다는 사실을 이용했다. 그는 더 많은 인디언 부족을 고객으로 받았고, 푸에르토리코 기업 단체를 대변하기 시작했다. 그는 시찰 여행을 계획해 마셜 제도 공화국에 제공했고, 괌의 지사 선거에도 관여했다.

잭 에이브러모프가 사이판 문제를 다루면서 알게 된 내용은 부시 행정부의 존 유 변호사가 관타나모 기지 문제를 통해 알게 된 것과 똑같다. 즉 제국은 여전히 존재하며 변칙적인 합법적 지위를 가진 곳들은 매우 유용하다는 사실이었다.

———

2005년, 한 국제 조약에 따라 미국으로의 섬유 수입 할당량이 폐지됐다. 2년 후 미 의회는 연방 최저임금법을 북마리아나 제도에까지 확대했다. 사이판의 의료 산업은 무너졌고 제조업체들은 중국과 베트남, 캄보디아로 이전했다.

그때까지 잭 에이브러모프는 특히 그를 고용한 북미 원주민을 사취한 사건을 비롯한 여러 건의 수상한 거래에 대해 음모와 사기, 탈세 혐의로 유죄 선고를 받았다. 그의 불법 행위는 상원의 인디언문제위원회 의장인 존 매케인이 격분하여 작성한 373쪽짜리 보고서에 빼곡히 담겼다. 에이

결론: 지속되는 제국

브러모프는 그를 '내 사형 집행인'9이라 불렀다.

미국의 가장 악명 높은 로비스트를 혹독히 비판하는 모습은 매케인을 돋보이게 만들었다. 이는 매케인의 대선 출마에 도움이 됐다. 2008년, 그는 청렴하다는 평판을 내세워 유세에 나섰고 공화당 후보로 지명됐다.

그러나 매케인은 자신만의 제국 문제가 있었다. 해군 장교의 아들인 매케인은 본토에서 태어난 것이 아니라 파나마운하 지대에서 태어났다. 그는 그곳에 오래 살지는 않았으나 출생지 문제는 도마에 올랐다. 해외 영토에서 태어난 대통령은 이제껏 한 명도 없었던 것이다. 매케인은 대통령이 되기에 적합했는가?

헌법은 대통령이 '태생적 미국 시민'일 것을 요구하지만 그 의미는 불분명하다.● 모두가 동의하는 최소한의 기준은 미 대통령은 귀화하지 않고 태어날 때부터 미국인이라는 의미다. 그러나 '태생적'이라는 말에는 헌법에 따라 태어나면서 자동으로 시민권이 부여되는 것이 아닌, 법정 시민권이 부여되는 영토를 모두 포함하는가? 대법원은 이에 관여한 적이 없었다.

1964년 공화당 대선 후보 지명자인 배리 골드워터는 애리조나준주에서 태어났다.●● 그의 시민권 문제가 불거졌으나 선거에서 지는 바람에 그 문제는 해결되지 않고 끝났다. 매케인의 경우는 훨씬 더 복잡했다. 미 수정헌법 제14조는 '미국에서 출생하거나 귀화한 사람, 행정 관할권 내에 있는 모든 사람'에게 시민권을 부여하지만, 도서 판례는 편입되지 않

● 미국 국적법은 태어난 곳을 기준으로 국적을 부여하는 속지주의를 원칙으로 하되 예외적으로 속인주의, 즉 부모의 국적을 물려받는 것을 둘 다 인정한다.
●● 애리조나주는 1912년에 준주에서 정식 주로 승격됐으며, 배리 골드워터는 애리조나주가 준주이던 1909년에 태어났다.

은 영토에는 이러한 시민권 조항이 적용되지 않는다고 규정했기 때문이다. 매케인의 출생 당시 '미국의 경계 및 관할권 밖에서' 태어났으나 부모가 미국 시민권자라면 부모의 국적에 따라 시민권을 부여한다는 예외가 있었다.[10] 그러나 매케인은 미국이 독점적 관할권을 행사하는 관타나모 기지와 같은 공간인 파나마운하 지대에서 태어났다.

1930년대에 의회는 이 문제를 해결했다. 하원 보고서에 나와 있듯이, "미국인 부모를 둔 운하 지대 출생자의 시민권은 헌법, 조약 또는 의회의 법령으로 규정되지 않았다."[11] 토론을 거친 후 의회는 이들을 시민으로 인정하는 법령을 통과시켰다. 이는 앞으로 태어날 아이들에게만 적용되는 것이 아니라 과거에 운하 지대에서 시민권자 부모로부터 태어난 출생자에게까지 소급 적용됐다. 이 법은 1937년에 통과됐다.

존 매케인은 1936년에 태어났다.

이 문제에 소송이 걸렸더라면 아주 그럴듯한 판례가 만들어졌을지 모른다. 매케인은 1937년 법령에 따라 출생에 의한 시민이 되었다. 그러나 그는 태어나면서부터 시민은 아니었다. 그의 출생 당시에는 그를 시민으로 인정하는 법이 없었기 때문이다. 논란의 여지는 있으나, 이후 그는 '태생적 미국 시민'이 아니었고 따라서 대선 출마 자격이 주어지지 않았다. 이 사실을 밝힐 법대 교수인 가브리엘 친은 매케인이 "시민권에서 11개월하고도 100야드가 부족한"[12] 상태로 태어났다고 말했다.

———

존 매케인에 대한 가브리엘 친의 주장은 받아들여지지 않았다. 그러나 매케인의 동료 상원의원들은 몹시 불안해하며 그를 태생적 미국인으로 규정하는 구속력 없는 결의안을 통과시켰다. 그러나 이것이 법원에서 도움이 됐을 것이라고 보기는 어렵다. 상원은 결의안으로 헌법 해석을 규정할 수 없었기 때문이다.

묘하게도 제국으로 인한 매케인의 고민은 여기서 그치지 않았다. 그는 러닝메이트로 알래스카 주지사인 세라 페일린을 선택했다. 그녀는 아이다호에서 태어났으나 가족은 그녀가 태어났을 때 알래스카에서 이주해 왔다. 그곳에서 그녀는 유픽 혈통●이 섞인 유전 근로자인 토드 페일린을 만나 결혼했다. 이들은 5명의 자녀를 두었고, 그들 모두 법적으로 아버지처럼 알래스카 원주민이다.

페일린은 원주민과의 연결 고리를 숨기지 않았다.[13] 그녀는 주지사 선거 유세 중에 유픽-영어 통역사로 일하던 토드의 할머니와 함께 알래스카원주민연맹 대회 무대에 올랐다. 페일린은 가족의 다양한 혈통이 알래스카주의 정체성을 나타내는 예라고 주장했다.

그러나 페일린은 매케인의 러닝메이트로 전국 규모의 정계에 입문했을 때 남편의 배경으로 인해 곤란한 상황에 처했다. 토드 페일린이 유픽 혈통이라는 것 외에도 그가 7년간 알래스카독립당 당원으로 활동해왔다는 점이 있었다.[14] 더구나 세라 페일린은 그와 함께 전당대회에 출석해왔던 것이다.

알래스카독립당AIP은 어니스트 그리닝이 영토에서 주 지위로 승격시킨 과정의 적법성을 거부했다. 독립당 당수는 영어를 구사하지 못한 알래스카 원주민들이 투표할 수 없었고 알래스카 기지에 주둔한 군인들은 투표할 수 있었기 때문에 해당 과정이 오염된 것이라고 주장했다. 그녀

● 알류트, 이누이트와 같은 북극의 원주민 중 하나

는 "알래스카는 식민지와 다르지 않았다"고 설명했다. "알제리인들이 스스로 프랑스인으로 생각하지 않았던 것이나 리비아인들이 스스로 이탈리아인으로 생각하지 않았던 것처럼 대다수의 알래스카인은 자신을 미국 시민으로 생각하지 않았다"[15]는 것이다. 독립당은 독립의 가능성이 포함된 새로운 주민투표를 계획했다.

세라 페일린은 이를 지지했다. "여러분의 정당은 우리 알래스카주 정치에서 중요한 역할을 담당하고 있습니다." 그녀는 2008년 전당대회 비디오 연설에서 그렇게 말했다. "성공적이고 의미 있는 전당 대회를 기원합니다. 앞으로도 열심히 해주세요."[16]

———

따지고 보면 매케인과 페일린이 식민지 문제로 크게 타격을 받은 것은 아니었다. 이들은 백인이었고 '미국인'이라는 이미지를 전달했다. 매케인은 군인 집안의 전쟁영웅이었고 페일린은 그녀가 말하는 '진정한 미국'이라는 가치를 열렬히 수호하는 사람이었기 때문이다.

그러나 2008년 대선에서 그들의 경쟁자였던 버락 오바마는 이러한 면책 특권을 누리지 못했다. 서류상으로 오바마는 그들보다 식민지 시대의 부채가 훨씬 적었다. 그는 하와이가 주로 승격된 지 2년 후에 태어났기 때문에 대선 후보 자격에 문제가 될 만한 것은 없었다. 그에게는 매케인과 같은 문제가 없었던 것이다. 알래스카와 마찬가지로 하와이에는 대대적인 주권회복운동이 있었지만, 그는 여기에 가담한 적이 없었다. 따라서 페일린이 안고 있는 문제도 없었던 셈이다. 그는 선거 유세 중에 하와이에 대해서는 거의 언급하지 않았다. 그 대신 캔자스 출신의 어머니와

결론: 지속되는 제국

시카고에서 지역사회 활동가로서의 정치 경험을 강조했다.

그러나 오바마의 경쟁자들은 피 냄새를 맡았다. 힐러리 클린턴의 수석 전략가인 마크 펜은, 오바마에게 하와이에서의 유년 시절과 인도네시아에서 보낸 성장기는 '상당한 약점'이었다고 주장했다.[17] "그의 기본적인 미국적 가치와 문화의 뿌리는 빈약합니다." 펜은 2007년에 힐러리에게 보낸 메모에 이렇게 썼다. "저는 사고방식과 가치가 근본적으로 미국적이지 않은 사람을 전쟁 중에 대통령으로 선출한다는 건 상상도 할 수 없습니다." 펜은 오바마와 민주당 대선 후보 자리를 놓고 경쟁하던 클린턴에게 미국의 딸이라는 그녀의 지위를 강조할 것을 제안했다.

"연설마다 미국 한가운데서 태어났다는 말을 넣어야 합니다." 펜이 조언했다. "오바마에게는 없는 '미국적인' 것이 우리 프로그램과 연설, 가치에 녹아 있다고 명확히 보여줍시다."

힐러리 클린턴은 펜의 조언을 받아들이지 않았다. 선거운동팀 내 두 명의 정보원이 기자에게, 펜의 메모가 '측근의 반발'을 불러일으켰다고 말했다(다른 정보원은 해당 메모를 두고 거의 논의가 이뤄지지 않았다고 주장했다).[18] 그럼에도 불구하고 이방인다움으로 인식되는 오바마의 이미지는 클린턴 캠프에 있던 사람 중 일부를 불편하게 만들었다. 오바마가 대선 후보를 거머쥔 후 클린턴 지지자들은 그가 '태생적 미국 시민' 조항에 따라 자격을 박탈당하지 않을까 상상하기 시작했다. 그들은 오바마가 케냐에서 태어났다고 주장하는 익명의 이메일을 돌렸다.[19]

사실상 이를 뒷받침하는 증거는 전혀 없었다. 그러나 문화적으로 사회 정서상 이는 영향을 미쳤다. 심지어 오바마의 선거운동팀에서 정상 출산으로 태어났다는 출생증명서까지 공개했음에도, 일간지인 『호놀룰루 애드버타이저』 온라인판에 그의 출생 기록에 관한 내용이 게시됐음에도 의심은 사라지지 않았다. 오바마의 미국 출생을 의심하는 사람들, 이른바 버서birther들은 기록이 위조됐을 것이라고 생각했다. 그들에게 태평양의 한 섬에서 태어난 버락 후세인 오바마라는 혼혈 인종은 그저 낯선 존재로 보였던 것이다.

오바마는 본토 미국인이 보기에는 드문 이력을 가진 사람임이 분명했다. 그러나 그는 하와이 사람치고는 그리 유별나다고 할 수는 없었다. 현재 하와이의 의회 대표 중에는 사모아 출신의 힌두교 신자와 일본에서 태어난 불교 신자도 포함되어 있으나 단 한 명의 WASP●도 없기 때문이다. 1961년 8월 13일 『호놀룰루 애드버타이저』에 출생이 공개된 다른 아이들의 성을 한번 보자.

아라카와, 아싱, 아야우, 브라운, 카베르토, 천, 클리퍼드, 더킨, 어니스트, 하아스, 하치, 카메알로하, 킷슨, 리우, 모쿠아니, 나가이시, 레이먼드, 심프슨, 스테일리, 다카하시, 와이들릭, 워커, 라이트, 웡

하와이 출신의 심프슨이나 더킨 같은 이름은 아무 문제없이 대통령에 출마할 수 있었을지 모른다. 그러나 카메알로하는? 아니면 나가이시는? 카베르토라면? 그중 어떤 이름이든 오바마와 마찬가지 의혹에 불을 지폈을 것이다.

클린턴을 지지하는 민주당원들 사이에서 이름에 대한 논란이 시작되긴 했으나, 이들의 음모론은 총선에서 당파를 초월해 나타났다. 폭스 뉴스 진행자인 숀 해니티는 CNN의 루 돕스와 마찬가지로 이 사안을 다

● 앵글로·색슨계 미국 주류 백인

결론: 지속되는 제국

뤘다. 17명의 공화당 의원은 오바마가 미국에서 태어나지 않았다고 주장하거나 전략적 불확실성을 지적했다. ("문제가 있다고 봅니다. 지켜보도록 하죠"[20]는 루이지애나주 찰스 부스타니 하원의원의 단골 회피성 멘트였다.) 세라페일린은 "대중이 이 문제를 제대로 쟁점으로 삼고 있다"고 생각한다며 "적절한 질문이라고 생각한다"고 덧붙였다.[21]

2009년 7월, 오바마의 대통령 임기가 6개월쯤 지났을 무렵, 공화당원의 58퍼센트는 오바마가 태생적 미국인이 아니거나 확신할 수 없다고 생각한다는 여론조사 결과가 나왔다.[22]

시간이 지나면서 이 문제는 대중의 관심에서 멀어져 정보의 바닷속에 파묻혔다. 그러나 2011년에 이 문제가 다시 수면에 떠올랐다. 부동산 개발업자인 도널드 트럼프가 이 문제를 다시 불러낸 것이다. "왜 그는 출생증명서를 보여주지 않을까요?" 트럼프는 ABC 방송의 토크쇼인 「더 뷰」에 출연해 이렇게 물었다. "좋지 않은 내용이 출생증명서에 있는 겁니다."[23]

"버락 후세인 오바마가 위대하고 소중한 우리 헌법을 능멸했을 것이 분명하다!"[24] 트럼프의 발언이 『뉴욕타임스』에 실렸다. 그렇다면 이는 "미국 역사상 최대의 '사기'"였을 거라고 그는 설명했다.

트럼프는 이전에도 정치 논쟁에 뛰어든 적이 있었다. 그러나 이번에는 폭탄 투하 수준이었다. 그는 끈질기게 이 문제를 물고 늘어지면서 사립탐정을 고용했다고 주장했다. 그는 이에 대해 책을 출판하겠다고 으름장을 놓기도 했다.[25] 그로 인해 트럼프는 연일 머리기사를 장식했고 이는 대선 출마의 포석을 까는 계기가 됐다. 모든 유형의 외국인에 대한 의혹으로 트럼프는 백악관에 입성하게 됐으나 이는 시작에 불과했다. 오바마의 '미국인다움'에 대한 대중의 의심이 없었더라면 트럼프가 당선될 가능성은 꽤 낮았을 테니까.

———

　최근 정치에 식민주의가 침투되는 현상을 일종의 숙취로 볼 수도 있다. 말하자면 과거의 지나친 행동에 대한 대가를 치르는 셈이다. 이런 시각에서 볼 때 제국이란 그 여파가 현재에 미친다 하더라도 과거사일 뿐이다.

　그러나 제국은 아직 끝나지 않았다. 2017년 8월, 파괴력을 자랑하고 싶지만 미사일이 미국 본토까지 닿을지 확신할 수 없었던 북한은 괌 주변에 '포위 사격'을 단행하겠다고 위협했다.[26] 괌은 미국이 한반도 상공으로 B-1 폭격기를 출격시키기 위한 발사대 역할을 하는 곳이다. 또다시 본토 외 영토가 군대를 위해 희생을 감수해야 하는 상황이 되는 듯했다. 또다시 본토 언론은 식민지 자체보다 그곳에 주둔한 군대의 운명에 더 많은 관심을 보였다. "괌은 미국 땅입니다."[27] 괌 주지사는 초조한 듯 그 사실을 상기시켰다. "우리는 군사시설이 아닙니다."

　그다음 달에 허리케인 마리아가 푸에르토리코를 덮치며 섬의 전력망과 수도시설, 통신시설을 망가뜨렸다. 또한 미국 최대 식민지의 불안정한 정세가 고스란히 노출됐다. 조세법의 허점을 이용해 본토 기업들을 푸에르토리코로 끌어들이자는 루이스 무뇨스 마린의 전략은 1950년대와 이후 몇십 년간 섬의 경제를 대폭 개선시키긴 했으나, 의회가 1990년대에 이러한 세법상의 허점을 없애면서 기업들의 탈출 러시가 이어졌고 경제가 무너지면서 직장을 찾는 푸에르토리코인들의 대규모 본토 이주가 시작됐다. 허리케인 마리아가 강타했을 당시 섬에 남은 주민의 60퍼센트는 메디케어나 메디케이드 수급자였다.[28] 연방정부가 이러한 프로그램에 대한 지원금을 본토에 비해 적게 지급했기 때문에 푸에르토리코연방은 감당할 수 없는 수준의 빚더미에 올라앉았다.

허리케인은 위기를 참사로 만들어버렸다. 푸에르토리코인들은 전화기나 전기 없이 지내던 한 세기 이전과 같은 상황에 처하게 됐다. 의사들은 손전등에 의지해 수술할 수밖에 없었고 도시 거주자들은 필사적으로 깨끗한 식수를 찾아나서야 했다. 허리케인 마리아가 푸에르토리코를 강타한 것과 거의 같은 시기에 다른 폭풍 두 개가 본토를 덮쳤다. 텍사스에는 허리케인 하비가, 플로리다에는 허리케인 어마(이는 미국령 버진아일랜드도 강타했다)가 상륙했다. 대응은 뚜렷이 달랐다. 푸에르토리코인들은 허리케인 피해로 사망 위험이 훨씬 높았으나 연방정부의 지원은 적었고[29] 미디어에 자주 보도되지도 않았으며[30] 자선단체의 지원이 약간 있었을 뿐이다.[31]

"푸에르토리코인들도 미국 시민이라는 사실을 알아달라"고 주지사는 간청했다.[32] 그러나 마리아 이후 실시한 여론조사에서 본토 거주자 중 절반이 약간 넘는 사람들(30세 미만은 37퍼센트에 그쳤다)만 그런 사실을 알고 있다고 답했다.[33]

현재 푸에르토리코, 괌, 미국령 사모아, 미국령 버진아일랜드 및 북마리아나 제도와 같은 영토에 거주하는 인구는 약 400만 명에 달한다. 이들은 의회와 대통령이 임의로 결정하는 사항에 따라야 하지만 의원도 대통령도 투표로 선출할 권리는 없다. 투표권법이 제정된 지 50년 이상이 지났으나 그들은 여전히 선거권을 박탈당한 상태다. 괌 주민과 푸에르토리코인들은 최근에 이 같은 선거권 박탈이 치명적인 결과를 불러올 수 있다는 사실을 지켜봐왔다.

세계를 연결하는 해외 기지의 형태로 제국 또한 여전히 존재하고 있다. 협상 테이블 앞에서 주권 국가끼리 앉아 외교 정책을 협박하고 흥정하거나 협력하는 일쯤으로 생각하기 쉽다. 그러나 미국의 외교 정책에는 거의 독보적으로 영토라는 요소가 들어간다. 영국과 프랑스는 합쳐서 13개 정도의 해외 기지를 보유하고 있으며 러시아는 9개, 다른 나라들은 하나씩 보유하고 있다. 이를 모두 합치면 미국 이외의 국가가 소유한 해외 기지는 30개 정도 된다.[34] 미국은 이에 반해 약 800개에 달하는 기지를 보유하고 있으며 다른 해외 기지에 출입할 수 있는 협정도 맺고 있다. 수십 개 국가에서 미군 기지를 수용한다.[35] 이를 거부하는 나라들도 미군 기지에 둘러싸여 있다. 확장된 미국 영토는 다시 말해 우리 모두의 가까이에 있다.

———

그러면 이 모든 사실은 '미국이 제국으로 분류될 수 있다'는 것을 뜻할까? 제국이라는 말은 종종 비판적인 면을 평가할 때 비난조로 쓰인다. 약소국에 몽둥이를 휘두르며 못살게 구는 나라를 묘사할 때 제국이란 말을 쓰는 것이다. 미국이 그런 면에서 제국주의적이라는 주장을 하기란 어렵지 않다. 확실히 미국 기업과 미군이 수월하게 전 세계로 뻗어간 면이 있다.

그러나 제국은 단순히 비난조의 말이 아니다. 이는 좋든 나쁘든 전초기지와 식민지를 거느린 나라를 묘사하는 방식이기도 하다. 이런 면에서 제국은 한 나라의 특성이 아닌 형태를 가리키는 말이라고 봐야 한다. 이 정의에 따르면 미국은 명백히 제국이었으며 오늘날에도 여전히 그렇다.

이상하게도 미국은 제국주의라는 비난에 자주 시달렸으나 영토 차원에서는 그다지 눈에 띄지 않는다. 미국을 로고 지도로 나타내기 위해 너무나 많은 에너지를 쏟아부은 나머지, 제국을 부르짖으며 열렬히 비판하는 전문가들조차 해외 영토에 대해 아는 것이 거의 없다.

그러나 확장된 미국 영토의 역사가 우리에게 말해주는 것이 있다면 바로 그런 영토가 중요하다는 사실이다. 그리고 이는 식민지나 기지 근처에 사는 사람에게만 해당되는 것은 아니다. 전 세계에 중요한 문제다. 미국 입장에서 제2차 세계대전은 영토에서 시작된 전쟁이었다. 테러와의 전쟁은 군기지에서 시작됐다. 피임약, 화학요법, 플라스틱, 고질라, 비틀스, 초원의 집, 이란-콘트라, 트랜지스터라디오, 미국이라는 이름 자체에 이르기까지 영토 제국에 대한 이해 없이는 그들의 역사를 전혀 이해할 수 없다.

영토는 오늘날에도 여전히 중요하다. 식민주의는 정치적 배경에서 그 존재가 가장 두드러진다. 매케인, 페일린, 오바마 그리고 트럼프는 모두 식민주의의 영향을 받아왔다. 이는 이상하고도 놀라운 사실처럼 보일지 모른다. 그러나 놀라움을 뛰어넘어 미국의 역사는 제국의 역사라는 점을 상기할 필요가 있다.

감사의 말

이 책은 수십 년간 미 제국이 연구할 만한 대상이라고 고집해온 선배 학자들의 업적이 아니었다면 전혀 나올 수 없었을 것입니다. 인용문은 이들에게 진 빚의 극히 일부밖에 보여주지 못합니다.

이들에게 진 빚은 이뿐만이 아니었습니다. 저는 2011년에 컬럼비아대학의 세계사상위원회Committee on Global Thought에서 1년간 연구비를 지원받아 연구를 시작했습니다. 헌팅턴도서관에서 또다시 1년간 연구할 수 있도록 미 국립인문재단이 연구비를 지원했습니다(제 직장인 노스웨스턴대학에서 이를 지원해주었습니다). 앤드루 카네기 펠로십 프로그램 덕분에 이 연구를 마칠 수 있었습니다. 3년간 끊김 없이 이어진 연구비 지원은 비할 수 없는 커다란 특혜였고, 이를 생각하면 죄송스러운 마음에 몸이 움찔거리곤 했습니다.

시간을 내서 원고를 읽고 의견을 제안하고, 오탈자를 정정하고 놀랍도록 정확히 제 개인적인 미숙함과 지적 무능함을 상세히 짚어준 동료들에게도 빚진 마음을 어떻게 갚아야 할지 모르겠습니다. 현실적으로 돌려받을 길 없다는 걸 알면서도 아낌없는 지지를 보내준 동료들에게 그저 고마움을 전할 뿐입니다. 이들에게 영광스러운 삶이 오래도록 빛나길 바랍니다. 켄 애들러, 해나 아펠, 세스 아처, 베스 베일리, 줄리아나 바, 캐슬린 벌루, 대니얼 베스너, 베건 블랙, 브룩, 블로어, 캐서린 캐리건, 올리버 카버노, 윌 추, 패트릭 청, 브라이언 딜레이, 코닐 에만, 호세 안토니오 에스핀 산체스, 데이비드 파버, 덱스터 퍼기, 테드 퍼틱, 케이틀린 피츠, 카밀라 포하스, 대나 프리드먼, 앤드루 프리드먼, 폴 프라이머, 마거릿 가브, 랠리 가텔, 애덤 굿맨, 안타라 할더, 그레첸 히프너, 로라 하인, 머라이어 헵워스, 레베카 허먼, 러렌 베스 허시버그, 힐레이 호바트, 앨릭스 홉슨, 필 호프먼, A. G. 홉킨스, 제임스 허즈페스, 애덤 이머워, 줄리아 어윈, 셰이다 자한바니, 실베스터 존슨, 팀 존슨, 피터 캐스터, 지나 김, 샘 클링, 나오미 래머로, 앙리 로지에르, 샘 레보비치, 바비 리, 니코 렛츠스, 베스 루 윌리엄스, 에레즈 마넬라, 다이애나 마르티네즈, 댄 마골리스, 레베카 매케나, 앨리슨 맥매너스, 프레드 메이튼, 스티븐 밈, 세라 밀러 데븐포트, 개릿 대시 넬슨, 토어 올슨, 루이스 페레즈, 마거릿 파워, 앤드루 프레스턴, 빌 랭킨, 벤 렘슨, 폴 로드, 에어리얼 론, 에릭 럿코, 대니얼 사전트, 니타샤 샤마, 칼 스미스, 수전 스미스, 조지 스피삭, 헬렌 틸리, 조너선 윙클러, 메릴린 영이 그 주역들입니다. 헌팅턴에서 같이 연구하던 분들도 각자 연구 때문에 바쁘셨을 텐데도 제가 해조분과 십이지장충에 대한 생각을 늘어놓을 때마다 관심 있는 척 너그럽게 들어주셨습니다("이 주제를 다른 주제로 확장해볼 수 있지 않을까요?"는 사려 깊지만 사실상 별로 도움은 안 됐던 조언이었습니다). 대나 애그먼, 톰 콕스웰, 앨리스 파스, 디나 굿맨, 스티브 힌들, 피터 루넨펠드, 토니 폴, 그리고 아시프 시디키는 그중에서도 무관심의 증거인 시선 분산을 최소로 해준 데 대해 특히 감사드립니다.

방사능 폐기물 수준의 끔찍한 초고 상태였던 이 책을 읽어주신 다른 분들은(이름이 거룩히 여김을 받으소서!) 여전히 고위험 수준의 피폭을 감수해주셨습니다. 앨비타 아키보, 마이클 앨런, 케빈 보일, 게리 가다바, 더그 키엘, 수전 피어슨, 그리고 마이크 셰리는 방사선 차폐막을 두르고 노스웨스턴대학의 작업장에서 엄청난 분량의 원고에 이따금씩 정밀 조사를 벌이기도 하셨죠. 군 관련 내용을 다룰 때 도움을 주신 애런 오코넬 대령님께는 퍼플 하트 훈장이라도 드리고 싶은 심정입니다. 데모라 코언, 데이비드 홀링거, 태너 하워드, 존 임머바르, 톰 미니, 샘 민즈 그리고 스티븐 워하임은 신변의 안전과 향후 생식 건강 문제도 제쳐둔 채 전체 원고를 읽어주었습니다. 이들의 조언은 정말 엄청난 도움이 되었습니다.

프랭클린 델러노 루스벨트의 진주만 연설에 감춰진 제국주의적 속성에 관심을 갖도록 이끌어주신 브룩 블로어와, 그 맥락을 파악하도록 도움을 주신 허먼 에버하트에게 특별히 감사 말씀을 전하고 싶습니다. 크리스 카포졸라는 저에게 '확장된 미국 영토Greater United States'라는 용어를 소개해주었습니다. 카타리나 피스터는 저를 표준화 연구로 이끌어주었습니다. A. G. 홉킨스는 자신의 제국주의 역사 연구의 값진 성과를 흔쾌히 나누어주었습니다. 그리고 켄 올더를 꼽지 않을 수가 없군요. 그는 저에게 "공학과 화학의 역사보다 더 지루한 것은 없다"고 말해준 적이 있지요. "그리고 그보다 더 흥미로운 것도 없다"고요. 그의 말이 맞았습니다. 그가 가르쳐준 덕분에 저는 지루한 것들이 얼마나 흥미로울 수 있는지를 알게 됐습니다.

연구 초반에 줄리언 고가 명쾌하게 풀어낸 『제국의 패턴』을 읽었는데,

지금도 여전히 그 문장들이 귓가에 울립니다(줄리언은 용감하게도 이 책의 상당 부분을 읽어주었습니다). 빌 랭킨의 『지도 이후』를 읽고 나서 또 한번 귓가가 왱왱거렸습니다. 그 책에 소개된 '영토 점묘주의territorial pointillism'라는 주요 개념을 제 연구에 적용했습니다.

『지도 이후』에 대한 이야기를 꺼내니 또다시 메울 길 없는 빚구덩이에 빠져 허우적대는 기분입니다. 처음에 저는 지도 제작에 대해 아는 바가 전혀 없었습니다. 케이티 추, 데이브 시버스튼, 앤 에일러가 그 문제를 해결해주었습니다. 노스웨스턴대학의 켈시 라일런드는 지도 교육을 끝내기까지 "아니 그거 말고, 마우스 오른쪽 버튼을 클릭해야 돼요" 같은 설명을 몇 시간이고 되풀이해야 했지만요. 빌 랭킨에게 최종 원고에 대해 논평해달라고 부탁하는 것은 마치 타이거 우즈에게서 골프채를 넘겨받는 기분이었습니다. 데이비드 바인은 세계 군기지 지도가 담긴 광범위한 데이터 집합을 공유해주었고, 바비 리는 본문의 인디언 거주지 지도와 관련해 19세기의 복잡한 토지 양도에 대해 차근차근 설명해주었습니다.

이 프로젝트를 끝내기까지 운 좋게도 매우 뛰어난 연구 조교들과 함께 일할 수 있었습니다. 캘리 리오니, 라이언 스케일스, 에디 스타인, 애덤 보트먼에게 감사를 전합니다.

사람들은 자신이 가르치는 학생들에게 항상 배우게 되지만 앨비타 애키보와 마이클 팰컨만큼 교수에게 철저한 가르침을 준 학생은 없었습니다. 이들은 초고를 읽고 연구하고 전체 구성에서 문장 하나하나까지 저와 함께 이 책의 거의 모든 부분을 철저히 논의했습니다. 적어도 해외 영토의 물질 문화에 관한 아키보의 논문과 팰컨의 미국 패권 기술에 관한 논문이 저에게 큰 가르침을 준 것만큼은 사실이었습니다.

연구 서적 판매 중개상인 매코믹 리터러리에서 일하는 에드워드 올로프는 중개상 이상의 역할을 해주었습니다. 그는 연구에 꼭 필요한 조력자였으며, 그의 명민함과 끈기에 감탄하지 않을 수 없었습니다. ("에드워드, 이 책은 800쪽으로 하고 제2차 세계대전의 기반시설에 대한 내용으로만 채우는 것이 좋을 것 같군요." "음, 어디 봅시다. 그런데 왜 그렇게 생각하시죠?") 이 책의 범위와 구성을 제안한 것은 바로 에드워드였고, 어조를 결정한 것도 바로 그였습니다.

그리고 에드워드는 저에게 파라, 스트로스 앤 지루FSG 출판사의 실력 있는 수석 편집자인 앨릭스 스타를 소개해주었습니다. 이 이야기를 하면 대개는 마시던 음료를 뿜어내면서 "앨릭스 스타랑 일하신다고요?"라며 놀라워하는 반응들을 보이더군요. 그의 명성엔 역시 이유가 있었습니다. 앨릭스는 제가 최악의 습관은 떨쳐내면서 장점은 최대한 살리도록 도와주었고, 믿을 만한 안목으로 조심스러운 의견을 곁들여 원고를 다듬어주었습니다. FSG의 도미니크 리어는 호쾌한 성격으로 활기차게 일을 진행했으며, 맥신 바토는 토끼굴을 위협하는 굶주린 독수리처럼 원고의 오류를 샅샅이 뒤졌습니다. 그리고 영국의 보들리 헤드 출판사의 스튜어트 윌리엄스와 외르그 헨스겐은 멀리서나마 유익한 조언을 보내주었습니다. 모두에게 마음 가득 감사를 전합니다.

마지막으로, 책에는 다 담을 수 없는 이야기가 많습니다. 이 책이 출간되기까지 도움을 준 루카스 알바레스, 에린 반스, 브리아나 베너, 글로리아 브루스, 캐서린 캐리건, 랠리 가르텔, 매리언 굿와인, 미클로스 고스토니, 제임스 허즈페스, 애덤 임머바르, 존 임머바르, 스티븐 임머바르, 오라이언 존스톤, 팸 그라엔불, 샘 민즈, 웬디 사이더, 테야 세피닉, 조너선 스파이즈 및 찰리 맥스 워드에게 모두 감사드립니다.

약어 설명

AHC: American Historical Collection, Rizal Library, Ateneo de Manila University

Albizu FBI File: FBIPR Files, Pedro Albizu Campos, FBI File No. 105-11898, Archives of the Puerto Rican Diaspora, Centro de Estudios Puertorriqueños, Hunter College, City University of New York

APP: Gerhard Peters and John T. Woolley, *The American Presidency Project*, www.presidency.ucsb.edu

Burnham Collection: Daniel H. Burnham Collection, Ryerson and Burnham Archives, Art Institute of Chicago

CHF: Othmer Library of Chemical History, Chemical Heritage Foundation, Philadelphia

CWS: Chemical Warfare Service, Record Group 175, NACP

DH: *Diplomatic History*

FDR Library: Franklin D. Roosevelt Presidential Library and Museum

FO: *Founders Online*, National Archives, founders.archives.gov

Forbes Diary: W. Cameron Forbes Diary, W. Cameron Forbes Papers, Manuscript Division, Library of Congress

FRUS: *Foreign Relations of the United States* (Washington, DC)

Gruening Papers: Ernest Gruening Papers, Alaska and Polar Regions Department, Archives and Manuscripts, University of Alaska, Fairbanks

HC-DC: Office of the High Commissioner of the Philippines, Records of the Washington, DC, Office, 1942-46, ROT

HC-Manila: Office of the High Commissioner of the Philippine Islands, Records of the Manila Office, 1935-46, ROT

HC-Pol/Econ: Office of the High Commissioner of the Philippines, Records Concerning Political and Economic Matters, 1927-1946, ROT

HAS: Hawai'i State Archives, Honolulu

HWRD: Hawai'i War Records Depository, Archives and Manuscripts Department, University of Hawai'i, Mānoa

LTR: *The Letters of Theodore Roosevelt*, ed. Elting E. Morison (Cambridge, MA, 1952)

MPD: Maddison Project Database, January 2013 update, Groningen Growth and Development Centre, www.gddc.net/maddison/maddison-project/home.htm

NACP: United States National Archives, College Park, Maryland

NADC: United States National Archives, Washington DC

Nicholson Scrapbooks: A. J. Nicholson, Scrapbooks Relating to the Spanish-American War and the Philippine Insurrection, Bancroft Library, University of California, Berkeley

NLP: National Library of the Philippines

Notter Records: Record Group 59, General Records of the Department of State, Records of Harley A. Notter, 1939-1945, NACP

NYT: *The New York Times*

Padover File: Specialized Functions, Records of the Research Unit on Territorial Policy, Reference File of Saul K. Padover, ROT

Pershing Papers: Papers of John J. Pershing, Manuscript Division, Library of Congress

Rem.: Douglas MacArthur, *Reminiscences* (New York, 1964)

Reynolds Papers: Ruth M. Reynolds Papers, Archives of the Puerto Rican Diaspora, Centro de Estudios Puertorriqueños, Hunter College, City University of New York

ROT: Records of the Office of Territories, Record Group 126, NACP

Stat.: *United States Statutes*

Tydings Papers: Papers of Millard E. Tydings, Special Collections, Hornbake Library, University of Maryland

WTR: *The Works of Theodore Roosevelt* (New York, 1926)

주註

서론

1. Alfredo Navarro Salanga, "They Don't Think Much About Us in America," in *Poems 1980-1988: Turtle Voices in Uncertain Weather* (Manila, 1989), 180-81.

2. Louis Morton, The Fall of the Philippines (Washington, DC, 1953), 88.

3. 공격 이틀 후 포틀랜드 일간지인 『오리거니언』에 처음 등장한 이 용어의 유래는 Emily S. Resenberg의 *A Date Which Will Live: Pearl Harbor in American history* (Durham, NC, 2003), 16에서 논의됐다.

4. Beth Bailey and David Farber, "The Attack on Pearl Harbor (…) and Guam, Wake Island, Philippines, Thailand, Malaya, Singapore, and Hong Kong: December 7/8, the Pacific World, American Empire, and the American Political Imaginary," in *Pearl Harbor and the Attacks of December 8, 1941: A Pacific History*, ed. Beth Bailey and David Farber (Lawrence, KS, 근간).

5. Sumner Welles Papers, Speeches and Writings, "Speech Draft, December 8, 1941," 16, FDR Library.

6. Speech, December 7, 1941, Eleanor Roosevelt Papers, Speech and Article File, December 1941-January 1942, FDR Library.

7. Draft 1, Significant Documents Collection, FDR Library.

8. Earl S. Pomeroy, *Pacific Outpost: American Strategy in Guam and Micronesia* (Stanford, CA, 1951), 140. 루스벨트가 원고를 수정하게 된 다른 요인은 아마도 필리핀이 폭격을 당했는지에 관한 혼동 때문이었을 것이다. 루스벨트가 필리핀을 미국 영토에 포함시

켰다가 다시 빼버린 것은 필리핀이 타격을 입었다는 잘못된 초기 보고서가 올라왔다가 다시 철회됐기 때문일 가능성이 있다. 그러나 루스벨트는 12월 7일 밤까지 해당 초고를 계속해서 수정했는데, 그때 필리핀은 이미 공격을 당한 상태였고, 루스벨트는 그 사실을 알았다. 그는 공격 대상 목록에 필리핀과 괌을 표시해두었던 것이다. 루스벨트가 보고서 철회로 인해 필리핀을 지워버렸다면 문제는 왜 그는 필리핀 공습에 대한 올바른 보고서를 받고도 원래 버전인 '하와이와 필리핀'(또는 이 경우 '하와이와 필리핀 및 괌'으로 돌아가지 않았는가다. 이 문제에 대해서는 편집본인 *Pearl Harbor*에 내가 기술한 장과 Bailey and Farber가 기술한 장을 참고할 것.

9. John Hersey, *Men on Bataan* (New York, 1942), 365.

10. WTR, 11:250; Woodrow Wilson, *A History of the American People* (New York, 1902), 5:295.

11 Rebecca Tinio McKenna의 *American Imperial Pastoral: The Architecture of U.S. Colonialism in the Philippines* (Chicago, 2017), 110에서 인용.

12 Benedict Anderson, *Imagined Communities: Reflections on the Origin and Spread of Nationalism*, rev. ed. (New York, 2006), 179. 로고 지도의 이론적 근거는 *Siam Mapped: A History of the Geo-Body of a Nation* (Honolulu, 1994)의 통차이 위니차쿨 Winichakul Thongchai이 제시한 '지리체geo-body'라는 개념이다.

13. 빌 랜킨의 지도를 참고했다. "The Territory of the United States," 2007, radicalcartography.net/us-territory.

14. The Greater United States: "Territory and Empire in U.S. History," *DH* 40 (2016): 378-81에서 대니얼 임머바르가 논의한 용어.

15. Bouda Etemad, *Possessing the World: Taking the Measurements of Colonisation from the Eighteenth to the Twentieth Century*, trans. Andrene Everson (New York, 2007), 131.

16. 여기에는 군인들이 포함된다.

17. Immerwahr, "Greater United States," 376. 영토 거주 인구에 미국 흑인 수가 포함된다.

18. Letters collected in "World's Colonies-General" folder, box 67; 9-0-1, Administrative, World's Colonies; Office of Territories Classified Files, 1907-1951; ROT.

19. Helen Johnson of Rand McNally to Donna Kowalski, circa 1942, in ibid.

20. Barbara Frederick to Harold Ickes, January 14, 1943, in ibid.

21. Ruth Hampton to Barbara Frederick, January 30, 1943, in ibid.

22. U.S. Bureau of the Census, *Thirteenth Census of the United States*, vol. 1, Population: 1910 (Washington, DC, 1913), 17.

23. Saul Padover, "The Overseas Expansion Policy of the U.S.," c. 1943, "Reports" folder, box 12, Padover File.

24. Howard Zinn, *A People's History of the United States, 1492. Present*, rev. ed. (New York, 1995), 492.

25. Patrick J. Buchanan, A Republic, *Not an Empire: Reclaiming America's Destiny* (1999; Washington, DC, 2002), 6.

26. Paul A. Kramer, "Power and Connection: Imperial Histories of the United States in the World," *American Historical Review* (2011): 1348-91.

27. 특히 그의 저서인 *Dark Princess: A Romance* (New York, 1928) and *Color and Democracy: Colonies and Peace* (New York, 1945) 참고.

28. Barbara Salazar Torreon, *Instances of Use of United States Armed Forces Abroad, 1798-2016*, Congressional Research Service Report R42738, 2016. 평시 군대 주둔, 비밀 작전, 또는 재난 구호는 여기에 포함되지 않는다.

29. James A. Field Jr., "American Imperialism: The Worst Chapter in Almost Any Book," *American Historical Review 83* (1978): 644-68.

30. 주요 연구는 임머바르의 "Greater United States"에 소개되어 있다. 가장 최근에 출간된 저서 중 주목할 만한 저서로는 Brian Russell Roberts and Michelle Anne Stephens, eds., *Archipelagic American Studies* (Durham, NC, 2017)과 A. G. Hopkins, *American Empire: A Global History* (Princeton, NJ, 2018) 참고.

31. 이러한 반응은 교과서뿐만 아니라 미국 역사 연구에 가장 중요한 학술지인 『미국사 연구*The Journal of American History(JAH)*』와 같은 기본 연구 단계에서도 마찬가지로 관찰된다. 필리핀은 규모 순으로 볼 때 미국의 최대 식민지였으나 지난 50년간 *JAH*는 필리핀 관련 연구 논문은 단 한 편만 게재했을 뿐이다(즉 제목에 필리핀을 언급한 논문이 단 하나였다는 뜻이다). Walter L. Williams의 "United States Indian Policy and the Debate over Philippine Annexation: Implications for the Origins of American Imperialism"이란 논문은 1980년에 발표되었다. 당연히 이는 1898년 스페인전쟁과 그 직접적인 여파에 대한 내용을 다루고 있다.

32. Alvita Akiboh, "Pocket-Sized Imperialism: U.S. Designs on Colonial Currency," DH 41 (2017): 874.

33. Immerwahr, "Greater United States," 388.

34. David Vine, *Base Nation: How U.S. Military Bases Abroad Harm America and the World* (New York, 2015), 4.

35. William Rankin, *After the Map: Cartography, Navigation, and the Transformation of Territory in the Twentieth Century* (Chicago, 2016).

1. 대니얼 분의 몰락과 부상

1. 다음 설명은 John Mack Faragher의 *Daniel Boone: The Life and Legend of an American Pioneer* (New York, 1992)와 Stephen Aron의 *How the West Was Lost: The Transformation of Kentucky from Daniel Boone to Henry Clay* (Baltimore, 1996)과 Meredith Mason Brown의 *Frontiersman: Daniel Boone and the Making of America* (Baton Rouge, LA, 2008) 참고.

2. Brown의 Frontiersman, 73에서 인용된 Felix Walker의 말.

3. Timothy Flint, *The First White Man of the West* (Cincinnati, 1856).

4. 유럽에 소개된 분에 관한 내용은 Richard Slotkin, *Regeneration Through Violence: The Mythology of the American Frontier, 1600-1860* (Middletown, CT, 1973), chaps. 10-11 참고.

5. Louise Phelps Kellogg, "The Fame of Daniel Boone," *Register of the Kentucky State Historical Society* 32 (1934): 187-98.

6. *New-York American*, reprinted in the Alexandria Gazette, July 11, 1826.

7. Benjamin Franklin, *The Interest of Great Britain Considered*, 1760, FO. 초창기 변방의 개척자들을 멸시하는 분위기에 대한 내용은 David Andrew Nichols의 *Red Gentlemen and White Savages: Indians, Federalists, and the Search for Order on the American Frontier* (Charlottesville, VA, 2008) 참고.

8. J. Hector St. John de Crevecoeur, *Letters from an American Farmer and Others Essays,* ed. Dennis D. Moore (Cambridge, MA, 2013), 33.

9. John Jay to Thomas Jefferson, December 14, 1786, *FO.* 나는 여기서 18세기 대문자 사용 관습을 현대적으로 바꾸었다(18세기 영어는 현대 영어와 달리 명사를 모두 고유명사처럼 대문자로 표기했으나, 저자는 원서에서 이를 현대 영어식으로 바꾸었다. 한국어 번역에서는 이러한 차이가 드러나지 않는다.—옮긴이)

10. Washington to James Duane, September 7, 1783, *FO.*

11. Brown, *Frontiersman*, 137에서 인용된 분의 말.

12. 워싱턴과 서부 개척에 관한 기술은 Fred Anderson과 Andrew Cayton의 *The Dominion of War: Empire and Liberty in North America, 1500-2000* (New York, 2005), chap. 4를 상당 부분 참고했다. Colin G. Calloway, *The Indian World of George Washington: The First President, the First Americans, and the Birth of a Nation* (New York, 2018). 역시 중요한 지침이 되었다.

13. September 12, 1784, *The Diaries of George Washington*, ed. Donald Jackson and Dorothy Twohig (Charlottesville, VA, 1978), 4:19.

14. Ibid., October 4, 1784, 4:66.

15. Washington to Jefferson, September 15, 1792, *FO.*

16. Joseph J. Ellis, *His Excellency: George Washington* (New York, 2005), 225.

17. Washington to Duane, September 7, 1793, *FO.* Paul Frymer의 *Building an American*

Empire: The Era of Territorial and Political Expansion (Princeton, NJ, 2017), chaps. 2-3에는 서부 정착에 대한 저항감이 잘 요약되어 있다.

18. Franklin K. Van Zandt의 *Boundaries of the United States and the Several States* (Washington, DC, 1966), 262-64와 Thomas Donaldson의 *The Public Domain: Its History, with Statistics* (Washington, DC, 1884), 87-88을 토대로 계산한 값이다.

19. Northwest Territory Ordinance of 1787, 1 *Stat.* 51, section 14, article 5.

20. Monroe to Jefferson, May 11, 1786, *FO*.

21. Jefferson to Henry Innes, January 23, 1800, *FO*.

22. St. Clair to Alexander Hamilton, August 9, 1793, *FO*.

23. Peter S. Onuf의 *Statehood and Union: A History of the Northwest Ordinance* (Bloomington, IN, 1987), 71에서 인용된 Arthur St. Clair의 말.

24. Andrew R. L. Cayton의 *The Frontier Republic: Ideology and Politics in the Ohio Country, 1780-1825* (Kent, OH, 1986), 8에서 인용.

25. Onuf의 *Statehood and Union*, 70에서 인용된 St. Clair의 말. 준주(영토) 정부의 제국주의적 특징에 대해서는 (앞서 인용된 Onuf, Cayton 및 Frymer의 저작 외에) Whitney T. Perkins의 *Denial of Empire: The United States and Its Dependencies* (Leiden, Netherlands, 1962), chap. 1과 Jack Ericson Eblen의 *The First and Second United States Empires: Governors and Territorial Government, 1784-1912* (Pittsburgh, 1968), chap. 2와 Julian Go의 *Patterns of Empire: The British and American Empires, 1688 to the Present* (New York, 2011), chap. 1 참고.

26. *Annals of Congress*, 11th Cong., 3d sess., 1811, 537.

27. Bartholomew H. Sparrow, *The Insular Cases and the Emergence of American Empire* (Lawrence, KS, 2006), 22에서 인용.

28. Peter J. Kastor, *The Nation's Crucible: The Louisiana Purchase and the Creation of America* (New Haven, CT, 2004), 90.

29. Perkins, *Denial of Empire*, 21에서 인용.

30. Pierre Sauve, Pierre Derbigny, and Jean Noel Destrehan, "Remonstrance of the People of Louisiana Against the Political System Adopted by Congress for Them," 1804, in *American State Papers, 10, Miscellaneous*, 1:397.

31. Kastor, *Nation's Crucible*, 58-60.

32. Jefferson to James Monroe, November 24, 1801, *FO*. 준주 정부에 대한 제퍼슨주의자와 연방주의자의 시각 차이에 대해서는 Cayton, *Frontier Republic* 참고.

33. Jefferson, Inaugural Address, March 4, 1801, *APP*.

34. Robert R. Livingston to James Madison, April 11, 1803, *FO*.

35. Jefferson to John Breckinridge, August 12, 1803, *FO*.

36. Jefferson to John Dickinson, August 9, 1803, *FO*.

37. Jefferson to Breckinridge, August 12, 1803, *FO*.

38. MPD.

39. Alfred Owen Aldridge, "Franklin as Demographer," *Journal of Economic History* 9 (1949): 25-26.

40. Jack P. Greene, *Pursuits of Happiness: The Social Development of Early Modern British Colonies and the Formation of American Culture* (Chapel Hill, NC, 1988), 82.

41. Dale Van Every, *Ark of Empire: The American Frontier, 1784-1803* (New York, 1963), 21.

42. Benjamin Franklin, *Observations Concerning the Increase of Mankind, Peopling of Countries, &c.* (Boston, 1755), 9. 프랭클린의 계산 근거에 대해서는 William F. Von Valtier의 "'An Extravagant Assumption': The Demographic Numbers Behind Benjamin Franklin's Twenty-Five-Year Doubling Period," *Proceedings of the American Philosophical Society* 155 (2011): 158-88 참고.

43. Thomas Robert Malthus, *First Essay on Population* (London, 1798), 105.

44. Joyce E. Chaplin, *Benjamin Franklin's Political Arithmetic: A Materialist View of Humanity* (Washington, DC, 2009), 45.

45. Conway Zirkle, "Benjamin Franklin, Thomas Malthus and the United States Census," *Isis* 48 (1957): 62.

46. MPD.

47. 미국과 프랑스의 수치는 MPD에서 인용한 것. 미국 인구 증가에 대한 내용은 D. W. Meinig의 *The Shaping of America: A Geographical Perspective on 500 Years of History,* vol. 2 (New Haven, CT, 1993)과 James Belich의 *Replenishing the Earth: The Settler Revolution and the Rise of the Anglo-World, 1783-1939* (Oxford, UK, 2009)에 빚진 바가 크다.

48. Van Every, *Ark of Empire*, 21.

49. Michael R. Haines, "The Population of the United States, 1790-1920," in *The Cambridge Economic History of the United States,* ed. Stanley L. Engerman and Robert E. Gallman (Cambridge, UK, 2000), 2:153.

50. Kah-Ge-Ga-Gah-Bouh, *Organization of a New Indian Territory East of the Missouri River* (New York, 1850), 3.

51. 신시내티와 시카고에 대해서는 Belich, *Replenishing the Earth*, 196, 1 참고.

52. 이러한 변화에 대해서는 Frymer의 *Building an American Empire*, and Paul W. Gates, *History of Public Land Law Development* (Washington, DC, 1968), chaps. 10 및 15에서 다뤄진 내용을 보면 도움이 된다.

53. Earl S. Pomeroy, *The Territories and the United States, 1861-1890: Studies in Colonial Administration* (Philadelphia, 1947), 104.

54. Eblen, *First and Second U.S. Empires*, 140.

55. "Annexation," *United States Magazine and Democratic Review*, July-August 1845, 5.

공동 기고자가 동일 표제를 내건 기사는 오랫동안 잡지 편집자로 일한 John L. O'Sullivan 이 담당했으나 Linda S. Hudson은 텍스트 분석을 통해 Jane Cazneau가 "썼을 확률이 높 다"고 주장했다. *Mistress of Manifest Destiny: A Biography of Jane McManus Storm Cazneau, 1807-1878* (Austin, TX, 2001), 61.

2. 인디언 거주지

1. Russell Thornton, *American Indian Holocaust and Survival: A Population History Since 1492* (Norman, OK, 1987), 32. Alfred L. Kroeber와 Henry F. Dobyns가 도출한 하한값과 상한값은 각각 25-26으로 평가 및 추정된다.

2. Paul Stuart, *Nations Within a Nation: Historical Statistics of American Indians* (New York, 1987), 52.

3. Russell Thornton, *The Cherokees: A Population History* (Lincoln, NE, 1990), chap. 3. 체로키족에 대한 다음의 이야기는 Gary E. Moulton의 *John Ross: Cherokee Chief* (Athens, GA, 1978)와 Theda Purdue 및 Michael D. Green의 *The Cherokee Nation and the Trail of Tears* (New York, 2007), 그리고 Brian Hicks의 *Toward the Setting Sun: John Ross, the Cherokees, and the Trail of Tears* (New York, 2011)를 바탕으로 한 것이 다.

4. Hicks, Setting Sun, 148.

5. John Ross, "To the Senate," March 8, 1836, in *The Papers of Chief John Ross*, ed. Gary E. Moulton (Norman, OK, 1978), 1:394.

6. Andrew Jackson, Annual Message, December 8, 1829, *APP*.

7. Moulton, *Ross*, 38에서 인용.

8. Ibid., 51.

9. 추정치는 강제로 이주당한 체로키 부족뿐만 아니라 전체 인구에 해당되는 값이다. Thornton, *Cherokees*, 76.

10. House Committee on Indian Affairs, H. Rep 474, *Regulating the Indian Department*, 23d Cong., 1st sess., 1834, 14.

11. *Register of Debates*, 23d Cong., 2d sess., February 20, 1835, 1447.

12. *Register of Debates*, 23d Cong., 1st sess., June 25, 1834, 4776.

13. *Register of Debates*, 23d Cong., 2d sess., February 20, 1835, 1454.

14. Ibid.

15. D. W. Meinig, *The Shaping of America: A Geographical Perspective on 500 Years of History* (New Haven, CT, 1993), 2:99-100.

16. *Register of Debates*, 23d Congress, 1st sess., June 25, 1834, 4764.

17. William E. Unrau, *The Rise and Fall of Indian Country, 1825-1855* (Lawrence, KS, 2007), 125-26. Anne F. Hyde, *Empires, Nations, and Families: A New History of the*

North American West, 1800-1860 (Lincoln, NE, 2011), part II 참고.

18. Laura Ingalls Wilder, *The Little House Books, ed. Caroline Fraser* (New York, 2012), 287.

19. Ibid., 366.

20. Ibid., 401.

21. Dennis McAuliffe Jr., *The Deaths of Sybil Bolton: An American History* (New York, 1994), 110-17. Frances W. Kaye, "Little Squatter on the Osage Diminished Reserve: Reading Laura Ingalls Wilder's Kansas Indians," *Great Plains Quarterly 20* (2000): 123-40 참고.

22. McAuliffe, *Sybil Bolton*, 116.

23. Roy Gittinger, *The Formation of the State of Oklahoma, 1803- 1906* (1917; Norman, OK, 1939), 264-65.

24. *Congressional Record*, 48th Cong., 2d sess., 505.

25. "The Oklahoma Boomers," *Cherokee Advocate*, October 12, 1887.

26. *Statistical Atlas of the United States* (Washington, DC, 1914), 40.

27. Paul Frymer, *Building an American Empire: The Era of Territorial and Political Expansion* (Princeton, NJ, 2017), 167.

28. Lynn Riggs, *Green Grow the Lilacs* (New York, 1931), 161.

29. Phyllis Cole Braunlich, *Haunted by Home: The Life and Letters of Lynn Riggs* (Norman, OK, 1988), 179.

3. 해조분에 대해 항상 궁금했으나 묻기 어려웠던 모든 것

1. Lubna Z. Qureshi, *Nixon, Kissinger, and Allende: U.S. Involvement in the 1973 Coup in Chile* (Lanham, MD, 2009), 86. 이는 원래 리처드 이즈 해리슨이 한 농담이다.

2. Thomas Robert Malthus, *First Essay on Population* (London, 1798), 44.

3. Richard A. Wines, *Fertilizer in America: From Waste Recycling to Resource Exploitation* (Philadelphia, 1985), 25에서 George E. Waring, The Elements of Agriculture (New York, 1854), 129의 내용이 논의됨.

4. "Selections by the Committee: Extracts from Dr. Lee's Report in N.Y. Legislature," *Sentinel and Witness* (Middletown, CT), May 7, 1845.

5. Humphry Davy, *Elements of Agricultural Chemistry* (London, 1813), lecture 6. 비료에 대한 내용은 Ariel Ron의 "Developing the Country: 'Scientific Agriculture' and the Roots of the Republican Party" (Ph.D. diss., University of California, Berkeley, 2012)를 통해 알게 된 것이 많다.

6. Victor Hugo, *Les Miserables*, trans. Isabel F. Hapgood (New York, 1887), 2:85.

7. Wines, *Fertilizer*; Jimmy M. Skaggs, *The Great Guano Rush: Entrepreneurs and American Overseas Expansion* (New York, 1994)과 Edward D. Melillo, "The First Green Revolution: Debt Peonage and the Making of the Nitrogen Fertilizer Trade, 1840-1930," *American Historical Review* 114 (2012): 1028-60 및 Gregory T. Cushman, *Guano and the Opening of the Pacific World: A Global Ecological History* (New York, 2013)에는 해조분에 대한 설명이 가장 잘 되어 있다.

8. "Guano," *Vermont Watchman and State Journal*, December 27, 1844.

9. *Congressional Globe*, 34th Cong., 1st sess., 1856, 1740.

10. "Beauties of Guano Digging," *New York Herald*, May 3, 1845; Skaggs, *Guano Rush*, 160.

11. "Guano," *Cleveland Herald*, July 19, 1844.

12. "The Effects of Guano-Munchausen Beaten All Hollow!!!" *Weekly Raleigh Register and North Carolina Gazette*, June 27, 1845; "Remarkable Properties of Guano," *The Floridian*, September 4, 1847.

13. *Congressional Globe*, 34th Cong., 1st sess., 1856, 1741.

14. Millard Fillmore, First Annual Message, December 12, 1850, *APP*.

15. Dan O'Donnell, "The Lobos Islands: American Imperialism in Peruvian Waters in 1852," *Australian Journal of Politics and History* 39 (2008): 45.

16. *London Times*, October 6, 1852.

17. *Congressional Globe*, 33d Cong., 1st sess., 1854, 1194.

18. James Fenimore Cooper, The Crater, or, *Vulcan's Peak* (New York, 1847), 1:186, 185.

19. Skaggs, Guano Rush, 54. 미 재무부의 *Annual Report of the Secretary of the Treasury on the State of Finances for the Fiscal Year Ended June 30, 1934*, 1935, 303에 따르면 1850년 연방 지출액은 4480만 달러였다.

20. *Guano Islands Act*, U.S. Code 48 (1856), §1411.

21. Rene Bach, "Our Ocean Empire," *Morning Oregonian*, July 11, 1897.

22. *Congressional Globe*, 34th Cong., 1st sess., 1856, 1699, 1698.

23. Ibid., 1698.

24. Skaggs, *Guano Rush*, 71, 199. 이러한 수치는 그런 주장이 확인되었음을 나타내지만, 일부 주장들은 모호해서 모든 영유권 주장에 실제 섬이 하나씩 대응되는지 확인할 수 없었다.

25. Walt Whitman, *Democratic Vistas and Other Papers* (London, 1888), 66.

26. Cooper, *Crater*, 184.

27. Gregory Rosenthal, "Life and Labor in a Seabird Colony: Hawaiian Guano Workers, 1857-1870," *Environmental History*, 17 (2012): 764.

28. Melillo, "First Green Revolution," 1047.

29. "Life on a Guano Island," *Weekly Georgia Telegraph*, May 7, 1869.

30. 나배사에 관한 내용은 W. M. Alexander, *The Brotherhood of Liberty, or, Our Day in*

Court (Baltimore, 1891); John Cashman, " 'Slaves Under Our Flag': The Navassa Island Riot of 1889," *Mary land Historian* 24 (1993): 1-21; Skaggs, *Guano Rush*, chap. 10; and Jennifer C. James, " 'Buried in Guano': Race, Labor, and Sustainability," *American Literary History* 24 (2012): 115-42 참고.

31. "Rescued from Death," *Rocky Mountain News,* October 11, 1889.

32. "The Black Butchers," *Galveston Daily News,* October 11, 1889.

33. "The Navassa Murder Cases," *New York Age,* April 19, 1890; Christina Duffy Burnett, "The Edges of Empire and the Limits of Sovereignty: American Guano Islands," *American Quarterly* 57 (2005): 779-803.

34. *Jones v. United States,* 137 U.S. 211 (1890).

35. Harrison, "Sentence Commuted," *Atchison Champion,* May 19, 1891에서 인용.

36. "The Navassa Prisoners," *New York Age,* May 30, 1891.

37. Benjamin Harrison, Third Annual Message, December 9, 1891, *APP.*

38. Skaggs, *Guano Rush,* 153.

39. Cushman, *Guano,* 155.

40. 특히 Vaclav Smil, *Enriching the Earth: Fritz Haber, Carl Bosch, and the Transformation of World Food Production* (Cambridge, MA, 2001); Dietrich Stolzenberg, *Fritz Haber: Chemist, Nobel Laureate, German, Jew* (Philadelphia, 2004); and Daniel Charles, *Master Mind: The Rise and Fall of Fritz Haber, the Nobel Laureate Who Launched the Age of Chemical Warfar*e (New York, 2005) 참고.

41. Smil, *Enriching the Earth,* 160.

42. Charles, *Master Mind,* 49.

43. Stolzenberg, *Haber,* 174.

44. Julius Stieglitz, introduction to Edwin E. Slossen, *Creative Chemistry* (Garden City, NY, 1919), iii.

45. 클라라가 독가스를 "'과학을 왜곡한 것일 뿐 아니라 야만성의 상징'이라 생각해 이를 그만두라고 '남편에게 간청'"했다는 Morris Goran의 주장은 자주 인용되었다(*The Story of Fritz Haber* [Norman, OK, 1967], 71). 그러나 Goran은 이에 대한 어떠한 자료로 제공하지 않았다. Bretislav Friedrich and Dieter Hoffman, "Clara Haber, nee Immerwahr (1870-1915): Life, Work and Legacy," *Zeitschrift fur Allgemeine und Anorganische Chemie* 642 (2016): 437-88은 이 문제에 좀더 조심스럽게 접근하고 있다.

4. 시어도어 루스벨트의 최고의 날

1. 대통령의 출신에 대한 좀더 유용한 연구를 보려면 Edward Pessen, *The Log Cabin Myth: The Social Backgrounds of the Presidents* (New Haven, CT, 1984) 참고.

2. *WTR*, 1:86, 1:403.

3. *WTR*, 1:241.

4. Richard Slotkin, Gunfighter Nation: *The Myth of the Frontier in Twentieth-Century America* (New York, 1992), 37에서 인용.

5. 이 행사에 대한 내용이 Evan Thomas, *The War Lovers: Roosevelt, Lodge, Hearst, and the Rush to Empire, 1898* (New York, 2010), 53-54에 기술되어 있다.

6. *WTR*, 8:xliv.

7. *WTR*, 8:17-18.

8. *WTR*, 9:58.

9. *WTR*, 9:57.

10. *WTR*, 1:4.

11. *WTR*, vol. 1, chap. 7 of Ranch Life.

12. *WTR*, 12:254.

13. Frederick Jackson Turner, "The Significance of the Frontier in American History," 1893, *in The Frontier in American History* (New York, 1920).

14. Edmund Morris, *The Rise of Theodore Roosevelt* (New York, 1979), 466.

15. W. T. Stead, ed., *The Last Will and Testament of Cecil John Rhodes* (London, 1902), 190. 전 세계의 개척 활동 종료에 대한 내용은 Neil Smith, *American Empire: Roosevelt's Geographer and the Prelude to Globalization* (Berkeley, CA, 2003), chap. 1을 참고할 것.

16. Alfred Thayer Mahan, *The Influence of Sea Power upon History, 1660-1783* (1890; New York, 1957), 72.

17. Ibid., 22.

18. "A Note on the 'Mercantilist Imperialism' of Alfred Thayer Mahan," *Mississippi Valley Historical Review* 48 (1962): 674-85에서 Walter LaFeber는 제국의 필요성에 대한 머핸의 주장이 경제적이 아닌 전략적 속성을 지녔으며 거대 식민지 병합을 필요로 한 것은 아니었다고 지적한다. 그러나 대영제국에 대한 머핸의 동경은 기지가 역사적으로 "자연스럽게 늘어나 규모가 커지면서 식민지가 되었다"(Mahan 24)고 이해한 것으로 보아 해상력과는 관계가 없다.

19. David Milne, *Worldmaking: The Art and Science of American Diplomacy* (New York, 2015), 22, 47-48.

20. Roosevelt to Mahan, May 12, 1890, in Richard W. Turk, *The Ambiguous Relationship: Theodore Roosevelt and Alfred Thayer Mahan* (Westport, CT, 1987), 109. 터너의 경우와 마찬가지로 머핸이 루스벨트에게 영향을 주었는지 아니면 루스벨트의 평소 신념

을 단순히 확인해준 것에 불과한지의 문제가 남는다.

21. Roosevelt to Francis V. Greene, September 23, 1897. Howard K. Beale, *Theodore Roosevelt and the Rise of America to World Power* (Baltimore, 1956), 37에서 인용.

22. Louis A. Perez Jr., *Cuba: Between Reform and Revolution*, 3d ed. (New York, 2006), 120.

23. William McKinley, Message to Congress, April 11, 1898, *APP*.

24. 해당 사건에서 성역할을 날카롭게 분석한 것으로는 Kristin L. Hoganson, *Fighting for American Manhood: How Gender Politics Provoked the Spanish-American and the Philippine-American Wars* (New Haven, CT, 1998)가 있다.

25. G.J.A. O'Toole, *The Spanish War: An American Epic.1898* (New York, 1984), 125.

26. Morris, *Rise of Roosevelt*, 600.

27. Hermann Hagedorn, *Leonard Wood: A Biography* (New York, 1931), 1:141.

28. O'Toole, *Spanish War*, 146.

29. Morris, *Rise of Roosevelt*,566.

30. *WTR*, 20:220.

31. Joseph Bucklin Bishop, *Theodore Roosevelt and His Time* (New York, 1920), 1:86.

32. 미국 관점의 전쟁 양상 기술은 David F. Trask, *The War with Spain in 1898* (New York, 1981); O'Toole, Spanish War; and Ivan Musicant, *Empire by Default: The Spanish-American War and the Dawn of the American Century* (New York, 1998) 참고.

33. Joseph Stickney, *War in the Philippines: Life and. Glorious Deeds of Admiral Dewey* (Chicago, 1899), 37.

34. "The Battle of Manila Bay," *The Bounding Billow*, June 1898, in Nicholson Scrapbooks.

35. Morris, *Rise of Roosevelt*, 612.

36. *WTR*, 11:11.

37. *WTR*, 11:17.

38. *WTR*, 11:40.

39. *WTR*, 11:32.

40. 위에서 언급한 전사戰史 외의 내용은 루스벨트의 *The Rough Riders* in *WTR*, vol. 11, and Morris, *Rise of Roosevelt*, chap. 25 참고.

41. Morris, *Rise of Roosevelt*, 654.

42. *WTR*, 11:81.

43. *The Works of Stephen Crane*, ed. Fredson Bowers (Charlottesville, VA, 1971), 9:158.

44. *WTR*, 11:85.

45. *WTR*, 11:88.

46. Trask, *War with Spain*, chap. 10에는 이보다 회의적인 시각으로 기술되어 있다.

47. Bonnie M. Miller, *From Liberation to Conquest: The Visual and Popular Cultures of the Spanish-American War* (Amherst, MA, 2011), 98.

48. John Hay to Roosevelt, July 29, 1898, in William Roscoe Thatcher, *The Life and Letters of John Hay* (Boston, 1915), 2:337.

49. Woodrow Wilson, *A History of the American People* (New York, 1902), 5:295.

50. David Starr Jordan, *Imperial Democracy* (New York, 1899), 91.

51. 스페인군: Sebastian Balfour, *The End of the Spanish Empire, 1898-1923* (Oxford, UK, 1997), 39. 미군: Graham A. Cosmas, *An Army for Empire: The United States Army in the Spanish-American War* (Columbia, MO, 1971), 5, 136.

52. 쿠바와 관련해 전쟁에 대한 이러한 해석은 Louis A. Perez, *The War of 1898: The United States and Cuba in History and Historiography* (Chapel Hill, NC, 1998)에 훌륭히 기술되어 있다. 이와 거의 동일한 사례를 필리핀에서 찾아볼 수 있는데, Renato Constantino, *A History of the Philippines: From the Spanish Colonization to the Second World War* (New York, 1975), chaps. 9-12에 상세한 내용이 실려 있다. 스페인군을 축출하는 데 다소 제한적인 역할을 했던 푸에르토리코인에 대한 내용은 Fernando Pico, Puerto Rico 1898: The War After the War (Sylvia Korwek, Psique Arana Guzman 옮김, 1987; Princeton, NJ, 2004) 참고.

53. Perez, *Cuba: Between Reform and Revolution*, 135.

54. *WTR*, 11:49.

55. Balfour, *End of the Spanish Empire*, 39.

56. Felipe Agoncillo, *To the American People* (Paris, 1900), 40.

57. Joseph L. Schott, *The Ordeal of Samar* (New York, 1964), 151.

58. Trumbull White, *Our New Possessions* (Chicago, 1898), 79.

59. Autobiography of George Dewey, *Admiral of the Navy* (New York, 1913), 247.

60. *WTR*, 11:49.

61. Louis A. Perez Jr., *Cuba Between Empires: 1878-1902* (Pittsburgh, 1983), 201.

62. Ibid., 209.

63. Musicant, *Empire by Default*, 569에서 인용.

64. White, *Our New Possessions*, 104.

65. Perez, *Cuba Between Empires*, xv.

5. 제국의 속성

1. Stanley Karnow, *In Our Image: America's Empire in the Philippines* (New York, 1989), 104.

2. Michael Adas, *Dominance by Design: Technological Imperatives and America's Civilizing Mission* (Cambridge, MA, 2006), 131.

3. *Autobiography of George Dewey, Admiral of the Navy* (New York, 1913), 185.

4. James F. Rusling, "Interview with President McKinley," *Christian Advocate*, January 22, 1903, 137.

5. Susan Schulten, *The Geographical Imagination in America, 1880-1950* (Chicago, 2001), 178. 일반적인 제국의 지도에 대한 내용은 38-44, 176-80 참고.

6. Daniel Immerwahr, "The Greater United States: Territory and Empire in U.S. History," *DH* 40 (2016): 378-80.

7. Archibald Ross Colquhoun, *Greater America* (New York, 1904), 253.

8. *APP*에서 디지털로 *The Messages and Papers of the Presidents: Washington. Taft (1789-1913)* 검색. 미합중국을 명확히 가리키는 경우만을 포함했으며 아메리카나 영국령 북미 식민지라고 된 경우는 제외했다. George Washington, Special Message, May 31, 1790; Washington, Inaugural Address, 1793; John Adams, Inaugural Address, 1797 (2번 등장); Andrew Jackson, "Regarding the Nullifying Laws of South Carolina," 1832; Martin Van Buren, Inaugural Address, 1837; James Polk, First Annual Message, 1845 (Polk는 같은 연설에서 '아메리카 국민nations of America'이라 지칭하기도 했다); Abraham Lincoln, "Remarks at a Fair in the Patent Office," 1864; Chester Arthur, First Annual Message, 1881; Arthur, Third Annual Message, 1883; Grover Cleveland, Third Annual Message, 1895.

9. 〈내 나라 영광된 조국〉의 가사를 쓴 Samuel F. Smith는 그의 1831년 작품을 〈아메리카〉라고 불렀으나 이는 〈내 나라 영광된 조국〉으로 알려졌으며 가사에는 아메리카가 언급되지 않는다. 컬럼비아에 대해서는 Thomas J. Schlereth, "Columbia, Columbus, and Columbianism," *Journal of American History* 79 (1992): 937-68 참고.

10. Beckles Wilson, *The New America: A Study of the Imperial Republic* (London, 1903), 255, 256. 윌슨은 영국이 미합중국을 아메리카로 지칭했을 확률이 높으며 미국 측에서 이 말을 정정해줬을 것이라(1898년 이전) 언급하기도 했다.

11. 위에서 인용한 1789~1898년에 있었던 10번의 연설에는 아메리카라는 말이 11번 들어가 있다. 루스벨트는 캘리포니아로 여행하면서 아메리카라는 이름을 10번의 연설 중 12번이나 사용했다(모두 *APP*에서 검색). Remarks at Barstow, May 7, 1903; Address at San Bernardino, May 7, 1903; Address at Pasadena, May 8, 1903; Address at Santa Barbara, May 9, 1903; Address at San Luis Obispo, May 9, 1903 (2번 언급); Remarks at Stanford University, May 12, 1903; Address at the Mechanic's Pavilion in San Francisco, May 13, 1903; Address at the Dedication of a Navy Memorial Monument in San

Francisco, May 14, 1903; Address at Truckee, May 19, 1903 (2번 언급); Remarks at Dunsmuir, May 20, 1903.

12. 〈아름다운 미국〉은 원래 Katharine Lee Bates가 1893년에 쓴 「파이크스 피크」라는 시의 제목이었다. 그러나 발표(1904) 후 노래에 붙여지면서(1910) 점점 잊혀졌다.

13. Richard L. Nostrand는 이러한 영토 할양으로 8만302명의 멕시코인이 미국에 편입되었다는 추정치를 내놓았으며, 1853년 인구조사국은 새로운 지역('평원 지대나 아칸소 강 유역의 인디언' 포함)의 인디언 인구수를 20만5000명으로 추산했다. Nostrand, "Mexican Americans circa 1850," *Annals of the Association of American Geographers* 65 (1975): 378-90; J.D.B. De Bow, *The Seventh Census of the United States: 1850* (Washington, DC, 1853), xciv. MPD 자료에 나와 있듯이, 이를 합치면 1845년 미국 인구의 1.48퍼센트에 해당된다. 멕시코 합병은 루이지애나 매입 당시에 비해 훨씬 많은 인구를 미국으로 새로 유입시켰다. 그러나 상대적으로 대규모의 새로운 인구 유입이 이뤄졌는지를 알기는 어렵다. 인디언 인구수가 제대로 집계되지 않았기 때문이다.

14. Speech on the War with Mexico, January 4, 1848, in *Papers of John C. Calhoun*, ed. Clyde Wilson and Shirley Bright Cox (Columbia, SC, 1999), 25:64, 65.

15. *Louisville Democrat*, March 9, 1848. Frederick Merk, *Manifest Destiny and Mission in American History: A Reinterpretation* (New York, 1963), 151에서 인용.

16. Eric T. L. Love, *Race over Empire: Racism and U.S. Imperialism, 1865_1900* (Chapel Hill, NC, 2004), 66에서 인용. 인종차별주의와 제국주의 간 갈등을 다룬 또 다른 주요 연구로는 Paul Frymer, Building an American Empire: The Era of Territorial and Political Expansion (Prince ton, NJ, 2017) 참고.

17. Love, *Race over Empire*, 32.

18. 인구 집계에 포함된 인디언도 있었으나 헌법에 따라 미국의 정치적 공동체에 소속되지 않아 '세금이 부과되지 않은 인디언'은 의석 할당에 반영되지 않았으므로 인구수에는 포함되지 않았다.

19. Department of the Interior, *Report on the Population of the United States at the Eleventh Census: 1890*, part 1, 1895, 963.

20. *Statistical Atlas of the United States*, 1900 (Washington, DC, 1903), 25.

21. Archibald R. Colquhoun, *The Mastery of the Pacific* (New York, 1904), 50-51.

22. Thomas Brackett Reed's remark, reported in Lemuel Quigg to Theodore Roosevelt, May 16, 1913, *LTR*, 2:921n.

23. Love, *Race over Empire*, 103.

24. Roosevelt to James Bryce, September 10, 1897, *LTR*, 1:672.

25. Noenoe K. Silva, *Aloha Betrayed: Native Hawaiian Resistance to American Colonialism* (Durham, NC, 2004), 151.

26. Bryan, "Annexation," 1899, in Murat Halstead, *Pictorial History of America's New Possessions* (New Haven, CT, 1899), 545.

27. 제국주의 논쟁에 대해서는 특히 Robert L. Beisner, *Twelve Against Empire: The Anti-Imperialists, 1898-1900* (New York, 1968), and David Healy, *US Expansionism: The Imperialist Urge in the 1890s* (Madison, WI, 1970) 참고.

28. Albert J. Beveridge, "The Republic's Task," February 1899, in *Patriotic Eloquence*, ed. Robert I. Fulton and Thomas C. Trueblood (New York, 1900), 33.

29. *WTR*, 13:329-30.

30. Julian Go, *American Empire and the Politics of Meaning: Elite Political Cultures and the Philippines and Puerto Rico During U.S. Colonialism* (Durham, NC, 2008).

31. "Omaha's Colonial Exposition," *Weekly Register- Call* (Central City, CO), July 7, 1899.

32. "Greater America Exposition of 1899," *Daily Mining Record*, 25 February 1899.

33. "Gossip Gather in Hotel Lobbies," *Daily Picayune* (New Orleans), March 30, 1899.

34. *Greater America Exposition* (Omaha, 1899), 13.

35. 이 내용은 Michael C. Hawkins, "Undecided Empire: The Travails of Imperial Representation of Filipinos at the Greater America Exposition, 1899," *Philippine Studies* 63 (2015): 341-63 참고.

36. Ibid., 356-57.

37. 도서 판례에 대해서는 특히 Christina Duffy Burnett and Burke Marshall, eds., *Foreign in a Domestic Sense: Puerto Rico, American Expansion, and the Constitution* (Durham, NC, 2001); Bartholomew H. Sparrow, *The Insular Cases and the Emergence of American Empire* (Lawrence, KS, 2006); and Gerald L. Neuman and Tomiko Brown-Nagin, eds., *Reconsidering the Insular Cases: The Past and Future of American Empire* (Cambridge, MA, 2015) 참고.

38. *Dorr v. United States*, 195 U.S. 138, 155 (1904) (Harlan, J., dissenting).

39. John W. Griggs, in *The Insular Cases, Comprising the Records, Briefs, and Arguments of Counsel in the Insular Cases of the October Term, 1900, in the Supreme Court of the United States* (Washington, DC, 1901), 333, 282.

40. Ibid., 314, 367, 338.

41. *Downes v. Bidwell*, 182 U.S. 244, 251 (1901).

42. *Downes*, 182 U.S. at 341 (White, J., concurring).

43. *Downes*, 182 U.S. at 380 (Harlan, J., dissenting). 편입되지 않은 영토의 새로운 '초헌법 지대'를 개척하는 데 도서 판례가 어느 정도 기여했는지에 대해 지적하는 중요한 연구로는 Christina Duffy Burnett, "Untied States: American Expansion and Territorial Deannexation," *University of Chicago Law Review* 72 (2005): 797-879 참고.

44. *Downes*, 182 U.S. at 279 and 287.

45. *Downes*, 182 U.S. at 313 (White, J., concurring).

46. Sanford Levinson, "Installing the Insular Cases into the Canon of Constitutional Law," in Duffy Burnett and Marshall, *Foreign in a Domestic Sense*, 122-23.

47. 2014년 9월, 미 연방예비군 통계. www.usar.army.mil/Featured/Army-Reserve-At-A-Glance/American-Samoa.

48. *Downes*, 182 U.S. at 372 (Fuller, C. J., dissenting).

6. 자유의 함성을 내지르다

1. "Omaha's Colonial Exposition," *Weekly Register-Call* (Central City, CO), July 7, 1899.

2. "Back from the Wars," *Denver Evening Post*, July 2, 1899.

3. *Congressional Record*, 57th Cong., 1st sess., 7708.

4. Declaration of Philippine Independence, in Sulpicio Guevara, ed., *The Laws of the First Philippine Republic* (Manila, 1972), 204.

5. Paul A. Kramer, *The Blood of Government: Race, Empire, the United States, and the Philippines* (Chapel Hill, NC, 2006), 98-100.

6. Declaration of Philippine Independence, 206.

7. Executive Order, August 17, 1898, *APP*.

8. David Starr Jordan, *Imperial Democracy* (New York, 1899), 96.

9. Ken De Bevoise, *Agents of Apocalypse: Epidemic Disease in the Colonial Philippines* (Princeton, NJ, 1995), 86-87.

10. Emilio Aguinaldo, *True Version of the Philippine Revolution* (Tarlac, Philippines, 1899), 42.

11. Executive Order, December 21, 1898, *APP*.

12. John Morgan Gates, *Schoolbooks and Krags: The United States Army in the Philippines, 1898-1902* (Westport, CT, 1973), 38.

13. Renato Constantino, *A History of the Philippines: From the Spanish Colonization to the Second World War* (New York, 1975), 216.

14. Leon Wolff, *Little Brown Brother: America's Forgotten Bid for Empire Which Cost 250,000 Lives* (London, 1961), 202.

15. "The Big Scare," unknown paper, January 24, 1899, in Nicholson Scrapbooks.

16. Interview with Grayson in *Congressional Record*, 57th Cong., 1st sess., 7634.

17. 특히 1899년과 1902년 사이에 있었던 필리핀 전쟁에 대한 역사서가 많다. 나는 그 중에서 Glenn Anthony May, *Battle for Batangas: A Philippine Province at War* (New Haven, CT, 1991); De Bevoise, *Agents of the Apocalypse*; Reynaldo C. Ileto, *Knowing America's Colony: A Hundred Years from the Philippine War* (Manoa, 1999); Resil B. Mojares, *The War Against the Americans: Resistance and Collaboration in Cebu: 1899-1906* (Quezon City, 1999); Brian Linn, *The Philippine War, 1899-1902* (Lawrence, KS, 2000); Angel Velasco Shaw and Luis H. Francia, eds., *Vestiges of War: The*

Philippine-American War and the Aftermath of an Imperial Dream, 1899-1999
(New York, 2002); Kramer, *Blood of Government*; and David J. Silbey, *A War of
Frontier and Empire: The Philippine-American War, 1899-1902* (New York, 2007)
참고.

18. 병력의 규모에 대해서는 Linn, *Philippine War*, 42 참고.

19. Ibid., 52.

20. Wolff, *Little Brown Brother*, 207, 219.

21. May, *Batangas*, 173-74.

22. Mojares, *War Against the Americans*, 75, 223n22.

23. James R. Arnold, *The Moro War: How America Battled a Muslim Insurgency in the
Philippine Jungle, 1902-1913* (New York, 2011), 100.

24. Emilio Aguinaldo with Vicente Albano Pacis, *A Second Look at America* (New
York, 1957), 97.

25. Orlino A. Ochosa, *The Tinio Brigade: Anti-American Resistance in the Ilocos Prov-
inces, 1899-1901* (Quezon City, 1989), 30.

26. "The Capture of Malolos," *Manila Freedom*, April 2, 1899.

27. '수도'와 사령부가 무엇인지 간단히 말하기는 어렵다. 나는 *Second Look at America*, 109에
서 Aguinaldo가 직접 말한 부분을 참고했다.

28. MacArthur to Theodore Schwan, November 23, 1899, in *Annual Reports of the War
Department for the Fiscal Year Ended June 30, 1900*, 1900, 275.

29. Frank Hindman Golay, *Face of Empire: United States-Philippine Relations, 1898-
1946* (Madison, WI, 1998), 65.

30. Carlos P. Romulo, *Mother America: A Living Story of Democracy* (Garden City, NY,
1943), 27.

31. James H. Blount, *The American Occupation of the Philippines, 1898-1912* (New
York, 1913), 24.

32. Leland Krauth, *Mark Twain and Company: Six Literary Reflections* (Athens, GA,
2003), 215. 두 작가 간의 여러 연관성에 대해서는 chap. 6 참고.

33. Rudyard Kipling, "The White Man's Burden: An Address to the United States," *Lon-
don Times*, February 4, 1899.

34. "Mark Twain Home, An Anti-Imperialist," New York Herald, October 15, 1900, in
*Mark Twain's Weapons of Satire: Anti-Imperialist Writings on the Philippine-Ameri-
can War*, ed. Jim Zwick (Syracuse, NY, 1992), 5.

35. Twain, "To a Person Sitting in Darkness," 1901, in ibid., 33-34.

36. Ibid., xxx. Emphasis mine.

37. Twain, "Sitting in Darkness," 39.

38. Democratic Party Platform of 1900, *APP*.

39. Twain, "Speech on Municipal Corruption," in Zwick, *Twain's Weapons*, 14-15.

40. 그의 문학적 유산은 Jim Zwick, "Mark Twain's Anti-Imperialist Writings in the 'American Century,'" in Shaw and Francia, *Vestiges of War*, 38-56 참고.

41. Stuart Creighton Miller, *"Benevolent Assimilation": The American Conquest of the Philippines, 1899-1903* (New Haven, CT, 1982), 134, 296-97.

42. "The Little Brown Brother," *Life*, October 15, 1903, 372-96.

43. 인종차별주의적 모욕에 대해서는 Kramer, *Blood of Government*, 124-30 참고.

44. Willard B. Gatewood Jr., "Smoked Yankees" and the Struggle for Empire: Letters from Negro Soldiers, 1898-1920 (Urbana, IL, 1971), 244.

45. George P. Marks III, ed., *The Black Press Views American Imperialism* (New York, 1971); Willard B. Gatewood Jr., *Black Americans and the White Man's Burden, 1898-1913* (Urbana, IL, 1975).

46. Michael C. Robinson and Frank N. Schubert, "David Fagen: An Afro-American Rebel in the Philippines, 1899-1901," *Pacific Historical Review* 44 (1975): 80.

47. Gates, *Schoolbooks and Krags*; Linn, *Philippine War*, 200,206; and Adas, *Dominance by Design: Technological Imperatives and America's Civilizing Mission (Cambridge, MA, 2006)*, chap. 3.

48. Oscar V. Campomanes, "Casualty Figures of the American Soldier and the Other: Post-1898 Allegories of Imperial Nation-Building as 'Love and War,'" in Shaw and Francia, *Vestiges of War*, 134-62.

49. 저항군 지원의 복합적 문제는 Mojares, *War Against the Americans*, chap. 9에서 본격적으로 다루고 있다.

50. Ileto, *Knowing America's Colony*, 28.

51. 특히 Ibid, lecture 1, and May, *Batangas* 참고.

52. Forbes Diary, 1:1, August 22, 1904.

53. Julian Go, *American Empire and the Politics of Meaning: Elite Political Cultures and the Philippines and Puerto Rico During U.S. Colonialism* (Durham, NC, 2008).

54. Constantino, *History of the Philippines*, 229.

55. Robert L. Beisner, *Twelve Against Empire: The Anti-Imperialists, 1898-1900* (New York, 1968), 162.

56. MacArthur, Linn, *Philippine War*, 306에서 인용.

57. Rolando O. Borrinaga, *The Balangiga Conflict Revisited* (Quezon City, 2003).

58. Helen Herron Taft, *Recollections of Full Years* (New York, 1914), 225.

59. Joseph L. Schott, *The Ordeal of Samar* (New York, 1964), 55.

60. Richard Franklin Pettigrew, *The Course of Empire: An Official Record* (New York, 1920), 285에서 인용.

61. Schott, *Ordeal*, 78, 98.

62. 전폭적인 지원 확보에 어려움을 겪은 혁명군에 대한 내용은 Gates, *Schoolbooks and Krags*, 225-30, and Brian McAllister Linn, *The U.S. Army and Counterinsurgency in the Philippine War, 1899-1902* (Chapel Hill, NC, 1989), 18-19, 167-68 참고.

63. Kramer, *Blood of Government*, 141에서 논의된 May, *Batangas*, 147.

64. *WTR*, 9:58, 57.

65. Roosevelt to Speck von Sternberg, July 19, 1902, *LTR*, 3:297-98.

66. "Court Martial of General Smith," *The Army and Navy Journal*, July 19, 1902, 1166.

67. *Boston Transcript*, 1902, Moorfield Storey and Marcial P. Lichauco, *The Conquest of the Philippines by the United States* (New York, 1926), 121-22에서 인용.

68. 필리핀 사망률에 대한 이후 설명은 May, *Batangas*와 De Bevoise, *Agents of the Apocalypse*를 대부분 참고했다. 전시 공중보건에 관한 내용은 Reynaldo C. Ileto, "Cholera and the Origins of the American Sanitary Order in the Philippines," in *Discrepant Histories: Translocal Essays on Philippine Culture*, ed. Vicente L. Rafael (Philadelphia, 1995), 51-82, and Warwick Anderson, *Colonial Pathologies: American Tropical Medicine, Race, and Hygiene in the Philippines* (Durham, NC, 2006) 참고.

69. Taft, *Recollections*, 253.

70. Aguinaldo, *Second Look at America*, 107; Simeon A. Vilal Diary, Rare Books, NLP.

71. De Bevoise, *Agents of the Apocalypse*, 61, 140.

72. Storey and Lichauco, *Conquest*, 121. 역사학자인 Resil Mojares는 세부Cebu 또한 1898~1906년에 질병 사망자를 포함한 전시 사망자가 인구의 6분의 1, 즉 10만 명에 달했을 것으로 추정한다. *War Against the Americans*, 135.

73. De Bevoise, *Agents of the Apocalypse*, 13.

74. Twain, "Review of Edwin Wildman's Biography of Aguinaldo," 1901-1902, in Zwick, *Twain's Weapons*, 103.

75. 남북전쟁 당시 군인 사망자 수인 62만 명을 집계되지 않은 민간인 사망자 수인 5만 명에 더해보아도 필리핀 사망자 수가 훨씬 많음을 알 수 있다. Drew Gilpin Faust, *This Republic of Suffering: Death and the American Civil War* (New York, 2008), xi.xii.

76. Kramer, Blood of Government, 155에서 논의된 "It Must Be Over Now," *Washington Post*, May 6, 1902.

77. 전쟁으로 볼 것이냐 범죄로 볼 것이냐 하는 논란은 분분하지만 교전은 북부에서도 지속됐다. Orlino A. Ochosa, *Bandoleros: Outlawed Guerrillas of the Philippine-American War, 1903-1907* (Quezon City, 1995)의 예 참고.

78. 모로랜드 전쟁에 대한 매우 유용한 설명은 Peter Gordon Gowing, *Mandate in Moroland: The American Government of Muslim Filipinos, 1899-1920* (Quezon City, 1977) 참고. Frank E. Vandiver, *Black Jack: The Life and Times of John J. Pershing*, vol. 1 (College Station, TX, 1977); Robert A. Fulton, *Moroland: The History of Uncle Sam and the Moros, 1899-1920* (Bend, OR, 2009); essays by Joshua Gedacht and

Patricio N. Abinales in *Colonial Crucible: Empire in the Making of the Modern American State*, ed. Alfred W. McCoy and Francisco A. Scarano (Madison, WI, 2009): 그리고 Arnold, *Moro War*도 참고.

79. Gowing, *Mandate*, 56. 이 문제에 대해서는 Michael Salman, *The Embarrassment of Slavery: Controversies over Bondage and Nationalism in the American Colonial Philippines* (Berkeley, CA, 2001) 참고.

80. Donald Trump, February 29, 2016, campaign rally, North Charleston, South Carolina.

81. John J. Pershing, *My Life Before the World War, 1860-1917*, ed. John T. Greenwood (Lexington, KY, 2013), 152.

82. Donald Smythe, *Guerrilla Warrior: The Early Life of John J. Pershing* (New York, 1973), 84.

83. Pershing, *My Life*, 189.

84. Vandiver, *Black Jack*, chap. 9.

85. 보통은 862명으로 알려져 있으나 Ibid., 390n88을 참고.

86. Rexford Guy Tugwell, *The Stricken Land: The Story of Puerto Rico* (Garden City, NY, 1946), 414.

87. Hermann Hagedorn, *Leonard Wood: A Biography* (New York, 1931), 2:8.

88. Wood to Roosevelt, August 3, 1903, in Gowing, *Mandate*, 156.

89. Linn, *Guardians*, 39.

90. 많게는 1500명에 이를 것으로 생각되는 현재의 추산에 대해서는 Fulton, *Moroland*, 339 참고. 통역사가 말한 수치는 Major Omar Bundy, March 12, 1906, 8, Record Group 94, Records of the Adjutant General's Office, Document File 1890-1917, entry 25, NADC 보고서에 담겨 있다. 이 문서를 볼 수 있게 해준 Joshua Gedacht에게 감사드린다.

91. 우드의 발표에도 불구하고 모로인들은 일부 살아남아 그 수가 최대 100명에 달했던 듯하다. Fulton, *Moroland*, 339 및 Jack McCallum, *Leonard Wood: Rough Rider, Surgeon, Architect of American Imperialism* (New York, 2006), 229 참고.

92. 학살의 규모를 비교하기란 어려울뿐더러 불편함을 감수해야 하는 일이기도 하다. 어려운 이유는 학살자들이 사망자 수를 거의 집계하지 않아서이고, 불편한 이유는 사망자 수가 적을수록 학살이 '덜 나쁜' 것이었다는 인상을 줄 수 있기 때문이다. 이는 도덕을 수학으로 그럴듯하게 치환해, 마치 40명을 죽이는 것은 80명을 죽이는 것의 딱 절반 정도만 나쁜 것이라는 인상을 은연 중에 주게 되므로 거북할 수밖에 없다. 그러나 도움이 될지는 모르겠으나, 샌드 크리크(약 150명), 운디드니(약 200명) 그리고 블러디 아일랜드(75~200명)와 같은 학살극의 사망자 수를 모두 합쳐도 뷰드 다후 사망자 수에 못 미치는 것으로 보인다. 그러나 블러디 아일랜드는 특히 집계하기가 어렵다. 당시 현장에 있던 사람들의 이야기는 중구난방이어서 대략적인 중간값이 75~200명으로 차이가 난다. 그러나 양극값은 16명(포모Pomo족 인디언 추장의 주장)에서 800명 이상(두 달 후 현장에 도착한 미군 소령의 주장)으로 상당한

격차를 보인다. Sand Creek: *Report of the John Evans Study Committee* (Evanston, IL, 2014), 7; Wounded Knee: Jerome A. Greene, *American Carnage: Wounded Knee, 1890* (Norman, OK, 2014), 288; Bloody Island: Benjamin Madley, *An American Genocide: The United States and the California Indian Catastrophe* (New Haven, CT, 2016), 131-33.

93. Twain, "Comments on the Moro Massacre," 1906, in Zwick, *Twain's Weapons*, 172.

94. Fulton, *Moroland*, 370.

95. Du Bois to Moorfield Storey, in *The Correspondence of W.E.B. Du Bois*, ed. Herbert Aptheker (Amherst, MA, 1973), 1:136.

96. Pershing to "Frank," June 19, 1913, folder 1, and Pershing to Leonard Wood, July 9, 1913, folder 3, box 371, Pershing Papers.

97. Pershing, *My Life*, 302. 퍼싱은 공식 보고서에서, '모로인 측의 출처'에 따르면 '300~500명 정도'가 뷰드 바그사크를 지키고 있었으나 일부 모로인들이 전투 중에 달아나는 바람에 300~500명이라는 추산에 이들이 포함되었는지 여부는 불분명하다고 평가했다. Pershing, Report of Bud Bagsak Operations, October 15, 1913, folder 4, box 372, Pershing Papers.

98. Smythe는 사망자 수를 '500명이 넘는'다고 본다(Guerrilla Warrior, 200). Gowing은 300~500명(Mandate, 240), Fulton은 200~400명(Moroland, 449-50), Linn은 500명 이상(Guardians, 41)으로 추정한다.

99. Arnold, *Moro War*, 240-41.

7. 배타적 집단의 외부

1. Julian Go, *American Empire and the Politics of Meaning: Elite Political Cultures and the Philippines and Puerto Rico During U.S. Colonialism* (Durham, NC, 2008), 55. 좀더 개괄적인 내용은 Emma Davila-Cox, "Puerto Rico in the Hispanic-Cuban-American War: Re-assessing 'the Picnic,'" in *The Crisis of 1898: Colonial Redistribution and Nationalist Mobilization, ed. Angel Smith and Emma Davila-Cox* (London, 1999), 96-127 참고.

2. Go, *American Empire*, 81. 또한 Christina Duffy Ponsa, "When Statehood Was Autonomy," in *Reconsidering the Insular Cases: The Past and Future of American Empire*, ed. Gerald L. Neuman and Tomiko Brown-Nagin (Cambridge, MA, 2015), 1-28도 참고.

3. Duffy Ponsa, "When Statehood Was Autonomy," 25.

4. 눈에 띄는 전기적 서술은 Federico Ribes Tovar, *Albizu Campos: Puerto Rican Revolutionary*, Anthony Rawlings 옮김 (New York, 1971); Benjamin Torres, Marisa Rosado, and Jose Manuel Torres Santiago, eds., *Imagen de Pedro Albizu Campos* (San Juan, 1973); Luis Angel Ferrao, *Pedro Albizu Campos y el nacionalismo puertorriqueño* (San Juan, 1990); Marisa Rosado, *Pedro Albizu Campos: Las llamas de la aurora*, 2d ed. (Santo Domingo, 1998); Laura Meneses de Albizu Campos, *Albizu Campos y la independencia de Puerto Rico* (San Juan, 2007); Nelson A. Denis, *War Against All Puerto Ricans: Revolution and Terror in America's Colony* (New York, 2015) 참고.

5. Richard Harding Davis, *The Cuban and Porto Rican Campaigns* (New York, 1898), 325, 350.

6. Ferrao, *Albizu*, 122.

7. Charles Horton Terry, paraphrased in Dante Di Lillo and Edgar K. Thompson, "Pedro Albizu Campos," Report, February 19, 1936, Albizu FBI File, sec. 1.

8. Bill O'Reilly, "The Apotheosis of Hate," *Palabras Neighbors* 5, c. 1951, in Albizu FBI File, sec. 8.

9. Di Lillo and Thompson, Albizu Report, February 19, 1936, Albizu FBI File.

10. Laura Meneses de Albizu Campos, "Como conoci a Albizu Campos," September 1957, folder 7, box 31, Reynolds Papers. 알비수의 하버드 재학시절에 대해서는 Rosado, *Albizu*, and Anthony de Jesus, "I Have Endeavored to Seize the Beautiful Opportunity for Learning Offered Here: Pedro Albizu Campos at Harvard a Century Ago," *Latino Studies* 9 (2011): 473-85 참고.

11. E. D. M., "International Clubs in German Universities," *Unity*, June 13, 1912, 238.

12. 1908년 클럽이 창설되어 1921년 알비수의 재학 기간이 끝나는 몇 년간의 『하버드 크림슨 *Harvard Crimson*』에 근거한 것.

13. Barbara Tischler, "One Hundred Percent Americanism and Music in Boston During

World War I," *American Music* 4 (1986): 164-76.

14. Jutta Spillman and Lothar Spillman, "The Rise and Fall of Hugo Munsterberg," *Journal of the History of the Behavioral Sciences* 29 (1993): 322-38.

15. "Forum Upheld Military Camps," *Harvard Crimson*, April 3, 1915.

16. "Polity Club Changes Program," *Harvard Crimson*, October 18, 1916. 알비수의 회원 활동에 대한 내용은 "Polity Club Elects New Officers," *Harvard Crimson*, June 2, 1915 참고.

17. Pedro Albizu Campos, "Porto Rico and the War," *Harvard Crimson*, April 14, 1917.

18. Roosevelt to William Howard Taft, August 21, 1907, *LTR*, 5:762.

19. Emilio Aguinaldo with Vicente Albano Pacis, *A Second Look at America* (New York, 1957), 133.

20. A Battle with Moros," *The Outlook*, June 21, 1913.

21. Jim English, "Empire Day in Britain, 1904-1958," *The Historical Journal* 49 (2006): 251.

22. Address on Flag Day, June 14, 1916, in *The Foreign Policy of President Wilson: Messages, Addresses and Papers*, ed. James Brown Scott (New York, 1918), 176, 175.

23. Jimmy M. Skaggs, *The Great Guano Rush: Entrepreneurs and American Overseas Expansion* (New York, 1994), chaps. 7 and 11.

24. Woodrow Wilson, First Annual Message, December 2, 1913, *APP*.

25. Joint Resolution for the Recognition of the Independence of the People of Cuba, 1898, 30 *Stat.* 739.

26. Louis A. Perez Jr., *The War of 1898: The United States and Cuba in History and Historiography* (Chapel Hill, NC, 1998), 32.

27. Jana K. Lipman, *Guantanamo: A Working-Class History Between Empire and Revolution* (Berkeley, CA, 2009), 24에서 인용.

28. Louis A. Perez Jr., *Cuba and the United States: Ties of Singular Intimacy* (Athens, GA, 1990), chaps. 4-5.

29. Alejandro de la Fuente, *A Nation for All: Race, Inequality, and Politics in Twentieth-Century Cuba* (Chapel Hill, NC, 2001), chap. 2 참고.

30. Hay-Bunau-Varilla Treaty, Convention for the Construction of a Ship Canal, November 18, 1903, 33 *Stat.* 2234.

31. Roosevelt to Joseph Bucklin Bishop, February 23, 1904, *LTR*, 4:734.

32. Barbara Salazar Torreon, *Instances of Use of United States Armed Forces Abroad, 1798-2016*, Congressional Research Service Report R42738, 2016.

33. Albizu, "Porto Rico and the War."

34. Paul A. Kramer, *The Blood of Government: Race, Empire, the United States, and the Philippines* (Chapel Hill, NC, 2006), 344-45.

35. Democratic Party Platform, June 25, 1912, *APP*.

36. Woodrow Wilson, First Annual Message, December 2, 1913, *APP*.

37. 윌슨의 견해와 행동에 대한 내용은 Roy Watson Curry, "Woodrow Wilson and Philippine Policy," *Mississippi Valley Historical Review* 41 (1954): 435-52에 잘 정리되어 있다.

38. Albizu, "Porto Rico and the War."

39. Woodrow Wilson, *A History of the American People* (New York, 1902), 5:3.

40. Woodrow Wilson, "The Ideals of America," *Atlantic Monthly*, December 1902, 731, 733.

41. Wilson, *History*, 5:38, 5:49, 5:78.

42. Frederick Jackson Turner, *American Historical Review* 8 (1903): 764.

43. Francis Wayland Shepardson, George McLean Harper, and C. H. Van Tyne in *The Papers of Woodrow Wilson*, vol. 14, ed. Arthur S. Link (Princeton, NJ, 1972)의 논평 참고.

44. Wilson, *History*, 5:62.

45. Ibid., 5:58.

46. 대부분은 "이는 직관적으로 역사를 서술하는 것과 같다. 유감스럽게 생각하는 유일한 점은 이것이 모두 끔찍하리만치 사실이라는 것"이라고 인용된다. 그러나 그 표현은 영화가 나온 지 22년 후인 1937년에 등장했으며, 이를 뒷받침하는 증거는 별로 없다. 반면 그리피스의 표현은 1915년 2월 28일, 잡지 『뉴욕 아메리칸*New York American*』에 게재됐다. 전체적으로 균형 잡힌 설명은 Mark E. Benbow, "Birth of a Quotation: Woodrow Wilson and 'Like Writing History with Lightning,'" *Journal of the Gilded Age and the Progressive Era* 9 (2010): 509-33 참고.

47. Leon F. Litwack, "*The Birth of a Nation*," in *Past Imperfect: History According to the Movies*, ed. Ted Mico et al. (New York, 1995), 136.

48. 우드로 윌슨과 「국가의 탄생」 간 연관성은 Lloyd E. Ambrosius, "Woodrow Wilson and *The Birth of a Nation*: American Democracy and International Relations," *Diplomacy and Statecraft* 18 (2007): 689-718에 자세히 기술되어 있다.

49. Erez Manela, *The Wilsonian Moment: Self-Determination and the International Origins of Anticolonial Nationalism* (New York, 2007), 37.

50. Woodrow Wilson, Address to a Joint Session of Congress on the Conditions of Peace, January 8, 1918, *APP*.

51. Erez Manela, "Global Anti-Imperialism in the Age of Wilson," in *Empire's Twin: U.S. Anti-Imperialism from the Founding Era to the Age of Terrorism*, ed. Ian Tyrrell and Jay Sexton (Ithaca, NY, 2015), 145.

52. [페드로 알비수 캄포스], 알비수에 관한 전기적 성격의 글에 달린 편집자의 주석 folder 4, box 30, Reynolds Papers. 육필로 쓴 주석의 1인칭 사용과 맥락으로 보아 글쓴이가 알비수

임을 알 수 있다.

53. Meneses de Albizu Campos, *Albizu*, 29.

54. 1919년에 윌슨의 주목을 끌고자 했던 반제국주의 운동은 Manela, *Wilsonian Moment*에 연대순으로 기술되어 있다. Manela의 훌륭한 작업을 참고하여 이 부분에 서술적 구성을 추가하여 간디, 자글룰, 탄(호) 및 마오쩌둥에 대한 설명을 제시할 수 있었다. Emily S. Rosenberg, "World War I, Wilsonianism, and Challenges to U.S. Empire," *DH* 38 (2014): 852-63도 참고.

55. Manela, *Wilsonian Moment*, 71.

56. William J. Duiker, *Ho Chi Minh* (New York, 2000), 58-60. Sophie Quinn-Judge, *Ho Chi Minh: The Missing Years, 1919-1941* (Berkeley, CA, 2002)도 참고.

57. Wells Blanchard, *Harvard College Class of 1916: Secretary's Third Report* (n.p., 1922)에 나온 알비수의 자전적 기록과 다음의 『하버드 크림슨』 기사들을 참고: "Campos, 2L., for Peace Conference," January 13, 1919; "Cosmopolitan Club Plans for 'International Night,' Feb. 21," January 25, 1919; "Cosmopolitan Club Will Hold Dance," February 25, 1919.

58. 알비수는 제2차 세계대전 중 자신의 징병관리청 설문지에 '백인'으로 기록했다. John M. Hansell, Report 100-47403, July 5, 1944, Albizu FBI File, sec. 3 참고. 알비수는 자신의 유색인 혈통을 부인한 적이 없었으며 다만 '피 한 방울의' 인종 분류 법칙을 거부한 것이다.

59. Meneses de Albizu Campos, "Como conoci."

60. Carl E. Stanford, Report 100-3906, May 26, 1943, Albizu FBI File, sec. 2에 기술됨. Andrea Friedman은 *Citizenship in Cold War America: National Security State and the Possibilities of Dissent* (Amherst, MA, 2014), 145-46에서 이 사건에 대한 과도한 해석의 위험성을 경고했다.

61. Albizu in Blanchard, *Harvard Class of 1916*. 남부 여행에 대한 알비수의 반응은 Ribes Tovar, Albizu, 20-21에 기술되어 있다. Juan Antonio Corretjer, *Albizu Campos and the Ponce Massacre* (New York, 1965), 9-12는 알비수가 고등학교 시절 민족주의자였다고 주장하며 그의 급진화를 다른 방식으로 설명하고 있다.

62. Mark Mazower, *No Enchanted Palace: The End of Empire and the Ideological Origins of the United Nations* (Princeton, NJ, 2009), 특히 chap. 1 참고.

63. Naoko Shimazu, *Japan, Race and Equality: The Racial Equality Proposal of 1919* (London, 1998), 9.

64. Sayyid Qutb, *A Child from the Village, trans. John Calvert and William Shepard* (1946; Syracuse, NY, 2005), 96.

65. Manela, *Wilsonian Moment*, 195.

8. 화이트 시티

1. 역사에 기록된 부를 측정하기란 어려운 일이다. 경제학자들의 자문을 통해 『비즈니스 인사이더』는 록펠러와 카네기를 인류 역사상 가장 부유한 두 사람으로 꼽았다(Gus Lubin, "The 20 Richest People of All Time," *Business Insider*, September 2, 2010, www.businessinsider.com/richest-people-in-history-2010-8).

2. Edward Bellamy, *Looking Backward, 2000-1887* (Boston, 1888), 157-58.

3. Ibid., 52.

4. 정본으로 손꼽히는 전기는 Charles Moore, *Daniel H. Burnham: Architect, Planner of Cities* (Boston, 1921), and Thomas S. Hines, *Burnham of Chicago: Architect and Planner*, rev. ed. (Chicago, 1979)이다. 벨라미와 버넘 간 연관관계에 대해서는 Mario Manieri-Elia, "Toward an 'Imperial City': Daniel H. Burnham and the City Beautiful Movement," in *The American City: From the Civil War to the New Deal*, ed. Giorgio Cuicci et al., 번역 Barbara Luigia La Penta (1973; Cambridge, MA, 1979), 1-142 참고.

5. Louis H. Sullivan, *The Autobiography of an Idea* (1924; New York, 1954), 288.

6. Reid Badger, *The Great American Fair: The World's Columbian Exposition and American Culture* (Chicago, 1979), 131.

7. Sullivan, *Autobiography*, 321.

8. Katherine Mayo, *The Isles of Fear: The Truth About the Philippines* (New York, 1925), 83. Mayo는 특히 필리핀을 언급하고 있다.

9. Forbes Diary, 1:4, May 21, 1910.

10. Manuel Quezon, *Origins of the Philippine Republic: Extracts from the Diaries and Records of Francis Burton Harrison*, ed. Michael P. Onorato (Ithaca, NY, 1974), 6에서 인용.

11. Forbes Diary, 1:5, September 4, 1913.

12. Ibid., 1:4, April 15, 1911.

13. Ibid., 1:3, March 27, 1909.

14. Ibid., 1:1, February 1, 1904.

15. Ibid., 1:1, 439n.

16. Ibid., 1:3, July 18, 1910.

17. Mayo, *Isles of Fear*, 84.

18. George A. Miller, *Interesting Manila* (Manila, 1906), 54.

19. Helen Herron Taft, *Recollections of Full Years* (New York, 1914), 254, 256.

20. Reynaldo C. Ileto, "Cholera and the Origins of the American Sanitary Order in the Philippines," in *Discrepant Histories: Translocal Essays on Philippine Culture*, ed. Vicente L. Rafael (Philadelphia, 1995), 51-82.

21. D. H. Burnham, assisted by Peirce Anderson, "Report on the Improvement of Manila, P.I.," June 28, 1905, 33, folder 7, box 57, ser. 5, Burnham Collection. 버넘의 계

획과 마닐라의 대량 인명 피해의 관계에 대해서는 Estela Duque, "Militarization of the City," *Fabrications* 19 (2009): 48-67 참고.

22. Burnham, "Improvement of Manila," 19.

23. Ibid., 25.

24. Forbes Diary, 1:1, January 5, 1905.

25. Moore, *Burnham*, 1:73.

26. William E. Parsons, "Burnham as Pioneer in City Planning," *Architectural Record* 38 (1915): 13-31; Moore, *Burnham*; Hines, *Burnham*; 그리고 특별히 Carl Smith, *The Plan of Chicago: Daniel Burnham and the Remaking of the American City* (Chicago, 2006) 참고. 자세한 내용은 Smith의 책 참고.

27. Smith, *Plan of Chicago*, 133.

28. 버넘과 식민지 건축에 대한 내용은 그의 전기 외에 Thomas S. Hines, "Daniel H. Burnham and American Architectural Planning in the Philippines," *Pacific History Review* 41 (1972): 33-53; Robert R. Reed, *City of Pines: The Origins of Baguio as a Colonial Hill Station and Regional Capital* (Berkeley, CA, 1976); Winand Klassen, *Architecture in the Philippines: Filipino Building in a Cross-Cultural Context* (Cebu City, 1986), chap. 5; David Brody, "Building Empire: Architecture and American Imperialism in the Philippines," *Journal of Asian American Studies* 4 (2001): 123-45; Gerard Lico, *Arkitekturang Filipino: A History of Architecture and Urbanism in the Philippines* (Quezon City, 2008), chap. 5; Christopher Vernon, "Daniel Hudson Burnham and the American City Imperial," *Thesis Eleven* 123 (2014): 80-105 및 Rebecca Tinio McKenna, *American Imperial Pastoral: The Architecture of U.S. Colonialism in the Philippines* (Chicago, 2017) 참고.

29. 버넘의 마닐라 계획에 등장한 필리핀 이름 하나는 바로 '리살 박사Dr. Razal [sic],' 즉 고인이 된 호세 리살이며 1571년부터 미국 점령이 시작되기까지의 마닐라 역사를 한 문단으로 정리한 버넘의 글에 (지나가듯이 한 번) 언급되었다. 필리핀인들을 분리한 버넘의 계획을 지적한 Margaret Garb에게 감사드린다.

30. A. N. Rebori, "The Work of William E. Parsons in the Philippine Islands," *Architectural Record* 40 (1917): 433.

31. Forbes Diary, 1:1, 392n.

32. William E. Parsons, Annual Report of the Consulting Architect, November 17, 1905, to June 30, 1906, 2, folder 9, box 57, ser. 5, Burnham Collection.

33. Rebori, "William E. Parsons"; Thomas S. Hines, "American Modernism in the Philippines: The Forgotten Architecture of William E. Parsons," *Journal of the Society of Architectural Historians* 32 (1973), 316-26; Michelangelo E. Dakudao, "The Imperial Consulting Architect: William E. Parsons (1872-1939)," *Bulletin of the American Historical Collection* 12 (1994): 7-43 및 Lico, *Arkitekturang Filipino*, chap. 5 참고.

34. Parsons, Forbes Diary, 1:1, March 12, 1906에서 인용.

35. Parsons, 1906 Annual Report, 10.

36. Ibid.; Rebori, "Parsons," 433; and Lico, *Arkitekturang Filipino*, 262-72.

37. Ralph Harrington Doane, "The Story of American Architecture in the Philippines," *Architectural Review* 8 (1919): 121.

38. Rebori, "Parsons," 433.

39. Hines, "Burnham in the Philippines," 51에서 인용.

40. "Plan Queen City for the Far East," *Chicago Tribune*, September 18, 1904.

41. Pershing, *My Life Before the World War*, 253.

42. Reed, *City of Pines*, 109.

43. Forbes Diary, 1:1, September 17, 1904.

44. W. Cameron Forbes, *Notes on Early History of Baguio* (Manila, 1933), 32.

45. Forbes Diary, 1:1, September 17, 1904. 바기오로 가는 길에 대해서는 Greg Bankoff, "'These Brothers of Ours': Poblete's Obreros and the Road to Baguio 1903-1905," *Journal of Social History* 38 (2005): 1047-72, and McKenna, *American Imperial Pastoral*, chap. 2 참고.

46. Forbes Diary, 1:1, January 1, 1905.

47. 바기오의 토지 몰수는 미 대법원에 회부되어 마침내 뒤집혔다. Oliver Wendell Holmes 대법관은 필리핀에서의 식민주의가 "미국에서 백인 정착지 건설처럼" 진행되어서는 안 된다고 질타했다. 그 목적은 "원주민을 정당하게 대우하기 위한 것이지 개인적 이득을 위해 이들의 국가를 착취하는 것이 되어서는 안 된다"는 것이었다. *Carino v. Insular Government*, 212 U.S. 449, 458 (1909) 참고. 해당 사건은 McKenna, *American Imperial Pastoral*, chap. 3에서 찾아볼 수 있다.

48. D. H. Burnham, "Preliminary Plan of Baguio Province of Benguet, P. I.," June 27, 1905, 2, folder 3, box 56, ser. 5, Burnham Collection.

49. D. H. Burnham, "Report on the Proposed Plan of the City of Baguio, Province of Benguet, P.I.," October 3, 1905, 2, in folder 4, box 56, ser. 5, Burnham Collection.

50. Burnham, "Preliminary Plan of Baguio," 1.

51. Forbes's Prospectus of the Baguio Country Club, Virginia Benitez Licuanan, *Filipinos and Americans*: A Love-Hate Relationship (Baguio, 1982), 71에서 인용.

52. Burnham, "Plan of Baguio," 6.

53. Forbes Diary, 1:5, March 9, 1913.

54. Ibid., 1:3, May 14, 1908.

55. Licuanan, *Filipinos and Americans*, 91.

56. Forbes Diary, 1:5, March 9, 1913.

57. Ibid., 1:3, May 14, 1908.

58. S. R. Afable, "Most Progressive City," in J. C. Orendain, *Philippine Wonderland* (Ba-

guio, 1940), 35-40.

59. "America in the Philippines, Part VII," *London Times*, December 1, 1910.

60. La Vanguardia, June 20, 1912, Reed, *City of Pines*, 108에서 인용.

61. Cristina Evangelista Torres, *The Americanization of Manila, 1898-1921* (Quezon City, 2010), 43.

62. Hines, "Modernism in the Philippines," 325.

63. Parsons, "Burnham as Pioneer," 24.

64. 놀랍게도 아레야노의 생애와 업적에 대한 자료는 거의 남아 있지 않다. I. V. Mallari, "Architects and Architecture in the Philippines," *Philippine Magazine*, August 1930, 156-57, 186-94; Ernesto T. Bitong, "Portrait of an Architect in Retirement," *Sunday Times Magazine* (Manila), June 16, 1957, 3-6; Dominador Castaneda, *Art in the Philippines* (Quezon City, 1964), 94-95; Klassen, *Architecture in the Philippines*, chap. 5 및 Lico, Arkitekturang Filipino, chap. 5에 정리가 가장 잘 되어 있다.

65. *Report of the Philippine Exposition Board to the Louisiana Purchase Exposition* (St. Louis, 1904), 87.

66. Bitong, "Portrait of an Architect."

67. Castaneda, *Art in the Philippines*, 94.

68. Mallari, "Architects and Architecture," 190.

69. A.V.H. Hartendorp, "The Legislative Building," Philippine Education Magazine, October 1926, Rodrigo D. Perez III, *Arkitektura: An Essay on the American Colonial and Contemporary Traditions in Philippine Architecture* (Manila, 1994), 5에서 인용.

70. "Designed by Filipino Brains, and Built by Filipino Hands," *The Philippine Republic*, February 1927, 5.

71. '서구의 영향'을 강력히 거부한 아레야노에 대한 내용은 "Fine and Applied Arts in the Philippines: An Interview with Juan M. Arellano," *Philippines Herald Year Book*, September 29, 1934, 53, 58, 62에 자세히 기술되어 있다.

72. Nick Joaquin, Almanac for Manilenos (Manila, 1979), 213, 214. 이후 아레야노는 다른 양식, 특히 아르 데코Art Deco 양식을 받아들이게 된다.

73. Hines, "Burnham in the Philippines," 50.

9. 국경없는의사회

1. Richard Harding Davis, *The Cuban and Porto Rican Campaigns* (New York, 1898), 299-300.

2. Bailey K. Ashford, *A Soldier in Science: The Autobiography of Bailey K. Ashford* (New York, 1934), 3. 애슈퍼드에 대한 설명은 Bailey K. Ashford and Pedro Gutierrez Igaravidez, "Summary of a Ten Years' Campaign Against Hookworm Disease in Porto Rico," *Journal of the American Medical Association* 54 (1910): 1757-61; Bailey K. Ashford and Pedro Gutierrez Igaravidez, *Uncinariasis (Hookworm Disease) in Porto Rico: A Medical and Economic Problem* (Washington, DC, 1911); Warwick Anderson, "Going Through the Motions: American Public Health and Colonial 'Mimicry,'" *American Literary History* 14 (2002): 686-719; Nicole Trujillo- Pagan, *Modern Colonization by Medical Intervention: U.S. Medicine in Puerto Rico* (Leiden, Netherlands, 2013); 그리고 특히 Jose Amador, *Medicine and Nation Building in the Americas, 1890-1940* (Nashville, 2015), chap. 3 참고.

3. Ashford, *Soldier in Science*, 17-18.

4. 같은 글에서 애슈퍼드는 푸에르토리코를 '고향'(325)이라 부르고 그 스스로를 '푸에르토리코 인'(412)이라 칭했으며, 본토의 '북부 형제들'을 비판(332)하고 있다.

5. Ibid., 41.

6. Ibid., 42.

7. Ibid., 4.

8. Ibid. 43.

9. "Report of the Porto Rico Anemia Commission," 1904, in Ashford and Gutierrez, *Uncinariasis*, 136.

10. Steven Palmer, "Migrant Clinics and Hookworm Science: Peripheral Origins of International Health, 1840-1920," *Bulletin of the History of Medicine* 83 (2009): 688-90.

11. Jose G. Amador, "'Redeeming the Tropics': Public Health and National Identity in Cuba, Puerto Rico, and Brazil, 1890-1940" (Ph.D. diss., University of Michigan, 2008), 119.

12. "Report of the Porto Rico Anemia Commission," 1904, in Ashford and Gutierrez, *Uncinariasis*, 127-28.

13. Ashford, *Soldier in Science*, 45.

14. Ashford and Gutierrez, *Uncinariasis*, 35. 이 두 사람 외에 Walter W. King과 훗날 Isaac Gonzalez Martinez 및 Francisco Sein y Sein도 이러한 기생충 퇴치 사업에 참여했다.

15. 이 일화는 스타일스의 입을 통해 Mark Sullivan, *Our Times: The United States, 1900-1925* (New York, 1930), 3:319-20에 또 한 번 기술되어 있다. Burton J. Hendrick, *The Training of an American: The Earlier Life and Letters of Walter H. Page, 1855-1913* (Boston, 1928), 370-71도 참고.

16. 록펠러위생위원회Rockefeller Sanitary Commission에 대한 설명은 John Ettling, *The Germ of Laziness: Rockefeller Philanthropy and Public Health in the New South* (Cambridge, MA, 1981) 참고.

17. Charles Wardell Stiles, "Early History, in Part Esoteric, of the Hookworm (Uncinariasis) Campaign in Our Southern United States," *Journal of Parasitology* 25 (1939): 298.

18. Sullivan, *Our Times*, 328.

19. Mark Twain, *Letters from the Earth* (New York, 1962), 33.

20. Ashford and Gutierrez, *Uncinariasis*, 30-31.

21. Ettling, *Germ of Laziness*, chaps. 6-7에서 명확히 논의됨.

22. "Second Report of the Porto Rico Anemia Commission," 1906, in Ashford and Gutierrez, *Uncinariasis*, 170.

23. Ashford and Gutierrez, *Uncinariasis*, 19.

24. "Third Report of the Porto Rico Anemia Commission," 1907, in ibid., 213, 214.

25. Ashford, *Soldier in Science*, 71-72, 87-88. 본토와 식민지의 기생충 박멸 사업을 비교하는 내용은 Anderson, "Going Through the Motions," 701-702 참고.

26. Hoyt Bleakley, "Disease and Development: Evidence from Hookworm Eradication in the American South," *Quarterly Journal of Economics* 122 (2007): 73-117.

27. John Farley, *To Cast Out Disease: A History of the International Health Division of the Rockefeller Foundation, 1913-1951* (New York, 2004); Steven Palmer, *Launching Global Health: The Caribbean Odyssey of the Rockefeller Foundation* (Ann Arbor, MI, 2010).

28. Ashford and Gutierrez, *Uncinariasis*, 21-22.

29. Arnold Dana, *Porto Rico's Case, Outcome of American Sovereignty* (New Haven, CT, 1928), 39; Lawrence D. Granger, "A Study of the Rural Social Problems in Porto Rico" (M.A. thesis, University of Southern California, 1930), 62-63; and Farley, *Cast Out Disease*, chap. 5.

30. Thomas Mathews, *Puerto Rican Politics and the New Deal* (Gainesville, FL, 1960), chap. 1.

31. Emilio Pantojas-Garcia, "Puerto Rican Populism Revisited: The PPD During the 1940s," *Journal of Latin American Studies* 21 (1989): 523.

32. James L. Dietz, *Economic History of Puerto Rico: Institutional Change and Capitalist Development* (Princeton, NJ, 1986), 139.

33. James R. Beverley, Annette B. Ramirez de Arellano and Conrad Seipp, *Colonialism, Catholicism, and Contraception* (Chapel Hill, NC, 1983), 186n56에서 인용.

34. "Top Secret" annex to memorandum by Charles W. Taussig, March 15, 1945, Wm. Roger Louis, *Imperialism at Bay: The United States and the Decolonization of the*

British Empire (New York, 1978), 486-87n에서 인용.

35. Farley, *Cast Out Disease*, chap. 5.

36. "Cancer Fighter, Dr. Cornelius Rhoads," *NYT*, October 10, 1956.

37. Luis Baldoni, Testimony in Cornelius Rhoads Case, 1932, 1, folder 4, box 31, Reynolds Papers.

38. Ashford, *Soldier in Science*, 44.

39. C. P. Rhoads et al., "Observations on the Etiology and Treatment of Anemia Associated with Hookworm Infection in Puerto Rico," *Medicine* 13 (1934): 353, 361.

40. Susan E. Lederer, " 'Porto Ricochet': Joking About Germs, Cancer, and Race Extermination in the 1930s," *American Literary History* 14 (2002): 725.

41. Truman R. Clark, *Puerto Rico and the United States, 1917-1933* (Pittsburgh, 1975), 152-53에 전재된 편지 전문.

42. Lederer, "Porto Ricochet,"와 Pedro Aponte Vazquez, *The Unsolved Case of Dr. Cornelius P. Rhoads: An Indictment* (San Juan, 2004)에 설명이 가장 자세하게 나와 있다. 록펠러 연구소의 견해에 대해서는 Farley, *Cast Out Disease*, chap. 5 참고.

43. Baldoni, *Testimony*, 5, 8.

44. "Patients Say Rhoads Saved Their Lives," *NYT*, February 2, 1932.

45. Lederer, "Porto Ricochet," 726.

46. Douglas Starr, "Revisiting a 1930s Scandal, AACR to Rename a Prize," *Science* 300 (2003): 574.

47. James R. Beverley to Wilber A. Sawyer, February 17, 1932, reprinted in Aponte Vazquez, *Unsolved Case*, 35-36.

48. Lederer, "Porto Ricochet," 734.

49. "Revisiting a Scandal," 573.

50. Juan Manuel Carrion et al., eds., *La nacion puertorriqueña: Ensayos en torno a Pedro Albizu Campos* (San Juan, 1997), 234.

51. Mathews, *Puerto Rican Politics*, 103.

52. E. Francis Riggs to Millard Tydings, January 3, 1934 및 January 8, 1934, "Commission on Territories and Insular Affairs, 1933,December 10, 1934" folder, box 1, ser. 4, Tydings Papers.

53. A. W. Maldonado, *Luis Muñoz Marín: Puerto Rico's Democratic Revolution* (San Juan, 2006), 132.

54. Dante Di Lillo and Edgar K. Thompson, "Pedro Albizu Campos," supplementary report, February 26, 1936, 3, Albizu FBI File, sec. 1.

55. Dante Di Lillo, "Pedro Albizu Campos," report, April 4, 1936, 32, Albizu FBI File, sec. 1.

56. *La Democracia*, October 26, 1935, Luis A. Ferrao의 "29 Lies (and More to Come)

in the Fictitious War Against All Puerto Ricans," *Diálogo UPR*, September 24, 2015, www.dialogoupr.com에서 논의됨.

57. Carl E. Stanford, report 100-3906, "Pedro Albizu Campos," May 26, 1943, 5, Albizu FBI File, sec. 2.

58. Juan Manuel Carrion, "The War of the Flags: Conflicting National Loyalties in a Modern Colonial Situation," *CENTRO Journal* 28 (2006): 112.

59. "Zioncheck Offers to Clean Up Island," *NYT*, May 14, 1936.

60. Ronald Fernandez, *The Disenchanted Island: Puerto Rico and the United States in the Twentieth Century*, 2d ed. (Westport, CT, 1996), 128.

61. Rep. Vito Marcantonio가 제시한 증거가 "Five Years of Tyranny in Puerto Rico," *Congressional Record*, 76th Cong., 1st sess., appendix, 4062-69에서 다뤄짐.

62. 이에 대한 자세한 내용은 모두 Arthur Garfield Hays, Report of the Commission of Inquiry on Civil Rights in Puerto Rico, May 22, 1937 참고.

63. Edgar K. Thompson to Hoover, December 22, 1939, Albizu FBI File, sec. 2.

64. Hays, Report of Commission, 28.

65. "Porto Rico 'Plot' Fails at Hearing," *Washington Post*, February 7, 1932.

66. "Porto Ricochet," *Time*, February 15, 1932, 38. 홍보에 대한 내용은 Lederer, "Porto Ricochet" 참고.

67. 로즈의 이력에 대한 내용(푸에르토리코 시절은 빠져 있다)은 C. Chester Stock, "Cornelius Packard Rhoads, 1898-1959," *Cancer Research* 20 (1960): 409-11 참고.

68. Committee on the Survey of the Health Effects of Mustard Gas and Lewisite, *Veterans at Risk: The Health Effects of Mustard Gas and Lewisite*, ed. Constance M. Pechura and David P. Rall (Washington, DC, 1993) 및 Susan L. Smith, *Toxic Exposures: Mustard Gas and the Health Consequences of World War II in the United States* (New Brunswick, NJ, 2017) 참고.

69. Susan L. Smith, "Mustard Gas and American Race-Based Human Experimentation in World War II," *Journal of Law, Medicine and Ethics* 36 (2008): 517-21.

70. William N. Porter to Commanding General, May 5, 1944; "200, San Jose Project" folder; box 56; Entry 2B, Misc. Series, 1942-45; CWS. 이는 '본토' 부대가 전투에 투입되지 않도록 카리브해에 푸에르토리코 부대를 배치하자는 전쟁부의 일반적인 전략의 일환이었다. 이에 대한 내용은 Steven High, *Base Colonies in the Western Hemisphere, 1940-1967* (New York, 2009), 39-41 참고.

71. John Lindsay-Poland, *Emperors in the Jungle: The Hidden History of the U.S. in Panama* (Durham, NC, 2003), 59.

72. Jay Katz to David Rall, June 16, 1992, in *Veterans at Risk*, 388, 389.

73. "Col. Rhoads Is Cited for Poison Gas Study," *NYT*, May 6, 1945.

74. Rhoads to Jake T. Nolan, August 31, 1944; "200, Bushnell Project" folder; box 56;

Entry 2B, Misc. Series, 1942-45; CWS.

75. Cornelius P. Rhoads, "Estimates of the Extent of Ground Contamination Necessary for the Production of Casualties by Mustard Vapor Effects on Masked Troops in the Contaminated Area"; folder 470.6; box 154; Entry 4M, Subject Series, 1942-45 및 Cornelius P. Rhoads, "The Assessment of Casualties Produced by WP and PWP," September 19, 1944; folder 704; box 178; Entry 4B, Misc. Series, 1942-45. 둘 다 CWS 소장 자료.

76. 예를 들어 Rhoads to John R. Wood, August 13, 1943; "400.112 Mustard Liquid" folder; box 151; Entry 4A, Subject Series, 1942-45; CWS 참고.

77. "Rhoads Cited for Gas Study."

78. 겨자 작용제 및 의료용 사용에 대해서는 Cornelius P. Rhoads, "The Sword and the Ploughshare," 1946, reprinted in *CA: A Cancer Journal for Clinicians* 28 (1978): 306-12; Alfred Gilman, "The Initial Clinical Trial of Nitrogen Mustard," *American Journal of Surgery* 105 (1963): 574-78; Peggy Dillon, National Cancer Institute, Oral History Interview Project, Interview with Joseph Burchenal, January 26, 2001, history.nih.gov/archives/oral_histories; Vincent T. DeVita Jr. and Edward Chu, "A History of Cancer Chemotherapy," *Cancer Research* 68 (2008): 8643-53 및 특히 Smith, *Toxic Exposures*, chap. 4 참고.

79. Rhoads, "Sword and Ploughshare," 312.

80. DeVita and Chu, "History of Chemotherapy," 8646.

81. "Frontal Attack," *Time*, June 27, 1949, 66.

82. 로즈는 특히 여성들의 지지를 받았던 요법들을 무시했다. Virginia Livingston-Wheeler and Edmond G. Addeo, *The Conquest of Cancer: Vaccines and Diet* (New York, 1984), 72-79, 84-88; Ralph W. Moss, *The Cancer Industry: Unraveling the Politics* (New York, 1989), 478 및 Matthew Tontonoz, "Beyond Magic Bullets: Helen Coley Nauts and the Battle for Immunotherapy," *Cancer Research Institute Blog*, April 1, 2015, www.cancerresearch.org 참고.

83. Starr, "Revisiting a Scandal," 573.

84. Eric T. Rosenthal, "The Rhoads Not Given: The Tainting of the Cornelius P. Rhoads Memorial Award," *Oncology Times*, September 10, 2003, 20. 같은 글 참고.

10. 미국이라는 요새

1. 이에 대해서는 Alvita Akiboh and her article "Pocket-Sized Imperialism: U.S. Designs on Colonial Currency," *DH* 41 (2017): 874-902를 많이 참고했다.

2. *New York Times Index: Annual Cumulative Volume Year 1930* (New York, 1931).

3. Margaret Mead, *Coming of Age in Samoa* (1928; New York, 2001), 8. 미드가 자신의 저서가 가진 식민지적 속성에 침묵으로 일관한 내용은 Derek Freeman, *Margaret Mead and Samoa: The Making and Unmaking of an Anthropological Myth* (Cambridge, MA, 1983)에서 다뤄진다. 미드의 저서에는 아메리칸 사모아(그 중 두 번은 괄호 안에 표기), 하나는 식민지(전형적인 지칭 방식), 그리고 하나는 해군이라는 3개 용어밖에 등장하지 않으며 영토, 제국 또는 제국주의와 같은 말들은 전혀 언급되지 않는다.

4. Hubert Herring, "Rebellion in Puerto Rico," *The Nation*, November 29, 1933, 618-19.

5. 1878-79년의 상황은 A. P. Swineford, Alaska: Its History, *Climate and Natural Resources* (Chicago, 1898), 66에 기술되어 있다.

6. Moorfield Storey and Marcial P. Lichauco, *The Conquest of the Philippines by the United States* (New York, 1926), 203.

7. Robert L. Beisner, *Twelve Against Empire: The Anti-Imperialists, 1898-1900* (New York, 1968), 225. See also Jim Zwick, "The Anti-Imperialist League and the Origins of Filipino-American Oppositional Solidarity," *Amerasia Journal* 24 (1998): 65-85.

8. Robert David Johnson, *Ernest Gruening and the American Dissenting Tradition* (Cambridge, MA, 1998), 67.

9. Oswald Garrison Villard, "Ernest Gruening's Appointment," *The Nation*, August 29, 1934, 232.

10. Johnson, Gruening, and idem, "Anti-Imperialism and the Good Neighbour Policy: Ernest Gruening and Puerto Rican Affairs, 1934-1939," *Journal of Latin American Studies* 29 (1997): 89-110.

11. Ernest Gruening, *Many Battles: The Autobiography of Ernest Gruening* (New York, 1973), 181.

12. Ibid., 181, and Ernest Gruening, *The Battle for Alaska Statehood* (Seattle, 1977), xi.

13. Lowell T. Young, "Franklin D. Roosevelt and America's Islets: Acquisition of Territory in the Caribbean and the Pacific," *The Historian* 35 (1973): 206.

14. David M. Kennedy, *Freedom from Fear: The American People in Depression and War, 1929-1945* (New York, 1999), 77.

15. Brooks Emeny, *The Strategy of Raw Materials: A Study of America in Peace and War* (New York, 1938), 174.

16. A. G. Hopkins, *American Empire: A Global History* (Prince ton, NJ, 2018), 517.

17. Gruening, *Many Battles*, 229.

18. April Merleaux, *Sugar and Civilization: American Empire and the Cultural Politics*

of Sweetness (Chapel Hill, NC, 2015), chap. 7.

19. "Calvin Coolidge Says," *New York Herald-Tribune*, May 25, 1931.

20. "The Philippines and Economics," *Christian Science Monitor*, July 20, 1931, 14.

21. Ten Eyck Associates, *Philippine Independence: A Survey of the Present State of American Public Opinion on the Subject* (New York, 1932), 31.

22. Manuel V. Gallego, *The Price of Philippine Independence Under the Tydings Mc-Duffie Act: An Anti-View of the So-Called Independence Law* (Manila, 1939), 85에서 인용.

23. 케손의 정치 경력에 대해서는 Carlos Quirino, *Quezon: Paladin of Philippine Freedom* (Manila, 1971), chaps. 3.5; Alfred W. McCoy, *Policing America's Empire: The United States, the Philippines and the Rise of the Surveillance State* (Madison, WI, 2009), 187-88 참고.

24. McCoy, *Policing America's Empire*, 188.

25. John Gunther, *Inside Asia*, war ed. (1939; New York, 1942), 316.

26. O. D. Corpuz, *An Economic History of the Philippines* (Quezon City, 1997), 243.

27. Herbert Hoover, *Memoirs* (New York, 1952), 2:361; Theodore Friend, *Between Two Empires: The Ordeal of the Philippines, 1929-1946* (New Haven, CT, 1965), chap. 1; and Michael Paul Onorato, "Quezon and Independence: A Reexamination," *Philippine Studies* 37 (1989): 221-31.

28. 이러한 복합적인 사건에 대한 내용은 Friend, *Between Two Empires*, part 3에 가장 잘 기술되어 있다.

29. Theodore Friend, *The Blue-Eyed Enemy: Japan Against the West in Java and Luzon, 1942-1945* (Princeton, NJ, 1988), 33.

30. Philippine Independence Act, March 24, 1934, 48 *Stat.* 462.

31. Francis Burton Harrison, *Origins of the Philippine Republic: Extracts from the Diaries and Records of Francis Burton Harrison, ed. Michael P. Onorato* (Ithaca, NY, 1974), 17-18에 연대순으로 기술되어 있다.

32. Gruening, *Many Battles*, 197.

33. Luis Muñoz Marín, *Memorias: Autobiografia publica, 1898-1940* (San Juan, 1982), 1:149.

34. James L. Dietz, *Economic History of Puerto Rico: Institutional Change and Capitalist Development* (Princeton, NJ, 1986), 120.

35. Theodore Roosevelt Jr. to Quezon, Theodore Roosevelt Jr., *Colonial Policies of the United States* (Garden City, NY, 1937), 187에서 인용.

36. Gerald E. Wheeler, "The Movement to Reverse Philippine Independence," *Pacific History Review* 33 (1964): 167-81.

37. Paul V. McNutt, radio address, March 14, 1938, "Commonwealth (Administration)

Philippines" folder, box 2, Padover File.

38. "Quezon Proves to be Irresponsible!" *Philippine- American Advocate*, 1938, clipping in "Independence-Philippines" folder, box 4, Padover File.

39. Quezon, Loyalty Day Declaration, 1941, in *World War II and the Japanese Occupation*, ed. Richard Trota Jose (Quezon City, 2006), 14.

40. R. John Pritchard, "President Quezon and Incorporation of the Philippines into the British Empire, 1935-1937," Bulletin of the American Historical Collection 12 (1984): 42-63.

41. 이 기념주화에 관심을 갖도록 이끌어준 Alvita Akiboh에게 감사드린다.

42. John Hersey, *Men on Bataan* (New York, 1942), 279.

43. Michael Schaller, *Douglas MacArthur: The Far Eastern General* (New York, 1989), 11.

44. 맥아더에 관한 문헌은 그 양이 방대하다. 나는 주로 *Rem.*; D. Clayton James, *The Years of MacArthur*, vol. 1 (Boston, 1970); William Manchester, *American Caesar: Douglas MacArthur, 1880-1964* (Boston, 1978); Carol Morris Petillo, *Douglas MacArthur: The Philippine Years* (Bloomington, IN, 1981); Schaller, MacArthur; and Richard Connaughton, *MacArthur and Defeat in the Philippines* (Woodstock, NY, 2001)를 참고했다.

45. *Rem.*, 29. 맥아더는 기마라스를 "산적과 게릴라가 들끓는" 곳이라 묘사하곤 했으나, 그가 무찌른 쪽이 둘 중 무엇인지는 말하지 않았다.

46. Earl S. Pomeroy, *Pacific Outpost: American Strategy in Guam and Micronesia* (Stanford, CA, 1951); Louis Morton, "Germany First: The Basic Concept of Allied Strategy in World War II," in *Command Decisions,* ed. Kent Roberts Greenfield (Washington, DC, 1960), 11-47; Stetson Conn, Rose C. Engelman, and Byron Fairchild, *Guarding the United States and Its Outposts* (Washington, DC, 1961); Louis Morton, *The War in the Pacific: Strategy and Command: The First Two Years* (Washington, DC, 1962); Timothy P. Maga, "Democracy and Defence: The Case of Guam, U.S.A., 1918-1941," *Journal of Pacific History* 20 (1985): 156-72; Edward S. Miller, *War Plan Orange: The U.S. Strategy to Defeat Japan, 1897-1945* (Annapolis, MD, 1991); John Costello, *Days of Infamy: MacArthur, Roosevelt, Churchill-The Shocking Truth Revealed* (New York, 1994); Brian McAllister Linn, *Guardians of Empire: The U.S. Army and the Pacific, 1902-1940* (Chapel Hill, NC, 1997) 및 Galen Roger Perras, *Stepping Stones to Nowhere: The Aleutian Islands, Alaska, and American Military Strategy, 1867-1945* (Vancouver, 2003).

47. Richard H. Rovere and Arthur Schlesinger Jr., *The MacArthur Controversy and American Foreign Policy* (1951; New York, 1965), 44.

48. Morton, *War in the Pacific*, 34.

49. Linn, *Guardians*, 147.

50. Pomeroy, *Pacific Outpost*, 140.

51. "Fortune Magazine Survey XXVI," *"Fortune Magazine* Survey" folder, box 1, Hawaii Equal Rights Commission Records, COM16, HSA.

52. 같은 책에 실린 다른 편지와 함께 John Snell이 Fortune에 보낸 편지, January 27, 1940.

53. Linn, *Guardians*, chaps. 4 and 6.

54. Motoe Terami-Wada, *Sakdalistas' Struggle for Philippine Independence, 1930-1945* (Quezon City, 2014), 4.

55. Ibid.

56. Linn, *Guardians*, 148.

57. *Rem.*, 109. 맥아더는 육군 참모총장 임기가 태평양으로 가는 도중에 종료되는 바람에 짜증 스러워했다고 전해진다.

58. Dwight D. Eisenhower, *At Ease: Stories I Tell to Friends* (Garden City, NY, 1967), 222, 225.

59. Ricardo Trota Jose, *The Philippine Army, 1935-1942* (Manila, 1992), 64.

60. Daniel D. Holt and James W. Leyerzapf, eds., *Eisenhower: The Prewar Diaries and Selected Papers, 1905-1941* (Baltimore, 1998), 307.

61. James, *Years of MacArthur*, 1:564.

62. Peter Lyon이 아이젠하워에게 한 말로, Peter Lyon, *Eisenhower: Portrait of the Hero* (Boston, 1974), 78에 실려 있다.

63. Rovere and Schlesinger, *MacArthur Controversy*, 42.

64. James, *Years of MacArthur*, 1:608.

65. 맥아더가 케손에게 보낸 편지, October 1940, James, *Years of MacArthur*, 1:541-42에 전 재됨.

66. Joseph Driscoll, *War Discovers Alaska* (Philadelphia, 1943), 20.

67. K. S. Coates and W. R. Morrison, *The Alaska Highway in World War II: The U.S. Army of Occupation in Canada's Northwest* (Norman, OK, 1992), 26에서 인용된 Henry Stimson.

68. Brian Garfield, *The Thousand-Mile War: World War II in Alaska and the Aleutians* (Garden City, NY, 1969), 64.

69. Harry W. Woodring, Perras, *Stepping Stones*, 21에서 인용.

70. Gruening, *Many Battles*, 295.

71. Costello, *Days of Infamy*, chap. 2. 맥아더를 필리핀에 배치한 전쟁부에 대한 평가는 Louis Morton, *The Fall of the Philippines* (Washington, DC, 1953), chap. 3에 잘 나타나 있다.

72. William H. Bartsch, *December 8, 1941: MacArthur's Pearl Harbor* (College Station, TX, 2003), 98에서 인용.

73. Linn, *Guardians*, 217.

74. "Speed! Congress! Speed!" *Paradise of the Pacific*, February 1939, 32.

75. Linn, *Guardians*, 217.

76. Lewis H. Brereton, *The Brereton Diaries: The War in the Air in the Pacific, Middle East, and Europe, 3 October 1941.8 May 1945* (New York, 1946), 17.

77. Timothy P. Maga, *Defending Paradise: The United States and Guam, 1898-1950* (New York, 1988), 164.

78. Perras, *Stepping Stones*, 53.

79. 병력 규모에 대해서는 Morton, *Fall of the Philippines*, 49, 27 참고.

80. Glen M. Williford, *Racing the Sunrise: Reinforcing America's Pacific Outposts, 1941-1942* (Annapolis, MD, 2010), 102.

81. Holt and Leyerzapf, *Eisenhower Diaries*, 405.

82. Connaughton, *MacArthur*, 155.

83. Rigoberto J. Atienza, *A Time for War: 105 Days in Bataan* ([Philippines], 1985), 10; Morton, *Fall of the Philippines*, 28.

84. Morton, *Fall of the Philippines*, 39, 42.

85. "Destiny's Child," *Time*, December 29, 1941, 16.

86. High Commissioner's Office to FDR, November 30, 1941, "Civilian Defense" folder, box 1, HC.Pol/Econ.

11. 전쟁 국가

1. *The Daily Show with Jon Stewart*, Comedy Central, August 12, 2008. 이 농담은 암브로스 비어스나 마크 트웨인이 한 농담으로 잘못 알려져 있는 경우가 많다. 19세기부터 다양한 형태로 농담이 변주되어왔으나, 비어스나 트웨인이 한 농담은 아니다.

2. Philip Paneth, *Alaskan Backdoor to Japan* (London, 1943); David A. Remley, *Crooked Road: The Story of the Alaska Highway* (New York, 1976); Kenneth Coates, ed., *The Alaska Highway: Papers of the 40th Anniversary Symposium* (Vancouver, 1985); K. S. Coates and W. R. Morrison, *The Alaska Highway in World War II: The U.S. Army of Occupation in Canada's Northwest* (Norman, OK, 1992) 및 John Virtue, *The Black Soldiers Who Built the Alaska Highway: A History of Four U.S. Army Regiments in the North, 1942-1943* (Jefferson, NC, 2013) 참고.

3. Coates and Morrison, *Alaska Highway in World War II*, 47.

4. Ibid., 41.

5. Julie Cruikshank, "The Gravel Magnet: Some Social Impacts of the Alaska Highway on Yukon Indians," in Coates, ed., *Alaska Highway*, 182.

6. Malcolm MacDonald, Virtue, *Black Soldiers*, 160에서 인용.

7. Remley, *Crooked Road*, 60.

8. Cesar J. Ayala and Jose L. Bolivar, *Battleship Vieques: Puerto Rico from World War II to the Korean War* (Princeton, NJ, 2011), 25.

9. "Honolulu . . . Island Boomtown," *Paradise of the Pacific*, May 1944.

10. Gwenfread Allen, *Hawaii's War Years, 1941-1945* (Honolulu, 1950), 284.

11. Beth Bailey and David Farber, *The First Strange Place: Race and Sex in World War II Hawaii* (Baltimore, 1992), 105, 103.

12. James T. Sparrow, *Warfare State: World War II Americans and the Age of Big Government* (New York, 2011)에서 설득력 있게 논의됨. Sparrow의 책은 본토 문제만 다루고 있는데, 이 장은 Sparrow의 책에서 영향을 받아 제목을 붙인 것이다.

13. 전시 하와이에 대한 내용은 Allen, *Hawaii's War Years; J. Garner Anthony, Hawaii Under Army Rule* (Palo Alto, CA, 1955); and Bailey and Farber, *First Strange Place* 를 참고. Harry N. Scheiber and Jane L. Scheiber, *Bayonets in Paradise: Martial Law in Hawai'i During World War II* (Honolulu, 2016)는 계엄령을 완벽하게 설명하고 있다.

14. Allen, *Hawaii's War Years*, 221.

15. Louise Stevens, "A Gas Mask Graduation Class," *Paradise of the Pacific*, August 1942.

16. Frank Knox to FDR, Scheiber and Scheiber, *Bayonets*, 135에서 인용.

17. Allen, *Hawaii's War Years*, 120.

18. Scheiber and Scheiber, *Bayonets*, 86.

19. Territory of Hawaii, Office of the Military Governor, General Orders 31 and 42, Uncatalogued Subject Files, box 8, HWRD.

20. Territory of Hawaii, OMG, 같은 글에서 각각 General Orders 129, 164, 167, 84, 88.

21. Scheiber and Scheiber, *Bayonets*, 59.

22. Jim A. Richstad, *The Press Under Martial Law: The Hawaiian Experience* (Lexington, KY, 1970), 13-14.

23. George Akita, Hawaii Nikkei History Editorial Board, *Japanese Eyes ... American Heart: Personal Reflections of Hawaii's World War II Nisei Soldiers* (Honolulu, 1998), 40에서 발췌한 일기.

24. "Taking Stock of Hawaii," *Honolulu Star Bulletin*, April 6, 1942.

25. Garner, *Hawaii Under Army Rule*, 27, 52.

26. Scheiber and Scheiber, *Bayonets*, 109.

27. Territory of Hawaii, OMG, General Orders 113 and 134, HWRD.

28. Drew Pearson, "Demand Cessation of Military Rule in Hawaii," *Washington Post*, December 26, 1942.

29. 주요 관련 요인은 다음과 같다. 피고인 Fred Spurlock은 용서를 구해 보호관찰로 감형을 받았다. 그러나 이후 Spurlock은 다시 체포되었다. 싸움에 휘말렸다는 이유였다. 호놀룰루 군정재판소는 Spurlock이 보호관찰 하에 있음을 언급하며 그에게 즉석에서 5년의 강제노역을 선고했다. Spurlock은 증언을 하거나 증인을 부를 수 없었다. 그의 말에 따르면 재판에 걸린 시간은 10분도 채 되지 않았다고 한다. *Ex Parte Spurlock*, 66 F. Supp. 997 (D. Hawaii 1944).

30. 선고에 대한 내용은 Scheiber and Scheiber, *Bayonets*, 109-10 참고. 1944년 3월까지 오아후에 수감된 사람은 100명이 채 되지 않았으며, 이는 호놀룰루의 군정재판소에서 유죄 판결을 받은 수천 명에 훨씬 못 미치는 수였다. Ernest May, "Hawaii's Work in Wartime," *Honolulu Star Bulletin*, May 18, 1944.

31. Harold Ickes, Scheiber and Scheiber, *Bayonets*, 214에서 인용.

32. *Duncan v. Kahanamoku*, 327 U.S. 304, 333 (1946)에서 인용.

33. *Duncan*, 327 U.S. at 334 (Murphy, J., concurring).

34. Michael P. Onorato, ed., *Origins of the Philippine Republic: Extracts from the Diaries and Records of Francis Burton Harrison* (Ithaca, NY, 1974), 154.

35. 이들이 겪은 시련은 Nick Golodoff, *Attu Boy*, ed. Rachel Mason (Anchorage, 2012)에 상세히 기술되어 있다.

36. Leocadio de Asis, *From Bataan to Tokyo: Diary of a Filipino Student in Wartime Japan, 1943-1944,* ed. Grant K. Goodman (Lawrence, KS, 1979), 65.

37. Sam Lebovic, *Free Speech and Unfree News: The Paradox of Press Freedom in America* (Cambridge, MA, 2016), 118-25.

38. Claus-M. Naske, *Ernest Gruening: Alaska's Greatest Governor* (Fairbanks, 2004), 73.

39. Driscoll, *War Discovers Alaska*, 27에서 인용.

40. Robert David Johnson, *Ernest Gruening and the American Dissenting Tradition*

(Cambridge, MA, 1998), 160에서 인용.

41. Naske, *Gruening*, 77.

42. "Alaska Quietest War Theater-In Communiques," *Chicago Daily Tribune*, July 12, 1942.

43. William Gilman, *Our Hidden Front* (New York, 1944).

44. 이에 대한 설명은 주로 *Personal Justice Denied*; Ryan Madden, "The Forgotten People: The Relocation and Internment of Aleuts During World War II," *American Indian Culture and Research Journal* 16 (1992): 55-76; Dean Kohlhoff, *When the Wind Was a River: Aleut Evacuation in World War II* (Seattle, 1995); and Russell W. Estlak, *The Aleut Internments of World War II: Islanders Removed from Their Homes by Japan and the United States* (Jefferson, NC, 2014) 참고.

45. Civil Liberties Act of 1988, 102 *Stat*. 904.

46. Madden, "Forgotten People," 62.

47. Kohlhoff, *Wind*, 70.

48. Driscoll, *War Discovers Alaska*, 48.

49. Kohlhoff, *Wind*, 116.

50. *Personal Justice Denied*, 339.

51. Ibid., 340.

52. Ryan Madden, "The Government's Industry: Alaska Natives and Pribilof Sealing During World War II," *Pacific Northwest Quarterly* 91 (2000): 202-209.

53. "25000 Japanese Interned," Manila Tribune, December 9, 1941; Richard Connaughton, *MacArthur and Defeat in the Philippines* (Woodstock, NY, 2001), 189.

54. John Hersey, *Men on Bataan* (New York, 1942), 35-36.

55. Pacita Pestano-Jacinto, *Living with the Enemy: A Diary of the Japanese Occupation* (Pasig City, 1999), 3.

56. Eliseo Quirino, *A Day to Remember* (Manila, 1958), 20.

57. "Filipino Arrested for Hiding 'Friend,'" *Manila Tribune*, December 12, 1941.

58. Maria Virginia Yap Morales, ed., *Diary of the War: World War II Memoirs of Lt. Col. Anastacio Campo* (Quezon City, 2006), 30, 43-46.

59. "Internees Cower as Sirens Sound," *Manila Daily Bulletin*, December 29, 1941.

60. Hiroyuki Mizuguchi, Jungle of No Mercy: Memoir of a Japanese Soldier (Manila, 2010), 33-36. 잔학 행위에 대한 내용을 더 보려면 P. Scott Corbett, *Quiet Passages: The Exchange of Civilians Between the United States and Japan During the Second World War* (Kent, OH, 1987), 50-52 참고.

61. Kiyoshi Osawa, *The Japanese Community in the Philippines Before, During, and After the War* (Manila, 1994), 222.

62. Marcial P. Lichauco, *"Dear Mother Putnam": A Diary of the War in the Philippines*

(Manila, c. 1949), 17에 해당 내용이 기술됨. Hayase Shinzo, "The Japanese Residents of 'Dabao-Kuo,'" in *The Philippines Under Japan: Occupation Policy and Reaction*, ed. Ikehata Setsuho and Ricardo Trota Jose (Quezon City, 1999), 247-87도 참고.

63. Osawa, *Japanese Community*, 162.

64. William K. Hanifin, "Bond Sales," April 30, 1946, folder 66, box 37, HWRD.

65. Naske, *Gruening*, 97.

66. Ernest Gruening, *Many Battles: The Autobiography of Ernest Gruening* (New York, 1973), 210. 알래스카 차별(그리닝은 이에 매우 반대했다)에 대한 내용은 Terrence M. Cole, "Jim Crow in Alaska: The Passage of the Alaska Equal Rights Act of 1945," *Western Historical Quarterly* 23 (1992): 429-49 참고.

67. Muktuk Marston, *Men of the Tundra: Eskimos at War* (New York, 1969), 156.

68. Henry Varnum Poor, *An Artist Sees Alaska* (New York, 1945), 123.

69. Marston, *Men of the Tundra*, 58.

70. Gruening, introduction to Marston, *Men of the Tundra*, 4.

71. Captain Richard Neuberger, "Eskimo Guerrillas," *Saturday Evening Post*, February 17, 1945, 6; Marston, *Men of the Tundra*, 156.

72. Ray Hudson, "Aleuts in Defense of Their Homeland," in *Alaska at War, 1941-1945: The Forgotten War Remembered, ed. Fern Chandonnet* (Anchorage, 1995), 163.

73. Charles Hendricks, "The Eskimos and the Defense of Alaska," *Pacific Historical Review* 54 (1985): 281.

74. Ibid., 292.

75. C. F. Necrason, epilogue, Marston, *Men of the Tundra*, 179.

76. Masayo Umezawa Duus, *Unlikely Liberators: The Men of the 100th and the 442nd*, trans. Peter Duus (1983; Honolulu, 1987), 113.

77. Robert Asahina, *Just Americans: How Japanese Americans Won a War at Home and Abroad* (New York, 2006), 35. 제100보병대대와 제442보병연대의 역사는 Asahina 의 역작과 함께 자주 언급되어왔다. 국제적인 관점에서 바라본 유용한 저서로는 T. Fujitani, *Race for Empire: Koreans as Japanese and Japanese as Americans During World War II* (Berkeley, CA, 2011), chap. 5 참고.

78. 일화 및 인용은 Daniel K. Inouye, *Journey to Washington* (Englewood Cliffs, NJ, 1967), 150-54 참고.

79. 제100보병대대와 제442보병연대 및 육군 사단에 수여된 훈장 집계 목록은 U.S. Army Center of Military History, history.army.mil/moh 참고.

80. 부대별로 수여된 훈장 및 표창을 비교한 내용은 James M. McCaffrey, *Going for Broke: Japanese American Soldiers in the War Against Nazi Germany* (Norman, OK, 2013), 346-47 참고.

12. 목숨을 내놓아야 할 때가 있는 법

1. 공격에 대한 내용은 특히 Louis Morton, *The Fall of the Philippines* (Washington, DC, 1953); D. Clayton James, *The Years of MacArthur*, vol. 2 (Boston, 1975), chap. 1; John Costello, *Days of Infamy: MacArthur, Roosevelt, Churchill-The Shocking Truth Revealed* (New York, 1994); Richard Connaughton, *MacArthur and Defeat in the Philippines* (Woodstock, NY, 2001) 및 William H. Bartsch, *December 8, 1941: MacArthur's Pearl Harbor* (College Station, TX, 2003) 참고.

2. Douglas MacArthur, Bartsch, *December 8*, 193에서 인용.

3. Costello, *Days of Infamy*, 20-21.

4. Connaughton, *MacArthur*, 169.

5. William Manchester, *American Caesar: Douglas MacArthur, 1880-1964* (Boston, 1978), 206, 205. Manchester는 맥아더가 '정보 과부하'에 시달렸을 것이라는 가설을 제시한다. John Costello는 1942년 맥아더의 공군 사령관이었던 Lewis Brereton과의 미공개 인터뷰 메모를 활용하여 맥아더의 과오라고 생각된다는 강력한 주장을 내세운다. 즉 맥아더는 Brereton과 그날 아침 실제로 만났으며(이후 Brereton과 맥아더는 이 사실을 부인했다) Brereton에게 반격하지 말라고 명령했다는 것이다. 맥아더는 필리핀을 중립지대로 유지하여 곧 닥칠 일본과의 전쟁에 휘말리지 않도록 하려던 것이었다. Costello, *Days of Infamy*, 23. 좀 더 조심스러운 설명으로는 James, *Years of MacArthur*, 2:3-15 참고.

6. Costello, *Days of Infamy*, 34.

7. Lewis H. Brereton, *The Brereton Diaries: The War in the Air in the Pacific, Middle East, and Europe, 3 October 1941–8 May 1945* (New York, 1946), 44.

8. Morton, *Fall of the Philippines*, 95-96.

9. Winston S. Churchill, *The Second World War* (1950; Boston, 1985), 4:81.

10. James, *Years of MacArthur*, 2:45.

11. John Gunther, *Inside Asia*, war ed. (1939; New York, 1942), 309.

12. Manchester, *MacArthur*, 218.

13. Fernando J. Manalac, *Manila: Memories of World War II* (Quezon City, 1995), 10.

14. "Ethel Herold's Baguio War Memories," *Bulletin of the American Historical Collection* 10 (1982): 12.

15. Frances Bowes Sayre, *Glad Adventure* (New York, 1957), 232

16. Ibid., 235; Steve Mellnik, *Philippine Diary, 1939-1945* (New York, 1969), 116.

17. James, *Years of MacArthur*, 2:35.

18. Morton, *Fall of the Philippines*, 367-68.

19. Ibid., 369-70.

20. Connaughton, *MacArthur*, 273.

21. Rigoberto J. Atienza, *A Time for War: 105 Days in Bataan* (Philippines, 1985), 102.

22. Carlos P. Romulo, *I Saw the Fall of the Philippines* (Garden City, NY, 1943), 263.

23. Roosevelt, Message of Support to the Philippines, December 28, 1941, *APP*.

24. John Hersey, *Men on Bataan* (New York, 1942), 257에서 인용.

25. Atienza, *Time for War*, 119.

26. Romulo, *Fall of the Philippines*, 108에서 인용.

27. Atienza, *Time for War*, 117.

28. William A. Owens, *Eye-Deep in Hell: A Memoir of the Liberation of the Philippines, 1944-45* (Dallas, 1989), 102.

29. Roosevelt, State of the Union address, January 6, 1942, *APP*.

30. Charles A. Willoughby and John Chamberlain, *MacArthur: 1941-1951* (New York, 1954), 56.

31. Ibid.

32. Quezon to Roosevelt, January 28, 1942, in *World War II and the Japanese Occupation*, ed. Richard Trota Jose (Quezon City, 2006), 79. 케손은 *The Good Fight* (New York, 1946), 259-74에 서로 주고받은 전보를 공개했다.

33. Douglas MacArthur to George Marshall, February 8, 1942, *FRUS* 1942, 1:894.

34. Ibid.

35. Ibid., 1:896.

36. L. T. Gerow to Douglas MacArthur, February 11, 1942, *FRUS* 1942, 1:900.

37. George Marshall to Douglas MacArthur, February 9, 1942, *FRUS* 1942, 1:898.

38. Louis Morton, "Germany First: The Basic Concept of Allied Strategy in World War II," in Kent Greenfield, ed., *Command Decisions* (Washington, DC, 1959), 11-47.

39. Manchester, *American Caesar*, 241.

40. Mellnik, *Philippine Diary*, 116.

41. John G. Hubbell, "The Great Manila Bay Silver Operation," *Reader's Digest*, April 1959, 123-34.

42. Carol M. Petillo, "Douglas MacArthur and Manuel Quezon: A Note on an Imperial Bond," *Pacific Historical Review* 48 (1979): 110-17.

43. Jonathan Wainwright, *General Wainwright's Story* (Garden City, NY, 1946), 54.

44. Carmen Guerrero Nakpil, *A Question of Identity: Selected Essays* (Manila, 1973), 202.

45. James, *Years of MacArthur*, 2:132.

46. Hersey, *Men on Bataan*, 4, 5.

47. www.booksofthecentury.com

48. Camilla Fojas, *Islands of Empire: Pop Culture and U.S. Power* (Austin, TX, 2014), 39. 제2차 세계대전 중 필리핀에 대한 내용은 Fojas, *Islands of Empire*, chap. 1과 Charles Affron and Mirella Jona Affron, *Best Years: Going to the Movies, 1945-46* (New Brunswick, NJ, 2009), chap. 4 참고.

49. Carlos P. Romulo, *My Brother Americans* (Garden City, NY, 1945), 21.

50. Romulo, *Fall of the Philippines*, 217-18.

51. Carlos P. Romulo, *Mother America: A Living Story of Democracy* (Garden City, NY, 1943), 1.

52. *They Were Expendable*, dir. John Ford (MGM, 1945).

53. 「바탄의 전투*Back to Bataan*」(1945)는 좌파운동가로서 나중에 정치 성향 때문에 블랙리스트에 올랐던 2명의 감독이 각본을 쓴 영화로, 눈에 띄게 예외적인 작품에 속했다. 백인 대령 (존 웨인)을 중심으로 한 내용이지만, 수많은 필리핀인 캐릭터가 등장한다. 그러나 이 영화는 미국이 필리핀을 재탈환한 후에야 완성되어 미군 구출 작전에 대한 지지를 크게 불러일으키지는 못했다.

54. Michael P. Onorato, ed., *Origins of the Philippine Republic: Extracts from the Diaries and Records of Francis Burton Harrison* (Ithaca, NY, 1974), 203.

55. Frank S. Adams, "Visitor from Bataan," *NYT*, June 24, 1945.

56. Romulo, *My Brother Americans*, 8.

57. Virginia Benitez Licuanan, *Filipinos and Americans: A Love-Hate Relationship* (Baguio, 1982), 145.

58. Richard Connaughton, John Pimlott, and Duncan Anderson, *The Battle for Manila* (London, 1995), 46.

59. A.V.H. Hartendorp, *The Japanese Occupation of the Philippines* (Manila, 1967), 1:481.

60. Manuel E. Buenafe, *War time Philippines* (Manila, 1950), 172.

61. Pronouncement of Jorge Vargas, 1942, in Trota Jose, *World War II and the Japanese Occupation*, 122.

62. Quezon, *Good Fight*, 83.

63. Romulo, *Fall of the Philippines*, 48.

64. Romulo, *Mother America*, 92, 96.

65. Propaganda Corps, Imperial Japanese Forces, *Significance of Greater East Asia Co-Prosperity Sphere* (Manila, n.d.), 4. *America: A Revelation of Her True Character* (Manila, n.d.)도 참고. 모두 AHC 소장.

66. Carlos Romulo, "Asia Must Be Free," *Collier's*, October 20, 1945, 11.

67. Gerald Horne, *Race War: White Supremacy and the Japanese Attack on the British Empire* (New York, 2004), 36.

68. First Proclamation, January 3, 1942, *Proclamations of the Commander-in-Chief, Japanese Expeditionary Forces* (Manila, 1942), AHC 소장.

69. Seventh Proclamation, January 14, 1942, in ibid.

70. Eliseo Quirino, *A Day to Remember* (Manila, 1958), 79.

71. Marcial P. Lichauco, "*Dear Mother Putnam*": *A Diary of the War in the Philippines* (Manila, 1949), 26.

72. Jonathan Marshall, *To Have and Have Not: Southeast Asian Raw Materials and the*

Origins of the Pacific War (Berkeley, CA, 1995)에 개괄적인 내용이 잘 설명되어 있다.

73. Hartendorp, *Japanese Occupation*, 1:191.

74. Quirino, *Day to Remember*, 138-39.

75. Lichauco, *Mother Putnam*, 158.

76. Earl Jude Paul L. Cleope, *Bandit Zone: A History of the Free Areas of Negros Island During the Japanese Occupation, 1942-1945* (Manila, 2002), 64, 79.

77. Quirino, Day to Remember, 67; Lichauco, *Mother Putnam*, 120; and Joan Orendain, "Children of War," in *Under Japanese Rule: Memories and Reflections*, ed. Renato Constantino (Quezon City, 1993), 112, 116.

78. Cleope, *Bandit Zone*의 설명 참고. 더 일반적인 공간 관리 기법은 '구역 설정zonification' 이다. 일본군은 이 기법을 활용해, 한 지역을 봉쇄하고 정보원이 그 구역 내의 모든 사람을 조사하여 배신자를 가려냈다.

79. Reynaldo C. Ileto, "Wars with the U.S. and Japan, and the Politics of History in *the Philippines*," in The Philippines and Japan in America's Shadow, ed. Kiichi Fujiwara and Yoshiko Nagano (Singapore, 2011), 48.

80. Antonio M. Molina, *Dusk and Dawn in the Philippines: Memoirs of a Living Witness of World War II* (Quezon City, 1996), 153.

81. 일본군은 전시 필리핀인들이 미국의 폭력적인 식민 지배로 인한 정신적 외상을 털어놓도록 부추겼다. 이에 대해서는 Reynaldo C. Ileto, "World War II: Transient and Enduring Legacies for the Philippines," in *Legacies of World War II in South and East Asia*, ed. David Koh Wee Hock (Singapore, 2007), 74-91 및 Ileto, "Wars with the U.S. and Japan" 참고.

82. Hartendorp, *Japanese Occupation*, 1:648.

83. Michael H. Hunt and Steven I. Levine, *Arc of Empire: America's Wars in Asia from the Philippines to Vietnam* (Chapel Hill, NC, 2012), 78.

84. *Rem.*, 168.

85. Manchester, *American Caesar*, 284-86.

86. George C. Kenney, *The MacArthur I Know* (New York, 1951), 70, 48.

87. Manchester, *American Caesar*, 296.

88. *Rem.*, 195.

89. Ibid., 169.

90. James Bradley, *Flyboys: A True Story of Courage* (Boston, 2003).

91. Robert Ross Smith, *Triumph in the Philippines* (Washington, DC, 1963), part I.

92. Willoughby and Chamberlain, *MacArthur*, 235-36.

93. Marshall, Max Hastings, *Retribution: The Battle for Japan, 1944-1945* (New York, 2008), 27에서 인용.

94. Manchester, *American Caesar*, 368.

95. John Gunther, *The Riddle of MacArthur: Japan, Korea and the Far East* (New York, 1951), 10.

96. Brendan Coyle, *Kiska: The Japanese Occupation of an Alaska Island* (Fairbanks, 2014), 76-77.

97. Ibid., 122-23.

98. Henry I. Shaw, Bernard C. Nalty, and Edwin T. Turnbladh, *History of U.S. Marine Corps Operations in World War II* (Washington, DC, 1966), 3:448.

99. Robert F. Rogers, *Destiny's Landfall: A History of Guam* (Honolulu, 1995), 192에서 인용.

100. Ibid., 201.

101. 태평양의 여러 섬에서 일어났던 이런 종류의 '우호적인' 억류에 대한 내용은 Lamont Lindstrom and Geoffrey M. White, *Island Encounters: Black and White Memories of the Pacific War* (Washington, DC, 1990), 61 참고.

102. Teodoro A. Agoncillo, *The Fateful Years: Japan's Adventure in the Philippines, 1941–1945* (Quezon City, 1965), 2:556..

103. Pacita Pestano-Jacinto, *Living with the Enemy: A Diary of the Japanese Occupation* (Pasig City, 1999), 205.

104. Lichauco, *Mother Putnam*, 182.

105. Daniel F. Doeppers, *Feeding Manila in Peace and War, 1850-1945* (Madison, WI, 2016), 324-25.

106. Claro M. Recto to T. Wachi, June 20, 1944, in *Documents on the Japanese Occupation of the Philippines*, ed. Mauro Garcia (Manila, 1965), 113-14.

107. William Gemperle statement, in General Headquarters, South West Pacific Area, Military Intelligence Section, General Staff, *Report on the Destruction of Manila and Japanese Atrocities*, February 1945, appendix, 13.

108. *Rem.*, 216.

109. Manalac, *Manila*, 90.

110. Smith, *Triumph*, 91.

111. Ibid.

112. 야마시타와 이와부치의 갈등은 ibid., part 4 및 Alfonso J. Aluit, *By Sword and Fire: The Destruction of Manila in World War II, 3 February_3 March 1945* (Manila, 1994), 372-79에 기술되어 있다.

113. Stanley A. Frankel, *The 37th Infantry Division in World War II* (Washington, DC, 1948), 73.

114. Connaughton et al., *Battle for Manila*, 142.

115. 마닐라 전투는 다수의 일기와 회고록에 기록되어 있다(여기서 여러 번 인용). 이를 개괄적으로 설명한 Smith, *Triumph*; Aluit, *Sword and Fire* 및 Connaughton et al., *Battle*

*for Manila*는 반드시 확인할 것.

116. Diary of member of Akatsuki 16709 Force, in *Report on the Destruction of Manila,* 35.

117. Kenney, *MacArthur I Know,* 98.

118. Smith, *Triumph,* 294에서 인용.

119. Robert S. Beightler, *Report on the Activities of the 37th Infantry Division, 1940-1945,* Connaughton et al., *Battle for Manila,* 175에서 인용.

120. Robert S. Beightler, *Report After Action: Operations of the 37th Infantry Division, Luzon P.I., 1 November 1944 to 30 June 1945* (M-1 Operation), September 1945, 51, New York Public Library.

121. Beightler, *Report on Activities,* Connaughton et al., *Battle for Manila,* 175-76에서 인용.

122. Aluit, *Sword and Fire,* 355.

123. Owens, *Eye-Deep in Hell,* 122.

124. Beightler, *Report on Activities,* Connaughton et al., *Battle for Manila,* 176에서 인용.

125. XIV Corps, *Japanese Defense of Cities as Exemplified by the Battle for Manila* (Army Chief of Staff, G-2, Headquarters, Sixth Army, July 1, 1945), 20.

126. Frankel, *37th Infantry,* 283.

127. Aluit, *Sword and Fire,* 389; Frankel, *37th Infantry,* 281-83.

128. Miguel P. Avancena, Aluit, *Sword and Fire,* 391에서 인용.

129. 이어지는 내용은 표시된 부분을 제외하고 2명의 생존자의 진술을 바탕으로 한 것이다. Tommy Quirino는 ibid., 217-301 passim, 그리고 Vicky Quirino는 Connaughton et al., *Battle for Manila,* 133-38 참고.

130. Elpidio Quirino, "Oration on President Quezon," in *The Quirino Way: Collection of Speeches and Addresses of Elpidio Quirino,* ed. Juan Collas ([Philippines], 1955), 23.

131. Sol H. Gwekoh, *Elpidio Quirino: The Barrio School Teacher Who Became President,* 2d ed. (Manila, 1950), 85-86.

132. Elpidio Quirino, "The Sad Plight of the Philippines," November 14, 1945, in *Quirino: Selected Speeches,* ed. Carlos R. Lazo (Manila, 1953), 15.

133. Kiyoshi Osawa, *A Japanese in the Philippines, trans.* Tsunesuke Kawashima (Tokyo, 1981), 195.

134. Smith, *Triumph,* 303-304; Frankel, *37th Infantry,* 293-94.

135. 인구조사 결과에 의하면 1939년 마닐라 인구는 623,492명으로 나타났다. 그러나 전쟁이 끝날 무렵에는 100만 명에 달했다. Aluit, *Sword and Fire,* 398.

136. Hartendorp, *Japanese Occupation,* 2:604-605.

137. Fatality figures from Connaughton et al., *Battle for Manila,* 174.

138. Aluit, *Sword and Fire*, 398-99.

139. Jose P. Laurel, *War Memoirs* (Manila, 1962), 35.

140. Beightler, *Report After Action*, 118.

141. Paul V. McNutt, address at Beta Theta Pi Fraternity, November 27, 1946, "McNutt, P. V., Correspondence and Speeches, 1945-46" folder, box 7, HC,DC.

142. Millard Tydings, "Report on the Philippine Islands," June 7, 1945, 22, "Philippine Rehabilitation Commission" folder, box 2, ser. 4, Tydings Papers.

143. Reported in "Our Bid for Survival," 1947, in *The Quirino Way: Collection of Speeches and Addresses of Elpidio Quirino*, ed. Juan Collas (n.p., 1955), 51, and Joaquin M. Elizalde, "The Case for the Prompt Ratification of the Japanese Peace Treaty," 1952, 5, in AHC.

144. Miki Ishikida, *Toward Peace: War Responsibility, Postwar Compensation, and Peace Movements and Education in Japan* (New York, 2005), 12.

145. 1만 640명의 사망자(레이테섬 전투와 사마르 전투 사망자 수는 제외)로 집계됨. Smith, *Triumph in the Philippines*, 652 참고.

146. Oscar S. Villadolid, *Born in Freedom: My Life and Times* (Quezon City, 2004), 191. 이와 유사한 일화를 Daniel Immerwahr, "'American Lives': Pearl Harbor and the United States' Empire," in *Pearl Harbor and the Attacks of December 8, 1941: A Pacific History*, ed. Beth Bailey and David Farber (Lawrence, KS, forthcoming)에 서도 다루고 있다.

13. 킬로이가 여기 다녀갔다

1. James T. Sparrow, *Warfare State: World War II Americans and the Age of Big Government* (New York, 2011), 202.

2. Neal Stephenson, *Cryptonomicon* (New York, 1999), 548.

3. Richard M. Leighton and Robert W. Coakley, *Global Logistics and Strategy, 1940-1943* (Washington, DC, 1955), 39.

4. Ibid., 48에서 인용. 이집트에서 영국을 지원하는 방식에 대한 설명은 Edward R. Stettinius Jr., *Lend- Lease: Weapon for Victory* (New York, 1944), chaps. 12-13, 26; Ivan Dmitri, *Flight to Everywhere* (New York, 1944) 및 Hugh B. Cave, *Wings Across the World: The Story of the Air Transport Command* (New York, 1945), part 3 참고.

5. Max Hastings, *Inferno: The World at War, 1939-1945* (New York, 2011), 361.

6. Winston S. Churchill, *The Second World War* (1950; Boston, 1985), 4:541.

7. Stettinius, *Lend- Lease*, 288.

8. Ibid., 294.

9. John G. Winant, Steven High, *Base Colonies in the Western Hemisphere, 1940-1967* (New York, 2009), 6에서 인용.

10. Rexford Guy Tugwell, *The Stricken Land: The Story of Puerto Rico* (Garden City, NY, 1946), 113.

11. Annette Palmer, "Rum and Coca Cola: The United States in the British Caribbean, 1940-1945," *The Americas* 43 (1987): 441-43; John Gunther, *Inside Latin America* (New York, 1941), 420.

12. Ken Coates and W. R. Morrison, "The American Rampant: Reflections on the Impact of United States Troops in Allied Countries During World War II," *Journal of World History* 2 (1991): 217. 스탈린은 일부 예외를 허용했다. 전쟁이 끝날 무렵 우크라이나에 3개 기지와 일본과 맞댄 국경 근처에 2개의 해군 주둔 기상 관측소가 남아 있었다. Alexandra Richie, *Warsaw 1944: Hitler, Himmler, and the Warsaw Uprising* (New York, 2013), 538-40 참고.

13. 해군 공병대가 있었던 곳의 전체 목록을 보려면 William Bradford Huie, *From Omaha to Okinawa: The Story of the Seabees* (1945; Annapolis, MD, 1999), appendix 참고.

14. Henry Cabot Lodge, "Colony Plan Stirs Senate," *NYT*, February 1, 1919에서 인용.

15. James R. Blaker, *United States Overseas Basing: An Anatomy of the Dilemma* (New York, 1990), 33.

16. Cave, *Wings*, i.

17. "Travels Abroad of the President," Office of the Historian, U.S. State Department, history.state.gov/departmenthistory/travels/president

18. Security Technical Committee Minutes 7, February 3, 1943, Records of the Advisory Committee on Post-War Foreign Policy, 1942-45, Box 79, Notter Records. 미

국이 갑자기 전 지구적 관심을 갖게 된 배경에 대한 내용은 Andrew Preston, "Monsters Everywhere: A Genealogy of National Security," *DH* 38 (2014): 477-500; John A. Thompson, *A Sense of Power: The Roots of America's Global Role* (Ithaca, NY, 2014) 및 Stephen Wertheim, "Tomorrow the World: The Birth of U.S. Global Supremacy in World War II" (Ph.D. diss., Columbia University, 2015) 참고.

19. "Maps: Global War Teaches Global Cartography," *Life*, August 3, 1942, 57-65.

20. "R. Buckminster Fuller's Dymaxion World," *Life*, March 1, 1943, 41-55.

21. Alan K. Henrikson, "The Map as an 'Idea': The Role of Cartographic Imagery During the Second World War," *The American Cartographer* 2 (1975): 19-53; Susan Schulten, "Richard Edes Harrison and the Challenge to American Cartography," *Imago Mundi: The International Journal for the History of Cartography* 50 (1998): 174-88; Susan Schulten, *The Geographical Imagination in America, 1880-1950* (Chicago, 2001), chap. 9; and William Rankin, *After the Map: Cartography, Navigation, and the Transformation of Territory in the Twentieth Century* (Chicago, 2016), chap. 2.

22. Henrikson, "Map as 'Idea,'" 37-38.

23. Donal McLaughlin, *Origin of the Emblem and Other Recollections of the 1945 U.N. Conference* (Garrett Park, MD, 1995).

24. Wayne Whittaker, "Maps for the Air Age," *Popular Mechanics*, January 1943, 162.

25. Archibald MacLeish, "The Image of Victory," *Atlantic Monthly*, July 1942, 5.

26. 초창기 용례에 대한 내용은 *Oxford English Dictionary Online*, Oxford University Press. On frequency, see Google Books Ngrams Viewer, books.google.com/ngrams 참고.

27. Franklin Delano Roosevelt, Fireside Chat, September 7, 1942, *APP*. Past presidential speech searched at *APP*.

28. John Hersey, *A Bell for Adano* (New York, 1944), vii.

29. C. D. Jackson, Lynne Olson, *Citizens of London: The Americans Who Stood with Britain in Its Darkest, Finest Hour* (New York, 2010), 272에서 인용.

30. Coates and Morrison, "American Rampant"에 간략한 설명이 잘 기술되어 있다.

31. *Rem.*, 180.

32. William J. Sebald, William Manchester, *American Caesar: Douglas MacArthur, 1880-1964* (Boston, 1978), 470에서 인용.

33. *Rem.*, 282.

34. John Gunther, *The Riddle of MacArthur: Japan, Korea and the Far East* (New York, 1951), 84.

35. *Rem.*, 282.

36. Gunther, *Riddle of MacArthur*, 138-39.

37. Constitution of Japan, 1946, preamble and article 13.

38. John W. Dower, *Embracing Defeat: Japan in the Wake of World War II* (New York, 1999), chap. 12.

39. "Final Review of the War," August 16, 1945, in Winston S. Churchill, *His Complete Speeches, 1897-1963*, ed. Robert Rhodes James (New York, 1974), 7:7211.

40. Radio Report to the American People on the Potsdam Conference, August 9, 1945, *APP*.

41. Hajo Holborn은 '미 군정 하에' 있던 사람들의 수를 1억5000만 명으로 보고 있으나, 나는 그가 도출한 추정치를 다시 얻을 수가 없었다(*American Military Government: Its Organizations and Policies* [Washington, DC, 1947], xi). 일본과 미크로네시아를 비롯된 독일, 오스트리아, 한국의 미국 점령지를 포함하는 모든 식민지 인구를 더해 내가 직접 계산한 값은 "The Greater United States: Territory and Empire in U.S. History," *DH* 40 (2016): 388에서 볼 수 있다. 여기에는 프랑스나 1945년 몇 달간 미군이 주둔했던 체코슬로바키아 일부와 같은 다른 단기 점령지와 마찬가지로, '해방'이라는 명목 하에 미군이 일시적으로 주둔했던 곳의 인구는 포함하지 않는다. 그 목록은 Susan L. Carruthers, *The Good Occupation: American Soldiers and the Hazards of Peace* (Cambridge, MA, 2016), 6-7 참고.

14. 미국의 탈식민화

1. Press release, Interior Department, March 23, 1946; "Mts.Seals & Flags" folder; box 70; 9-0-2, Office of Territories Classified Files, 1907-1951; ROT. See rest of folder for other flag proposals.

2. Ernest Gruening, *Many Battles: The Autobiography of Ernest Gruening* (New York, 1973), 371.

3. Michio Kitahara, *Children of the Sun: The Japanese and the Outside World* (New York, 1989), 95; William Manchester, *American Caesar: Douglas MacArthur, 1880-1964* (Boston, 1978), 474.

4. Hernando J. Abaya, *Betrayal in the Philippines* (New York, 1946), 171.79; "Philippine Statehood" folder, box 17, HC,DC; "Statehood for P.I.," *Manila Evening News*, January 26, 1946; Gladstone Williams, "What to Do Now with the Philippines?" *Atlanta Constitution*, February 28, 1945; and "World Fronts," *Amsterdam News*, March 3, 1945.

5. Proposal by Rep. Bud Gearhardt, discussed in "The Ramparts of the North," *New York Journal-American*, July 21, 1945.

6. CDA 315, "A Study of Pacific Bases: A Report by the Subcommittee, House of Repre-

sentatives," August 22, 1945, 21, Notter Records, box 126.

7. Julian Go, *Patterns of Empire: The British and American Empires, 1688 to the Present* (New York, 2011), 103에 언급됨. 제2차 세계대전이 끝날 당시 영토 확대에 대한 미국의 야심을 조망한 내용은 117-23쪽 참고.

8. Albert Viton, *American Empire in Asia?* (New York, 1943), 286-87. 전시 합병에 대한 여론에 대해서는 William G. Carleton, "The Dawn of a New Day," *Vital Speeches of the Day*, December 1, 1943, 117-25 참고.

9. 일본 제국의 해체로 미국이 인구 기준으로 전 세계에서 네 번째로 큰 제국으로 순위가 올라갔다.

10. Paul Kennedy, *The Rise and Fall of the Great Powers: Economic Change and Military Conflict from 1500 to 2000* (1987; New York, 1989), 358.

11. Daniel Immerwahr, "The Greater United States: Territory and Empire in U.S. History," *DH* 40 (2016): 389-90.

12. 1940: 31.10퍼센트, 1965: 2.18퍼센트. MPD 계산 결과. 이러한 수치는 위성국가(예: 소련이 관할하던 동독)나 점령지(예: 맥아더 군정하의 일본)가 아닌 합병된 식민지에 해당된다.

13. *Rem.*, 276.

14. Langston Hughes, "Colored Lived There Once," *Chicago Defender*, January 27, 1945.

15. Luis Taruc, *Born of the People* (New York, 1953), 64-65.

16. Harold R. Isaacs, *No Peace for Asia* (New York, 1947), 1.

17. Albert C. Wedemeyer, Ronald H. Spector, *In the Ruins of Empire: The Japanese Surrender and the Battle for Postwar Asia* (New York, 2007), 21에서 인용. Christopher Bayly and Tim Harper, *Forgotten Wars: Freedom and Revolution in Southeast Asia* (Cambridge, MA, 2007)도 참고. '말레이의 봄'이라는 개념은 '아시아의 봄'이라는 좀더 일반화된 용어에서 차용한 것으로, Harper's *The End of Empire and the Making of Malaya* (New York, 1999), chap. 2에서 그 내용을 확인할 수 있다.

18. Hernando J. Abaya, *Betrayal in the Philippines* (New York, 1946), 125-30 참고. "GIs Fear Plan to Use Them Against Filipinos," *Daily Worker*, January 9, 1946에는 3만 5000명이라는 수치가 제시되어 있다.

19. *General Marshall's Report: The Winning of the War in Europe and the Pacific* (New York, 1945), 118.

20. John C. Sparrow, *History of Personnel Demobilization in the United States Army* (Washington, DC, 1952), 141.

21. Steven Kalgaard Ashby, "Shattered Dreams: The American Working Class and the Origins of the Cold War, 1945-1949" (Ph.D. diss., University of Chicago, 1993), 130.

22. Truman to John Folger, November 16, 1945, David R. B. Ross, *Preparing for Ulysses: Politics and Veterans During World War II* (New York, 1969), 187에서 인용.

23. Harry S. Truman, *Memoirs*, vol. 1 (Garden City, NY, 1955), 509.

24. Abaya, *Betrayal*, 135, 148.

25. Ashby, "Shattered Dreams," 143.

26. Erwin Marquit, "The Demobilization Movement of January 1946," *Nature, Society, and Thought* 15 (2002): 24-25.

27. "Styler Gives Talk on Redeployment," *Daily Pacifican*, January 8, 1946.

28. "20000 Attend Orderly Meeting," *Daily Pacifican*, January 8, 1946.

29. Ashby, "Shattered Dreams," 138.

30. Sparrow, *Personnel Demobilization*, 163; Ashby, "Shattered Dreams," 138.

31. William D. Simpkins, letter, *Daily Pacifican*, November 15, 1945.

32. Robert B. Pearsall, letter, *Daily Pacifican*, November 30, 1945.

33. Daniel Eugene Garcia, "Class and Brass: Demobilization, Working Class Politics, and American Foreign Policy Between World War and Cold War," *DH* 34 (2010): 694-95.

34. Ashby, "Shattered Dreams," 170-71.

35. The Articles of War, *Approved June 4*, 1920, articles 66, 67.

36. R. Alton Lee, "The Army 'Mutiny' of 1946," *Journal of American History* 53 (1966): 562.

37. MacArthur, Sparrow, *Personnel Demobilization*, 322에서 인용.

38. Rexford Guy Tugwell, *The Stricken Land: The Story of Puerto Rico* (Garden City, NY, 1946), v.

39. Truman, *Memoirs*, 2:91.

40. Terry H. Anderson, *The United States, Great Britain, and the Cold War*, 1944-1947 (Columbia, MO, 1981), 152.

41. 필리핀의 대미 국채 발행 차입금의 역사는 Manuel Roxas, address, January 26, 1948, in "Territories Committee, Philippine Islands" folder, box 5, ser. 4, Tydings Papers에 상세히 기술되어 있다.

42. Press release, April 22, 1946, "Pub. Relations Press Releases, 1946, Pt. B" folder, box 11, HC.Manila.

43. "Doc. B.," 1940, enclosed in E. D. Hester to Frank P. Lockhart, November 13, 1944, "Emergency Proclamation" folder, box 1, HC.Pol/Econ.

44. "Doc. A," November 13, 1944, enclosed in ibid.

45. E. D. Hester to Frank P. Lockhart, January 12, 1945, "Emergency Proclamation" folder, box 1, HC.Pol/Econ.

46. E. D. Hester to Richard R. Ely, July 3, 1945, "Hester, E. D." folder, box 2, HC.Pol/Econ.

47. "McNutt Raises Question of P.I. Readiness for Freedom July 4th," *Manila Evening News*, January 23, 1946.

48. Paul V. McNutt, Report on the Philippines," 1945, 14, "McNutt, P. V., Correspondence and Speeches, 1945~46" folder, box 7, HC.DC.

49. Paul V. McNutt, "The Filipinos Are Our Friends," *Manila Evening News*, January 26, 1946.

50. Harry S. Truman to Kenneth McKellar, April 3, 1946, "Independence, Ceremonies, 1946" folder, box 4, HC.DC.

51. Paul Steintorf to James F. Byrnes, September 19, 1945; "Collaboration" folder, box 1, HC.Pol/Econ.

52. Douglas MacArthur, Office of the Commanding General, Army Forces of the Pacific, May 9, 1946; "Pub. Relations Press Releases, 1946, Pt. A" folder, box 11, HC.Manila 의 보도자료에서 인용.

53. Abaya, *Betrayal*, 92.

54. Benedict J. Kerkvliet, *The Huk Rebellion: A Study of Peasant Revolt in the Philippines* (Berkeley, CA, 1977).

55. *Manila Evening News*, July 4, 1946.

56. Press release, May 31, 1946; "Pub. Relations Press Releases, 1946, Pt. A" folder, box 11, HC.Manila.

57. Go, *Patterns of Empire*, 105에서 인용.

58. 하와이와 알래스카의 주 지위에 관한 설명은 John S. Whitehead, *Completing the Union: Alaska, Hawai'i, and the Battle for Statehood* (Albuquerque, NM, 2004)에 기술되어 있다. 다음으로, 나는 주 지위 획득과 탈식민화 간의 관계에 대한 연구로 Robert David Johnson, *Ernest Gruening and the American Dissenting Tradition* (Cambridge, MA, 1998); Gretchen Heefner, "'A Symbol of the New Frontier': Hawaiian Statehood, Anti-Colonialism, and Winning the Cold War," *Pacific Historical Review* 74 (2005): 545-74; Sarah Miller-Davenport, "State of the New: Hawai'i Statehood and Global Decolonization in American Culture, 1945-1978" (Ph.D. diss., University of Chicago, 2014); Robert David Johnson, "Alaska, Hawai'i, and the United States as a Pacific Nation," in his *Asia Pacific in the Age of Globalization* (New York, 2015), 162-71; and A. G. Hopkins, *American Empire: A Global History* (Princeton, NJ, 2018), chap. 14 참고.

59. Butler to Julius A. Krug, March 7, 1947, "Citizens' Statehood Committee, 1947-51" folder, Governor's Files, GOV9-3, HSA.

60. "Hawaii Can Wait," *Worcester Telegram*, March 1947, in "Editors,Opposition to Statehood" folder, box 4, Hawaiian Statehood Commission Records, COM18, HSA.

61. Ernest Gruening, "Alaska Statehood Delay Invites Red Attack," *San Francisco Examiner*, March 9, 1950.

62. Gruening to Sam Wilder King, c. 1952-1954, folder 226, box 59, Gruening Papers.

63. Johnson, *Gruening*, 191에서 인용.

64. Gruening to King, c. 1952-1954, folder 226, box 59, Gruening Papers.

65. Folder 316, box 754, Gruening Papers.

66. Truman to Joseph C. O'Mahoney, May 5, 1950, *APP*.

67. Truman, Letter to the President of the Senate on Statehood for Hawaii and Alaska, November 27, 1950, *APP*.

68. Heefner, "Symbol," 546에서 인용.

15. 푸에르토리코가 미국인 걸 아는 미국인은 없다

1. Wenzell Brown, *Dynamite on Our Doorstep: Puerto Rican Paradox* (New York, 1945), 32, 6.

2. Ibid., 71, 90, 193.

3. Ibid., 79.

4. Ibid., 201.

5. John Gunther, *Inside Latin America* (New York, 1941), 423.

6. "Puerto Rico: Senate Investigating Committee Finds It an Unsolvable Problem," *Life*, March 8, 1943.

7. Rexford Guy Tugwell, *The Stricken Land: The Story of Puerto Rico* (Garden City, NY, 1946), 126.

8. James P. Davis, "Statement of the Director of Territories and Island Possessions, Department of the Interior, Before the Senate Committee on Interior and Insular Affairs," January 10, 1949; "Comm. on Interior & Insular Affairs" folder; box 28; Office of Territories Classified Files, 1907-1950; 9-0-1 Administrative, Committees, Interior; ROT.

9. Gunther, *Inside Latin America*, 427.

10. Tugwell, *Stricken Land*, 10.

11. Luis Muñoz Marín, *Memorias: Autobiografia publica, 1898-1940* (San Juan, 1982), 1:63.

12. Ibid., 76-77.

13. Ibid., 150.

14. Luis Muñoz Marín, "Alerta a la conciencia puertorriqueña," *El Mundo*, February 10, 1946.

15. Luis Muñoz Marín, Speech at Baranquitas, July 17, 1951, in Kal Wagenheim and Olga Jimenez de Wagenheim, *The Puerto Ricans: A Documentary History* (Princeton, NJ, 2013), 219.

16. Cesar J. Ayala and Rafael Bernabe, *Puerto Rico in the American Century: A History Since 1898* (Chapel Hill, NC, 2007), 153.

17. Luis Muñoz Marín, "Nuevos caminos hacia viejos objectivos," *El Mundo*, June 28, 1946.

18. "Tugwell Assails Lack of Policy for Puerto Rico," *New York Herald Tribune*, September 17, 1943.

19. Earl Parker Hanson, *Transformation: The Story of Modern Puerto Rico* (New York, 1955), 61.

20. C. Wright Mills, *Clarence Senior, and Rose Kohn Goldsen, The Puerto Rican Journey: New York's Newest Migrants* (New York, 1950), 3.

21. "El partido socialista–dice Munoz Marin–es sencillamente un partido de gente pobre," *El Mundo*, June 27, 1923. 푸에르토리코의 산아제한 정책을 잘 보여주는 설명으로는 Annette B. Ramirez de Arellano and Conrad Seipp, Colonialism, *Catholicism, and Contraception* (Chapel Hill, NC, 1983) 및 Laura Briggs, *Reproducing Empire: Race, Sex, Science, and U.S. Imperialism in Puerto Rico* (Berkeley, CA, 2002)가 있다. 나는 이 장을 전개하면서 두 연구를 많이 참고했다.

22. Herbert Hoover, *Memoirs* (New York, 1952), 2:359.

23. Tugwell, *Stricken Land*, 35–36.

24. Ramirez de Arellano and Seipp, *Colonialism, Catholicism, and Contraception*, 46에 서 인용.

25. Munoz Marin, *Memorias, 1898-1940*, 1:152.

26. Vilar, *The Ladies' Gallery: A Memoir of Family Secrets*, trans. Gregory Rabassa (1996; New York, 2009), 45.

27. Ramirez de Arellano and Seipp, *Colonialism, Catholicism, and Contraception*, 108–109.

28. 핑커스와 피임약에 대한 상세한 설명은 James Reed, *From Private Vice to Public Virtue: The Birth Control Movement and American Society Since 1830* (New York, 1978), part 7 및 Margaret Marsh and Wanda Ronner, *The Fertility Doctor: John Rock and the Reproductive Revolution* (Baltimore, 2008), chaps. 6–7 참고.

29. "Rabbit Without Parents Amazes Men of Science," *Chicago Daily Tribune*, November 2, 1939.

30. Gregory Pincus, *The Control of Fertility* (New York, 1965), 6.

31. Rock, Marsh and Ronner, *Fertility Doctor*, 154에서 인용. Pincus의 팀은 리오피에드라스 Río Piedras 연구가 시작되기 전에 우스터 주립병원Worcester State Hospital에서 정신질 환이 있는 여성 환자 소집단을 대상으로 호르몬 피임제를 시험하기도 한다.

32. Reed, *From Private Vice*, 358.

33. Lara V. Marks, *Sexual Chemistry: A History of the Contraceptive Pill* (New Haven,

CT, 2001), 98: Marsh and Ronner, *Fertility Doctor*, 170.

34. Pincus to McCormick, March 4, 1954, Bernard Asbell, *The Pill: A Biography of the Drug That Changed the World* (New York, 1995), 116에서 인용.

35. Ramirez de Arellano and Seipp, *Colonialism, Catholicism, and Contraception*, 110.

36. Edris Rice-Wray, Marsh and Ronner, *Fertility Doctor*, 195에서 인용.

37. Ramirez de Arellano and Seipp, *Colonialism, Catholicism, and Contraception*, 116.

38. Adaline Satterthwaite, Ibid., 118에서 인용.

39. Briggs, *Reproducing Empire*, 124.

40. Reuben Hill, J. Mayone Stycos, and Kurt W. Back, *The Family and Population Control: A Puerto Rican Experiment in Social Change* (Chapel Hill, NC, 1959), 116, 169, 174.

41. J. Mayone Stycos, "Female Sterilization in Puerto Rico," *Eugenics Quarterly* 1 (1954): 4.

42. Hill et al., *Family and Population Control*, 180.

43. Briggs, *Reproducing Empire*, 157.

44. 동의하지 않은 불임 수술에 대한 연구로는 Bonnie Mass, "Puerto Rico: A Case Study of Population Control," *Latin American Perspectives* 4 (1977): 66-81가 있다. 여성에게 불임을 강제한 "증거가 없다"는 사실을 제시하며 세심하고 매우 신중하게 이뤄진 연구로는 Laura Briggs, "Discourses of 'Forced Sterilization' in Puerto Rico: The Problem with the Speaking Subaltern," *Differences* 10 (1998): 30-66 참고.

45. Iris Lopez, *Matters of Choice: Puerto Rican Women's Struggle for Reproductive Freedom* (New Brunswick, NJ, 2008), 7-8.

46. 46.7퍼센트. Harriet B. Presser, *Sterilization and Fertility Decline in Puerto Rico* (Berkeley, CA, 1973), 61-66. Presser의 수치를 입증하는 다른 연구를 검토한 것으로는 Mass, "Case Study," 72가 있다.

47. Presser, *Sterilization and Fertility*, chap. 10. 인도의 불임수술률은 기혼 여성 100명을 기준으로 측정한 값이다. 그러나 인도에서 시행된 불임수술의 대다수는 정관절제술이었기 때문에 푸에르토리코의 여성 불임수술률이 높은 수치를 기록한 것은 매우 충격적이다.

48. Robert Coughlan, "World Birth Control Challenge," Life, November 23, 1959, 170.

49. 특히 유용한 설명은 Jorge Duany, *The Puerto Rican Nation on the Move: Identities on the Island and in the United States* (Chapel Hill, NC, 2002) 및 Eileen J. Suarez Findlay, *We Are Left Without a Father Here: Masculinity, Domesticity, and Migration in Postwar Puerto Rico* (Durham, NC, 2014)에서 찾아볼 수 있다.

50. Findlay, *Left Without a Father*, 76-77.

51. Mills et al., *Puerto Rican Journey*, 88.

52. Findlay, *Left Without a Father*, 93.

53. Clarence Senior's figures, reported in Elena Padilla, *Up from Puerto Rico* (New

York, 1958), 21.

54. A. C. Schlenker to J. Edgar Hoover, December 23, 1947, in Albizu FBI File, section 5, box 2.

55. A. W. Maldonado, *Luis Muñoz Marín: Puerto Rico's Democratic Revolution* (San Juan, 2006), 299에서 인용.

56. Albizu's speech reported in Schlenker to Hoover, December 23, 1947, and in Jack West, report on Pedro Albizu Campos, May 4, 1948, 22, 모두 Albizu FBI File, section 5, box 2.

57. Speech at Arecibo, March 15, 1948, in West, report on Albizu, May 4, 1948, 45.

58. Schlenker to Hoover, December 23, 1947에서 인용.

59. ACLU statement, Ruth M. Reynolds, *Campus in Bondage: A 1948 Microcosm of Puerto Rico in Bondage* (New York, 1989), 198에서 인용.

60. Ivonne Acosta, *La mordaza: Puerto Rico, 1948-1957* (Rio Piedras, 1989), 107.

61. 이주와 독립을 둘러싼 갈등은 Duany, *Nation on the Move*에서 매우 예리하게 분석하고 있다.

62. 시기 예상에 대한 내용은 Jimenez de Wagenheim, *Nationalist Heroines: Puerto Rican Women History Forgot, 1930s–1950s* (Princeton,NJ, 2017), 26–27 참고.

63. June 11, 1950, speech at Manati, reported in Robert E. Thornton, report on Pedro Albizu Campos, May 22, 1951, Albizu FBI File, section 9, box 2.

64. 1950년 무장 봉기에 대한 내용은 Mini Seijo Bruno, *La insurreccion nacionalista en Puerto Rico, 1950* (Rio Piedras, 1997) 및 Jimenez de Wagenheim, *Nationalist Heroines* 참고.

65. Luis Muñoz Marín, *Memorias: Autobiografia publica, 1940-1952* (San German, PR, 1992), 2:238.

66. Stephen Hunter and John Bainbridge Jr., *American Gunfight: The Plot to Kill Harry Truman-and the Shoot-Out That Stopped It* (New York, 2005), 242.

67. Ibid., 317.

68. Drew Pearson, " 'Shooting Scrape' Upset Truman," *Washington Post*, April 13, 1952.

69. "Uprising in Puerto Rico," *NYT*, November 1, 1950.

70. Paul Harbrecht, "Puerto Rico: Operation Bootstrap," *America*, December 9, 1950, 301.

71. Robert J. Donovan, *The Assassins* (New York, 1955), 174.

72. Benjamin Bradlee, "Planned Riot Demonstration, Collazo Says," *Washington Post*, March 6, 1951에서 인용.

73. Donovan, *Assassins*, 177.

74. Ibid., 173.

75. Jimenez de Wagenheim, *Nationalist Heroines*, 263에서 인용.

76. Acosta, *La mordaza*, 119.

77. Officer Melendez, testimony in William B. Holloman, report on Pedro Albizu Campos, January 31, 1955, Albizu FBI File, section 14, box 2. 알비수의 동지였던 Carmen Maria Perez Gonzalez 또한 알비수가 총을 발포했다고 주장했다(Jimenez de Wagenheim, *Nationalist Heroines*, 109).

78. Seijo Bruno, *La insurreccion nacionalista*, 170.

79. Acosta, *La mordaza*, 120에 문서로 기록됨.

80. Maldonado, *Muñoz Marín*, 305.

81. 푸에르토리코를 식민지 목록에서 제외한 유엔의 결정에 대해 당시 이의 제기가 있었고, 이후 탈식민위원회Decolonization Committee는 푸에르토리코 문제를 재고하라고 제안했으며 총회는 이에 동의했다. 헌법과 유엔의 복잡한 정치학에 대한 안내서로는 Jose Trias Monge, *Puerto Rico: The Trials of the Oldest Colony in the World* (New Haven, CT, 1997), chaps. 10-12, and Ayala and Bernabe, *Puerto Rico*, chap. 8 참고.

82. Munoz Marin, *Memorias, 1940-1952*, 2:383.

83. Irene Vilar, *The Ladies' Gallery*, 72.

84. Chester Bowles, foreword to Hanson, *Transformation*, x.

85. Overview in James L. Dietz, *Economic History of Puerto Rico: Institutional Change and Capitalist Development* (Princeton, NJ, 1986), chaps. 4-5.

86. "Thank Heaven for Puerto Rico," *Life*, March 15, 1954, 24.

87. Munoz to Truman, April 9, 1952, Maldonado, *Muñoz Marín*, 317에서 인용.

88. Trias, *Puerto Rico*, 3.

89. Joe Martin, *My First Fifty Years in Politics* (New York, 1960), 217. 두 범인과의 인터뷰를 기반으로 한 상세한 기록은 Manuel Roig-Franzia, "A Terrorist in the House," *Washington Post*, February 22, 2004에 시간순으로 정리되어 있다.

90. "Fanatics Shoot Five in Congress," *Los Angeles Times*, March 2, 1954.

91. Paul Kanjorski, views reported in Roig-Franzia, "Terrorist."

92. 고맙게도 미 의회 영선국AOC의 Jennifer Blancato가 이 사실을 확인해주었다.

93. Peter Kihss, "San Juan Studies Rebel Chief's Act," *NYT*, March 4, 1954에서 인용. 누가 명령을 내렸는가에 대한 내용은 Jimenez de Wagenheim, *Nationalist Heroines*, 252 참고.

94. 총격 사건에서 알비수의 역할을 다룬 내용은 Jimenez de Wagenheim, *Nationalist Heroines*, 174 참고.

95. Peter Kihss, "Terrorists' Chief Held in San Juan After Gun Battle," *NYT*, March 7, 1954.

96. Albizu to Nieves Tarrido, June 3, 1951, in Albizu FBI File, section 10, box 2.

97. Ibid. 알비수의 추종자들은 투옥되거나 정부 감시를 받을 때 이와 비슷한 경험을 했다고 진술했다. 이들은 유색 광선을 보고 전자기기를 통해 나오는 듯한 음성을 듣고 전기적 충격과 방사파를 느꼈다. 이에 대한 내용은 Andrea Friedman, *Citizenship in Cold War Amer-*

ica: National Security State and the Possibilities of Dissent (Amherst, MA, 2014), chap. 4를 참고하는 것이 도움이 된다.

98. "Aftermath in Puerto Rico," *NYT*, March 7, 1954.

99. Clarence Senior, *The Puerto Ricans: Strangers-Then Neighbors* (Chicago, 1965), 51-52.

100. 이에 대한 유용한 설명은 Frances Negron-Muntaner, "Feeling Pretty: West Side Story and Puerto Rican Identity Discourses," *Social Text* 18 (2000): 83-106 및 Elizabeth A. Wells, *West Side Story: Cultural Perspectives on an American Musical* (Lanham, MD, 2011) 참고. 특히 Julia L. Foulkes, *There's a Place for Us: West Side Story and New York* (Chicago, 2016)을 참고했다.

101. Craig Zadan, *Sondheim and Co.* (New York, 1974), 13에서 인용.

102. Foulkes, *Place for Us*, 51.

103. Stephen Sondheim, *Finishing the Hat* (New York, 2010), 42.

104. Foulkes, *Place for Us*, 1.

105. Stephen Sondheim, *Look, I Made a Hat* (New York, 2011), 112.

16. 합성소재의 세계

1. State of the Union, January 11, 1962, *APP*.

2. W. T. Stead, ed., *The Last Will and Testament of Cecil John Rhodes* (London, 1902), 190.

3. 1975년 연구, Richard D. Johnson and Charles Holbrow, eds., *Space Settlements: A Design Study* (Washington, DC, 1977), 1, 181에 연구 결과가 게재됨.

4. Anne M. Platoff, "Where No Flag Has Gone Before: Political and Technical Aspects of Placing a Flag on the Moon," NASA Contractor Report 188251, www.jsc.nasa.gov/history/flag/flag.htm

5. Ibid., 6.

6. 해당 사건이 가진 비제국주의적 성격에 대해서는 Daniel Immerwahr, "The Moon Landing: Twilight of Empire," *Modern American History* 1 (2018): 129-33 참고.

7. 전 세계적인 탈식민화를 '힘'의 논리로 설명하는 것이 불충분하다는 주장은 Frank Ninkovich, "Culture and Anti-Imperialism," in *Asia Pacific in the Age of Globalization*, ed. Robert David Johnson (New York, 2015), 259-70 참고.

8. 이 문제를 간략히 다룬 중요한 연구로는 Daniel R. Headrick, *Power over Peoples: Technology, Environments, and Western Imperialism, 1400 to the Present* (Princeton, NJ, 2008)가 있다.

9. Adam Hochschild, *King Leopold's Ghost: A Story of Greed, Terror, and Heroism in Colonial Africa* (New York, 1998), 223.

10. Harry Barron, *Modern Synthetic Rubbers*, 3d ed. (London, 1949), 8.

11. Brooks Emeny, *The Strategy of Raw Materials: A Study of America in Peace and War* (New York, 1938), 132.

12. Mark R. Finlay, *Growing American Rubber: Strategic Plants and the Politics of National Security* (New Brunswick, NJ, 2009), 171.

13. Charles Morrow Wilson, *Trees and Test Tubes: The Story of Rubber* (New York, 1943), 232에서 인용.

14. Reconstruction Finance Corporation, *The Government's Rubber Projects: A History of the U.S. Government's National and Synthetic Rubber Programs, 1941-1955* (Washington, DC, 1955), 2:361.

15. "Rubber to Stretch," July 1942, in Papers of Harold L. Ickes, Manuscript Division, Library of Congress, box 113.

16. Bernard Baruch, Report of the Rubber Survey Committee, September 10, 1942, 5.

17. Letter to Rubber Director, November 26, 1942, *APP*.

18. Radio Address on the Scrap Rubber Campaign, June 12, 1942, *APP*.

19. Seth Garfield, *In Search of the Amazon: Brazil, the United States, and the Nature of a Region* (Durham, NC, 2013), 83.

20. RFC, *Government's Rubber Projects*, 2:500.

21. Finlay, *Growing American Rubber* 참고.

22. Wilson, *Trees and Test Tubes*, 132, 206.

23. Stephen Fenichell, *Plastic: The Making of a Synthetic Century* (New York, 1996), 186.

24. Eugene Staley, *Raw Materials in Peace and War* (New York, 1937), 7.

25. Leon Henderson, Wilson, *Trees and Test Tubes*, 209에서 인용.

26. Alfred E. Eckes Jr., *The United States and the Global Struggle for Minerals* (Austin, TX, 1979), 67에서 인용.

27. Yvette Florio Lane, " 'No Fertile Soil for Pathogens': Rayon, Advertising, and Biopolitics in Late Weimar Germany," *Journal of Social History* 44 (2010): 546.

28. Fenichell, *Plastic*, 183.

29. Peter Hayes, *Industry and Ideology, IG Farben in the Nazi Era*, new ed. (New York, 2001), and Adam Tooze, *The Wages of Destruction: The Making and Breaking of the Nazi Economy* (New York, 2006) 참고.

30. Hayes, *Industry and Ideology*, 191.

31. David Edgerton, *The Shock of the Old: Technology and Global History Since 1900* (New York, 2007), 35.

32. Primo Levi, *Survival in Auschwitz: The Nazi Assault on Humanity, trans. Stuart Woolf* (1958; New York, 1976), 19.

33. Bernard Baruch's instructions to Bradley Dewey, Henry J. Inman, *Rubber Mirror: Reflections of the Rubber Division's First 100 Years* (Akron, OH, 2009), 111에서 인용.

34. C. S. Marvel, interview by J. E. Mulvaney, n.d., 11, folder 1-5, box 1, Carl S. Marvel Papers, CHF.

35. Norman V. Carlisle and Frank B. Latham, *Miracles Ahead!: Better Living in the Postwar World* (New York, 1944), 151.

36. 전시 생산 통계에 대한 내용은 Fenichell, *Plastic*, 194, and Robert A. Solo, *Synthetic Rubber: A Case Study* (Washington, DC, 1959), 87 참고.

37. William O. Baker, interview by Marcy Goldstein and Jeffrey L. Sturchio, May 23 and June 18, 1985, 49, CHF.

38. Rubber Reserve Company, *Report on the Rubber Program, 1940-45, Supplement No. 1, Year 1945* (Washington, DC, 1946), 15.

39. Melvin A. Brenner, *The Outlook for Synthetic Rubber* (Washington, DC, 1944), 1.

40. Vernon Herbert and Attilio Bisio, *Synthetic Rubber: A Project That Had to Succeed* (Westport, CT, 1985), 142-44.

41. The President's Materials Policy Commission, *Resources for Freedom* (Washington, DC, 1952), 2:101.

42. Finlay, *Growing American Rubber*, 12.

43. Tooze, *Wages of Destruction*, 446.

44. Susan Freinkel, *Plastic: A Toxic Love Story* (New York, 2011), 2-3. 플라스틱에 대한 내용은 Jeffrey L. Meikle, *American Plastic: A Cultural History* (New Brunswick, NJ, 1995), and Fenichell, *Plastic* 참고.

45. "Plastics in 1940," *Fortune*, October 1940, 92-93.

46. Fenichell, *Plastic*, 206; Freinkel, *Plastic*, 6.

47. Barrett L. Crandall, *The Plastics Industry* (Boston, 1946), 11.

48. B. H. Weil and Victor J. Anhorn, *Plastic Horizons* (Lancaster, PA, 1944), 77-82; Erna Risch, *United States Army in World War II: The Technical Services; The Quartermaster Corps: Organization, Supply, and Services* (Washington, DC, 1953), 1:58-74.

49. Meikle, *American Plastic*, 146.

50. Weil and Anhorn, *Plastic Horizons*, 130.

51. Roland Barthes, *Mythologies*, trans. Annette Lavers (1957; New York, 1972), 99.

52. Jacob Rosin and Max Eastman, *The Road to Abundance* (New York, 1953), 29, 32.

53. Vaclav Smil, *Transforming the Twentieth Century: Technical Innovations and Their Consequences* (New York, 2006), 122.

54. Williams Haynes, *The Chemical Front* (New York, 1943), 12-13.

55. Carlisle and Latham, *Miracles Ahead!*, 168.

56. Haynes, *Chemical Front*, 16.

57. Rosin and Eastman, *Road to Abundance*. Edward D. Melillo, "Global Entomologies: Insects, Empires, and the 'Synthetic Age' in *World History*," *Past and Present* 223 (2014): 233-70 참고.

58. Richard P. Feynman, "There's Plenty of Room at the Bottom," *Caltech Engineering and Science* 23 (1960): 36.

59. J. C. Fisher and R. H. Pry, "A Simple Substitution Model of Technological Change," *Technological Forecasting and Social Change* 3 (1971): 87.

60. 예를 들어 Staley, *Raw Materials*, and Emeny, *Strategy*가 있다. 과학 전문 기자인 Edwin E. Slossen은 실험실이 토지를 어떻게 대체할 것인지를 전략가보다 훨씬 명확히 예측했으나 그조차 미국이 고무를 확보하려면 더 많은 식민지를 두어야 한다고 권고했다. *Creative Chemistry* (Garden City, NY, 1919), 156.

61. 설득력 있는 아이디어가 C. W. W. Greenidge, "Tasks for an International Colonial Conference," *The Crown Colonist*, December 1943, 833-35에 제시되어 있다. 국무부가 얼마나 열의를 보였는지는 Notter Records 전반에 기록되어 있다. 예를 들어 CDA 159, "Summary Analysis of Certain Problems Relating to the Development of the Petroleum and Other Resources of Dependent Areas," May 1944 (box 124); PWC 248, "Proposal for an International Trusteeship System," May 1944 (microfilm 1221) 및 DA 30, "The United States and Trusteeship," December 1945 (box 132)가 있다.

62. PMPC, *Resources for Freedom*, 131.

63. 중요한 조사들로는 Hans H. Landsberg, Leonard L. Fischman, and Joseph L. Fisher, *Resources in America's Future: Patterns of Requirements and Availabilities, 1960-2000* (Baltimore, 1963); National Commission on Materials Policy, *Material Needs and the Environment Today and Tomorrow* (Washington, DC, 1973) 및 National Commission on Supplies and Shortages, *Government and the Nation's Resources* (Washington, DC, 1976) 등이 있다.

64. NCSS, Government and the Nation's Resources, ix.

65. U Thant, "The Decade of Development," 1962, in *Public Papers of the Secretaries-General of the United Nations*, ed. Andrew W. Cordier and Max Harrelson (New York, 1976), 6:118.

66. 합성소재 개발 경쟁에 대한 내용은 Eckes, *Struggle for Minerals*, 234 참고. 퀴닌에 대한 내용은 Paul F. Russell, *Man's Mastery of Malaria* (London, 1955), 112 참고.

67. Harold J. Barnett and Chandler Morse, *Scarcity and Growth: The Economics of Natural Resource Scarcity* (Baltimore, 1963), chap. 8.

68. NCMP, *Material Needs and the Environment*. 전후 주요 내정 간섭과 원자재 간 관련성이 없다는 사실은 Stephen D. Krasner, *Defending the National Interest: Raw Materials Investments and U.S. Foreign Policy* (Princeton, NJ, 1978)에서 상세히 다루고 있다.

69. Geir Lundestad, "Empire by Invitation?: The United States and Western Europe, 1945-52," *Journal of Peace Research* 23 (1966): 264.

70. Daniel J. Sargent, *A Superpower Transformed: The Remaking of American Foreign Relations in the 1970s* (New York, 2015), 185.

71. Lizette Alvarez, "Britain Says U.S. Planned to Seize Oil in '73 Crisis," *NYT*, January 2, 2004.

72. 정부 조사 결과 1973~1974년 오일 쇼크는 공급량 부족 때문이라기보다 석유 고갈에 대한 공포로 인한 사재기 때문인 것으로 밝혀졌다. NSCC, *Nation's Resources*, chap. 4. Timothy Mitchell, *Carbon Democracy: Political Power in the Age of Oil* (London, 2011), chap. 7도 참고.

73. NASA, "Space Suit Evolution: From Custom Tailored to Off-the-Rack," 1994, history. nasa.gov/spacesuits.pdf.

74. DuPont, "DuPont Science: Out of This World and Down to Earth," www2.dupont. com/Media_Center/en_US/assets/downloads/pdf/DuPont_SpaceEarth_ FactSheet. pdf.

17. 이것은 신이 행하신 일

1. Richard M. Leighton and Robert W. Coakley, *Global Logistics and Strategy, 1940-1943* (Washington, DC, 1955), 68.

2. *Lowell Evening Mail*, April 30, 1898.

3. *WTR*, 11:43.

4. Julie Greene, *The Canal Builders: Making America's Empire at the Panama Canal* (New York, 2009), 20.

5. *WTR*, 11:143.

6. Helen Herron Taft, *Recollections of Full Years* (New York, 1914), 144-45.

7. Gerard Lico, *Arkitekturang Filipino: A History of Architecture and Urbanism in the Philippines* (Quezon City, 2008), 230.

8. Theodore Roosevelt, "The Panama Canal," in *The Pacific Ocean in History*, ed. H. Morse Stephens and Herbert E. Bolton (New York, 1917), 145.

9. 다음 설명은 특히 David McCullough, *The Path Between the Seas: The Creation of the Panama Canal, 1870-1914* (New York, 1977); Greene, *Canal Builders* 및 Noel Maurer and Carlos Yu, *The Big Ditch: How America Took, Built, Ran, and Ultimately Gave Away the Panama Canal* (Princeton, NJ, 2011) 참고.

10. J. R. McNeill, *Mosquito Empires: Ecology and War in the Greater Caribbean, 1620-1914* (New York, 2010), chap. 2.

11. Marie D. Gorgas and Burton J. Hendrick, *William Crawford Gorgas: His Life and Work* (New York, 1924), 143, 174.

12. Alfred Dottin, in *Competition for the Best True Stories of Life and Work on the Isthmus of Panama During the Construction of the Panama Canal* (Balboa, Panama, 1963), 105.

13. Jeffrey W. Parker, "Empire's Angst: The Politics of Race, Migration, and Sex Work in Panama, 1903-1945" (Ph.D. diss., University of Texas, Austin, 2013), 23에서 인용.

14. Gorgas and Hendrick, *Gorgas*, 141.

15. Maurer and Yu, *Big Ditch*, 99-101.

16. McCullough, *Path Between the Seas*, 460.

17. Greene, *Canal Builders*, 116.21; Michael E. Donoghue, *Borderland on the Isthmus: Race, Culture, and the Struggle for the Canal Zone* (Durham, NC, 2014), chap. 2.

18. Parker, "Empire's Angst," chap. 3.

19. McCullough, *Path Between the Seas*, 496.

20. Maurer and Yu, *Big Ditch*, 103.

21. Matthew Parker, *Panama Fever: The Battle to Build the Canal* (London, 2007), 341.

22. Michael L. Conniff, *Black Labor on a White Canal: Panama, 1904-1981* (Pittsburgh, 1985), 31.

23. R. H. Somers, "Ordnance Inspection," *Industrial Standardization*, June 1942, 155.

24. Robert W. Coakley and Richard M. Leighton, *Global Logistics and Strategy, 1943-45* (Washington, DC, 1968), 825.

25. Frank T. Hines, "Two Wars," *Army Transportation Journal*, August 1945, 21-22.

26. Leighton and Coakley, *Global Logistics and Strategy, 1940-1943*, 9-11.

27. Frank H. Heck, "Airline to China," in *The Army Air Forces in World War II*, ed. Wesley Frank Craven and James Lea Cate (Chicago, 1958), 7:114에서 인용.

28. Kevin Conley Ruffner, *Luftwaffe Field Divisions* (Oxford, UK, 1990), 3.

29. Kevin Conley Ruffner, *Luftwaffe Field Divisions* (Oxford, UK, 1990), 3.

30. Leighton and Coakley, *Global Logistics and Strategy, 1940-943*, 640.

31. Ivan Dmitri, *Flight to Everywhere* (New York, 1944), 26.

32. Jenifer Van Vleck, *Empire of the Air: Aviation and the American Ascendancy* (Cambridge, MA, 2013), 142.

33. Cave, *Wings Across the World: The Story of the Air Transport Command* (New York, 1945), 62.

34. William H. Tunner, *Over the Hump* (1964; Washington, DC, 1985), 46-47.

35. Reginald M. Cleveland, *Air Transport at War* (New York, 1946), 113.

36. Tunner, *Over the Hump*, 113.

37. Cave, *Wings*, 106.

38. 이 사건 및 치머만의 전보에 대한 설명은 Daniel R. Headrick, *The Invisible Weapon: Telecommunications and International Politics, 1851-1945* (New York, 1991), chap. 9에 잘 기술되어 있다. 케이블에 대한 내용은 Jonathan Reed Winkler, *Nexus: Strategic Communications and American Security in World War I* (Cambridge, MA, 2008)도 참고했다.

39. Winkler, *Nexus*, 152-54.

40. U.S. Army Forces in the European Theater, *Service: The Story of the Signal Corps* (Paris, 1945), 8.

41. Headrick, *Invisible Weapon*, 223.

42. George Raynor Thompson and Dixie R. Harris, *United States Army in World War II: The Technical Services; The Signal Corps* (Washington, DC, 1966), 3:607.

43. Ibid., 3:582.

44. Rebecca Robbins Raines, *Getting the Message Through: A Branch History of the U.S. Army Signal Corps* (Washington, DC, 1996), 262.

45. Thompson and Harris, *Signal Corps*, 3:586.

46. Ibid., 3:605.

47. Ibid., 3:607.

48. *With Walt Whitman in Camden* (Boston, 1906), 3:293.

49. Edmund Russell, *War and Nature: Fighting Humans and Insects with Chemicals from World War I to Silent Spring* (Cambridge, UK, 2001), 113.

50. Emory C. Cushing, *History of Entomology in World War II* (Washington, DC, 1957), 43.

51. James Phinney Baxter III, *Scientists Against Time* (Cambridge, MA, 1946), 307.

52. Paul F. Russell, *Man's Mastery of Malaria* (London, 1955), 112-13.

53. Baxter, *Scientists Against Time*, 318.

54. Russell, War and Nature, 136. DDT에 관한 내용은 David Kinkela, *DDT and the American Century: Global Health, Environmental Politics, and the Pesticide That Changed the World* (Chapel Hill, NC, 2011)도 참고.

55. Russell, *War and Nature*, 117.

56. Russell, *Man's Mastery*, 243.

57. Vannevar Bush, *Science: The Endless Frontier* (Washington, DC, 1945), 1.

58. Cushing, *Entomology in World War II*, 34.

59. Harold W. Thatcher, *The Packaging and Packing of Subsistence for the Army* (Washington, DC, 1945), 3에서 인용.

60. J. B. Dow, "How the Navy Uses Standards in Its Electronics Program," *Industrial Standardization*, May 1945, 97-99; John C. MacArthur, "Fungus Proofing of CWS Equipment in the Field," May 20, 1945; folder 470-72; box 54; Entry 2B, Misc. Series, 1942-45; CWS; John Perry, *The Story of Standards* (New York, 1955), 179; Raines, *Getting the Message Through*, 263.

61. Russell Jones, "The Packaging Problem," *Army Transportation Journal*, August 1946, 6.

62. Thatcher, *Packaging and Packing*, chaps. 2-3; Alvin P. Stauffer, *The Quartermaster Corps: Operations in the War Against Japan* (Washington, DC, 1956), chap. 7.

63. Maurer and Yu, *Big Ditch*, chap. 7.

64. Tunner, *Over the Hump*, 162.

65. Roger G. Miller, *To Save a City: The Berlin Airlift, 1948-1949* (Washington, DC, 1998), 23.

66. Curtis LeMay, Ibid., 46에서 인용.

67. Tunner, *Over the Hump*, 162.

68. Ibid., 222.

69. 이에 대한 놀라운 이야기는 Michael Nelson, *War of the Black Heavens: The Battles of Western Broadcasting in the Cold War* (Syracuse, NY, 1997)에서 확인할 수 있다.

70. Lech Walesa, foreword to Ibid., xi.

18. 붉은색 팔각형의 제국

1. John Perry, *The Story of Standards* (New York, 1955), 140-41; Rexmond C. Cochrane, *Measures for Progress: A History of the National Bureau of Standards* (Washington, DC, 1966), 84-86.

2. A. H. Martin Jr., "Diverse Local Standards Bar Free Trade in Many States," *Industrial Standardization*, July 1940, 181-92.

3. "Standard Gauge for Standard Football," *Industrial Standardization*, April 1940, 96.

4. P. G. Agnew, "Consumer Standards on the Way," *Industrial Standardization*, February 1940, 45; "How Standards Eliminate Trade Barriers," *Industrial Standardization*, April 1940, 86.

5. Lyman J. Gage, "National Standardizing Bureau," April 18, 1900, *Science* 11 (1900): 698에 전재됨.

6. Cochrane, *Measures*, 84에서 인용.

7. Richard Norton Smith, *An Uncommon Man: The Triumph of Herbert Hoover* (New York, 1984); Kendrick A. Clements, *The Life of Herbert Hoover: Imperfect Visionary, 1918-1928* (New York, 2010); and Glen Jeansonne, *The Life of Herbert Hoover: Fighting Quaker, 1928-1933* (New York, 2012) 참고.

8. Louise Morse Whitham, "Herbert Hoover and the Osages," *Chronicles of Oklahoma* 25 (1947): 2-4.

9. Smith, *Uncommon Man*, 16.

10. *WTR*, 11:40.

11. Smith, *Uncommon Man*, 19.

12. Herbert Hoover, *Memoirs* (New York, 1952), 2:158.

13. Oscar Straus, Cochrane, *Measures*, 229에서 인용.

14. Clements, *Hoover*, 255에 기술.

15. Perry, Story of Standards, 132; Clements, *Hoover*, 111.

16. 후버의 다른 표준화 작업에 대한 내용은 Cochrane, *Measures*, 258 참고.

17. W. C. Stewart, "Serving All Industries!-Bolts and Nuts," *Industrial Standardization*, July 1941, 165.

18. Ralph Flanders, George S. Case, "What Can Be Done Toward World Unification of Screw Threads?" *Standardization*, November 1949, 290에서 인용.

19. Herbert Hoover, "Crusade for Standards," *Standardization*, December 1951, 381.

20. Ibid., 282.

21. Aashish Velkar, *Markets and Measurements in Nineteenth-Century Britain* (New York, 2012), 63-66.

22. 나는 Catherine Ceniza Choy, *Empire of Care: Nursing and Migration in Filipino American History* (Durham, NC, 2003), chap. 2 and Ma. Mercedes G. Planta, "Pre-

requisites to a Civilized Life: The American Public Health System in the Philippines, 1901 to 1927" (Ph.D. diss., National University of Singapore, 2008)에서 도움을 받았다.

23. Anastacia Giron-Tupas, *History of Nursing in the Philippines*, rev. ed. (Manila, 1961), 11-15.

24. 자세한 내용은 ibid., chap. 3, and Lavinia L. Dock, *A History of Nursing: From the Earliest Times to the Present Day with Special Reference to the Work of the Past Thirty Years* (New York, 1912), 4:307-20 참고.

25. Choy, Empire of Care; Barbara L. Brush and Julie Sochalski, "International Nurse Migration: Lessons from the Philippines," *Policy, Politics, and Nursing Practice* 8 (2007): 37-46 and Barbara L. Brush, "The Potent Lever of Toil: Nursing Development and Exportation in the Postcolonial Philippines," *American Journal of Public Health* 100 (2010): 1572-81 참고.

26. Hector Vera, "The Social Life of Measures: Metrication in the United States and Mexico" (Ph.D. diss., The New School, 2011), 95.

27. Roosevelt, Press Conference, December 17, 1940, *APP*.

28. M. F. Schoeffel, "Some Adventures in Military Standardization," *Standardization*, September 1951, 277.

29. J. B. Carswell, "Postwar Standardization," *Industrial Stand ardization*, October 1944, 211.

30. Benjamin Melnitsky, *Profiting from Industrial Standardization* (New York, 1953), 42.

31. Ralph E. Flanders, "How Big Is an Inch?" *Atlantic Monthly*, January 1951, 45.

32. Edward R. Stettinius Jr., *Lend-Lease: Weapon for Victory* (New York, 1944), chap. 5.

33. Schoeffel, "Adventures," 277.

34. Richard M. Leighton and Robert W. Coakley, *Global Logistics and Strategy*, 1940-1943 (Washington, DC, 1955), 5.

35. Howard Coonley and P. G. Agnew, "The Role of Standards in the System of Free Enterprise," *Industrial Standardization*, April 1941, part 2, 12.

36. W. L. Fenn, "Standards Smooth the Path of the Subcontractor," *Industrial Standardization*, June 1942, 163.

37. Cochrane, *Measures*, appendix F.

38. Charles A. Willoughby and John Chamberlain, *MacArthur: 1941-1951* (New York, 1954), 71.

39. 이에 대한 설명은 Alvin P. Stauffer, *The Quartermaster Corps: Operations in the War Against Japan* (Washington, DC, 1956), chap. 5 참고.

40. K. R. Cramp, 1945, Michael Symons, *One Continuous Picnic: A Gastronomic Histo-*

ry of Australia, 2d ed. (Melbourne, 2007), 187에서 인용.

41. John Curtin, Winston S. Churchill, *The Second World War* (1950: Boston, 1985), 4:7에 서 인용.

42. "United Nations Standards Committee Opens New York Office," *Industrial Standardization*, October 1944, 209-10.

43. *Industrial Standardization*에 실린 여러 글에 회의에 대한 내용이 실려 있다. 특히 "British Mission and American Groups Confer on Screw Thread Standards," December 1943, 364-65, and John Gaillard, "New War Standard for American Truncated Whitworth Threads," July 1944, 129-31 참고.

44. *Industrial Standardization* 1944년 12월호 참고.

45. Robert M. Gates, "How British and American Screw Threads Differ," *Industrial Standardization*, December 1944, 246.

46. "'Inch' Screw Thread Practice Unified," February 1946, *Industrial Standardization*, 36-42.

47. Case, "Unification of Screw Threads," 304.

48. Daniel J. Sargent, *A Superpower Transformed: The Remaking of American Foreign Relations in the 1970s* (New York, 2015), 15.

49. Roger E. Gay, "World Significance of Standardization," *Industrialization*, September 1952, 305에서 인용.

50. William L. Batt, "Europe Discovers America," *Standardization*, January 1953, 8. NATO에 대한 내용은 Willard L. Thorp, "Standards and International Relations," in *National Standards in a Modern Economy*, ed. Dickson Reck (New York, 1956), 343-51도 참고.

51. "British Consider U.S. Views," *Standardization*, June 1953, 179.

52. 저소득 국가가 부유한 국가의 표준을 도입하는 과정에 대한 설명은 Lal C. Verman, *Standardization: A New Discipline* (Hamden, CT, 1973), 166-67, and Lal C. Verman, "India Reports Active Program," *Industrial Standardization*, September 1948, 122-24 참고.

53. Truman to George F. Hussey, May 21, 1952, reprinted in "Welcome to ISO from the President of the United States," *Standardization*, September 1952, 269.

54. Bruce Haynes, *A History of Performing Pitch: The Story of "A"* (Lanham, MD, 2002), 360-61; "What's the Pitch, Boys?" *Standardization*, April 1949, 101-102; and Perry, *Story of Standards*, 120.

55. H. E. Hilts, "International Signs for the World's Traffic," *Standardization*, August 1953, 239.

56. Clay McShane, "The Origins and Globalization of Traffic Control Signals," *Journal of Urban History* 25 (1999): 382; H. Gene Hawkins Jr., "Evolution of the MUTCD:

Early Standards for Traffic Control Devices," *ITE Journal*, July 1992, 24.

57. H. Gene Hawkins Jr., "Evolution of the MUTCD: The MUTCD Since World War II," *ITE Journal*, November 1992, 18.

58. John Bemelmans Marciano, *Whatever Happened to the Metric System?: How America Kept Its Feet* (New York, 2014), 243. 1970년대에 연방정부가 미터법으로 전환하려는 움직임을 보이면서 인식이 확산됐으나, 미터법 전환은 끝내 이뤄지지 않았다.

59. Vera, "Social Life of Measures," 60-61. 팔라우, 미크로네시아 연방공화국 및 마셜제도는 예전에 미국의 미크로네시아 내 전략적 신탁통치령이었다.

60. 1968년 도로 표지판과 신호에 관한 비엔나 협약이 체결된 배경은 E. W. Foell, "Traffic Signs Baffling the World Over," *Los Angeles Times*, June 4, 1970 참고.

61. Callie Leone가 용기 있게 나서준 덕분에 이 수치를 산출해낼 수 있었다.

62. George Marion, *Bases and Empire: A Chart of American Expansion* (New York, 1948), chap. 12.

63. Neil Smith, *American Empire: Roosevelt's Geographer and the Prelude to Globalization* (Berkeley, CA, 2003)에 논지가 설득력 있게 전개되어 있다.

64. Thomas L. Friedman, *The World Is Flat: A Brief History of the Twenty-First Century* (New York, 2005).

19. 언어는 바이러스다

1. William Bradford, *History of Plymouth Plantation, 1606-1646*, ed. William T. Davis (1651; New York, 1908), 135. 스콴토에 대한 내용은 Neil Salisbury, "Squanto: Last of the Patuxets," in *Struggle and Survival in Colonial America*, ed. David G. Sweet and Gary B. Nash (Berkeley, CA, 1981), 228-46 참고.

2. Bradford, *History*, 111.

3. 18세기 언어에 대한 내용은 Jill Lepore, *A Is for American: Letters and Others Characters in the Newly United States* (New York, 2002); Marc Shell, ed., *American Babel: Literatures of the United States from Abnaki to Zuni* (Cambridge, MA, 2002); and Vicente L. Rafael, "Translation, American English, and the National Insecurities of Empire," in *Formations of United States Colonialism*, ed. Alyosha Goldstein (Durham, NC, 2014), 335-60 참고.

4. Marc Shell, "Babel in America," in *American Babel*, 4.

5. 살아남은 아프리카 언어가 가장 잘 나타나는 것은 걸러Gullah어일 것이다. 이는 조지아와 사우스캐롤라이나주 연안 및 미 동남부 해안 지역에서 오늘날까지 사용되는 흑인 언어이지만, 아프리카어가 아닌 영어를 기반으로 한 크리올어다.

6. Richard Henry Pratt, Margaret D. Jacobs, *White Mother to a Dark Race: Settler Colonialism, Maternalism, and the Removal of Indigenous Children in the American*

West and Australia, 1880-1940 (Lincoln, NE, 2009), 27에서 인용.

7. Brenda J. Child, *Boarding School Seasons: American Indian Families*, 1900-1940 (Lincoln, NE, 1988), 28.

8. 이러한 수법에 대한 내용은 Jacobs, *White Mother*, chap. 4 참고.

9. Nora Marks Dauenhauer and Richard Dauenhauer, "Technical, Emotional, and Ideological Issues in Reversing Language Shift: Examples from Southeast Alaska," in *Endangered Languages: Language Loss and Community Response*, ed. Lenore A. Grenoble and Lindsay J. Whaley (Cambridge, UK, 1998), 65.

10. Sharleen J. Q. Santos-Bamba, "The Literate Lives of Chamorro Women in Modern Guam" (Ph.D. diss., Indiana University of Pennsylvania, 2010), chap. 5.

11. Jack Fahy, special assistant to the secretary, "Preliminary Report of Naval Administration of Island Possessions," April 15, 1945, 8; "Pacific Planning" folder; box 156; R-0-40, Administrative, World War; Office of Territories Classified Files, 1907-1951; ROT.

12. William W. Boyer, *America's Virgin Islands: A History of Human Rights and Wrongs* (Durham, NC, 1983), 182.

13. Fred Atkinson, Funie Hsu, "Colonial Articulations: English Instruction and the 'Benevolence' of U.S. Overseas Expansion in the Philippines, 1898-1916" (Ph.D. diss., University of California, Berkeley, 2013), 20에서 인용.

14. Speech, December 20, 1947, Jack West, report on Albizu, May 4, 1948, 34-35, Albizu FBI File, section 5, box 2에 기록됨.

15. Ford Report, 1913, Cristina Evangelista Torres, *The Americanization of Manila, 1898-1921* (Quezon City, 2010), 154에서 인용. 이에 대한 내용은 Vicente L. Rafael의 통찰력 넘치는 *Motherless Tongues: The Insurgency of Language Amid Wars of Translation* (Durham, NC, 2016)도 참고.

16. *Origins of the Philippine Republic: Extracts from the Diaries and Records of Francis Burton Harrison*, ed. Michael P. Onorato (Ithaca, NY, 1974), 117.

17. Robert H. Gore, Thomas Mathews, *Puerto Rican Politics and the New Deal* (Gainesville, FL, 1960), 64에서 인용.

18. Solsiree del Moral, *Negotiating Empire: The Cultural Politics of the Schools in Puerto Rico, 1898-1952* (Madison, WI, 2013), 16.

19. 푸에르토리코는 27.8퍼센트, 필리핀은 26.6퍼센트였다. Amilcar Antonio Barreto, *The Politics of Language in Puerto Rico* (Gainesville, FL, 2001), 21; Andrew B. Gonzalez, *Language and Nationalism: The Philippine Experience Thus Far* (Quezon City, 1980), 26.

20. John E. Reinecke, "'Pidgin English' in Hawaii: A Local Study of the Sociology of Language," *American Journal of Sociology* 5 (1938): 778-89.

21. Michael D. Gordin, *Scientific Babel: How Science Was Done Before and After Global English* (Chicago, 2015), 180.

22. Ronald J. Pestritto, *Woodrow Wilson and the Roots of Modern Liberalism* (Lanham, MD, 2005), 34.

23. Louise Morse Whitham, "Herbert Hoover and the Osages," *Chronicles of Oklahoma* 25 (1947): 3.

24. Herbert Hoover, *Memoirs* (New York, 1951), 1:36.

25. Pei, *One Language*, 31-32.

26. "Anglo-American Unity," September 6, 1943, in Winston S. Churchill, *His Complete Speeches, 1897-1963*, ed. Robert Rhodes James (New York, 1974), 7:6826.

27. Gordin, *Scientific Babel*, 205.

28. W. Terrence Gordon, "C. K. Ogden's Basic English," *ETC: A Review of General Semantics* 45 (1988): 339.

29. Alok Rai, *Orwell and the Politics of Despair: A Critical Study of the Writings of George Orwell* (Cambridge, UK, 1988), 125-26.

30. H. G. Wells, *The Shape of Things to Come* (New York, 1934), 417.

31. I. A. Richards, *Basic in Teaching: East and West* (London, 1935), 45.

32. Rodney Koeneke, *Empires of the Mind: I. A. Richards and Basic English in China, 1929-1979* (Stanford, CA, 2004), 5.

33. "Globalingo," *Time*, December 31, 1945, 48.

34. FDR to Cordell Hull, June 5, 1944, FDR Library, docs.fdrlibrary.marist.edu/psf/box37/t335k03.html.

35. FDR to Churchill, June 1944, FDR Library, docs.fdrlibrary.marist.edu/psf/box37/a335k01.html.

36. Chad Walsh, "Basic English: World Language or World Philosophy," *College English* 6 (1945): 456.

37. Pei, *One Language*, 119; Edmund Vincent Starrett, "Spelling Reform Proposals for the English Language" (Ed.D. diss., Wayne State University, 1981).

38. Narcissa Owen, *A Cherokee Woman's America: Memoirs of Narcissa Owen, 1831-907* (Gainesville, FL, 2005), 97.

39. *Global Alphabet: Hearing Before the Committee on Foreign Relations, United States Senate*, 79th Cong., 1st sess., November 7, 1945 (Washington, DC, 1945), 6.

40. "Former Senator Owen Devises Global Alphabet," *New York Herald Tribune*, July 29, 1943.

41. *Global Alphabet*, 65, 4.

42. Ibid., 48.

43. Carl Hatch, ibid., 11에서 인용.

44. Starrett, "Spelling Reform," 260-61.

45. Pei, *Story of English*, 314.

46. "Appeal for Global Alphabet Made," *Baltimore Evening Sun*, December 18, 1946.

47. M. K. Gandhi, *Hind Swaraj and Other Writings* (New York, 2009), 102.

48. Ngũgĩ. wa Thiong'o, *Decolonising the Mind: The Politics of Language in African Literature* (London, 1986), 9, 11.

49. Quezon, speech, November 7, 1937, in *The Great Quezon's Dream: A National Language for the Filipinos*, 4-5, typescript, in AHC. 필리핀의 언어에 대한 내용은 Rafael, Motherless Tongues에 가장 잘 논의되어 있다.

50. "Eureka! Basic Tagalog!" *Manila Evening News*, January 17, 1946.

51. Pei, *Story of English*, 347.

52. Robert Phillipson, *Linguistic Imperialism* (Oxford, UK, 1992), 27에서 인용.

53. Phillipson, *Linguistic Imperialism*, 167에서 인용.

54. Phillipson's Linguistic Imperialism and Diana Lemberg, "'The Universal Language of the Future': Decolonization, Development, and the American Embrace of Global English, 1945-1965," *Modern Intellectual History* 15 (2018): 561-592에 논지가 가장 잘 정리되어 있다.

55. Paul A. Kramer, "Is the World Our Campus?: International Students and U.S. Global Power in the Long Twentieth Century," *DH* 33 (2009): 792.

56. Phillipson, *Linguistic Imperialism*, 157.

57. Kwame Nkrumah, *Neo-Colonialism: The Last Stage of Imperialism* (New York, 1965), 248.

58. Arika Okrent, *In the Land of Invented Languages: Esperanto Rock Stars, Klingon Poets, Loglan Lovers, and the Mad Dreamers Who Tried to Build a Perfect Language* (New York, 2009), 141-42.

59. Phillipson과 정부 관계자의 인터뷰는 이를 명확히 보여준다. *Linguistic Imperialism*, 310 참고.

60. National Security Action Memorandum 332, 1965, Lemberg, "Universal Language," 587에서 논의됨.

61. 특히 David Crystal, *English as a Global Language*, 2d ed. (New York, 2003), and David Northrup, *How English Became the Global Language* (New York, 2013) 참고.

62. 1950년까지 영어 구사 인구는 26.1퍼센트였다. Barreto, *Politics of Language*, 21.

63. David Singh Grewal, *Network Power: The Social Dynamics of Globalization* (New Haven, CT, 2008)에 논지가 설득력 있게 전개되어 있다.

64. Masaaki Morita, Genryu, the 50th-anniversary history of Sony에서 인용했으며 sony. net/SonyInfo/CorporateInfo/History/SonyHistory에 간략한 번역본이 올라와 있다.

65. Mario Pei, *One Language for the World* (New York, 1958), 51.

66. Jenifer Van Vleck, *Empire of the Air: Aviation and the American Ascendancy* (Cambridge, MA, 2013), 170.

67. Sandford F. Borins, *The Language of the Skies: The Bilingual Air Traffic Control Conflict in Canada* (Montreal, 1983). 파업이 일어난 지 3년 후에 정부는 제한적인 상황에서 프랑스어 사용을 허용한다는 데 동의했다.

68. 과학 분야에서 국제어 사용 노력과 영어에 굴복하는 과정은 Gordin, *Scientific Babel* 참고.

69. 물리, 화학 및 생리학/의학 분야의 노벨상 수상자 수와 약력은 www.nobelprize.org 참고.

70. Ulrich Ammon, "Linguistic Inequality and Its Effects on Participation in Scientific Discourse and on Global Knowledge Accumulation," *Applied Linguistics Review* 3 (2012): 338.

71. Ibid.

72. 교직원 웹사이트인 www.phys.huji.ac.il/people_faculty에서 심사된 논문이나 전문가 심사가 예정된 논문을 포함시켰다. May 30, 2017 접속.

73. David Crystal, *Language and the Internet* (New York, 2001), 217.

74. Daniel Pargman and Jacob Palme, "ASCII Imperialism," in *Standards and Their Stories: How Quantifying, Classifying, and Formalizing Practices Shape Everyday Life*, ed. Martha Lampland and Susan Leigh Star (Ithaca, NY, 2009), 177-99.

75. 영어 타자기가 전 세계 정보 처리에 미치는 영향에 대한 내용은 Thomas S. Mullaney, *The Chinese Typewriter: A History* (Cambridge, MA, 2017)에 자세히 기술되어 있다.

76. Crystal, *English as a Global Language*, 117.

77. "The Coming Global Tongue," *The Economist*, December 21, 1996, 75에서 인용.

78. Daniel Nettle and Suzanne Romaine, *Vanishing Voices: The Extinction of the World's Languages* (New York, 2000), 18.

79. Mario Pei, *Wanted: A World Language* (New York, 1969).

80. Manu Joseph, "India Faces a Linguistic Truth: English Spoken Here," *NYT*, February 16, 2011. 일반적인 추세에 대한 내용은 Joshua A. Fishman, Andrew W. Conrad 및 Alma Rubal-Lopez, eds., *Post-Imperial English: Status Change in Former British and American Colonies, 1940-1990* (Berlin, 1996) 참고.

81. Goh Chok Tong, Phyllis Ghim-Lian Chew, *Emergent Lingua Francas and World Orders: The Politics and Place of English as a World Language* (New York, 2009), 141에서 인용.

82. Funie Hsu, "The Coloniality of Neoliberal English: The Enduring Structures of American Colonial English Instruction in the Philippines and Puerto Rico," *L2 Journal* 7 (2015): 124, 139-40.

83. Nicholas Ostler, *The Last Lingua Franca: English Until the Return of Babel* (New York, 2010), 15.

84. Daniel Goodard, "Teaching English Abroad Is an Increasingly Popular Choice for

Struggling Undergraduates," *The Independent*, November 19, 2012.

85. John McWhorter, "Where Do Languages Go to Die?" *The Atlantic*, September 10, 2015, www.theatlantic.com/international/archive/2015/09/aramaic-middle-east-language/404434/.

86. "Summary by Language Size," *Ethnologue*, www.ethnologue.com/statistics/size의 언어 순위. 영어의 한계에 대한 내용은 Barbara Wallraff, "What Global Language?" *Atlantic Monthly*, November 2000, 52-66 참고.

87. Crystal, *Global Language*, 69.

88. Robert Pinon and John Haydon, *The Benefits of English Language for Individuals and Societies: Quantitative Indicators from Cameroon, Nigeria, Rwanda, Bangladesh, and Pakistan* (London, 2010), 11.

89. Kathy Marks, "Seoul Tries to Shock Parents out of Linguistic Surgery," *The Independent*, January 3, 2004.

90. David Goldberg, Dennis Looney, and Natalia Lusin, "Enrollments in Languages Other Than English in United States Institutions of Higher Education," 26, *Modern Language Association*, February 2015, apps.mla.org/pdf/2013_enrollment_survey.pdf.

91. Maria Gavrilovic, "Obama: 'I Don't Speak a Foreign Language. It's Embarrassing!'" *CBS News*, July 11, 2008, cbsnews.com.

20. 권력은 곧 주권이오, 미스터 본드

1. Ivar Bryce, *You Only Live Once: Memories of Ian Fleming* (London, 1975), 68. 플레 밍에 대한 내용은 Matthew Parker, *Goldeneye, Where Bond Was Born: Ian Fleming's Jamaica* (New York, 2015)도 참고.

2. Stanley Ross, *Axel Wenner-Gren: The Sphinx of Sweden* (New York, 1947), 1. 이보다 훨씬 균형 잡힌 설명을 보려면 Ilja A. Luciak, "Vision and Reality: Axel Wenner-Gren, Paul Fejos, and the Origins of the Wenner-Gren Foundation for Anthropological Research," *Current Anthropology* 57 (2016): S302-S332 참고.

3. Ross, *Wenner-Gren*, 3에서 인용.

4. Axel Wenner-Gren, *Call to Reason: An Appeal to Common Sense* (New York, 1938).

5. "Anglic Urged as World Tongue," *Albuquerque Journal*, December 8, 1931.

6. Sumner Welles, Luciak, "Vision and Reality," S314에서 인용.

7. Scott Farris, *Inga: Kennedy's Great Love, Hitler's Perfect Beauty, and J. Edgar Hoover's Prime Suspect* (Guilford, CT, 2016), 137.

8. Farris는 케네디와 아바드의 성관계 녹음이 1960년대에 분실됐을 가능성이 있으나, 후버는 그럼에도 불구하고 복사본이 '안전하게' 보관되어 있다고 케네디가 믿게끔 하는 데 애를 썼 다. *Inga*, 240-42 참고.

9. Bryce, *You Only Live Once*, 72.

10. Tao Leigh Goffe, "007 Versus the Darker Races: The Black and Yellow Peril in Dr. No," *Anthurium: A Caribbean Studies Journal* 12 (2015): 1에서 인용.

11. Parker, *Goldeneye*, 212에서 인용.

12. Mark Binelli, "Chris Blackwell: The Barefoot Mogul," *Men's Journal*, March 2014, www.mensjournal.com/features/chris-blackwell-the-barefoot-mogul-20140319.

13. Edward Helmore, "Chris Blackwell: The Original Trustafarian," *London Telegraph*, May 8, 2012.

14. Ian Fleming, *Doctor No* (1958; New York, 2002), 53.

15. Ibid., 175, 178.

16. Ibid., 161-62.

17. Jimmy M. Skaggs, *The Great Guano Rush: Entrepreneurs and American Overseas Expansion* (New York, 1994), 200.

18. Ibid., 216.

19. Ernest Gruening, *Many Battles: The Autobiography of Ernest Gruening* (New York, 1973), 235. 1930년대에 적도 지역의 해조분 제도를 다시 식민지로 삼았다는 내용은 Roy F. Nichols, *Advance Agents of American Destiny* (Philadelphia, 1956), chap. 9; Lowell T. Young, "Franklin D. Roosevelt and America's Islets: Acquisition of Territory in the Caribbean and the Pacific," *The Historian* 35 (1973): 205-20; Skaggs, *Guano Rush*, chap. 11; and *Under a Jarvis Moon*, dir. Noelle Kahanu and Heather Giugni (Bishop

Museum, 2011) 참고.

20. Ernest Gruening, "General Information, Equatorial Islands," c. 1939; "World's Colonies,General" folder; box 607; 9-0-1, Administrative, World's Colonies; Office of Territories Classified Files, 1907-1951; ROT.

21. Ibid.

22. 자세한 내용은 Interior Department press memos, 1938, in "Colonization-Other Islands" folder, box 12, Padover File 참고.

23. Gruening, *Many Battles*, 236.

24. William Atherton DuPuy, "Our New Islands," *Current History*, February 1937, 62-64.

25. David Vine은 *Base Nation: How U.S. Military Bases Abroad Harm America and the World* (New York, 2015), 4에서 이러한 합리적인 추정치를 제시한다.

26. 점묘주의 제국은 *After the Map: Cartography, Navigation, and the Transformation of Territory in the Twentieth Century* (Chicago, 2016)에서 논의한 William Rankin의 '영토 점묘주의' 및 "Islands: The United States as a Networked Empire," in *Entangled Geographies: Empire and Technopolitics in the Global Cold War*, ed. Gabrielle Hecht (Cambridge, MA, 2011), 13-42에 제시된 Ruth Oldenziel의 통찰력에서 착안한 개념이다. '기지는 새로운 형태의 제국'이라는 역사적 문헌은 Chalmers Johnson, *Blowback: The Costs and Consequences of American Empire* (New York, 1999)에서 시작되었다. Daniel Immerwahr, "The Greater United States: Territory and Empire in U.S. History," *DH* 40 (2016): 390n에서 인용된 이후의 역사 연구도 참고.

27. CDA 359, "American Opinion of 'Trusteeship' for Pacific Bases," November 1945, 5, Notter Records, box 126.

28. Truman, Radio Report to the American People on the Potsdam Conference, August 9, 1945, *APP*.

29. George Marion, *Bases and Empire: A Chart of American Expansion* (New York, 1948), 11.

30. Amilcar Antonio Barreto, *Vieques, the Navy, and Puerto Rican Politics* (Gainesville, FL, 2002), 24에서 인용.

31. Alba Encarnacion, ibid., 40에서 인용.

32. Department of Defense, *Base Structure Report, Fiscal Year 2015 Baseline*, 42.

33. John S. Whitehead, *Completing the Union: Alaska, Hawai'i, and the Battle for Statehood* (Albuquerque, NM, 2004), 277-78.

34. Vine, *Base Nation*, 75에서 인용.

35. Ibid., 65에서 인용. Stuart Barber와 전략적 섬이라는 개념은 David Vine, *Island of Shame: The Secret History of the U.S Military Base on Diego Garcia* (Princeton, NJ, 2009), chaps. 2-3에도 논의되어 있다.

36. Benjamin Torres, ed., *Pedro Albizu Campos: Obras escogidas, 1923-1936* (San Juan,

1975), 271.

37. Daniel C. Walsh, *An Air War with Cuba: The United States Radio Campaign Against Castro* (Jefferson, NC, 2012), 17에 전재됨.

38. "Swans, Spooks, and Boobies," *Time*, December 6, 1971.

39. James McCartney, "Radio on Swan Island an Outpost of Free Cuba," *Boston Globe*, April 23, 1961.

40. "Swans, Spooks, and Boobies."

41. David Wise and Thomas B. Ross, *Our Invisible Government* (New York, 1964), 329.

42. Christopher Moran, "Ian Fleming and CIA Director Allen Dulles: The Very Best of Friends," in *James Bond in World and Popular Culture: The Films Are Not Enough*, 2d ed., ed. Robert G. Weiner, B. Lynn Whitfield, and Jack Becker (Newcastle, UK, 2011), 208-15.

43. Sam Dillon, *Comandos: The CIA and Nicaragua's Contra Rebels* (New York, 1991), 177-82.

44. Fleming, *Doctor No*, 214, 211.

45. Carey Wilson, dir., *Bikini: The Atom Island* (MGM, 1946)

46. Robert Stone 감독의 *Radio Bikini* (IFC Films, 1988)에서 인터뷰.

47. Peter Bacon Hales, *Outside the Gates of Eden: The Dream of America from Hiroshima to Now* (Chicago, 2014), chap. 1.

48. Paul V. McNutt, Address at the Inauguration of the Philippine Republic, July 4, 1946; "McNutt, P. V., Correspondence and Speeches, 1945-46" folder, box 7, HC.DC.

49. Dick Thornburgh et al., "The Nuclear Claims Tribunal of the Republic of the Marshall Islands: An Independent Examination and Assessment of Its Decision-Making Pro cesses," 2003, www.bikiniatoll.com/ThornburgReport.pdf.

50. Davis, *Empires' Edge*, 53.

51. Simon L. Steven et al., "Radiation Doses and Cancer Risks in the Marshall Islands Associated with Exposure to Radioactive Fallout from Bikini and Enewetak Nuclear Weapons Tests: Summary," *Health Physics* 99 (2010): 105-24.

52. Lawrence S. Wittner, *Resisting the Bomb: A History of the World Nuclear Disarmament Movement, 1954-70* (Stanford, CA, 1997), 14.

53. "12 Scientists Ask Bomb Tests Go On," *NYT*, October 21, 1956.

54. Davis, *Empires' Edge*, 86. 키신저가 추정한 인구수는 상당히 부풀려진 것이었다.

55. 이에 대한 설명은 George O. Totten and Tamio Kawakami, "Gensuiky. and the Peace Movement in Japan," *Asia Survey* 4 (1964): 833-41 및 Toshihiro Higuchi, "An Environmental Origin of Antinuclear Activism in Japan, 1954-63: The Government, the Grassroots Movement, and the Politics of Risk," *Peace and Change*, 33 (2008): 333-67 참고.

56. 이후 논의는 Yuki Tanaka, "Godzilla and the Bravo Shot: Who Killed and Created the Monster?" in *Filling the Hole in the Nuclear Future: Art and Popular Culture Respond to the Bomb*, ed. Robert Jacobs (Lanham, MD, 2010), 159-70 참고.

57. *Gojira*, dir. Ishir. Honda (Toho, 1954).

58. *Godzilla, King of the Monsters!*, dir. Terry Morse (Transworld, 1956).

59. 핵무기 저장에 대한 자세한 내용은 Office of the Assistant to the Secretary of Defense, *History of the Custody and Deployment of Nuclear Weapons, July 1945 Through September 1977*, 1978, www.dod.mil/pubs foi/Reading_Room/NCB/306.pdf 참고. 이 중요 문서에 대한 유용한 설명은 Robert S. Norris and William M. Arkin, "Where They Were," *Bulletin of the Atomic Scientists* 55 (1999): 26-35 참고. 핵무기는 영국, 캐나다 및 서독과 같은 연합국에도 저장되어 있었다.

60. Deneen L. Brown, "Trail of Frozen Tears: The Cold War Is Over, but to Native Greenlanders Displaced by It, There's Still No Peace," *Washington Post*, October 22, 2002.

61. Nikolai Bulganin to H. C. Hansen, March 28, 1957, Nikolaj Petersen, "The H. C. Hansen Paper and Nuclear Weapons in Greenland," *Scandinavian Journal of History* 23 (1998): 32에서 인용. Danish Institute of International Affairs, *Greenland During the Cold War: Danish and American Security Policy, 1945-68* 번역, Henry Myers (Copenhagen, 1997)도 참고.

62. Petersen, "H. C. Hansen Paper," 33.

63. Thomas Power, 1950, Scott D. Sagan, *The Limits of Safety: Organizations, Accidents and Nuclear Weapons* (Princeton, NJ, 1993), 170에서 인용.

64. History and Research Division, Headquarters, Strategic Air Command, *Project Crested Ice: The Thule Nuclear Accident*, vol. 1, SAC Historical Study 113, 1969; Sagan, Limits of Safety, chap. 4.

65. Sagan, Limits of Safety, chap. 4, and Eric Schlosser, *Command and Control: Nuclear Weapons, the Damascus Accident, and the Illusion of Safety* (New York, 2013)에 이 문제와 관련한 논지가 훌륭하게 전개되어 있다.

66. Project Crested Ice, 24, 56에 제시된 1단계 및 2단계 수치를 토대로 계산한 것이다.

67. 자세한 내용은 Tad Szulc, *The Bombs of Palomares* (New York, 1967) 참고.

68. "The Missing H-Bomb," *Boston Globe*, March 4, 1966.

69. "¡La Bomba Recuperada!" *Time*, April 15, 1966, 35.

21. 기지 국가

1. George Orwell, *1984* (1949; New York, 1984), 53, 186.

2. George Orwell, "You and the Atom Bomb," November 19, 1945, in *The Collected Essays, Journalism, and Letters of George Orwell*, ed. Sonia Orwell and Ian Angus (Boston, 2000), 4:9.

3. 자세한 내용은 Aldon P. Ferguson, *Eighth Air Force Base Air Depot Burtonwood* (Reading, UK, 1986) 참고. 버턴우드 미군 기지는 1960년대에 일시적으로 폐쇄되었다.

4. Richard F. Kuisel, *Seducing the French: The Dilemma of Americanization* (Berkeley, CA, 1993).

5. Thomas L. Pearcy, *We Answer Only to God: Politics and the Military in Panama, 1903-1947* (Albuquerque, NM, 1998), 175.

6. Thomas S. Power, *Design for Survival* (New York, 1965), 132; Eric Schlosser, *Command and Control: Nuclear Weapons, the Damascus Accident, and the Illusion of Safety* (New York, 2013), 188.

7. Ken Kolsbun, *Peace: The Biography of a Symbol* (Washington, DC, 2008), 41, 43.

8. Gerald Holtom, "A Prelude to the Dance of Life," Andrew Rigby, "A Peace Symbol's Origins," *Peace Review* 10 (1998): 477에서 인용. 홀텀의 디자인이 N과 D(Nuclear Disarmament: 핵군축)를 뜻하는 수기 신호를 결합한 것이라는 이야기도 있다.

9. Ibid.

10. Bill Harry, *Bigger Than the Beatles* (Liverpool, 2009), 9.

11. George Martin, *Summer of Love: The Making of Sgt. Pepper* (New York, 1994), 41.

12. Ferguson, *Burtonwood*, 103, 88, 96.

13. Ibid., 81.

14. Ibid., 97. 기지 밴드로 활동하던 비틀스에 대한 내용이 Keith Gildart, *Images of England Through Popular Music: Class, Youth and Rock 'n' Roll, 1955-1976* (New York, 2013), chap. 3에 훌륭히 정리되어 있다. 버턴우드와 음악에 대한 내용은 Harry, *Bigger Than the Beatles*, 45, and Helen Southall, "'Total War': Effects of World War II on the Live Music Industry in Cheshire and North Wales," in *World War II and the Media*, ed. Christopher Hart, Guy Hodgson, and Simon Gwyn Roberts (Chester, UK, 2014), 137-53 참고.

15. Martin, *Summer of Love*, 42.

16. Brian Roylance, ed., *The Beatles Anthology* (San Francisco, 2000), 35.

17. Bob Spitz, *The Beatles: The Biography* (New York, 2005), 27, 55, 110, 123.

18. Lawrence S. Wittner, *Resisting the Bomb: A History of the World Nuclear Disarmament Movement, 1954-70* (Stanford, CA, 1997), 196.

19. Hunter Davies, "The Beatles," *Life*, September 20, 1968, 76에서 인용.

20. Gretchen Heefner, *The Missile Next Door: The Minuteman in the American Heart-*

land (Cambridge, MA, 2012)는 미군 주둔지 내에서 이러한 역학 관계가 어떻게 작용했는
지를 훌륭히 보여준다.

21. Edwin O. Reischauer, *The United States and Japan* (Cambridge, MA, 1954), 217.

22. 별도의 표시가 없으면 세부 내용들은 John W. Dower의 뛰어난 저작인 *Embracing Defeat: Japan in the Wake of World War II* (New York, 1999)를 참고한 것이다.

23. Sarah Kovner, "The Soundproofed Superpower: American Bases and Japanese Communities, 1945-1972," *Journal of Asian Studies* 75 (2016): 90, 97.

24. Suzuki Mosaburo, George R. Packard, *Protest in Tokyo: The Security Treaty Crisis of 1960* (Princeton, NJ, 1966), 19에서 인용.

25. Justin Jesty, "Tokyo 1960: Days of Rage and Grief: Hamaya Hiroshi's Photos of Anti-Security-Treaty Protests," *Asia-Pacific Journal* 13 (2015): 6.

26. Thomas R. H. Havens, *Fire Across the Sea: The Vietnam War and Japan, 1965-1975* (Princeton, NJ, 1987), 193.

27. Tessa Morris-Suzuki, *Borderline Japan: Foreigners and Frontiers Controls in the Postwar Era* (Cambridge, UK, 2010), 137.

28. Masumichi S. Inoue, *Okinawa and the U.S. Military: Identity Making in the Age of Globalization* (New York, 2007), 50-51.

29. Kovner, "Soundproofed Leviathan," 98.

30. Walter LaFeber, *The Clash: U.S. Japanese Relations Throughout History* (New York, 1997), 316.

31. Richard Stubbs, *Rethinking Asia's Economic Miracle: The Political Economy of War, Prosperity, and Crisis* (New York, 2005), 68.

32. Michael Schaller, *The American Occupation of Japan: The Origins of the Cold War in Asia* (New York, 1985), 289.

33. LaFeber, *Clash*, 287.

34. Schaller, *American Occupation*, 289.

35. Fujita Kuniko, "Corporatism and the Corporate Welfare Program: Impact of the Korean War on the Toyota Motor Corporation," in *The Occupation of Japan: The Impact of the Korean War*, ed. William F. Nimmo (Norfolk, VA, 1990), 124.

36. 군납 계약과 표준화 및 아시아 국가의 경제 성장 관계에 대한 내용은 Jim Glassman and Young-Jin Choi, "The Chaebol and the US Military-Industrial Complex: Cold War Geopolitical Economy and South Korean Industrialization," *Environment and Planning* A 46 (2014): 1160-80, and Patrick Chung, "Building Global Capitalism: Militarization, Standardization, and U.S.South Korea Relations Since the Korean War" (Ph.D. diss., Brown University, 2017)를 많이 참고했다.

37. 일본 내 데밍의 위상에 대한 내용은 William M. Tsutsui, "W. Edwards Deming and the Origins of Quality Control in Japan," *Journal of Japanese Studies* 22 (1996): 295-325

참고.

38. Andrea Gabor, *The Man Who Discovered Quality* (New York, 1990), 80.

39. Akio Morita, *Made in Japan: Akio Morita and Sony* (New York, 1986), 165.

40. Havens, *Fire Across the Sea*, 98.

41. Johnson, *MITI and the Japanese Miracle: The Growth of Industrial Policy*, 1925-1975 (Stanford, CA, 1982), 6.

42. Chalmers Johnson, *MITI* 및 *Postwar Japan as History*, ed. Andrew Gordon (Berkeley, CA, 1993)에 실린 Bruce Cumings와 Laura Hein의 에세이는 이에 대한 중요한 관점을 제공한다.

43. 시위와 여론에 대한 자세한 내용은 Kovner, "Soundproofed Superpower," 94-95, 100 참고.

44. Havens, *Fire Across the Sea*, 194.

45. 자세한 내용은 Packard, *Protest in Tokyo* 참고.

46. Inoue, Okinawa, 55-54; Miyume Tanji, *Myth, Protest and Struggle in Okinawa* (London, 2006), 103-104; James E. Roberson, "'Doin' Our Thing': Identity and Colonial Modernity in Okinawan Rock Music," *Popular Music and Society* 34 (2011): 593-620.

47. Roberson, "Doin' Our Thing," 606; Justin Zaun, "It's Only Rock and Roll," *Okinawa Living*, October 2004, 10-17도 참고.

48. Michael Schaller, *Altered States: The United States and Japanese Since the Occupation* (New York, 1997), 3.

49. 소니사에 대한 설명은 Nick Lyons, *The Sony Vision* (New York, 1976); Akio Morita, *From a 500-Dollar Company to a Global Corporation* (Pittsburgh, 1985); Morita, *Made in Japan; John Nathan, Sony: The Private Life* (Boston, 1999); and *Genryu*, the 50th-anniversary history of Sony(sony.net/SonyInfo/CorporateInfo/History/SonyHistory에 간략히 번역본이 올라와 있음) 참고.

50. Nathan, *Sony*, 15.

51. Morita, *Made in Japan*, 51.

52. Hyungsub Choi, "Manufacturing Knowledge in Transit: Technical Practice, Organizational Change, and the Rise of the Semiconductor Industry in the United States and Japan, 1948-1960" (Ph.D. diss., Johns Hopkins, 2007), 109-10. 모리타는 소니가 '옥살 페라이트oxalic ferrite'를 가열해 산화제2철로 바꾸었다고 책에 썼다(*Made in Japan*, 56). 이는 옥살산제1철을 혼동한 번역으로 보인다.

53. Morita, *Made in Japan*, 70.

54. Ibid., 70.

55. Morita, *500-Dollar Company*, 223.

56. 소니 보이는 일본에서는 일본인으로 생각됐을 것이다.

57. Spitz, *Beatles*, 35.

58. Aaron Forsberg, *America and the Japanese Miracle: The Cold War Context of Japan's Postwar Economic Revival, 1950-60* (Chapel Hill, NC, 2000), 10.

59) Jerry Brown, M. J. Heale, "Anatomy of a Scare: Yellow Peril Politics in America, 1980-1993," *Journal of American Studies* 43 (2009): 23에서 인용. Andrew C. McKevitt, *Consuming Japan: Popular Culture and the Globalizing of 1980s America* (Chapel Hill, NC, 2017)도 참고.

60. Judith Stein, *Pivotal Decade: How the United States Traded Factories for Finance in the Seventies* (New Haven, CT, 2010), 252-59.

61. Gabor, *Man Who Discovered Quality*, 126.

62. Andrea Chronister, "Japan-Bashing: How Propaganda Shapes Americans' Perceptions of the Japanese" (M.A. thesis, Lehigh University, 1992), 74에서 인용.

63. *The Oprah Winfrey Show*, ABC, April 25, 1988. 트럼프의 불만 토로는 또한 페르시아만 국가들을 대상으로 확대됐다.

64. *Who Killed Vincent Chin?*, dir. Christine Choy (Film News Now Foundation, 1987).

65. *Time*, May 10, 1971.

66. Akio Morita and Shintaro Ishihara, *The Japan That Can Say No: The New U.S.-Japan Relations* (Ann Arbor, MI, 1989), 36. 모리타의 허가 없이 번역본이 무단으로 출간됐다.

22. 첨병전

1. Lloyd Hamilton, 1934, Robert Vitalis, *America's Kingdom: Mythmaking on the Saudi Oil Frontier* (London, 2009), 54에서 인용.

2. Lawrence Wright, *The Looming Tower: Al-Qaeda and the Road to 9/11* (New York, 2007), 65.

3. 빈 라덴의 가계에 대한 설명은 Steve Coll, *The Bin Ladens: An Arabian Family in the American Century* (New York, 2008)에 대부분 의존했다. 별도의 인용이 없으면 세부 내용은 해당 저서를 참고한 것이다.

4. Ibid., 42.

5. Parker T. Hart, *Saudi Arabia and the United States: Birth of a Security Partnership* (Bloomington, IN, 1998), 31-32, 85.

6. Vitalis, *America's Kingdom*, 34.

7. Mary Eddy, 1954, ibid., 80에서 인용.

8. Hart, *Saudi Arabia and the U.S.*, 82-85.

9. Thomas Borstelmann, *The 1970s: A New Global History from Civil Rights to Economic Inequality* (Princeton, NJ, 2011), 199.

10. Peter L. Bergen, *Holy War, Inc.: Inside the Secret World of Osama bin Laden* (London, 2001), 69.

11. Bruce Lawrence, ed., *Messages to the World: The Statements of Osama bin Laden*, 번역 *James Howarth* (London, 2005), 48; Wright, Looming Tower, 114.

12. Lawrence, *Messages to the World*, 48.

13. Richard P. Hallion, *Storm over Iraq: Air Power and the Gulf War* (Washington, DC, 1992), 134.

14. Steve Coll, *Ghost Wars: The Secret History of the CIA, Afghanistan, and Bin Laden, from the Soviet Invasion to September 10, 2001* (New York, 2004), 223에 기록된 대화.

15. Bob Woodward, *The Commanders* (New York, 1991), 270.

16. Wright, *Looming Tower*, 157.

17. Colin Powell, *My American Journey* (New York, 1995), 468.

18. Hallion, *Storm over Iraq*, 138.

19. Ibid., 137.

20. Thomas A. Keaney and Eliot A. Cohen, *Revolution in Warfare?: Air Power in the Persian Gulf* (Annapolis, MD, 1995), 7-9.

21. Hallion, *Storm over Iraq*, 128.

22. H. Norman Schwarzkopf, *It Doesn't Take a Hero* (New York, 1992), 332.

23. 베트남과 사막의 폭풍 작전 당시 공군력에 대한 내용은 Michael Adas, *Dominance by Design: Technological Imperatives and America's Civilizing Mission* (Cambridge, MA, 2006), chaps. 6-7의 도움을 받았다.

24. Christian G. Appy, *American Reckoning: The Vietnam War and Our National Identity* (New York, 2015), 229.

25. Walter J. Boyne, "Breaking the Dragon's Jaw," *Air Force Magazine*, August 2011, 60.

26. 이에 대한 설명은 Hallion, *Storm over Iraq*; Michael J. Mazarr, Don M. Snider, and James A. Blackwell Jr., *Desert Storm: The Gulf War and What We Learned* (Boulder, CO, 1993); and Benjamin S. Lambeth, "Air Power, Space Power, and Geography," *Journal of Strategic Studies* 22 (1999): 63-82 참고.

27. Mazarr et al, *Desert Storm*, 96.

28. GPS 사용에 대한 내용은 Michael Russell Rip and James M. Hasik, *The Precision Revolution: GPS and the Future of Aerial Warfare* (Annapolis, MD, 2002), chap. 5 참고.

29. Thomas Mahnken and Barry D. Watts, "What the Gulf War Can (and Cannot) Tell Us About the Future of Warfare," *International Security* 22 (1997): 160-61.

30. 군사혁신(RMA)에 대한 유용한 개략적 정보는 Eliot A. Cohen, "A Revolution in Warfare," Foreign Affairs 75 (1996): 37-54, and Michael Ignatieff, *Virtual War: Kosovo and Beyond* (London, 2000) 참고.

31. Rip and Hasik, Precision Revolution, 131에서 인용. 이에 대한 내용은 William Rankin,

After the Map: Cartography, Navigation, and the Transformation of Territory in the Twentieth Century (Chicago, 2016), chap. 6의 도움을 받았다.

32. Powell, *American Journey*, 474; Schwarzkopf, *Doesn't Take a Hero*, 332-35.

33. Rachel Bronson, *Thicker Than Oil: America's Uneasy Partnership with Saudi Arabia* (New York, 2006), 195.

34. Powell, *American Journey*, 474; Schwarzkopf, *Doesn't Take a Hero*, 332.

35. Schwarzkopf, *Doesn't Take a Hero*, 355.

36. 빈 라덴과 알카에다, 9·11 테러에 대한 내용은 특히 Bergen, *Holy War, Inc.*; Coll, *Ghost Wars; The 9/11 Commission Report: Final Report on the National Commission on Terrorist Attacks upon the United States* (Washington, DC, 2004) 및 Wright, *Looming Tower* 참고.

37. Wright, *Looming Tower*, 209-10.

38. Lawrence, *Messages to the World*, 16.

39. 9·11 진상조사위원회 보고서 9/11 Commission Report는 폭격의 '주범'이 사우디 헤즈볼라라고 판단했으나 '알카에다'가 이에 어느 정도 관여한 흔적'을 언급했다(60).

40. Rowan Scarborough, "Air Force Barracks Is Built by Bin Laden's Family Firm," *Washington Times*, September 15, 1998.

41. Coll, *Bin Ladens*, 467.

42. Werner Daum, "Universalism and the West," *Harvard International Review*, Summer 2001, 19. 이와 유사한 추정치가 Noam Chomsky, *9.11: Was There an Alternative?* (New York, 2011), 79-80에 제시되어 있다.

43. "Punish and Be Damned," *The Economist*, August 27, 1998, 16.

44. Lawrence, *Messages to the World*, 119.

45. *9/11 Commission Report*, 340.

46. Lawrence, *Messages to the World*, 163, 167.

47. "Bush Vows to Rid the World of 'Evil-Doers,'" CNN, September 16, 2001, edition. cnn.com/2001/US/09/16/gen.bush.terrorism.

48. Presidential Debate in Winston-Salem, North Carolina, October 11, 2001, *APP*.

49. Donald Rumsfeld, *Known and Unknown: A Memoir* (New York, 2011), 400.

50. Terry H. Anderson, *Bush's Wars* (New York, 2011), 136.

51. "Text: Pentagon Briefing on Military Response to Terrorist Attacks," *Washington Post*, September 18, 2001.

52. 이를 면밀히 분석한 것으로는 Stuart Elden, *Terror and Territory: The Spatial Extent of Sovereignty* (Minneapolis, 2009)가 있다.

53. Benjamin S. Lambeth, *Air Power Against Terror: America's Conduct of Operation Enduring Freedom* (Santa Monica, CA, 2005), 95-96.

54. Lawrence, *Messages to the World*, 182.

55. Chris Woods, "Understanding the Gulf Between Public and U.S. Government Estimates of Civilian Casualties in Covert Drone Strikes," in *Drones and the Future of Armed Conflict: Ethical, Legal, and Strategic Implications*, ed. David Cortright, Rachel Fairhurst, and Kristen Wall (Chicago, 2015), 186에 이러한 추정치에 대한 내용이 제시되어 있다. 드론에 대한 개략적인 설명은 Peter L. Bergen and Daniel Rothenberg, eds., *Drone Wars: Transforming Conflict, Law, and Policy* (New York, 2015)에 잘 정리되어 있다.

56. "Secretary Rumsfeld Interview with Al Jazeera," February 25, 2003, www.digitaljournal.com/article/34851.

57. Anderson, *Bush's Wars*, 141에서 인용.

58. Max Boot, "Washington Needs a Colonial Office," *Financial Times*, July 3, 2003.

59. Niall Ferguson, *Colossus: The Price of America's Empire* (New York, 2004), 2.

60. "Text of President Bush's Press Conference," *NYT*, April 13, 2004.

61. Rajiv Chandrasekeran, *Imperial Life in the Emerald City: Inside Iraq's Green Zone* (New York, 2006).

62. Rumsfeld, briefing, November 16, 2001, avalon.law.yale.edu/sept11/dod_brief93.asp.

63. Eric Schmitt and Mark Landler, "Cheney Calls for More Unity in Fight Against Terrorism," *NYT*, January 25, 2004.

64. Donald H. Rumsfeld, "Positioning Our Military for a Rapidly Changing World," *Seattle Times*, September 24, 2004.

65. 미군 기지 폐쇄에 대한 내용은 Sasha Davis, The Empires' *Edge: Militarization, Resistance, and Transcending Hegemony in the Pacific* (Athens, GA, 2015) 참고. 해외 기지 폐쇄에 대한 내용은 Stacie L. Pettyjohn and Jennifer Kavanaugh, *Access Granted: Political Challenges to the U.S. Overseas Military Presence, 1945-2014* (Santa Monica, CA, 2016) 참고.

66. Yuko Kawato, *Protests Against U.S. Military Base Policy in Asia: Persuasion and Its Limits* (Stanford, CA, 2015), chap. 2.

67. Frank Quimby, "Fortress Guahan: Chamorro Nationalism, Regional Economic Integration and US Defence Interests Shape Guam's Recent History," *Journal of Pacific History* 46 (2011): 373.

68. Tiara Rose Na'puti, "Charting Contemporary Chamoru Activism: Anti-Militarization and Social Movements in Guahan" (Ph.D. diss., University of Texas, Austin, 2013).

69. Quimby, "Fortress *Guåhån*," 373.

70. Lieutenant Colonel Douglas, Ronald Stade, *Pacific Passages: World Culture and Local Politics in Guam* (Stockholm, 1998), 192-93에서 인용.

71. *Meet the Press*, NBC, September 16, 2001.

72. 이에 대한 중요한 설명이 Kal Raustiala, *Does the Constitution Follow the Flag?: The*

Evolution of Territoriality in American Law (New York, 2009), chap. 7에 개괄적으로 제시되어 있다.

73. Maher Arar, Jane Mayer, *The Dark Side: The Inside Story of How the War on Terror Turned into a War on American Ideals* (New York, 2008), 133에서 인용. 용의자 특별 송환 범위 추정에 대한 내용은 108-109 참고. CIA의 비밀 항공 편대에 대한 내용은 Stephen Grey, *Ghost Plane: The True Story of the CIA Torture Program* (New York, 2006) 참고.

74. 이에 대한 주요 출처로는 Dana Priest, "CIA Holds Terror Suspects in Secret Prisons," *Washington Post*, November 2, 2005가 있다.

75. 논란이 분분했으나, 수년 간 3명의 수감자만 물고문을 당한 것으로 알려졌다. 그러나 2012년 국제인권감시기구Human Rights Watch는 리비아로 송환된 2명의 수감자와의 인터뷰에서 물고문에 대한 신뢰할 만한 이야기를 들을 수 있었다. 2014년, 상원정보위원회Senate Intelligence Committee는 아프간의 억류 장소에 보관된 물고문 도구를 언급하는 수정된 보고서를 공개하여, 해당 장소는 CIA가 3명의 억류자를 고문했던 장소는 아니라고 밝혔다. *Delivered into Enemy Hands: US-Led Abuse and Rendition of Opponents to Gaddafi's Libya* (Washington, DC, 2012); 51; *Report of the Senate Select Committee on Intelligence Committee Study of the Central Intelligence Agency's Detention and Interrogation Program*, Senate Report 113-288, December 9, 2014, 51n245 참고.

76. Simon Reid-Henry, "Exceptional Sovereignty?: Guantanamo Bay and the Re-Colonial Present," *Antipode* 39 (2007): 629.

77. Patrick F. Philbin and John C. Yoo, "Possible Habeas Jurisdiction over Aliens Held in Guantanamo Bay, Cuba," December 28, 2001, in *The Torture Papers: The Road to Abu Ghraib, ed. Karen J. Greenberg and Joseph L. Dratel* (New York, 2005), 37. 제국주의 역사라는 측면에서 관타나모만을 설명한 유용한 연구로는 Amy Kaplan, "Where Is Guantanamo?," *American Quarterly* 57 (2005): 831-58 참고.

78. Mark Mazzetti, *The Way of the Knife: The CIA, a Secret Army, and a War at the Ends of the Earth* (New York, 2013), 17.

79. Amended Petition for Writ of Habeas Corpus, *Rasul v. Bush*, February 19, 2002, in *The Enemy Combatant Papers: American Justice, the Courts, and the War on Terror*, ed. Karen J. Greenberg and Joseph L. Dratel (New York, 2008), 21.

80. *Rasul v. Bush*, 542 U.S. 466, 487 (2004) (Kennedy, J., concurring).

결론

1. *Behind the Labels: Garment Workers on U.S. Saipan*, dir. Tessa Lessin (Oxygen, 2001); John Ydstie, "The Abramoff-DeLay-Mariana Islands Connection," *NPR: Weekend Edition*, June 17, 2006; Rebecca Clarren, "Paradise Lost: Greed, Sex Slavery, Forced Abortions and Right-Wing Moralists," *Ms.*, Spring 2006, www.msmagazine.com/spring2006/paradise_full.asp.

2. Lessin, *Behind the Labels*; Clarren, "Paradise Lost."

3. Jack Abramoff, *Capitol Punishment: The Hard Truth About Washington Corruption from America's Most Notorious Lobbyist* (Washington, DC, 2011), 77.

4. Clarren, "Paradise Lost"; John Bowe, *Nobodies: Modern American Slave Labor and the Dark Side of the New Global Economy* (New York, 2007), 182; 20/20, ABC News, May 24, 1999.

5. Abramoff, *Capitol Punishment*, 125.

6. 20/20, ABC News, May 24, 1999.

7. Juliet Eilperin, "A 'Petri Dish' in the Pacific," *Washington Post*, June 26, 2000.

8. *Time*, cover, January 8, 2006.

9. Abramoff, *Capitol Punishment*, 175.

10. Citizenship Act of 1934, 48 *Stat.* 797.

11. House Report 75-1303, Gabriel J. Chin, "Why Senator John McCain Cannot Be President: Eleven Months and a Hundred Yards Short of Citizenship," *Michigan Law Review First Impressions* 107 (2008), 7에서 인용.

12. Ibid.

13. Tom Kizzia, "Yup'ik Ties Give Palins Unique Alaska Connection," *Seattle Times*, October 23, 2008.

14. Kate Zernike, "A Palin Joined Alaskan Third Party, Just Not Sarah Palin," *NYT*, September 3, 2008.

15. Lynette Clark, Lisa Karpova, "Alaska Independence Movement," *Pravda*, April 20, 2008, www.pravdareport.com/world/americas/20-04-2008/104960-alaskaindep-0 인터뷰.

16. Sarah Palin, Address to the Alaskan Independence Party Convention, 2008, youtu.be/ZwvPNXYrIyI.

17. Mark Penn, "Weekly Strategic Review on Hillary Clinton for President Campaign," March 19, 2007 www.theatlantic.com/politics/archive/2008/08/penn-strategy-memo-march-19-2008/37952에 업로드됨.

18. Kyle Cheney, "No, Clinton Didn't Start the Birther Thing. This Guy Did," *Politico*, September 16, 2016, www.politico.com/story/2016/09/birther-movement-founder-trump-clinton-228304.

19. John Avlon, *Wingnuts: Extremism in the Age of Obama* (New York, 2014), 204-207.

20. Gabriel Winant, "The Birthers in Congress," *Salon*, July 28, 2009, www.salon. com/2009/07/28/birther_enablers.

21. Jed Lewison, "Palin Goes Birther," *Daily Kos*, December 3, 2009, www.dailykos. com/storyonly/2009/12/3/810660/-Palin-goes-birther에서 인용.

22. Poll by Research 2000, reported in "Birthers Are Mostly Republican and Southern," *Daily Kos*, July 31, 2009, www.dailykos.com/storyonly/2009/7/31/760087/-Birthers-are-mostly-Republican-and-Southern.

23. *The View*, ABC, March 23, 2011.

24. "Donald Trump Responds," *NYT*, April 8, 2011.

25. *The Situation Room with Wolf Blitzer*, CNN, January 6, 2016.

26. Choe Sang-hun, "North Korea Says It Might Fire Missiles into Waters Near Guam," *NYT*, August 9, 2017.

27. Eddie Baza Calvo, August 9, 2017, youtu.be/YgdXG-LPUBw.

28. Michael Kranz, "Here's How Puerto Rico Got into So Much Debt," *Business Insider*, October 9, 2017.

29. A. J. Willingham, "A Look at Four Storms from One Brutal Hurricane Season," CNN, November 21, 2017. 허리케인 마리아와 하비에 대한 전체적인 비교는 Danny Vinik, "How Trump Favored Texas over Puerto Rico," March 27, 2018, *Politico*, www.politico. com/story/2018/03/27/donald-trump-fema-hurricane-maria-response-480557 참고.

30. Anushka Shah, Allan Ko, and Fernando Peinado, "The Mainstream Media Didn't Care About Puerto Rico Until It Became a Trump Story," *Washington Post*, November 27, 2017.

31. Marco delia Cava, "Why Puerto Rico Donations Lag Behind Fundraising for Harvey, Irma Victims," *USA Today*, October 5, 2017.

32. "In Battered Puerto Rico, Governor Warns of a 'Humanitarian Crisis,'" *NYT*, September 25, 2017.

33. Morning Consult, National Tracking Poll 170916, September 2017, morningconsult. com/wp-content/uploads/2017/10/170916_crosstabs _pr_v1_KD.pdf.

34. David Vine, *Base Nation: How U.S. Military Bases Abroad Harm America and the World* (New York, 2015), 5.

35. Department of Defense, *Base Structure Report, Fiscal Year 2015 Baseline*, 6; Vine, *Base Nation*, 4.

찾아보기

미국, 제국의 연대기

: 전쟁, 전략, 은밀한 확장에 대하여

1판 1쇄 2020년 1월 10일
1판 4쇄 2024년 3월 6일

지은이 대니얼 임머바르
옮긴이 김현정
펴낸이 강성민
편집장 이은혜
마케팅 정민호 박치우 한민아 이민경 박진희 정유선 황승현
브랜딩 함유지 함근아 박민재 김희숙 고보미 정승민 배진성
제작 강신은 김동욱 이순호
독자모니터링 황치영

펴낸곳 (주)글항아리 | 출판등록 2009년 1월 19일 제406-2009-000002호
주소 10881 경기도 파주시 심학산로 10 3층
전자우편 bookpot@hanmail.net
전화번호 031-955-8869(마케팅) 031-941-5158(편집부)
팩스 031-941-5163

ISBN 978-89-6735-691-0 03900

geulhangari.com